普通高等教育"十一五"国家级规划教材

SAS与现代经济统计分析

第2版

岳朝龙　黄永兴
周世军　江海峰　编著

中国科学技术大学出版社

内容简介

本书涵盖了大部分常用的现代统计分析方法,是使用 SAS 进行经济统计分析的一本非常实用的图书。全书包含三部分内容,分 15 章。第一部分:前 3 章,系统地介绍了 SAS 系统的特点、SAS 数据库和 SAS 数据集的创建,其他格式数据文件与 SAS 数据集的相互转换、SAS 编程基础,并通过实例逐步引入 DATA 步和 PROC 步的基本句法,为介绍 SAS 在经济统计分析中的应用奠定基础。第二部分:第 4—8 章,通过统计学中常用的图、表、分布状况特征及假设检验等方法,运用 SAS 着力对经济问题进行描述和推断分析,包括单变量过程、相关过程、频数过程、制表过程、图形过程、假设检验和方差分析。第三部分:后 7 章,主要介绍 SAS 在多变量统计分析中的应用,包括线性回归分析、主成分分析、因子分析、聚类分析、判别分析、时间序列分析等。

本书基于 SAS9.1 中文版,从案例分析入手,侧重于应用 SAS 解决实际经济问题。书中大量的案例为读者学习和应用 SAS 解决实际经济问题提供了良好范例,每章后的习题为读者巩固学习内容提供了方便。

本书可作为高等院校经济管理类专业本科高年级学生学习 SAS 软件的教材,也可作为经济管理类专业研究生学习应用统计的教材,还可作为高等院校教师、相关经济部门、统计部门、科研单位技术人员、计算机应用人员学习和应用 SAS 的参考资料。

图书在版编目(CIP)数据

SAS 与现代经济统计分析/岳朝龙,黄永兴,周世军,江海峰编著.—2 版.—合肥:中国科学技术大学出版社,2017.2(2022.4 重印)
普通高等教育"十一五"国家级规划教材
ISBN 978-7-312-03664-4

Ⅰ.S⋯ Ⅱ.①岳⋯ ②黄⋯ ③周⋯ ④江⋯ Ⅲ.统计分析—统计程序—应用—经济统计—高等学校—教材 Ⅳ.F222.1

中国版本图书馆 CIP 数据核字(2017)第 004989 号

出版	中国科学技术大学出版社 安徽省合肥市金寨路 96 号,230026 http://press.ustc.edu.cn https://zgkxjsdxcbs.tmall.com
印刷	安徽国文彩印有限公司
发行	中国科学技术大学出版社
经销	全国新华书店
开本	710 mm×1000 mm 1/16
印张	35.75
字数	721 千
版次	2009 年 9 月第 1 版 2017 年 2 月第 2 版
印次	2022 年 4 月第 6 次印刷
印数	11001—12800 册
定价	64.00 元

前 言

正如全球知名咨询公司麦肯锡所称，"大数据时代，数据已经渗透到当今每一个行业和业务职能领域；人们对于海量数据的挖掘和运用，预示着新一波生产率增长和消费者盈余浪潮的到来"。SAS 作为大数据分析与建模的专业工具有着其他软件无可比拟的优点，是大数据分析利器。SAS 用户遍布全球 100 多个国家和地区，涵盖了银行、保险、证券、医疗、电信、制造等众多行业以及政府、高校和科研院所。

目前国内许多高校的经济管理专业或与此相关的专业都相继开设了与 SAS 软件有关的课程，也出版了一些与 SAS 软件有关的教材。这些教材要么侧重于介绍 SAS 软件，要么侧重于统计方法的介绍，将两者结合起来用于解决实际经济问题的并不多见。为此，我们于 2009 年 9 月编著出版了《SAS 与现代经济统计分析》，并且入选了普通高等教育"十一五"国家级规划教材。基于大数据时代对数据深度分析的需要，加上该书自 2009 年出版以来，SAS 的应用领域得到了进一步拓宽，新的统计分析方法在实践中得到进一步应用；另一方面，我们也先后收到了一些读者来信，指出了书中的不足之处和期望，这些都需要我们对教材进行修订完善，以飨广大读者。

本书涵盖了大部分常用的现代统计分析方法，是使用 SAS 进行经济统计分析的一本非常实用的图书。全书包含三部分内容，分 15 章。第一部分：前 3 章，系统地介绍了 SAS 系统的特点、SAS 数据库和 SAS 数据集的创建、其他格式数据文件与 SAS 数据集的相互转换、SAS 编程基础，并通过实例逐步引入 DATA 步和 PROC 步的基本句法，为介绍 SAS 在经济统计分析中的应用奠定基础。第二部分：第 4—8 章，通过统计学中常用的图、表、分布状况特征及假设检验等方法，运用 SAS 着力对经济问题进行描述和推断分析，包括单变量过程、相关过程、频数过程、制表过程、图形过程、假设检验和方差分析。第三部分：后 7 章，主要介绍 SAS 在多变量统计分析中的应用，包括线性回归分析、主成分分析、因子分析、聚类分析、判别分析、时间序列分析等。

SAS 与现代经济统计分析

　　本书基于 SAS9.1 中文版，从案例分析入手，侧重于应用 SAS 解决实际经济问题。书中大量的案例为读者学习和应用 SAS 解决实际经济问题提供了良好范例，每章后的习题为读者巩固学习内容提供了方便。为方便教学，我们还将书中所及例题和习题的数据与程序制作成教学课件，读者，特别是在教学第一线工作的授课老师及经济工作者如有需要，可以通过安徽工业大学精品课程网站下载使用，也可以直接与作者联系。联系方式：ycl6451@ahut.edu.cn。

　　与第 1 版书相比，本书在修订过程中除保持了原教材的写作风格和基本结构外，重点丰富和更新了书中例题、习题及其相关数据，而且增添了许多实用的基础编程语句，从而使本书内容与时俱进，更具时代性。本书的修订完成再次体现了团队协作精神和集体智慧，第 1，2，3，7，8，9，13 章由岳朝龙负责；第 10，11，12 章由黄永兴负责；第 4，5，6 章由周世军负责，第 14，15 章由江海峰负责；岳朝龙对各章内容进行了通读、修改、补充和定稿。

　　本书在修订过程中作者参考了国内外许多相关的书籍和文献，得到了安徽工业大学管理科学与工程学院许多老师的无私帮助，中国科学技术大学出版社和相关专家也给予了热情的支持和帮助，在此一并表示衷心的感谢！

　　本书为"普通高等教育'十一五'国家级规划教材"和安徽省"十二五"规划教材。可作为高等院校经济管理类专业本科高年级学生学习 SAS 软件的教材，也可作为经济管理类专业研究生学习应用统计的教材，还可作为高等院校教师、相关经济部门、统计部门、科研单位技术人员、计算机应用人员学习和应用 SAS 的参考资料。尽管我们很努力，一直希望把本书打造成精品之作，但是限于作者的水平，书中疏漏和不妥之处恐在所难免，恳请同行专家、学者以及广大的读者朋友不吝赐教，以便将来再修订时使内容更臻完美。

岳朝龙

2017 年元旦

目 录

前言 i

第1章 SAS 系统简介 1
1.1 SAS 系统特点及主要功能 1
1.2 SAS 系统的启动与关闭 3
1.3 WINDOWS 下的 SAS 应用工作空间 4
1.4 SAS 会话实例 8
实验 1.1   SAS 系统应用工作空间（AWS） 9
实验 1.2   熟悉 SAS/ASSIST 软件 9

第2章 SAS 数据库与 SAS 数据集 13
2.1 SAS 数据库 13
2.2 SAS 数据集 15
2.3 SAS 数据集的创建 17
2.4 几个常用的 SAS 过程 32
实验 2.1   SAS 数据集的创建 38
实验 2.2   SAS/ACCESS 软件访问 39
习题 2 40

第3章 SAS 编程基础 42
3.1 SAS 语法基础 42
3.2 DATA 步中的一些常用语句 51
实验 3.1   SAS 系统编程语句练习（一） 90
实验 3.2   SAS 系统编程语句练习（二） 91
习题 3 93

第4章 统计描述与 SAS 过程 97
4.1 变量的数字特征与 MEANS 过程 97
4.2 单变量分析与 UNIVARIATE 过程ʺ 116
习题 4 134

  附录 第 4 章部分例题的菜单实现 138

第 5 章 统计描述与 SAS 过程 144
  5.1 统计报表与 TABULATE 过程 144
  5.2 统计图与 SAS 过程 158
  习题 5 172
  附录 第 5 章部分例题的菜单实现 176

第 6 章 简单统计分析与 SAS 过程 183
  6.1 假设检验与 SAS 过程 183
  6.2 相关分析与 CORR 过程 205
  习题 6 212
  附录 第 6 章部分例题的菜单实现 220

第 7 章 属性数据分析与 FREQ 过程 227
  7.1 属性数据简介 227
  7.2 FREQ 过程 232
  习题 7 244
  附录 第 7 章部分例题的菜单实现 246

第 8 章 方差分析与 ANOVA 过程 252
  8.1 方差分析概述 252
  8.2 ANOVA 过程简介 260
  8.3 ANOVA 过程的应用举例 262
  习题 8 278
  附录 第 8 章部分例题的菜单实现 281

第 9 章 回归分析与 REG 过程 288
  9.1 线性回归分析方法简介 288
  9.2 REG 过程（回归分析过程）简介 296
  9.3 REG 过程在一元线性回归分析中的应用 300
  9.4 REG 过程在多元线性回归分析中的应用 321
  9.5 二元选择模型 333
  习题 9 346
  附录 第 9 章部分例题的菜单实现 351

第 10 章　主成分分析与 PRINCOMP 过程 368
10.1　主成分分析概述 368
10.2　PRINCOMP（主成分分析）过程及其应用 377
习题 10 388
附录　第 10 章例题的菜单实现 391

第 11 章　因子分析与 FACTOR 过程 394
11.1　因子分析方法简介 395
11.2　因子分析方法与因子旋转方法 398
11.3　FACTOR（因子分析）过程及其应用 401
习题 11 411

第 12 章　判别分析与 DISCRIM 过程 415
12.1　判别分析简介 415
12.2　SAS 系统中的判别分析过程简介 425
12.3　判别分析过程的应用 429
习题 12 443

第 13 章　聚类分析 448
13.1　聚类分析概述 448
13.2　系统聚类方法简介 454
13.3　样品聚类与 CLUSTER 过程 459
13.4　变量聚类与 VARCLUS 过程 474
习题 13 483

第 14 章　时间序列模型与 ARIMA 过程 488
14.1　时间序列分析简介 488
14.2　ARIMA 过程 500
14.3　ARIMA 过程的应用实例 504
习题 14 527
附录　第 14 章部分例题的菜单实现 529

第 15 章　ARCH 模型簇与 AUTOREG 过程 537
15.1　自相关与条件异方差（ARCH）模型简介 537

15.2　单位根、协整检验及误差修正模型 544
15.3　AUTOREG 过程及实例 545
习题 15 560
附录　第 15 章部分例题的菜单实现 561

参考文献 563

第1章 SAS 系统简介

1.1 SAS 系统特点及主要功能

1.1.1 什么是 SAS 系统

SAS 系统是大型集成应用软件系统。所谓软件系统就是一组在一起作业的计算机程序，使用 SAS 系统的用户可以根据自己的需要随时做出明智的选择。由于 SAS 系统是一种组合软件系统，因此，它具有完备的数据访问、数据管理、数据分析和报告功能。它是美国 SAS 软件研究所经多年研制，于 1976 年推出的，是目前商务智能市场上最大的供应商，已被 120 多个国家和地区的 45000 多个机构所采用。在 2008 年的世界《财富》全球 500 强企业前 100 家企业中有 96 家是 SAS 客户。2009 年 SAS 再次获"中国杰出雇主"殊荣，此次总计有 14 家企业荣获这项殊荣。其中包括拜耳集团、滨海高尔夫、道康宁、新元素、赢创德固赛、如家、灏讯中国、毕马威、朗盛化学、赛仕中国、上海日立、上海大众、迅达、天纳克。Windows 环境下运行的 SAS 系统充分利用了 Windows 操作系统良好的图形界面，以及与其他系统、数据良好的互联性，大大方便了程序编辑、数据操作与管理，受到用户的普遍好评和青睐。

1.1.2 SAS 系统的组成

SAS 系统是一种组合软件系统，它的基本部分是 Base/SAS 软件，此外，还有用于统计分析的 SAS/STAT 软件，用于高级绘图的 SAS/GRAPH 软件，用于矩阵运算的 SAS/IML 软件，用于运筹学和线性规划的 SAS/OR 软件，用于经济预测和时间序列分析的 SAS/ETS 软件，等等。

1.1.3 SAS 系统的特点

SAS 系统具有可扩展性、交互操作性、可管理性及可用性，其特点主要有：

1. 使用灵活方便、功能齐全

（1）SAS 的宗旨是为所有需要进行数据处理、数据分析的非计算机专业人员提供一种易学易用，完整可靠的软件系统。

（2）使用简单、操作方便。用户把要解决的问题，用 SAS 语言（近乎自然英语的非过程语言）表达出来，组成 SAS 程序，提交给 SAS 系统就可以解决用户提出的问题。

（3）灵活。SAS 系统提供很多语句及选项，供用户灵活地使用某个统计方法。

例如，对变量 Y 关于 X1－X10 做回归分析，可以用 MODEL Y = X1－X10，或者

$$MODEL\ Y = X1 - X10/SELECTION = STEPWISE$$

（4）功能齐全。SAS 系统的模块结构，用户根据需要可灵活地选择使用。

2. SAS 语言是功能强大且简洁易学的非过程语言

（1）SAS 语言是 SAS 系统的基础，是用户与系统对话的语言。

（2）SAS 语言是功能强大的程序设计语言，类似于 C 语言，且综合了各种高级语言的功能和灵活的格式；有 176 个标准函数和大量编程语句可用于数据的加工处理等。

（3）SAS 语言的特点是用户不必告诉 SAS "怎样做"，只需告诉它你要"做什么"就行了。

（4）宏功能。把需要重复做的类似工作利用宏功能定义为宏，从而大大简化 SAS 程序的编写。

3. SAS 系统把数据处理与统计分析融为一体

（1）SAS 程序的结构由两个基本步骤组合而成。这两个基本步骤分别为数据步（DATA 步）和过程步（PROC 步），其中，DATA 步用于对数据进行加工处理，而 PROC 步则是用于分析数据和编写报告。

（2）对数据的连续处理。SAS 系统克服了通常软件或偏重于数据管理功能，或偏重于统计分析的弊病，把数据管理功能与统计分析功能有机地结合在一起。它不仅具有一整套从数据输入，加工处理，文件操作，直至打印输出等完备灵活的数据管理功能，而且还能对所存贮的数据连续地进行各种统计分析。例如，某个过程产生的输出数据，可以作为另一个过程的输入数据做进一步的分析。

4. 适应性强，应用面广

（1）SAS 系统适用于任何类型的人员，初学者或有经验的用户。

（2）适用于任何类型的数据。包括各种数据库生成的数据文件，例如，DBF 文件、SPSS 文件、EXL 文件等等。

（3）几乎适用于任何应用的需要。SAS 系统可用来解决自然科学和社会科学各个领域中的各种问题。例如，统计学、心理学、经济学、生物学、商业、金

融、社会调查等等。适当地组合 SAS 系统的模块，可用于图形显示与分析、数据输入、检索、管理、报表生成、统计计算、市场调查、分析与预测等许多方面。

5. 扩展性能强

SAS 系统是没有上限的软件系统。

SAS 现在可以在众多 64 位操作环境下运行，从而增加了 SAS 的内存处理能力。

并行处理机制通过在可用 CPU 之间分配处理任务充分利用多个 CPU，因此对于下列两种类型的 SAS 处理，提高了性能：线程化 I/O 和线程化应用程序处理。

SAS 9.1 版本在以前版本的基础上又新增加了许多产品，主要有：SAS/ACCESS 与 Bloomberg Financial Data 的接口，SAS Data Surveyor 以及 SAS ETL Studio 等。

1.2　SAS 系统的启动与关闭

1.2.1　SAS 系统的启动

若计算机装有 SAS 系统，可以有下面几种打开方式。本书以 SAS 9.1 中文版本为例。

（1）在 WINDOWS 桌面上双击 SAS 快捷图标 就可以进入 SAS 应用工作空间（AWS）。图 1.1 所示是刚进入 SAS 系统时的 AWS（Application Workspace）的式样。

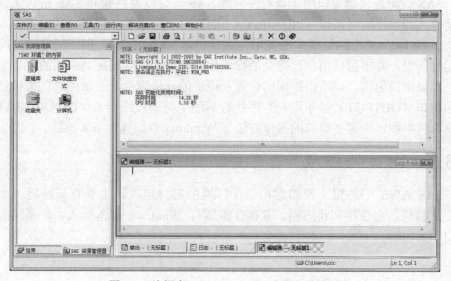

图 1.1　编辑窗口下 SAS AWS 应用工作空间

（2）从 WINDOWS 程序菜单中选择"SAS"→单击"SAS 9.1（简体中文）"，同样可以进入 SAS 应用工作空间。

1.2.2 SAS 系统的退出

从"文件"菜单选"退出"，或关闭 SAS 的主窗口，即单击标题栏中的 。当选择"退出"或单击图标 时，会出现一个对话框以便进一步确认是否退出。确认退出，单击"确定"，否则单击"取消"。

1.3 WINDOWS 下的 SAS 应用工作空间

SAS 应用工作空间（AWS）包含所有打开的 SAS 窗口及包括那些已被最小化的窗口，SAS AWS 的主要任务是为所有的 SAS 应用窗口提供基本框架。

1.3.1 子窗口

子窗口是 SAS AWS 中的各个单独的窗口。SAS 系统共有五个子窗口，分别为 SAS 资源管理器窗口，程序编辑窗口（PROGRAM EDIT），程序运行日志窗口（LOG），程序输出窗口（OUTPUT），图形编辑窗口（GRAPH）。这些窗口像 windows 图形界面中的其他子窗口一样，可被最大化、最小化、滚动及重置大小，但因为它们是 SAS AWS 中的子窗口，所以不能被移出 SAS AWS 窗口的边界。

SAS 资源管理器窗口用于查看并管理 SAS 文件以及创建非 SAS 格式文件的快捷方式。程序编辑窗口（PROGRAM EDITOR）用于输入程序，其编辑输入方法类似 Windows 中的记事本的使用。运行日志窗口（LOG）用于记录用户程序的运行历史，其中包括用户已提交的程序代码列表，运行结果是成功的还是失败的。如果出错的话，则给出错误的位置及错误的具体信息，通常用红色来标记。输出窗口（OUTPUT）显示用户程序执行后的字符型程序结果。GRAPH 窗口显示高分辨率图形。这些窗口的操作方法与 Windows 窗口操作基本一致。

1.3.2 窗口的组成

SAS AWS 中的每一窗口都由一个标准的窗口组成，主要有标题栏、菜单条、工具栏、命令栏和状态栏，其操作步骤与 Windows 基本一致，所不同的是窗口中的内容。

第 1 章 SAS 系统简介

注意，SAS 中窗口的内容会随着窗口的不同而有所改变。为使读者对菜单条有一个比较清楚的了解，以下对几个常用菜单主要功能做一简单介绍，以便读者更好地学习和运用 SAS。

在编辑窗口下，菜单条内容如图 1.2。

文件(F)　编辑(E)　查看(V)　工具(T)　运行(R)　解决方案(S)　窗口(W)　帮助(H)

图 1.2　菜单条

1. "文件" 菜单

在程序编辑窗口下的 "文件" 菜单列出了 "新建程序" "打开程序" "关闭" "追加" "打开对象" "保存" "另存为" "另存为对象" "导入数据" "导出数据" "页面设置" "打印预览" "打印" 和 "关闭" 选项。

新建程序：打开一个新的程序编辑器窗口，在 SAS 9.1 版本中可以同时运行多个程序编辑器窗口。

追加：将外部的已经存在的 SAS 编辑程序追加到现行编写的程序末尾，类似于合并程序，不同于 "打开程序"（在一个新的编辑器窗口中打开已存的程序文件）。

打开对象：打开目前 SAS 逻辑库中的相关文件，可以是 LOG 条目、OUTPUT 条目、SAS 组件语言和 SOURCE 条目。

导入数据：启动 SAS 的导入向导，把其他格式的数据转换为 SAS 数据。

导出数据：启动 SAS 的导出向导，把 SAS 数据转换为其他文件格式，与 "导入数据" 一起完成外部文件与 SAS 数据集之间的相互转换。

其他选项与 WINDOWS 常见选项的含义是相同的。

2. "查看" 菜单

这个菜单不依赖于任何窗口，它提供了 SAS 的基本窗口和图形界面模块的入口。

在 "查看" 菜单中可以调出程序编辑窗口、日志窗口、输出窗口、图形窗口和资源管理器等。同时也可以通过在命令栏输入：PGM、LOG、OUTPUT、GRAPHICS、EXPLORER 打开这些窗口。

3. "工具" 菜单

"工具" 菜单主要列出了如下选项（见图 1.3）：

查询：可以查询当前 SAS 逻辑库中的相关 SAS 文件。

表编辑器：打开 VIEWTABEL 窗口，可以进行数据集的编辑。

图形编辑器：打开 GRAPH 窗口，并可以对制定的输出图形进行编辑。

报表编辑器：对逻辑库中指定的数据集执行 PROC REPORT 过程。

定制：可以对目前的工具栏进行更改、添加或删除。

选项：OPTIONS，其内容随着当前活动窗口的功能而有所不同，通常可以更改字体、大小和背景等系统属性。

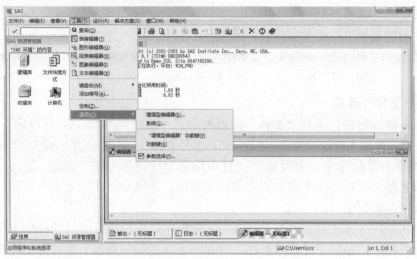

图1.3 编辑窗口下的"工具"菜单

4. "运行"菜单

这是程序编辑窗口下特有的菜单，主要有如下选项：

提交：SUBMIT，即运行编辑窗口内显示的程序。

重新调用上一次提交：RECALL TEXT，当提交的程序有错误需要修改时的选项，可以把最近一次提交的程序调回到程序编辑窗口。

提交第一行，提交第 N 行：可以对程序进行有选择的提交。

登陆、远程提交、远程获取、远程显示和注销：主要用来协同服务器多台计算机一起工作。

5. "解决方案"菜单

"解决方案"菜单提供了"分析""开发和编程""报表""附件""ASSIST""桌面"和"EIS/OLAP 应用程序生成器"选项，主要用于 SAS 的扩展功能，见图1.4。

分析：ANALYZE，各种利用图形界面操作的分析，包括交互数据分析、市场研究、项目管理、时间序列分析等。

ASSIST：SAS/ASSIST，这是 SAS 提供的一个全面的、不需要编程就可以使用的菜单驱动式 SAS 模块，具体使用方法见实验 1.2 和第 4 章以后各章的附录部分。

桌面：DESKTOP，进入 SAS 桌面。有如下选项：

SAS EXPLORER：SAS 资源管理器，DATA ACCESS AND MANAGEMENT：数据转换和管理，QUERY AND REPORTING：查询与报表，DATA ANALYSIS：数据分析等。该选项提供了丰富的分析与运用模块。

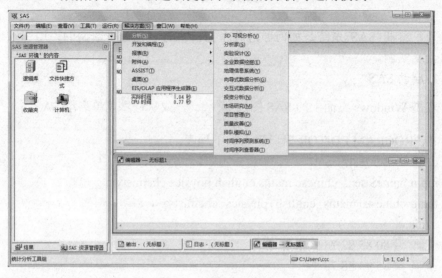

图 1.4 "解决方案"菜单

6."窗口"菜单

"窗口"菜单下面给出了窗口所处的各种状态选项，其中"停放"选项意味着当前活动的窗口，默认情况下是编辑窗口。通过选择"停放"下面的选项可以更改或取消当前停放窗口，见图 1.5。

图 1.5 "窗口"菜单下的"停放"

注意：SAS系统菜单条的内容随窗口的不同而有所不同。

1.4 SAS会话实例

为了看清 SAS 系统是如何通过各个窗口来管理和分析数据的，现引入以下 SAS 会话实例。

1. 启动 SAS

双击 Windows 桌面上的 SAS 图标 ，或从程序菜单启动 SAS。

在 PROGRAM EDITOR 窗口键入如下程序：

```
data sasuser.test;
input name$ sex$ chinese maths english physics chemisty;
total=chinese+maths+english+physics+chemisty;
cards;
王辉 男 80 85 82 78 90
李唱 女 85 93 88 70 89
张三 男 77 86 67 82 85
王二 女 81 78 93 83 87
;
proc sort data = sasuser.test;
by total;
run;
proc print data = sasuser.test;
title '高考成绩';
run;
```

2. 提交 SAS 程序

单击工具栏图标 或在运行菜单下单击提交，结果如下：

高考成绩

Obs	name	sex	chinese	maths	english	physics	chemisty	total
1	张三	男	77	86	67	82	85	397
2	王辉	男	80	85	82	78	90	415
3	王二	女	81	78	93	83	87	422
4	李唱	女	85	93	88	70	89	425

3. 退出 SAS 系统

从文件菜单选退出或点击 SAS 的主窗口图标 。

实验 1.1　SAS 系统应用工作空间（AWS）

实验目的：通过输入一段程序，熟悉 SAS 系统启动、关闭及应用工作空间（AWS）的几个常用窗口。

实验内容：在程序编辑窗口输入以下 SAS 程序，并提交以了解程序执行的结果。程序为：

```
data oranges;
input variety$ flavor texture looks;
total=flavor+texture+looks;
cards;
navel      9 8 6
temple     7 7 7
valencia   8 9 9
mandarin   5 7 8
;
proc sort data=oranges;
by descending total;
run;
proc print data=oranges;
title '橘子品尝结果';
run;
```

实验 1.2　熟悉 SAS/ASSIST 软件

实验目的：熟悉 SAS/ASSIST 软件界面并了解其主要功能。

实验步骤：

1. 启动 SAS 9.1，在菜单"解决方案"中找到"ASSIST",进入 SAS/ASSIST 软件，如图 1.6 所示。

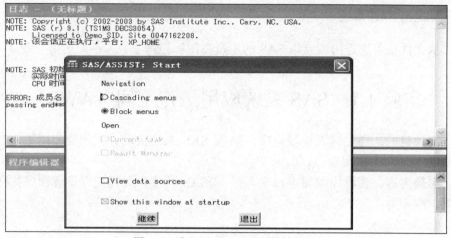

图 1.6　进入 SAS/ASSIST 软件界面

2. 进入 SAS/ASSIST 软件后，有两种工作模式可供选择：下拉式菜单（Cascanding Menus）和模块式菜单（Block Menus）。单击模块式菜单进入主菜单界面（Primary Menus），如图 1.7 所示。在此界面中提供了数据库管理、报表分析、数据分析和图表分析等功能。单击"TUTORIAL"可以进入 SAS/ASSIST 帮助页面，了解更多功能的详细介绍。

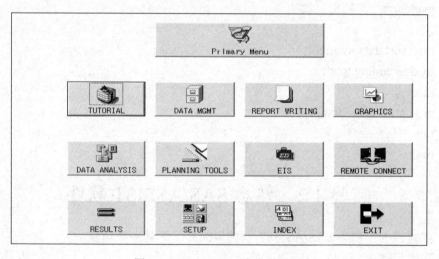

图 1.7　SAS/ASSIST 主菜单界面

3. "SETUP"提供了文件管理、逻辑库的管理、建立 SAS 模板数据等功能。"DATA ANLYSIS"提供了数据分析、方差分析和回归分析等功能。其分析对象默认的逻辑库为 SASUSER 和 WORK 库里面的数据集。在首次使用

SAS/ASSIST 软件时，需要从"SETUP"中装载由 SAS 自带的 SAS 数据集。装载数据过程如图 1.8 所示。

图 1.8　装载数据过程

4. 以实验 1.1 的数据练习使用 SAS/ASSIST 软件。打开 SAS/ASSIST 至"DATA ANALYSIS"主菜单界面，再选择"ELEMENTARY"中的"Summary Statistics"进入"概括性统计"菜单页面，如图 1.9 所示。

图 1.9　概括性统计分析

5. 单击"Table"，在 Work 库中找到"oranges"，单击"OK"；单击"Cloumns"选择变量"total"(可以选择多个变量)，其中，显示"-REQUIRED"的为必选项。

在下面的复选框中选择需要的统计量，选中的统计量前将显示☒，我们选择其中几个，如图 1.10 所示。

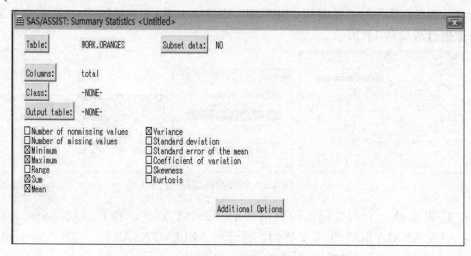

图 1.10 选择 oranges 中的 total 进行统计分析

6. 单击提交按钮，结果如图 1.11 所示。

```
                              2015年08月05日 星期三 下午03时10分17秒
                                     MEANS 过程
                                  分析变量：total
        最小值          最大值           总和           均值          方差
     ─────────────────────────────────────────────────────────────────
       20.0000000     26.0000000     90.0000000     22.5000000     7.0000000
     ─────────────────────────────────────────────────────────────────
```

图 1.11 运行结果

第 2 章 SAS 数据库与 SAS 数据集

2.1 SAS 数 据 库

在 Windows 下的 SAS 系统中,所处理的数据文件都必须存放在一个 SAS 数据库中。

所谓 SAS 数据库是指一个或几个 DOS 目录下的 SAS 文件的集合。在你使用 SAS 数据库之前必须为它指定一个库标记,以便识别你所使用的 SAS 数据库。

2.1.1 SAS 数据库库标记的命名

SAS 数据库库标记的命名有两种基本方法:
(1) 使用 Libname 语句命名。
(2) 利用菜单窗口建立。
用 Libname 语句定义库标记,其一般形式如下:

  Libname libref 'sas-data-library';

Libname:关键词;Libref:库标记,即数据库名,由用户命名;'sas-data-library':存放 SAS 数据的子目录(物理地址)。

如要指定目录'C:\Course'为库标记 Course,可以在程序编辑窗口提交如下语句:

  Libname course 'C:\Course';

如果你想为当前工作目录(默认 SAS 9.1 文件夹为物理地址)指定库标记 mycukk,可以提交如下语句:

  Libname mycurr '.';

注意:SAS 数据库名应以字符或下划线开头,后跟字符或数字,名字总长度不超过 8 个字符或数字。

2.1.2 临时库和永久库

SAS 数据库可分为永久库和临时库两种。临时库只有一个,名为 work,它在每次启动 SAS 后自动生成,退出 SAS 后自动删除。用户可以使用 Libname 语句指定永久库的库标记。永久库中的所有文件在退出 SAS 后将被保留,但库标记仍是临时的,除非在新库建立时选中"启动时启用",见本章 2.1.3 节。每次 SAS 启动时都自动指定三个库标记:SASHELP、SASUSER 和 WORK。其中,SASHELP 是永久库,包含样本数据及控制 SAS 在您的环境下如何工作的其他文件,它是只读逻辑库。SASUSER 也是永久库,它包括用户形象目录(user profile catalog),此外,还存有一些其他文件,特别是与 SAS/ASSIST 软件一起提供的样本数据集(Sample data-set)。另一个常用的库标记是 USER,如果用 Libname 语句定义了 USER 作为库标记,则单水平名的 SAS 文件将在由 USER 库标记指定的子目录中作为永久 SAS 文件被保存。

如下面语句使本 SAS 会话期间,所有单水平名的 SAS 文件永久地保存在 C:\MYSASDIR 子目录下:

Libname user 'c:\ mysasdir';

2.1.3 建立新的逻辑库

1. 资源管理器窗口

方法一:在 SAS 工作空间单击菜单"查看"→"SAS 资源管理器",在资源管理器窗口当前逻辑库下的"名称"处右击选择"新建",可以打开新建逻辑库窗口,如图 2.1 所示。

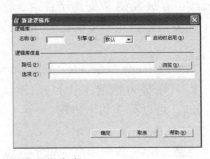

图 2.1 资源管理器窗口和新建逻辑库窗口

方法二:单击工具栏图标 ,打开新建逻辑库窗口。

在图 2.1 中,资源管理器窗口列出了当前的活动逻辑库和其存放的物理地址,单击其中一个可以选中一个数据库来浏览或编辑。如双击 SASUSER 库,对应的 SASUSER 库中的数据文件情况列在右边。

2. 新建逻辑库窗口

在新建逻辑库窗口中"名称"处填入新的库标记 mylib，在"路径"处填入所对应的子目录如 G：\SAS（G 盘下 SAS 已经存在，可以是移动盘）。如果要浏览系统文件目录以选择某一子目录可以按"浏览"按钮，用弹出的选择对话框选一个子目录，选中"启动时启用"左侧的复选框，则这个库标记可以在每次 SAS 启动时自动赋值，单击"确定"完成新逻辑库的建立。

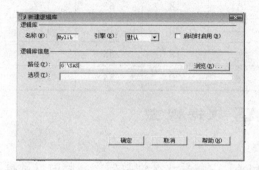

图 2.2 新逻辑库的建立

如图 2.2 所示，新建立的逻辑库在资源管理器窗口可见，选中右击可以实现"查看""新建"和"删除"等管理操作。

2.2 SAS 数 据 集

2.2.1 SAS 数据集的构成

在 SAS 系统中，只有 SAS 数据集才能被 SAS 过程（Procedure）所使用，因此，创建 SAS 数据集是应用 SAS 过程的前提。SAS 数据集是关系型的，它通常分为两部分：描述部分和数据部分。描述部分包含了一些关于数据属性的信息，数据部分则包括数据值。SAS 数据集被安排在一个矩阵式的表状结构中，如表 2.1 所示。

表 2.1 中的列称之为变量，如变量名 AGE 等。变量类似于 DBASE 或 FOXBASE 等语言中域或字段（Field），它表示某一观测单位的某个属性。表的行称之为观测（Observation），观测相当于记录（Record），对应一个观测个体。

表 2.1 SAS 数据集的结构

		变量（Variable）					
		CLASS	NAME	SEX	AGE	HEIGHT	WEIGHT
观测	OBS1	1	张三	男	19	60	170
	OBS2	2	王芬	女	20	55	160
	OBS3	1	李四	男	18	65	172
	OBS4	3	王二	男	20	70	175
	OBS5	2	李莉	女	19	58	162
	OBS6	3	宁静	女	20	54	165

2.2.2 SAS 数据文件和 SAS 数据视窗

在 SAS 系统中有两种类型的数据集：

（1）SAS 数据文件（SAS data files），包括永久性数据集和临时性数据集。每个 SAS 数据集都有一个两级名，第一级是库标记，第二级是文件名。库标记若是永久性数据库，则对应的数据集就是永久性数据集；库标记如果是临时性数据库，那么对应的数据集就是临时性数据集。SAS 数据文件两级名的一般形式如下：

    libref.SAS-filename

其中，libref 是库标记，SAS-filename 是文件名。

SAS 数据集的命名与 SAS 数据库一样，应以字符或下划线开头，后跟字符或数字，SAS9.1 要求其长度一般不能超过 32 个字符，由用户自己根据数据含义命名。

注意：若创建的 SAS 数据集作为 SASUSER 库中的永久性的 SAS 数据集，则必须使用两级名；若创建的 SAS 数据集作为 WORK 库中的临时数据集，则 WORK 一般可省略。

SAS 的数据文件不仅包括描述部分，而且包括数据部分，其数据部分包含着所有数据的实体，它们一条观测紧接着另一条观测排列在文件的内部。

（2）SAS 数据视窗（SAS data views）。SAS 数据视窗只有描述部分，没有数据部分。它实际上并不包含数据实体，只是包含了与其他数据文件或其他软件数据的映射关系，它的描述部分包含了足够的信息以便使 SAS 的所有过程可以访问到实际上并不包含在 SAS 数据视窗内部的数据值。

第 2 章 SAS 数据库与 SAS 数据集

2.3 SAS 数据集的创建

数据必须以 SAS 数据集的格式存放才能够被 SAS 过程所处理。因此，运用 SAS 系统进行数据处理，必须首先创建 SAS 数据集。得到 SAS 数据集主要有以下几条途径：

（1）用 VIEWTABLE 界面输入数据。
（2）用 SAS/INSIGHT 软件输入数据。
（3）用 SAS/FSP 软件的 FSEDIT 和 FSVIEW 过程输入数据。
（4）用 SAS/ACCESS 软件访问其他的数据文件。
（5）用 SAS 数据步（DATA STEP）创建 SAS 数据文件。
（6）用 SAS 数据步（DATA STEP）将外部数据文件转换为 SAS 数据集。
（7）以下将分四个部分分别介绍 SAS 数据集的创建方法。

2.3.1 用 VIEWTABLE 界面创建 SAS 数据集

用 VIEWTABLE 界面创建 SAS 数据集的一般步骤如下：

1. 进入 VIEWTABLE 窗口

方法一：单击"工具→表编辑器"菜单，这时 VIEWTABLE 窗口以新表模式打开，在这里可以直接生成新表，也可以打开一个已有的表，见图 2.3。

图 2.3

方法二：从资源管理器窗口启动。点击工具栏的"SAS 资源管理器"图标 进入资源管理器窗口，在右侧的当前逻辑库窗口中双击某数据集名，然后在显示出的项目中选择需打开的表，就把该数据表打开到了 VIEWTABLE 窗口。

方法三：在命令行 中输入"VIEWTABLE"，回车即进入 VIEWTABLE 窗口。

2. 生成新数据集

（1）当你单击"工具→表编辑器"菜单，进入新表编辑状态时，子窗口的标题栏出现"New"和"Untitled"字样，这时你就可以把你准备输入的内容输入到新表里。当你输完了你要输入的资料以后，必须用"文件→保存"或"文件

→另存为"来进行保存方能有效,当然也可以直接单击工具栏图标,这时出现"另存为"对话框,在这里你可以输入新表的名字(不能超过 8(改为:32 个字符),并可选择存放在哪一个库里。新表保存过后,你还处于新表(New)编辑状态,但是,你输入的表名代替了"Untitled",从这时起你再保存表的话,它将被保存到标题栏所指定的名字里,除非你单击"文件→另存为",另存为一个文件名。

(2)如果你想根据一个已有表的结构来设定新表的某些属性,那么先由"工具→表编辑器"菜单进入"VIEWTABLE"编辑状态,再左击"文件→类似"菜单,这时出现"打开"数据库对话框(如图 2.4),你可以从表的清单中选择一个你需要的表结构,如 BUILD 数据集打开,该表的结构信息就被复制到你的新表中。

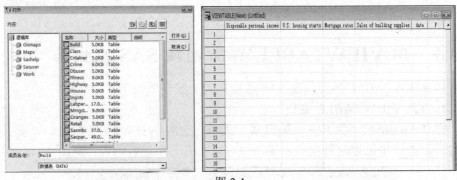

图 2.4

(3)如果你想使用已有表的结构和内容,先由"工具→表编辑器"菜单进入"VIEWTABLE"编辑状态,再左击"文件→引用"菜单,这时出现"打开"数据库对话框,选择 BUILD 数据集打开,结果如图 2.5。

图 2.5

第 2 章 SAS 数据库与 SAS 数据集

（4）当你编辑一个新表时，往往需要设置每一列的列名及其他属性。如编制一份统计表或会计报表常常会这样。这时你可以采用（2）中的方式复制一个表的结构，也可以新定义变量名及其属性然后再输入数据。具体操作如下：

为定义新变量，选定一列，右击出现 Column Attributes 对话框，或工具栏中的表属性对话框，见图 2.6。这里只有变量名（Name）和数据类型（Type）是必选的。变量名用来标识一个列，如果不填内容的话，则将采用缺省时的 A，B，C，D 等名字；类型分为字符型（Character）和数值型（Numeric）两种。填好后按 Apply 键，保存已设置好的变量名和属性。在图 2.6 中，除了 Name 和 Type 外，还有选择项 Lable（变量的标签，用于对变量进行解释，可以缺省）、Length（变量数值的长度）、Format（变量的输出格式）和 Informat（变量的输入格式），缺省时按标准长度、格式输出输入。变量名一般根据变量的意义选择意义相同的英语单词进行定义，其长度一般不超过 32 个字符。如性别可用 SEX，年龄可用 AGE，等等，注意变量名不能用汉字定义。

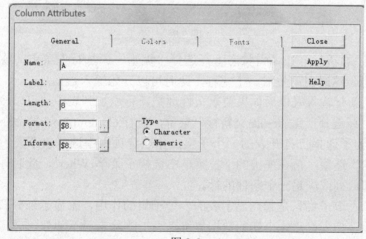

图 2.6

3. 打开已有表

（1）从"查看→表编辑器"菜单打开 VIEWTABLE 窗口。如果此时你需要打开其他已存在的表，单击"文件→打开"菜单或按工具栏图标，出现"打开"对话框（见图 2.7），选择目前逻辑库中的数据集。

（2）如果你需要读取一个没有库标记的子目录中的数据集，那么可以打开资源管理器窗口，在其左边的 SAS 环境中选择适当的子目录，系统自动赋给它一个库标记，此时该子目录内的任何 SAS 数据集和视图都可以立即被调用。

（3）为了编辑或浏览已打开的表，在表已打开的状态下选择 Edit（编辑）或 Browse（浏览）状态，也可以单击工具栏上 编辑和 浏览按钮进行切换。

如果你想对将要打开的表进行适当处理，则在文件菜单下选择"打开"，并在打开的对话框中选择"高级→Advanced"，再根据要求选择所要处理的内容。

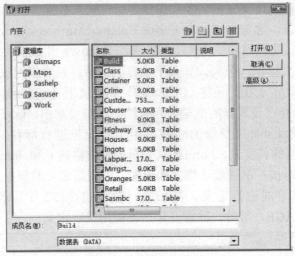

图 2.7

（4）添加新行。在编辑状态下，选择"编辑→添加行"菜单，或单击工具栏上图标，这时自动生成一个空行，此时可以开始输入数据。

注意：新行输入好以后如果要永久性地把新行添加到表中，可以按工具栏上的图标，或选择"编辑→提交新行"菜单，执行 Commit Row 的命令。

（5）为了选择已打开表的一个子集，先在选项卡中选好一个表，然后单击菜单"数据"选项，再在弹出的下拉菜单中选择子菜单 Where，此时你可以选择只显示一部分列或满足一个条件的行。

注：以上取子集只是起到显示表的一个子集的作用，未显示部分只是被隐藏而未被删除，把表存入一个新的数据集可以真正删除未显示部分。

4. 复制表的内容

如果你想把某个表的内容复制到另一个表中，方法如下：

（1）利用"另存为"菜单把全部内容另存为一个新的表。

（2）打开一个新表，用"文件→引用"菜单选择一个你需要复制的表到新表中，按打开键以示确认。如果你只引用某个表的变量属性，则可用"文件→类似"实现。

5. 打印显示的表

用"文件→打印"菜单。如果对表的结构有一些特殊要求，那么可以利用"文件→打印设置"对话框；还可以利用打印预览对话框"文件→打印预览"，对需要打印的表进行预览。工具栏 提供了快捷方式实现。

2.3.2 用 SAS/INSIGHT 软件创建 SAS 数据集

1. 进入 SAS/INSIGHT 软件表格输入窗口

在进入 SAS 系统后，可以任选以下方法中的任何一种进入 INSIGHT 模块。

（1）在命令行中直接键入 INSIGHT 命令，此时就进入了 INSIGHT 模块，如图 2.8 所示。

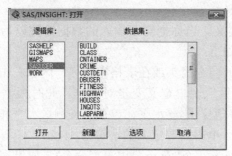

图 2.8

（2）调用"解决方案→分析→交互式数据分析"菜单。

（3）调用"解决方案→桌面→Analysis（双击）→Interactive data analysis（双击）"菜单。

2. 新表的编辑

（1）数据的输入。当你进入 INSIGHT 模块以后，单击"新建"进入一个新表编辑状态（见图 2.9），此时你可以像使用电子表格一样用键盘在屏幕表格上输入数据。输入的数据既可供分析使用，也可存作 SAS 数据集。

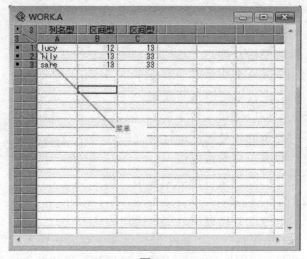

图 2.9

注意：输入数据时，可以用 TAB 键和上、下、左、右键，但不能用鼠标选择单元格。而在 VIEWTABLE 界面下，既可以用 TAB 键和上、下、左、右键，也可以用鼠标选择单元格，这是二者的区别之一。区别之二是：在 INSIGHT 模块下，输入的数据存放在临时库 WORK 里，要想把数据保存为永久数据集必须用 SAVE 命令，另外，数据的属性也自动被附上。而在 VIEWTABLE 界面下，输入的数据可以用 SAVE 命令保存，也可以用工具栏中存盘的图标保存，同时数据的属性也必须被定义。

（2）变量名的定义。当你把需要输入的数据输完以后，需要对每一变量定义变量名。具体操作如下：

单击表格左上方的向右箭头或在表格内的任一区域右击弹出一个数据上托菜单，再单击"定义变量"调出定义变量对话框。此时根据你的需要可以选择类型，包括数值型和字符型；测量水平，包括名义测量水平和区间测量水平、缺省值的作用以及变量名。单击需要定义的字符如 A，B，C 等，再把光标移到名称处，此时你可以输入变量名(注意不要用汉字命名)，如果需要对变量加以说明，可以在标签处用英语或汉字加以注释，最后单击应用或确定以表确认。

3. 使用数据上托菜单

数据上托菜单为用户提供了丰富的表格编辑功能（如图 2.10 所示），具体包括如下选项：

查找下一个：翻卷数据窗口到下一个被选择的观测。如果没有被选中的观测，则翻卷一个观测。

移至第一个：将选中的观测或变量分别移至数据窗口的第一行或第一列。

移至最后：将选中的观测或变量分别移至数据窗口的最后一行或最后一列。

排序：根据一个或几个变量对观测排序。

新建观测：插入空行以便输入新观测。

新变量：插入空列以便输入新变量。

定义变量：对变量的各种属性进行修改。

填充值：修改数据窗口的数据值。

抽取：从已存在的数据窗口抽取数据的子集以便生成新的数据集。

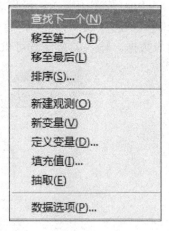

图 2.10

数据选项：设置控制数据窗口外观和操作的选项。

（1）使用"新建观测"和"新变量"以便更有效地输入数据。当有许多数据需要输入时，先大约规定一个观测个数，然后从上托菜单中选择"新建观测"

和"新变量"选项,这时出现一个提示用户输入事先规定的观测个数,比如100,再单击"确定"键,此时这 100 个缺省的观测就被加到已有数据行的后面,如原来有 50 个观测,现在变成了 150 个观测。

注意:缺省的观测若为字符型,则用空格代替,若为数字型,则用"点"代替。

(2)数据排序。对表格进行排序是实际中经常遇到的事情,此时你可以使用上托菜单中的"排序"选项。具体操作如下:

① 如果对某变量按升序排序,此时你可以选中该变量,即单击变量名,然后再单击左上角的"排序"选项即可。

② 如果对某变量按降序排序,此时你必须先选中"排序"选项,然后在弹出的菜单中(如图 2.11 所示)进行操作。

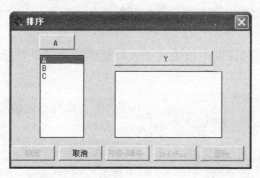

图 2.11

先选中变量,再单击"Y"按钮,此时右侧方框内将显示出可对该变量进行的操作,如"A 升序 非格式化",如图 2.12 所示。再点击"升序/降序"按钮与"Unf/For"按钮,可以改变方框内的状态,选好后单击"确定"键即可。

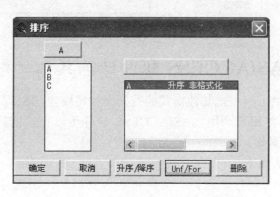

图 2.12

4. 存储和打印数据

当用户存储数据时，拷贝内存中的数据到一个 SAS 数据集里，并存储在移动盘上。

具体操作方法如下：

（1）设有一数据窗口，可以是用户进入 SAS/INSIGHT 后打开的数据窗口；或者是当前录入并编辑完成的数据窗口；也可以是用户打开某数据集后显示的数据窗口。

（2）选择下拉菜单"文件→保存→数据"，这时会弹出一对话框（见图 2.13），此时你可以把数据集存入到一个指定的数据库中（逻辑库）。注意：若想把数据存入到移动盘上，必须事先定义 U 盘为一个数据库，否则数据不能被存到 U 盘上。

（3）在数据集处输入你想要定义的数据集名。注意：一定要记住删除图中的 A 字符。

（4）在存储的对话框中按确定键，即把所需存储的数据集存入到指定的数据库中。

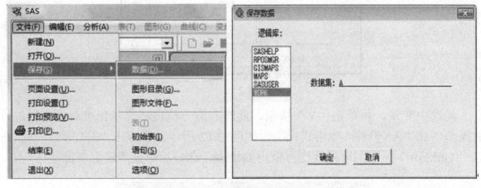

图 2.13

2.3.3 用 SAS/ACCESS 软件访问其他的数据文件

SAS 系统提供了一个把其他格式的数据文件转换为 SAS 数据集的导入向导（import wizard），用户利用 SAS/ACCESS 软件可以直接把其他格式的数据文件转换为 SAS 数据集。

具体操作方法如下：

（1）启动导入向导。选择"文件→导入数据"，出现导入向导界面（见图 2.14）。

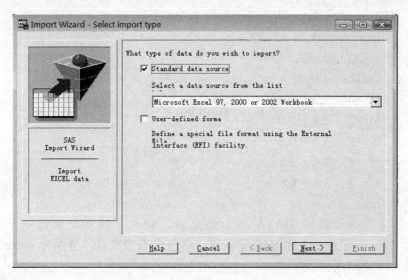

图 2.14

此时你可以选择输入的是标准格式文件（standard file format）或者是用户自定义格式（user defined format），然后按 Next 按钮，选择数据存放的物理地址，单击 OK，此时对话框要求你选择存放数据集的库名并且输入文件名（见图 2.15）。

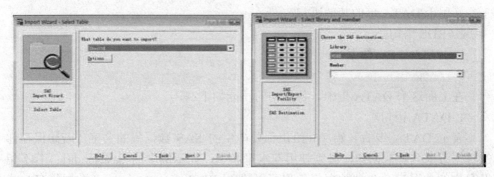

图 2.15

（2）输入 sasuser 和 tongji（增加：用户可根据情况自行给出）后，按 Finish 键即完成数据间的转换。

2.3.4 利用 DATA 步从原始数据创建 SAS 数据集

2.3.4.1 DATA 步的概念

DATA 步是用 DATA 语句开始的一组 SAS 语句。如：

```
Data sasuser.da1;
    Input name$ X1 X2 X3;
    Y= X1+X2+X3;
    Cards;
    M  3  1.3  0.5
    M  2  2.4  0.9
    F  5  3.2  0.8
    M  8  4.1  1.1
    F  7  3.3  0.6
    ; run;
```

以上这些语句组成 DATA 步。提交后，SAS 系统自动创建一个库名为 sasuser，数据集名为 da1 的 SAS 数据集，它包含 5 个变量，分别为 name，$X1$，$X2$，$X3$，Y，和 5 个观测。

2.3.4.2　DATA 步的一般格式

DATA 步的一般格式如下：
DATA 语句；
INPUT 语句；
（用于 DATA 步的其他语句）；
CARDS 语句；
DATALINES（数据行）
；（空语句）

在上面这个 DATA 步中，各语句的功能如下：

1. DATA 语句

表示 DATA 步的开始，并给出你要产生的 SAS 数据集的名字。若想保存你的数据为永久性数据集，必须使用双水平名字，如示例中的 sasuser.da1；若不想保存你的数据为永久性数据集，你可以输入 Work.data-set-name（数据集名）或直接输入数据集名（data-set-name）。

根据需要，还可以在 DATA 后面同时定义多个数据集的名字，以形成观测或变量的子集，见例 2.1。

【例 2.1】现有某企业 2013 年和 2014 年产品销售资料，如表 2.2 所示。

第 2 章 SAS 数据库与 SAS 数据集

表 2.2

年份	产品名称	销售量	销售价格	销售额
2013	计算机	1000	4500	4500000
2013	打印机	800	2000	1600000
2014	计算机	1200	4000	4800000
2014	计算机	1000	1500	1500000

若想把每一年的资料独立构成一个数据集进行分析处理，则程序如下：

```
data year2013 year2014;
input year jsjname$ jsjquan jsjprice jsjsale dyjname$ dyjquan dyjprice dyjsale;
if year=2013 then output year2013;
else output year2014;
cards;
2013 jsj 1000 4500 4500000 dyj 800 2000 1600000
2014 jsj 1200 4000 4800000 dyj 1000 1500 1500000
;
```

若想把计算机和打印机的销售资料分开，则程序如下：

```
data jsjdyj jsj（keep=year jsjname jsjquan jsjprice jsjsale）
    dyj（drop=jsjname jsjquan jsjprice jsjsale）；
input year jsjname$ jsjquan jsjprice jsjsale dyjname$ dyjquan dyjprice dyjsale;
cards;
2013 jsj 1000 4500 4500000 dyj 800 2000 1600000
2014 jsj 1200 4000 4800000 dyj 1000 1500 1500000
;
```

这里 data 后分别按要求跟了 2013 年的销售资料数据集 year2013 和 2014 年的销售资料数据集 year2014，以及计算机和打印机销售资料数据集 jsjdyj、计算机销售资料数据集 jsj 和打印机销售资料数据集 dyj。

2. INPUT 语句

INPUT 语句用于描述你输入的数据，对每个变量给出名字、类型及格式。

数据类型有两种：字符型和数值型。如果变量是字符型的，在变量名后必须加$，如例 2.1 中的变量 jsjname，但当使用该变量时则不需再加$。如变量名后不加$，则表示该变量为数值型的。

数据输入的格式有自由式、列格式、有格式和命名式四种。

在自由格式的数据输入中,只需将变量名简单地列在 INPUT 后面,如 Input name$ X1 X2 X3;此时输入的数据必须以空格隔开,变量读取数据是按照输入数据的先后顺序进行的。

在列格式的数据输入中,在 INPUT 语句变量名之后,需紧跟着变量的值所属的列号,如 Input name$1－10 X1 12－15;此时输入的数据可以不用空格分开,变量在读取数据时是把前 10 个列字节作为变量 name 的值,接下来把第 12 列到第 15 列的字节作为变量 X1 的值,以此类推,直到读完所有数据。例如数据集:

```
data a;
input a$1-5 b 7-9;
cards;
www3333
yyyy333333
;
proc print data=a;
run;
```

的输出结果为:

```
OBS    A       B
 1    www33    3
 2    yyyy3   333
```

在有格式的数据输入中,在 INPUT 语句变量名之后要指明输入的格式,同时指明变量的数据类型和区域宽度,如 Input name$5. X1 3.1;它表明变量 name 是字符型的,且占 5 个字节空间,而变量 X1 则是数值型的,占 3 个字节空间,且有一位小数。注意,此时输入的数据前 5 列仍为变量 name 的值,而第 6 列到第 8 列则为变量 X1 的值,且必须有一位小数。即当输入的数字没有占满 6 到 8 列,数据集首先读入小数位数字,然后再读入整数位数字。如下列数据集:

```
data a;input a$ 5. b 3.1;
cards;
www333
www3333
www33333
yyyy33.3333
;
Proc print data=a;run;
```

的输出结果为:

OBS	A	B
1	www33	0.3
2	www33	3.3
3	www33	33.3
4	yyyy3	3.3

从数据集 a 的输出结果可以看出,在有格式的数据输入中,如果输入的数据含有小数,输入时可以省略,当然也可以不省。

在命名式的数据输入中,在 INPUT 语句变量名之后加上"=",SAS 系统在输入的数据中寻找变量名和等号,如"Input name=$ $X1=$;"。一般来说,命名格式的数据输入方式在数据行中含有变量的名字,后面跟着等于号("=")和变量的值的情况下才使用。如数据行中若含有以下内容:

200012 name=marry age=15

200015 age=16 name=john

200011 age=16 name=smith and tom

则在使用 INPUT 语句创建 SAS 数据集时应使用命名式数据输入方式。上面的数据用命名式数据输入方式创建 SAS 数据集的程序为:

data da1;
input id name=$15. age =;
cards;
200012 name=marry age=15
200015 age=16 name=john
200011 age=16 name=smith and tom
;

程序输出结果为:

OBS	ID	NAME	AGE
1	200012	marry	15
2	200015	john	16
3	200011	smith and tom	16

从以上输出结果可以看出,命名式输入方式输入的数据可以不管其次序,还可以加入其他格式的输入方式。

注意:(1)数据行中的数据顺序必须与 INPUT 语句中变量定义的顺序一致。

(2)如果要在一行中输入几个观测的数据,需要在 INPUT 语句结尾处加上两个@@。

（3）如果输入的变量是连续的，如 X1，X2，…，X9，X10，则可简单写为 X1－X10，即 INPUT X1－X10。

3. DATA 步中的其他语句

对输入的数据根据你的愿望进行一些加工，如引例中的赋值语句（Y=X1+X2+X3；）和例 2.1 中的条件语句（if year=2013 then output year2013; else output year2014；）。

4. CARDS 语句

紧接着数据行，它标志着语句的结束及 DATA 步中数据行的开始。

注：如果要在数据行中输入一些特殊字符，此时把 CARDS 改为 CARDS4，并把空语句中的";"改为 4 个分号（;;;;）。

DATALINES 语句表示数据行，需要注意的是数据行的每行结尾都不需要加分号";"，数据输完后必须另起一行再加分号";"，此时表示数据输入完毕。

为了更好地理解利用 DATA 步创建 SAS 数据集的过程，下面再举一例。

【例 2.2】 表 2.3 是某班学生姓名、性别、年龄、身高和体重的统计数据，试用 DATA 步创建一个包含下列数据，名为 class 的永久性 SAS 数据集。要求：①每行只输入一个观测数据；②每行输入两个观测数据；③姓名改成汉字输入。

表 2.3

Name	Sex	Age	Height	Weight
Alice	F	13	56.5	84
Becka	M	13	65.3	98
Gail	M	14	64.3	90
Karen	F	12	56.3	77

解：根据以上要求，编制 SAS 程序如下：

（1）data sasuser.class1 ;
　　input name$ sex$ age height weight ;
　　cards ;
　　Alice　F　13　　56.5　　84
　　Becka　M　13　　65.3　　98
　　Gail　　M　14　　64.3　　90
　　Karen　F　12　　56.3　　77
　　;
（2）data sasuser.class2 ;

input name$ sex$ age height weight @@ ;
cards ;
Alice   F   13   56.5   84   Becka   M   13   65.3   98
Gail   M   14   64.3   90   Karen   F   12   56.3   77
;
（3）data sasuser.class3 ;
input name$ sex$ age height weight ;
cards ;
艾丽丝   F   13   56.5   84
贝肯   M   13   65.3   98
盖尔   M   14   64.3   90
卡恩   F   12   56.3   77
;

2.3.5 通过已存在的 SAS 数据集创建新的 SAS 数据集

利用 SET 语句可以从一个已经存在的 SAS 数据集创建新的 SAS 数据集，其一般格式如下：

DATA new data-set-name;
SET old data-set-name（options）;
其他 SAS 语句;
RUN;

注意：（1）若 DATA 后的 new 改为 old，此时可以修改已存在的 SAS 数据集；

（2）SET 后的选择项有 KEEP=和 DROP=，使用它们可以用来控制哪些数据被写入到新创建的数据集中。KEEP=variables-name 表示保留变量在新数据集中，而 DROP=variables-name 表示不保留变量在新数据集中。

【例 2.3】 假设已存在 SAS 数据集 sasuser.class1（见例 2.2），试用 SET 语句创建一个新的 SAS 数据集。要求数据集中不含有变量 name 和 sex。

根据要求，编制如下程序：

Data class4;
Set sasuser.class1（drop=name sex）;
Run;

程序解释：Data 语句创建了一个临时性的 SAS 数据集 class4；Set 语句把已有的 SAS 数据集 sasuser.class1 读入到 SAS 数据集 class4 中，这里原数据集中的变量 name，sex 被取消了，但保留了变量 age height weight，需要注意的是变量之间需空格，但不需要加逗号；Run 语句表示程序结束。

2.4 几个常用的 SAS 过程

利用 DATA 步创建完一个 SAS 数据集后，接下来的工作是：根据问题的需要，利用所创建的 SAS 数据集进行有关统计分析。显然，作为统计分析基础的数据必须正确无误，这时就要利用 SAS 系统中的打印过程把数据打印出来，以检查数据集创建得是否正确，数据输入是否无误。另外，SAS 数据的输出顺序是按数据输入的顺序进行的，但实际中有些问题常常需要按一定的顺序或按某一特征分组输出，这时就需要事先对数据进行分组、排序或转置，然后对分组、排序或转置后的数据进行分析处理，这就要涉及 SAS 系统中常用的打印过程（PRINT 过程）、排序过程（SORT 过程）和转置过程（TRANSPOSE 过程）。

2.4.1 PRINT 打印过程

2.4.1.1 PRINT 过程的主要功能

该过程用于输出 SAS 数据集中的数值。数据集中每个变量形成输出报表的列，每个观测形成行。

例如，要把例 2.2 中创建的 SAS 数据集 CLASS1 打印出来，只需在 DATA 步后再加上以下语句即可：

    Proc print data=sasuser.class1; run;

PRINT 过程的主要功能有：

（1）变量的输出格式用户可以选择；

（2）可在输出报表中加上标题和脚注；

（3）每页报表的宽度和长度可以控制，每列的宽度也可以控制；

（4）可输出数据集中变量的任何子集；

（5）可分组输出观测数据；

（6）可计算所有观测值或分组观测值的总和及其他统计量。

2.4.1.2 PRINT 打印过程的一般格式

```
PROC PRINT <option-list>;       } 必需的语句
VAR variables-list;
ID variable-list;
BY variable-list;                
PAGEBY BY- variable;             } 可选语句
SUMBY BY-variable;
SUM variable- list;
```

语句说明：

1. PROC PRINT 语句：PROC PRINT <option-list>;

该语句是 PRINT 过程唯一所需的。在该语句中使用的选项有下列几项：

（1）DATA=SAS-data-set（SAS 数据集）—指定所要打印的数据集。如果省略，则输出最新生成的 SAS 数据集。

（2）N—要求在输出这个数据集的数据列表之后同时输出观测的个数。如果使用 BY 语句，那么在每个 BY 组的数据输出之后同时输出该 BY 组的观测个数。

（3）DOUBLE|D—要求输出时隔行打印。

（4）ROUND|R—按 FORMAT 语句对变量规定的输出格式的小数位进行四舍五入，如果没有规定输出格式，则保留 2 位小数。只有求总和的变量值被四舍五入，数值在输出前已被四舍五入，然后对舍入值累计求和输出。

（5）NOOBS—不输出观测数据的序号。

2. BY 语句：BY variable-list;

该语句与 PROC PRINT 语句一起使用时可分别输出由 BY 变量定义的几个观测组的数据列表。

3. PAGEBY 语句：PAGEBY BY- variable;

该语句使得 PRINT 过程开始在新的一页上输出。当 PAGEBY 变量的值改变或在 BY 语句中列在 PAGEBY 变量前面的 BY 变量值改变时，PRINT 过程都将从新的一页开始输出。例如：

    data sample2;
    input x y z @@;
    cards;
    1 1 1 1 2 3 1 7 8 9 5 4 3 4 2 4
    5 5 6 6 7 1 4 3 5 6 2

```
; proc sort;by x;run;
    proc print; by x;pageby x; run;
```

注：（1）当需要分组输出时，在 print 过程前必须使用排序过程（sort 过程），并且 print 过程中的 by 变量名和 pageby 变量名与 sort 过程中的 by 变量名必须一致。

（2）上例中，当没有语句"pageby x;"时，数据一组接着一组输出。当含有该语句时，数据按组分页输出，即一组一页，有几组就输出几页。

4. SUM 语句：SUM variable-list;

该语句用来计算变量的总和。当使用 BY 语句并规定一个 BY 变量时，过程将对包含不只一个观测的每个 BY 组的 SUM 变量求和。如上例改为：

```
    data sample2;
    input X Y Z @@;
    cards;
    1 1 1 1 2 3 1 7 8 9 5 4 3 4 2 4
    5 5 6 6 7 1 4 3 5 6 2
    ; proc sort;by X;run;
    proc print;
    by X;sum Y Z; run;
```

过程解释：sort 过程首先按变量 X 从小到大排序，print 过程先对变量 Y Z 分组求和，最后再给出总和。该程序输出结果省略，建议读者自行给出。

注：（1）在按 BY 变量分组求和之前，须按 BY 变量进行排序。

（2）上述程序段中，若把 sum Y Z 改为 sumby X，结果是一样的。

2.4.2 SORT 排序过程

2.4.2.1 SORT 过程的主要功能

SORT 过程在 SAS 数据集中按一个或几个变量的大小顺序将观测重新分类排序，并把结果存放在新的 SAS 数据集里，或者用新的数据集替代原始数据集，以便其他 SAS 过程通过 BY 语句来直接调用它。例如，上例中经过事先对变量 X 进行排序之后就可以按变量 X 分组对变量 Y 进行汇总打印了。

2.4.2.2 SORT 排序过程的一般格式

```
PROC SORT <option-list>;
BY <descending>variable-1 <...<descending>variable-n>;
```

语句说明：

（1）PROC SORT 语句后的选择项规定排序的数据集名或输出的数据集名。若该语句后跟 DATA=SAS-data-set 选项，则规定对该数据集进行排序；没有该选项，则规定对最新创建的 SAS 数据集进行排序。若该语句后跟 OUT=SAS-data-set 选项，则规定输出数据集名，否则，先对给定的数据集进行排序，并用排序后的数据集代替原始数据集，但数据集名不变。

（2）BY 语句规定排序的变量名，可以有任意多个。当在 BY 语句中规定了多个变量时，SORT 过程首先按 BY 语句中第一个变量的顺序进行排序，然后对第一个变量的给定值按第二个变量的顺序进行排序，这样一直下去，直到所有变量被排序为止。若 BY 语句中给定了关键词 descending，则表示 SORT 过程按给定变量的下降顺序排序，否则按升序排序。

【例 2.4】 对例 2.2 中数据集 class1 的数据，先按性别排序，再按年龄降序排列。

程序如下：

```
data paixu;
set sasuser.class1;
run;
proc sort out=paixu1;
by sex descending age;
run;
proc print data=paixu1;
title '按性别和年龄排序';
run;
```

该例中，首先由 set 语句把 sasuser 数据库中的名为 class1 的数据集调入到当前状态形成数据集 paixu。sort 过程先按 sex 升序排列，再对性别中的女性和男性分别按年龄进行降序排列，其结果形成数据集 paixu1。print 过程打印输出数据集 paixu1，title 语句给出了输出结果的标题。

按性别和年龄排序

Obs	name	sex	age	height	weight
1	Alice	F	13	56.5	84
2	Karen	F	12	56.3	77
3	Gail	M	14	64.3	90
4	Becka	M	13	65.3	98

2.4.3 TRANSPOSE 转置过程

2.4.3.1 TRANSPOSE 过程的主要功能

TRANSPOSE 过程把原 SAS 数据集转置为一个新的 SAS 数据集。在新的 SAS 数据集中，原数据集中的观测变为变量，变量变为观测。新数据集中的变量包含以下三类：

（1）从输入数据集中拷贝过来的变量。这些变量与输入数据集中的变量具有相同的名字和值。

（2）由输入数据集中的观测转置后所创建的变量。

（3）为了识别在输出数据集的每个观测值的来源而由该过程创建的变量。

如对例 2.4 的数据集 paixu1 进行转置，程序如下：

```
data trans; set paixu1; run;
  proc transpose ;
  id name;
run;  proc print ; run;
```

数据集 paixu1 转置后结果如下：

OBS	_NAME_	ALICE	KAREN	GAIL	BECKA
1	AGE	13.0	12.0	14.0	13.0
2	HEIGHT	56.5	56.3	64.3	65.3
3	WEIGHT	84.0	77.0	90.0	98.0

从输出结果看出，转置后的数据集含有三类变量。其中：AGE，HEIGHT，WEIGHT 是从输入数据集中拷贝过来的变量，_NAME_ 是输入数据集中的观测转置后所创建的变量，称为转置变量，而变量 ALICE，KAREN，GAIL，BECKA 是为识别在输出数据集的每个观测值的来源而由 TRANSPOSE 过程创建的变量。

2.4.3.2 TRANSPOSE 过程的一般格式

> **PROC TRANSPOSE** <option-list >;
> **VAR** variable-list;
> **ID** variable;
> **COPY** variable-list;
> **BY** variable-list;

语句说明：

（1）PROC TRANSPOSE 语句规定对给定的 SAS 数据集进行转置。该语句后的选择项 option-list 规定转置的数据集名或转置后输出的数据集名或对输出变

第 2 章　SAS 数据库与 SAS 数据集

量进行命名。若该语句后跟 DATA=SAS-data-set 选项，则规定对该数据集进行转置；没有该选项，则规定对最新创建的 SAS 数据集进行转置。若该语句后跟 OUT=SAS-data-set 选项，则规定输出数据集名，否则，SAS 系统按规定自动地给输出数据集命名为 DATAn。若该语句后跟 PREFIX=name，则规定一个词头用来构造新变量的名字；如果省略此选项，那么新变量名为：COL1，COL2，…，COLn。若该语句后跟 NAME=name，则规定输出数据集中转置变量的名字；若省略此选项，则转置变量的名字为：_NAME_。

（2）VAR 语句列出要转置的变量，包括数值变量和字符变量。如果没有使用 VAR，输入数据集中没有列在其他语句里的所有数值变量被转置。字符变量若要转置必须在 VAR 语句中列出。没有被转置的变量从新数据集中删去，除非它们在 COPY 或 BY 语句中列出。

（3）ID 语句规定输入数据集中的一个变量为输出数据集中观测的识别变量，要求 ID 变量值必须是唯一的。当使用 BY 语句时，每一 BY 组中的 ID 变量值也必须是唯一的。

（4）COPY 语句中列出的所有变量不被转置而直接从输入数据集中拷贝到输出数据集中，必要时，在输出数据集中用缺省值代替。

（5）BY 语句规定每个 BY 组中的变量进行转置，但 BY 变量本身并不参加转置。

【例 2.6】　以下是世界上一些著名公司某年的经营情况资料，包括公司名称、国别、经营商品种类、雇员人数、销售额、利润，具体情况见表 2.4。

表 2.4

公司名称	国别	经营商品种类	雇员人数（千人）	销售额（百万）	利润（百万）
Thomson	France	Electronics	100	$11,917	2,441
Farmland Industries	U.S.	Food	11	$4,723	3,255
Chrysler	U.S.	Automobiles	128	$43,600	2,551
Volkswagen	Germany	Automobiles	252	$46,312	1,232
Nissan Motor	Japan	Automobiles	143	$53,760	$805
Borden	U.S.	Food	39	$6,700	6310
Mazda Motor	Japan	Automobiles	33	$20,279	4541
Westinghouse	U.S.	Electronics	102	$11,564	$3260
Amerada Hess	U.S.	Oil	10	$5,852	$2680
Peugeot	France	Automobiles	144	$25,670	$258

SAS 与现代经济统计分析

试根据以上数据排列的顺序，创建一个包含公司名称、国别、经营商品种类、雇员人数、销售额、利润作为变量名的数据集 A，然后按利润从大到小排序，最后对数据集 A 进行转置，识别变量为公司名称。

根据题意，程序如下：

data A;

input name$20. state$ goods$ employ sale profit;

cards;

Thomson	France	Electron	100	11917	2441
Farmland Industries	U.S.	Food	11	4723	3255
Chrysler	U.S.	Mobiles	128	43600	2551
Volkswagen	Germany	Mobiles	252	46312	1232
Nissan Motor	Japan	Mobiles	143	53760	805
Borden	U.S.	Food	39	6700	6310
Mazda Motor	Japan	Mobiles	33	20279	4541
Westinghouse	U.S.	Electron	102	11564	3260
Amerada Hess	U.S.	Oil	10	5852	2680
Peugeot	France	Mobiles	144	25670	258

;

proc sort out=sortA;

by descending profit; run;

proc transpose data=A;

var state goods employ sale profit;

id name; run;

proc print;run;

本程序首先利用 DATA 步创建了一个数据集 A，然后利用 sort 过程按利润从大到小排序，最后一个过程给出了原数据集 A 的转置，并以公司名称为识别变量，程序输出结果略。

实验 2.1　SAS 数据集的创建

实验目的： 通过实例创建 SAS 数据集，了解 SAS 语言的特点，掌握 SAS 语言的编写方法，学会运用 SAS 语言编写简单的 SAS 程序，能够根据给定的资料，运用不同方法较熟练地创建所需的 SAS 数据集。

第 2 章 SAS 数据库与 SAS 数据集

实验内容：

（1）已知数据库 SASUSER 上有一个数据集 HOUSE，它包括 6 个变量，STYLE：房屋类型，SQFEET：面积，BEDROOMS：房间数，BATHS：浴室个数，STREET：街道，PRICE：房屋价格，见下表，试根据所给资料运用 DATA 步创建一个临时数据集 HOUSE1。要求：① 在每行上输入一个观测；② 在每行上输入两个观测。

（2）若上述数据集存于 U 盘上，试用 SET 语句创建一个新的 SAS 数据集。

STYLE	SQFEET	BEDROOMS	BATHS	STREET	PRICE
RANCH	1250	2	1.0	Sheppard Avenue	$64,000
SPLIT	1190	1	1.0	Rand Street	$65,850
CONDO	1400	2	1.5	Market Street	$80,050
TWOSTORY	1810	4	3.0	Garris Street	$107,250
RANCH	1500	3	3.0	Kemble Avenue	$86,650
SPLIT	1615	4	3.0	West Drive	$94,450
SPLIT	1305	3	1.5	Graham Avenue	$73,650
CONDO	1390	3	2.5	Hampshire Avenue	$79,350
TWOSTORY	1040	2	1.0	Sanders Road	$55,850
CONDO	2105	4	2.5	Jeans Avenue	$127,150
RANCH	1535	3	3.0	State Highway	$89,100
TWOSTORY	1240	2	1.0	Fairbanks Circle	$69,250
RANCH	720	1	1.0	Nicholson Drive	$34,550
TWOSTORY	1745	4	2.5	Highland Road	$102,950
CONDO	1860	2	2.0	Arcata Avenue	$110,700

实验 2.2　SAS/ACCESS 软件访问

实验目的：通过创建一个 SAS 数据集，认识和熟悉 VIEWTABLE 窗口，SAS/INSIGHT 模块，掌握 SAS 数据集的创建方法，熟悉和掌握运用 SAS/ACCESS 软件访问其他的数据文件的方法。

实验内容：

（1）利用表 2.5 中前 10 个观测数据创建一个永久性的、名为 CLASS 的 SAS 数据集。要求用 VIEWTABLE 窗口和 INSIGHT 模块分别创建，并对所创建的数据集进行修改，添加剩下的观测形成的数据集 CLASS1。

表 2.5

NAME	SEX	AGE	HEIGHT	WEIGHT
Rlice	F	13	56-5	84-0
Becka	F	13	65-3	98-0
Gail	F	14	64-3	90-0
Karen	F	12	56-3	77-0
Kathy	F	12	59-8	84-5

（续）表 2.5

NAME	SEX	AGE	HEIGHT	WEIGHT
Mary	F	15	66-5	112-0
Sandy	F	11	51-3	50-5
Sharon	F	15	62-5	112-5
Tammy	F	14	62-8	102-5
Alfred	M	14	69-0	112-5
Duke	M	14	63-5	102-5
Guido	M	15	67-0	133-0
James	M	12	57-3	83-0
Jeffrey	M	13	62-5	84-0
John	M	12	59-0	99-5
Philip	M	16	72-0	150-0
Robert	M	12	64-8	128-0
Thomas	M	11	57-5	85-0

（2）把 C 盘上的一个 DBASE 文件和 EXCEL 文件转换成一个 SAS 数据集，再把它们转换为 EXCEL 文件。

（3）用 VIEWTABLE 窗口创建一个 SAS 数据集存在 U 盘上，然后对该数据集进行修改。

①增加一个观测：姓名为 JOHN，性别为男，年龄 15 岁，身高 160cm，体重 56.5kg。

②利用 VIEWTABLE 窗口下的编辑状态对数据集进行修改：A. 对某行的数据进行修改；B. 增加一新行；C. 取消原来数据集中的某行；D. 对数据集按某个变量进行排序。

③对所创建的数据集利用 SAS/INSIGHT 模块对数据进行修改：A. 取消某一列；B. 对某一变量进行数据变换；C. 对某一数值变量考察其分布状况。

习 题 2

1. 填空

（1）命名一个库标记的关键词是_____。

（2）在语句 Libname libref 'sas-data-library'; 中，libref 表示_____。

(3) SAS 数据库可分为_____和_____两种。
(4) 每次 SAS 启动时都自动指定三个库标记：SASHELP，_____和_____，其中_____是永久库，它表示在结束 SAS 后其中的文件_____，但库标记仍是_____。

2. 利用 Libname 语句把 C 盘和 D 盘中的一个目录定义为 SAS 库标记，并在该库标志下用 DATA 步把下列数据（见表 p.2.1）创建成一个 CLASS 数据集，再按身高降序输出。

表 p.2.1

姓名	年龄	性别	身高（cm）	体重（kg）
KATIE	12	女	145	43.1
LOUISE	12	女	149	55.8
JANE	12	女	135	33.6
JACLYN	12	女	162	65.8
LILLIE	12	女	127	29.1
TIM	12	男	147	38.1
JAMES	12	男	149	58.1
ROBERT	12	男	125	35.9
BARBARA	13	女	147	50.8
ALICE	13	女	149	48.6
SUSAN	13	女	137	30.4

3. 已知某班四名同学某次考试成绩如下（见表 p.2.2）：

表 p.2.2

姓名	性别	语文	数学	物理	化学	英语
王辉	男	80	85	82	78	90
李唱	女	85	93	88	70	89
张三	男	77	86	67	82	85
王二	女	81	78	93	83	87

试建立一个临时性 SAS 数据集 SCORE，计算每位同学的总成绩和平均成绩，并据此按性别输出各科总成绩。

第3章 SAS编程基础

3.1 SAS语法基础

3.1.1 SAS常数

SAS常数用来表示固定的值，它或者是一个数字，或者是用引号引起来的字符串，或者是其他特殊记号。SAS常用以下三类常数：

1. 数值常数

一个数值常数就是出现在 SAS 语句里的数字。其书写和用法与其他高级语言的使用基本相同，它可以包括小数点、负号及 E 记号等，如：

$$0.1,\ 1.23,\ -5,\ 1.2E3,\ 0.5E-5$$

数值常数缺失时用小数点"."表示。

2. 字符常数

字符常数是由单引号括起来的 1 到 200 个字符组成的。如语句 if name='tom' then do;中的'tom'是一个字符常数。

如果字符常数含有引号，应用双引号括起来，如 name=" 'tom' s "。字符常数缺失时用空格加引号（" "）表示。

3. 日期、时间和日期时间常数

为了把日期、时间或日期时间值表示为常数，在输入格式或输出格式中使用相同记法：TIME.，DATE.和 DATETIME.。格式值用单引号括起来，并跟随一个 D（日期），T（时间）或 DT（日期时间）。例如：

'1JAN1998'D, '01JAN98'D, '9:25'T , '18JAN98:9:25:20'DT

3.1.2 SAS操作符

SAS 操作符是一些符号，用它们可以作比较、算术运算或逻辑运算，有前缀和中缀之分。前缀操作符用在数值、变量或函数的前面，主要有+、−、NOT，而中缀操作符则是用在两个运算对象的中间，主要有算术操作符、比较操作符、逻辑操作符等。

1. 算术操作符

算术操作符表示执行一种算术运算。常用算术操作符及其含义、举例见表3.1。

表3.1 SAS算术操作符及其含义、举例

操作符	符号含义	举例
+	加法	Sum=x+y
−	减法	Diff=x-y
*	乘法	Mult=x*y
/	除法	Divide=x/y
**	幂运算	Raise=x**5
||	字符串并接	Str=str1||str2

2. 比较操作符

比较操作符用来建立两个量之间的一种关系，并要求SAS确定这种关系是成立或不成立。如果成立，输出的结果为1；如果不成立，结果为0。常用比较操作符及其含义、举例见表3.2。

表3.2 SAS比较操作符及其含义、举例

操作符	符号	含义	举例
LT	<	Less Than	if x1<5;
GT	>	Greater Than	if price>10;
EQ	=	Equal	if dest='lon';
LE	<=	Less equal	if output<=1000;
GE	>=	Greater equal	if cost>=1000;
NE	^=	Not Equal	if x1^=5;
IN		in some value list	if dest in ('lon', 'par');

3. 逻辑操作符

逻辑操作符也称为布尔算符，在表达式里通常用来连接一系列比较式，常与IF语句结合使用。常用逻辑操作符及其含义、举例见表3.3。

表3.3 SAS逻辑操作符及其含义、举例

操作符	符号	意义	举例
AND	&	并且	if x>3 and x<8;
OR	|	或者	if x<3 or x>4;
NOT	^	非	if x^3;

以上 SAS 操作符与其他高级语言的操作符在符号、含义及运算顺序上基本是一致的，这里不再赘述。

3.1.3　SAS 函数

3.1.3.1　SAS 函数的定义和表示

SAS 函数是 SAS 系统中编好的子程序，它对若干个参数进行计算后返回一个结果值。为了调用一个函数，先写出函数名，接着是空括号或括在括号中的若干个要进行计算的参数，其一般形式如下：

函数名（　）或函数名（参数 1，参数 2，…）

当参数多于一个时，参数之间应该用逗号隔开，也可写成如下形式之一：

函数名（OF 变量 1 … 变量 N）或函数名（OF 变量 1－变量 N）

例如，下列形式是正确的：

SUM（OF X1－X50　Y1－Y50），SUM（OF X　Y　Z），SUM（X1，X2，Y1，Y2），这里 SUM 为求和函数。

3.1.3.2　SAS 函数的用法

SAS 函数作为表达式或表达式的一部分用于 DATA 步的编程语句中及一些统计过程中。例如：

作为一个赋值语句：TOTAL=SUM（X1，X2，X3）；

作为一个表达式的一部分：IF SUM（CASH，DATA）<1000 THEN DOLL=INT（CASH）；

作为一个函数，往往使程序变得非常简洁，有时甚至必须使用 SAS 函数来进行计算。如以下程序：

　　　　total=x1+x2+x3+x4+x5+x6+x7+x8+x9+x10；
　　　　if total>y then z=total；
　　　　else z=y；

可以简化为：

　　　　z=max（y,sum（of $x1-x10$））；

又如，计算定积分 $\int_{-\infty}^{1} e^{-\frac{(x-4)^2}{8}} dx$ 的值时，就必须要使用正态概率函数。

3.1.3.3 一些常见的 SAS 函数

1. 数学函数

N（X）：非缺损值的个数；NMISS(X)：缺损值的个数；ABS（X）：绝对值函数；EXP（X）：指数函数；LOG（X）：以 e 为底的对数函数；LOG10（X）：以 10 为底的对数函数；SIGN（X）：符号函数；INT（X）：取整函数；MAX（$X,Y,...$）：最大值函数；LARGEST(N, OF $X1-X10$)：在 $X1-X10$ 中第 n 大的数；SMALLEST(N, OF $X1-X10$)：在 $X1-X10$ 中第 n 小的数；LAGN(X)：滞后 n 阶函数；DIF(X)：差分函数；SQRT（X）：平方根函数；SIN（X）：正弦函数；COS（X）：余弦函数；TAN（X）：正切函数；ATAN（X）：反正切函数。

2. 财政金融函数

COMPOUND：计算复利系数；DEPSL：用直线折旧法计算资产的折旧额；DEPSYD：用年限总和法计算资产的折旧额；DEPDB：用余额递减折旧法计算资产的折旧额；IRR：计算用百分数表示的内部收益率；NPV：计算用百分数表示的净现值；SAVING：计算定期储蓄的本金和利息。

3. 概率函数

（1）PROBNORM（x）：标准正态分布函数，该函数计算服从标准正态分布的随机变量 U 小于给定 x 的概率；

利用标准正态分布函数，可以计算定积分 $\int_{-\infty}^{1} e^{-\frac{(x-4)^2}{8}} dx$ 的值。记 $y=\frac{x-4}{2}$，则定积分：

$$\int_{-\infty}^{1} e^{-\frac{(x-4)^2}{8}} dx = 2\sqrt{2\pi} \int_{-\infty}^{-\frac{3}{2}} \frac{1}{\sqrt{2\pi}} e^{-\frac{y^2}{2}} dy = 2\sqrt{2\pi} \text{ PROBNORM }(-1.5)$$

$$= 0.066807 \times 2\sqrt{2\pi} = 0.335$$

（2）PROBCHI（x, df, nc）：χ^2 分布函数。该函数计算服从自由度为 df，非中心参数为 nc 的 χ^2 分布的随机变量小于给定 x 的概率。如果 nc 没有规定或取为 0，那么被计算的就是中心 χ^2 分布。注意，自由度 df 允许是非整数。

（3）PROBF（x, ndf, ddf, nc）：F 分布函数，该函数计算服从分子自由度为 ndf，分母自由度为 ddf，非中心参数为 nc 的 F 分布的随机变量小于给定值 x 的概率。如果 nc 没有规定或取为 0，那么被计算的就是中心 F 分布。注意：自由度允许是非整数。

（4）PROBT（x, df, nc）：该函数计算服从自由度为 df，非中心参数为 nc 的 T 分布的随机变量小于给定 x 的概率。如果 nc 没有规定或取为 0，那么被计算的就是中心 T 分布。注意：自由度 df 允许是非整数。

（5）PROBBNML（p, n, m）：其中，$0<=p<=1, n>=1, m>=0$，这个函数给出参数为 p 和 n 的二项分布随机变量小于等于 m 的概率。

4. 样本统计函数

SUM（$X1, X2, \cdots$）或 SUM(OF $X1\ X2\cdots$)：求和函数；

MEAN（$X1, X2, \cdots$）或 MEAN（OF $X1\ X2\cdots$）：均值函数；

MAX（$X, Y, \cdots$）或 MAX（OF $X1\ X2\cdots$）：最大值函数；

MIN（$X, Y, \cdots$），或 MIN（OF $X1\ X2\cdots$）：最小值函数；

STD（$X1, X2, \cdots$）或 STD（OF $X1\ X2\cdots$）：标准差函数，公式为

$$s = \sqrt{\frac{1}{n-1}\sum_{i=1}^{n}(x_i-\bar{x})^2}，\ 其中\ \bar{x}=\frac{1}{n}\sum_{i=1}^{n}x_i$$

STDERR（$X1, X2, \ldots$）或 STDERR（OF $X1\ X2\ldots$）：标准误差函数，公式为

$$标准误差 = \frac{s}{\sqrt{n}}$$

CV（$X1, X2, \ldots$）或 CV（OF $X1\ X2\ldots$）：变异系数，公式为

$$CV = \frac{s}{\bar{x}} \times 100\%$$

SKEWNESS（$X1, X2, \cdots$）或 SKEWNESS（OF $X1\ X2\cdots$）：变量 $X1, X2, \cdots$ 的偏度，计算公式为

$$SKEWNESS（X1, X2, \cdots）= \frac{n}{(n-1)(n-2)}\frac{\sum(x_i-\bar{x})^3}{s^3}$$

KURTOSIS（$X1, X2, \cdots$）或 KURTOSIS（OF $X1\ X2\cdots$）：变量 $X1, X2, \cdots$ 的峰度，计算公式为

$$KURTOSIS（X1, X2, \cdots）= \frac{n(n+1)}{(n-1)(n-2)(n-3)}\frac{\sum(x_i-\bar{x})^4}{s^4} - \frac{3(n-1)^2}{(n-1)(n-2)}$$

【例 3.1】 表 3.4 是我国内地各省、自治区及直辖市 2013 年农村居民家庭人均纯收入资料。试根据所给出的数据计算我国内地各省、自治区及直辖市农村居民家庭人均纯收入的平均值、标准差、偏度和峰度。

表 3.4　2013 年我国各地区农村居民家庭人均纯收入资料　　　　单位：元

北京	天津	河北	山西	内蒙古	辽宁	吉林	黑龙江
18338	15841	9102	7154	8596	10523	9621	9634
上海	江苏	浙江	安徽	福建	江西	山东	河南
19595	13598	16106	8098	11184	8782	10620	8475
湖北	湖南	广东	广西	海南	重庆	四川	贵州
8867	8372	11669	6791	8343	8332	7895	5434
云南	西藏	陕西	甘肃	青海	宁夏	新疆	
6141	6578	6503	5108	6196	6931	7297	

资料来源：《中国统计年鉴 2014》。

解： 根据所给出的资料，程序编辑如下：

```
data a(drop=income1-income31);
input income1-income31@@;
mean=mean(of income1-income31);
std=std(of income1-income31);
skewness=skewness(of income1-income31);
kurtosis=kurtosis(of income1-income31);
cards;
18338 15841 9102  7154  8596  10523 9621  9634
19595 13598 16106 8098  11184 8782  10620 8475
8867  8372  11669 6791  8343  8332  7895  5434
6141  6578  6503  5108  6196  6931  7297
;
proc print; run;
```

程序运行结果列表如下（见输出 3.1，以下相同之处不再说明）：

输出 3.1　全国农村居民家庭人均纯收入的平均值、标准差、偏度和峰度

平均值	标准差	偏度	峰度
9539.48	3659.61	1.41683	1.49390

从输出结果可以看出，2013 年全国农村居民家庭人均纯收入为 9539.48 元，偏度为 1.41683，表明收入分布向右偏斜。

5. 随机函数

（1）均匀分布：UNIFORM（seed）或 RANUNI（seed），这里 seed 必须是常数，前者或是 0 或是 5 位、6 位、7 位的奇数；后者是模小于 $2^{31}-1$ 的任何数值常数。

（2）标准正态分布：NORMAL（seed）或 RANNOR（seed），这里 seed 必须是常数，前者或是 0 或是 5 位、6 位、7 位的奇数；后者是模小于 $2^{31}-1$ 的任何数值常数。

注意，对于均值为 M，标准差为 S 的正态分布随机变量 Y，可由标准正态分布的线性函数得到：

$$Y=M+S* \text{NORMAL}（seed）$$

【例 3.2】 试用产生标准正态分布的随机函数 NORMAL（seed）产生均值为 170、方差为 30 正态随机数 10 个。

解：根据题目要求，编程如下：

```
data a（drop=i）;
do i=1 to 10 by 1;
z=170+sqrt（30）*normal（0）;
output;
end;
```

程序说明：程序利用循环语句和赋值语句创建了一个名为 a 的 SAS 数据集，注意这里的 data 步没有 INPUT 语句。循环变量 i 从 1 到 10 表示循环 10 次，而赋值语句则利用标准正态随机函数 normal（0）产生一个均值为 170、方差为 30 的正态分布的随机数，从而整个循环组产生 10 个这样的随机数。程序所产生的 10 个随机数字如下：

输出 3.2 由正态随机函数产生的 10 个随机数

167.151	164.028	176.099	176.227	179.322
174.731	168.514	168.983	173.416	172.156

注意，每次产生的随机数可能不同。

6. 字符函数

（1）字母大小写转换函数：UPCASE 函数是指将所有字母变成大写字母；LOWCASE 函数是指将所有字母变成小写字母；PROPCASE 函数是指将单词中第一个字母变成大写，其余字母为小写。

（2）空格或字符删除函数：COMPBL 函数是指将两个或多个空格变成一个空格；COMPRESS 函数是指删除空格和指定的字符；LEFT 函数为删除字符头部空格，TRIM 函数为删除字符尾部空格，STRIP 表示字符头尾空格都删除。

例如：对于下列 ADDRESS 数据集，使用上述字符函数进行转换。

Listing of ADDRESS				
Name	Street	City	State	Zip
ron coDY	1178 HIGHWAY 480	camp verde	tx	78010
jason Tran	123 lake view drive	East Rockaway	ny	11518

```
    data standard;
set learn.address;
    Name=compbl(propcase(Name));
    Street=compbl(propcase(Street));
    City=compbl(propcase(City));
    State=upcase(State);
run;
```
程序运行结果如下：

Listing of STANDARD				
Name	Street	City	State	Zip
Ron Cody	1178 Highway 480	Camp Verde	TX	78010
Jason Tran	123 Lake View Drive	East Rockaway	NY	11518

例如：对于下列 PHONE 数据集，使用 COMPRESS 函数进行转换。

Listing of PHONE
Phone
(908)232-4856
210.343.4757
(516) 343 - 9293
9342342345

```
data phone;
length PhoneNumber$ 10;
set learn.phone;
PhoneNumber=compress(Phone,' ()-.');
drop Phone;run;
```
程序运行结果如下：

Listing of PHONE
PhoneNumber
9082324856
2103434757
5163439293
9342342345

（3）字符串连接函数：CAT 函数是将两个或更多的字符串直接连接起来；CATS 函数是将字符串头尾空格删除后再连接。CATX 函数与 CATS 函数作用类

似，只不过前者增加了一个作用就是连接字符串时，在字符串之间插入一个分隔值。

例如：title "Demonstrating the Concatenation Functions";
data _null_;
Length Join Name1-Name4$ **15**;
First='Ron '; Last='Cody ';
Join=':'||First||':';
Name1=First||Last;
Name2=cat(First,Last);
Name3=cats(First,Last);
Name4=catx(' ',First,Last);
file print;
put Join=/
Name1=/
Name2=/
Name3=/
Name4=/;
run;

程序结果如下：

```
        Demonstrating the Concatenation Functions
Join=:Ron :
Name1=Ron Cody
Name2=Ron Cody
Name3=RonCody
Name4=Ron Cody
```

3.1.4 SAS 表达式

SAS 表达式是由一系列操作符与运算对象连接而成的，它被执行后产生一个运算结果。运算对象可以是常数、变量和函数，操作符可以是算术操作符、比较操作符和逻辑操作符。不含或仅含有一个操作符的表达式称为简单表达式，含有两个或两个以上操作符的表达式称为复合表达式。下列式子都是表达式：

$X+5$，10，$SIN（X）$，$(X1+X2)/2$，$X+10-EXP(X1-X2)$，$SCORE>90$，$A=B=C$

注意，单独的常数、变量也是表达式的一种形式。

3.2 DATA 步中的一些常用语句

3.2.1 用在 DATA 步中的运行语句

SAS 系统提供了一些语句对变量或观测进行加工处理。在 DATA 步建立一个 SAS 数据集之后，可以用 SAS 语句修改数据，选择观测子集，对数据加工处理等。

3.2.1.1 赋值语句和累加语句

1. 赋值语句

一般格式：**variable = expression**；

赋值语句将表达式计算的结果赋给变量（variable）。表达式中可以包含 SAS 操作符，用来执行基本的运算，还可以包含 SAS 函数，用来进行一些数学运算、计算统计量、处理 SAS 数据。需要注意的是：表达式中的变量必须已被赋值，否则作为缺省值处理。

例如：$X=Y+Z*3$；$X=\mathrm{SUM}(Y, Z)$；$Y=1-\mathrm{EXP}(3.1415*180)$；$C=8*(X<Y)+(X>=Y)$。

值得注意的是，利用数学运算式赋值与函数式赋值，计算结果往往不一致。例如：① SumCost=Cost1+Cost2+Cost3；② SumCost=sum(of Cost1−Cost3)。对于①式，只要 Cost1−Cost3 中出现一个数值为缺损值，则求和结果为缺损值。而在②式中，求和函数只计算非缺损值。

2. 累加语句

一般格式：**variable+ expression**；

累加语句将表达式的计算结果加到累加变量上，作为累加变量新的观测值送到数据集中。这里的 Variable 是定义累加变量的名字，它必须是数值型的，且第一个观测被读入前它自动地被赋值为 0。表达式（expression）中同样可以包含 SAS 操作符，用来执行基本的运算，还可以包含 SAS 函数，用来进行一些数学运算、计算统计量、处理 SAS 数据。当这个表达式的计算结果为缺省值时，它被作为 0 处理。下列语句都是累加语句：

$n+1$；　　$x1+x2$；　　$x1+(-x2)$；　　$sumx+x*x$；　　$nx+x^{\wedge}=.$；

【例 3.3】 下列是 2015−2016 学年第 1 学期某班部分学生语文、数学和英语考试成绩，试利用累加语句对总分超过 240 的学生进行计数。考试成绩如下：

82　78　69　90　78　89　79　86　98　76　56　80　72　76　81　69　78　91　92　71　85

解：根据题目要求，编写程序如下：
```
data class;
input chinese maths english @@;
total=chinese+maths+english;
if total>=240 then n+1;else delete;
cards;
82 78 69 90 78 89 79 86 98 76 56 80 72 76 81 69 78 91 92 71 85
;
```

程序说明：data 步首先创建了一个名为 class 的 SAS 数据集。第三个语句为赋值语句，它把语文、数学和英语成绩的总分加起来赋给变量 total。第四句为条件语句，这将在以下介绍，其中 if total>=240 then n+1 语句中的 n+1 为累加语句，这里 n 为累加变量名，1 为表达式。该语句表示当总分 total>=240 时，变量 n 加 1。程序运行结果，请读者自行给出。

3.2.1.2 OUTPUT 语句和 DELETE 语句

1. OUTPUT 语句

OUTPUT 语句规定 SAS 系统输出当前的观测到指定的 SAS 数据集中。

一般格式：**output <数据集名 1> … <数据集名 N>;**

output 后的括号中的数据集名是可选项。当没有该选项时，SAS 系统把当前这个观测输出到 DATA 语句命名的所有数据集上，并返回到 DATA 步开始接着处理下一个观测。当有该选项时，SAS 系统把当前这个观测输出到 output 语句规定的所有数据集上，并返回到 DATA 步开始接着处理下一个观测。这里数据集名可以多于一个，但必须在 DATA 语句中已被命名。下列例 3.4、例 3.5 两段程序给出了 OUTPUT 语句常用的两种使用方法。

【例 3.4】
```
data class;
input name$ chinese maths english @@;
score=chinese;output;
score=maths;output;
score=english;output;
cards;
a 82 78 69 b 90 78 89 c 79 86 98
;
```
数据集 class 的输出结果如下：

第 3 章 SAS 编程基础

输出 3.4 数据集 class 的数据结构

OBS	NAME	CHINESE	MATHS	ENGLISH	SCORE
1	a	82	78	69	82
2	a	82	78	69	78
3	a	82	78	69	69
4	b	90	78	89	90
5	b	90	78	89	78
6	b	90	78	89	89
7	c	79	86	98	79
8	c	79	86	98	86
9	c	79	86	98	98

由输出结果可以看出，三个 OUTPUT 语句把原始数据中的一个观测变成了三个观测。

【例 3.5】 程序如下：

```
data class1 class2;
input name$ chinese maths english @@;
total=chinese+maths+english;
if total>=240 then output class1;
else output class2;
cards;
a 82 78 69 b 90 78 89 c 79 86 98
;
proc print data=class1;
title '数据集 class1';
proc print data=class2;
title '数据集 class2';
run;
```

数据集 class1、class2 的输出结果如下：

输出 3.5 数据集 class1、class2 的数据结构

数据集class1					
OBS	NAME	CHINESE	MATHS	ENGLISH	TOTAL
1	b	90	78	89	257
2	c	79	86	98	263
数据集class2					
OBS	NAME	CHINESE	MATHS	ENGLISH	TOTAL
1	a	82	78	69	229

由输出结果可以看出，第一个 OUTPUT 语句把满足 total>=240 的观测输出到数据集 class1 中，把不满足 total>=240 即 total<240 的观测输出到数据集 class2 中。

2. DELETE 语句

DELETE 语句要求 SAS 系统停止处理当前的观测，即当前的这个观测不被输出到正创建的 SAS 数据集中，而且返回到 DATA 步的开始处理其他观测。

一般格式：**DELETE;**

【例 3.6】
```
data class3;
input sex$ chinese maths english @@;
if sex='m' then delete;
cards;
m 82 78 69 f 90 78 89 m 79 86 98
;
```

程序输出结果如下：

输出 3.6　由 **if** 条件语句创建的数据集 **class3** 的数据结构

OBS	SEX	CHINESE	MATHS	ENGLISH
1	f	90	78	89

该程序表明：当 SAS 系统读入第一个观测时，由于 sex='m'，所以第一个观测没有被输出到 class3 数据集中。当 SAS 系统返回到 data 步的开始继续处理第二个观测时，由于 sex='f'，所以第二个观测被读入到 class3 数据集中。同理，第三个观测不包含在 class3 数据集中。

3.2.1.3　KEEP 语句、DROP 语句和 RENAME 语句

用户在创建 SAS 数据集时，有时需要数据集保留部分变量或删除一部分变量，这时就要使用 SAS 系统提供的 KEEP 语句和 DROP 语句。

1. KEEP 语句

在 DATA 步中，KEEP 语句用来规定哪些变量被包含在正被创建的 SAS 数据集中。该语句适用于正被创建的所有 SAS 数据集，而且出现在任何地方其作用也相同。当在一个 DATA 步中同时创建两个或两个以上不同的 SAS 数据集时，为了区分每个数据集所要包含的特殊变量，需要在该数据集后面使用 KEEP= variables 选项，它与 KEEP 语句的作用是相同的。例如，以下程序仅保留了姓名和总分在 class 数据集中。

```
data class;
input name$ chinese maths english @@;
```

```
keep name total;
total=chinese+maths+english;
cards;
a 82 78 69 b 90 78 89 c 79 86 98
;
```

以上这段程序可以换为以下程序，其结果是一样的，读者可以提交这段程序，自行检验。

```
data class（keep= name total）;
input name$ chinese maths english @@;
total=chinese+maths+english;
cards;
a 82 78 69 b 90 78 89 c 79 86 98
;
```

2. DROP 语句

在 DATA 步中，DROP 语句用来规定哪些变量不包含在正被创建的 SAS 数据集中。该语句适用于正被创建的所有 SAS 数据集，而且出现在任何地方其作用也相同。当在一个 DATA 步中同时创建两个或两个以上不同的 SAS 数据集时，为了区分每个数据集所要包含的特殊变量，需要在该数据集后面使用 DROP= variables 选项。

【例 3.7】 data class（keep=name total） class1（drop=name total） class2（drop= sex）;

```
    input name$ sex$ chinese maths english @@;
    drop sex;
    total=chinese+maths+english;
    cards;
    a f 82 78 69 b m 90 78 89 c f 79 86 98
    ;
```

该程序提交后，数据集 class 包含变量 name 和 total，数据集 class1 包含变量 chinese，maths 和 english，而数据集 class2 则包含除 sex 以外的所有变量。

由于 DROP 语句和 KEEP 语句的作用恰好相反，所以使用 DROP 语句时，当然也可以改为使用 KEEP 语句。实际中为了书写方便，在保留变量较少时，常用 KEEP 语句；而在删除变量较少时，使用 DROP 语句。需要说明的是：

（1）在 KEEP 语句或 DROP 语句中，第一个变量名前不需加"="，而在数据集后面使用 KEEP 选项或使用 DROP 选项时，必须加上"="；

（2）不论是 KEEP 或 DROP 语句，还是数据集后面使用 KEEP 选项或使用 DROP 选项，变量之间不能使用"，"，而要用空格隔开。

（3）KEEP或DROP语句对当前正在创建的所有数据集都起作用,而数据集后面使用KEEP或DROP选项则仅对在它前面的数据集有效,对其他数据集不起作用。

3. RENAME 语句

在DATA步中,RENAME语句用来对包含在正被创建的SAS数据集中的变量进行改名。该语句紧跟数据集名后,格式为:RENAME=(variable=new_variable)。

例如: data class(keep=name total rename=(name=student total=total_score));
       input name$ sex$ chinese maths english @@;
       total=chinese+maths+english;
       cards;
       a f 82 78 69 b m 90 78 89 c f 79 86 98
       ;run;

程序提交后,数据集class里面仅保留两个变量name和total,并且name和total已经分别被改名为student和total_score。

3.2.1.4　WHERE 语句

WHERE语句是一个条件语句,它使得用户从已存在的SAS数据集中把满足条件的观测输出到新的SAS数据集中,它不能用在由CARDS语句构成的DATA步中,也不能用WHERE语句从包含原始数据的外部文件中选择记录。由于WHERE语句执行时,SAS系统不要求从输入数据集中读取所有的观测,所以使用WHERE语句SAS程序将会更有效。WHERE语句在执行SET(连接)、MERGE(合并)、UPDATE(更新)或MODIFY(修改)作业时首先进行选择,然后执行连接、合并、更新或修改。WHERE语句不是可执行语句,因而不能作为IF-THEN语句的一部分。

其一般格式是:WHERE where-expression;

在DATA步中,WHERE语句必须跟在一个SET,MERGE,UPDATE或MODIFY语句后面,并对SET,MERGE,UPDATE或MODIFY语句中的所有数据集都适用,WHERE表达式中的变量也必须是这些数据集中所具有的。如果DATA步包含WHERE和BY两个语句,那么WHERE语句在BY组被创建之前执行。当创建BY组时,SAS系统对由WHERE语句选择第一个或最后一个观测指定FIRST.Variable或LAST.Variable值为1,而不管那个观测在输入数据集对应的BY组中是第一个还是最后一个观测。

第 3 章 SAS 编程基础

WHERE 表达式（where-expression）是由一系列算符和操作数组成的一个算术或逻辑表达式。下列 WHERE 语句中的表达式都是有效的：

where total>240; where score>=60 and score<70; where x; where x/y;
where sex='m'; where sum（chinese, maths, english）>=240;
where sum（chinese, maths, english）–263; where total in（257 263）;

与其他 SAS 表达式一样，在执行 WHERE 表达式时 SAS 系统首先对第一个观测计算 WHERE 后的 SAS 表达式，之后再决定第一个观测是否执行 WHERE 语句后的其他 SAS 语句。如果 WHERE 表达式运算的结果为真，则 SAS 系统紧接着执行此后的其他 SAS 语句；如果 WHERE 表达式运算的结果为假，则 SAS 系统将不执行此后的其他 SAS 语句，而是返回到 DATA 步的开始继续处理第二个观测，直到所有观测都被处理为止。

注意，数值变量的名字可以单独出现在 WHERE 表达式中，如 where x 语句中的变量 x。当运行 WHERE 语句时，SAS 系统判断该变量值是否为 0 或缺省。如果该变量值是 0 或缺省，则该表达式运算结果为假，否则为真。

【例 3.8】　　data class ;
　　　　　　　input sex$ chinese maths english @@;
　　　　　　　cards;
　　　　　　　m 82 . 69 f 90 0 89 m 79 86 98
　　　　　　　;
　　　　　　　data class1;
　　　　　　　set class;where maths;
　　　　　　　run;proc print;run;

程序说明：上述这段程序 SAS 系统首先创建了一个名为 class 的数据集，其中，第一个观测变量 maths 值为缺省，第二个观测变量值为 0，第三个观测变量值为 86。接下来，SAS 系统利用 set 语句又创建了一个名为 class1 的 SAS 数据集。该数据集利用 where maths 条件语句选取数据集 class 中的 maths 值为非 0 或缺省的所有其他观测，由此不难理解如下输出结果。

输出 3.8　由 WHERE 条件创建的数据集 class1 的数据结构

OBS	SEX	CHINESE	MATHS	ENGLISH
1	m	79	86	98

注意，由于 WHERE 条件语句不能直接用在由原始数据创建的 SAS 数据集中，所以必须使用 SET 语句重新创建一个 SAS 数据集。下面将会看到，这是与 IF 条件语句重要的区别之一。

除了上述一般形式的运算符外，WHERE 表达式还常用以下一些特有的运算符：

1. Between-And 算符

该算符选择变量值落在某个范围内的观测，范围的界限可以是常数或表达式。

其一般格式为：**WHERE Variable Between value and value**；

如：WHERE score Between 60 and 100；即选择 score（分数）在 60 和 100 之间的观测；WHERE profit Between 1000000 and 2000000；即选择 profit（利润）在 1000000 和 2000000 之间的观测。

2. Same-And 算符

该算符的意义是除满足已选的条件外，还满足 And 后的条件的观测。

【例 3.9】   data class ;
input sex$ chinese maths english @@;
total=chinese+maths+english;
cards;
m 82 78 69 f 90 78 89 m 79 86 98
;
data class1;
set class;
where total> 180;
where same and total<240;
run;
proc print data=class1;
run;

输出 3.9 数据集 class1 的数据结构

OBS	SEX	CHINESE	MATHS	ENGLISH	TOTAL
1	m	82	78	69	229

3. 其他有用的算符

其他有用的算符如下（表 3.5）：

表 3.5

操作符	说明	举例
IS MISSING	匹配缺省值（数值型）	where score is missing
IS NULL	匹配缺省值（字符型）	where name is null
CONTAINS	包含	where name contains Jack
LIKE	相似匹配	where name like Ja_ck%
=*	模糊匹配	where name =* Jack

注：LIKE 语句中的下划线表示一个字符，%表示任意长度的字符串。

3.2.2 用在 DATA 步中的控制语句

在 DATA 步中，SAS 系统对每个观测是按照每个语句出现的先后顺序依次执行的。有时若你想改变语句的运行顺序或对某些确定的观测跳过一些语句，就需要使用 DATA 步中的控制语句。

3.2.2.1 IF 语句（条件语句）

在 SAS 系统中有两种形式的 IF 语句：条件 IF 语句和子集 IF 语句。子集 IF 语句不包含 THEN 子句，它仅对满足 IF 条件的那些观测进行处理。

1. 条件 IF 语句

条件 IF 语句含有一个 THEN 子句，用来执行满足 IF 条件的那些观测。如果某个观测不满足 IF 条件，则 THEN 子句不被执行，此时可以使用 ELSE 语句来执行有关的运算。如果没有规定 ELSE 语句，则 SAS 系统执行紧跟在 IF 后面的下一个语句。

其一般格式是：**IF condition THEN statement; <ELSE statement;>**

以上 IF 语句，SAS 系统首先计算 IF 后面的条件（condition）。如果计算结果为非 0，认为条件成立，则执行 THEN 后的语句（statement）。如果计算结果为 0 或缺省，认为条件不成立，则不再执行 THEN 后的语句（statement），而是执行 ELSE 后的语句或紧跟在 IF 后面的下一个语句。

例如：if total>=240 then output class;
　　　if X=3 THEN Y=X;
　　　if status='ok' and type=3 THEN count+1;
　　　if total>=240 then output class;else output class1;

应该注意的是：

（1）IF-THEN-ELSE 语句还可以嵌入一个 IF-THEN-ELSE 语句。例如：

【例 3.10】　　data class ;
　　　　　　　input sex$ chinese maths english @@;
　　　　　　　total=chinese+maths+english;
　　　　　　　if sex='m' then
　　　　　　　　　if total>=240 then output;
　　　　　　　　　else put 'total<240';
　　　　　　　else output;
　　　　　　　put 'sex=f';
　　　　　　　cards;
　　　　　　　m 82 78 69 f 90 78 89 m 79 86 98 m 76 56 80

f 72 76 81 f 69 78 91 m 92 71 85
;proc print;run;

程序说明：由 data 步创建的 SAS 数据集 class 中有一个嵌套 IF 语句。第一个 IF 语句首先判断性别是否为男性，若是男性则进行第二个条件，判断该同学总分是否在 240 以上。如果在 240 以上，则该观测读入到正创建的 SAS 数据集中；如果总分在 240 以下，则该观测不被读入到正创建的 SAS 数据集中，只是在 LOG 窗口中记上该男生总分在 240 以下。当第一个观测为女性，即第一个条件不成立时，直接进入 else 语句，输出该观测，并在 LOG 窗口记上该生为女性。程序运行结果如下：

输出 3.10 由 IF 嵌套语句所创建的数据集 class 的数据结构

OBS	SEX	CHINESE	MATHS	ENGLISH	TOTAL
1	f	90	78	89	257
2	m	79	86	98	263
3	f	72	76	81	229
4	f	69	78	91	238
5	m	92	71	85	248

这里 put 语句输出的结果都在 LOG 窗口中出现，而在 OUTPUT 窗口则不出现。

（2）在 IF-THEN-ELSE 语句中，还可以使用循环 DO 语句，这将在循环语句中介绍。

【例 3.11】 根据《中国健康与营养》调查(CHNS)2011 年农民工调查数据（数据集名称为 worker），利用 IF 条件语句按照年龄对人群进行分组，组变量名称为 AgeGroup。现提供 3 个程序，试比较分析这 3 个程序有什么区别。

程序 1： data worker_new;
            set worker;
            run;
        if Age lt 20 then AgeGroup=1;
        if Age ge 20 and Age lt 40 then AgeGroup=2;
        if Age ge 40 and Age lt 60 then AgeGroup=3;
        if Age ge 60 then AgeGroup=4;
        run;
        title "按照不同年龄分组";
        proc print data=worker noobs;
        run;

程序 2： data worker_new;
            set worker;

第 3 章　SAS 编程基础

```
                    run;
             if Age lt 20 and not missing(age) then AgeGroup=1;
             else if Age ge 20 and Age lt 40 then AgeGroup=2;
             else if Age ge 40 and Age lt 60 then AgeGroup=3;
             else if Age ge 60 then AgeGroup=4;
             run;
             title "按照不同年龄分组";
             proc print data=worker noobs;
             run;
程序 3：  data worker_new;
                set worker;
             run;
              if missing(Age) then AgeGroup= .;
             else if Age lt 20 then AgeGroup=1;
             else if Age lt 40 then AgeGroup=2;
             else if Age lt 60 then AgeGroup=3;
             else if Age ge 60 then AgeGroup=4;
             run;
             title "按照不同年龄分组";
             proc print data=worker noobs;
             run;
```

题中 3 个程序都能实现本题的要求，但比较可以发现，程序 3 更为简洁，更具效率。程序 1 中使用了"IF-THEN"结构的条件语句，从而使得该程序中 4 个条件语句对于任意一个观测都会重复执行，大大降低了程序运行的效率。与之相比，程序 2 和程序 3 由于使用了"IF-THEN-ELSE"结构而更具效率。因为，只要有一个 if 条件满足，那么就不会执行后面的条件语句，自然提高了程序运行效率。进一步地比较可以看出，程序 3 中的条件表达式比程序 2 中的更为简洁，从而我们鼓励使用程序 3。

2. 子集 IF 语句

子集 IF 语句不包含 THEN 子句，它仅对满足 IF 条件的那些观测进行处理。

其一般格式是：**IF expression;**

子集 IF 语句表明：若某个观测使表达式（expression）的计算结果为非 0 或缺省，则认为条件成立，SAS 系统把当前的（statement）观测读入到正被创建的 SAS 数据集中，并继续执行此后的语句。若某个观测使表达式（expression）的计算结果为 0 或缺省，则认为条件不成立，SAS 系统立即返回到 DATA 步的开

· 61 ·

始,对其他观测执行 DATA 步,该观测也不被读入到正被创建的 SAS 数据集中,子集 IF 语句后的语句也将不再执行。

例如: if place = 'Shanghai';

if sex='f';

if status='ok' and type=3;

3. 子集 IF 语句和 WHERE 语句的比较

子集 IF 语句和 WHERE 语句两者都是条件语句,都需要根据跟在其后的表达式计算的结果来判断条件成立与否,在很多情况下两者输出的结果也一样,但两者之间仍有较大差别。

(1)两者之间最大的差别是 WHERE 语句在观测读入到程序数据向量之前起作用,而 IF 语句对已经在程序向量内的观测起作用。因此,在选择观测时,WHERE 语句往往比子集 IF 语句更有效。

(2)WHERE 语句仅能处理已存在的 SAS 数据集中的观测,而子集 IF 语句不仅能处理已存在的 SAS 数据集中的观测,也可以处理用 INPUT 语句产生的观测。

(3)WHERE 语句不是可执行语句,而子集 IF 语句是可执行语句。

例如:把例 3.8 中的 where maths 换成 if maths,其得到的数据集的结果是一样的。但有时子集 IF 语句和 WHERE 语句即使在条件一样的情况下,得到的结果也不一定相同,参见下面例 3.12。

【例 3.12】 用 WHERE 语句和子集 IF 语句产生不同的 SAS 数据集。

data a ;
input x y @@;
cards;
1 15 3 78 5 90
;
data b;
input x z @@;
cards;
1 69 2 89 4 98
;
(使用 WHERE 语句)   (使用子集 IF 语句)
data whereab;   data ifab;
merge a b;   merge a b;
where x>2;   if x>2;
run;   run;
proc print data=whereab;run; proc print data=ifab;run;

使用 WHERE 语句的运行结果：　　使用子集 IF 语句的运行结果：

OBS	X	Y	Z		OBS	X	Y	Z
1	4	78	98		1	4	90	98
2	5	90	·					

上述两个数据集之所以出现不同的结果，是由于使用 WHERE 语句时，先对数据集 a，b 应用 WHERE 语句，由此可得到数据集 a，b 的子集分别为

X	Y		X	Z
4	78		3	98
5	90			

然后执行两子集的合并，从而得到以上输出结果。使用子集 IF 语句时，是先合并数据集 a，b，再执行 IF 语句。

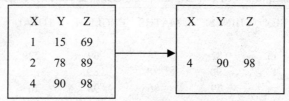

合并后的数据集　　　　执行 IF 语句后所得数据集

3.2.2.2　DO 语句

DO 语句是一种循环语句，即在 DO 后面直到出现 END 语句之前的这些语句被作为一个单元处理，称为 DO 组。对于 DO 语句，根据需要可以嵌套使用。常见 DO 语句有以下五种形式：简单 DO 语句、循环 DO 语句、DO WHILE 语句、DO UNTIL 语句、DO OVER 语句。

1. 简单 DO 语句

简单 DO 语句常常用在 IF-THEN-ELSE 语句里，用来执行当 IF 条件成立时的一组语句，在 IF 条件不成立时，跳出这组语句去执行其他 SAS 语句。

其一般格式是：**DO；其他 SAS 语句；END；**

【例 3.13】
```
data class ;
input sex$ chinese maths english @@;
if sex='m' then
    do;
    total=chinese+maths+english;
    n+1;
    end;
```

```
        ave=sum（chinese, maths, english）/3;
        cards;
        m  82  78  69  f  90  78  89  m  79  86  98  m  76
        56  80
        f  72  76  81  f  69  78  91  m  92  71  85
        ;proc print;run;
```

程序说明：上述这段程序 SAS 系统首先创建了一个包含性别在内的名为 class 的 SAS 数据集。IF 语句首先判断性别是否为男性，若是男性，再执行其中的 DO 组；若是女性，则直接执行 IF 后的赋值语句：ave=sum（chinese, maths, english）/3。由于女性同学没有执行 IF 条件中的 DO 组，所以女性同学的总分为缺省，同时累加语句也没有执行，从而 n 值不变。

输出 3.13　由循环 DO 组所创建的数据集 class 的数据结构

OBS	SEX	CHINESE	MATHS	ENGLISH	TOTAL	N	AVE
1	m	82	78	69	229	1	76.3333
2	f	90	78	89	.	1	85.6667
3	m	79	86	98	263	2	87.6667
4	m	76	56	80	212	3	70.6667
5	f	72	76	81	.	3	76.3333
6	f	69	78	91	.	3	79.3333
7	m	92	71	85	248	4	82.6667

【例 3.14】　试用简单 DO 语句改写下列部分程序：

```
        data grades;
        length Gender$ 1  Quiz$ 2  AgeGrp$ 13;
        infile 'c:\books\learning\grades.txt' missover;
        input Age Gender Midterm Quiz FinalExam;
        if missing(Age) then delete;
        if Age le 39 then Agegrp='Younger group';
        if Age le 39 then Grade=.4*Midterm+.6*FinalExam;
        if Age gt 39 then Agegrp='Older group';
        if Age gt 39 then Grade=(Midterm+FinalExam)/2;
        run;
        title 'Listing of GRADES';
        proc print data=grades noobs;
        run;
```

观察上述程序，我们发现 IF 条件语句里重复使用了相同的条件来执行不同的任务。对于这一现象，我们可以使用简单 DO 语句来完成。程序改写如下：

```
data grades;
length Gender$ 1 Quiz$ 2 AgeGrp$ 13;
infile 'c:\books\learning\grades.txt' missover;
input Age Gender Midterm Quiz FinalExam;
if missing(Age) then delete;
if Age le 39 then do;
   Agegrp='Younger group';
   Grade=.4*Midterm+.6*FinalExam;
end;
else if Age gt 39 then do;
   Agegrp='Older group';
   Grade=(Midterm+FinalExam)/2;
end;
run;  title 'Listing of GRADES';
proc print data=grades noobs; run;
```

从本例可以看出，DO 组可以执行多条 SAS 语句，但对于 IF-THEN 条件语句就不能简单地将多条 SAS 语句放入 THEN 后面，需要 DO 嵌套才行。

2. 循环 DO 语句

循环 DO 语句是指 DO-END 之间的语句被重复执行的语句，其一般格式为：

DO index-variable =spacification-1< , ... , spacification-n>;
其他 sas 语句；
END;

关于循环 DO 语句一般格式的几点说明：

（1）**index-variable**：控制变量，它的值控制着执行情况及执行次数。

（2）**spacification**：说明项，说明变量的起止值，规定变量的增加值。其一般格式为：

start <to stop><BY increment><WHILE|UNTIL （expression）>

这里 start 是循环控制变量的起始值，当同 to stop 或 BY increment 一起使用时，必须是数值或产生数值的表达式。循环 DO 语句从 start 开始执行，其值在第一次循环之前被计算。当没有使用 to stop 或 BY increment 时，start 可以是数值常数或字符常数。

例如：do i=3；表示 DO 组循环一次；
　　　do i=1，3，5，7；表示 DO 组循环四次；

do month='JAN', 'MAR'; 表示 DO 组循环二次。

to stop：循环控制变量的终止值，它可以是数值或产生数值的表达式，它的值在每次循环执行前被计算。当 start 和 stop 一起使用时，循环地执行 DO 组中的语句直到循环控制变量的值大于 stop 的值为止。

BY increment：规定循环控制变量每循环一次后的增加量，它一般与 start, to stop 一起使用。如没有此增量，则控制变量的值每次仅增加 1。很显然，如果增量大于 0，则 start 是该循环的下界，而 stop 则是该循环的上界。如果增量小于 0，则 start 是该循环的上界，而 stop 则是该循环的下界。

WHILE（expression）：规定 expression（表达式）在每次循环执行前先计算，然后根据表达式的真、假决定是执行还是不执行循环 DO 组。

UNTIL（expression）：规定 expression（表达式）在每次循环执行后再计算，于是在 DO 组内的这些语句被重复执行直到表达式是真的为止。

【例 3.15】 利用循环语句和随机正态函数产生参数为 5 的 χ^2 随机数 50 个。

解：根据题目要求，程序如下：

```
data a（drop=i j z）;
do i=1 to 50  by 1; y=0;
  do j=1 to 5;
   z=normal（0）;
   y=y+z*z;
   end;
output;
end;
proc transpose out=transa;run;
proc print noobs;run;
```

程序说明：data 语句定义了一个名为 a 的 SAS 数据集,由于选择项 drop=i j z，所以该数据集不含有变量 i，j，z。循环语句中嵌套了一个循环语句，其中，第二个循环语句产生参数为 5 的 χ^2 分布随机数，这里利用了 χ^2 是由标准正态分布经平方得到这一性质；第一个循环语句产生 50 个随机数。为了使 50 个随机数按行排列，这里使用了转置过程，打印过程使用了选项 noobs，表明不输出观测序号。程序运行结果如下：

输出 3.15 由循环语句和随机正态函数产生的 50 个 χ^2 分布随机数

6.80274	3.02847	3.40320	2.82531	2.87888	6.67964	8.39475	2.40041	4.27569	2.26806
4.22708	5.98785	3.40582	5.10209	3.69296	2.58844	2.13481	4.82308	0.87321	2.59291
3.57369	12.1011	12.7229	12.6032	11.3558	14.1921	6.93884	8.03782	3.98001	1.73402
3.15601	4.29460	14.9750	4.70506	5.47378	3.41526	6.15517	4.62025	1.92610	2.52117
4.80457	4.91229	4.07016	3.66006	5.06776	6.86402	6.74476	8.27617	4.93147	3.54450

【例 3.16】 写出下列循环语句的结果：
```
data easyway;
do Group='Placebo', 'Active';
  do i= 1 to 5;
    input Score@;
    output;
  end;
end;
cards;
250 222 230 210 199
166 183 123 129 234
;
run;
proc print data=easyway;run;
```

程序说明：本例中的第一个循环条件不是由通常的数值型变量构成，而是由字符型变量构成。本例目的是对观测值进行分组，输出结果如下：

Obs	Group	i	Score
1	Placebo	1	250
2	Placebo	2	222
3	Placebo	3	230
4	Placebo	4	210
5	Placebo	5	199
6	Active	1	166
7	Active	2	183
8	Active	3	123
9	Active	4	129
10	Active	5	234

3. DO WHILE 语句

该语句规定当 WHILE 后的表达式运行的结果为真时，重复地执行 DO 组中的语句。

其一般格式为： **DO WHILE（expression）；**

这里的表达式（expression）与前面遇到的表达式是一样的，值得注意的是：其值是在每次循环开始前被计算。

4. DO UNTIL 语句

该语句规定直到 UNTIL 后的表达式运行的结果为真时，循环结束。

其一般格式为： **DO UNTIL（expression）;**

这里的表达式（expression）与 DO WHILE 语句中的表达式是一样的，值得注意的是：其值是在每次循环结束后被计算，亦即 DO 组中的语句至少被执行一次。

【例 3.17】　　data class ;
　　　　　　　input sex\$ chinese maths english @@;
　　　　　　　do i=1 to 10 by 2 while（n lt 2）;
　　　　　　　total=chinese+maths+english;
　　　　　　　n+1;
　　　　　　　end;
　　　　　　　ave=sum（chinese, maths, english）/3;
　　　　　　　cards;
　　　　　　　m 82　78　69　f　90　78　89　m　79　86　98　m　76　56　80
　　　　　　　f 72　76　81　f　69　78　91　m　92　71　85
　　　　　　　;proc print;run;

程序说明：这段程序利用 data 步创建了一个包括循环语句、赋值语句和累加语句在内的名为 class 的 SAS 数据集。其中，循环变量的起始值为 1，终止值为 10，步长增量为 2，并满足累加变量 n 小于 2，从而当程序读入第一个观测执行到该循环语句 i=1 时，SAS 系统首先对 n 和 2 进行比较。由于 n 开始为 0（系统默认），小于 2，所以系统执行该循环语句。经循环一次后，i 增加 2 为 3，累加变量 n 也加 1 变为 1，此时 n 与 2 比较仍小于 2，所以继续执行一次循环语句，之后 i 变为 5，而 n 也增加到 2，此时 n 与 2 再进行比较条件已不成立，退出循环，转而执行赋值语句：ave=sum（chinese, maths, english）/3。当系统执行完第一个观测重新读入第二个观测时，由于 n 等于 2 没变，所以直接跳过循环语句，执行此后的赋值语句，由此得到以下输出结果：

输出 3.17　　由循环 DO 组所创建的数据集 CLASS 的数据结构

OBS	SEX	CHINESE	MATHS	ENGLISH	I	N	TOTAL	AVE
1	m	82	78	69	5	2	229	76.3333
2	f	90	78	89	1	2	.	85.6667
3	m	79	86	98	1	2	.	87.6667
4	m	76	56	80	1	2	.	70.6667
5	f	72	76	81	1	2	.	76.3333
6	f	69	78	91	1	2	.	79.3333
7	m	92	71	85	1	2	.	82.6667

读者可以修改上面这段程序,使总成绩没有缺省值。

上述程序中,如果把 while 改为 UNTIL,则结果将大不一样,请读者自行检验。

5. DO OVER 语句

DO OVER 语句是用来处理具有隐含下标数组元素的循环语句。其一般格式为:

  DO OVER array-name;

其他 SAS 语句;

  END;

该语句对数组中的每个元素自动地执行 DO 组中的每个语句。具体实例见 array 语句。

3.2.3 DATA 步中的文件操作语句:连接与合并

3.2.3.1 SET 语句

SET 语句从一个或几个已存在的 SAS 数据集中读取观测形成一个新的 SAS 数据集。由于数据的读取是一个观测接着一个观测读取的,因此当读取第一个观测后,如没有其他语句则继续读入第二个观测,直至读完数据集中的所有变量和观测;当有其他语句时,SAS 系统根据语句的特点决定是先执行语句后读取观测,还是先读取数据后执行语句。例如,对 WHERE 条件语句是先执行 WHERE 条件,然后把满足条件的观测或变量读入到新的数据集中;而 IF 条件语句则先读取所有的数据,然后再执行 IF 条件语句。参见子集 IF 语句和 WHERE 语句的比较。

1. SET 语句的一般格式

SET 语句的一般格式为:

SET <data-set-name-1<(option-1)>> …<data-set-name-n<(option-n)>>;

由 SET 语句的一般格式可以看出,SET 语句后面可以跟多个数据集,而且数据集后面还可以有选项。注意,如果数据集后面跟选择项,则必须用圆括号("()")括起来。例如下面写法都是正确的。

SET CLASS;读取数据集 CLASS 中的数据。

SET CLASS(DROP=SEX FIRSTOBS=5);删去数据集 CLASS 中的变量 SEX,并从第 5 个观测开始读取。

SET CLASS1 CLASS2(KEEP=NAME SEX TOTAL AVE);将数据集 CLASS1 与数据集 CLASS2 中保留的变量 NAME SEX TOTAL AVE 进行连接。

2. SET 语句的用法

SET 语句一般用在以下几种场合:

（1）调用一个已存在的 SAS 数据文件。即把已存在的 SAS 数据文件调到当前状态，以便对数据进行其他处理。

（2）对已存在的 SAS 数据集进行修改，补充。如原数据集 CLASS 中含有三科成绩变量 chinese maths english 的 10 个观测，现在要统计出每个同学的总成绩和平均成绩，并仍作为 CLASS，SAS 程序为：

data class；
set class；
total=chinese+maths+english；
ave=total/3；
run；

（3）生成已存在的 SAS 数据集的子集。这有两种情况：一是利用 KEEP、DROP 选项或语句生成部分变量子集；二是利用 WHERE 或 IF 条件语句生成部分观测子集。例如：

DATA SEX；SET CLASS（KEEP=SEX）；RUN；

上面这段程序生成仅含有 CLASS 数据集中的性别子集。这段程序也可以写为：

DATA SEX；SET CLASS；KEEP SEX；RUN；

下面这段程序将生成总分在 270 以上的观测子集。

data class1； set class；
total=chinese+maths+english；
if total>=270 then output;run；

（4）把几个已存在的 SAS 数据集连接成一个新的数据集。

数据集的连接是把两个或两个以上的数据集的所有观测连接在一起，从而形成一个新的数据集的过程。一般来说，如果没有其他特殊规定，SAS 数据集的连接过程，可以用以下的图形直观地表现出来，见图 3.1。

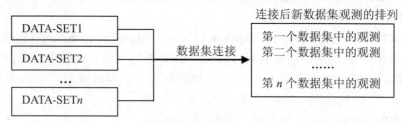

图 3.1 不含有 BY 语句的数据集的连接

但实际连接过程中，由于对各 SAS 数据集的观测的排列要求不同，加上各 SAS 数据集可能存在不同的变量，从而形成以下三种连接方式：

① 相同变量顺序连接。

这是最简单、应用最多的一种连接方式。在这种方式下，各 SAS 数据集含有相同的变量。连接的方式是：按各数据集的先后顺序把所有观测连接在一起，即使两个观测完全相同也应按顺序连接起来，因此新数据集的观测数目是所有这些数据集观测数目之和。例如，某系一年级有三个班，期末考试成绩报告单分别以班级编制成三个数据集 class1、class2、class3。现要把三个数据集合并成一个数据集 grade，以形成年级期末考试结果予以存档。显然，这三个数据集都具有相同的变量（实际中，通常含有学号、姓名、性别、各科成绩、总成绩、平均成绩）。利用 set 语句，该合并可用以下 SAS 语句形成：

```
data grade;
set class1 class2 class3;
run;
```

②不同变量顺序连接。

该种连接方式与相同变量顺序连接方式基本相同，所不同的是由于连接的几个数据集含有不同的变量，所以连接后的变量个数为所有不同变量之和。连接的过程为：从一个数据集中读的观测对其他数据集中也具有相同变量的观测直接连接起来，而没有定义的变量，其值为缺失值。

【例 3.18】 假设数据集 A 包含某班 4 个学生姓名和性别，数据集 B 包含这些学生的姓名和各科期末考试成绩，而数据集 C 包含这些学生的学号、期末考试总成绩和平均成绩，见以下由 DATA 步创建的三个数据集：

```
data A;
input name$ sex$@@;
cards;
rose f david m john m mayers f
;
data B;
input name$ computer physical maths english @@;
cards;
rose 89 65 76 87 david 78 86 78 98 john 90 65 76 87 mayers 89 67 78 80
;
data C;
input sex$ total ave@@;
cards;
 f  317  79.25  m  340  85  m  318  79.5  f  314  78.5
;
```

当把上面三个数据集连接时，形成的新数据集含有 12 个观测，其中开头 4 个观测学生各科成绩、总成绩及平均成绩都为缺失值；接下来的 4 个观测，其学号、总成绩及平均成绩为缺失值；最后 4 个观测学生姓名、各科成绩均为缺失值。SAS 程序及输出结果如下：

data *A B C*;
set *A B C*;
run;proc print;run;

输出 3.18(A)　数据集 *A*，*B*，*C* 连接所产生的结果

OBS	NAME	SEX	COMPUTER	PHYSICAL	MATHS	ENGLISH	TOTAL	AVE
1	rose	f	.	.	.	.		
2	david	m	.	.	.	.		
3	john	m	.	.	.	.		
4	mayers	f	.	.	.	.		
5	rose		89	65	76	87		
6	david		78	86	78	98		
7	john		90	65	76	87		
8	mayers		89	67	78	80		
9		f	.	.	.	.	317	79.25
10		m	.	.	.	.	340	85.00
11		m	.	.	.	.	318	79.50
12		f	.	.	.	.	314	78.50

上述输出结果中，数值型变量的缺省值为"."，而字符型变量的缺省值为空格。

③按某一共同变量排序连接。

按某一共同变量排序连接时，应首先按共同变量排序，并把 BY 语句与 SET 语句连在一起使用。连接后所形成的新数据集，其观测按如下顺序进行：

首先，读入第一个数据集中第一个 BY 组中的观测，然后读入第二个数据集中相同 BY 组中的观测，以此类推，直到读完所有 BY 组中的观测。对于数据集中的其他变量，按①，②方式处理观测。在上例中，如按性别（SEX）排序后对数据集 *A*，*C* 进行合并，SAS 程序及运行结果如下：

data *A*;
set *A*; run;
proc sort;by sex;run;
data *C*;
set *C*;run;
proc sort;by sex;run;
data *AC*;
set *A C*; by sex;
run; proc print;run;

输出结果如下：

输出 3.18(B)　按性别排序连接形成的数据集

OBS	NAME	SEX	TOTAL	AVE
1	rose	f	.	.
2	mayers	f	.	.
3		f	317	79.25
4		f	314	78.50
5	david	m	.	.
6	john	m	.	.
7		m	340	85.00
8		m	318	79.50

上述结果表明，SAS 系统首先对数据集 A 和 C 按性别进行排序，再按性别进行连接。在连接过程中，由于数据集 A 的第一个 BY 组为女性，有两个观测，数据集 C 的第一个 BY 组也为女性，也有两个观测，根据连接规则，按顺序连接这些观测。由于数据集 A 没有总分和平均分变量，所以连接后所形成的数据集对应这两个观测的变量值为缺省。数据集 C 由于没有姓名变量，所以对应的观测姓名为缺省。在连接完第一个 BY 组女性后，继续连接第二个 BY 组男性，方法与女性组是一样的，这里不再赘述。

3.2.3.2　MERGE 语句

MERGE 语句把两个或两个以上的 SAS 数据集合并为一个新的 SAS 数据集，其观测是由合并的数据集中的观测合而为一形成的。其一般格式为：

**MERGE data-set-name-1<（option-1）> data-set-name-2<（option-2）>
…<data-set-name-n<（option-n）>>;**

由 MERGE 语句的一般格式可以看出，MERGE 语句后面至少应跟 2 个或 2 个以上数据集，这一点与 SET 语句有点不同。关于数据集后面的选项，与 SET 语句基本相同。

MERGE 语句的用法，通常有以下两种：

1. 一对一合并

当数据集合并时，若 MERGE 语句后面没有跟 BY 语句，此时的合并称为一对一合并，其合并过程为：按 MERGE 语句后面数据集的排列顺序，把第一个数据集中的第一个观测与第二个数据集中的第一个观测……第 n 个数据集中的第一个观测合并成新数据集中的第一个观测；接下来，把第一个数据集中的第二个观测与第二个数据集中的第二个观测……第 n 个数据集中的第二个观测合并成新数据集中的第二个观测；以此类推，直到所有观测被合并为止。合并时，需要注意以下几点：

（1）合并后新数据集的观测总数为参加合并的数据集中观测的最大值。

（2）在合并时，如果某数据集已经没有观测，则其对应的变量值以缺失值代替。

（3）在合并时，如果某几个数据集有共同变量，则合并后的新数据集仅含有一个该变量，其对应的值为列在 MERGE 语句最后一个含有该变量的数据集中的该变量观测值。

MERGE 语句的这种合并方式可用图 3.2 直观地表示。

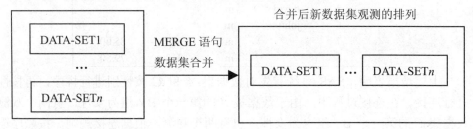

图 3.2　不含有 BY 语句的数据集的合并

2. 匹配合并

合并时，若 MERGE 语句后跟 BY 语句，此时的合并称为匹配合并。为了进行匹配合并，每一个数据集至少有一个共同变量，而且必须按共同变量事先排序。用于排序的变量称为匹配变量，通过 BY 语句排序后形成的每一个组称为 BY 组。匹配合并实际上就是 BY 组之间的一对一合并。在具体合并过程中应注意以下几点：

（1）对每个 BY 组，新数据集中对应的 BY 组的观测个数是各合并数据集相应 BY 组观测的最大值。

（2）对不同的 BY 组，SAS 系统首先处理那些 BY 值较小的观测，然后再处理 BY 值较大的观测。

（3）在同 BY 组中，按 MERGE 语句后面数据集的排列顺序，把各数据集对应 BY 组中的第一个观测进行合并，形成新数据集中对应 BY 组的第一个观测；接下来，把各数据集对应 BY 组中的第二个观测进行合并，形成新数据集中对应 BY 组的第二个观测；以此类推，直到所有观测被合并为止。需要注意，在同一 BY 组的合并过程中，如果某个数据集在某一 BY 组中没有观测，则按缺省值处理。如果某一数据集含有多个具有相同 BY 值的观测，则合并时输出所有这些观测，其他数据集对应的 BY 组，如果没有相应的观测，则取该 BY 组最后一个观测作为当前观测与之合并。如果某个变量同时出现在几个数据集中，但是这个变量又不是匹配变量，则在新的数据集中，这个变量只出现一次。在这种情况下，如果一个 BY 组中，各个数据集只有一个观测，则此变量值即为最后一个数据集含有该变量的观测值；如果在一个 BY 组中，有多个观测，则在新的数据集中此变量值是在 MERGE 语句中最后一个对 BY 组提供信息的哪个数据集相应的观测值。

【例 3.19】
```
data A;
input name$ sex$@@;
cards;
benjim m  rose f david m john m mayers f mayers m
;proc sort;by name;run;
data B;
input name$ computer physical maths english @@;
cards;
rose    89  65  76  87  david  78  86  78  98
david   87  69  77  90  john   90  65  76  87
mayers  89  67  78  80  star   66  81  75  94
; proc sort;by name;run;
data AB;
merge A B;by name; run;
proc print; run;
```

上面这段程序对例 3.18 的两个数据集稍微作了点修改。可以看到，数据集 A, B 都含有变量 name，并按该变量对两数据集进行了排序，然后把它们合并成一个新的数据集 AB。排序及合并结果如下：

排序后的数据集 A

NAME	SEX
benjim	m
david	m
john	m
mayers	f
mayers	m
rose	f

排序后的数据集 B

NAME	COMPUTER	PHYSICAL	MATHS	ENGLISH
david	78	86	78	98
david	87	69	77	90
john	90	65	76	87
mayers	89	67	78	80
rose	89	65	76	87
star	66	81	75	94

按 name 合并数据集 A, B

NAME	SEX	COMPUTER	PHYSICAL	MATHS	ENGLISH
benjim	m	.	.	.	.
david	m	78	86	78	98
david	m	87	69	77	90
john	m	90	65	76	87
mayers	f	89	67	78	80
mayers	m	89	67	78	80
rose	f	89	65	76	87
star		66	81	75	94

合并后的新数据集 AB

3.2.3.3 SQL 语句

PROC SQL 是 DATA 步中另外一种 SAS 数据集查询和合并的方法。有时，PROC SQL 在执行任务时比其他 DATA 步更有效率。

1. 记录查询

PROC SQL 可以从现有的数据集中查询符合条件的记录，返回指定变量的观测值。其基本语法结构为：PROC SQL; SELECT ＜*(星号表示查询所有变量)或 variable1，variable2，…，variablen(指定变量)＞ FROM ＜sas-data-set＞ WHERE ＜condition＞; QUIT;

例如，已有数据集 learn.health 如下：

Subj	Height	Weight
001	68	155
003	74	250
004	63	110
005	60	95

在程序编辑窗口编辑下列程序，并提交：proc sql; select Subj, Height,Weight from learn.health where Height gt 66; quit;

程序说明：利用 SQL 语句从数据集 learn.health 中查找 Height 大于 66 的那些观测，且只输出 Subj、Height、Weight 变量。运行结果如下：

Subj	Height	Weight
001	68	155
003	74	250

2. 数据合并

利用 PROC SQL 进行数据合并，分为两种方式：

一是简单合并。合并后的观测个数为两张数据表中观测个数的乘积。其语法结构为：PROC SQL; SELECT variable1, variable2, variable3,…, variablen FROM library1.dataset1, library2.dataset2; QUIT; 需要注意的是，如果数据集 dataset1 和 dataset2 中的变量名相同，则需要在 SELECT 后面的有关相同变量名前加上前缀 dataset1. 和 dataset2.。

二是匹配合并。SQL 匹配合并与 MERGE 合并类似，也是按照相同的关键字进行合并，不同的是 SQL 匹配合并不需要事先按关键字排序，须使用 WHERE 条件语句：WHERE dataset1.varible=dataset2.varible;

【例 3.20】 现有两个临时数据集 Health 和 Demographic，利用 SQL 语句进行简单合并。

第3章 SAS 编程基础

数据集 Health

Subj	Height	Weight
001	68	155
003	74	250
004	63	110
005	60	95

数据集 Demographic

Subj	DOB	Gender	Name
001	10/15/1960	M	Friedman
002	08/01/1955	M	Stern
003	12/25/1988	F	McGoldrick
005	05/28/1949	F	Chien

proc sql;
select health.Subj, demographic.Subj, Height, Weight, Name, Gender
from health, demographic;
quit;

SQL 简单合并结果

subj	Subj	height	weight	Name	Gender
001	001	68	155	Friedman	M
001	002	68	155	Stern	M
001	003	68	155	McGoldri	F
001	005	68	155	Chien	F
003	001	74	250	Friedman	M
003	002	74	250	Stern	M
003	003	74	250	McGoldri	F
003	005	74	250	Chien	F
004	001	63	110	Friedman	M
004	002	63	110	Stern	M
004	003	63	110	McGoldri	F
004	005	63	110	Chien	F
005	001	60	95	Friedman	M
005	002	60	95	Stern	M
005	003	60	95	McGoldri	F
005	005	60	95	Chien	F

程序说明：由于数据集 Health 和 Demographic 中含有共同的变量 Subj，并且也是 SELECT 选取的变量，故在 Subj 前加上相应的前缀。合并之后的观测增加到 4×4=16。

实际上，简单合并用途并不大，有时感觉有点"荒唐"，接下来我们将举例说明更为常用的合并方式——匹配合并，即使用 WHERE 条件语句对符合条件的观测进行合并。仍然以上述数据集 Health 和 Demographic 为例介绍匹配合并，程序如下：

proc sql;
select h.Subj as Subj_Health, d.Subj as Subj_Demog, Height, Weight, Name, Gender
from health as h, demographic as d
where h.Subj eq d.Subj;
quit;

程序说明：该程序首先将数据集 Health 和 Demographic 分别改名为 h 和 d，然后选取数据集 h 和 d 中的变量 Subj 以及 Height、Weight、Name、Gender 等，其他变量按照 h 中的变量 Subj 与 d 中的变量 Subj 取值相同进行合并，同时将 h 中的变量 Subj 改名为 Subj_Health，d 中的变量 Subj 改名为 Subj_Demog。输出结果如下：

Subj_Health	Subj_Demog	Height	Weight	Name	Gender
001	001	68	155	Friedman	M
003	003	74	250	McGoldrick	F
005	005	60	95	Chien	F

3.2.4 DATA 步中数组语句

在数据处理过程中，常常会遇到像向量或矩阵这样的组合型数据。这类组合型数据往往具有同一属性，或者是数值型的，或者是字符型的。对于这样一类具有同一属性的数据或变量，SAS 系统提供了具有这类数据变量特点的数组语句——ARRAY 语句，用以定义一组变量为某个数组的元素。此后，当 DATA 步中的其他 SAS 语句需要使用这组变量时，SAS 系统可以使用这个数组的元素代替这组变量。

3.2.4.1 显示下标 ARRAY 语句

显示下标 ARRAY 语句用以定义数组变量。它规定了数组变量的名字，数组元素的个数、属性、起始值。数组经常出现在 DO 语句中，用以循环执行这组数据。显示下标 ARRAY 语句的一般格式为：

ARRAY array-name{subscript}<$><length><<array-elements><initial-values>>;

ARRAY 语句中参数的含义：

（1）array-name（数组名）：规定数组变量的名字，并且不能与同一个 DATA 步中的其他 SAS 变量名相同。

（2）Subscript（下标）：它可以是一个*号、或一个数字、或表示该数组元素的个数和范围，而且必须用括号括起来。括号可以是大括号（{}）、中括号（[]）或小括号（()）。下标具有以下三种格式：

格式 1： {dimension-size-1<,...dimension-size-n>}

指出数组中每一维元素的个数。如数组为多维的，每一维之间必须用逗号（,）隔开。例如，一维数组可以如下定义：

array economic{4}cost price profit income；

该语句定义了一个名为 economic 一维数组、变量名分别为 cost，price，profit，income 的四个变量。

二维数组可以如下定义：

array score{40,7} $x1-x280$；

该语句定义了一个名为 score 二维数组、变量名分别为 $X1$，$X2$，…，$X280$ 共 280 个变量。该二维数组是按顺序从左上角到右下角逐行读入，用矩阵可表示为：

$$\begin{bmatrix} X11 & X12 & \cdots & X17 \\ X21 & X22 & \cdots & X27 \\ \vdots & \vdots & & \vdots \\ X401 & X402 & \cdots & X407 \end{bmatrix}$$

格式 2： {<lower:>upper<,...<lower:>upper>}

此格式规定数组中每一维的上下界。lower 表示一维数组的下界，而 upper 表示一维数组的上界。如果没有规定下界，则表示数组下界为 1。

如：一维数组语句 array economic{4}cost price profit income 中的 economic{4} 也可以写为 economic{1：4}，二维数组语句 array score{40,7} $X1-X280$ 中的 score{40,7}也可以写为：score{1：40,1：7}。二维数组语句 array test{3：4，3：6} $t1-t8$；中的变量 $t1$ 由数组元素 t{3，3}代表，而 $t8$ 则由 t{4，6}代表。

格式 3： {*}

该格式表示 SAS 系统通过数组中变量的个数来确定下标，当使用星号{*}格式时，语句中必须包含 array-elements（数组元素）。当用_TEMPORARY_（临时）数组，或者定义多维数组时，不能使用星号{*}。

显示下标 ARRAY 语句格式中的$，表示数组中的元素是字符。如果这些元素以前已经定义为字符，那么这个$可以省去。Length：规定数组中元素的长度。

array-elements：定义变量的名字。如没有该选择项，SAS 系统将自动使用数组名和数字 1，2，…，n 来规定变量名。

initial-values：按数组元素的先后顺序给出数组元素的初始值。当数组元素个数恰好与给出的初始值的个数相等时，每一个元素或变量恰好按先后顺序对应一个初始值；当数组元素个数大于给出的初始值的个数时，仍按元素或变量先后顺序把初始值赋给相应的元素，多余的元素或变量以缺省值代替。

例如：array test{4} $t1$ $t2$ $t3$ $t4$ （78 90 87 81）；

　　　array test{2,2} $t11$，$t12$，$t21$，$t22$ （80 79）；

第一个语句定义了一个数组名为 test、变量名分别为 $t1$，$t2$，$t3$，$t4$ 的一维数组，且四个变量 $t1$，$t2$，$t3$，$t4$ 的初始值分别为 78，90，87，81。第二个语句定义的数组名也是 test，但变量名是 $t11$，$t12$，$t21$，$t22$。由于初始值只有 80，79 两个，即元素的个数大于初始值的个数，所以 SAS 系统把 80 赋给 $t11$，79 赋给 $t12$，而 $t21$，$t22$ 以缺省值代替。

3.2.4.2　ARRAY 语句中显示下标数组元素的引用

显示下标数组元素的引用比较灵活，它与一般变量一样，凡是可用表达式的地方，都可以使用数组元素。它包括：赋值语句，累加语句，DO 语句，IF 语句等。需要注意的是：在使用数组元素时，该数组必须已经被定义，亦即定义数组的 ARRAY 语句必须出现在被引用的数组元素之前。

【**例 3.21**】　现有某班的 2 名同学 7 门课程的期末考试成绩资料，要求用 ARRAY 语句把 2 名同学 7 门课程的成绩及总成绩读入到临时 SAS 数据集 test 中。

解：根据题目要求，程序如下：

```
data test;
input  name$ number$ sex$ score1-score7;
array char{3} name number sex;
array score{7};
sum=sum（of score1-score7）；
cards;
    张三   200111  f  70  98  80  69  90  74  78
    李四   200112  m  76  80  84  82  91  79  83
;proc print;
run;
```

程序说明：在该段程序中，input 语句首先定义变量 name，number，sex 为字符型变量，而 score1，score2，…，score7 为数值型变量，随后定义了两个一维数组，其中第一个数组是字符型的，第二个数组是数值型的。由于第一个数组中的变量名 name, number, sex 已在 input 语句中定义为字符型变量，所以在 char{3}后$可以省略。求总分利用 SAS 函数 sum，程序运行结果如下：

输出 3.21 利用数组语句创建数据集

NAME	NUMBER	SEX	SCORE1	SCORE2	SCORE3	SCORE4	SCORE5	SCORE6	SCORE7	SUM
张三	200111	f	70	98	80	69	90	74	78	559
李四	200112	m	76	80	84	82	91	79	83	575

该例表明：在一个 DATA 步中可同时定义多个 ARRAY 语句。

【例3.22】 表 3.6 为我国城镇居民 2011，2012，2013 年家庭消费结构资料：

表 3.6 2011—2013 年我国城镇居民家庭消费结构资料　　　　　　　单位：元

年份	食品(X1)	衣着(X2)	家庭设备用品及服务(X3)	医疗保健(X4)	交通通信(X5)	教育文化娱乐服务(X6)	居住(X7)	杂项商品与服务(X8)
2011	5506	1675	1023	969	2150	1852	1405	581
2012	6041	1823	1116	1064	2456	2034	1484	657
2013	6312	1902	1215	1118	2737	2294	1745	699

利用二维数组按以上数据排列方式把上述资料输出到数据集 CONSUMER 中，并运用累加语句输出每年的消费总额。

解：根据题目要求，程序编辑如下：

```
data consumer(drop=i j);
input year1-year3 X01-X08 X11-X18 X21-X28;
array year{3};
array consum{0:2,1:8} X01-X08 X11-X18 X21-X28;
do i=0 to 2;
    do j=1 to 8;if consum(i,j)=1852 then consum(i,j)='.';
    sum+consum(i,j);
    end;
end;
cards;
2005  2006   2007
5506       1675    1023    969    2150   1852    1405   581
6041       1823    1116    1064   2456   2034    1484   657
6312       1902    1215    1118   2737   2294    1745   699
;proc print noobs;run;
```

程序运行结果：

year1	year2	year3	X01	X02	X03	X04	X05	X06	X07	X08	X11	X12	X13
2005	2006	2007	5506	1675	1023	969	2150	.	1405	581	6041	1823	1116

X14	X15	X16	X17	X18	X21	X22	X23	X24	X25	X26	X27	X28	sum
1064	2456	2034	1484	657	6312	1902	1215	1118	2737	2294	1745	699	48006

我们再编制以下程序进行比较：

```
data consumer(drop=i);
input year X1-X8 ;
array consum{8} X1-X8;
sum=0;
do i=1 to 8;
if consum(i)=1852 then consum(i)='.';
sum+consum(i) ;
end;
cards;
2011 5506     1675 1023  969 2150 1852 1405  581
2012 6041     1823 1116 1064 2456 2034 1484  657
2013 6312     1902 1215 1118 2737 2294 1745  699
;proc print noobs;run;
```

输出 3.22　数据集 consumer 的数据结构

Year	X1	X2	X3	X4	X5	X6	X7	X8	sum
2011	5506	1675	1023	969	2150	.	1405	581	13309
2012	6041	1823	1116	1064	2456	2034	1484	657	16675
2013	6312	1902	1215	1118	2737	2294	1745	699	18022

由输出结果可以看出第二次编制的程序符合题目要求，而第一次编制的程序则不符合。这是因为第一段程序把每一个数值都赋给了一个变量，从而 SAS 系统输出结果，数据集 consumer 只有一个观测，却有 28 个变量。

3.2.4.3　隐含下标 ARRAY 语句

隐含下标 **ARRAY** 语句的一般格式为：

ARRAY array-name<{ variable}><$><length><<array-elements><initial-values>>;

可以看出，在隐含下标 ARRAY 语句中，显示下标 ARRAY 语句中的数值下标（subscript）被换为下标变量（variable），其他则基本相同。如果用户没有规定下标变量，SAS 系统将使用自动变量_I_作为下标变量。隐含下标变量的值从 1 到这个数组元素的个数。

注意：用户规定的下标变量包含在正被创建的 SAS 数据集中，但是自动变量_I_的值却不包含在数据集中。

【例 3.23】　data test;
　　　　　　input $X1-X5\ Y$;
　　　　　　array t　$X1-X5$;
　　　　　　do _i_=1 to 5 while（t（_i_）<Y）;
　　　　　　output ;
　　　　　　put t{_i_}=　Y=;
　　　　　　end;
　　　　　　cards;
　　　　　　1 3 5 7 4 6
　　　　　　0 2 7 6 8 5
　　　　　　;proc print;
　　　　　　run;

程序说明：上述这段程序利用隐含下标数组语句 array 和循环 DO 语句创建了一个名为 test 的临时 SAS 数据集，其中，array 语句中的数组名为 t，下标被隐含，SAS 系统自动用_i_来代替，数组 t 对应的变量 $X1$，…，$X5$。循环语句利用 while（t（_i_）<y）来控制循环次数，由输入的第一个观测值可知，变量 $X1$，$X2$，$X3$ 的值都小于 Y，而 $X4$ 的值大于 Y，跳出循环，所以系统循环三次。Output 语句使每次循环都形成数据集中的一个观测，从而输入时的第一个观测，输出后成了三个观测。类似可考虑第二个观测。程序运行结果如下：

输出 3.19　使用隐含下标 ARRAY 语句创建的数据集 test

OBS	X1	X2	X3	X4	X5	Y
1	1	3	5	7	4	6
2	1	3	5	7	4	6
3	1	3	5	7	4	6
4	0	2	7	6	8	5
5	0	2	7	6	8	5

请读者自行考虑当上述程序中的 $X1$，…，$X5$ 的值都小于变量 Y 时，其他都不变，数据集 test 含有几个观测。

3.2.5 PROC 步中的通用语句

SAS 系统处理和分析数据是通过 PROC（过程）步进行的。所谓 PROC 步是用 PROC 语句开始的一组或几组 SAS 语句。一般包括以下语句：

3.2.5.1 PROC 语句

其一般格式为： **PROC proc-name <options>;**

该语句表示 PROC 步的开始和调用的过程类型。其中，proc-name 表示用户想要使用的 SAS 过程名字；options（选择项）规定关于这个过程的一个或几个选项。由于过程性质不同，其规定的选项也有所不同，但是下面三类选项却是共同的：

keyword（关键词）：是该过程进一步要求的单个关键词。

keyword= value：规定关键词和值，其中，value 可以是数值或字符串。

keyword=SAS-data-set：规定输入或输出的 SAS 数据集。

例如：Proc means data=class maxdec=3 sum mean range；表示系统调用均值过程，并计算数据集 class 各数值变量的和、均值和极差，并保留 3 位有效小数。

Proc plot hpct=50 vpct=33；表示在高为 33%，宽为 50% 的纸上绘制正在处理的数据集的曲线图。

由于问题的不同，分析的方法不同，SAS 系统所提供的非常多的过程中的选择项也非常多，需要针对不同的过程加以区别，这为学习 SAS 带来了一定的困难。建议读者在学习有关过程时，除了要记住有关过程名外，要特别注意这些选择项，这是学好 SAS 系统的关键所在。

3.2.5.2 VAR 语句

其一般格式为： **VAR variables-name;**

该语句表示哪些变量将被分析和计算，其任意有效的表达形式都可以使用。

例如：Var weight height；Var $X1-X15$ Y；

3.2.5.3 BY 语句和 CLASS 语句

BY 语句的一般格式为： **BY variables-name;**

该语句表示过程按给出的变量进行分组并分析。注意，当要对一个数据集按某一变量进行分组分析时，SAS 系统要求首先应按该变量进行排序，然后再按该 BY 变量进行分析。

例如：假定数据集 sasuser.class 已按 sex 排序，则程序 Proc print data=sasuser.class；by sex；run；提交后将产生男、女分开输出的列表。

【例 3.24】 下列数据（表 3.7）来自某市房地产公司的资料，试按房屋类型和每一房屋类型下卧室个数的多少计算其平均售价。

表 3.7

STYLE	SQFEET	BEDROOMS	BATHS	PRICE
RANCH	1250	2	1.0	$64,000
SPLIT	1190	1	1.0	$65,850
CONDO	1400	2	1.5	$80,050
TWOSTORY	1810	4	3.0	$107,250
RANCH	1500	3	3.0	$86,650
SPLIT	1615	4	3.0	$94,450
SPLIT	1305	3	1.5	$73,650
CONDO	1390	3	2.5	$79,350
TWOSTORY	1040	2	1.0	$55,850
CONDO	2105	4	2.5	$127,150
RANCH	1535	3	3.0	$89,100
TWOSTORY	1240	2	1.0	$69,250
RANCH	720	1	1.0	$34,550
TWOSTORY	1745	4	2.5	$102,950
CONDO	1860	2	2.0	$110,700

解：根据题目要求，程序编辑如下：

```
data house;
input style$ sqfeet bedrooms baths price;
cards;
RANCH       1250    2   1.0    64000
SPLIT       1190    1   1.0    65850
CONDO       1400    2   1.5    80050
TWOSTORY    1810    4   3.0    107250
RANCH       1500    3   3.0    86650
SPLIT       1615    4   3.0    94450
SPLIT       1305    3   1.5    73650
CONDO       1390    3   2.5    79350
TWOSTORY    1040    2   1.0    55850
CONDO       2105    4   2.5    127150
RANCH       1535    3   3.0    89100
```

TWOSTORY	1240	2	1.0	69250
RANCH	720	1	1.0	34550
TWOSTORY	1745	4	2.5	102950
CONDO	1860	2	2.0	110700

;

proc sort;by style;run;

proc means mean;var price;by style; run;

proc sort data=house;by style bedrooms;run;

proc means mean;var price; by style bedrooms;run;

程序说明：DATA 步创建了一个由房屋类型、建筑面积、卧室个数、浴室个数和房价五个变量组成的数据集 house。第一个 sort 排序过程按房屋类型进行排序，随后的均值（means）过程计算各种房屋类型的平均房价，均值过程中的选择项 mean 表示仅计算房价的平均值；第二个 sort 排序过程先按房屋类型进行排序，然后再按卧室个数进行排序，即在每种房屋类型下再按卧室个数进行分组，对应的均值过程也按相应的组计算平均房价。

输出 3.24（A）　第一个均值过程输出结果　单位：美元

```
              Analysis Variable : PRICE
-------------------- STYLE=CONDO ----------------------
                        Mean
                     ------------
                       99312.50
                     ------------
-------------------- STYLE=RANCH ----------------------
         Mean
      ------------
        68575.00
      ------------
-------------------- STYLE=SPLIT ----------------------
         Mean
      ------------
        77983.33
      ------------
-------------------- STYLE=TWOSTORY -------------------
         Mean
      ------------
        83825.00
      ------------
```

第 3 章　SAS 编程基础

输出 3.24（B）　第二个均值过程输出结果　　　　　　单位：美元

房屋类型（style）	卧室个数（bedroom）	平均价格（Mean）（Analysis Variable：PRICE）
CONDO	2	95375.00
	3	79350.00
	4	127150.00
RANCH	1	34550.00
	2	64000.00
	3	87875.00
SPLIT	1	65850.00
	3	73650.00
	4	94450.00
TWOSTORY	2	62550.00
	4	105100.00

　　CLASS 语句的一般格式为：**CLASS　variables-name**；

该语句表示对指定的变量进行分组。当过程中使用该语句时，SAS 系统按指定的分组变量（variables-name）进行分组分析。值得注意的是，使用 CLASS 语句进行分组分析，分类变量不需要事先排序，这一点与使用 BY 语句是不同的。

　　例如：在例 3.24 中的第一个均值过程，如用 CLASS 语句进行分组，则程序为：

　　　　proc means mean;
　　　　var price;
　　　　class style;
　　　　run;

例 3.24 中第一个均值过程用 CLASS 语句分类的输出结果：

```
              Analysis Variable : PRICE

      STYLE        N Obs          Mean
      ---------------------------------------
      CONDO          4          99312.50

      RANCH          4          68575.00

      SPLIT          3          77983.33

      TWOSTORY       4          83825.00
      ---------------------------------------
```

　　从输出结果可以看出，利用 BY 语句和利用 CLASS 语句进行分组，其输出结果基本相同。

3.2.5.4 ID 语句

ID 语句的一般格式为：**ID variables-name;**

该语句表示用给出的变量来识别观测，这里的 variables-name 为识别变量名。当该语句与 PRINT 语句一起使用时，输出的观测用 ID 变量的值来识别，而观测的序号则不会输出。

注意，使用 ID 语句识别观测，使用的 ID 变量值要求与观测一一对应。

3.2.5.5 MODEL 语句

MODEL 语句一般格式为：

MODEL dependent-variables-name=independent-variables-name<options>;

该语句表示过程中使用的模型结构，等号左边的变量是因变量，等号右边的变量是自变量，根据过程的特点来选。该语句通常用在回归分析和方差分析中。

例如：model $Y=X1–X5$; model $Y1\ Y2=A\ B\ C$;

3.2.5.6 WEIGHT 语句

WEIGHT 语句一般格式为：**WEIGHT variable-name;**

该语句表示用给定的变量值对相应的这个观测中其他变量进行加权。该变量值应大于 0，若小于 0 或缺省，取该值为 0。WEIGHT 语句通常用在每个观测的重要性不同的情形下。例如，当询问未来市场走势时，很显然，专家对未来的判断要比一般普通大众的判断重要得多，这时就可用 WEIGHT 语句对专家给出的预测值进行加权。

3.2.5.7 FREQ 语句

FREQ 语句一般格式为：**FREQ variable-name;**

该语句中变量（variable）的值是相应的这个观测中其他变量值出现的次数。若变量的值小于 1 或缺省，相应的观测不参加计算统计量；若这个值不是正整数，取整数部分。

注意：WEIGHT 语句与 FREQ 语句之间的区别。FREQ 变量值表示其他变量相应观测值出现的次数，而 WEIGHT 变量值则表示对其他变量相应值进行加权，关于这一点可从以下例子中看出。

【例 3.25】   data q;
                input $a\ b$ @@;
                cards;

4 4 5 7 3 4
;proc means;
freq *b*;
run;
proc means;
weight *b*;
run;

该程序指定变量 *b* 分别为变量 *a* 的频数和权重,其输出结果如下:

输出 3.25（A）　　变量 *b* 作为频数变量的输出结果

N	Mean	Std Dev	Minimum	Maximum
15	4.2000000	0.8618916	3.0000000	5.0000000

输出 3.25（B）　　变量 *b* 作为权重变量的输出结果

N	Mean	Std Dev	Minimum	Maximum
3	4.2000000	2.2803509	3.0000000	5.0000000

由以上输出结果可以看出,对变量 *a* 用变量 *b* 作为频数和作为权重,两者的结果是不一样的。首先,两者观测次数不同,前者观测次数为变量 *b* 的所有值之和,而后者的观测次数仍是变量 *a* 的观测次数；其次,两者虽在均值、最大、最小值上是一致的,但其标准差却不一样。

3.2.5.8　OUTPUT 语句

OUTPUT 语句给出用该过程产生的输出数据集的信息。其一般格式如下:

OUTPUT <OUT=SAS-data-set> <keyword=names>;

SAS-data-set 规定用这个过程产生的输出数据集的名字,如果该选项缺省,SAS 系统自动按 DATAn 的名字命名；keyword=names 规定在这个新数据集中同关键词联系的输出变量名字,关键词随着不同的过程而变化,但通常是一些描述统计量或者输出到新数据集的其他值。

例如：Proc means ; var *X*; output out=outmean mean=meanx; run; 此例用过程 means 计算变量 *X* 的均值。关键词 mean=规定变量 *X* 的均值用名字 meanx 作为输出数据集 outmean 中的变量。

实验 3.1　SAS 系统编程语句练习（一）

实验目的：熟悉和掌握 SAS 系统常用编程语句。

1. 试用产生标准正态分布的随机函数 normal（seed）产生参数为 10 的 χ^2 分布随机数 100 个。

2. 读懂以下程序，写出输出结果，并通过提交两段程序进行验证。

程序 1：
```
data double;
Interest=.0375;
Total=100;
do while (Total le 200);
Year+1;
Total=Total+Interest*Total;
output;
end;
format Total dollar10.2;
run;
proc print data=double noobs;
title 'Listing of DOUBLE';
run;
```

程序 2：
```
data double;
Interest=.0375;
Total=100;
do Year=1 to 100 until (Total gt 200);
Total=Total+Interest*Total;
output;
end;
format Total dollar10.2;
run;
```

3. 下列程序中的数据来自某企业 2008 年产品销售资料。其中，变量 region 表示销售的地区，es 代表东部地区，so 代表南部地区，we 代表西部地区，ne 代表北部地区；变量 citisize 表示该地区的规模大小，用 L，M 和 S 分别代表大、中、小三种规模；变量 pop 代表该地区的人数；变量 product 代表产品类型，分别有 a100（打印机），a200（计算机）二种；变量 saletype 代表销售方式，其中，R 代表零售，W 代表批发；变量 quantity 代表销售量，而 price 代表销售价格。

```
data sales;
input region$ citisize$ pop product$ saletype$ quantity price@@;
cards;
es  s  25000   a100  r  150  3750   ne  s  37000   a100  r  200  5000
so  s  48000   a100  r  410  10250  we  s  32000   a100  r  180  4500
es  m  125000  a100  r  350  8750   ne  m  237000  a100  r  600  15000
so  m  348000  a100  r  710  17750  we  m  432000  a100  r  780  19500
```

es	l	62500	a100	r	750	18750	ne	l	837000	a100	r	800	20000
so	l	748000	a100	r	760	19000	we	l	93200	a100	r	880	22000
es	s	25000	a100	w	150	3000	ne	s	37000	a100	w	200	4000
so	s	48000	a100	w	410	8200	we	s	32000	a100	w	180	3600
es	m	125000	a100	w	350	7000	ne	m	237000	a100	w	600	12000
so	m	348000	a100	w	710	14200	we	m	432000	a100	w	780	15600
es	l	62500	a100	w	750	15000	ne	l	837000	a100	w	800	16000
so	l	748000	a100	w	760	15200	we	l	932000	a100	w	880	17600
es	s	25000	a200	r	165	4125	ne	s	37000	a200	r	215	5375
so	s	48000	a200	r	425	10425	we	s	32000	a200	r	195	4875
es	m	125000	a200	r	365	9125	ne	m	237000	a200	r	615	15375

;

根据以上数据：

（1）创建一个仅仅包含地区、销售的产品类型、销售数量和销售额的数据集。

（2）分别创建一个仅包含产品类型 a100 和产品类型 a200 的 SAS 数据集。

（3）选择一个人口在 50000 以上的部分子集。

4. 以下数据来自 7 位同学的高考语文、数学和英语成绩，试用编程的方法计算出平均成绩在 75 分以上男同学的人数。

  m 82 78 69 f 90 78 89 m 79 86 98 m 76 56 80
  f 72 76 81 f 69 78 91 m 92 71 85

实验 3.2 SAS 系统编程语句练习（二）

实验目的：熟悉和掌握 SAS 系统常用编程语句：SET 语句、MERGE 语句、ARREY 语句、DO 语句。

1. 把以下程序改为：①输出中总成绩没有缺省值；②把 while 改为 until，并解释输出结果。

  data class ;
  input sex$ chinese maths english @@;
  do i=1 to 10 by 2 while（n lt 2）;
  total=chinese+maths+english;
  n+1;
  end;
  ave=sum（chinese+maths+english）/3;
  cards;

m 82 78 69 f 90 78 89 m 79 86 98 m 76 56 80
f 72 76 81 f 69 78 91 m 92 71 85
;proc print;run;

2. 下列程序中的数据来自某企业 2008 年产品销售资料。其中，变量 region 表示销售的地区，es 代表东部地区，so 代表南部地区，we 代表西部地区，ne 代表北部地区；变量 citisize 表示该地区的规模大小，用 L, M 和 S 分别代表大、中、小三种规模；变量 POP 代表该地区的人数；变量 product 代表产品类型，分别有 a100（打印机），a200（计算机）和 a300（复印机）三种；变量 saletype 代表销售方式，其中，R 代表零售，W 代表批发；变量 quantity 代表销售量，而 price 代表销售价格。

```
data sales;
input region$ citisize$ pop product$ saletype$ quantity price@@;
cards;
es  s  25000   a100  r  150  3750   ne  s  37000   a100  r  200  5000
so  s  48000   a100  r  410  10250  we  s  32000   a100  r  180  4500
es  m  125000  a100  r  350  8750   ne  m  237000  a100  r  600  15000
so  m  348000  a100  r  710  17750  we  m  432000  a100  r  780  19500
es  l  62500   a100  r  750  18750  l     837000  a100  r  800  20000
so  l  748000  a100  r  760  19000  we  l  93200   a100  r  880  22000
es  s  25000   a100  w  150  3000   ne  s  37000   a100  w  200  4000
so  s  48000   a100  w  410  8200   we  s  32000   a100  w  180  3600
es  m  125000  a100  w  350  7000   ne  m  237000  a100  w  600  12000
so  m  348000  a100  w  710  14200  we  m  432000  a100  w  780  15600
es  l  62500   a100  w  750  15000  l     837000  a100  w  800  16000
so  l  748000  a100  w  760  15200  we  l  932000  a100  w  880  17600
es  s  25000   a200  r  165  4125   ne  s  37000   a200  r  215  5375
so  s  48000   a200  r  425  10425  we  s  32000   a200  r  195  4875
es  m  125000  a200  r  365  9125   ne  m  237000  a200  r  615  15375
;
```

根据以上数据：

（1）创建一个仅包含地区、销售的产品类型、销售数量和销售额的数据集，然后把这几个数据集连接起来（用 SET 语句）。

（2）分别创建一个仅包含产品类型 a100 和产品类型 a200 的 SAS 数据集，然后把两个数据集并起来（用 MERGE 语句）。

（3）以上数据集改为用数组语句来定义，并利用循环语句创建一个销售数量在 15000 以上的产品类型和地区的数据集。

3. 用数组语句（ARRAY）按顺序把矩阵 $A=\begin{pmatrix} 1 & 2 & 3 \\ 4 & 5 & 6 \\ 7 & 8 & 9 \end{pmatrix}$ 输入到数据集 b。

习　题　3

1. 某人将 500 美元存入在某银行的存款账户，这个账户利率为 7%，每年计息一次。用累加语句和循环语句计算三年末此人能得多少钱。

2. 下列为 2004－2013 年国内生产总值分产业统计资料（表 p.3.1，数据摘自《中国统计年鉴 2014》，单位：亿元）：

表 p.3.1

年　份	第一产业增加值	第二产业增加值	第三产业增加值
2013 年	56957.0	249684.4	262203.8
2012 年	52373.6	235162.0	231934.5
2011 年	47486.2	220412.8	205205.0
2010 年	40533.6	187383.2	173596.0
2009 年	35226.0	157638.8	148038.0
2008 年	33702.0	149003.4	131340.0
2007 年	28627.0	125831.4	111352.0
2006 年	24040.0	103719.5	88554.9
2005 年	22420.0	87598.1	74919.3
2004 年	21412.7	73904.3	64561.3

试分别用：①DROP 语句；②KEEP 语句，输出年份、国内生产总值和其中的一个产业生产总值。

3. 2013 年我国内地各省、自治区、直辖市农村居民家庭平人均纯收入如下（表 p.3.2，数据摘自《中国统计年鉴 2014》，单位：元）：

表 p.3.2

北京	天津	河北	山西	内蒙古	辽宁	吉林	黑龙江
18338	15841	9102	7154	8596	10523	9621	9634
上海	江苏	浙江	安徽	福建	江西	山东	河南
19595	13598	16106	8098	11184	8782	10620	8475
湖北	湖南	广东	广西	海南	重庆	四川	贵州
8867	8372	11669	6791	8343	8332	7895	5434
云南	西藏	陕西	甘肃	青海	宁夏	新疆	
6141	6578	6503	5108	6196	6931	7297	

试建立两个数据集，用 IF-THEN，OUTPUT 以及 DO 语句分别输出高于和低于我国内地农村居民家庭平均每人纯收入的省份，并对其进行计数。

4. 下表列出了 2013 年我国内地各省、自治区、直辖市城镇单位就业人员平均工资资料（表 p.3.3，摘自《中国统计年鉴2014》，单位：元）：

表 p.3.3

地区	北京	天津	河北	山西	内蒙古	辽宁	吉林
平均工资	93006	67773	41501	46407	50723	45505	42846
黑龙江	上海	江苏	浙江	安徽	福建	江西	山东
40794	90908	57177	56571	47806	48538	42473	46998
河南	湖北	湖南	广东	广西	海南	重庆	四川
38301	43899	42726	53518	41391	44971	50006	47965
贵州	云南	西藏	陕西	甘肃	青海	宁夏	新疆
47364	42447	57773	47546	42833	51393	50476	49064

试用 DELETE 语句输出年平均工资达到 50000 元以上的地区。

5. 下表给出了我国东、中、西部地区主要社会经济指标数据（见表 p.3.4，摘自《中国统计年鉴2014》）：

表 p.3.4

地区	土地面积（平方公里）	人口（万人）	人均国内生产总值（元）	社会商品零售额（亿元）	财政收入（亿元）
东部	91.6	51819	62405	124453.1	36752.6
中部	102.8	36085	35357	48588.9	12035.5
西部	686.7	36637	34491	42508.6	14444.9
东北	78.8	10976	49606	22259.0	5778.2

地区	进出口总额（亿美元）	普通高等学校数（个）	城镇居民人均可支配收入（元）	农村居民人均可纯收入（元）	居民消费价格指数（上年100）
东部	34826.9	969	32472	12052	102.6
中部	2195.7	659	22736	8377	102.7
西部	2775.5	610	22710	6834	103.1
东北	1791.9	253	22875	9909	102.5

根据表 p.3.4，使用条件语句按东、中、西、东北四个地区建立四个数据集，再利用 SET 语句将四者连接。

6. 下面是从 1978—2014 年我国内地的人均 GDP 资料（表 p.3.5），试根据所给出的数据计算这期间人均 GDP 的平均值、标准差、标准误差、变异系数、偏度和峰度。

表 p.3.5

年份	1978	1979	1980	1981	1982	1983	1984	1985	1986	1987	1988	1989	1990
GDP	379	417	460	489	525	580	692	853	956	1104	1355	1512	1634
年份	1991	1992	1993	1994	1995	1996	1997	1998	1999	2000	2001	2002	2003
GDP	1879	2287	2939	3923	4854	5576	6053	6392	7159	7858	8622	9398	10542
年份	2004	2005	2006	2007	2008	2009	2010	2011	2012	2013	2014		
GDP	12336	14185	16500	20169	23708	25608	30015	35198	38459	41908	46652		

7. 下表（表 p.3.6）是我国 2013 年内地各省、自治区、直辖市按支出法计算的地区生产总值资料（摘自《中国统计年鉴 2014》，单位：亿元）：

表 p.3.6

地 区	支出法地区生产总值	最终消费支出	资本形成总额	货物和服务净流出
北 京	19500.6	11946.1	7868.4	-313.9
天 津	14370.2	5634.8	11046.8	-2311.4
河 北	28301.4	11886.6	16386.2	28.6
山 西	12602.2	6182.8	9169.0	-2749.5
内蒙古	16832.4	6889.6	15728.1	-5785.4
辽 宁	27077.7	11214.9	16944.6	-1081.8
吉 林	13946.8	5500.5	9708.1	-1261.8
黑龙江	14382.9	7963.6	9432.3	-3013.0
上 海	21602.1	12516.3	8358.8	727.0
江 苏	59161.8	26422.8	28634.3	4104.7
浙 江	37568.5	17737.2	17112.4	2718.9
安 徽	19038.9	9189.3	9919.0	-69.4
福 建	21759.6	8389.9	12804.7	565.0
江 西	14338.5	7042.1	7160.1	136.3
山 东	54684.3	22601.6	30952.9	1129.8
河 南	32155.9	15287.4	24830.0	-7961.5
湖 北	25431.7	11161.2	14245.4	25.1
湖 南	24501.7	11281.1	14001.6	-781.0
广 东	62164.0	32196.2	26050.8	3917.0
广 西	14378.0	7407.7	10129.5	-3159.1
海 南	3146.5	1590.4	2326.6	-770.5
重 庆	12656.7	6001.6	6915.6	-260.5
四 川	26260.8	13223.2	13494.6	-456.9
贵 州	8006.8	4535.8	5261.4	-1790.4
云 南	11720.9	7364.2	9955.3	-5598.5
西 藏	807.7	518.6	899.1	-610.0
陕 西	16045.2	7051.9	11038.4	-2045.1
甘 肃	6268.0	3682.9	3775.9	-1190.7
青 海	2101.1	1048.5	2519.1	-1466.5
宁 夏	2565.1	1340.1	2334.2	-1109.2
新 疆	8360.2	4599.2	7192.5	-3431.5

试用 Sort 过程、Means 过程语句完成下列工作：

（1）按地区生产总值排序。

（2）计算各项经济指标平均值，并显示最大值与最小值。

8. 下表(表 p.3.7)为国家自然科学基金面上项目的一些函评结果（单位：个）：

表 p.3.7

申请者	发函数	回函数	优	良	中	差	优先资助	可资助	不予资助
X1	5	5	2	3	0	0	2	2	1
X2	5	5	1	2	1	1	1	2	2
X3	5	5	1	1	3	0	1	1	3
X4	5	5	1	1	2	1	1	1	3
X5	5	5	0	2	3	0	0	2	3
X6	5	5	0	2	3	0	0	0	5
X7	5	5	0	1	4	0	0	0	5
X8	5	5	0	0	5	0	0	0	5
X9	5	5	0	1	3	1	0	0	5
X10	5	5	0	0	3	2	0	0	5
X11	5	4	0	0	3	1	0	1	3

根据表 p.3.7，编写程序计算申请者的函评分数，并按照函评分数降序排列输出结果。函评分数的计算方式为：

（1）将"优"、"良"、"中"、"差"和"优先资助"、"可资助"、"不予资助"分别赋予 4、3、2、1 分和 2、1、0 分，计算函评总分。

（2）根据函评总分除以回函数得出申请者函评分数。

第4章 统计描述与SAS过程

4.1 变量的数字特征与 MEANS 过程

4.1.1 变量特征与统计描述

在自然界和社会经济生活中,我们经济会接触到两类现象:一类是在一定的条件下必然发生或必然不发生的现象。例如,张三今年 20 岁,明年必定是 21 岁。这类现象称为确定性现象。另一类是在一定条件下既可能发生这种结果也可能发生那种结果的现象。例如,投掷一枚均匀的硬币,在正式投掷之前是不能肯定会出现正面还是反面的,这类现象称为随机现象。通常我们把研究的随机现象看作为一个总体,确切地说,总体是研究对象的某一特征,如投掷硬币出现正面的次数的全体,常用随机变量 X 来表示。随机变量 X 的统计特征一般用它的累积分布函数来描述,即:

$$F(x) = P\{X \le x\}$$

实际中,由于随机变量的分布函数难于获得,所以常用其少数几个数字特征来描述。

4.1.1.1 随机变量的数字特征及其意义

常用的随机变量数字特征有以下三类:

1. 表示位置的数字特征

(1) 总体均值(Mean):常用字母 μ 表示,用公式表示为:$\mu = E(x)$,它表示随机变量的中心位置,即平均水平,有时均值也称为集中趋势。

(2) 中位数(Median):总体中位数是随机变量取值的中间值,其上和其下各有一半。

(3) 众数(Mode):众数是使得随机变量密度函数取最大值的数值。常用在离散随机变量情况下。

2. 表示离散程度的数字特征

（1）极差（Range）：极差是随机变量的最大值和最小值之差，用公式表示为：

$$R = X_{max} - X_{min} \tag{4.1}$$

显然，极差越大，随机变量的分布越分散。

（2）方差（Variance）：表示偏离均值的程度，有时也称为离中趋势，常用字母 σ^2 表示，用公式表示为：

$$\sigma^2 = E(X - \mu)^2 \tag{4.2}$$

由方差的定义可以看出，方差越大，随机变量偏离中心就越大，方差越小，则分布越集中。特别地，当方差为 0 时，随机变量的分布几乎集中到一个点上。

（3）标准差（Standard Variance）：它是方差的平方根，常用字母 σ 表示，它的意义与方差相同。

（4）标准差系数（Coefficient of Variance）：它被定义为标准差与均值的比率，常用字母 CV 表示，用公式表示为：

$$CV = \frac{\sigma}{\mu} \tag{4.3}$$

标准差系数反映了单位均值上的离散程度，常用在两个总体均值不等的离散程度的比较上。若两个总体的均值相等，则比较标准差系数与比较标准差是等价的。

3. 表示分布形状的数字特征

（1）偏度（Skewness）：用于度量总体分布状况偏斜程度的数字特征，常用字母 G_1 表示，用公式表示为：

$$G_1 = \frac{E(X - \mu)^3}{\sigma^3} \tag{4.4}$$

当 $G_1=0$ 时，随机变量的分布为对称分布；当 $G_1>0$ 时，随机变量的分布为非对称的右偏分布，此时随机变量在均值的右边值要多于左边，或者说随机变量的值在右边更为分散；当 $G_1<0$ 时，随机变量的分布为非对称的左偏分布，此时随机变量在均值的左边值要多于右边，或者说随机变量的值在左边更为分散。由于正态分布是对称分布，正态分布随机变量的偏度为 0。

（2）峰度（Kurtosis）：用于度量总体分布尾部"粗细"状况的数字特征，这里的"粗细"是与正态分布的尾部而言的，常用字母 G_2 表示，用公式表示为：

$$G_2 = \frac{E(X - \mu)^4}{\sigma^4} - 3 \tag{4.5}$$

利用上述公式，很容易计算出正态分布随机变量的峰度为 0。由此我们得到，当 $G_2>0$ 时，与正态分布相比，随机变量 X 偏离均值的极端值较多，此时分布有一个沉重的尾部，也称重尾或粗尾，但分布形状却比较陡峭、尖削；当

$G_2<0$ 时,与正态分布相比,随机变量 X 偏离均值的极端值较少,分布形状比较平坦。

4.1.1.2 参数估计

实际应用过程中,由于随机变量的分布是未知的,所以随机变量的数字特征往往也是未知的,这些总体数字特征常称为总体参数。为了估计总体参数,常从总体中随机地抽出部分个体进行观测以从数量上来推断或估计总体参数。从总体中随机抽出的部分个体观测的集合称为样本,一个样本是来自总体 X 的一组独立同分布的随机变量。样本的函数称为样本统计量,常作为总体参数的矩估计。一次抽样所得到的观测值称为样本观测值,常用 $x_1,x_2,\cdots,x_n$ 表示。常见的样本统计量有:

1. 表示位置的样本统计量

(1) 样本均值,常记为 $\bar{x}$,定义为 $\bar{x}=\dfrac{\sum\limits_{i=1}^{n}x_i}{n}$,常作为总体均值 μ 的估计。

(2) 中位数,一般记为 m_e。假设来自容量为 n 的样本观测值经排序后为:$x_{(1)}\leqslant x_{(2)}\leqslant\ldots\leqslant x_{(n)}$,则样本中位数为:

$$m_e=\begin{cases}x_{\left(\frac{n+1}{2}\right)} & \text{当}n\text{为奇数时}\\ \dfrac{1}{2}\left(x_{\left(\frac{n}{2}\right)}+x_{\left(\frac{n}{2}+1\right)}\right) & \text{当}n\text{为偶数时}\end{cases} \quad (4.6)$$

(3) 百分位数(Percentile),它是中位数的推广。当把来自样本的观测值按从小到大顺序排列后,位于第 $p\%$ 位置的数值称为第 p 百分位数。显然,中位数为第 50 百分位数,最小值为第 0 百分位数,而最大值为第 100 百分位数。常用第 25% 分位数,也称为下四分位数,用 Q_1 表示,第 75% 分位数,也称为上四分位数,用 Q_3 表示。

2. 表示离散程度的样本统计量

(1) 样本方差,常记为 s^2。定义 $s^2=\dfrac{1}{n-1}\sum\limits_{i=1}^{n}(x_i-\bar{x})^2$,常作为总体方差 σ^2 的估计。

(2) 样本标准差,常记为 s。定义 $s=\sqrt{\dfrac{1}{n-1}\sum\limits_{i=1}^{n}(x_i-\bar{x})^2}$,常作为总体标准差 σ 的估计。

（3）四分位差，常记为 Q_r。定义 $Q_r = Q_3 - Q_1$。

（4）样本变异系数，常记为 C_v。定义 $C_v = \dfrac{s}{\bar{x}} \times 100\%$，作为总体标准差系数 CV 的估计。

（5）样本均值标准误差，也称为样本标准误，记为 $s_{\bar{x}}$，$s_{\bar{x}} = \dfrac{s}{\sqrt{n}}$，常作为样本均值分布的标准差的估计。

3. 表示分布形状的样本统计量

（1）样本偏度，常记为 g_1，$g_1 = \dfrac{n}{(n-1)(n-2)} \dfrac{\sum_{i=1}^{n}(x_i - \bar{x})^3}{s^3}$，作为总体偏度 G_1 的估计。

（2）样本峰度，常记为 g_2，$g_2 = \dfrac{n(n+1)}{(n-1)(n-2)(n-3)} \dfrac{\sum_{i=1}^{n}(x_i - \bar{x})^4}{s^4} - \dfrac{3(n-1)^2}{(n-2)(n-3)}$，作为总体峰度 G_2 的估计。

上面介绍了总体参数的矩估计，还有一种估计叫区间估计，即用一个区间作为总体参数的估计。下面仅就总体均值和方差给出它们的区间估计。

设 $x_1, x_2, \cdots, x_n$ 是来自正态总体 $N(\mu, \sigma^2)$ 的一个随机样本观测值，则总体均值 μ 的置信度为 $1-\alpha$ 的置信区间为：

$$\left(\bar{x} - \mu_{\left(1-\frac{\alpha}{2}\right)} \dfrac{\sigma_0}{\sqrt{n}}, \ \bar{x} + \mu_{\left(1-\frac{\alpha}{2}\right)} \dfrac{\sigma_0}{\sqrt{n}} \right), \qquad \text{当 } \sigma = \sigma_0 \text{ 已知时}$$

或者 $\left(\bar{x} - t_{\left(1-\frac{\alpha}{2}\right)}(n-1) \dfrac{s}{\sqrt{n}}, \ \bar{x} + t_{\left(1-\frac{\alpha}{2}\right)}(n-1) \dfrac{s}{\sqrt{n}} \right),$ 当 σ 未知时

其中，$\mu_{\left(1-\frac{\alpha}{2}\right)}$ 是标准正态分布的 $1-\dfrac{\alpha}{2}$ 分位点，即 $P\left\{ |U| \mu_{\left(1-\frac{\alpha}{2}\right)} \right\} \leqslant 1-\alpha$；而 $t_{\left(1-\frac{\alpha}{2}\right)}(n-1)$ 是自由度 $n-1$ 的 t 分布的 $1-\dfrac{\alpha}{2}$ 分位点。

由于总体方差 σ^2 的无偏估计为 s^2，且 $\sum_{i=1}^{n}(x_i - \bar{x})^2 / \sigma^2 = (n-1)s^2 / \sigma^2$ 服从自由度为 $n-1$ 的 χ^2 分布，所以总体方差 σ^2 的置信度为 $1-\alpha$ 的置信区间为：

$$\left(\frac{(n-1)s^2}{\chi^2_{(1-\frac{\alpha}{2})}(n-1)}, \frac{(n-1)s^2}{\chi^2_{(\frac{\alpha}{2})}(n-1)} \right)$$

其中，$\chi^2_{(\frac{\alpha}{2})}(n-1)$ 是自由度为 $n-1$ 的 χ^2 分布的 $\frac{\alpha}{2}$ 的分位点。

4.1.1.3 一个实例

在实际应用过程中，我们经常要研究某一经济现象的统计特征，但该经济现象的总体分布往往是未知的，我们所能得到的通常只是这一经济现象的部分观测，换句话说我们仅拥有该经济现象的一个样本观测，并根据这一组观测来研究总体分布特征，这时就要用到前面所讲的有关样本统计量了。

【例 4.1】 为了了解某地区居民家庭收入状况，现从这一地区家庭中随机抽查了 100 户居民，调查其家庭人均收入，调查结果如下（单位：百元）：

271 396 287 399 466 269 295 330 425 324 228 113 226 176 320 230 404
487 127 74 234 523 164 336 343 330 436 141 388 293 464 200 392 265
403 259 426 262 221 355 324 374 347 261 287 113 135 291 176 342 443
239 302 483 231 292 373 346 293 236 223 371 287 400 314 468 337 308
359 352 273 267 277 184 286 214 351 270 330 238 248 419 330 319 440
427 314 414 299 265 318 415 372 238 323 412 493 286 313 412

试根据以上数据计算：
（1）这 100 户家庭的平均人均收入，并据此推断该地区人均收入水平。
（2）这 100 户家庭的人均收入的离散程度。
（3）这 100 户家庭人均收入的分布形状：偏度和峰度。

本例是在社会经济统计学中经常遇到的一类数据处理问题。利用前面介绍的知识不难手工算出结果，问题是当数据进一步增多时手工计算就有一定的难度了。如果利用 SAS 软件，这类问题就变得非常简单了，只需简单调用 SAS 系统中的 MEANS 过程（均值过程）即可。

4.1.2 MEANS 过程

假设已存在的 SAS 数据集含有 n 个观测、m 个变量。MEANS 过程用来对数据集中的数值变量的全部非丢失的观测计算简单描述统计量，此外，MEANS 过程还可以对均值进行假设检验并能给出置信区间。如果使用 BY 语句，可把数据按 BY 变量分为几个观测组，并对每个观测组分别计算简单描述统计量。另外，

MEANS 过程还可以有选择地建立一个或几个包含若干统计量的输出 SAS 数据集，以便进一步分析计算时调用。

4.1.2.1 MEANS 过程的一般格式

MEANS 过程的一般格式如下：

```
PROC MEANS <option-list><statistic-keyword-list>; }必需的语句
    VAR variable-list;
    CLASS variable-list;
    TYPES request(s);
    WAYS list;
    FREQ variable;
    WEIGHT variable;
    ID variable-list;                                    可选的语句
    BY variable-list;
    OUTPUT <OUT=SAS-data-set><output-statistic-list>
       <MAXID<(var-1<id-list-1><…var-n<(id-list-n)>>)>=name-list>
          <MINID<(var-1<id-list-1><…var-n<(id-list-n)>>)>=name-list>;
```

该过程除 PROC 语句是必需的外，其他语句都是任选的，同时该过程还可以使用多个 OUTPUT 语句，以形成所需的输出数据集。

1. PROC MEANS 语句

PROC MEANS 语句的一般格式为：

PROC MEANS <option-list><statistic-kedword-list>;

PROC MEANS 语句开始调用均值过程。可以出现在 PROC MEANS 语句里的选项常见的有：

（1）DATA =SAS- data-set（SAS 数据集名），SAS-data-set 是均值过程将要分析处理的输入数据集的名字。若省略，则 SAS 系统将对最近产生的 SAS 数据集进行分析处理。

（2）NOPRINT 或 PRINT，前者规定不输出任何描述统计量，而后者则规定输出描述统计量。

（3）MAXDEC=number（数字），指定该过程的输出结果中小数部分的最大位数（0-8 位），缺省时系统默认为 2。

（4）ALPHA=VALUE（值），设置计算置信区间的置信水平 α，其值在 0 到 1 之间。若规定 ALPHA=0.1，则得到均值的 90%的置信区间，若缺省，系统默认 ALPHA=0.05。

可以出现在 PROC MEANS 语句里的统计量（对分析的变量而言）选项常见的有：

N：未缺省的观测个数；NMISS：缺省的观测个数；MEAN：均值；STD：标准差；MIN：最小值；MAX：最大值；RANGE：极差；SUM：总和；VAR：

方差；USS：未修正平方和，即变量原始值的平方；CSS：修正平方和；即 $\sum_{i=1}^{n}(x_i-\bar{x})^2$，也称为偏差平方和；CV：变异系数；T：对应显著性水平 α 的 t 统计量值；PRT：对应 t 值的概率；SUMWGT：加权和；SKEWNESS：偏度；KURTOSIS：峰度；CLM：计算置信上限和下限；LCLM：置信下限；UCLM：置信上限。

2. VAR 语句

其一般格式为： **VAR variable-list;**

规定要求计算简单描述统计量的数值变量及次序。若省略该语句，输入数据集中除在 BY、CLASS、ID、FREQ 和 WEIGHT 语句中列出的变量之外所有数值变量依次都被分别计算。

3. BY 语句

其一般格式为： **BY variable-list;**

根据 BY 变量定义的观测组分别计算各组相应的简单描述统计量。注意，当使用 BY 语句时，要求输入数据集已按 BY 变量排序，除非指定 NOTSORTED；

4. CLASS 语句

其一般格式为： **CLASS variable-list;**

该语句和 BY 语句一样，可用 CLASS 变量定义观测组，并分别计算各组相应的简单统计量。不同点是 CLASS 语句不要求输入数据集事先已按 CLASS 变量排序，另外两者在输出格式上也略有区别，读者可自编一个程序予以验证。

注意，当 BY 语句和 CLASS 语句一起使用时，系统首先按 BY 变量进行分组，然后再在每一组中按 CLASS 变量进行分组。

5. TYPES 语句

其一般格式为： **TYPES request(s);**

该语句的功能是进一步地对 CLASS 后面 variable-list 组合方式的细分。若 CLASS 后面的变量为 A、B、C，则 TYPES A*（B C）表示的是 A 和 B 组合成一组，A 和 C 又组合成一组。TYPES （）表示所有变量合在一起。

6. WAYS 语句

其一般格式为：**WAYS list;**

该语句的功能是对 CLASS 后面 variable-list 组合方式的又一种划分。List 取值为正整数，其最大值不能超过 CLASS 后面变量的个数。若 list 为 1 则表示的是单个组合，取值为 2 表示两两组合，以此类推。

7. FREQ 语句

其一般格式为： **FREQ variable;**

该语句指定一个数值型的 FREQ 变量，它的值表示输入数据集中相应的观测出现的频数。该变量的值应为正整数。若 FREQ 变量值小于 1 或缺失，相应的观测不参加计算统计量；若这个值不是正整数，取整数部分。

8. WEIGHT 语句

其一般格式为： **WEIGHT variable;**

该语句规定一个 WEIGHT 变量，它的值表示相应观测的权数，该变量的值应大于 0。若这个值小于 0 或缺失，取该值为 0。关于 FREQ 语句和 WEIGHT 语句的区别，前面已有介绍，这里不再赘述。

9. ID 语句

其一般格式为： **ID variable;**

该语句对 MEANS 过程产生的输出数据集增加一个或几个附加变量，目的在于识别输出数据集里的观测。

10. OUTPUT 语句

其一般格式为： **OUTPUT <OUT=SAS-data-set><output-statistic-list>**
    <MAXID<(var-1<id-list-1><…var-n<(id-list-n)>>)>=name-list>
    <MINID<(var-1<id-list-1><…var-n<(id-list-n)>>)>=name-list>;

该语句要求 MEANS 过程把计算的描述统计量输出到新的 SAS 数据集里，并且用任选项对新数据集的名字及所包含的统计量名字列表。该语句的任选项有三类：

（1）OUT=SAS-data-set，给出由 MEANS 过程产生的输出数据集的名字。

（2）output-statistic-list（输出的统计量列表），规定在新数据集里所要求的统计量，并规定这些统计量的变量名。一般有以下几种形式：

①statistic-keyword=（统计关键词=）。例如 output out=result1 mean=；

②statistic-keyword=name-list（统计关键词=名字列表）。

例如：output out=result2 mean=meanx1 meanx2 var(pre)=；

③statistic-keyword(variable-list)=name-list（统计关键词（变量列表）=名字列表）。

例如：output out=result3 mean=premean postmean std(post)=stdpost；

（3）<MAXID<(var-1<id-list-1><…var-n<(id-list-n)>>)>=name-list>
    <MINID<(var-1<id-list-1><…var-n<(id-list-n)>>)>=name-list>；

该项选择用不同分析变量的最大或最小值来联系识别变量的列表。其中，var 是被最大化或最小化的变量，id-list 相对于最大或最小的识别变量。

例如：有一输入数据集 CLASS，记录了一些学生的姓名、性别、身高、年龄。设四个变量名分别为 name,sex,height,age。要求找出男、女学生中身高最高者和年龄最大者。注意不仅要给出最大身高和年龄，还要给出他们的姓名。程序如下：

    proc means data=CLASS;
    var height age;

output out=new max=maxh maxa

maxid(height(name) age(name))=heightst agest;

run;

程序说明：上述这段程序中，分析变量为身高和年龄，输出数据集为 new，输出数据集中包含了身高和年龄的最大值，分别用变量 maxh 和 maxa 来记。选项 maxid(height(name) age(name))=heightst agest 要求系统给出身高和年龄最大者的姓名，并分别用变量名 heightst 和 agest 存放在输出数据集 new 中。

4.1.2.2 几点说明

1. 关于输出数据集

MEANS 过程可以输出一个或多个 SAS 数据集，每个数据集记录的内容如下：

1) 变量

（1）如果使用了 BY 语句或 ID 语句或 CLASS 语句中的任何一个或多个，则输出数据集中将包含这些语句所使用的变量。

（2）该过程由系统自动创建两个名分别为_TYPE_和_FREQ_的变量，其中变量_TYPE_的值包含了用来定义每个子组的 CLASS 变量或 BY 变量的信息，而变量_FREQ_则给出当前这个子组的观测个数。变量_TYPE_的取值规则为：当 CLASS 语句中只有一个变量时，输出数据集包含输入数据生成的观测值（_TYPE_=0）和由 CLASS 变量的每个水平对应的子组生成的观测值（_TYPE_=1）；而当 BY 语句仅含有一个变量时，输出数据集不包含输入数据生成的观测值，仅包含由 BY 变量的每个水平对应的子组生成的观测值（_TYPE_=0）。当 CLASS 语句包含两个变量时，输出数据集除以上两类_TYPE_值的观测外，还包含另一个变量每个水平对应的子组观测值（_TYPE_=2），以此类推。含有两个变量的 BY 语句也有类似结果，读者可以自行总结。

（3）在 OUTPUT 语句中规定的统计量变量名。注意在 PROC 语句中规定的变量名则不在规定的输出数据集中。

2) 观测

输出数据集中观测的个数根据 BY 变量和 CLASS 变量分组的个数而定。

2. 关于输出的内容

当 PROC 语句没有规定输出的统计量时，MEANS 过程仅输出与 VAR 语句规定的变量相对应的 5 个描述统计量，它们分别是：未缺省的观测个数、均值、标准差、最小值、最大值。

当 PROC 语句规定了输出统计量时，MEANS 过程仅输出所规定的统计量的值。

4.1.3 MEANS 过程的应用

利用 MEANS 过程求解例 4.1。

解：根据题目要求，编辑如下 SAS 程序：

```
data incomes;
input income@@;
cards;
271 396 287 399 466 269 295 330 425 324 228 113 226 176 320
230 404 487 127 74 234 523 164 336 343 330 436 141 388 293
464 200 392 265 403 259 426 262 221 355 324 374 347 261 287
113 135 291 176 342 443 239 302 483 231 292 373 346 293 236
223 371 287 400 314 468 337 308 359 352 273 267 277 184 286
214 351 270 330 238 248 419 330 319 440 427 314 414 299 265
318 415 372 238 323 412 493 286 313 412
;
proc means data=incomes mean var std cv skewness
alpha=0.1 kurtosis t prt clm    maxdec=2;
var income;run;
```

程序说明：DATA 步创建了一个名为 incomes 的 SAS 数据集，PROC 步调用均值过程（means），其中选择项分别为：mean：均值，var：方差，std：标准差，cv：标准差系数，skewness：偏度，kurtosis：峰度，alpha=0.1：显著性水平为 0.1 即置信水平为 90%，t：t 检验值，prt：对应 t 值的概率，clm：上、下置信限，maxdec=2：保留两位有效小数，分析变量为 income，程序运行结果见输出 4.1。

输出 4.1 由 MEANS 过程产生的几个常见统计量输出结果

分析变量: INCOME					
均值	方差	标准偏差	偏差系数	偏度	峰度
313.36	8696.11	93.25	29.76	−0.14	−0.19

t 值	Prob>|t|	均值下限 90%;均值的置信限	均值上限 90%;均值的置信限
33.60	0.0001	297.88	328.84

由输出 4.1 知，这一百户家庭平均人均收入为 313.36 元。根据推断原理，这一地区家庭人均收入的平均值为 313.36 元，其 90%的置信区间为（297.88 元，328.84 元）；由于偏度等于−0.14，而峰度等于−0.19，所以可以认为这个地区家庭人均收入的分布略向左偏，与正态分布相比，分布略微陡峭。

由该例可以看出，应用中常见到的一些描述性统计量的计算都可用 MEANS 过程来得到。

【例4.2】 根据中国健康与营养调查（CHNS）2011年数据整理计算得出的我国12个抽样地区(area)农民工生活幸福感最高(happiest)和比较高(happier)的人群占比（单位：%）数据集为sasuser.happy。该数据集的有关统计描述程序如下：

```
data sasuser.happy;
input area$ happiest happier@@;
cards;
        辽宁      26.1    33.8
        黑龙江    29.0    36.6
        江苏      15.7    39.6
        山东      25.5    46.4
        河南      12.8    42.8
        湖北      15.3    37.2
        湖南      9.8     35.1
        广西      1.9     22.4
        贵州      6.8     34.0
        北京      30.8    40.2
        上海      6.7     35.0
        重庆      4.1     30.1
;
run;
proc means data=sasuser.happy noprint;
    var happiest happier;
    output out=my_summary
        max=max_happiest max_happier
        min=min_happiest min_happier;
run;
title "Listing of MY_SUMMARY";
proc print data=my_summary noobs;
run;
```

程序说明：DATA步创建了一个名为happy的SAS永久数据集，PROC步调用均值过程(means)对该数据集中的happiest和happier两个数值型变量进行描述统计。output out=my_summary表明，统计结果输出到数据集my_summary，其中happiest和happier的最大值的统计量名称分别改为max_happiest和max_happier，其最小值的统计量名称分别改为min_happiest和min_happier。程序运行结果见输出4.2。

输出 4.2(A) 统计量指定名称结果

TYPE	_FREQ_	max_happiest	max_happier	min_happiest	min_happier
0	12	30.8	46.4	1.9	22.4

Listing of MY_SUMMARY

进一步地，若对输出统计量自动命名的话，则将上述程序中的 PROC MEANS 过程部分替换为下列语句：

```
proc means data=sasuser.happy noprint;
    var happiest happier;
    output out=my_summary
        max=
        min=/ autoname;
run;
```

输出 4.2(B) 统计量自动命名结果

Listing of MY_SUMMARY

TYPE	_FREQ_	happiest_Max	happier_Max	happiest_Min	happier_Min
0	12	30.8	46.4	1.9	22.4

实际中，我们可能会遇到对于不同变量需计算不同的统计量值，那该如何编写程序？例如本例中的 happiest 要求计算最大值、最小值和中位数，而 happier 只要求计算最大值和中位数。则程序即为将原程序中的 PROC MEANS 过程部分替换为下列语句：

```
proc means data=sasuser.happy noprint;
    var happiest happier;
    output out=my_summary
        max(happiest happier)=
            median(happiest happier)=
            min(happiest)=/ autoname;
run;
```

输出 4.2(C) 统计量自动命名后的统计结果

Listing of MY_SUMMARY

TYPE	_FREQ_	happiest_Max	happier_Max	happiest_Median
0	12	30.8	46.4	14.05

happier_Median	happiest_Min
35.85	1.9

【例4.3】 辨析下面 MEANS 过程中使用 BY 语句和 CLASS 语句的作用异同：

程序 1： proc sort data=learn.blood out=blood;
            by Gender;
        run;

第 4 章 统计描述与 SAS 过程

```
        title "Adding a BY Statement to PROC MEANS";
        proc means data=blood n nmiss mean median  min max maxdec=1;
            by Gender;
            var RBC WBC;
        run;
```

程序 2：
```
        title "Using a CLASS Statement with PROC MEANS";
        proc means data=learn.blood n nmiss mean median  min max maxdec=1;
            class Gender;
            var RBC WBC;
        run;
```

程序说明：

（1）使用 BY 语句和 CLASS 语句进行分组统计时，计算结果是相同的，只是输出结果的显示样式不同。

（2）对于一个非常庞大且没有排序的数据集，可以使用 CLASS 语句进行分组统计，但对于一个已经排好序的数据集，使用 BY 语句更有效率。

【例 4.4】 对外贸易区域结构又称对外贸易地区分布构成，是以国家或地区为单位计算的进出口商品的市场结构，反映一国与其他国家或地区之间经济贸易联系的程度。1998－2013 年中国货物进出口区域分布数据集为 trade。其中，变量 Year、Asia、Africa、Europe、Latin_America、North_America 和 Australia 分别表示年份以及中国在亚洲、非洲、欧洲、拉丁美洲、北美洲和澳洲的进出口商品市场结构。

```
        data trade;
        input Year Asia Africa   Europe Latin_America   North_America  Australia@@;
        America=Latin_America+North_America;
        if  year le 2005 then group="1998-2005";
        else if year gt 2005 then group="2006-2013";
        cards;
        1998   57.22    1.71     18.44    2.56      18.27    1.8
        1999   56.64    1.8      18.89    2.29      18.36    2.03
        2000   57.7     2.23     18.19    2.66      17.16    2.06
        2001   56.52    2.12     19.15    2.93      17.24    2.03
        2002   58.48    2.00     17.76    2.87      16.94    1.95
        2003   58.22    2.18     18.55    3.15      16.03    1.87
        2004   57.59    2.55     18.31    3.46      16.05    2.04
        2005   56.82    2.8      18.43    3.55      16.23    2.17
```

2006	55.73	3.15	18.76	3.99	16.25	2.12
2007	54.65	3.39	19.67	4.72	15.3	2.28
2008	53.32	4.18	19.95	5.59	14.37	2.58
2009	53.1	4.13	19.33	5.52	14.86	3.06
2010	52.71	4.27	19.28	6.18	14.23	3.33
2011	52.34	4.57	19.27	6.64	13.6	3.57
2012	52.97	5.14	17.69	6.77	13.89	3.54
2013	53.53	5.06	17.57	6.29	13.85	3.69

```
;
run;
proc means data=trade maxdec=2;
var Asia Africa Europe America Australia;
class group;
output out=result
mean=m_asia m_africa m_europe m_america m_australia
;
proc print data=result noobs;
run;
```

程序说明：DATA 步首先创建了一个数据集 trade，数据创建过程中利用了条件语句将数据按照年份分成了两组。接下来，PROC MEANS 过程使用了 CLASS 语句分组计算了默认统计量（n 值、均值、标准差、最小值和最大值），并将亚洲、非洲、欧洲、美洲和澳洲的均值分组统计量名称重新命名为 mean_asia、mean_africa、mean_europe、mean_america、mean_australia。

统计结果见输出 4.4。从中能够看出：1998 年以来，中国与亚洲其他国家和地区的贸易一直占据主导地位，其次是美洲和欧洲，与非洲和澳洲的贸易联系程度则最弱；对比 2005 年前后，中国与亚洲其他国家和地区的贸易联系程度有所减弱，但与非洲的贸易联系程度明显增加，其次就是澳洲、欧洲和美洲。请读者思考：如果将该程序中的 CLASS 替换为 BY，则结果会怎样？为什么？

输出 4.4 中国对外贸易市场结构统计结果

group	_TYPE_	_FREQ_	m_asia	m_africa	m_europe	m_america	m_australia
	0	16	55.4713	3.20500	18.7025	20.1125	2.50750
1998-2005	1	8	57.3988	2.17375	18.4650	19.9688	1.99375
2006-2013	1	8	53.5438	4.23625	18.9400	20.2563	3.02125

【例 4.5】 现有我国各地区（按来源分）农村居民家庭人均纯收入（2013年）资料。（数据见下面程序中的数据行，资料来源：2014 年度《中国统计年鉴》）。下面程序 DATA 步创建了一个名为 country 的 SAS 数据集。输入变量的含义如下：

province：省份，area：地区，按我国地理区域新划分为七大区，分别为华北，东北，华东，华中，西北，华南和西南，其 area 值分别为 1，2，3，4，5，6，7，income：纯收入，wage：工资性收入，family：家庭经营纯收入，property：财产性收入，transfer：转移性收入。

```
data country;
input province$ area$ income wage  family property transfer;
cards;
北京   1 18337.5      12034.9         833.4           2023.5          3445.7
天津   1 15841.0      9091.5          4571.6          1120.0          1058.0
河北   1 9101.9       5236.7          3219.2          161.6           484.4
山西   1 7153.5       4041.1          2273.9          93.2            745.3
内蒙   1 8595.7       1694.6          5348.4          371.0           1181.7
辽宁   2 10522.7      4209.4          5160.2          283.2           870.0
吉林   2 9621.2       1813.2          6855.1          187.9           765.0
黑龙江 2 9634.1       1991.4          6365.4          429.6           847.8
上海   3 19595.0      12239.4         1062.0          1446.8          4846.8
江苏   3 13597.8      7608.5          4258.4          572.1           1158.7
浙江   3 16106.0      9204.3          4758.6          727.5           1415.7
安徽   3 8097.9       3733.5          3681.4          113.6           569.3
福建   6 11184.2      5193.9          4890.5          359.9           739.8
江西   3 8781.5       4422.1          3683.8          191.0           484.6
山东   3 10619.9      5127.2          4525.2          283.9           683.8
河南   4 8475.3       3581.6          4285.4          160.3           448.1
湖北   4 8867.0       3868.2          4381.6          99.1            518.1
湖南   4 8372.1       4595.6          2962.0          147.7           666.9
广东   6 11669.3      7072.4          2596.4          1040.5          960.0
广西   7 6790.9       2712.3          3420.4          70.4            587.8
海南   6 8342.6       3001.5          4153.8          347.9           839.3
重庆   7 8332.0       4089.2          3136.5          234.7           871.7
四川   7 7895.3       3542.8          3321.2          202.3           829.1
贵州   7 5434.0       2572.6          2355.9          78.4            427.2
```

云南	7	6141.3	1729.2	3650.4	229.8	532.0
西藏	7	6578.2	1475.3	4157.0	88.9	857.1
陕西	5	6502.6	3151.2	2500.0	212.3	639.0
甘肃	5	5107.8	2203.4	2231.0	132.9	540.5
青海	5	6196.4	2347.5	2570.3	165.9	1112.7
宁夏	5	6931.0	2878.4	3250.0	133.3	669.3
新疆	5	7296.5	1311.8	4654.5	230.1	1100.0

```
;
proc means mean std cv skewness kurtosis maxdec=1;
var  income wage family property transfer;
run;
proc means mean maxdec=1;
class area;
var income wage family property transfer;
output out=new max=maxin maxwage maxfam maxpro maxtran
maxid(income(province)    wage(province)    family(province)
property(province)
transfer(province))=incomest wagest famiest propest transt;
run;
proc transpose data=new out=new1;
var area maxin maxwage maxfam maxpro maxtran incomest wagest
famiest propest transt;
run;
proc print data=new1 noobs;
run;
```

程序说明：第一个 MEANS 过程分别计算了我国各地区农村居民人均纯收入、工资性收入，家庭经营纯收入，财产性收入，转移性收入等五个统计指标。从计算的结果看，我国农村居民家庭人均纯收入的平均值为 4443.5 元，其中，家庭经营纯收入为 2172.4 元，为最大的收入来源。从所计算的偏度看，只有家庭经营纯收入的偏度小于 0 即左偏，说明家庭经营纯收入小于均值的省份的该来源收入，其分布更加分散；从峰度看，除家庭经营纯收入以外，其他四个变量的峰度均大于 2，说明其收入的分布较为陡峭、尖削，但尾部却较为"沉重"。第一个 MEANS 过程产生的输出结果如下：

第 4 章 统计描述与 SAS 过程

输出 4.5(A)　由第一个 MEANS 过程产生输出结果

变量	均值	标准偏差	偏差系数	偏度	峰度
income	9539.4	3659.6	38.4	1.4	1.5
wage	4444.3	2901.7	65.3	1.5	1.6
family	3713.3	1353.5	36.4	0.1	0.3
property	385.1	448.0	116.3	2.4	5.8
transfer	996.6	894.2	89.7	3.5	13.0

第二个 MEANS 过程按地区分组计算了所有数值变量的均值，maxdec=1 表示输出结果保留一位小数。OUTPUT 语句定义了一个名为 new 的输出数据集，选择项 max= maxin maxwage maxfam maxpro maxtran，要求计算各大区域各个变量的最大值，并用等号后的变量名分别命名。该句最后第二个选项是给出各大区域各变量最大值对应的省份，并用等号后的变量名分别命名。注意这里的识别变量必须与 VAR 语句中的变量相一致。第二个 MEANS 过程计算的各大区域农村居民纯收入、工资性收入等的平均水平，见输出 4.5（B）。

第三个过程对第二个过程产生的数据集 new 进行了转置，输出的数据集命名为 new1，最后一个过程给出了数据集 new1 打印结果，其中 noobs 不打印观测序号，见输出 4.5（C）。

输出 4.5(B)　由第二个 MEANS 过程产生的输出结果

area	观测的个数	变量	均值
1	5	income	11805.9
		wage	6419.8
		family	3249.3
		property	753.9
		transfer	1383.0
2	3	income	9926.0
		wage	2671.3
		family	6126.9
		property	300.2
		transfer	827.6
3	6	income	12799.7
		wage	7055.8
		family	3661.6
		property	555.8
		transfer	1526.5
4	3	income	8571.5
		wage	4015.1
		family	3876.3
		property	135.7
		transfer	544.4
5	5	income	6406.9
		wage	2378.5

（续）输出 4.5(B)

		family	3041.2
		property	174.9
		transfer	812.3
6	3	income	10398.7
		wage	5089.3
		family	3880.2
		property	582.8
		transfer	846.4
7	6	income	6862.0
		wage	2686.9
		family	3340.2
		property	150.8
		transfer	684.2

输出 4.5(C)　由 PRINT 过程打印的数据集 NEW1 的输出结果

NAME	COL1	COL2	COL3	COL4	COL5	COL6	COL7	COL8
area		1	2	3	4	5	6	7
maxin	19595	18337.5	1052	19	8867	7296	1166	8332
maxwage	12239.4	12034.9	4209.4	12239.4	4595.6	3151.2	7072.4	4089.2
maxfam	6855.1	5348.4	6855.1	4758.6	4381.6	4654.5	4890.5	4157
maxpro	2023.5	2023.5	429.6	1446.8	160.3	230.1	1040.5	234.7
maxtran	4846.8	3445.7	870	4846.8	666.9	1112.7	960	871.7
incomest	上海	北京	辽宁	上海	湖北	新疆	广东	重庆
wagest	上海	北京	辽宁	上海	湖南	陕西	广东	重庆
famiest	吉林	内蒙古	吉林	浙江	湖北	新疆	福建	西藏
propest	北京	北京	黑龙江	上海	河南	新疆	广东	重庆
transt	上海	北京	辽宁	上海	湖南	青海	广东	重庆

在输出 4.5（C）中，第 1 列的变量名可以分为三类：代表各大区域的变量名 area；代表最大值的变量名，从 maxin 到 maxtran；代表识别观测的变量名，从 incomest 到 transt。第 2 列，即 CLO1 代表各变量最大值及其对应的省份。第 3 列到第 8 列代表各变量各大区域最大值及其对应的省份。

【例 4.6】　现有某班 10 名同学参加了全国硕士研究生入学考试，其有关考生及成绩数据见下面程序中的数据行。下面程序 DATA 步创建了一个名为 kaosheng 的 SAS 数据集。输入变量的含义如下：NAME：姓名，GENDER：性别，JIGUAN：籍贯，YEAR：年龄，ENGLISH：英语单科成绩，TOTALSCORE：总成绩。请编写 SAS 程序实现：

（1）所有同学的英语单科成绩描述统计。

（2）性别、籍贯、年龄两两组合变量的英语单科成绩描述统计。

```
Data kaosheng;
    Input name$ gender$ jiguan$ year$ English totalscore;
    Datalines;
```

第 4 章　统计描述与 SAS 过程

```
        WANG   F   anhui       22 61   340
        ZHOU   M   shanghai    22 70   335
        LILI   M   anhui       21 58   350
        SONG   F   Jiangsu     22 63   370
        CHENG  M   shanghai    21 70   350
        ZHAO   F   anhui       22 55   320
        ZHANG  F   shanghai    20 70   380
        YUE    M   anhui       20 60   370
        SUN    F   Jiangsu     21 70   350
        WU     F   shanghai    20 80   400
    ;
    proc means data=kaosheng maxdec=2;
        var english;
        class gender jiguan year;
        types();
        ways 2;
    run;
```

程序说明：types()表示不对 CLASS 变量进行分组，输出结果如 4.6（A）所示。WAYS 2 表示对 CLASS 变量进行两两分组，输出结果如 4.6（B）、（C）、（D）。

输出 4.6（A）　所有同学的英语单科成绩描述统计

观测的个数	N	均值	标准偏差	最小值	最大值
10	10	65.70	7.56	55.00	80.00

输出 4.6（B）　籍贯与年龄为组合的英语单科成绩描述统计

jiguan	year	观测的个数	N	均值	标准偏差	最小值	最大值
Jiangsu	21	1	1	70.00	.	70.00	70.00
	22	1	1	63.00	.	63.00	63.00
anhui	20	1	1	60.00	.	60.00	60.00
	21	1	1	58.00	.	58.00	58.00
	22	2	2	58.00	4.24	55.00	61.00
shanghai	20	2	2	75.00	7.07	70.00	80.00
	21	1	1	70.00	.	70.00	70.00
	22	1	1	70.00	.	70.00	70.00

输出 4.6（C） 性别与年龄为组合的英语单科成绩描述统计

gender	year	观测的个数	N	均值	标准偏差	最小值	最大值
F	20	2	2	75.00	7.07	70.00	80.00
	21	1	1	70.00	.	70.00	70.00
	22	3	3	59.67	4.16	55.00	63.00
M	20	1	1	60.00	.	60.00	60.00
	21	2	2	64.00	8.49	58.00	70.00
	22	1	1	70.00	.	70.00	70.00

输出 4.6（D） 籍贯与性别为组合的英语单科成绩描述统计

gender	jiguan	观测的个数	N	均值	标准偏差	最小值	最大值
F	Jiangsu	2	2	66.50	4.95	63.00	70.00
	anhui	2	2	58.00	4.24	55.00	61.00
	shanghai	2	2	75.00	7.07	70.00	80.00
M	anhui	2	2	59.00	1.41	58.00	60.00
	shanghai	2	2	70.00	0.00	70.00	70.00

4.2 单变量分析与 UNIVARIATE 过程

4.2.1 问题的提出

大家知道，一个随机变量的统计特性完全由其概率分布决定。换句话说，知道了随机变量的概率分布也就知道了它所具有的统计特性，包括它的数字特征如均值、方差、标准差、偏度、峰度等，但是，仅知道随机变量的部分数字特征并不能完全确定随机变量的统计特性。因此，要比较充分地描述一个随机变量，利用 MEANS 过程计算它的部分数字特征是不够的，还必须用其他反映变量统计特征的形式，如来自样本的极端值、分位数、条形图（也称为直方图）、茎叶图、盒形图、正态概率图等对变量进一步进行描述。

众所周知，正态分布是一类在理论和实践上都十分重要的分布，因此，检验样本是否来自正态总体，从而进一步推断总体是否服从正态分布非常重要。例如，在证券投资学中，有一个非常重要的理论——马柯威兹（Markowitz）组合投资理论。该理论有许多假定，其中有一条重要的暗含假定是：股票收益率服从正态分布。而股票收益率是否服从正态分布，则需要通过相关数据加以检验。

以上这些实践中经常接触到的问题，借助 SAS 系统提供的 UNIVARIATE 过程（单变量过程）即可解决。

4.2.2 UNIVARIATE 过程

4.2.2.1 UNIVARIATE 过程的主要功能

UNIVARIATE 过程除可以完成类似 MEANS 过程的基本统计量的计算外，还可以计算以下统计量，制作以下统计图：

▲ 描述变量极端值的情况；
▲ 计算分位数，如中位数，上、下四分位数等；
▲ 生成若干个描述变量分布的图，如茎叶图、盒形图等；
▲ 生成频率表；
▲ 对数据进行正态性检验。

UNIVARIATE 过程的一般格式如下：

```
PROC UNIVARIATE <option-list>;          } 必需的语句
VAR variable-list;
BY variable-list;
FREQ variable;
HISTOGRAM < variables > < / options >
WEIGHT variable;                         可选的语句
ID variable-list;
INSET keyword-list < / options >
OUTPUT <OUT=SAS-data-set><output-statistic-list>
   <PCTLPTS=percentiles PCTLPER=perfix-name-list>
<PCTLNAME=suffix-name-list>;
```

UNIVARIATE 过程中常用语句说明如下[①]：

1. PROC UNIVARIATE 语句

其一般格式为：　**PROC UNIVARIATE <option-list>;**

该语句中的选择项除与 MEANS 过程中的选择项类似的外，还有以下几个：

（1）FREQ，要求生成包括变量值、频数、百分数和累计频数的频率表。

（2）NORMAL，要求检验输入的数据是否服从正态分布，这个检验统计量的最极端值的概率也被输出。

（3）PLOT，要求生成一个茎叶图（或水平直方图），一个盒形图和一个正态概率图。

（4）PCTLDEF=value（值），规定计算百分位数的方法，取值为 1，2，3，4，5，缺省时为 5。

[①] 用法与 MEANS 过程相同的语句或选择项省略。

2. OUTPUT 语句

该语句中选择项 output-statistic-list 的含义是输出统计量列表，具体可列的统计量除 MEANS 中常用的统计量外，该过程还有以下一些统计量：

（1）Q3、Q1：上下四分位数，或 75%和 25%分位数。

（2）QRANGE：上下四分位数间的差，也就是 Q3–Q1。

（3）MSIGN：符号统计量。

（4）PROBM：大于符号秩统计量的绝对值的概率。

（5）SIGNRANK：符号秩统计量。

（6）PROBS：大于中心符号秩统计量的绝对值的概率。

（7）NORMAL：检验正态性统计量。

（8）PROBN：检验数据来自正态分布的假设的概率。

（9）PCTLPTS=percentiles(百分位数)：规定在该过程中不能自动提供而用户又希望计算的百分位数。比如，用户想计算 23%的分位数。

4.2.2.2 几点说明

1. 关于输出内容

与 MEANS 过程输出的统计量一致的除外，该过程对每个数值变量还输出以下统计量的值：

T：Mean=0，总体均值为 0 的假设检验的 T 统计量值。

Prob>|T|：自由度为 $n-1$ 的 T 统计量大于 T 的绝对值的概率。

Num^=0：非 0 观测的个数。

Num>0：正观测的个数。

M(sign)：总体均值为 0 假设检验时的中心符号统计量。

Prob>|M|：大于中心符号统计量绝对值的概率。

Sgn Rank：总体均值为 0 假设检验的中心 Wilcoxon 符号秩统计量值。

Prob>|S|：大于中心 Wilcoxon 符号秩统计量绝对值的概率。

100%Max：最大值。

Q3，Q1，Med：上下四分位数和中位数。

0%Min：最小值。

Range：极差。

Q3–Q1：上下四分位数之差。

Mode：众数。

1%，5%，10%，90%，95%，99%：百分位数。

Extremes：五个最高和最低值。

如果使用选项 NORMAL，该过程还输出以下统计量：

W：Normal 或 D：Normal：正态检验统计量。

Prob<W 或 Prob>D 分别与检验统计量 W 和 D 相对应的概率。

如果使用选项 PLOT，该过程将输出以下图形：

Stem Leaf：茎叶图。

Boxplot：盒形图。

Normal Probability Plot：正态概率图。

如果使用选项 FREQ，该过程还将输出以下统计量：

Value：变量值列表。

Count：变量值的频数。

Precents Cell：变量值的百分数。

Percents Cum：变量值累计百分数。

2. 关于检验统计量

（1）中心符号统计量和中心 Wilcoxon 符号秩统计量中的"中心"都是关于均值而言的，即样本所有观测值都与均值进行比较，然后再决定其符号或符号秩值。

（2）各统计量计算方法及分布：

①中心符号统计量 M 服从参数为 p 和 n 的二项分布，这里的 p 为某一处理优于另一种处理的概率，一般取 $p=0.5$，表示两种处理方法没有显著差异。由二项分布的性质可知，当 n 充分大时，统计量：$\dfrac{M-pn}{\sqrt{p(1-p)n}}$ 服从标准正态分布，特别当 $p=0.5$ 时，$\dfrac{M-\dfrac{1}{2}n}{\dfrac{1}{2}\sqrt{n}}$ 也服从标准正态分布。

②记 Wilcoxon 符号秩统计量为 S，定义 $S=\sum d_i^+$，其中 d_i^+ 是第 i 个正秩的秩数，求和是对所有正秩进行的。当 n 充分大时，统计量：$\dfrac{S-\dfrac{1}{4}n(n+1)}{\sqrt{\dfrac{1}{24}n(n+1)(2n+1)}}$ 服从标准正态分布。

③正态检验中的 W 统计量和 D 统计量分别对应 Shapiro-Wilk 检验和 Kolmogorov 检验。当样本容量小于 2000 时用 Shapiro-Wilk W 检验，大于 2000 时用 Kolmogorov D 检验，具体检验方法略。

4.2.3 UNIVARIATE 过程的应用

【例 4.7】 为了检验股票收益率是否服从正态分布，我们收集了上海证券交易所自 1990 年 12 月 20 日上市到 2002 年 5 月 17 日共 2812 个交易日的综合指数资料存于数据集 sasuser.gupiao 中，现根据收集到的资料检验股票收益率的正态性。

解：根据给定的条件和要求，程序编辑如下：

```
data gupiao;
set sasuser.gupiao;
pricelog=log(price);
lagprice=lag(pricelog);
r=pricelog-lagprice;
run;
proc univariate plot normal;
var r;
run;
```

程序说明：set 语句调用已存在数据库 SASUSER 中的 SAS 数据集 gupiao 并仍命名为 gupiao，赋值语句中，第一个赋值语句计算股票价格指数的自然对数，第二个赋值语句计算价格指数自然对数的滞后一期值，股票收益率 r 用公式 $r = \ln p_t - \ln p_{t-1}$ 来计算，见第三个赋值语句。过程步调用单变量过程，要求绘制有关统计图并进行正态性检验。该过程输出结果由以下三部分构成：第一部分由有关矩构成，包括各种统计量和百分位数，见输出 4.7(A)；第二部分是由极端值和缺省值构成的，见输出 4.7(B)；第三部分是由茎叶图、盒形图和正态概率图构成的，见输出 4.7(C)。

输出 4.7(A) UNIVARIATE 过程输出的股票收益率各统计量的结果

```
                          Univariate Procedure
Variable=R
        Moments                         Quantiles(Def=5)
N           2807    Sum Wgts    2807    100% Max  0.719152   99%   0.090258
Mean     0.001012   Sum      2.839374   75% Q3    0.00987    95%   0.037798
Std Dev  0.030296   Variance 0.000918   50% Med   0.000818   90%   0.024027
Skewness 5.69516    Kurtosis 122.8998   25% Q1   -0.00867    10%  -0.02337
USS      2.578314   CSS      2.575442   0% Min   -0.17905    5%   -0.03741
CV       2995.035   Std Mean 0.000572   1%       -0.07784
T:Mean=0 1.768966   Pr>|T|   0.0770     Range     0.898203
Num ^= 0 2806       Num > 0  1476       Q3-Q1     0.018542
M(Sign)  73         Pr>=|M|  0.0062     Mode     -0.17905
Sgn Rank 85977      Pr>=|S|  0.0451
D:Normal 0.168971   Pr>D     <.01
```

输出 4.7(B)　UNIVARIATE 过程输出的股票收益率的极端值和缺省值情况

```
                    Univariate Procedure
    Variable=R
                         Extremes
         Lowest        Obs          Highest        Obs
         −0.17905(    1123)         0.193682(     925)
         −0.14014(     767)         0.261626(     493)
         −0.13553(     927)         0.269928(    1120)
         −0.125  (     573)         0.28861 (     921)
         −0.11852(     472)         0.719152(     361)

         Missing Value        .
         Count                5
         % Count/Nobs      0.18
```

输出 4.7(C)　UNIVARIATE 过程输出的茎叶图、盒形图和正态概率图

```
              Histogram                                #     Boxplot
      0.725+*                                          1        *
           .
           .
           .
           .
           .
           .
           .
           .
      0.275+*                                          3        *
           .*                                          4        *
           .*                                         12        *
           .***                                       63        0
           .*************************************** 1394     +--0--+
           .***********************************     1243     +--0--+
           .***                                       74        0
           .*                                         12        *
     -0.175+*                                          1        *
           ----+----+----+----+----+----+----+----+--
            * may represent up to 30 counts

                   Normal Probability Plot
      0.725+                                                   *
           |
           |
           |
           |
```

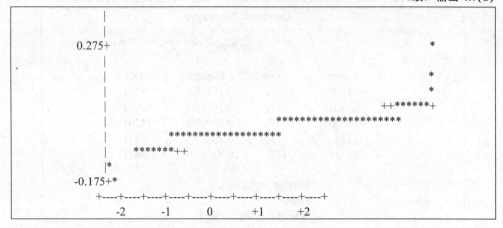

输出 4.7(A)表明,在考察的样本期内股票收益率的平均水平为 0.1%,略大于 0。从 T 检验、中心符号检验以及中心 Wilcoxon 符号秩检验统计量的概率值,前者略大于 0.05,而后两者都小于 0.05 可以看出,股票收益率的平均水平与 0 无显著差异。Num > 0 为 1476 表明考察期内,收益率大于 0 的观测个数为 1476,略超过总观测次数的一半。8003 察期内,上证综合指数收益率的偏度 Skewness 为 5.69516,而峰度 Kurtosis=122.8998,远大于 0,说明考察的上证指数收益率不服从正态分布,正态性检验的 D 统计量对应的概率小于 0.01 和输出 4.7(C)的正态概率图也说明了这一点。

注意,由于观测次数超过了 2000,所以正态性检验用 D 统计量。

输出 4.7(B)给出了股票收益率的 5 个最大值和 5 个最小值及其对应的观测序号。从给出的结果看,最大日收益率达到了 71.92%,而最小的日收益率则为 –17.9%。另外,该段输出还表明,观察期内有五个缺省值,占整个观测数的 0.18%。

输出 4.7(C)给出了股票日收益率的茎叶图、盒形图和正态概率图。其中茎叶图是由观测值作为纵轴,也称为茎,横轴表示观测频数,也称为叶。当某叶观测频数超过 48 时,系统将自动由直方图代替茎叶图。本图有四个叶的观测频数超过了 48,所以图中所作是直方图。与直方图相邻的是盒形图,也称为箱形图。盒形图的纵轴与茎叶图一致,它的上下两条横线分别代表上下四分位数,具体作法见例 4.8。最下面的图是正态概率图,也称为 Q-Q 图。正态概率图中"*"代表观测值,"+"代表参考直线。当观测数据来自正态分布时,"*"应与"+"较为接近或重合。本例中,很容易直观地看出两者相差较远,因此认为数据不是来自正态总体是比较合理的。

【例 4.8】 下面给出了美国 50 个州(为了说明丢失值,另加两个虚设的州）按性别给出了 1970 和 1980 年的人口调查资料。在数据行上每一行有两个观测，每个观测有 5 个值：州名、1970 年女性的调查数据、1970 年男性的调查数据、1980 年女性的调查数据、1980 年男性的调查数据。试用 UNIVARIATE 对调查数据进行分析。

```
data pf70 pm70 pf80 pm80;
input state$ popf70 popm70 popf80 popm80 @@;
drop popf70 popm70 popf80 popm80;
decade=70;
sex='女';pop=popf70;output pf70;
sex='男';pop=popm70;output pm70;
decade=80;
sex='女';pop=popf80;output pf80;
sex='男';pop=popm80;output pm80;
cards;
ala    1.78   1.66   2.02   1.87   alaska  0.14   0.16   0.19   0.21
ariz   0.90   0.87   1.38   1.34   ark     0.99   0.93   1.18   1.10
calif 10.14   9.82  12.00  11.67   colo    1.12   1.09   1.46   1.43
conn   1.56   1.47   1.61   1.50   del     0.28   0.27   0.31   0.29
fla    3.51   3.28   5.07   4.46   ga      2.36   2.23   2.82   2.64
haw    0.37   0.40   0.47   0.49   idaho   0.36   0.36   0.37   0.37
ill    5.72   5.39   5.89   5.54   ind     2.66   2.53   2.82   2.67
iowa   1.45   1.37   1.50   1.41   kan     1.15   1.02   1.21   1.16
ky     1.64   1.58   1.87   1.79   la      1.87   1.77   2.17   2.04
me     0.51   0.48   0.58   0.55   md      2.01   1.92   2.17   2.04
mass   2.97   2.72   3.01   2.73   mich    4.53   4.39   4.75   4.52
minn   1.94   1.86   2.08   2.00   miss    1.14   1.07   1.31   1.21
mo     2.42   2.26   2.55   2.37   mont    0.35   0.35   0.39   0.39
neb    0.76   0.72   0.80   0.77   nev     0.24   0.25   0.40   0.41
nh     0.38   0.36   0.47   0.45   nj      3.70   3.47   3.83   3.53
nm     0.52   0.50   0.66   0.64   ny      9.52   8.72   9.22   8.34
nc     2.59   2.49   3.03   2.86   nd      0.31   0.31   0.32   0.33
ohio   5.49   5.16   5.58   5.22   okla    1.32   1.25   1.55   1.48
ore    1.07   1.02   1.34   1.30   pa      6.13   5.67   6.18   5.68
ri     0.48   0.46   0.50   0.45   sc      1.32   1.27   1.60   1.52
sd     0.34   0.33   0.34   0.35   tenn    2.03   1.90   2.37   2.22
texas  5.72   5.48   7.23   7.00   utah    0.54   0.52   0.74   0.72
vt     0.23   0.22   0.26   0.25   va      2.35   2.30   2.73   2.62
wash   1.72   1.69   2.08   2.05   wva     0.90   0.84   1.00   0.95
wis    2.25   2.17   2.40   2.31   wyo     0.16   0.17   0.23   0.24
```

```
            xx        .      .     .     .               yy    .    .    .    .    .
;
run;
data popstate;
set pf70 pm70 pf80 pm80;
run;
proc univariate data=popstate freq plot normal;
by decade;
var pop ;
id state;
output out=univout mean=popmean median=popn50
pctlpre=pop pctlpts=50,90 to 100 by 2.5;
run;
proc print data=univout;
run;
```

程序说明：在该例中，首先用 data 步创建了 4 个数据集 pf70，pm70，pf80，pm80，分别存放 1970 年女性和男性、1980 年女性和男性的调查数据。然后用 set 语句把这 4 个数据集连成一个数据集 popstate。单变量过程 univariate，除了要求按年代计算数据集 popstate 的常规统计量外，还要求给出相应年代调查数据频数分布、绘出茎叶图、盒形图和正态概率图，并进行正态性检验。最后的 output 语句，要求把人口调查数据的均值、中位数以及 50%，90%，92.5%直到 100%的分位数输出到数据集 univout 中，并打印出来。以上程序输出结果见输出 4.8(A)－4.8(C)，4.9(A)－4.9(E)。

输出 4.8(A)　20 世纪 70 年代调查数据计算的常见统计量及其正态性检验结果

```
---------------------------------- DECADE=70 ----------------------------------
                              Univariate Procedure
Variable=POP
              Moments                        Quantiles(Def=5)

N                100    Sum Wgts      100    100% Max   10.14    99%    9.98
Mean          2.0246    Sum        202.46    75% Q3      2.39    95%    5.925
Std Dev     2.158457    Variance 4.658936    50% Med     1.345   90%    5.435
Skewness    2.026924    Kurtosis 4.275057    25% Q1      0.49    10%    0.295
USS         871.1352    CSS      461.2347    0% Min      0.14     5%    0.225
CV          106.6115    Std Mean 0.215846                         1%    0.15
T:Mean=0    9.379849    Pr>|T|     0.0001    Range      10
Num ^= 0         100    Num > 0       100    Q3-Q1       1.9
M(Sign)           50    Pr>=|M|    0.0001    Mode        0.36
Sgn Rank        2525    Pr>=|S|    0.0001
W:Normal    0.755962    Pr<W       0.0001
```

第 4 章 统计描述与 SAS 过程

(续)输出 4.8(A)

```
                        Extremes
             Lowest  ID              Highest  ID
             0.14(alaska  )          6.13(pa    )
             0.16(alaska  )          8.72(ny    )
             0.16(wyo     )          9.52(ny    )
             0.17(wyo     )          9.82(calif )
             0.22(vt      )         10.14(calif )

             Missing Value        .
             Count                4
             % Count/Nobs         3.85
```

输出 4.8（A）可以分为三个部分：

第一部分即表的左边，给出了各种矩以及检验统计量值及其对应的概率值。从这里我们看到 100 个非缺省的调查数据的均值为 2.0246，T 检验、符号检验以及 Wilcoxon 符号秩检验都说明均值显著不为 0；偏度和峰度分别为 2.026924 和 4.275057，一定意义上说明了人口调查数据不服从正态分布，而正态性检验的 W 值为 0.755962，其对应的概率为 P=0.0001 进一步说明了调查数据不服从正态分布。

第二部分即表的右边，给出了调查数据的各级百分位数。其中众数为 0.36，中位数为 1.345，均小于均值说明调查数据偏右，偏度和下面的茎叶图都说明了这一点；上下四位数差为 1.9，与极差 10 相差较大则说明调查数据可能存在异常值，下面的盒形图也说明了这一点。

第三部分给出了调查数据的极端值，包括 5 个最大值和 5 个最小值以及缺省值个数。由输出结果知，男女人数都最多的两个州分别是 calif 和 ny，而男女人数最少的两个州分别是 alaska 和 wyo；表中给出的缺省值是 4，占总观测数 104 的 3.85%。以下输出给出了 20 世纪 70 年代人口调查数据的统计图。

输出 4.8(B)　20 世纪 70 年代调查数据绘出的统计图

```
--------------------------------- DECADE=70 ---------------------------------
                          Univariate Procedure
Variable=POP

         Stem Leaf                       #             Boxplot
         10 1                            1                *
          9 58                           2                *
          9
          8 7                            1                *
          8
          7
          7
          6
          6 1                            1                0
          5 55777                        5                0
```

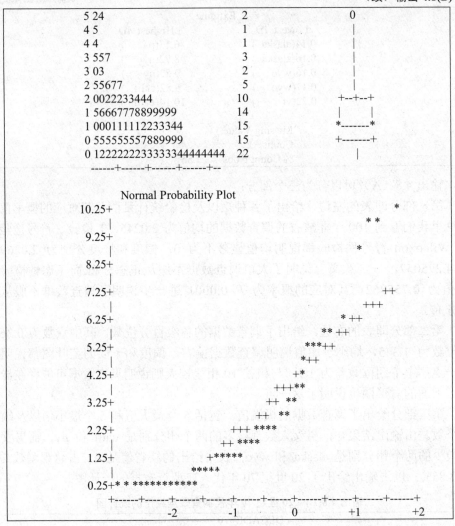
（续）输出 4.8(B)

输出 4.8(B)给出了调查数据的茎叶图、盒形图和正态概率图三种图形。

在茎叶图中，纵轴代表茎叶图的茎，茎上的数据代表观测间隔，本例为 0.5，由系统自动给出。横轴代表叶，叶上的数据代表观测值的末尾数字，而叶右边的数字则代表这一区间内观测的个数。如图中的第二个 2 代表的观测区间为 [2.5，3]，共有 5 个观测，其中末尾数字是 5 和 7 的观测各有 2 个，是 6 的观测只有一个。由茎叶图很容易直观看出数据明显向右偏斜，说明调查数据不服从正态分布。

与茎叶图相邻的是盒形图。盒形图使用茎叶图的纵轴，而它的上下顶线是由上下四分位数对应的数值画出的，两者之间的距离为上下四分位数之差，本例为

第 4 章 统计描述与 SAS 过程

1.9。穿过茎叶图中的虚线称为触须线,它表示调查数据的分布范围。触须线的虚线延伸的范围是上下四分位数之差的 2.5,超过这个范围的数据用"0"表示,如数据分布大于 3 倍,则用"*"表示。实际应用中对用"*"表示的数据要特别注意,本例中有四个观测处于这一范围。本例中中位数为 1.345,图中用"*"表示明显小于平均数 2.0246,图中用穿过触须线的"+"表示,几乎与上四分位数重合,说明均值右边的数据分布更为分散,分布向右偏离。图中下顶线下的虚线较短,一定意义上说明了这个范围内的数据分布较为集中。

最下方的正态概率图表明调查数据不服从正态分布,因为"*"与"+"明显不重合。

输出 4.8(C) 20 世纪 70 年代调查数据频数分布情况

```
------------------------------ DECADE=70 ------------------------------
                          Univariate Procedure
        Variable=POP
                              Frequency Table
                 Percents                              Percents
      Value  Count  Cell    Cum         Value  Count  Cell    Cum
      0.14     1    1.0     1.0          1.64    1    1.0    56.0
      0.16     2    2.0     3.0          1.66    1    1.0    57.0
      0.17     1    1.0     4.0          1.69    1    1.0    58.0
      0.22     1    1.0     5.0          1.72    1    1.0    59.0
      0.23     1    1.0     6.0          1.77    1    1.0    60.0
      0.24     1    1.0     7.0          1.78    1    1.0    61.0
      0.25     1    1.0     8.0          1.86    1    1.0    62.0
      0.27     1    1.0     9.0          1.87    1    1.0    63.0
      0.28     1    1.0    10.0          1.9     1    1.0    64.0
      0.31     2    2.0    12.0          1.92    1    1.0    65.0
      0.33     1    1.0    13.0          1.94    1    1.0    66.0
      0.34     1    1.0    14.0          2.01    1    1.0    67.0
      0.35     2    2.0    16.0          2.03    1    1.0    68.0
      0.36     3    3.0    19.0          2.17    1    1.0    69.0
      0.37     1    1.0    20.0          2.23    1    1.0    70.0
      0.38     1    1.0    21.0          2.25    1    1.0    71.0
      0.40     1    1.0    22.0          2.26    1    1.0    72.0
      0.46     1    1.0    23.0          2.3     1    1.0    73.0
      0.48     2    2.0    25.0          2.35    1    1.0    74.0
      0.50     1    1.0    26.0          2.36    1    1.0    75.0
      0.51     1    1.0    27.0          2.42    1    1.0    76.0
      0.52     2    2.0    29.0          2.49    1    1.0    77.0
      0.54     1    1.0    30.0          2.53    1    1.0    78.0
      0.72     1    1.0    31.0          2.59    1    1.0    79.0
      0.76     1    1.0    32.0          2.66    1    1.0    80.0
      0.84     1    1.0    33.0          2.72    1    1.0    81.0
      0.87     1    1.0    34.0          2.97    1    1.0    82.0
      0.90     2    2.0    36.0          3.28    1    1.0    83.0
      0.93     1    1.0    37.0          3.47    1    1.0    84.0
      0.99     1    1.0    38.0          3.51    1    1.0    85.0
      1.02     2    2.0    40.0          3.7     1    1.0    86.0
```

（续）输出 **4.8(C)**

1.07	2	2.0	42.0	4.39	1	1.0	87.0
1.09	1	1.0	43.0	4.53	1	1.0	88.0
1.12	1	1.0	44.0	5.16	1	1.0	89.0
1.14	1	1.0	45.0	5.39	1	1.0	90.0
1.15	1	1.0	46.0	5.48	1	1.0	91.0
1.25	1	1.0	47.0	5.49	1	1.0	92.0
1.27	1	1.0	48.0	5.67	1	1.0	93.0
1.32	2	2.0	50.0	5.72	2	2.0	95.0
1.37	1	1.0	51.0	6.13	1	1.0	96.0
1.45	1	1.0	52.0	8.72	1	1.0	97.0
1.47	1	1.0	53.0	9.52	1	1.0	98.0
1.56	1	1.0	54.0	9.82	1	1.0	99.0
1.58	1	1.0	55.0	10.14	1	1.0	100.0

输出 4.8(C)给出了 20 世纪 70 年代调查数据的频数分布。表中列出了观测值、对应观测值的频数、频率和累积频率。一般来说，频数表的编制对名义变量或有限离散变量较为有效，而对连续变量需按组距式分组，再编制方为有效。本例变量为连续变量，也没有进行组距式分组，所以得到的频数分布多数是一个观测值作为一组，看不出观测的分布状况，也失去了编制频数表的意义，只是作为一个演示，望读者注意。

下面几个输出给出了 20 世纪 80 年代美国人口调查数据的统计分析情况。由于内容与 20 世纪 70 年代美国人口调查数据的统计分析结果大致相同，这里不再对每张表进行一一分析，读者可以根据上面对 20 世纪 70 年代美国人口调查数据统计结果的分析比照，自行给出 20 世纪 80 年代美国人口调查数据统计结果的分析。

输出 **4.9(A)** 20 世纪 80 年代调查数据的常见统计量及其正态性检验结果

```
-------------------------------------- DECADE=80 --------------------------------------
                                 Univariate Procedure
         Variable=POP

                   Moments                          Quantiles(Def=5)

N             100      Sum Wgts    100      100%  Max    12        99%   11.835
Mean       2.2552      Sum      225.52       75%  Q3      2.7      95%    7.115
Std Dev  2.347537      Variance 5.510928     50%  Med     1.51     90%    5.56
Skewness 2.112261      Kurtosis 5.081156     25%  Q1      0.565    10%   -0.335
USS      1054.175      CSS      545.5819      0%  Min     0.19      5%    0.255
CV       104.0944      Std Mean 0.234754                            1%    0.2
T:Mean=0 9.606666      Pr>|T|      0.0001          Range          11.81
Num ^= 0      100      Num > 0       100          Q3-Q1           2.135
M(Sign)        50      Pr>=|M|     0.0001          Mode            0.37
Sgn Rank     2525      Pr>=|S|     0.0001
```

第4章 统计描述与SAS过程

（续）输出 4.9(A)

W:Normal 0.763976 Pr<W   0.0001

Extremes

	Lowest ID	Highest ID
	0.19(alaska)	7.23(texas)
	0.21(alaska)	8.34(ny)
	0.23(wyo)	9.22(ny)
	0.24(wyo)	11.67(calif)
	0.25(vt)	12(calif)

Missing Value   .
Count   4
% Count/Nobs   3.85

输出 4.9(B) 20世纪80年代调查数据绘出的统计图

```
------------------------------ DECADE=80 -----------------------------
                          Univariate Procedure
Variable=POP
     Stem Leaf                        #    Boxplot
     12 0                             1    *
     11 7                             1    *
     11
     10
     10
      9
      9 2                             1    *
      8
      8 3                             1    0
      7
      7 02                            2    0
      6
      6 2                             1    0
      5 5679                          4    |
      5 12                            2    |
      4 558                           3    |
      4                                    |
      3 58                            2    |
      3 00                            2    |
      2 666777889                     9    +------+
      2 00000112223444                14   |  +  |
      1 55555666899                   11   *------*
      1 00122223333444                14   |     |
      0 555566677788                  12   +------+
      0 22222333334444444444          20         |
        ----+------+------+------+
                          Univariate Procedure
Variable=POP
Normal Probability Plot
```

129

（续）输出 4.9(B)

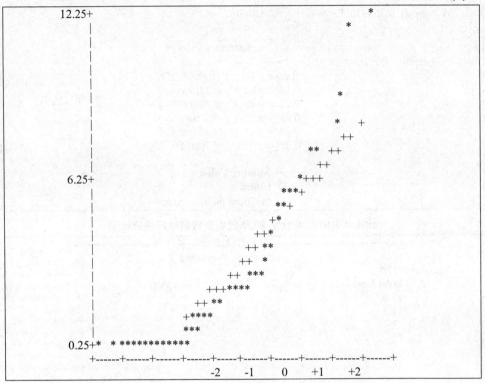

输出 4.9(C) 20 世纪 80 年代调查数据频数分布情况

------------------------------------- DECADE=80 -------------------------------------

Univariate Procedure

Variable=POP

Frequency Table

		Percents				Percents	
Value	Count	Cell	Cum	Value	Count	Cell	Cum
0.19	1	1.0	1.0	1.52	1	1.0	51.0
0.21	1	1.0	2.0	1.55	1	1.0	52.0
0.23	1	1.0	3.0	1.6	1	1.0	53.0
0.24	1	1.0	4.0	1.61	1	1.0	54.0
0.25	1	1.0	5.0	1.79	1	1.0	55.0
0.26	1	1.0	6.0	1.87	2	2.0	57.0
0.29	1	1.0	7.0	2	1	1.0	58.0
0.31	1	1.0	8.0	2.02	1	1.0	59.0
0.32	1	1.0	9.0	2.04	2	2.0	61.0
0.33	1	1.0	10.0	2.05	1	1.0	62.0
0.34	1	1.0	11.0	2.08	2	2.0	64.0
0.35	1	1.0	12.0	2.17	2	2.0	66.0
0.37	2	2.0	14.0	2.22	1	1.0	67.0

（续）输出 4.9(C)

0.39	2	2.0	16.0	2.31	1	1.0	68.0
0.4	1	1.0	17.0	2.37	2	2.0	70.0
0.41	1	1.0	18.0	2.4	1	1.0	71.0
0.45	2	2.0	20.0	2.55	1	1.0	72.0
0.47	2	2.0	22.0	2.62	1	1.0	73.0
0.49	1	1.0	23.0	2.64	1	1.0	74.0
0.5	1	1.0	24.0	2.67	1	1.0	75.0
0.55	1	1.0	25.0	2.73	2	2.0	77.0
0.58	1	1.0	26.0	2.82	2	2.0	79.0
0.64	1	1.0	27.0	2.86	1	1.0	80.0
0.66	1	1.0	28.0	3.01	1	1.0	81.0
0.72	1	1.0	29.0	3.03	1	1.0	82.0
0.74	1	1.0	30.0	3.53	1	1.0	83.0
0.77	1	1.0	31.0	3.83	1	1.0	84.0
0.8	1	1.0	32.0	4.46	1	1.0	85.0
0.95	1	1.0	33.0	4.52	1	1.0	86.0
1	1	1.0	34.0	4.75	1	1.0	87.0
1.1	1	1.0	35.0	5.07	1	1.0	88.0
1.16	1	1.0	36.0	5.22	1	1.0	89.0
1.18	1	1.0	37.0	5.54	1	1.0	90.0
1.21	2	2.0	39.0	5.58	1	1.0	91.0
1.3	1	1.0	40.0	5.68	1	1.0	92.0
1.31	1	1.0	41.0	5.89	1	1.0	93.0
1.34	2	2.0	43.0	6.18	1	1.0	94.0
1.38	1	1.0	44.0	7	1	1.0	95.0
1.41	1	1.0	45.0	7.23	1	1.0	96.0
1.43	1	1.0	46.0	8.34	1	1.0	97.0
1.46	1	1.0	47.0	9.22	1	1.0	98.0
1.48	1	1.0	48.0	11.67	1	1.0	99.0
1.5	2	2.0	50.0	12	1	1.0	100.0

输出 4.9(D)　20 世纪 70 年代和 80 年代人口调查数据盒形图对照

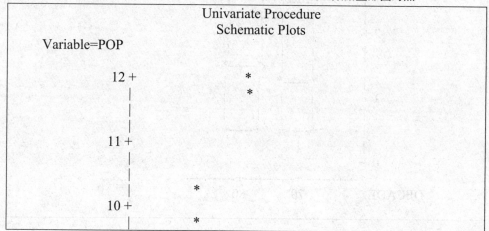

（续）输出 4.9(D)

输出 4.9(D)把 20 世纪 70 年代和 80 年代人口调查数据的盒形图绘制在一张图上。从图中可以看出，两者下顶线相差不多，但上顶线 80 年代要高于 70 年代，中位数和均值 80 年代都要高于 70 年代，而且 80 年代的上下四分位数之差也大于 70 年代，这些说明 80 年代美国各州平均人口在增加。

输出 4.9(E)给出了数据集 univout 打印输出结果。从输出结果看，数据集 univout 包含两个观测 10 个变量。其中变量对应于 OUTPUT 语句中的选择项，见下表：

输出 4.9(E) 数据集 univout 打印输出结果

DECADE	STATE	POPMEAN	POPN50	POP50	POP90	POP92_5	POP95	POP97_5	POP100
70	ala	2.0246	1.345	1.345	5.435	5.67	5.925	9.52	10.14
80	ala	2.2552	1.51	1.51	5.56	5.89	7.115	9.22	12

【例 4.9】 现抽检 100 件某商品的包装重量(Kg),数据如程序中的数据行。请利用 **PROC UNIVARIATE** 过程分析该商品包装重量的分布状况。

```
data packing;
input packing@@;
label packing = 'Packing Weight (kg)';
datalines;
    3.468 3.428 3.509 3.516 3.461 3.492 3.478 3.556 3.482 3.512
    3.490 3.467 3.498 3.519 3.504 3.469 3.497 3.495 3.518 3.523
    3.458 3.478 3.443 3.500 3.449 3.525 3.461 3.489 3.514 3.470
    3.561 3.506 3.444 3.479 3.524 3.531 3.501 3.495 3.443 3.458
    3.481 3.497 3.461 3.513 3.528 3.496 3.533 3.450 3.516 3.476
    3.512 3.550 3.441 3.541 3.569 3.531 3.468 3.564 3.522 3.520
    3.505 3.523 3.475 3.470 3.457 3.536 3.528 3.477 3.536 3.491
    3.510 3.461 3.431 3.502 3.491 3.506 3.439 3.513 3.496 3.539
    3.469 3.481 3.515 3.535 3.460 3.575 3.488 3.515 3.484 3.482
    3.517 3.483 3.467 3.467 3.502 3.471 3.516 3.474 3.500 3.466
;
run;
title 'Analysis of Packing Weight';
proc univariate data=packing noprint;
    histogram packing / cframe = ligr  cfill = green;
run;
```

程序说明：上述程序首先创建了一个名为 packing 的 SAS 数据集，接着调用 univariate 过程绘制出该商品包装质量分布图（如输出 4.10）。程序中，选项 cframe 和 cfill 分别表示整个图片的背景色以及图形的填充颜色，如本例中，图片的背景色为灰色，直方图形内填充色为绿色。

输出 4.10 UNIVARIATE 过程输出的商品包装质量分布图

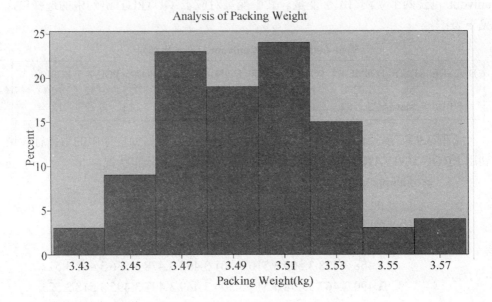

习 题 4

1. 表 p.4.1 为某年沪市 36 家房地产上市公司公布的营业总收入(万元)资料：

表 p.4.1

证券代号	营业总收入	证券代号	营业总收入	证券代号	营业总收入
600048	538133	600325	131314	600648	54875
600052	101670	600376	132642	600663	148054
600053	15363	600383	226773	600665	69198
600064	72879	600393	62968	600675	144836
600082	12327	600463	39952	600684	11216
600167	9178	600503	21601	600732	39797
600175	99980	600533	85678	600736	121672
600215	9707	600603	258	600748	107478
600240	19579	600634	1167	600767	1248
600246	225861	600638	30011	600791	3830
600256	91490	600639	37925	600823	44223
600322	119320	600641	74112	601588	167333

试根据以上数据计算：

（1）这 36 家上市公司的平均营业总收入（保留一位有效小数），并找出营业总收入最大和最小值。

（2）显著性水平为 0.1 即置信水平为 90%的均值的置信区间。

（3）这 36 家上市公司营业总收入的方差、变异系数、极差。

（4）这 36 家上市公司营业总收入的分布形状参数：偏度和峰度。

2. 试用产生标准正态分布的随机函数 normal(seed)产生均值为 100，方差为 30 的正态随机函数 100 个，并完成下列问题：

（1）计算均值的 95%的置信区间。

（2）试用 univariate 过程检验上述数据的正态性。

3. 检验下面数据是否服从正态分布，并画茎叶图、盒形图、正态概率图：

167.939 169.369 176.228 172.077 163.284 169.564 174.022 157.814 170.794
164.796 172.887 166.425 166.189 176.456 162.080 167.290 175.004 165.762
158.315 167.812 178.715 170.624 173.090 180.698 172.621 176.095 164.211
174.641 173.427 171.869 166.742 167.137 175.704 168.537 175.321 173.532
168.285 171.333 173.911 171.226 174.694 169.868 178.338 171.044 178.550
173.199 168.664 169.562 168.996

4. 下面是 1926－1997 年间美国大公司股票、小公司股票、长期公司债券、中期政府债券、美国国库券各年的收益及通货膨胀资料(表 p.4.2)。

表 p.4.2

年份	大公司股票	小公司股票	长期公司债券	长期政府债券	中期政府债券	美国国库券	通货膨胀
1926	11.6	0.28	7.37	7.77	5.38	3.27	−1.49
1927	37.49	22.1	7.44	8.93	4.52	3.12	−2.08
1928	43.61	39.69	2.84	0.1	0.92	3.56	−0.97
1929	−8.42	−51.36	3.27	3.42	6.01	4.75	0.2
1930	−24.9	−38.15	7.98	4.66	6.72	2.41	−6.03
1931	−43.34	−49.75	−1.85	−5.31	−2.32	1.07	−9.52
1932	−8.19	−5.39	10.82	16.84	8.81	0.96	−10.3
1933	53.99	142.87	10.38	−0.07	1.83	0.3	0.51
1934	−1.44	24.22	13.84	10.03	9	0.16	2.03
1935	47.67	40.19	9.61	4.98	7.01	0.17	2.99
1936	33.92	64.8	6.74	7.52	3.06	0.18	1.21
1937	−35.03	−58.01	2.75	0.23	1.56	0.31	3.10
1938	31.12	32.8	6.13	5.53	6.23	−0.02	−2.78
1939	−0.41	0.35	3.97	5.94	4.52	0.02	−0.48
1940	−9.78	−5.16	3.39	6.09	2.96	0	0.96
1941	−11.59	−9	2.73	0.93	0.5	0.06	9.72

（续）表 p.4.2

年份	大公司股票	小公司股票	长期公司债券	长期政府债券	中期政府债券	美国国库券	通货膨胀
1942	20.3	44.51	2.6	3.22	1.94	0.27	9.29
1943	25.9	88.37	2.83	2.08	2.81	0.35	3.16
1944	19.75	53.72	4.73	2.81	1.8	0.33	2.11
1945	36.44	73.61	4.08	10.73	2.22	0.33	2.25
1946	−8.07	−11.63	1.72	−0.1	1.00	0.35	18.16
1947	5.71	0.92	−2.34	−2.62	0.91	0.5	9.01
1948	5.5	−2.11	4.14	3.4	1.85	0.81	2.71
1949	18.79	19.75	3.31	6.45	2.32	1.10	−1.80
1950	31.71	38.75	2.12	0.06	0.7	1.2	5.79
1951	24.02	7.8	−2.69	−3.93	0.36	1.49	5.87
1952	18.37	3.03	3.52	1.16	1.63	1.66	0.88
1953	−0.99	−6.49	3.41	3.64	3.23	1.82	0.62
1954	52.62	60.58	5.39	7.19	2.68	0.86	−0.5
1955	31.56	20.44	0.48	−1.29	−0.65	1.57	0.37
1956	6.56	4.28	−6.81	−5.59	−0.42	2.46	2.86
1957	−10.78	−14.57	8.71	7.46	7.84	3.14	3.02
1958	43.36	64.89	−2.22	−6.09	−1.29	1.54	1.76
1959	11.96	16.4	−0.97	−2.26	−0.39	2.95	1.5
1960	0.47	−3.29	9.07	13.78	11.76	2.66	1.48
1961	26.89	32.09	4.82	0.97	1.85	2.13	0.67
1962	−8.73	−11.9	7.95	6.89	5.56	2.73	1.22
1963	22.8	23.57	2.19	1.21	1.64	3.12	1.65
1964	16.48	23.52	4.77	3.51	4.04	3.54	1.19
1965	12.45	41.75	−0.46	0.71	1.02	3.93	1.92
1966	−10.06	−7.01	0.2	3.65	4.69	4.76	3.35
1967	23.98	83.57	−4.95	−9.18	1.01	4.21	3.04
1968	11.06	35.97	2.57	−0.26	4.54	5.21	4.72
1969	−8.5	−25.05	−8.09	−5.07	−0.74	6.58	6.11
1970	4.01	−17.43	18.37	12.11	16.86	6.52	5.49
1971	14.31	16.5	11.01	13.23	8.72	4.39	3.36
1972	18.98	4.43	7.26	5.69	5.16	3.84	3.41
1973	−14.66	−30.9	1.14	−1.11	4.61	6.93	8.8
1974	−26.47	−19.95	−3.06	4.35	5.69	8	12.20
1975	37.2	52.82	14.64	9.2	0.83	5.8	7.01
1976	23.84	57.38	18.65	16.75	12.87	5.08	4.81
1977	−7.18	25.38	1.71	−0.69	1.41	5.12	6.77
1978	6.56	23.46	−0.07	−1.18	3.49	7.18	9.03

第 4 章　统计描述与 SAS 过程

（续）表 p.4.2

年份	大公司股票	小公司股票	长期公司债券	长期政府债券	中期政府债券	美国国库券	通货膨胀
1979	18.44	43.46	−4.18	−1.23	4.09	10.38	13.31
1980	32.42	39.88	−2.76	−3.95	3.91	11.24	12.4
1981	−4.91	13.88	−1.24	1.86	9.45	14.71	8.94
1982	21.41	28.01	42.56	40.36	29.1	10.54	3.87
1983	22.51	39.67	6.26	0.65	7.41	8.8	3.8
1984	6.27	−6.67	16.86	15.48	14.02	9.85	3.95
1985	32.16	24.66	30.09	30.97	20.33	7.72	3.77
1986	18.47	6.85	19.85	24.53	15.14	6.16	1.13
1987	5.23	−9.3	−0.27	−2.71	2.9	5.47	4.41
1988	16.81	22.87	10.7	9.67	6.1	6.35	4.42
1989	31.49	10.18	16.23	18.11	13.29	8.37	4.65
1990	−3.17	−21.56	6.78	6.18	9.73	7.81	6.11
1991	30.55	44.63	19.89	19.3	15.46	5.6	3.06
1992	7.67	23.35	9.39	8.05	7.19	3.51	2.9
1993	9.99	20.98	13.19	18.24	11.24	2.9	4.75
1994	1.31	3.11	−5.76	−7.77	−5.14	3.9	2.67
1995	37.43	34.46	27.2	31.67	16.8	5.6	2.54
1996	23.07	17.62	1.4	−0.83	2.1	5.21	3.32
1997	33.36	22.78	12.95	15.85	8.38	5.26	1.7

试根据以上数据进行单变量分析，检验各类股票、各类债券的收益及通货膨胀数据是否服从正态分布。

5. 根据第 3 章习题第 7 题所列数据，用 MEANS 过程，求：

（1）各地区的平均最终消费。

（2）最终消费离散程度、标准差系数。

（3）各地区的最终消费形状：偏度、峰度。

（4）显著性水平为 0.1 的 T 检验值、对应 T 值的概率和上、下置信限。

6. 根据第 3 章习题第 7 题所列数据，用 UNIVARIATE 过程：

（1）对各地区国内生产总值进行常规统计量检验，显示频数分布、绘出茎叶图、盒形图和正态概率图；

（2）进行正态性检验。

附录 第4章部分例题的菜单实现

Ⅰ.例 4.2 的菜单实现

1. 在 SAS 9.13 的工具栏打开【解决方案】下拉式菜单，点击【ASSIST】子菜单，将进入【SAS/ASSIST：Start】视窗，如图 F4.1。

图 F4.1

2. 进入【SAS/ASSIST：Start】视窗后，选中 Block menus 子菜单并点击【继续】按钮，如图 F4.2。

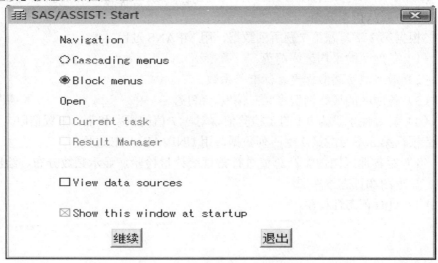

图 F4.2

3. 进入【SAS/ASSIST】视窗后点击【DATA ANALYSIS】菜单，如图 F4.3。

第4章 统计描述与SAS过程

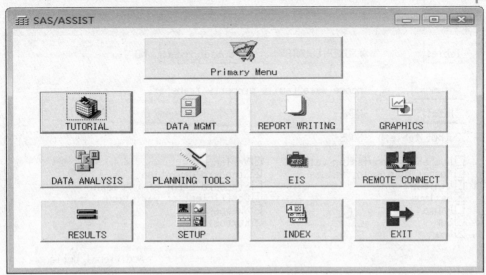

图 F4.3

4. 进入【DATA ANALYSIS】菜单后,点击【ELEMENTARY】,会弹出一个菜单窗口,点击子菜单【Summary statistics】如图 F4.4。

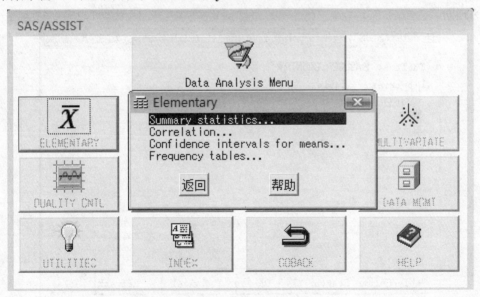

图 F4.4

5. 点击【Summary statistics】选项,进入图 F4.5 的画面。

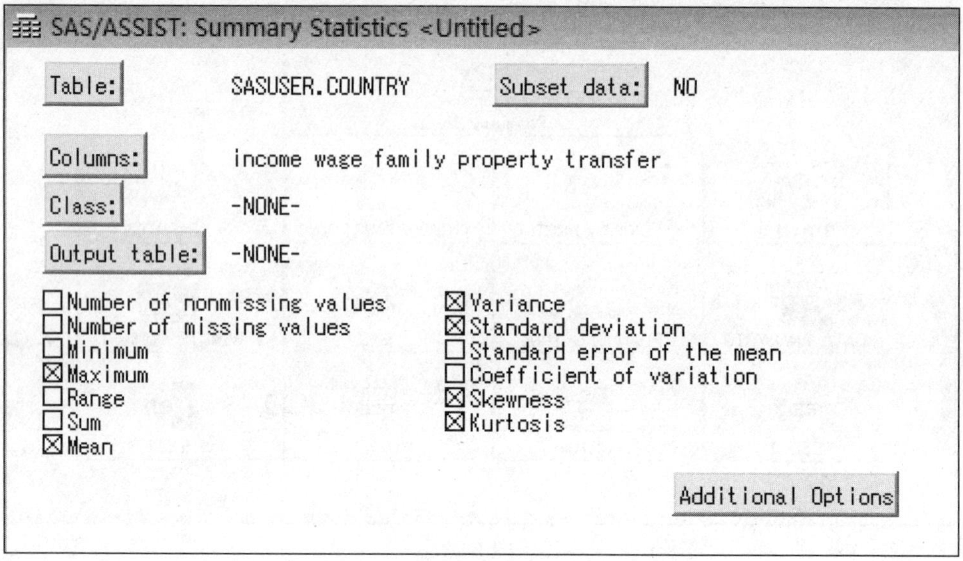

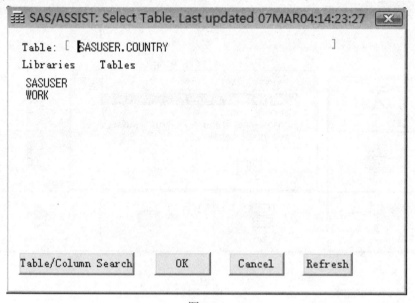

图 F4.5

6. 点击【Table】按钮选择需要分析的数据集并点【OK】确认，如图 F4.6 的画面。

图 F4.6

7. 点击【Columns】选项进入后选择需要分析的变量并点【OK】按钮确认，如图 F4.7 的画面。

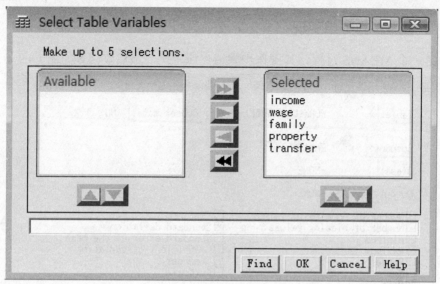

图 F4.7

8. 选择有关统计量，选中的方法是点击该统计量即可，如图 F4.8 中的红框内：

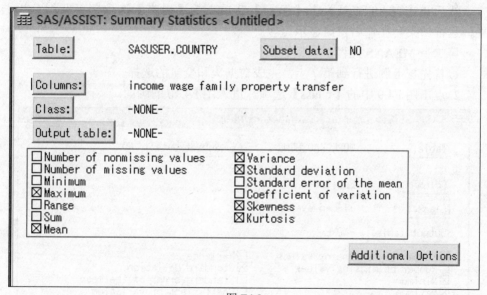

图 F4.8

然后点击 SAS 工具栏上【运行】菜单下的【提交】选项即可获得分析结果，运行结果会在输出窗口显示。

SAS 与现代经济统计分析

Ⅱ. 例 4.3 的菜单实现

第一个 **MEANS** 过程，其操作步骤请参照上例，最后步骤 8 如图 F4.9。

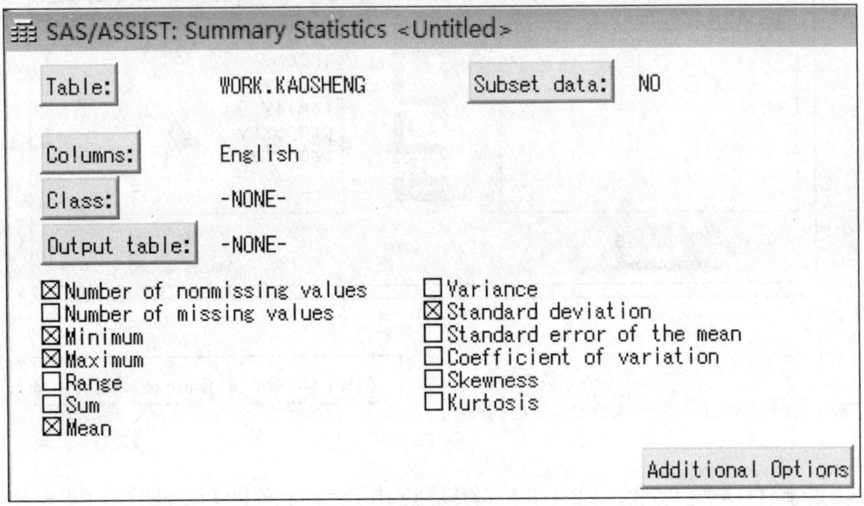

图 F4.9

然后点击 SAS 工具栏上【运行】菜单下的【提交】选项即可获得分析结果，运行结果会在输出窗口显示。

第二个 **MEANS** 过程：

1. 首先按上例进行到第 7 步，完成数据集和变量的选择。
2. 点击图 F4.9 中的【Class】选项，进入图 F4.10 的画面。

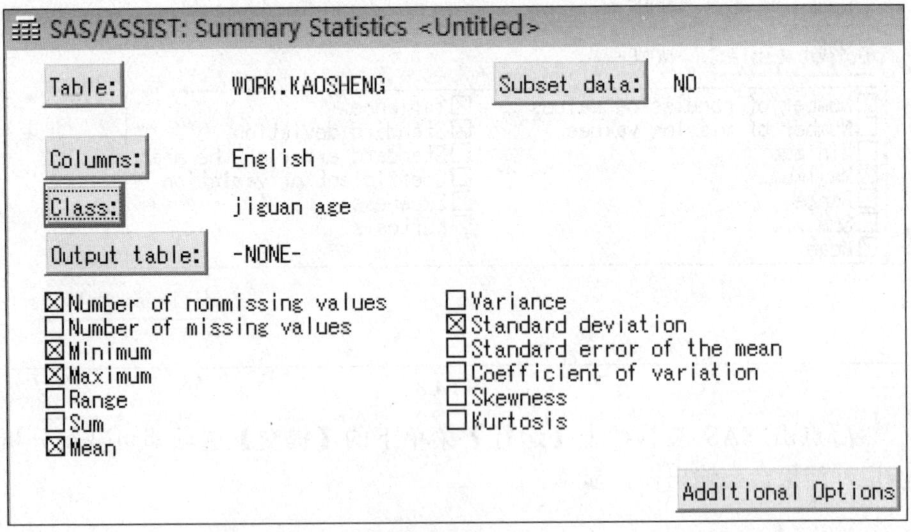

图 F4.10

第4章 统计描述与SAS过程

点击 SAS 工具栏上【运行】菜单下的【提交】选项即可获得分析结果，运行结果会在输出窗口显示。

第三个 **MEANS** 过程：

1. 首先按上例进行到第 7 步，完成数据集和变量的选择。
2. 点击图 F4.9 中的【**Class**】选项，进入图 F4.11 的画面。

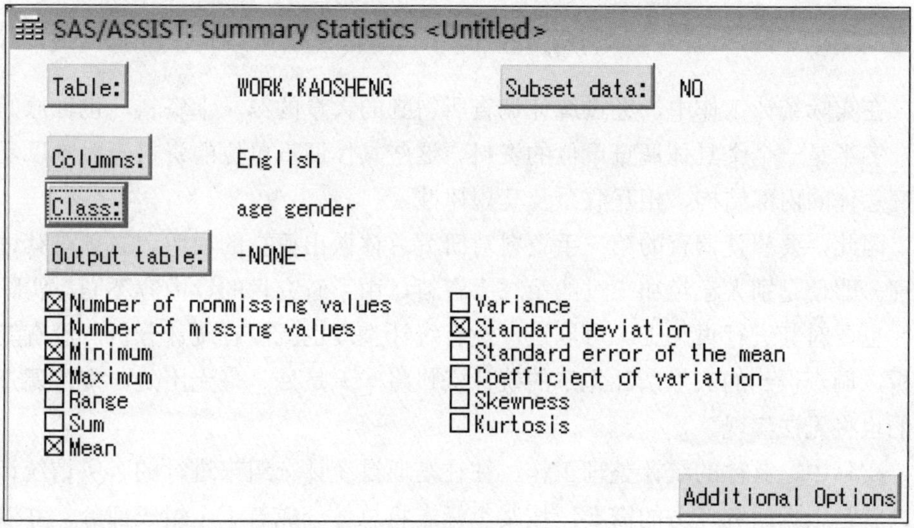

```
SAS/ASSIST: Summary Statistics <Untitled>

Table:          WORK.KAOSHENG        Subset data:   NO

Columns:        English
Class:          age gender
Output table:   -NONE-

☒ Number of nonmissing values    ☐ Variance
☐ Number of missing values       ☒ Standard deviation
☒ Minimum                        ☐ Standard error of the mean
☒ Maximum                        ☐ Coefficient of variation
☐ Range                          ☐ Skewness
☐ Sum                            ☐ Kurtosis
☒ Mean

                                          Additional Options
```

图 F4.11

第 5 章 统计图表与 SAS 过程

在实际统计工作中,经过统计调查所得到的大量的第一手资料,也称原始资料,多半是一个个具体调查单位的资料。这些具体调查单位的资料一般难以反映研究总体的内部结构、相互联系及其规律性。

因此,要想使调查的第一手资料对研究总体做出概括的说明,必须对其进行整理。即使是别人已经加工过的第二手资料,由于研究目的、内容不同,实际中往往也要对其进行再加工。可以说,没有统计整理也就没有统计分析,没有统计分析,调查得到的大量杂乱无章的统计资料将一无是处、毫无用处,统计调查的目的也将无法实现。

实际中,具体的统计整理工作,往往是通过统计分组来进行的。所谓统计分组,就是根据研究任务的需要,按某个标志将总体分成若干个组成部分,并以统计表或者统计图的形式直观地呈现出来,以揭示研究总体的内部结构、相互联系及其规律性,从而帮助人们更深入地认识世界和改造世界。

5.1 统计报表与 TABULATE 过程

5.1.1 统计表的概念和种类

5.1.1.1 统计表的概念

统计表是以表格的形式简明地反映事物间数量关系的一种重要的整理成果表达方式。它不仅可以代替冗长的文字叙述,而且便于阅读,在进行统计分析和比较时也十分方便,因此其应用非常广泛。

从构成要素上看,统计表由标题、横行栏目、纵行栏目和统计数字四部分组成,其基本结构如表 5.1。

第 5 章　SAS 统计图表与 SAS 过程

表 5.1　标题（何时、何地）

横　行	纵行总标目			顶线
总标目	子纵标目 1	…	子纵标目 n	隔线
子横标目 1		…		
…	数字区域			
子横标目 k				底线

　　标题，是统计表的名称，位于表的顶端中央。要求简明扼要、主题明确，使人一看标题就能大致了解表的内容。一般应把时间、地点和内容表示出来。标题左边还应给出表号。

　　横行总标目，通常是分组的标志，而其子标目则是其标志值，位于表的左侧，说明每一行的内容。

　　纵行总标目，一般指统计指标，用来说明研究现象的数字特征情况。子纵标目一般为具体的统计指标，说明每一列的具体内容。

　　数字区域，是存放数字资料的。这些资料中的每个数字都是某个标志值对应的统计指标值，它是统计表的中心，一般要有明确的计量单位。计量单位应使用国家法定计量单位。

　　统计表从内容上看，分为主词和宾词两部分。主词是指被研究的总体及其分组。宾词是指说明总体特征的统计指标，见表 5.2。

表 5.2　我国四大直辖市 2007 年经济情况对照表　　←——标题

指标 地区	人口 （万人）	国内生产总值 （亿元）	进出口总额 （万美元）	人均 GDP （元）	纵栏 标目
横　北京	1633	9353.32	19299976	58204	
行　天津	1115	5050.40	7144973	46122	
标　上海	1858	12188.85	28285388	66367	
目　重庆	2816	4122.51	743794	14660	
主词栏	宾　　词　　栏				

5.1.1.2　统计表的种类

　　统计表按用途分为调查表、整理表和分析表三种；按主词的分组情况分为简单表、简单分组表和复合表三种。

　　简单表就是表的主词未经任何分组，如表 5.2。

简单分组表就是表的主词仅按一个标志进行分组所得到的统计表，如例 5.1 中的表 5.3（A）。

复合表就是表的主词按两个或两个以上标志进行分组所得到的统计表，如例 5.1 中的表 5.3（B）。

【例 5.1】 某市 200 家企业 2014 年产值、利润情况经初步整理资料如下：

2000 人以下的企业中，国有企业 10 家，产值 15 亿元，利润 1.5 亿元；集体企业 14 家，产值 10 亿元，利润 1.6 亿元；合资企业 3 家，产值 4 亿元，利润 0.5 亿元。

2000－3000 人的企业中，国有企业 20 家，产值 20 亿元，利润 2.5 亿元；集体企业 34 家，产值 30 亿元，利润 4.0 亿元；合资企业 4 家，产 8 亿元，利润 1 亿元。

3000－4000 人的企业中，国有企业 15 家，产值 40 亿元，利润 5.5 亿元；集体企业 15 家，产值 20 亿元，利润 2.5 亿元；合资企业 2 家，产值 3.6 亿元，利润 0.5 亿元。

4000－5000 人的企业中，国有企业 20 家，产值 30 亿元，利润 3.5 亿元；集体企业 15 家，产值 20 亿元，利润 2.3 亿元；合资企业 2 家，产值 5 亿元，利润 0.8 亿元。

5000－6000 人的企业中，国有企业 20 家，产值 36 亿元，利润 3.8 亿元；集体企业 10 家，产值 28 亿元，利润 2.5 亿元；合资企业 1 家，产值 10 亿元，利润 1.3 亿元。

6000 人以上的企业中，国有企业 5 家，产值 45 亿元，利润 5.5 亿元；集体企业 10 家，产值 35 亿元，利润 3.4 亿元；合资企业 0 家。

试根据以上资料，完成以下问题：

（1）按所有制形式对 200 家企业进行分组。

（2）先对企业按人数分组，再按所有制形式进一步细分。

解： 这是一个经过初步加工得到的第二手数据资料，根据需要仍需对数据进行再加工。

在本例中，根据题目要求得到分组结果如下：

（1）以所有制形式为分组标志，则分组结果如表 5.3（A）所示。

表 5.3（A）　某市 200 家企业 2014 年产值、利润情况

所有制形式	企业数（个）	总产值（亿元）	总利润（亿元）
国有企业	90	186	22.3
集体企业	98	143	16.3
合资企业	12	30.6	4.1

（2）先对企业按人数分组，再按所有制形式进一步细分，结果如表 5.3（B）所示。

表 5.3（B）　某市 200 家企业 2014 年产值、利润情况

		企业数（个）	总产值（亿元）	总利润（亿元）
2000 人以下	国有企业	10	15	1.5
	集体企业	14	10	1.6
	合资企业	3	4	0.5
2000— 3000 人	国有企业	20	20	2.5
	集体企业	34	30	4.0
	合资企业	4	8	1.0
3000— 4000 人	国有企业	15	40	5.5
	集体企业	15	20	2.5
	合资企业	2	3.6	0.5
4000— 5000 人	国有企业	20	30	3.5
	集体企业	15	20	2.3
	合资企业	2	5	0.8
5000— 6000 人	国有企业	20	36	3.8
	集体企业	10	28	2.5
	合资企业	1	10	1.3
6000 人以上	国有企业	5	45	5.5
	集体企业	10	35	3.4
	合资企业	0	0	0.0

从理论上说，以上各种统计表都可以手工编制，但是当大量的原始数据需要汇总整理时，手工处理显然过于落后，而且效率低下，这时就需要利用有关统计软件来汇总。SAS 系统下的 TABULATE（报表）过程就可以完成上述工作。例如，用 TABULATE 过程实现例 5.1，程序如下：

```
data qiye;
input people$ 12. type$8. amount output profit;
lable amount='企业数' output='产值'  profit='利润';
cards;
2000 人以下         国有企业    10   15   1.5
2000 人以下         集体企业    14   10   1.6
2000 人以下         合资企业     3    4   0.5
2000—3000 人       国有企业    20   20   2.5
2000—3000 人       集体企业    34   30   4.0
2000—3000 人       合资企业     4    8   1
3000—4000 人       国有企业    15   40   5.5
```

3000－4000 人	集体企业	15	20	2.5
3000－4000 人	合资企业	2	3.6	0.5
4000－5000 人	国有企业	20	30	3.5
4000－5000 人	集体企业	15	20	2.3
4000－5000 人	合资企业	2	5	0.8
5000－6000 人	国有企业	20	36	3.8
5000－6000 人	集体企业	10	28	2.5
5000－6000 人	合资企业	1	10	1.3
6000 以上	国有企业	5	45	5.5
6000 以上	集体企业	10	35	3.4
6000 以上	合资企业	0	0	0

```
;
proc tabulate;
class people type;
var amount output profit;
table type,amount output profit;
table people*type,amount output profit;
run;
```

程序说明：上述程序首先利用 data 步创建了一个名为 qiye 的 SAS 数据集，其中 lable 语句对 amount，output，profit 进行了说明。程序后半部分调用 tabulate 报表过程，其中，class 语句中的变量为分组标志，本例中分组标志为企业人数和企业所有制形式；var 语句中的变量为分析变量，本例选择企业数、产值和利润为分析指标；tabulate 过程中的第一个 table 按 type（企业所有制形式）分组并对企业数、产值和利润进行汇总，与例 5.1 中的第一个问题对应；第二个 table 先按 people（企业人数）分组，再按 type 进行复合分组，对应于例 5.1 中的第二个问题。程序运行结果如下[①]：

输出 5.1（A） 按所有制形式分组汇总结果

	企业数	产值	利润
	SUM	SUM	SUM
TYPE			
国有企业	90.00	186.00	22.30
合资企业	12.00	30.60	4.10
集体企业	98.00	143.00	16.30

---

① 由于汉字中的国有、集体和合资对应的 ASCII 码的顺序为国有、合资和集体，所以由 SAS 系统给出的报表顺序与我们常见的顺序有所区别。

第 5 章 SAS 统计图表与 SAS 过程

输出 5.1（B） 先按企业人数再按所有制形式进行复合分组汇总结果

PEOPLE	TYPE	企业数 SUM	产值 SUM	利润 SUM
2000 人以下	国有企业	10.00	15.00	1.50
	合资企业	3.00	4.00	0.50
	集体企业	14.00	10.00	1.60
2000—3000 人	国有企业	20.00	20.00	2.50
	合资企业	4.00	8.00	1.00
	集体企业	34.00	30.00	4.00
3000—4000 人	国有企业	15.00	40.00	5.50
	合资企业	2.00	3.60	0.50
	集体企业	15.00	20.00	2.50
4000—5000 人	国有企业	20.00	30.00	3.50
	合资企业	2.00	5.00	0.80
	集体企业	15.00	20.00	2.30
5000—6000 人	国有企业	20.00	36.00	3.80
	合资企业	1.00	10.00	1.30
	集体企业	10.00	28.00	2.50
6000 人以上	国有企业	5.00	45.00	5.50
	合资企业	0.00	0.00	0.00
	集体企业	10.00	35.00	3.40

上面例题只是给出了 TABULATE 过程的一个简单应用，下面我们将较为详细地介绍 TABULATE 过程及其使用方法。

5.1.2 TABULATE 过程

5.1.2.1 TABULATE 过程的功能及一般格式

TABULATE 过程以分组报表的形式输出满足用户要求的描述性统计量，它的主要功能是：

（1）可以对总体按一个、两个或两个以上标志进行简单分组汇总。
（2）可以对总体按两个或两个以上标志进行复合分组汇总。
（3）可以以比较灵活的方式对每组进行合计，还可以计算每个分组单元的百分比。

1. TABULATE 过程的一般格式

TABULATE 过程的一般格式如下：

```
PROC TABULATE <option-list>;
    CLASS class-variable-list;                              ⎫
    VAR analysis-variable-list;                             ⎬ 必需的语句
    TABLE <<page-expression,> row-expression,> column-expression
            </table-option-list>;                           ⎭
    BY variable-list;                                       ⎫
    FREQ variable;                                          ⎪
    WEIGHT variable;                                        ⎬ 可选的语句
    FORMAT variable-list-1 format-1 <…variable-list-n format-n>;  ⎭
```

2. TABULATE 过程常用语句

1) PROC TABULATE 语句

其一般格式为：**PROC TABULATE <option-list>;**

该语句表示开始执行 TABULATE 过程。一般来说，TABULATE 报表过程总是伴随着一个或多个 TABLE 语句来规定如何制表。用在 TABLE 语句中的分类变量必须用 CLASS 语句加以说明，而分析变量一般须用 VAR 语句加以说明。该语句中的选择项常用的有：

（1）DATA=SAS-data-set：指定 TABULATE 过程所使用的输入数据集，缺省时使用最新创建的 SAS 数据集。

（2）FORMAT=format-name（格式名）：对每个报表单元规定输出格式，如果没有规定此选项，系统自动以 BEST12.2 代替。此选项对减少报表中输出数值的域宽非常有用。

（3）NOSEPS：要求表中不出现水平分隔线。

2) CLASS 语句

CLASS 语句的一般格式为：**CLASS class-variable-list;**

该语句规定输出报表中的分组标志。在此后的 TABLE 语句中出现的任一分组标志必须事先在 CLASS 语句中予以定义。作为分组标志，这些变量一般为字符型的。若是数值型的，其取值要求有限，否则应事先把它处理成几个离散值。

3) VAR 语句

VAR 语句的一般格式为：**VAR analysis-variable-list;**

该语句输出报表中的分析变量。所有在 TABLE 语句中出现的分析变量必须事先在该语句中予以定义。作为分析变量，要求其为数值型，而且通常为连续型变量。

4) TABLE 语句

TABLE 语句的一般格式为：

TABLE <<page-expression,> row-expression,> column-expression
　　　</table-option-list>;

这是报表过程中最关键、最需要注意的一个语句。因为输出报表的内容、形式、结构都是通过该语句中的各表达式经组合而得到的，具体说是通过维表达式、行表达式和列表达式组合得到的。

（1）维表达式：

TABLE 语句由 1－3 个用逗号隔开的维表达式和选项组成。如果规定三维即由两个逗号隔开的三个表达式，则最左边的维定义页，中间的定义行，而最右边的定义列。如果规定两维即表达式间只有一个逗号，则左边为行，右边为列。如果只有一维即表达式间没有逗号，则定义列。维表达式由分类变量（来自 CLASS 语句）、分析变量（来自 VAR 语句）、统计量（要求对分析变量所做的内容）等操作元素和星号（*）、空格、圆括号（）、逗号（，）、尖括号（< >）等操作符连接而成的。

（2）操作符：

操作符用于连接操作元素。各操作符的具体含义如下：

星号（*），当两个操作元素用星号（*）连接时，表示在维内对操作元素进行交叉连接，如例 5.1 中的 people*type，结果形成交叉连接，即复合分组。

空格对操作元素进行并排连接，比如 amount output profit，结果形成了三个分析变量并排输出。

圆括号（），对操作元素分组或规定先后次序。

逗号（，），当两个操作元素之间以逗号（，）隔开时，表示分开表的维数及横过维的交叉元素，如例 5.1 中的 type，amount，结果形成了一张二维表。

尖括号（< >），规定分母的定义。

（3）统计量：

作为操作符的统计量与 MEANS 过程中所列出的常见的统计量基本相同，这里不再赘述。

5）FORMAT 语句

FORMAT 语句的一般格式为：

　　　FORMAT variable-list-1 format-1 <…variable-list-n format-n>;

该语句用于对分类变量规定离散水平，特别是当需要按连续变量进行分类时，该语句对数值的离散化尤其有用。

其他几个语句功能与前面介绍的情形大致相同，不再赘述。

5.1.2.2 几点说明

1. 全类变量 ALL

全类变量表示仅有一个值的特殊分类变量。当 ALL 嵌入某个交叉时，ALL 不考虑分类变量的水平，而用 ALL 来生成子集和及总和。

例如，在例 5.1 中，若把第一个 TABLE 语句改为：

table type all,amount output profit;

把第二个 TABLE 语句改为：

table people all,amount type*output profit;

则输出 5.1（A）将变为输出 5.1（C），而输出 5.1（B）将变为输出 5.1（D）。

输出 5.1（C）

	企业数	产值	利润
	SUM	SUM	SUM
TYPE			
国有企业	90.00	186.00	22.30
合资企业	12.00	30.60	4.10
集体企业	98.00	143.00	16.30
ALL	200.00	359.60	42.70

输出 5.1（D）

		TYPE			
	企业数	国有企业	合资企业	集体企业	利润
		产值	产值	产值	
	SUM	SUM	SUM	SUM	SUM
PEOPLE					
2000 人以下	27.00	15.00	4.00	10.00	3.60
2000－3000 人	58.00	20.00	8.00	30.00	7.50
3000－4000 人	32.00	40.00	3.60	20.00	8.50
4000－5000 人	37.00	30.00	5.00	20.00	6.60
5000－6000 人	31.00	36.00	10.00	28.00	7.60
6000 人以上	15.00	45.00	0.00	35.00	8.90
ALL	200.00	186.00	30.60	143.00	42.70

由输出 5.1（C）和输出 5.1（D）可以看出，全类变量 ALL 对所有类型企业的有关统计量进行合计。不难理解，当第一个 TABLE 语句改为：

table type,（PEOPLE all）*（amount output profit）；

时，全类变量 ALL 将对每种所有制类型就企业数、产值和利润进行合计，读者可自行验证。

2. 百分数：PCTN 和 PCTSUM

其一般格式为：**PCTN 或 PCTSUM<分母说明>=标签**[①]

百分数的计算中，分母的定义不同，得到的结果自然不同。通常分母的选取有以下三种情况：

（1）行总和百分数。如果在列维中的所有分类变量而且也只有列维中的分类变量出现在分母中时，其分母值为每行的总和。

（2）列总和百分数。如果在行维中的所有分类变量而且也只有行维中的分类变量出现在分母中时，其分母值为每列的总和。

如例 5.1 中的过程步程序改为：

  proc tabulate;
  class people type;
  var output profit;
  freq amount;
  table type,people*（n pctn<people>）; run;
  table people,type*（n pctn< people>）; run;

则第一个 table 语句计算了行总和百分数，第二个 table 语句计算了列总和百分数。程序运行结果从略。

（3）某一变量 Y 值总和百分比。如果计算某一变量 X 在各分类水平下占 Y 值总和百分比时，此时分母值为变量 Y 值的总和。如例 5.1 增加以下语句：

  table type,output*sum profit*（sum PCTSUM<type*output>）; run;

则计算每一类型企业利润占总产值的比例。程序运行结果如下：

输出 5.1（E） 各种类型企业利润占总利润的百分比

	产值	利润	
	SUM	SUM	PCTSUM
TYPE			
国有企业	2695.00	321.00	6.23
合资企业	71.20	9.40	0.18
集体企业	2390.00	289.40	5.61

[①] 在程序中，PCTSUM 必须用大写字母。

5.1.3 TABULATE 过程的应用举例

【例 5.2】 下列程序中的数据为某企业某年产品销售资料。其中变量 region 表示销售的地区，其中 es 代表东部地区、so 代表南部地区、we 代表西部地区、ne 代表北部地区；变量 citisize 表示该地区的规模大小，用 *l*、*m* 和 *s* 分别代表大、中、小三种规模；变量 pop 代表该地区的人数；变量 product 代表产品类型，分别有 a100（打印机）和 a200（计算机）两种；变量 saletype 代表销售方式，其中 *r* 代表零售，*w* 代表批发；变量 quantity 代表销售量，而 income 代表销售价格。

```
data sales;
input region$ citisize$ pop product$ saletype$ quantity income@@;
cards;
es  s  25000   a100  r  150  3750   ne  s  37000   a100  r  200  5000
so  s  48000   a100  r  410  10250  we  s  32000   a100  r  180  4500
es  m  125000  a100  r  350  8750   ne  m  237000  a100  r  600  15000
so  m  348000  a100  r  710  17750  we  m  432000  a100  r  780  19500
es  l  62500   a100  r  750  18750  ne  l  837000  a100  r  800  20000
so  l  748000  a100  r  760  19000  we  l  93200   a100  r  880  22000
es  s  25000   a100  w  150  3000   ne  s  37000   a100  w  200  4000
so  s  48000   a100  w  410  8200   we  s  32000   a100  w  180  3600
es  m  125000  a100  w  350  7000   ne  m  237000  a100  w  600  12000
so  m  348000  a100  w  710  14200  we  m  432000  a100  w  780  15600
es  l  62500   a100  w  750  15000  ne  l  837000  a100  w  800  16000
so  l  748000  a100  w  760  15200  we  l  932000  a100  w  880  17600
es  s  25000   a200  r  165  4125   ne  s  37000   a200  r  215  5375
so  s  48000   a200  r  425  10425  we  s  32000   a200  r  195  4875
es  m  125000  a200  r  365  9125   ne  m  237000  a200  r  615  15375
;
proc tabulate noseps;
class region citisize product saletype;
var pop quantity income;
table product,region*citisize,saletype*(quantity income);
table region all ,pop quantity income;
table region citisize,product*saletype quantity income;
table region*product all ,(saletype all)*(quantity income);
run;
```

程序说明：上述程序首先创建一个名为 sales 的 SAS 数据集，接着调用 tabulate 过程统计有关销售情况。程序中，选项 noseps 要求表中不出现水平分隔线，class 语句规定分类变量，而 var 语句则规定所要分析的变量。程序中，第一个 table 语句表示以变量 product 为页，以变量 region 和 citisize 交叉分组为行，以变量 saletype 与变量 quantity 和变量 saletype 与 income 平行分组为列进行汇总；第二个 table 语句按销售地对变量 pop、quantity、income 进行分组汇总；第三个 table 语句表示以变量 region 与 citisize 平行分组为行，以变量 product 与 saletype 交叉分组再与变量 quantity、income 平行分组为列进行汇总；第四个 table 语句中的 all 表示全变量汇总，即将每一分类汇总结果进行加总。至于分组形式与前几个 table 语句类似，不再重复。

```
PRODUCT a100
-------------------------------------------------------------------------
|                        |                      SALETYPE                |
|                        |----------------------------------------------|
|                        |            r            |            w       |
|                        |-------------------------+--------------------|
|                        |QUANTITY | INCOME |QUANTITY | INCOME |
|                        |---------+---------+---------+----------------|
|                        |  SUM    |  SUM    |  SUM    |  SUM    |
|                        |---------+---------+---------+----------------|
| REGION   CITISIZE      |         |         |         |         |
|  es         l          |   750.00| 18750.00|   750.00| 15000.00|
|             m          |   350.00|  8750.00|   350.00|  7000.00|
|             s          |   150.00|  3750.00|   150.00|  3000.00|
|  ne         l          |   800.00| 20000.00|   800.00| 16000.00|
|             m          |   600.00| 15000.00|   600.00| 12000.00|
|             s          |   200.00|  5000.00|   200.00|  4000.00|
|  so         l          |   760.00| 19000.00|   760.00| 15200.00|
|             m          |   710.00| 17750.00|   710.00| 14200.00|
|             s          |   410.00| 10250.00|   410.00|  8200.00|
|  we         l          |   880.00| 22000.00|   880.00| 17600.00|
|             m          |   780.00| 19500.00|   780.00| 15600.00|
|             s          |   180.00|  4500.00|   180.00|  3600.00|
-------------------------------------------------------------------------
```

PRODUCT a200

		SALETYPE	
		---	---
		r	
		QUANTITY	INCOME
		SUM	SUM
REGION	CITISIZE		
es	m	365.00	9125.00
	s	165.00	4125.00
ne	m	615.00	15375.00
	s	215.00	5375.00
so	s	425.00	10425.00
we	s	195.00	4875.00

	POP	QUANTITY	INCOME
	SUM	SUM	SUM
REGION			
es	575000.00	3030.00	69500.00
ne	2496000.00	4030.00	92750.00
so	2336000.00	4185.00	95025.00
we	1985200.00	3875.00	87675.00
ALL	7392200.00	15120.00	344950.00

	PRODUCT			
	---	---		
	a100	a200		
	SALETYPE	SALETYPE		

第 5 章 SAS 统计图表与 SAS 过程

		r	w	r	QUANTITY	INCOME
		N	N	N	SUM	SUM
REGION						
es		3.00	3.00	2.00	3030.00	69500.00
ne		3.00	3.00	2.00	4030.00	92750.00
so		3.00	3.00	1.00	4185.00	95025.00
we		3.00	3.00	1.00	3875.00	87675.00
CITISIZE						
l		4.00	4.00		6380.00	143550.00
m		4.00	4.00	2.00	5860.00	134300.00
s		4.00	4.00	4.00	2880.00	67100.00

		SALETYPE					
		r		w		ALL	ALL
		QUANTITY	INCOME	QUANTITY	INCOME	QUANTITY	INCOME
		SUM	SUM	SUM	SUM	SUM	SUM
REGION	PRODUCT						
es	a100	1250.00	31250.00	1250.00	25000.0	2500.00	56250.00
	a200	530.00	13250.00	.	.	530.00	13250.00
ne	a100	1600.00	40000.00	1600.00	32000.0	3200.00	72000.00
	a200	830.00	20750.00	.	.	830.00	20750.00
so	a100	1880.00	47000.00	1880.00	37600.0	3760.00	84600.00
	a200	425.00	10425.00	.	.	425.00	10425.00
we	a100	1840.00	46000.00	1840.00	36800.0	3680.00	82800.00
	a200	195.00	4875.00	.	.	195.00	4875.00
ALL		8550.00	213550.0	6570.00	131400.	15120.00	344950.00

5.2 统计图与SAS过程

5.2.1 统计图的基本概念

统计图是用点、线、面等图形来直观地反映变量分布特征、内部结构、变量间关系及其发展变化状况的一种常用形式。常见的统计图有：直方图、饼图、柱状图、散点图、折线图、曲线图、统计地图等。

实际应用过程中，由于不同的统计图所反映的问题特征和内容不同，因此对于不同类型的资料，不同的研究目的就应该选用不同类型的统计图。

一般来说，直方图用来表示经统计分组后各组的频数分布状况，其条形的高度代表各组的频数或频率。例如，例5.1中若按企业人数进行分组，得到的企业频数分布再绘制成直方图，见图5.1。

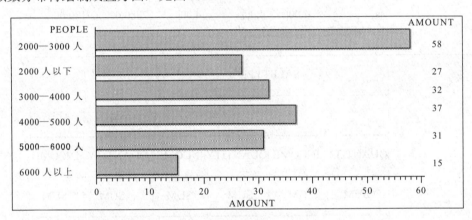

图5.1 按企业人数分组所形成的直方图

饼图用来反映事物的内部结构，必须用相对数。饼图的每个扇面代表某一部分占总体的比重，因此各部分之和为1。例如，居民的消费结构、国内生产总值的构成等就可以用饼图来反映。

柱状图用来表示不同总体某一指标的数量特征，一般用于不同时间、地点的某一指标间的对比。如我们常见的某一企业、地区历年产值、利润等指标的柱状图。

当需要考察两变量间关系时通常先画散点图，它可以直观地反映出两个连续变量之间有无关系，是直线关系还是曲线关系等。

【例5.3】 某大型家具厂过去两年中引进了14种新产品。市场调查部需要测定头一年的销售额与某个适当的自变量之间的关系，作为今后制定推销计划和广告计划之用。调查人员建立了一个名为"顾客知悉率"的变量，用自产品问世起三个月内听说过这种产品的顾客的百分比来测量，调查数据如表5.4所示。

表 5.4

产品	A	B	C	D	E	F	G	H	I	J	K	L	M	N
销售额（万元）	82	46	17	21	112	105	65	55	80	43	79	24	30	11
顾客知悉率（%）	50	45	15	15	70	75	60	40	60	25	50	20	30	10
广告费（万元）	1.8	1.2	0.4	0.5	2.5	2.5	1.5	1.2	1.6	1.0	1.5	0.7	1.0	0.8

试分析产品销售额与顾客知悉率、广告费之间的关系。

解：根据管理学知识，产品销售额与顾客知悉率、广告费之间的关系应有一个正向关系，即产品的顾客知悉率越高、产品销售额应越大，而广告量的大小将直接影响顾客的知悉率，因此与产品销售额也有关系，问题是它们之间的关系是线性的还是非线性的？这往往要通过散点图加以判断。为此，以顾客知悉率为横坐标，以产品销售额为纵坐标作散点图，得到图 5.2。

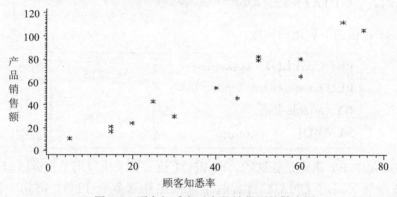

图 5.2 顾客知悉率对产品销售额的散点图

由图 5.2 可以非常直观地看出，顾客知悉率与产品销售额之间具有较强的线性关系。

如果把上述散点图依次用直线或曲线连接就形成折线图或曲线图。通常折线图或曲线图的横坐标表示时间，而纵坐标对应某一指标值。

统计地图用来反映事物在地域上的分布状况，如为了反映某一企业的产品销售的区域可用统计地图直观地予以表现。

5.2.2 散点图、折线图与 GPLOT 过程

GPLOT 过程用来绘制变量间的散点图、折线图及曲线图。在数据处理中常常希望直观地了解数据的变化趋势，数据间的相关关系等，该过程能很方便地实现这一目的。

5.2.2.1 GPLOT 过程的主要功能

假设已存在的 SAS 数据集含有 n 个观测，m 个变量。该过程能够对数据集中任两个变量的 n 个观测值画出用户满意的散点图、折线图及曲线图。对于这些图形，可以做到以下几点：

（1）符号可以根据用户的要求进行选择，在图上可以用变量值加标签。

（2）坐标轴的刻度间隔及标记可以选择。

（3）图的大小可以选择，在一张纸上可以画两个以上的图，一张图也可画在两页以上的纸上。

（4）两个以上的图形可以重叠在一张图上。

5.2.2.2 GPLOT 过程的一般格式

GPLOT 过程由下列语句构成：

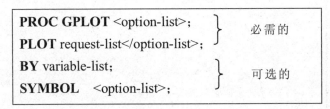

上述语句中 BY 语句是任选的，而 PLOT 语句必须出现用于告诉过程对哪些变量作图，每次调用 GPLOT 过程时可以规定任意多个 PLOT 语句，在每个 PLOT 语句中可以要求绘制任意多个图形。以下对 GPLOT 过程中的语句进行具体说明：

1. PROC GPLOT 语句

PROC GPLOT 语句的一般形式为：**PROC GPLOT <option-list>;**

该语句的常用选项有以下几类：

（1）输入数据集选项 DATA=SAS-DATA-SET：用于制图的输入数据集，缺省时系统用最新创建的 SAS 数据集代替。

（2）图形坐标轴选项：

①UNIFORM：当使用 BY 语句时，要求对这些 BY 组使用一致的刻度，以便比较。

②NOMISS：把任何变量含有丢失值的那些观测从散布图的坐标轴的计算中删除。如没有此选项，某个变量含有丢失值的观测虽然不能作点图，但是没有丢失的另一变量值在坐标轴中仍起作用。

（3）图形大小选项：

①VPERCENT= percent-list |VPCT= percent-list（百分比列表）：规定该过程产生的图形在垂直方向占一页中的比例。如 VPCT=33 表示 PLOT 过程在每一页打印 3 张图，每张图占一页的 1/3；又如 VPCT=50 25 25 表示该过程每一页在纵向打印 3 张图，第一张占全页的一半，另两张各占 1/4。

②HPERCENT= percent-list |HPCT= percent-list（百分比列表）：规定该过程产生的图形在水平方向占一页中的比例。

2. BY 语句：BY variable-list；

根据 BY 变量定义的观测组分别画出散点图。注意，当使用 BY 语句时，要求输入数据集已按 BY 变量排序的次序排列。

3. PLOT 语句

PLOT 语句的一般形式为：**PLOT request-list</option-list>；**

GPLOT 过程按 PLOT 语句所规定的要求和选项作图。

（1）request-list：规定作图变量（垂直变量和水平变量）以及制图用于画点的作图字符。它有以下三种形式：

①垂直变量*水平变量：作图符号用缺省形式，表示依次用英文字母 A，B，C 作为作图字符。当图上某个点表示数据集里的一个观测时，用 A 表示；当图上某个点表示数据集里的两个相同观测时，用 B 表示；当图上某个点表示数据集里的三个观测时，用 C 表示；依次类推，最后一个字母 Z 表示在某一点上出现相同的 26 个观测或更多。

②垂直变量*水平变量='字符'：规定一个字符作为作图符号。例如：plot y*x='+'；该语句要求作 x 对 y 的散点图，且每个散点用+表示。

③垂直变量*水平变量=变量：作图字符由变量给出。变量可以是字符变量，也可以是数值变量。变量的格式值中第一个非空格字符用来作为绘图符号。

注意，当用同一个变量与其他多个变量在同一个坐标中作图时，可以用星号（*）进行简化。如语句 polt y*（$x1—x3$）；相当于语句 polt y*x1 y*x2 y*x3;

（2）option-list（选项）：出现在斜杠（/）后面的选项主要有以下几项：

①VAIXS（HAXIS）=tick-value-list（标志值列表）|BY n：定义沿垂直（或水平）坐标轴相等间隔的刻度标记值。这些值可以是均匀上升或下降的，也可以不是；可以用 BY n 的方式规定刻度的增量。

②VREF（或 HREF）=value-list：要求在纵轴（或横轴）的一些规定的数上作水平（或垂直）参照线。

如果希望在同一张图上重叠作两个或两个以上图形时，可以在一个 PLOT 语句里规定多项要求，并在选项中规定 overlay。

例如：语句 plot y*x   a*b='*'/overlay；要求在同一坐标系里画散点图。

4. SYMBOL 语句

SYMBOL 语句的一般形式为：**SYMBOL <option-list>**；

该语句在 GPLOT 过程中是可选项。它的作用是规定作图的符号、颜色、大小以及散点之间的连接方式。其中，选项项主要有以下几项：

（1）Value=symbol|V=symbol：定义数据点的符号。其中，symbol 主要有：PLUS 代表"+"，是系统缺省值；STAR 代表"*"；SQARE 代表方块；DIAMOND 代表菱形；TRANGLE 代表三角形；DOT 代表句号；POINT 代表小数点；CIRCLE 代表圆圈；HASH 代表"#"；NONE 代表没有符号。

（2）I=interpolation：定义数据点之间的连接方式。其中，interpolation 主要有：JOIN 用直线连接各数据点；SPLINE 用光滑的曲线连接各数据点；NEEDLE 从数据点到横坐标画垂线；SMxx 用样条方法平滑噪音数据，各数据点不必全落在曲线上。xx 取 01 到 99，此数据越大越平滑；RL 作回归直线；RQ 作二次回归曲线；RC 作三次回归曲线；RLCLI95 作单个预报值的 95%的置信带；RLCLM95 作均值的 95%置信带，95 可换为 90 或 99。

（3）WIDTH=value|W=value：定义连线的线宽，数字越大，线越宽。

（4）COLOR=color|C=color：定义颜色。color 的选项主要有：RED—红色；GREEN—绿色；BLUE—蓝色；YELLOW—黄色等。其中，CI 表示回归线的颜色，CV 表示散点的颜色，而 CO 则表示置信带的颜色。

注意：（1）在一个 GPLOT 过程中可以同时使用多个 SYMBOL 语句，此时可用 SYMBOL 后加一个数字以示区别。

（2）SYMBOL 语句具有记忆性，即一旦使用了 SYMBOL 语句，系统就一直保持有效直到重新定义或定义一个空 SYMBOL 语句为止。

5.2.2.3 GPLOT 过程的应用举例

作为一个应用，我们给出例 5.3 顾客知悉率对销售额散点图程序：

```
data ad;
input sales knowrate adexpend@@;
lable sales='销售额' knowrate='顾客知悉率' adexpend='广告费';
cards;
82  50  1.8  46   45  1.2  17   15  0.4
21  15  0.5  112  70  2.5  105  75  2.5
65  60  1.5  55   40  1.2  80   60  1.6
43  25  1.0  79   50  1.5  24   20  0.7
30  30  1.0  11   5   0.8
;
```

```
proc gplot;
plot sales*knowrate/haxis=0 to 80 by 20 vaxis=0 to 120 by 20;
symbol v=star;
run;
```

程序说明：上述程序首先创建了一个名为 ad 的 SAS 数据集，其中，lable 语句对变量进行说明，也是为了绘图时更加清楚。过程步调用 gplot，其中，plot 语句要求画顾客知悉率对销售额的散点图，symbol 语句规定作图符号为"*"号。程序运行结果见图 5.2。

上述程序如果稍做改动将得到广告费对销售额的曲线图。程序如下：

```
data adver;
set ad;run;
proc sort;
by adexpend;run;
proc gplot;
plot sales*adexpend/haxis=0 to 3 by 0.5 vaxis=0 to 120 by 20;
symbol v=star i=spline c=red width=2;
run;
```

程序说明：为了使画出的曲线比较规则，利用排序过程先对广告费按从小到大排序，之后用 gplot 过程作广告费对销售额的曲线图。横坐标从 0 到 3 按 0.5 增长，而纵坐标则从 0 到 120 按 20 增长。symbol 语句，要求散点用"*"表示，并用光滑曲线连接，其中，颜色为红色，线宽为 2，程序输出结果如图 5.3 所示。

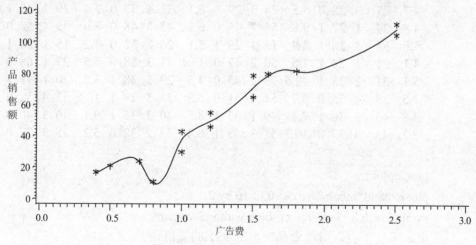

图 5.3 广告费对销售额的曲线图

为了更好地了解 GPLOT 过程的功能及其使用方法，下面我们再举一例。

【例 5.4】 本例数据来自本章习题第 4 题。要求根据给定的家庭年收入与年食品支出数据作家庭年收入对年食品支出预测值的 95%的置信带,其中,散点用星号,红色;回归线用蓝色,线宽为 2,标题是"家庭年收入对年食品支出的 95%的置信带"。

解:根据题目要求,编辑程序如下:

```
data shoping;
input expend income number age hire@@;
lable expend='年食品支出:(千元)' income='年收入'
number='家庭人口数' age='收入最高者年龄'
hire='房屋是否购买';
cards;
4.7   24   3  32  1   5.2   29  3  28  1   6.1   30  2  25  0   4.8   23  1  43  1
10.1  52   4  50  0   9.2   61  2  55  0   6.5   33  3  32  0   5.4   28  2  28  1
7.8   41   1  37  0   9.8   53  6  54  0   4.9   42  3  30  1   7.3   44  4  31  0
5.2   26   1  28  1   3.2   12  5  48  0   3.4   18  3  42  0   7.2   47  1  32  1
15.6  112  6  60  0   13.7  85  5  47  0   5.1   27  2  33  0   2.9   13  2  29  1
3.8   19   1  26  1   7.2   38  1  45  1   4.9   25  4  43  1   10.2  62  3  30  0
10    54   4  55  0   4.8   28  3  33  1   4.7   29  2  29  1   5.3   34  1  26  0
4.4   30   1  25  1   10.3  57  6  48  0   7.6   45  4  55  0   7.3   47  3  31  1
5.1   36   1  32  1   3.3   19  4  29  1   4.6   28  4  29  0   2.8   14  2  43  1
3.0   20   5  33  1   8.0   49  3  35  0   13.8  87  3  63  0   12.4  72  2  34  0
2.5   12   1  23  1   4.3   28  2  27  1   3.1   14  1  25  1   3.1   19  1  28  1
7.7   39   4  30  0   4.2   27  2  51  0   10.1  64  5  45  1   9.6   53  5  47  0
4.7   27   3  28  0   5.5   28  3  29  1   6.1   33  4  32  0   5.4   29  1  25  0
4.8   24   1  27  1   9.8   55  7  46  0   6.9   43  5  48  0   8.0   45  4  52  0
5.8   34   3  36  1   2.9   17  1  29  1   5.1   26  2  32  0   3.2   15  1  24  0
4.1   21   1  28  1   7.5   50  2  42  0   13.1  78  3  58  0   5.5   27  1  68  0
5.1   31   2  33  1   12.5  73  2  43  0   4.5   29  3  38  1   3.2   20  1  31  1
7.5   38   4  35  0   9.7   51  5  51  0   5.3   33  3  29  1   10.2  53  4  52  0
4.8   43   3  30  1   7.1   49  1  33  1   8.5   40  2  35  1   9.1   46  3  40  0
8.7   43   4  37  0   10.3  51  3  43  1   6.4   34  2  32  0   5.2   38  3  37  0
;
proc gplot ;
plot expend*income/vaxis=0 to 16 by 2;
symbol i=rlcli95 cv=red ci=blue width=2 v=star;
title '家庭年收入对年食品支出的 95%的置信带';
run;
```

程序运行结果见图 5.4。

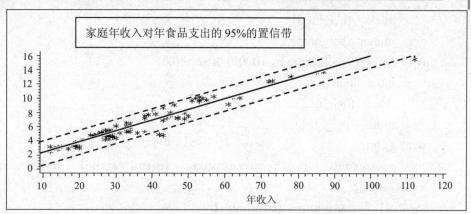

图 5.4　家庭年收入对年食品支出的 95%的置信带

【例 5.5】　根据 1981—2006 年城乡全社会固定资产投资数据(见程序中的数据行)，利用 GPLOT 过程在同一坐标内画出城镇和农村的全社会固定投资时间序列图。

```
data gutou;
input year urban rural@@;
title 'Fixed investment';
footnote j=m 'Data Source:2007 China Statistical Yearbook';
cards;
1981  711.1    249.9    1982  900.5    329.9    1983  1014.4  415.7
1984  1279.0   553.9    1985  1865.5   677.7    1986  2300.4  820.2
1987  2730.6   1061.1   1988  3431.9   1321.9   1989  3134.0  1276.4
1990  3274.4   1242.6   1991  4057.9   1536.6   1992  6079.7  2000.4
1993  10303.4  2768.9   1994  13534.3  3507.8   1995  15643.7 4375.6
1996  17627.7  5346.3   1997  19194.2  5746.9   1998  22491.4 5914.8
1999  23732.0  6122.7   2000  26221.8  6695.9   2001  30001.2 7212.3
2002  35488.8  8011.1   2003  45811.7  9754.9   2004  59028.2 11449.2
2005  75095.1  13678.5  2006  93368.7  16629.5
;
proc sort;
by year;
run;
legend1 label=none position=(middle center inside);
axis1 order=(1981 to 2006 by 5) offset=(0,0)
      label=none
```

```
        major=(height=3)
        minor=(height=1);
axis2 order=(0 to 120000 by 10000) offset=(0,0)
        label=none
        major=(height=3)
        minor=(height=1);
proc gplot;
plot  urban*year  rural*year/  overlay  legend=legend1  haxis=axis1
vaxis=axis2;
symbol1 v=star i=join c=red width=2;
symbol2 v=circle i=join c=blue width=2;
run;
```

程序说明：选项 legend 是说明图中曲线的标注，本程序首先将曲线的标注说明定义成变量 legend1，然后在 proc gplot 过程中调用它；坐标轴的处理与此类似，首先，将横坐标定义成 axis1，将纵坐标定义成 axis2，然后在 proc gplot 过程中调用它们。程序运行结果如图 5.5 所示。

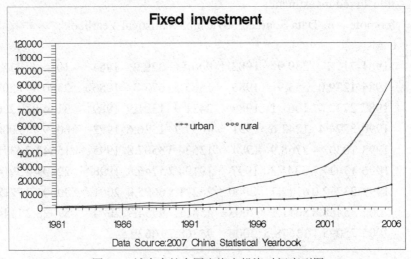

图 5.5　城乡全社会固定资产投资时间序列图

5.2.3　条形图、饼图、柱状图与 GCHART 过程

GCHART 过程是用图形的方式形象地再现变量的取值及变量之间关系的一种常用统计分析方法。该过程把数据集中的变量以条形图、饼图、柱状图等方式形象地描述出来，使得用户能够直观地了解它们的特征。

5.2.3.1 主要功能

GCHART 过程的主要功能有:

(1) 可以产生条形图、饼图和柱状图。这些图形主要通过相应的语句来执行,其中,垂直条形图由 VBAR 语句执行,水平条形图由 HBAR 语句执行,饼图由 PIE 语句执行,而柱状图由 BLOCK 语句执行。通过选择不同的语句,形成不同的图形。

(2) 每种图形所代表的意义可以不同。这主要通过选择 TYPE=统计量类型,确定图形所代表的含义。

这里统计量类型常见的有:FREQ(频数),PCT(百分数),CFREQ(累计频数),SUM(总和),MEAN(平均值)等。

(3) 每种图形可以进行多种形式的分组。这主要是通过选择分组变量来控制。常见的分组变量有:

★ 用于分组的变量选项 DISCRETE
★ 用于并排分组的选项 GROUP=
★ 用于分子组的选项 SUBGROUP=
★ 对连续变量用区间中点定位的选项 MIDPOINTS=
★ 选项 SUMVAR=规定对均值、总和或频数的汇总变量。

5.2.3.2 GCHART 过程的一般格式

GCHART 过程的一般格式如下:

```
PROC GCHART <option-list>;          }必需的语句
BY variable-list;   }可选的语句
VBAR variable-list</standard-option-list><VBAR-specific-option-list>;
HBAR variable-list</standard-option-list><VBAR-specific-option-list>;
PIE variable-list</standard-option-list><VBAR-specific-option-list>;
BLOCK variable-list</standard-option-list><VBAR-specific-option-list>;
```
至少应选一个语句

在 GCHART 过程中,可以跟随任意多个作图要求的语句,也就是说一个 GCHART 过程能够画出用户需要的任意多个不同图形。各作图语句中的标准选项基本一致,而跟在其后的特殊选项则因所绘图形不同而有所不同,各语句的作用及选项内容如下:

1. PROC GCHART 语句

其一般形式为:**PROC GCHART <option-list>;**

SAS 与现代经济统计分析

该语句表示调用 GCHART 过程，其后的选项主要是给出作图所用的输入 SAS 数据集。如没有指定，则使用系统最新创建的 SAS 数据集。

2. BY 语句

与以前介绍的作用和用法基本相同，不再赘述。

3. VBAR 语句、HBAR 语句、PIE 语句和 BLOCK 语句

这几个语句的格式、选项和用法基本相同，所不同的是它们所作图形的区别。VBAR 语句、HBAR 语句、PIE 语句和 BLOCK 语句分别对跟在其后的一个变量或多个变量作垂直条形图、水平条形图、饼图和柱状图。由于它们之间格式基本相同，这里仅以 VBAR 语句为例介绍如下：

VBAR 语句的一般形式为：**VBAR variable-list</standard-option-list>
<VBAR-specific-option-list>;**

该语句表示根据给定的变量作垂直条形图，注意这里变量通常是字符型的。若是连续型的，需在选项中规定 discrete，以明确这是作每个离散值的图形，否则系统将会根据需要来调整图形的个数。VBAR 语句中的标准选项有以下几类：

（1）坐标轴选项：VAIXS（HAXIS）=tick-value-list（标志值列表）|BY n：定义沿垂直（或水平）坐标轴相等间隔的刻度标记值。这些值可以是均匀上升的，也可以不是；可以用 BY n 的方式规定刻度的增量。如果坐标轴不是均匀上升的，需给出具体的刻度。

如：VAIXS=0 5 20 50 100；则 GCHART 过程将按给定的刻度作图。

（2）MIDPOINTS=value-list：规定每个图形表示的区间中点，以此来确定变量的变化范围，该选项通常对连续变量非常有用。当没有规定该选项时，系统将自动选择图形的间隔。注意这里的取值既可以是等间距的，又可以是不等间距的。

（3）LEVELS=number：当作图变量为连续变量时，规定所作条形的个数。

（4）SUMVAR=variable：规定用来汇总概括数据特征的均值、频数或总和的变量。当与 TYPE 连用时，若 TYPE 规定的既不是 MEAN（均值），也不是 SUM（总和）时，过程将对 SUMVAR 所指定的变量求和，也就说 TYPE 的规定将无效。

（5）TYPE=statistic：规定图形所代表的统计量的值。该选项缺省时系统指定 TYPE=FREQ，当规定了选项 SUMVAR，则缺省时为 SUM。选项 TYPE 除 SUM、MEAN、FREQ 外，还可取 PERCENT（观测的百分比），CFREQ（观测的累计频数），CPERCENT（观测的累计百分数）。

（6）GROUP=variable：该选项只能用在 VBAR 语句、HBAR 语句和 BLOCK 语句之中，用于产生并排的一些图形，每个图形代表 variable 的一个取值中的观测的统计量值。

(7) SUBGROUP= variable：该选项与 GROUP 一样也只能用在 VBAR 语句、HBAR 语句和 BLOCK 语句之中，用于产生对每个总量进行细分，即把总量拆分为各个部分。SUBGROUP 中的变量一般为字符型变量，如果是数值型的，取值必须有限。如以下语句（见例 5.7）：

block year/subgroup=property sumvar=gdp;

表示对每年产生一个柱状图，每个柱上又按产业进一步细分。

5.2.3.2　GCHART 过程的应用举例

作为一个应用，我们首先给出例 5.1 中按企业人数分组所形成的直方图的程序：

```
data qiyeshu;
input people$12. amount;
cards;
2000 人以下            27
2000－3000 人   58
3000－4000 人   32
4000－5000 人   37
5000－6000 人   31
6000 人以上            15
;
proc gchart ;
hbar people/sumvar=amount;
run;
```

程序运行结果见图 5.1。

【例 5.6】　2013 年我国内地城镇居民家庭平均每人全年消费性支出如表 5.5 所示（单位：元）。

表 5.5

食品	衣着	家庭设备	医疗保健	交通通信	教育娱乐	居住	其他
6311.9	1902.0	1215.1	1118.3	2736.9	2294.0	1745.1	699.4

试根据以上资料作城镇居民家庭平均每人全年消费性支出饼形图。

解：根据题目要求，编辑程序如下：

```
data expend;
input class$ X1@@;
cards;
```

食品   6311.9   衣着   1902.0   家庭设备   1215.1   医疗保健   1118.3
交通通信   2736.9   教育娱乐   2294.0   居住   1745.1   其他   699.4
;
proc gchart;
pie class/sumvar=X1;
run;

以上程序中 PIE 语句要求对变量 CLASS 作饼图，求和变量为 $X1$，程序运行结果如图 5.6 所示。

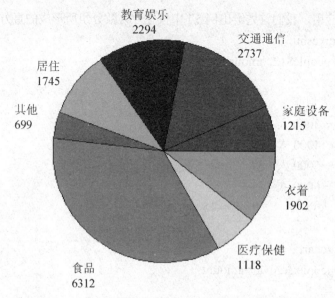

图 5.6 2013 年我国城镇居民家庭人均消费支出情况

注意:当变量 CLASS 不作为字符变量，而是作为数值变量，并用 1，2，3，…，8 来代表每种类型的消费时，必须使用选项 discrete，否则将得不到所想要的结果。

【例 5.7】 2012 年、2013 年和 2014 年我国内地国内生产总值（GDP）按产业分布数据如表 5.6 所示(单位:亿元)。

表 5.6   单位：亿元

年份	GDP	第一产业	第二产业	第三产业
2012 年	519470.1	52373.6	235162.0	231934.5
2013 年	568845.2	56957.0	249684.4	262203.8
2014 年	636462.7	58331.6	271392.4	306738.7

试根据以上资料按年份、分产业作出我国内地这几年 GDP 的柱状图。

解：根据题目要求，程序编辑如下：

```
data GDP;
input year$ property$ gdp ;
cards;
2012    first     52373.6
2012    second    235162.0
2012    third     231934.5
2013    first     56957.0
2013    second    249684.4
2013    third     262203.8
2014    first     58331.6
2014    second    271392.4
2014    third     306738.7
;
proc gchart;
block year/subgroup=property sumvar=gdp;
run;
```

程序说明：上述程序首先创建了一个名为 GDP 的 SAS 数据集，其中，变量 year 代表年份、变量 property 代表产业、gdp 代表国内生产总值。Block 语句中的变量 year 表示按年份作柱状图，其后的选项表示按变量 property 的每个值作变量 gdp 的柱状图，每个柱状的高度为变量 property 的每个值关于变量 gdp 的和。

程序运行结果见图 5.7。

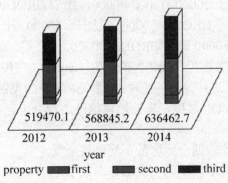

图 5.7 2012 年、2013 年、2014 年我国 GDP 按产业分的柱状图

习 题 5

1. 某公司生产打印机（P）和计算机（C）两种设备，由公司职员负责在四个地区（EAST，WEST，NORTH，SOUTH）销售，下表（表 p.5.1）列出了销售人员的姓名（name）、性别（sex）、销售地区（region）、销售金额（sale）、销售的设备（type）。

表 p.5.1

name	sex	region	sale（$）	type
Rose	F	East	9664	P
Peter	M	West	22969	P
Stafer	F	West	27253	C
Stride	F	West	86432	C
Topin	M	North	99210	P
Spark	F	North	38928	C
Vetter	M	South	21531	P
Curci	M	East	79345	P
Marco	M	East	18523	P
Greco	F	South	32914	C
Ryan	F	South	42109	P
Tomas	M	West	94329	C
Thalman	F	East	25718	C
Farlow	M	North	64700	C
Smith	M	South	27634	P

试根据上表数据完成以下工作：

（1）按销售金额对其进行分组（GROUP），如果销售金额小于 20000，属于 GROUP=10000；大于 20000 且小于 40000，属于 GROUP=30000；大于 40000 且小于 60000，属于 GROUP=50000；大于 60000 且小于 80000，属于 GROUP=70000；大于 80000 属于 GROUP=90000。

（2）用 TABULATE 过程，按销售的设备（type）、销售人员的性别（sex）、销售地区（region）对其进行分组，并对 sale 和 GROUP 的类别进行汇总。

（3）用 TABULATE 过程，先按销售地区进行分组，再按销售人员的性别进一步细分。

（4）绘制饼形图比较四个地区的平均销售金额。

2. 下表（表 p.5.2）给出了六大洲部分国家 2012 年的国土面积与年中人口数（摘自《中国统计年鉴·2014》），求各国人口密度（人/平方千米）的平均数。要求使用 TABULATE 过程输出结果分为三类（第一类为人口密度平均数大于 100；第二类为人口密度平均数大于等于 10，小于等于 100；第三类为人口密度平均数小于 10），并显示各类的国家数，以及人口密度平均数的最大值与最小值。

表 p.5.2

国家和地区	国土面积（万平方千米）	2012 年中人口数（万人）
中　　国[1]	960	135070
日　　本	37.8	12756
印　　度	328.7	123669
菲 律 宾	30	9671
蒙　　古	156.7	280
埃　　及	100.1	8072
尼日利亚	92.4	16883
德　　国	35.7	8189
英　　国	24.2	6323
法　　国	55.2	6570
意 大 利	30.1	5884
俄 罗 斯	1709.8	14353
美　　国	963.2	31391
加 拿 大	998.5	3488
墨 西 哥	196.4	12085
巴　　西	851.5	19866
阿 根 廷	278.0	4109
澳大利亚	774.1	2268
新 西 兰	26.8	443

[1] 这里所说的中国国土面积仅指陆地面积，300 万平方千米海疆未计入。——编者

3. 采购经理指数是一套月度发布的、综合性监测经济运行的及时、可靠的先行指标，可以先行反映整体经济的增长或衰退情况。下列数据（表 p.5.3）来自于国家统计局网站，是我国自 2013 年 8 月以来月度制造业和非制造业采购经理指数。

表 p.5.3

时间（年月）	制造业 PMI	非制造业 PMI
2013.08	51.0	53.9
2013.09	51.1	55.4
2013.10	51.4	56.3
2013.11	51.4	56.0
2013.12	51.0	54.6
2014.01	50.5	53.4
2014.02	50.2	55.0
2014.03	50.3	54.5
2014.04	50.4	54.8
2014.05	50.8	55.5
2014.06	51.0	55.0
2014.07	51.7	54.2
2014.08	51.1	54.4

（续）表 p.5.3

时间（年月）	制造业 PMI	非制造业 PMI
2014.09	51.1	54.0
2014.10	50.8	53.8
2014.11	50.3	53.9
2014.12	50.1	54.1
2015.01	49.8	53.7
2015.02	49.9	53.9
2015.03	50.1	53.7
2015.04	50.1	53.4
2015.05	50.2	53.2
2015.06	50.2	53.8
2005.07	50.0	53.9

试根据以上数据，利用 GPLOT 过程在同一坐标内按月绘制两个指数的时间序列曲线。

4. 某年年底，某市城调队对 80 户居民家庭收入与消费情况进行了抽样调查，结果如下（表 p.5.4）：

表 p.5.4

年食品支出（千元）	年收入（千元）	家庭人口数（口）	收入最高者年龄（岁）	房屋是否购买（购(1) 否(0)）
4.7	24	3	32	1
5.2	29	3	28	1
6.1	30	2	25	0
4.8	23	1	43	1
10.1	52	4	50	0
9.2	61	2	55	0
6.5	33	3	32	0
5.4	28	2	28	1
7.8	41	1	37	0
9.8	53	6	54	0
4.9	42	3	30	1
7.3	44	4	31	0
5.2	26	1	28	1
3.2	12	5	48	0
3.4	18	3	42	0
7.2	47	1	32	1
15.6	112	6	60	0
13.7	85	5	47	0
5.1	27	2	33	0
2.9	13	2	29	1
3.8	19	1	26	1
7.2	38	1	45	1
4.9	25	4	43	1
10.2	62	3	30	0
10	54	4	55	0
4.8	28	3	33	1
4.7	29	2	29	1

(续)表 p.5.4

年食品支出（千元）	年收入（千元）	家庭人口数（口）	收入最高者年龄（岁）	房屋是否购买（购(1) 否(0)）
5.3	34	1	26	0
4.4	30	1	25	1
10.3	57	6	48	0
7.6	45	4	55	0
7.3	47	3	31	1
5.1	36	1	32	1
3.3	19	4	29	1
4.6	28	4	29	0
2.8	14	2	43	1
3.0	20	5	33	1
8.0	49	3	35	0
13.8	87	3	63	0
12.4	72	2	34	0
2.5	12	1	23	1
4.3	28	2	27	1
3.1	14	1	25	1
3.1	19	1	28	1
7.7	39	4	30	0
4.2	27	2	51	0
10.1	64	5	45	1
9.6	53	5	47	0
4.7	27	3	28	0
5.5	28	3	29	1
6.1	33	4	32	0
5.4	29	1	25	1
4.8	24	1	27	1
9.8	55	7	46	0
6.9	43	5	48	0
8.0	45	4	52	0
5.8	34	3	36	1
2.9	17	1	29	1
5.1	26	2	32	0
3.2	15	1	24	1
4.1	21	1	28	1
7.5	50	2	42	0
13.1	78	3	58	0
5.5	27	1	68	0
5.1	31	2	33	1
12.5	73	2	43	0
4.5	29	3	38	1
3.2	20	1	31	1
7.5	38	4	35	0
9.7	51	5	51	0
5.3	33	3	29	1
10.2	53	4	52	0

（续）表 p.5.4

年食品支出 （千元）	年收入 （千元）	家庭人口数 （口）	收入最高者年龄 （岁）	房屋是否购买 购(1) 否(0)
4.8	43	3	30	1
7.1	49	1	33	1
8.5	40	2	35	1
9.1	46	3	40	0
8.7	43	4	37	0
10.3	51	3	43	1
6.4	34	2	32	0
5.2	38	3	37	0

试根据以上资料完成以下问题：

（1）按房屋是否购买进行统计分组，并且计算每组家庭总收入和食品总支出。

（2）按房屋是否购买进行统计分组后，再计算每组家庭收入占总收入的百分比。

（3）以收入最高者年龄为横轴，家庭年收入为纵轴作散点图，符号为"*"。

附录 第5章部分例题的菜单实现

Ⅰ.例5.3的菜单实现

1. 进入【SAS/ASSIST】点击【GRAPHICS】按钮，出现图 F5.1。

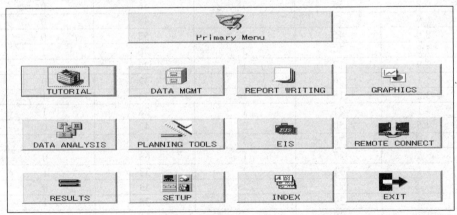

图 F5.1

3. 单击【GRAPHICS】选项，进入 F5.2 的图形（只选择其中的一部分）。

第 5 章　SAS 统计图表与 SAS 过程

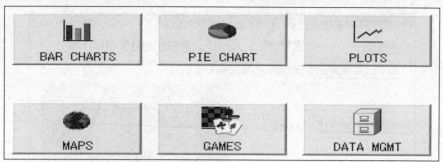

图 F5.2

4. 单击【PLOTS】选项，进入图 F5.3。

图 F5.3

5. 单击【Simple X*Y Plot...】选项，进入图 F5.4。

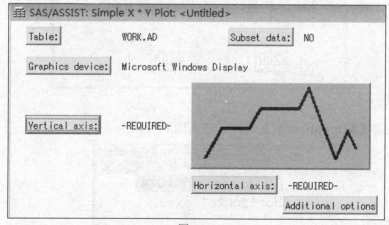

图 F5.4

6. 点击【Table】，选择分析的数据集 AD，再点击【Vertical axis:】，选择纵坐标的变量 SALES，再点击【Herizontal axis:】，选择横坐标的变量 KNOWRATE，然后进入图 F5.5。

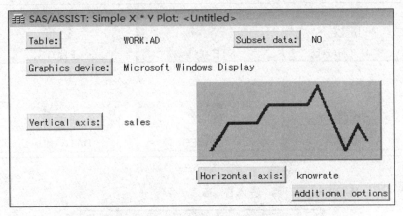

图 F5.5

7. 点击【Additional options】,进入图 F5.6。

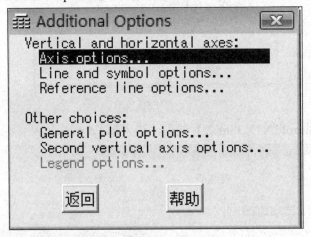

图 F5.6

8. 点击【Axis options…】选项,进入图 F5.7。

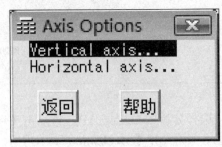

图 F5.7

9. 选择【Vertical axis】选项,进入图 F5.8。

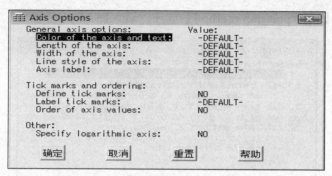

图 F5.8

选择【Order of axis values】选项,进入图 F5.9。

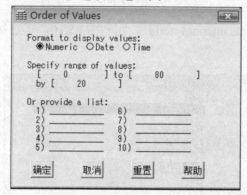

图 F5.9

在变量类型中点击数值型【Numeric】,在值的范围中依次输入 0,80,20,点击【确定】退出界面,回到 F5.8,再点击【确定】回到 F5.7,再选择【Herizontal axis:】,重复同样的操作,进入 F5.9,依次输入 0,120,20,再回到图 F5.6。

10. 点击图 F5.6 中的【Line and symbol options】选项,进入图 F5.10。

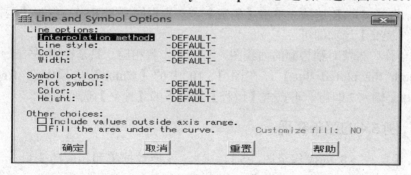

图 F5.10

11. 点击【Interpolation method】选项，进入图 F5.11。

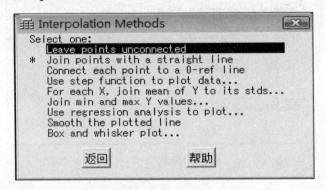

图 F5.11

选择【Leave points unconnected】，回到图 F5.10，再选择【Plot symbol:】，进入图 F5.12。

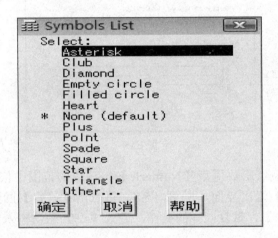

图 F5.12

12. 选择 STAR 选项，单击【确定】，一直退回到图 F5.5，点击【运行】菜单下的【提交】选项即可。

对于作广告费对销售额的曲线图，与上述步骤相同，只是在图 F5.11 中选择【Smooth the ploted line】，在图 F5.10 中的【Color】选项中选 Red，在【Width】输入 2 即可，再点击【运行】菜单下的【提交】选项即可。

II. 例 5.4 的菜单实现

1. 重复例 5.3 的操作至图 F5.11（注意变换数据集和相应的变量），选择【Use regression analysis to plot】，进入图 F5.13。

第 5 章　SAS 统计图表与 SAS 过程

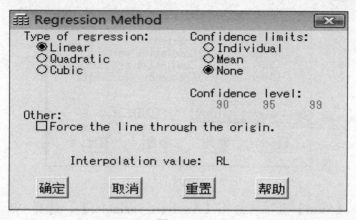

图 F5.13

2. 击【Linear】和【Individual】，此时【Confidence level】选项下的置信水平变为可选项，点击【95】，单击【确定】退出到图 F5.10。

3. 颜色的选取和例 5.3 是一致的，最后再点击【运行】菜单下的【提交】选项即可。

Ⅲ. 例 5.5 的菜单实现

1. 进入图 F5.2，点击【PIE CHART】，进入图 F5.14。

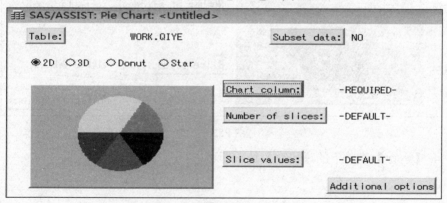

图 F5.14

2. 点击【Table】选项，选择数据集 EXPEND，点击【Chart column】，选择作图变量，点击【Slice values】，进入图 F5.15。

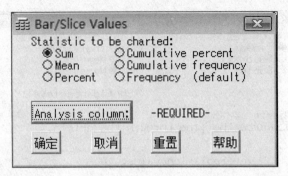

图 F5.15

3. 点击【Sum】选项，点击【Analysis variable:】，选择 $X1$，点击【确定】，得到图 F5.16。

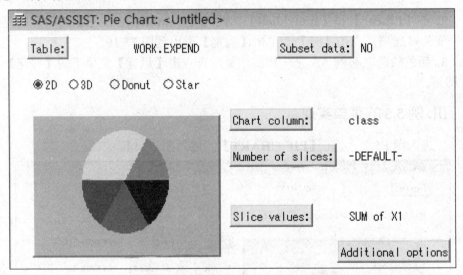

图 F5.16

4.【运行】菜单下的【提交】选项即可。

第6章 简单统计分析与SAS过程

在第4章、第5章中,我们介绍了变量的描述性分析与相应的SAS处理。亦已知道,对变量进行描述既可用一些常用统计量,又可借助统计图与统计表把现象直观地表现出来。

除了对现象进行描述外,实践中我们还常常需要利用样本资料对总体进行统计推断。统计推断问题主要有两类:一是参数的估计,这已在第4章中通过MEANS过程和UNIVARIATE过程做了介绍;二是假设检验,包括参数的假设检验和非参数假设检验。另外,变量之间是否存在相关关系,也是实际统计分析中常常面临的问题之一。本章将介绍这些问题的SAS处理方法及其所使用的有关SAS过程。

6.1 假设检验与SAS过程

6.1.1 问题的提出

我们先来举两个具体的例子,通过这两个例子来了解假设检验所要解决的基本问题。

【**例 6.1**】 为了了解农村居民家庭消费水平是否有所提高,2008年,某市对其农村居民家庭进行了一次抽样调查,其中,100户被抽样家庭的调查结果列于表6.1。

表6.1 2008年某市农村居民家庭月均消费水平(抽样)

平均每户消费支出(元/月)	500	600	700	800	900	1000
家庭数	8	15	30	25	13	9

据调查,3年前该市农村居民家庭月均消费支出服从N(720,17580)分布。假定2008年农村居民家庭月均消费支出服从正态分布,问该市农村居民家庭月均消费支出是否有显著提高(显著性水平为0.05)?

本例中,假定农村居民家庭月均消费支出服从正态分布,但分布参数并未告之,需要通过检验来确定。也就是说,随机变量的概率分布是已知的,概率分布

中参数 μ 和 σ^2 却是未知的，需要通过样本数据来检验 $\mu>720$ 是否成立，这是一个典型的参数假设检验问题。

【例 6.2】 某银行正在考虑在两个相邻地区 A 和 B 之间开设一个新的营业网点。银行所关心的是这两个地区家庭平均收入是否相同。为此，在这两个地区分别抽取了 20 户居民家庭进行调查，调查结果列于表 6.2。

表 6.2 地区 A 和 B 家庭平均收入水平情况

A 地区家庭收入（万元）	2.5	3.2	3.8	4.0	3.3	4.5	4.2	5.1	4.9	3.8
	2.9	5.3	4.2	3.9	3.1	4.7	5.7	3.0	2.7	4.6
B 地区家庭收入（万元）	3.7	4.3	3.9	4.7	5.3	3.8	6.0	2.9	5.2	4.8
	4.1	3.6	3.8	4.4	5.1	3.7	5.5	3.4	3.8	4.6

问在 0.05 的显著性水平下，这两个地区的家庭平均收入是否有显著差异？

本例中，来自于两个地区家庭收入的数据可以看作为两个独立的样本，但是两个独立样本的总体分布并未告之。需要解决的问题是：根据抽出的两个地区家庭收入资料来判断这两个地区的家庭平均收入是否有显著差异。更一般地说，在两个总体分布未告知的情况下，通过样本来推断两个总体的均值是否相同。这是一个典型的两样本假设检验问题，也称为两组比较问题。这类问题在现实生活中非常多。例如，为了检验广告效果，需要检验广告前后产品销售量有无显著变化。又如，吸烟是否对健康有害？可通过从吸烟和不吸烟的人群中随机抽出若干人，构成吸烟组和不吸烟组，然后考察这两组人的某项健康指标，如肺癌患病率，以检验吸烟组的肺癌患病率是否显著高于不吸烟组等问题。

对这类问题的处理，通常有两种方法。一是两总体分布虽然未告知，但是假定它们服从某一分布，通常假定服从正态分布。在此假定下检验两总体均值是否有显著差异，这仍是参数假设检验问题。二是不假设总体服从任何分布，直接检验两总体均值是否有显著差异，这是典型的非参数假设检验问题。

6.1.2 假设检验中的基本概念

假设检验就是先对总体的参数或分布做出某种假设，然后用适当的方法根据样本对总体提供的信息，推断此假设是正确还是错误。该方法在现代经济学和管理学的研究中得到了广泛的应用。

1. 原假设和备择假设

原假设也称为零假设，是指根据研究的问题事先做出的假设，以 H_0 表示。
备择假设也称为对立假设，是与原假设相对立的假设，用 H_1 表示。也就是说，在假设检验中接受 H_0 就要拒绝 H_1，而拒绝 H_0 就必定要接受 H_1，二者必居其一。至于如何选择原假设和备择假设,一般原则是:原假设的选择一要看决策者希望证明什么,通常总是把希望证明的假设作为备择假设,而与其对立的假设作为原假设。例如在例 6.1 中,我们希望证明 2008 年农村居民家庭消费支出有显著提高,因此,备择假设选为 H_1: $\mu>720$ 元,而与其对立的原假设为 H_0: $\mu=720$ 元;二要看该假设的选择是否有利于检验。如在例 6.2 中需要判断两个地区的家庭平均收入是否有显著差异,这时选择 $\mu_1=\mu_2$ 作为原假设 H_0 就容易进行检验。如果选择 $\mu_1\neq\mu_2$ 作为原假设 H_0,则难以计算统计量的值,也就难以检验两个地区的家庭平均收入是否有显著差异。

值得注意的是:假设检验中的对立假设在数学上并不一定完全对立。例如在例 6.2 中,原假设 H_0: $\mu_1=\mu_2$ 与备择假设 H_1: $\mu_1\neq\mu_2$,在数学上就是完全对立的,但在例 6.1 中,原假设 H_0: $\mu=720$ 元与备择假设 H_1: $\mu>720$ 元,在数学上却不是完全对立的。

2. 参数假设检验与非参数假设检验

所谓参数假设检验是指总体的分布是已知的,而其总体的分布参数却是未知的,需要根据样本数据来推断出总体的未知参数,如例 6.1。

所谓非参数假设检验是在总体分布未知的没有任何限定的条件下,根据样本数据推断出总体具有某种分布特征或者参数间具有某种性质的假设检验,参见例 6.6。

3. 小概率事件原理、接受域、拒绝域和显著性水平

假设检验的基本思想是应用小概率事件原理。所谓小概率事件原理,是指发生概率很小的随机事件在一次试验中是几乎不可能发生的。根据这一原理,我们可以做出是否接受原假设的决定。具体地说,如果某一事件出现的概率很小,譬如说,在 10000 件产品中只有 1 件次品,那么随机抽取 1 件恰是次品的概率只有万分之一,这一概率是很小的,因此,也可以将这一事件看作在一次抽样中是不会出现的事件。若从这批产品中任意抽 1 件而恰恰是次品时,我们就有理由怀疑原来的假设,即产品中只有万分之一次品的假设是否成立。这时就可以推翻原来的假设。当然,推断也可能会出错,即这 10000 件产品中确实只有 1 件次品,而恰好在 1 次抽取中抽到了。所以这个例子中犯这种错误的概率是万分之一,也就说冒万分之一的风险来做出这一决策,至于多小的概率为小概率,那要视具体情况而定。进行假设检验时要在两种假设 H_0 和 H_1 中作出接受哪一个的判断,就需要从样本出发,制定一个决策规则,一旦样本的观察值确定后,利用这一决策规则就可以作出判断。假设检验的决策规则就是:根据给定的概率,也称为显著性水平,记为 α,把样本空间划分成两个互不相交的子集 C 和 C^*($C\cup C^*=\Omega$,$C\cap C^*=\Phi$),并且规定当样本统计量的观察值属于 C 时,

我们将拒绝原假设 H_0，接受备择假设 H_1；若样本统计量的观察值属于 C^*，我们将接受原假设 H_0。称样本空间的子集 C 为检验的拒绝域，落入拒绝域的概率，一般就是我们指定的小概率，对应地，称 C^* 为接受域。

4. 假设检验中的两类错误

从假设检验的决策规则可以看出，拒绝域或接受域是根据给定的概率来划分的，也就是说，我们是根据概率来判断是原假设 H_0 成立，还是备择假设 H_1 成立。由于抽样存在误差，因此，无论是判断 H_0 成立，还是判断 H_1 成立，都有可能犯判断错误。这种错误归结起来不外乎两种类型：一是在原假设 H_0 为真时，却拒绝了 H_0，接受了 H_1，这种以真为假的错误（针对 H_0 而言）称为第一类错误，也称为弃真错误。犯这类错误的概率就是所谓的小概率事件发生的概率，常用 α 表示。二是在原假设 H_0 为假时，却接受了 H_0，这种以假为真的错误称为第二类错误，也称为取伪错误，常用 β 表示。以上两类错误归纳起来，列于表 6.3。

表 6.3 两类错误及其概率

	接受 H_0，拒绝 H_1	拒绝 H_0，接受 H_1
H_0 为真	判断正确，概率为 $1-\alpha$	判断错误，犯第一类错误，概率为 α
H_0 为假	判断错误，犯第二类错误，概率为 β	判断正确，概率为 $1-\beta$

一般来说，α 越小，C 就越小，相应的 C^* 就越大，从而犯第二类错误的概率 β 也越大。为解决这一矛盾，奈曼与皮尔逊提出了一个原则，即在控制犯第一类错误的概率 α 的条件下，尽可能地降低犯第二类错误的概率 β。

5. 单侧检验、双侧检验

在假设检验中，根据原假设和备择假设的表达形式不同可分为单侧检验和双侧检验。一般来说，单侧检验所提出的假设通常为：

$$H_0: \theta = \theta_0, \quad H_1: \theta < \theta_0 \text{ 或 } H_0: \theta = \theta_0, \quad H_1: \theta > \theta_0$$

前者称为左侧检验，其对应的拒绝域是小于某一给定值的所有数值的集合；后者称为右侧检验，其对应的拒绝域是大于某一给定值的所有数值的集合，如例 6.1 的假设。而双侧检验所提出的假设通常为：

$$H_0: \theta = \theta_0, \quad H_1: \theta \neq \theta_0$$

其对应的拒绝域是小于或大于某一给定值的所有数值的集合，如例 6.2 中的假设。单、双侧检验的接受域和拒绝域见图 6.1。

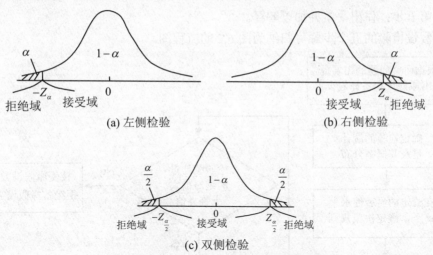

图 6.1 假设检验的接受域和临界域

6. 统计量的计算值、临界值、显著性水平以及检验概率之间的关系

为了比较清晰地说明统计时的计算值、临界值、显著性水平及检验概率这几个概念之间的关系，假定原假设和备择假设分别为：H_0：$\theta=\theta_0$，H_1：$\theta\neq\theta_0$，检验统计量 Z 服从正态分布。所谓统计量的计算值，就是一次抽样得到的观测值代入统计量 Z 后得到的具体数值，记为 Z_0。临界值是在给定的显著性水平 α 和设定的原假设、备择假设下由 $P\{|z|>z_{\alpha/2}\}=\alpha$ 计算出的 $Z_{\alpha/2}$[①]或 $-Z_{\alpha/2}$（双侧检验，见图 6.1（C）中的双侧检验），通常由正态分布表查得。临界值的意义是：当 $Z_0>Z_{\alpha/2}$ 或 $Z_0<-Z_{\alpha/2}$ 时，拒绝 H_0 接受 H_1，反之，则接受 H_0 拒绝 H_1。检验概率则是由 $P\{|Z|>Z_0\}$ 计算出的概率 p。由检验概率和临界值的计算公式可以看出，当 $p<\alpha$ 时，必有 $Z_0>Z_{\alpha/2}$ 或 $Z_0<-Z_{\alpha/2}$，从而拒绝 H_0 接受 H_1，反之当 $p>\alpha$ 时，接受 H_0 拒绝 H_1，换句话说，判断接受或是拒绝 H_0 只需看 p 值是大于还是小于 α 即可。SAS 系统正是利用这一性质进行假设检验的。

6.1.3 假设检验的一般步骤

假设检验一般分为以下五个步骤：
第一步：根据研究问题的需要提出原假设和备择假设。
第二步：确定检验的统计量及其概率分布。
第三步：在给定的显著性水平 α 条件下，确定决策规则。
第四步：根据样本数据计算检验统计量的值。

---

① 若为右侧检验，则临界值为由 $P\{Z>Z_\alpha\}=\alpha$ 计算出的 Z_α；若为左侧检验，则临界值为由 $P\{Z<-Z_\alpha\}=\alpha$ 计算出的 $-Z_\alpha$。

第五步：作出决策并加以解释。

假设检验的五个步骤可归纳为图 6.2 的流程图。

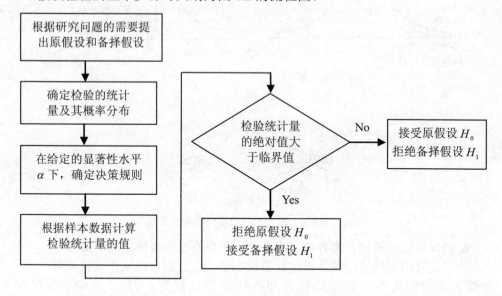

图 6.2　假设检验的一般步骤流程图

6.1.4　单样本和双样本下的假设检验

6.1.4.1　单样本的假设检验

1. 单样本的参数假设检验

参数的假设检验问题一般都是以正态分布为理论基础的，所以以下关于参数的假设检验问题我们都假定总体服从正态分布。

设 $x_1, x_2, \cdots, x_n$ 是来自正态总体 $N(\mu, \sigma^2)$ 的一个样本，其中，μ 和 σ^2 至少有一个是未知的。单样本参数假设检验通常需要检验以下两类问题：一类是根据样本观测值检验总体均值 μ 与某个给定的数 μ_0 是否有显著差异；二是根据样本观测值检验总体方差 σ^2 与某个给定的数 σ_0^2 是否有显著差异。以下我们将分别介绍这两类问题。

1) 总体均值的假设检验

检验假设：原假设 H_0：$\mu = \mu_0$，备择假设 H_1：$\mu \neq \mu_0$

检验统计量： 当 $\sigma^2 = \sigma_0^2$ 时，$U = \dfrac{\bar{x} - \mu_0}{\sigma_0/\sqrt{n}} \sim N(0,1)$ （6.1）

当 σ^2 未知时，$t = \dfrac{\bar{x} - \mu_0}{s/\sqrt{n}} \sim t(n-1)$ （6.2）

实践中，由于 σ^2 往往是未知的，所以常用 T 检验。另外，为了方便数据处理，不妨假设 $\mu_0 = 0$。事实上，若 $\mu_0 \neq 0$，令 $y_i = x_i - \mu_0$，再对变量 Y 进行均值为 0 的假设检验即可。

决策规则：根据样本计算出的统计量值、临界值及其概率 p 值得出：当 p 值小于显著性水平 α 时，拒绝 H_0，接受 H_1，即认为总体均值与给定的 μ_0 有显著差异，否则认为没有显著差异。

关于总体均值的参数检验，在 SAS 系统中用均值过程即可检验，只需在过程的选项中增加 t（统计量值）、prt（概率 p 值）和 clm（上下置信线）等。

作为应用，我们先给出例 6.1 中的 SAS 程序及其程序执行结果。

```
data consume;
input expend number @@;
dif=expend-720;
cards;
500 8 600 15 750 30 800 25 900 13 1000 9
;
proc means mean  t  prt clm alpha=0.1;
var dif;
freq number;
run;
```

程序说明：赋值语句 dif=expend-720 计算出每一个观测值与 720 之差，因此检验均值是否显著高于 720 就相当于检验变量 dif 的均值是否显著大于 0。means 过程要求进行假设检验，并给出变量 dif 的均值、t 统计量的值，对应 t 的 p 值和上下置信界。由于该例是在 0.05 水平的单侧检验，而 SAS 给出的都是双侧检验，由图 6.1 知，α 应取为 0.1，即选项 alpha=0.1。语句 freq number 表示每个分析变量 dif 的频数是 number，因为本例中的数据是一个经初步整理后的分组资料。程序运行结果如下：

输出 6.1 由 MEANS 过程变量 DIF 执行结果

分析变量: DIF				
均值	t 值	Pr>|t|	均值下限 90%的置信限	均值上限 90%的置信限
42.00	3.1675056	0.0020	19.98	64.02

从以上结果可以看出，检验变量 dif 的 t 值为 3.1675056，检验概率 Prob>|T| 的 p 值为 0.0020，小于给定的显著性水平 0.05，从而在 0.05 的水平上可以推断出变量 dif 的均值显著大于 0（从下置信界为 19.98 也可看出这一点），也即居民家庭月均消费支出显著大于 720 元。从上面输出结果还可以得到 2008 年该市居民家庭月均消费支出的 90%的置信区间为（739.98 元，784.02 元）。

2) 总体方差的假设检验

检验假设：原假设 H_0：$\sigma^2 = \sigma_0^2$，备择假设 H_1：$\sigma^2 \neq \sigma_0^2$

检验统计量：
$$\chi^2 = \frac{\sum_{i=1}^{n}(x_i - \bar{x})^2}{\sigma^2} \sim \chi^2(n-1) \qquad (6.3)$$

决策规则：根据样本计算出的统计量值、临界值及其概率 p 值得出：当 p 值小于显著性水平 α 时，拒绝 H_0，接受 H_1，即认为总体方差与给定的 σ_0^2 有显著差异，否则认为没有显著差异。

【例 6.3】 在例 6.1 中，已经知道三年前居民家庭月均消费支出的方差为 17580，现在需要检验三年后居民家庭月均消费支出的方差有否变化，即是否仍为 17580。

解：根据题意可令 H_0：σ^2=17580，H_1：$\sigma^2 \neq$17580，需要检验两者中哪一个成立。程序编辑如下：

```
data consume;
input expend number @@;
cards;
500 8 600 15 750 30 800 25 900 13 1000 9
;
proc means var; var expend; freq number;
output  out=test var=varex;run;
data a（drop=_type_）;set test;
k=_freq_ −1;chisq=k*varex/17580;
```

p=1–probchi（chisq,k）;ci1=cinv（0.025,k）;
ci2=cinv（0.975,k）;
proc print data=a noobs;run;

程序说明：程序第一部分创建了一个名为 consume 的 SAS 数据集；第二部分调用 means 过程计算变量 expend 的方差，并用 output 语句把输出结果存放到数据集 test 中，计算过的方差用 varex 命名；第三部分用 set 语句又创建了一个 SAS 数据集 a，其中变量_type_和_freq_是由 output 语句产生的，分别表示类型和观测个数，变量 k 定义 χ^2 的自由度，变量 chisq 计算 χ^2 统计量值，变量 p 利用 χ^2 概率函数 probchi（chisq,k）计算大于统计量值 chisq 的概率，而变量 ci1，ci2 则利用 χ^2 分布的分位数函数 cinv 分别计算 0.05 和 0.975 的自由度为 k 的 χ^2 的临界值；最后利用 print 过程把数据集 a 打印出来。程序运行结果如下：

输出 6.2　居民家庭月均消费支出方差显著性检验结果

FREQ	VAREX	K	CHISQ	P	CI1	CI2
100	17581.82	99	99.0102	0.48081	73.3611	128.422

以上检验结果：CI1<CHISQ<CI2 和 p=0.48081 均表明：在 0.05 的显著性水平下，居民家庭月均消费支出的方差没有发生显著性变化。

另外，由以上输出结果我们不难计算出 σ^2 的置信区间为（13553.75，23726.47）。

2. 单样本的非参数假设检验

在单样本的参数检验中，我们假定总体服从正态分布，但实际情况是否如此，需要通过样本来检验。当检验结果认为总体是服从正态分布时，利用前面介绍的参数检验方法是可行的，但当检验结果认为总体不服从正态分布时用前面的检验方法就不合理了，此时需要用非参数检验。由于参数检验的效率要优于非参数检验，所以通常要先对总体分布进行检验，然后再决定使用参数检验还是非参数检验。为此我们先介绍总体分布的拟合优度检验，它本身也是一种非参数检验。

1）总体分布的拟合优度检验

拟合优度检验是根据样本的经验分布对总体分布做出的估计。因此，当总体确实服从某一假定的分布，即假设为真时，其样本观测频数应与由总体算出的理论频数大致相等。这里之所以说是大致相等，是因为即使假设为真，由于抽样存在误差，这两者数值仍有可能不会完全相等。问题是这种差别大到什么程度，能否用抽样误差来解释。如果这种差别可以归结为抽样误差，我们就没有理由拒绝对总体分布所做的假设；反之，如果这种差别不能完全归结为抽样误差，我们就有理由怀疑假设的合理性。

为了更好地理解这一点，我们先来看一个简单的例子。

【例 6.4】 某企业欲了解其产品订单的分布情况，在随机选择的一周中发现，其订单频数分布如表 6.4 所示。

表 6.4 订单频数分布表

星期一	星期二	星期三	星期四	星期五	合计
7	12	15	11	15	60

问：该企业的订单在每星期的 5 天中是均匀分布的吗？取显著性水平 α =0.05。

解：如果订单分布是均匀的，那么每天收到订单的概率应该相等，即都等于 0.2。因此，一星期 60 份订单中，从理论上说每天应该收到 12 份，但是实际情况并不是这样，见表 6.4。为了概括它们之间的差别，记观测频数为 f_{oi}，理论频数为 f_{ei}，其中，$i=1, 2, \cdots, k$（k 表示所分的组数，例如本例中 $k=5$），K. Person 提出并证明了以下统计量：

$$\chi^2 = \sum_{i=1}^{k} \frac{(f_{oi} - f_{ei})^2}{f_{ei}} \sim \chi^2 \quad (k\text{为约束个数}) \tag{6.4}$$

本例中有一个约束，即：

$$\sum_{i=1}^{k} f_{oi} = \sum_{i=1}^{k} f_{ei} = 60 \tag{6.5}$$

所以本例的自由度为 4。为便于比较，将上式计算结果列于表 6.5。

表 6.5

日期	观测频数 f_{oi}	理论频数 f_{ei}	$(f_{oi} - f_{ei})^2$	$(f_{oi} - f_{ei})^2 / f_{ei}$
星期一	7	12	25	2.08
星期二	12	12	0	0
星期三	15	12	9	0.75
星期四	11	12	1	0.08
星期五	15	12	9	0.75
合计	60	60	44	3.66

在显著性水平 α =0.05 的条件下，查得 $\chi^2_{0.05}(4)$ =9.488。由于 χ^2 =3.66< $\chi^2_{0.05}(4)$ =9.488，所以我们接受订单在每星期的 5 天中是均匀分布这一假设。

本例用 SAS 程序实现如下：

```
data chisq;input foi fei@@;
```

第6章 简单统计分析与SAS过程

```
dif=foi–fei;div=dif*dif/fei;
cards;
7  12  12  12  15  12  11  12  15  12
;
proc means sum; var div;
output  out=test sum=chisq;run;
data a;set test;k=_freq_–1;
p=1–probchi（chisq,k）;ci1=cinv（0.025,k）;
ci2=cinv（0.975,k）;
proc print data=a noobs;run;
```

程序说明：本例利用赋值语句先计算观测频数（变量 foi）和理论频数（变量 fei）之差（变量 dif），然后再利用 MEANS 过程计算统计量 $\chi^2 = \sum_{i=1}^{k} \frac{(f_{oi} - f_{ei})^2}{f_{ei}}$ 的值，并记为 chisq，最后利用 χ^2 分布的概率函数和分位数函数分别计算出了大于统计量 chisq 值的概率 p 和在 0.05 显著性水平下的双侧检验的临界值 ci1 和 ci2，见输出 6.3。

输出6.3　卡方检验统计量计算结果

TYPE	_FREQ_	CHISQ	K	p	CI1	CI2
0	5	3.66667	4	0.45299	0.48442	11.1433

由以上输出结果，CI1<CHISQ<CI2 和 p=0.45299 均表明该企业的订单在每星期的 5 天中是均匀分布的。

注意，我们这里应用了 χ^2 分布的双侧检验，而例题中则用的是单侧检验，但结论是一致的。

下面我们再来看一个正态性检验的例子。

【例6.5】 下列程序中的数据来自于 2014 年我国内地 31 个省、自治区、直辖市城镇居民家庭人均收入和消费支出资料，试检验这批数据是否来自正态分布，也即城镇居民家庭人均收入和消费支出是否服从正态分布？

解：关于正态性检验，在第 5 章已有介绍。以下就是利用第 5 章介绍的 UNIVARIATE 过程给出的 SAS 程序，读者可以运行这段程序以检验数据的正态性。

```
data jumin;
input  prince$ income expend@@;
cards;
北京 43910 28009　天津 31506 24289 河北 24141 16204
```

山西 24069　14537　内蒙古 28350　20885　辽宁 29082　20520
吉林 23218　17156　黑龙江 22609　16467　上海 47710　30520
江苏 34346　23476　浙江 40393　27242　安徽 24839　16107
福建 30722　22204　江西 24309　15142　山东 29222　18323
河南 24391　15726　湖北 24852　16681　湖南 26570　18335
广东 32148　23612　广西 24669　15045　海南 24487　17514
重庆 25147　18279　四川 24234　17760　贵州 22548　15255
云南 24299　16268　西藏 22016　15669　陕西 24366　17546
甘肃 21804　15942　青海 22307　17493　宁夏 23285　17216
新疆 23214　17685
;proc univariate normal;
var income expend ;run;

由于正态分布在理论和应用中都非常重要，以下我们给出 SAS 系统的 INSIGHT 软件对这批数据进行正态性检验的方法和检验的结果。

SAS/INSIGHT软件下正态性检验方法：

（1）启动 SAS/INSIGHT 并打开数据集 JUMIN（假定数据集已在 WORK 库中），即单击"解决方案"→"分析"→"交互式数据分析"，然后选中 WORK 库中的数据集 JUMIN。

（2）在出现的分析菜单下选择"分布（Y）"选项，然后选中 JUMIN 中的 income，再单击 Y（图中阴影），见图 6.3。①启动 SAS/INSIGHT 并打开数据集 INCOME（假定数据集已在 WORK 库中），即单击"解决方案"→"分析"→"交互式数据分析"，然后选中 WORK 库中的数据集 INCOME。②在出现的分析菜单下选择分布（Y），然后选中 INCOME 中的 X，再单击 Y（图中阴影），见图 6.3。

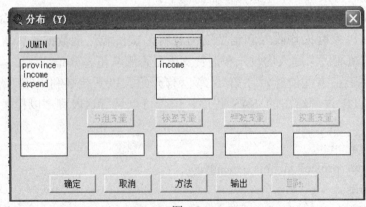

图 6.3

（3）此时若直接单击确定，SAS 系统将输出包括一个盒形图、一个直方图以及 Moments 表和 Quantiles 表，利用这些图表可以初步判断数据的主要特性。若选择输出，则得到图 6.4，共有四部分：描述性统计量、图形、均值检验、分布拟合。单击密度估计，得到图 6.5，再单击该估计中的"正态"选项得到图 6.6。由图 6.6 我们很容易看出变量 income，即城镇居民家庭人均收入是不服从正态分布的。在图 6.4 中，若选择累积分布选项，则得到图 6.7。在这里选择，置信带为 95%，检验分布为正态分布，则得到图 6.8 和图 6.9。图 6.8 是假定总体为正态分布（见图中的光滑曲线）而得到的样本经验分布（见图中中间的折线）以及 95%的上下置信带（见图中上下两条折线），由该图可大致看出这批数据不服从正态分布。图 6.9 是检验这批数据是否为正态分布的检验结果，由 Kolmogorov D 统计量的值为 0.2805 以及对应的概率值小于 0.01，也可得出这批数据不服从正态分布。

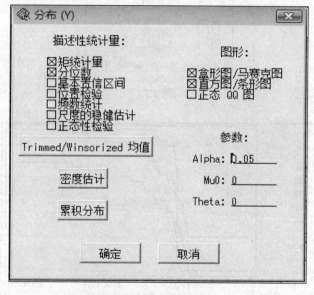

图 6.4

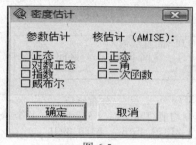

图 6.5

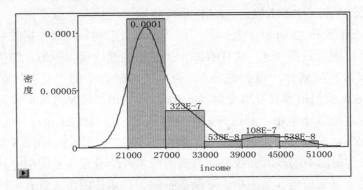

图 6.6

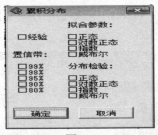

图 6.7

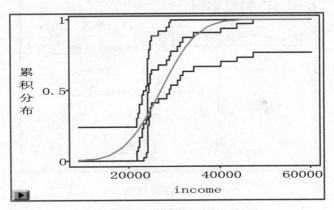

图 6.8

CDF 的置信带		
系数	区间下限	区间上限
0.9500		

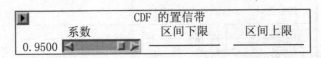

分布检验					
曲线	分布	均值/Theta	Sigma	Kolmogorov D	Pr > D
	正态	27379.4516	6450.3991	0.2805	<.01

图 6.9

2) 总体均值的非参数检验

我们知道,在大样本情况下,即使总体不服从正态分布,样本均值仍近似服从正态分布。因此,在大样本情况下仍可利用 MEANS 过程中的 T 检验对总体均值进行检验。但在小样本的情况下,当总体不服从正态分布时,样本均值就不能使用正态分布进行近似,因此也不能利用 MEANS 过程中的 T 检验对总体均值进行检验,此时需要利用 UNIVARIATE 过程的符号检验或威尔克森秩和检验。

注意,在 UNIVARIATE 过程中的符号检验或威尔克森秩和检验检验的是总体均值是否为 0,若要检验总体均值是否为某一给定值 μ_0,常对观测数据进行 $y = x - \mu_0$ 的变换,再检验变量 Y 的均值是否为 0。

6.1.4.2 两样本的假设检验

在现实生活中,我们经常会遇到这样一类检验问题:男性职工是否比女性职工的工资高?广告是否有助于提高产品的销售量,即广告前后产品的销售量是否有显著差别?某项技术革新是否带来了产量的增加或成本的节约、产品质量的提高?配股或增发前后股票收益率是否有显著变化?非 PT 类上市公司的资产负债率与 PT 类公司的资产负债率是否有显著差别,等等。这些问题都与两组之间的比较有关,其中有些是独立的,即两组中的样本来自于两个独立总体,称为独立组。如男女职工工资高低问题中的男女职工总体、PT 和非 PT 类公司资产负债率高低问题中的 PT 类公司与非 PT 类公司总体都可看作两个独立总体;有些是成对的,即两组中的样本来自于一个总体的不同时间或不同处理下的观测,称为成对组。如广告前后产品的销售量就是来自于不同时间下某个企业销售量的数据,某种产品采用某种新包装和不采用新包装的销售量数据就是来自于不同处理的数据,这类数据都可看作是成对数据。在两样本比较中,把数据分成两组的变量称为分类变量,如性别、上市公司类型(PT 类和非 PT 类)、是否广告等。对于独立组和成对组,由于它们的假设条件不同,所采用的检验统计量不同,所以在 SAS 系统中检验这两类问题的 SAS 过程也往往不同,下面我们将分别予以介绍。

1. 两独立组的假设检验

在进行两个独立组的假设检验时,检验假设通常是:

$H_0 : \mu_A = \mu_B$,即两独立组的均值相等

$H_1 : \mu_A \neq \mu_B$,即两独立组的均值不相等

其中,μ_A,μ_B 分别为 A,B 两组的均值。

为了给出以上假设的检验统计量，需检验两样本资料是否满足以下两个条件：

（1）正态性，即各组资料是否来自于独立的正态分布。

（2）方差齐次性，即两总体的方差是否相等。

当两样本满足（1）、（2）两个条件时，可以采用一般的参数 T 检验，其检验统计量为：

$$t = \frac{\bar{x}_1 - \bar{x}_2}{\sqrt{s^2(\frac{1}{n_1} + \frac{1}{n_2})}} \sim t(n_1 + n_2 - 2) \tag{6.6}$$

其中 $s^2 = [(n_1 - 1)s_1^2 + (n_2 - 1)s_2^2]/(n_1 + n_2 - 2)$

当两样本满足条件（1）而不满足条件（2）时，在大样本情况下可采用参数的近似正态分布进行检验，在小样本情况下，可采用参数的近似 T 检验或非参数的威尔克森秩和检验。

参数的近似 T 检验统计量为：

$$t' = \frac{\bar{x}_1 - \bar{x}_2}{\sqrt{\frac{s_1^2}{n_1} + \frac{s_2^2}{n_2}}} \text{①} \tag{6.7}$$

当两个条件都不满足时，采用非参数的威尔克森秩和检验，其检验统计量可参见第 4 章第 4.2 节。

作为应用，我们给出例 6.2 的 SAS 程序如下：

```
data income;
input area$ income@@;
cards;
A 2.5  B 3.7  A 3.2  B 4.3  A 3.8  B 3.9  A 4.0  B 4.7  A 3.3  B 5.3
A 4.5  B 3.8  A 4.2  B 6.0  A 5.1  B 2.9  A 4.9  B 5.2  A 3.8  B 4.8
A 2.9  B 4.1  A 5.3  B 3.6  A 4.2  B 3.8  A 3.9  B 4.4  A 3.1  B 5.1
A 4.7  B 3.7  A 5.7  B 5.5  A 3.0  B 3.4  A 2.7  B 3.8  A 4.6  B 4.6
;
proc sort; by area;run;
```

---

① t' 不服从 T 分布，其临界值有两种方法得到。一是采用 Satterthwaite 检验法，用公式：

$$\mathrm{d}f' = \frac{(w_1 + w_2)^2}{w_1^2/(n_1 - 1) + w_2^2/(n_2 - 1)}$$

求出自由度 $\mathrm{d}f'$，然后利用 T 分布查出临界值 $t'_\alpha(\mathrm{d}f')$。另一种方法是采用 Cochran 和 Cox 检验，利用公式：$t'_\alpha = \frac{w_1 t_1 + w_2 t_2}{w_1 + w_2}$ 直接计算出临界值 t'_α，这里 $t_1 = t_\alpha(n_1 - 1)$，$t_2 = t_\alpha(n_2 - 1)$。

```
proc univariate normal;
    var income;by area;run;
proc ttest ; class area;
    var income;run;
```

程序说明：这段程序首先创建了一个名为 income 的 SAS 数据集；sort 过程用于按地区排序，以便于用 univariate 过程分别检验 A、B 两地区家庭平均收入是否服从正态分布；ttest 过程用于检验两地区家庭平均收入是否有显著差异。程序运行结果如下：

输出 6.4 A，B 两地区家庭收入平均水平相等的显著性检验结果

```
                     ------------ AREA=A
            W:Normal  0.971283  Pr<W       0.7817
                     ------------ AREA=B
            W:Normal  0.965407  Pr<W       0.6565
                          TTEST PROCEDURE
Variable: INCOME
AREA    N      Mean         Std Dev         Std Error
-----------------------------------------------------
A       20    3.97000000    0.91599816      0.20482342
B       20    4.33000000    0.80138039      0.17919410
Variances      T        DF        Prob>|T|
Unequal    −1.3228    37.3        0.1939
Equal      −1.3228    38.0        0.1938
For H0: Variances are equal, F' = 1.31  DF = （19,19）   Prob>F' = 0.5658
```

输出 6.4 前四行是检验观测数据是否服从正态分布的。从中可以看出，A 地区家庭收入数据的正态性检验的 W 值为 0.971283，其对应的 p 值为 0.7817（见输出 6.4 的第二行），说明该地区家庭收入服从正态分布。类似可得到 B 地区家庭收入也服从正态分布（见输出 6.4 的第四行）。由此得到样本数据的正态性得到满足，可采用 T 检验或近似 T 检验，此时对应的检验过程名为 ttest。

在进行两独立组均值的比较时，首先要看输出 6.4 最后一行，此行标志为 For H0：Variances are equal（两组方差相等），它给出了两总体的方差是否相等的检验结果：检验的 F 值由 F'=1.31[①]，对应的 p 值由 Prob>F'=0.5658 给出，由此可得出两总体方差没有显著性差异，此时可以用精确 T 检验对两组的均值是否相等进行检验，这可从标有 Variances 的一列中找到标有 Equal（方差相等）的行，然后检查 T 值及其对应的概率。本例中 T 值为−1.3228，对应的 p 值即

---

① 这里的 F' 值是由统计量 $F' = \dfrac{\max\{s_1^2, s_2^2\}}{\min\{s_1^2, s_2^2\}}$ 计算出来的，该统计量服从 $F(\mathrm{d}f_{\max}, \mathrm{d}f_{\min})$。

Prob>|T|的概率为 0.1938,大于 0.05,由此可得出结论:两地区家庭收入没有显著性差异①。

注意: 若两总体的方差检验结果为不相等,则要看 Unequal 所在行的 T 值和对应的概率。

【例 6.6】 下列程序中的数据来自 2008 年上市公司年报,其中,变量 type 中的 pt 表示该公司为 ST 或 PT 类,而 nopt 则表示该公司为非 ST 或非 PT 类公司,变量 rate 代表公司的资产负债率。试根据给定的资料分析 ST 或 PT 类公司的平均资产负债率是否显著高于非 ST 或 PT 类公司。显著性水平取为 0.05。

解: 根据题目要求,首先检验两组数据是否来自正态总体,这由程序中的 univariate 过程来解决。经检验发现非 ST 或非 PT 类公司的资产负债率数据服从正态分布,而 ST 或 PT 类则不服从正态分布,因此平均资产负债率是否有显著性差异的检验应采用非参数的威尔克森秩和检验。非参数检验的过程名为 npar1way,程序中该过程后的选项 wilcoxon 表示要给出威尔克森秩和检验,class 语句把观测按变量 type 分成两类,而 var 语句则要求对变量 rate 进行均值比较,程序及其运行结果如下:

```
data zichfz;
input type$ rate@@;
cards;
pt  99.4  pt  94.8  pt  38.4  pt  52.7  pt  92.1
pt  87.9  pt  334.2 pt  86.9  pt  134.5 pt  74.9
pt  69.9  pt  48.0  pt  104.9 pt  67.8  pt  60.8
pt  59.5  pt  62.0  pt  75.4  pt  715.2 pt  15.3
pt  224.6 pt  90.6  pt  86.7  pt  65.4  pt  77.1
pt  354.2 pt  59.7
nopt 31.3 nopt 54.7 nopt 29.7 nopt 40.0 nopt 55.1
nopt 32.6 nopt 59.2 nopt 46.9 nopt 52.9 nopt 29.1
nopt 64.8 nopt 35.0 nopt 56.6 nopt 44.5 nopt 52.3
nopt 21.8 nopt 52.0 nopt 28.0 nopt 24.0 nopt 13.5
nopt 29.8 nopt 67.1 nopt 17.1 nopt 48.1 nopt 30.8
nopt 32.6 nopt 24.1
;
proc sort; by type;run;
proc univariate normal;
```

---

① 不能说两地区家庭平均收入相等。

```
var rate;by type;run;
proc npar1way wilcoxon;
class type;var rate;run;
```

输出 6.5　两类公司资产负债率显著性检验结果

```
-------------------- TYPE=nopt------------------------
                   变量：rate
            W:Normal  0.9526752  Pr<W      0.2488
-------------------- TYPE=pt-------------------------
                   变量：rate
            W:Normal  0.560796   Pr<W      0.0001
-----------------------------------------------------
              N P A R 1 W A Y  P R O C E D U R E
          Wilcoxon Scores （Rank Sums） for Variable RATE
                  Classified by Variable TYPE

    TYPE  N  Sum of Scores  Expected Under H0  Std Dev Under H0  Mean Score
    Nopt  27     443.0          742.500000         57.8024449    16.4074074
    pt    27    1042.0          742.500000         57.8024449    38.5925926
                  Average Scores Were Used for Ties
           Wilcoxon 2-Sample Test （Normal Approximation）
                （with Continuity Correction of .5）
            S = 443.000     Z = -5.17279     Prob > |Z| = 0.0001
                T-Test Approx. Significance = 0.0001
           Kruskal-Wallis Test （Chi-Square Approximation）
              CHISQ = 26.847   DF = 1    Prob > CHISQ = 0.0001
```

输出 6.5 的前半部分是来自于两类公司资产负债率数据的正态性检验结果。从中可以看出，来自于非 ST 或非 PT 类公司的资产负债率检验的 W 值为 0.952675，其对应的概率值 $Pr < W$ 为 0.2488，大于 0.05，说明该组数据服从正态分布；来自于 ST 或 PT 类公司的资产负债率检验的 W 值为 0.560796，其对应的概率值 $Pr < W$ 为 0.0001，小于 0.05，说明该组数据不服从正态分布，此时应采用非参数检验。

输出 6.5 的后半部分是来自于两类公司资产负债率数据非参数的 wilcoxon 秩和检验结果。一般地，解释 wilcoxon 秩和检验的输出结果主要看"Prob > |Z| ="后面的 p 值大小（见输出 6.5 的倒数第四行）。本例中 $p = 0.0001 < 0.05$，结合非 ST 或非 PT 类公司的 Mean Score 为 16.4074074，而 ST 或 PT 类公司的 Mean Score 为 38.5925926，所以可以得出结论：ST 或 PT 类公司的资产负债率显著高于非 ST 或非 PT 类公司的资产负债率。输出 6.5 中的最后三行分别给出了近似 T 检验和 Kruskal-Wallis 近似卡方检验结果，这些结果与 wilcoxon 秩和检验的结果

是一致的,即 ST 或 PT 类公司的资产负债率显著高于非 ST 或非 PT 类公司的资产负债率。

2. 成对组的假设检验

由于成对组数据往往来自于同一总体,因此比较成对组数据的假设通常是:

$H_0: \mu_D = 0$,即两组差值的均值为 0

$H_1: \mu_D \neq 0$,即两组差值的均值不为 0

其中,μ_D 为两组差值的均值。

以上假设的检验方法和检验统计量随样本差值数据是否来自正态总体而定。当差值数据来自正态总体时,把差值看作为一个新变量,运用 MEANS 过程中的参数 T 检验;当差值不是来自正态总体而是任意其他分布时,则需要运用 UNIVARIATE 过程中的符号检验或威尔克森符号秩检验。独立组和成对组两样本比较检验总结列于表 6.6。

表 6.6 两样本比较的检验统计量

检验类型	独立组	成对组
参数检验	两样本的T检验	成对差值T检验
非参数检验	wilcoxon秩和检验	wilcoxon符号秩检验

【例 6.7】 某企业准备更新其产品包装,为此进行了一次实验调查。它们随机地选择了 15 个在地理位置、销售条件等各方面都差不多的商店,然后用新包装代替原来的老包装进行销售。一个月后,这 15 家商店的月销售量和采用新包装前一个月的月销售量情况如下(见表 6.7)。

表 6.7 某企业采用新包装前后销售量情况　　　　　　　　单位:千件

包装方式	销售量														
老包装	66	70	75	79	65	90	85	82	97	95	92	73	71	69	77
新包装	72	75	68	87	84	73	70	83	95	90	82	78	69	74	86

问:新包装对产品的销售量有无显著影响?显著性水平为 0.05。

解: 根据题目要求,程序编辑如下:

```
data package;
input sale1 sale2@@;
dif=sale2-sale1;
cards;
66 72 70 75 75 68 79 87 65 84 90 73 85 70 82 83
97 95 95 90 92 82 73 78 71 69 69 74 77 86
;proc univariate normal;
```

var dif; run;

程序说明：dif 语句计算新老包装的销售量之差，选用单变量过程 univariate，并对差值数据进行正态性检验。程序运行结果如下：

输出 6.6 新包装对产品销售量有无显著影响的检验结果

T:Mean=0	0	Pr>|T|	1.0000
Num ^= 0	15	Num > 0	8
M（Sign）	0.5	Pr>=|M|	1.0000
Sgn Rank	1.5	Pr>=|S|	0.9458
W:Normal	0.968897	Pr<W	0.8414

输出 6.6 给出了新包装对产品销售量有无显著性影响的检验结果。一般来说，利用 univariate 过程检验差值数据平均水平与 0 是否有显著性差异，首先要看差值数据是否服从正态分布。如果服从正态分布，则可利用参数 T 检验，否则应进行非参数检验。本例中，差值的正态性检验 W 值为 0.968897，其对应的概率 $Pr<W$ 为 0.8414（见输出 6.6 的最后一行），远大于 0.05，说明差值数据服从正态分布，此时利用参数的 T 检验可行。由输出 6.6 的第一行可以看到，T 值为 0，对应的概率 $Pr>|T|$ 为 1.0000，说明差值的均值与 0 没有显著性差异，从而得到新包装对产品平均销售量没有显著性影响。输出 6.6 还给出了符号检验和符号秩检验，这些检验的结果与 T 检验的结果是一致的，也强烈支持新包装对产品平均销售量没有显著性影响的结论。

【例 6.8】 春兰股份（代号 600854）于 2001 年 7 月 24 日向外公告：它将于 2001 年 8 月 14 日增发 6000 万股。为考察公告发出前后一段时间股票收益率有无显著变化，现收集了该公司自 2001 年 7 月 9 日到 2001 年 8 月 13 日共 22 个交易日的收盘价资料（见以下程序），问增发公告发出前后股票收益率是否有显著差异？显著性水平为 0.1。

解：根据题目要求，先创建一个名为 stock 的 SAS 数据集，其中变量 price2，price1 分别为公告前后股票的日收盘价，变量 rate1，rate2 分别为按以下公式计算的日收益率：

$$r = \frac{p_{t+1} - p_t}{p_t} \times 100\% \qquad (6.8)$$

变量 dif 计算公告前后股票收益率之差。程序最后调用 univariate 过程以比较公告前后的收益率，选项 normal 要求对变量 rate1，rate2，dif 分别做正态性检验。本例 SAS 程序及其运行结果如下：

data stock（keep=rate1 rate2 dif）；

```
input price1 price2@@;
rate1=(price1-lag(price1))/lag(price1)*100;
rate2=(price2-lag(price2))/lag(price2)*100;
dif=rate2-rate1;
cards;
25.79 24.90 24.37 24.88 23.24 25.20 22.11 25.10
22.00 24.99 22.12 24.78 20.29 24.90 19.70 24.80
20.46 26.05 19.98 25.41 20.68 25.46
;proc univariate normal; var rate1 rate2 dif;run;
```

输出 6.7 表明，公告前 11 天股票平均收益率为 0.24%，且股票收益率不服从正态分布，这由结果 "W: Normal 0.820951 $Pr<W$ 0.0260" 得到证明。而公告后 11 天股票平均收益率为–2.1%，且股票收益率服从正态分布，这由结果 "W: Normal 0.956908 $Pr<W$ 0.7501" 得到证明。公告前后收益率之差的数据也服从正态分布，这可由结果 "W: Normal 0.975909 $Pr<W$ 0.9396" 得到证明，由此可运用 T 检验来检验公告前后收益率是否有显著性差异。由输出 "T: Mean=0 1.984328 $Pr>|T|$ 0.078" 可知，假设均值为 0 的 T 检验值为 1.984328，对应的概率为 $0.078<0.1$，说明至少有 90% 的把握，收益率差值的平均值与 0 有显著性差异。由于收益率差值的平均值 Mean=2.351617，所以可以得出结论：公告前的收益率要显著高于公告后的收益率，实际上公告后的平均收益率是负值，换句话说，股市不看好春兰股份的增发。

输出 6.7 股票收益率的单变量检验结果

	变量：rate1		
Mean	−2.11228		
W:Normal	0.956908	Pr<W	0.7501
变量：rate2			
Mean	0.239338		
W:Normal	0.820951	Pr<W	0.0260
变量：dif			
Mean	2.351617		
T:Mean=0	1.984328	Pr>|T|	0.0785
Num ^= 0	10	Num > 0	7
M（Sign）	2	Pr>=|M|	0.3438
Sgn Rank	15.5	Pr>=|S|	0.1309
W:Normal	0.975909	Pr<W	0.9396

6.2 相关分析与 CORR 过程

6.2.1 问题的引入

在实际生活中,我们常常会遇到这样一类问题:某个或某几个变量的变动会引起另一个变量发生变动,但变动的结果不是唯一确定的,亦即变量之间的关系不是一一对应的,因而不能用函数关系进行表达,变量之间的这种关系在统计学中称为统计关系,相关分析就是研究具有统计关系的变量之间线性关系强弱程度的一种统计方法。作为引例,我们首先给出几个与相关分析有关的案例。

【例 6.9】 表 6.8 所示是 1985—2014 年 28 年间我国内地城镇居民家庭人均收入和人均消费支出的资料,试分析两者之间的关系。

表 6.8 1985—2014 年我国城镇居民家庭人均收入和支出资料 单位:元

年度	1985	1986	1987	1988	1989	1990	1991	1992	1993
人均收入	739	900	1002	1181	1376	1510	1701	2027	2577
人均消费	673	799	884	1104	1221	1279	1454	1672	2111
年度	1994	1995	1996	1997	1998	1999	2000	2001	2002
人均收入	3496	4283	4839	5160	5425	5854	6280	6860	7703
人均消费	2851	3538	3919	4186	4332	4616	4953	5309	6029
年度	2003	2004	2005	2006	2007	2008	2009	2010	2011
人均收入	8472	9422	10493	11760	13786	15781	17175	19109	21810
人均消费	6511	7182	7943	8697	9997	11243	12265	13472	15161
年度	2012	2013	2014						
人均收入	24565	26955	28844						
人均消费	16674	18023	19968						

由经济学知识我们知道:家庭消费支出随家庭收入的变化而变化。一般来说,家庭收入越高,其家庭支出也将越大,表 6.8 也反映了这方面的特点,但是家庭消费支出不仅仅受家庭收入影响,它还受到诸如价格水平、生活习惯、未来支出的预期、地理位置等因素的影响。因此,可以认为家庭人均消费支出与人均收入之间的关系是统计关系。问题是两者之间线性关系程度如何?如何度量两者之间的这种线性关系?

【例 6.10】 为了解影响老年人幸福度(B)的主要因素,某市城调人员在老年大学随机抽取了 153 名学员,分别就经济收入(C)、子女孝顺(D)、居住条件(E)、家庭和睦(F)、人际关系(G)、文化娱乐(H)、身体状况(I)、医疗保健(J)、婚姻状况和夫妻关系(K)等 9 个因素运用态度测量表

进行了问卷调查。测量时采取态度测量法中 5 阶段评分法,如对子女孝顺项目的调查,问题答案设计为:

(1) 非常孝顺　(2) 比较孝顺　(3) 一般　(4) 不太孝顺　(5) 很不孝顺
　　　1　　　　　　3　　　　　　5　　　　　　7　　　　　　9

每个答案下的数字为相应的分值,即孝顺程度与分值大小成反比,分值越大越不孝顺。其他项目答案的设计与此基本一致,即分值越小越好。总幸福度(用变量 B 表示)是根据美国心理学家发明的心理测量表经计算得到的,其值越大代表越幸福。调查结果见本章习题第 3 题。

本例中,总幸福度(B)及其影响变量与上例中的人均收入和人均消费支出变量不同。前者本质上都不能用数值来表示,之所以赋以数字是为了处理的方便。这类变量的值都有严格的次序关系,如问卷中关于子女孝顺这一因素设计为非常孝顺、比较孝顺、一般 、不太孝顺 、很不孝顺,这是一个从好到坏排列的答案,对其可以按从小到大赋值 1,3,5,7,9(如本例),也可按从大到小赋值,如 8,6,4,2,0 等,数字的具体值并不重要,但必须按照一定的顺序给出,这类变量常称为有序变量。

一个自然的问题是本例中的老年人幸福度与各影响变量之间有相关关系吗?如果有相关关系,又如何来度量它们之间相关关系的强弱呢?

【例 6.11】 为了了解学生逃学是否与父母婚姻状况有关。某社会学家随机抽取了 200 名学生进行调查,其中 100 名学生父母离异,100 名没有离异,调查结果列于表 6.9。

表 6.9　父母婚姻状况与子女逃学情况调查数据

父母婚姻状况	逃学状况		
	经常逃学	偶尔逃学	从不逃学
离异	58	25	17
没有离异	12	23	65

本例中,如果我们把父母婚姻状况作为一个变量,它有两个取值:离异和没有离异。该变量不仅不能用数值来表示,而且两取值之间也没有顺序关系,其取值仅反映了婚姻的两种状态。若要给离异和没有离异赋以 0 和 1,则 0 和 1 仅代表该变量的两个类别的名称,数值上没有任何意义,这类变量常称为分类变量。若把子女是否逃学看作为另一个变量,它有三个取值:经常逃学、偶尔逃学和从不逃学。这三个取值有一定的顺序关系,因而子女是否逃学可看作为有序变量,当然该变量的取值也可看作为逃学的三种状态,从而作为分类变量来处理。

对于分类变量,如何刻画两者之间的关系呢?从表 6.9 中我们可直观看出:父母婚姻状况与子女是否逃学确实存在着较为明显的关系。问题是这种关系的强弱程度如何?如何来度量这类变量之间的关系?

6.2.2 相关关系的度量

由于不同类型的变量，其性质不同，可以运用加减乘除四则运算的程度也不同，从而造成了不同类型变量之间相关关系的度量方法也不同。

一般来说，对于两个连续型变量常用 Pearson 积矩相关系数度量，其计算公式为：

$$r_{xy} = \frac{\sum(x_i - \bar{x})(y_i - \bar{y})}{\sqrt{\sum(x_i - \bar{x})^2 \sum(y_i - \bar{y})^2}} \tag{6.9}$$

其中，$x_1, x_2, \cdots, x_n$，$y_1, y_2, \cdots, y_n$ 分别为来自变量 X 和 Y 的一个容量为 n 的随机样本。

对于两个有序变量，常用以下指标度量两者之间的相关系数。

（1）Spearman 等级相关系数（r_s），也称之为秩序相关系数。它的计算公式为：

$$r_s = \frac{n(n^2-1) - 6\sum d_i^2 - \frac{1}{2}(C_x + C_y)}{\sqrt{n(n^2-1) - C_x} \times \sqrt{n(n^2-1) - C_y}} \tag{6.10}$$

其中，n 为划分的等级数，d_i 表示两种排序的等级之差，$C_x = \sum(x_i^3 - x_i)$ 是 X 变量值相同等级值之和，$C_y = \sum(y_i^3 - y_i)$ 是 Y 变量值相同等级值之和，当排序中不存在相同等级时，r_s 可简化为：

$$r_s = 1 - \left[\frac{6\sum_{i=1}^{n} d_i^2}{n(n^2-1)}\right] \tag{6.11}$$

（2）Kendall's tau-b（τ_b）相关系数，其计算公式为：

$$\tau_b = \frac{C - D}{\sqrt{n(n-1)/2 - T_x}\sqrt{n(n-1)/2 - T_y}} \tag{6.12}$$

其中，C 和 D 为两顺序变量排序一致和不一致的组数，T_x，T_y 分别表示变量 X，Y 同等级的对数。特别当 $T_x = T_y = 0$ 时，有：

$$\tau_b = \frac{2(C - D)}{n(n-1)} \tag{6.13}$$

对于两个分类变量，常用列联系数来度量，具体参见本书第 7 章。

6.2.3 CORR（相关）过程简介

6.2.3.1 CORR 相关过程的主要功能

CORR 相关过程用于计算变量间的相关系数，包括 Pearson（皮尔逊）的乘积矩相关和加权乘积矩相关，还能产生三个非参数的关联测度：Spearman 的秩序相关，Kendall 的 tau-b，和 Hoeffding 的相关性度量 D。另外，该过程还可以计算偏相关（Pearson 的偏相关，Spearman 的偏秩序相关和 Kendall 的偏 tau-b）和 Cronbach 系数 α 及一些单变量的描述性统计量。

6.2.3.2 CORR 相关过程的一般格式

CORR 相关过程的一般格式如下：

PROC CORR 语句调用 CORR 过程，且是唯一必需的语句。如果使用只有一个 PROC CORR 语句的相关过程，则 CORR 过程计算输入数据集中所有数值变量之间的相关关系。VAR 和 WITH 语句用来规定要计算相关的两组变量，其他语句是可以任选的。

6.2.3.3 语句说明

1. PROC CORR 语句

其一般格式为：PROC CORR <option-list>;

该语句要求系统执行相关过程。当该语句没有选择项时，表示该过程对输入数据集中所有数值变量计算 Pearson（皮尔逊）的乘积矩相关系数和显著性概率，以及单变量的统计量。在该语句中，常用的选择项有以下几类：

1）数据集选项

（1）DATA=SAS-data-set（SAS 数据集）：指定所要分析的数据集。如省略，则用最近产生的 SAS 数据集。

第6章 简单统计分析与SAS过程

（2）OUTH=SAS-data-set（SAS 数据集）：要求该过程创建一个存放 Hoeffding 统计量的新的 SAS 数据集，使用该选项时，须同时使用 HOEFFDING 选项。

（3）OUTK=SAS-data-set（SAS 数据集）：要求该过程创建一个存放 Kendall 的 tau-b 统计量的新的 SAS 数据集，使用该选项须同时使用 KENDALL 选项。

（4）OUTP=SAS-data-set（SAS 数据集）：要求该过程创建一个存放 Pearson（皮尔逊）相关系数的新的 SAS 数据集，使用该选项须同时使用 PEARSON 选项。

（5）OUTS=SAS-data-set（SAS 数据集）：要求该过程创建一个存放 Spearman 的秩序相关系数的新的 SAS 数据集，使用该选项须同时使用 SPEARMAN 选项。

2）有关相关类型的选项

（1）Pearson（皮尔逊）的积矩相关系数，如果 PROC CORR 语句没有规定选项，此时输出的相关系数即为 Pearson 相关系数。

（2）Spearman 秩序相关系数。

（3）Kendall 的一致对等级相关系数 tau-b。

（4）Hoeffding 的相关性度量 D。

（5）Cronbach 可靠性系数 α。

2. VAR 语句

其一般格式为：**VAR variable-list;**

该语句列出要计算相关系数的变量。如：proc corr;var a b c;将计算 a 和 b，a 和 c，b 和 c 三对变量间的相关系数。

3. WITH 语句

其一般格式为：**WITH variable-list;**

为了得到变量间特殊组合的相关系数，该语句与 VAR 语句一起使用。由 VAR 语句列出的变量放在输出相关阵的上方，而由 WITH 语句列出的变量竖在相关阵的左边。如：proc corr;var a b c;with x y z；该组语句意味着 x，y，z 分别与 a，b，c 做相关分析。

4. PARTIAL 语句

其一般格式为：**PARTIAL variable-list;**

该语句给出计算 Pearson 偏相关，Spearman 的偏秩序相关和 Kendall 的偏 tau-b 的变量名。

关于 WEIGHT 语句、FREQ 语句、BY 语句与前面有关过程用法类似。

6.2.4 CORR 过程应用举例

作为应用之一，我们给出例 6.9 中我国内地城镇居民家庭人均收入和人均消费支出相关性分析程序。

```
data sasuser.jumin;
input income expend@@;
cards;
739 673 900 799 1002 884 1181 1104 1376 1211 1510 1279 1701
1454 2027 1672 2577 2111 3496 2851 4283 3538 4839 3919 5160
4186 6280 4998 6860 5309 7703 6030 8472 6511 9422 7182 10493
7943 11759 8697 13786 9997 15781 11243 17175 11265 19109
13471 21810 15161 24565 16674 26955 18023 28844 19968
;
proc corr;var income expend;
title '收入与消费之间相关分析';run;
```

输出 6.8 由两部分构成。第一部分给出了收入和消费的简单统计量，包括观测个数、均值、标准差、总和、最大值和最小值。第二部分给出收入与消费之间的相关系数。由于收入和消费都是连续变量，所以计算两者之间的 Pearson 相关系数，这是 CORR 语句选项缺省时规定的输出。由输出结果可以看出，收入与消费之间的关系达到了 0.96981，其下面的数字为两者相关系数为 0 的假设检验的概率。0.0001 表明，从统计意义讲，两者不相关的概率比 0.0001 还小，换句话说两者相关的概率达到了 0.9999 以上。结合两者之间的相关系数，可知：收入与消费之间高度相关。这一结论为进一步进行回归分析提供了依据。

输出 6.8 我国城镇居民收入与消费支出相关分析结果

```
              收入与消费之间相关分析
                    CORR 过程
           2 变量:  income  expend
                    简单统计量
  变量      N     均值    标准偏差    总和      最小值      最大值
  income    28    9279     8570      259805    739.00000    28844
  expend    28    7077     6710      198153    673.00000    28023

         Pearson 相关系数, 当 H0: Rho=0 时, Prob > |r|  N = 28
                  income        expend
         income   1.00000       0.96981
                                <.0001
         expend   0.96981       1.00000
                  <.0001
```

下面给出例 6.10 老年人总幸福度与各因素间相关分析程序及输出结果（假定原始数据已经被创建成一个名为 happy 的 SAS 数据集）。

```
data newhappy;set happy;run;
proc corr spearman kendall;
var B;
with C D E F G H I J K;
run;
```

程序说明：set 语句把已经存在的 SAS 数据集 happy 转换为当前使用的 SAS 数据集 newhappy。由于所有变量都是有序变量，所以 Corr 语句要求计算 spearman 和 kendall 相关系数。With 语句要求系统计算 C 到 K 与 B 的相关系数。程序运行结果如下：

输出 6.9 老年人总幸福度与各有关因素之间的相关系数

CORR 过程

Spearman 相关系数 / Prob > |R| under Ho: Rho=0 / N = 148

	C	D	E	F	G
B	−0.27951	−0.29803	−0.19966	−0.40922	−0.22370
	0.0006	0.0002	0.0150	0.0001	0.0063

	H	I	J	K
B	−0.20794	−0.40099	−0.22230	−0.38675
	0.0112	0.0001	0.0066	0.0001

Kendall Tau b 相关系数/ Prob > |R| under Ho: Rho=0 / N = 148

	C	D	E	F	G
B	−0.23104	−0.24610	−0.16339	−0.33813	−0.18605
	0.0007	0.0003	0.0147	0.0001	0.0067

	H	I	J	K
B	−0.16285	−0.32214	−0.17958	−0.30079
	0.0120	0.0001	0.0067	0.0001

输出 6.9 由两部分组成。前半部分给出了总幸福度与各有关因素之间的 spearman 等级相关系数，而后半部分则给出的是 kendall 相关系数。从输出结果看，虽然 spearman 等级相关系数与 kendall 相关系数在算法上有一些区别，得到的具体数值也有一些差别，但是在 0.05 的显著性水平下，所有因素与总幸福度显著相关的结论是一致的，各因素与总幸福度相关系数大小的顺序也基本一致。考虑到答案设计中分值越小越好，相关系数为负表明，各因素与总幸福度是正向的关系，即家庭越和睦、婚姻状况和夫妻关系越好，子女越孝顺等等，老年人的幸福程度就越高。

从各因素与总幸福度的相关程度看,家庭和睦、婚姻状况和夫妻关系好坏与老年人幸福度关系最为密切,相比较而言,人际关系、文化娱乐、医疗保健等因素与总幸福度的关系较弱。

由于 CORR 过程只能计算连续变量或有序变量间的相关系数,所以像例 6.11 这样分类变量的相关性问题必须利用其他过程来处理,下一章我们将会看到该问题可以利用关联系数得到解决。

习 题 6

1.下表(表 p.6.1)是 1993—2013 年我国内地第一、二、三产业的国内生产总值数据(单位:亿元),试问:三个产业的国内生产总值数据是否服从正态分布?若是服从正态分布,则在显著性水平 $\alpha=0.05$ 下,检验它们的均值是否有显著差异?

表 p.6.1

年份	第一产业	第二产业	第三产业
1993	6963.8	16454.4	11915.7
1994	9572.7	22445.4	16179.8
1995	12135.8	28679.5	19978.5
1996	14015.4	33835.0	23326.2
1997	14441.9	37543.0	26988.1
1998	14817.6	39004.2	30580.5
1999	14770.0	41033.6	33873.4
2000	14944.7	45555.9	38714.0
2001	15781.3	49512.3	44361.6
2002	16537.0	53896.8	49898.9
2003	17381.7	62436.3	56004.7
2004	21412.7	73904.3	64561.3
2005	22420.0	87364.6	73432.9
2006	24040.0	103162.0	84721.4
2007	28095.0	121381.3	111351.9
2008	33702.0	149003.4	131340.0
2009	35226.0	157638.8	148038.0
2010	40553.6	187383.2	173596.0
2011	47486.2	220412.8	202205.0
2012	52373.6	235162.0	231934.5
2013	56957.0	249684.4	262203.8

第6章 简单统计分析与 SAS 过程

2. 为了研究日、美两国在华投资企业对中国内地经营环境的评价是否存在差异。今从两国在华投资企业中抽出 10 家，让其对中国内地的政治、经济、法律、文化等经营环境打分，其结果列于下表（表 p.6.2）：

表 p.6.2

序号	政治	经济	法律	文化	序号	政治	经济	法律	文化
1	65	35	25	60	11	55	55	40	65
2	75	50	20	55	12	50	60	45	70
3	60	45	35	65	13	45	45	35	75
4	75	40	40	70	14	50	50	50	70
5	70	30	30	50	15	55	50	30	75
6	55	40	35	65	16	60	40	45	60
7	60	45	30	60	17	65	55	45	75
8	55	40	25	60	18	50	60	35	80
9	55	50	40	70	19	40	45	30	65
10	50	55	35	75	20	45	50	45	70

1 号－10 号为美国在华投资企业的代号，11 号－20 号为日本在华投资企业的代号。数据来源：国务院发展研究中心 APEC 在华投资企业情况调查。试就上述四项指标分别检验两国的评价是否存在差异？

3. 为了解影响老年人幸福度（B）的主要因素，某市城调人员在老年大学随机抽取了 153 名学员，分别就经济收入（C）、子女孝顺（D）、居住条件（E）、家庭和睦（F）、人际关系（G）、文化娱乐（H）、身体状况（I）、医疗保健（J）、婚姻状况和夫妻关系（K）等 9 个因素运用态度测量表进行了问卷调查。测量时采取态度测量法中 5 阶段评分法，如对子女孝顺项目的调查，问题答案设计为：

（1）非常孝顺 （2）比较孝顺 （3）一般 （4）不太孝顺 （5）很不孝顺
　　　1　　　　　　　3　　　　　　5　　　　　　7　　　　　　9

每个答案下的数字为相应的分值，即孝顺程度与分值大小成反比，分值越大越不孝顺。其他项目答案的设计与此基本一致，即分值越小越好。总幸福度（用变量 B 表示）是根据美国心理学家发明的心理测量表经计算得到的，其值越大代表越幸福。调查结果如下表（表 p.6.3）：

表 p.6.3

B	C	D	E	F	G	H	I	J	K
39	1	1	1	3	3	5	1	3	1
43	1	3	3	1	3	1	1	1	1
38	1	3	1	3	1	1	5	1	1
32	1	3	3	3	1	3	5	1	1
41	3	1	1	1	1	5	1	1	1
30	1	1	1	1	1	1	1	1	1
29	3	3	1	3	1	1	1	1	1

（续）表 p.6.3

B	C	D	E	F	G	H	I	J	K
39	3	3	3	3	3	3	3	3	3
33	1	3	3	3	3	5	3	3	3
15	1	3	5	3	3	5	5	1	5
8	3	3	3	5	3	3	3	3	5
23	1	1	1	5	3	1	3	3	5
41	3	3	3	3	3	5	1	3	3
40	1	1	1	3	1	1	1	1	3
34	1	1	3	1	1	3	3	5	1
37	1	3	1	1	1	3	3	3	1
44	1	3	3	1	3	3	3	3	1
48	1	1	3	1	1	3	1	3	1
27	3	3	1	3	3	5	1	1	1
45	1	1	1	1	1	3	5	3	1
39	1	1	3	3	1	3	3	5	3
24	3	3	1	3	3	1	3	1	3
47	1	1	1	3	3	3	3	3	3
29	1	1	3	1	3	3	5	1	1
46	3	3	3	3	3	1	1	1	3
47	1	1	1	3	3	3	3	3	3
22	3	1	1	1	1	3	5	1	3
42	1	1	1	1	3	5	5	3	1
39	3	3	1	1	1	3	3	3	3
48	1	1	3	3	1	1	1	1	3
B	C	D	E	F	G	H	I	J	K
40	1	3	3	3	1	1	1	1	1
37	1	1	1	1	1	1	3	1	1
41	1	1	1	1	3	3	3	1	1
30	3	1	1	1	1	3	3	3	7
46	1	1	1	1	1	1	1	1	1
28	1	3	3	3	3	3	1	3	7
20	1	3	1	1	1	5	3	1	7
36	1	5	1	3	1	1	3	1	7
10	3	3	5	5	3	1	3	5	3
30	3	3	3	3	3	3	3	3	3
11	3	3	5	3	3	3	5	3	3
26	3	3	3	3	1	5	5	3	5
14	3	1	5	3	3	5	5	3	3
18	1	3	3	3	3	1	5	3	3
22	1	3	1	3	3	5	5	1	3
29	1	5	3	3	3	3	3	1	3
29	3	1	3	1	3	3	3	3	1

（续）表 p.6.3

B	C	D	E	F	G	H	I	J	K
41	3	1	5	1	1	3	3	3	1
28	1	3	3	3	1	3	3	3	3
48	1	1	3	1	1	3	5	1	1
34	1	3	3	3	3	1	3	3	1
46	1	1	1	1	1	1	1	1	1
42	1	1	1	1	1	5	3	1	1
32	3	1	1	1	1	3	3	3	7
32	3	3	1	3	3	3	1	3	7
47	1	1	1	1	1	3	3	3	7
31	1	3	1	3	3	5	3	1	7
24	3	1	1	1	3	5	1	3	7
25	1	1	1	3	1	5	3	1	5
23	3	3	5	3	3	3	3	5	5
44	1	3	5	1	1	3	3	1	3
16	1	1	1	5	1	1	5	3	3
40	3	3	3	3	3	1	5	3	3
41	3	3	3	3	3	3	3	3	3
35	3	3	3	5	3	5	3	1	3
42	3	1	1	3	3	5	3	3	3
22	3	1	1	3	1	5	3	5	3
36	3	3	3	3	3	5	3	5	3
28	3	1	1	1	3	3	1	3	1
47	1	1	1	1	3	1	1	3	1
34	3	3	1	3	3	5	3	5	1
36	3	1	3	1	3	5	3	3	1
38	1	1	1	1	3	3	3	3	1
37	1	1	1	1	1	1	3	3	1
35	1	1	3	1	3	1	3	1	1
41	1	1	1	1	1	5	3	1	1
30	1	1	1	1	3	1	5	1	1
47	1	1	1	1	1	1	1	1	1
28	1	3	1	1	1	1	3	3	1
34	1	1	3	3	3	1	1	1	1
36	3	1	1	1	3	3	1	1	3
48	1	1	3	1	1	3	1	3	1
41	1	1	1	1	1	1	1	1	3
33	1	1	1	5	3	5	5	1	5
40	1	1	1	1	1	1	1	5	1
40	1	1	1	1	1	3	3	1	7
40	1	1	3	3	3	5	5	3	1
37	1	1	1	3	3	1	3	3	3

（续）表 p.6.3

B	C	D	E	F	G	H	I	J	K
29	3	1	1	1	1	5	5	3	1
33	1	1	1	5	3	5	5	1	5
27	3	1	3	3	3	5	3	3	3
37	1	3	1	3	3	3	1	1	1
39	3	1	1	1	1	5	3	3	3
43	1	1	1	1	1	3	3	1	1
14	5	3	1	3	1	5	5	5	7
26	5	3	1	3	3	5	5	5	7
38	3	1	1	3	3	5	3	3	7
43	1	1	1	1	1	1	1	1	7
45	1	1	3	1	1	1	3	1	1
34	1	1	1	1	1	1	1	1	1
37	3	3	3	3	3	3	1	3	1
44	1	1	1	1	1	3	1	1	1
42	1	1	1	3	3	1	5	5	2
42	3	1	1	3	1	1	1	3	3
16	1	1	3	1	1	1	5	1	3
22	3	3	5	3	3	3	3	3	3
42	3	1	1	1	3	1	1	1	3
21	3	1	3	1	3	3	1	3	7
38	3	1	3	1	3	3	5	3	1
48	3	1	3	1	1	1	1	3	1
47	1	1	1	1	3	1	1	3	1
48	1	3	1	1	3	5	3	1	1
44	3	1	3	1	1	3	3	1	1
42	1	1	1	1	1	3	3	1	1
42	3	1	3	1	1	3	1	1	1
45	1	1	1	1	1	3	1	1	1
23	3	1	3	3	3	1	3	5	5
42	3	1	3	1	3	1	1	1	3
43	1	1	3	3	3	1	1	1	3
18	1	3	3	3	3	3	3	3	3
44	1	3	1	3	3	3	3	3	1
42	3	3	1	3	1	1	1	1	3
48	3	1	1	1	1	3	1	1	1
44	1	1	1	1	1	3	1	1	1
24	3	1	3	1	1	1	1	1	1
39	3	3	3	1	1	1	3	3	1
40	1	3	3	3	3	1	3	3	3
25	1	3	5	3	3	5	5	1	3
24	3	3	3	1	3	3	3	3	1

（续）表 p.6.3

B	C	D	E	F	G	H	I	J	K
31	1	3	3	3	3	1	1	3	1
29	3	3	1	3	3	3	5	5	1
38	1	1	1	1	3	1	3	3	1
41	1	1	1	1	1	3	5	1	1
32	3	1	3	1	1	3	1	1	1
28	1	3	1	3	3	3	5	3	1
42	3	3	1	1	1	5	1	1	1
45	3	3	1	3	1	1	1	3	1
38	1	3	3	1	1	3	3	1	1
47	1	1	1	1	3	1	1	3	1
16	3	1	1	1	1	1	5	5	1
48	1	1	1	1	1	1	1	1	1
40	1	3	3	3	3	5	3	3	3
30	1	3	3	1	3	5	1	3	3
40	1	3	1	3	3	3	3	3	3
38	1	3	1	3	3	3	3	3	3
10	1	5	3	5	1	5	3	1	7
26	5	1	1	1	3	3	5	5	1
45	1	3	1	1	3	1	1	1	1

试根据表 p.6.3 中所列资料，计算变量 C，D，E，F，G，H，I，J，K 之间的 spearman 和 kendall 相关系数。

4. 根据 1978－2014 年城乡居民家庭恩格尔系数（表 p.6.4，摘自《中国统计年鉴·2014》）：

表 p.6.4

年 份	1978	1980	1985	1990	1991	1992	1993	1994
农村（%）	67.7	61.8	57.8	58.8	57.6	57.6	58.1	58.9
城镇（%）	57.5	56.9	53.3	54.2	53.8	53.0	50.3	50.0
年 份	1995	1996	1997	1998	1999	2000	2001	2002
农村（%）	58.6	56.3	55.1	53.4	52.6	49.1	47.7	46.2
城镇（%）	50.1	48.8	46.6	44.7	42.1	39.4	38.2	37.7
年 份	2003	2004	2005	2006	2007	2008	2009	2010
农村（%）	45.6	47.2	45.5	43.0	43.1	43.7	41.0	41.1
城镇（%）	37.1	37.7	36.7	35.8	36.3	37.9	36.5	35.7
年 份	2011	2012	2013					
农村（%）	40.4	39.3	37.7					
城镇（%）	36.3	36.2	35.0					

检验:(1)两地区恩格尔系数是否都服从正态分布。

(2)比较农村居民与城市居民的恩格尔系数之间有无显著差异(显著水平为0.05)。

5. 下表(表 p.6.5)给出了 2007 年我国内地各省、自治区、直辖市国有及国有控股工业企业和"三资"工业企业的产品销售率(摘自《中国统计年鉴 2008》):

表 p.6.5

地区	产品销售率(%)		地区	产品销售率(%)	
	国有	三资		国有	三资
北 京	99.19	99.54	湖 北	98.56	97.88
天 津	99.58	98.88	湖 南	99.32	99.71
河 北	99.34	97.75	广 东	99.36	97.85
山 西	98.18	96.09	广 西	101.20	95.12
内蒙古	99.08	98.25	海 南	101.23	97.06
辽 宁	99.21	98.23	重 庆	96.58	98.57
吉 林	95.97	94.52	四 川	98.80	98.38
黑龙江	99.21	98.99	贵 州	98.35	94.53
上 海	99.26	99.00	云 南	99.42	97.60
江 苏	99.64	98.67	西 藏	90.38	89.31
浙 江	99.65	97.76	陕 西	98.36	98.03
安 徽	98.40	98.09	甘 肃	98.31	100.32
福 建	99.54	96.65	青 海	98.11	88.02
江 西	98.69	98.76	宁 夏	98.53	95.20
山 东	99.36	98.68	新 疆	100.29	95.02
河 南	98.58	97.42			

检验:(1)两类企业的产品销售率是否服从正态分布。

(2)选择适当方法检验两类企业的产品销售率有无显著差异(显著水平为0.05)。

6. 下表(表 p.6.6)为 2013 年我国内地各省、自治区、直辖市规模以上工业企业主要财务指标情况(摘自《中国统计年鉴·2014》,单位:亿元):

表 p.6.6

地 区	主营业务收入	主营业务成本	资产负债率%	流动资产周转次数（次/年）
北 京	18624.82	15798.25	52.12	1.54
天 津	27011.12	23208.38	63.90	2.36
河 北	45766.25	40019.94	58.73	3.20
山 西	18404.65	15687.34	71.32	1.65
内蒙古	19550.83	15732.66	60.04	2.41
辽 宁	52150.40	45093.21	58.49	3.22
吉 林	21950.72	18396.65	54.76	3.51
黑龙江	13569.81	10694.46	57.14	2.38
上 海	34533.53	28569.00	50.35	1.82
江 苏	132270.41	115111.59	56.78	2.75
浙 江	61765.48	53100.85	60.01	1.85
安 徽	33079.46	28607.39	59.43	3.15
福 建	32847.14	28241.09	54.68	2.76
江 西	26700.22	23246.90	54.27	4.60
山 东	132318.98	114856.58	55.79	3.74
河 南	59454.79	51193.95	48.80	3.38
湖 北	37864.54	32146.59	56.31	3.03
湖 南	31616.57	25830.03	54.04	4.11
广 东	103654.98	88559.82	57.29	2.42
广 西	16726.00	14228.60	62.89	2.96
海 南	1640.70	1312.75	53.41	1.87
重 庆	15417.07	13149.80	63.30	2.71
四 川	35251.84	29353.20	62.78	2.52
贵 州	6878.40	5383.61	63.43	1.93
云 南	9773.14	7587.10	64.64	1.79
西 藏	93.37	80.15	34.03	0.67
陕 西	17763.00	13753.67	56.06	2.04
甘 肃	8443.65	7320.96	64.35	2.22
青 海	2045.38	1632.58	66.24	1.53
宁 夏	3374.49	2879.49	66.53	1.77
新 疆	8608.03	6745.84	60.51	2.13

要求：判断主营业务收入与主营业务成本、资产负债率、流动资产周转次数之间是否相关，并计算 Pearson 和 Spearman 相关系数。

附录 第6章部分例题的菜单实现

Ⅰ.例 6.2 的菜单实现

1. 点击【解决方案】菜单下的【ASSIST】，进入 SAS/ASSIST 主菜单，如图 F6.1。

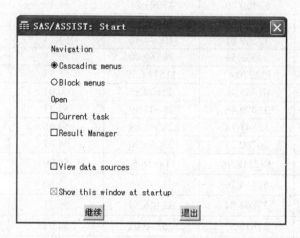

图 F6.1

2. 点击【继续】，进入图 F6.2。

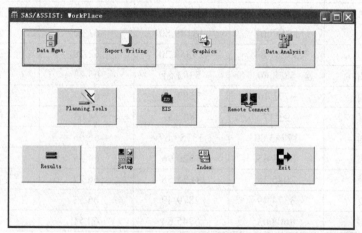

图 F6.2

3. 依次点击【Data analysis】→【Anova】→【T—tests…】→【Compare two group means…】，得到图 F6.3。

第 6 章 简单统计分析与 SAS 过程

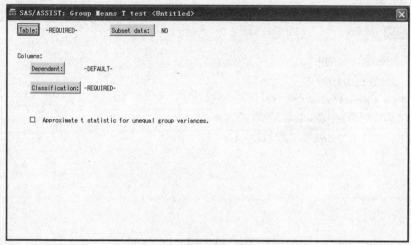

图 F6.3

4. 点击【Table:】，选择所分析的数据集 INCOME（假设已排序），点击【Dependent：】，选择分析变量（INCOME），点击【Classification：】，选择分类变量（AREA），得到图 F6.4。

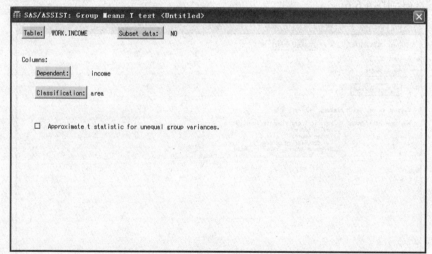

图 F6.4

5. 点击【运行】菜单下的【提交】即可。

Ⅱ. 例 6.6 的菜单实现

1. 重复例 6.2 第 1、2 两步得到图 F6.2。

2. 依次点击【Data analysis】→【Anova】→【Nonparametric ANOVA…】，得到图 F6.5。

· 221 ·

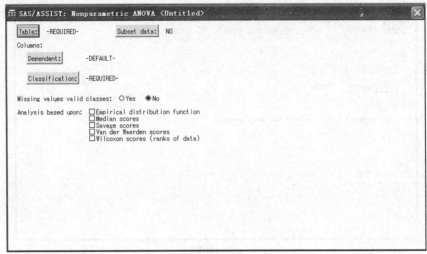

图 F6.5

3. 点击【Table:】，选择所分析的数据集 ZICHFZ（假设已排序），点击【Dependent:】，选择分析变量 RATE，点击【Classification:】，选择分类变量 TYPE，得到图 F6.6。

图 F6.6

4. 点击【运行】菜单下的【提交】即可。

III. 例 6.7 的菜单实现

1. 仿照例 6.2 进入图 F6.2。

2. 依次点击【Data analysis】→【Anova】→【T—tests…】→【Paired Comparison…】，得到图 F6.7。

第 6 章 简单统计分析与 SAS 过程

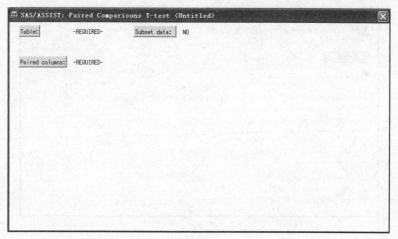

图 F6.7

3. 点击【Table:】，选择所分析的数据集 PACKAGE，点击【Paired columns:】，选择比较的变量 SALE1 SALE2，进入图 F6.8。

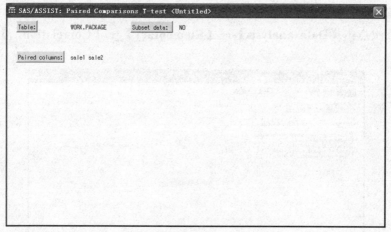

图 F6.8

4. 点击【运行】菜单下的【提交】即可。

Ⅳ. 例 6.8 的菜单实现

1. 仿照例 6.7 至图 F6.7。

2. 点击【Table:】，选择所分析的数据集 STOCK，点击【Paired columns:】，选择比较的变量 RATE1，RATE2，进入图 F6.9。

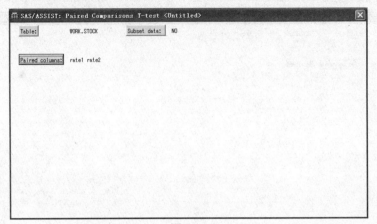

图 F6.9

3. 点击【运行】菜单下的【提交】即可。

Ⅴ. 例 6.9 的菜单实现

1. 重复例 6.2 第 1、2 两步得到图 F6.2。

2. 依次点击【Data analysis】→【Elementary】→【Correlation…】，得到图 F6.10。

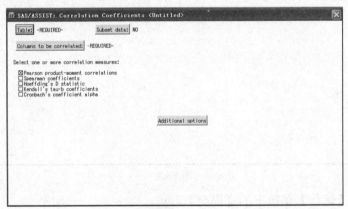

图 F6.10

3. 点击【Table:】，选择所分析的数据集 JUMIN，点击【Columns to be correlated:】，选择分析的变量 INCOME EXPEND，得到图 F6.11。

第6章 简单统计分析与SAS过程

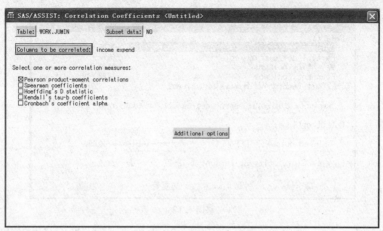

图 F6.11

4. 由于分析变量是连续型变量，故在图 F6.11 中点击选项【Pearson product-moment correlations】。

5. 点击【运行】菜单下的【提交】即可。

VI. 例 6.10 的菜单实现

1. 重复例 6.9 步骤至图 F6.10。

2. 点击【Table:】，选择所分析的数据集 NEWHAPPY，点击【Columns to be correlated:】，选择分析的变量 B，得到图 F6.12。

图 F6.12

3. 点击【Additional options】，进入图 F6.13。

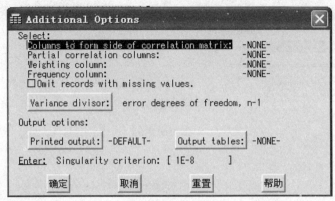

图 F6.13

4. 点击【Columns to form side of correlation matrix:】，选择变量 C, D, E, F, G, H, I, G, K，再点击【OK】，回到图 F6.13，再点击【确定】，回到图 F6.12。

5. 点击图 F6.12 中的【Spearman coefficients】和【Kendall's tau-b coefficients】。

6. 点击【运行】菜单下的【提交】即可。

第 7 章 属性数据分析与 FREQ 过程

7.1 属性数据简介

在市场调查中,通过调查表得到的信息往往是被调查单位的分类信息,而不是定量变量的具体值。例如,对大学生择业状况的调查,一般是按性别把大学生分成男女两类,并且分别就就业前景、就业单位、企业规模进行调查,调查结果列于表 7.1。

表 7.1 学生择业状况调查结果   单位:人

	对就业前景所持态度			企业规模		
	乐观	比较乐观	没有信心	大型	中型	小型
男学生	75	30	15	52	67	9
女学生	30	15	11	23	26	7
合计	105	45	26	75	93	16

表 7.1 中的男女性别、对就业前景所持态度、企业规模等都不能用数值来衡量,其中性别的取值只是把观测总体分成不同的类别,不同类之间没有任何区别,而企业规模和对就业前景所持态度的三个取值虽然仍把总体分成了三类,但是三类之间有一定的顺序关系。表中的数字是对应于性别与对就业前景所持态度、性别与企业规模的两个二维分布数列,也称为二维表。对于该表我们所关心的问题是:男女同学对就业前景所持态度以及就业企业规模有无显著差异?

再比如,为了了解广告是否对消费者的购买意向产生影响,某公司在某一连续广告 1 个月的地区和没有进行任何广告的地区分别随机抽取了 100 名消费者(实际的或潜在的)进行问卷调查。其方法是:把免费试用产品与调查表一并邮寄给被调查者,然后要求它们根据试用情况分别就已购买、打算购买和不打算购买进行回答,调查结果统计列于表 7.2。

表 7.2 中,把消费者按是否看过广告和购买意向分别进行分类。很显然,两者都不能用数值来衡量。前者看过广告和没看过广告只是把消费者分成了两类,后者消费意向的三个取值把消费者分成了三类。表中的数字是对应于是否看过广

告与购买意向的二维分布数列。与表 7.1 类似的问题是我们想知道：广告是否会显著影响消费者的购买意向？

表 7.2 消费者购买意向调查结果

	已购买	打算购买	不打算购买
看过广告	60	33	7
没看过广告	25	40	35

像表 7.1、表 7.2 中的问题，在市场调查中经常会遇到。对这类问题的分析，一般称为属性数据分析，有时也称为二维表分析。

7.1.1 变量的类型

在正式进行属性数据分析之前，先对 SAS 系统中关于变量的定义作一简单介绍。

在 SAS 系统中，变量按类型（Type）可分为字符型（Character）和数值型（Numeric）；按测量水平（Measurement Level）又分为两种：区间型（Interval）和名义型（Nominal）。

所谓数值型变量就是能用数字来计量的变量，而不能用数字来计量的变量则称为字符型变量，也称为属性变量，相当于统计学中的属性标志。例如，利润、产值、成本等都可以用数值来计量，是数值型变量，而性别、购买意向、企业类型、产品型号、广告形式等则不能用数值计量，属于字符型变量。

所谓区间型变量是指变量的取值可以为一个连续的数值区间。它本身又被分成了两类：一类是数值本身有绝对的 0 点，如前面提到的利润、产值、成本等，常称为比率变量，这类变量可以进行加减乘除四则运算。另一类是数值本身没有绝对的 0 点，如温度，常称为间隔变量，数值之间的间隔是有意义的，但倍数则是无意义的。如 40℃比 20℃高 20℃，但不能说 40℃是 20℃温度的 2 倍。因此，对间隔型变量，可以进行加减法运算，但不能进行乘除法运算，实际中常与比率变量同等对待。

所谓名义型变量是指变量本身本质上不能用数值表示，在测量时，如果用数值表示了也只是名义上的，并没有真正意义。这类变量也可以分为两类：一类是变量的取值是几个没有次序之分的不同状态，通常这些取值把总体分成了若干个不同的部分。如按性别把学生总体分成了男女两个部分；按是否看过广告，把消费者分为看过和没看过两类。男、女学生也可以用数字 0，1 来记，但 0，1 只是代表男女两类，本身没有任何大小关系。这类变量即使用数字表示也不能进行任何加减乘除四则运算，一般称为分类变量。另一类变量本质上虽不能用数字表示，但它的取值却有着明显的次序关系。如按企业类型，把企业分为大、中、小三类等。这类变量其取值有内在的顺序关系。与分类变量一样，如果用数字来记也仅表示变量的不同状态,本身没有任何实际意义,但由于变量的取值本身有内在的顺序,因而各个状态规定的数字应与状态本身顺序相匹配。如大、中、小可以用 1,2,3 来记,也可以用 9,5,2 来记,但决不可以用 3,1,2 来记,因为 3,1,2 的顺序与大、中、小的顺序是不匹配的。这类变量一般称为有序变量。对于有序变量,严格意义上也不能进行加、减、乘、除四则运算,但实际中通常做一些加法运算。如各种比赛中去掉一个最高分和一个最低分,然后平均就是这类数据进行四则运算的一个典型。

一般来说,有序变量可以转化为分类变量,间隔变量可以转化为有序变量,而比率变量又可转化为间隔变量,但反之则不成立,即分类变量不能转化为有序变量,间隔变量也转化不了比率变量。由此我们可以把分类变量称为测量水平的最低级,而比率变量则称为测量水平的最高级。分类变量和有序变量统称为属性变量,有时也称为字符型变量或定性变量,而间隔变量和比率变量则称为数值型变量,有时也称为定量变量或连续变量。对属性变量进行的数据分析称为属性数据分析。在属性数据分析中,常需解决如下问题:

(1) 产生汇总分类数据——频数表。
(2) 属性变量之间的独立性检验。
(3) 在属性变量之间存在关联的情况下,计算它们之间的关联系数。

7.1.2 属性数据分析中一些常见概念与检验统计量

7.1.2.1 单向表

由一个属性变量对总体或调查数据进行的分组构成单向表或称为一维分组表。例如,按企业所有制形式把某市规模以上企业分为:国有、集体、三资、外资、乡镇、其他等六类,统计结果如表 7.3 所示。

表 7.3 某市规模以上企业分布情况

企业类型	国有	集体	三资	外资	乡镇	其他
企业个数	55	34	10	5	40	122

对单向表的分析,通常是计算并给出它的频数分布。

7.1.2.2 双向表

由两个属性变量交叉分组所得到的表称为双向表,也称为二维表,如表 6.8、表 6.9。一般地,假设有两个属性变量 A 和 B,其中,变量 A 有 R 个取值,分别为 $A_1, A_2, \cdots, A_R$,变量 B 有 C 个取值,分别为 $B_1, B_2, \cdots, B_C$,则由变量 A 和 B 构成的双向表,可表示为如下一般形式(见表 7.4):

表 7.4 $R \times C$ 双向表数据结构的一般形式

		B_1	B_2	$\cdots$	B_C	合计
R 行	A_1	n_{11}	n_{12}	$\cdots$	n_{1C}	$n_{1.}$
	A_2	n_{21}	n_{22}	$\cdots$	n_{2C}	$n_{2.}$
	$\vdots$	$\vdots$	$\vdots$	$\cdots$	$\vdots$	$\vdots$
	A_R	n_{R1}	n_{R2}	$\cdots$	n_{RC}	$n_{R.}$
合计		$n_{.1}$	$n_{.2}$	$\cdots$	$n_{.C}$	

C 列

其中，$n_{.j} = \sum_{i=1}^{R} n_{ij}$，$j = 1, 2, \cdots, C$，表示各列的频数之和。$n_{i.} = \sum_{j=1}^{C} n_{ij}$，$i = 1, 2, \cdots, R$，表示各行的频数之和。

由于上述双向表由 R 行和 C 列构成，所以有时也称为 $R \times C$ 表。特别地，当 $R = C = 2$ 时，则称为 2×2 表或四格表。

7.1.2.3 多向表

由两个以上属性变量构成的表称为多向表，也称为多向交叉表或多维表。对于多向表的处理方法，通常是把它化为双向表，然后再进行分析。限于篇幅，本书不作介绍，有兴趣的读者可参见有关参考文献。

7.1.2.4 双向表无关联性检验的统计量

如果要检验行变量与列变量是否具有关联性，可以作如下假设：

H_0：行变量与列变量无关，H_1：行变量与列变量有关。

对于以上假设，常用如下检验统计量进行检验：

（1）χ^2 检验统计量，其计算公式为：$\chi^2 = \sum_{i,j} \frac{(n_{ij} - m_{ij})^2}{m_{ij}}$，在 H_0 成立条件下，该统计量渐近服从 $\chi^2((R-1)(C-1))$ 分布，其中，$m_{ij} = \frac{n_{i.} \times n_{.j}}{n}$ 为第 i 行 j 列元素的理论频数。

（2）连续修正 χ_c^2 检验统计量，其计算公式为：

$$\chi_c^2 = \sum_{i,j} [\max(0, |n_{ij} - m_{ij}| - 0.5)^2 / m_{ij}]$$

在 H_0 成立条件下，该统计量渐近服从 $\chi^2((R-1)(C-1))$ 分布。

（3）似然比 χ^2 检验统计量，其计算公式为：

$$G^2 = 2\sum_{i,j} n_{ij} \ln(\frac{n_{ij}}{m_{ij}})$$

在 H_0 成立条件下，该统计量渐进服从 $\chi^2((R-1)(C-1))$ 分布。

（4）Mantel-Haenszel χ^2_{MH} 检验统计量，其计算公式为：$\chi^2_{MH} = (n-1)r^2$，其中，r 是行变量与列变量的 Pearson 相关系数。

（5）Fisher 精确检验。

7.1.2.5 双向表中行变量与列变量相关性检验

当双向表中行变量与列变量相关时，可以用如下统计量计算它们之间的相关系数：

（1）φ 系数，定义为：

$$\varphi = \begin{cases} (n_{11}n_{22} - n_{12}n_{21})/\sqrt{n_1.n_2.n_{.1}n_{.2}}, & \text{当 } 2\times 2 \text{ 表时} \\ \sqrt{\chi^2/n}, & \text{其他} \end{cases} \quad (7.1)$$

一般有：$-1 \leqslant \varphi \leqslant 1$。

（2）Contingency Coefficient 列联系数，定义为：

$$P = \sqrt{\frac{\chi^2}{\chi^2 + n}} \quad (7.2)$$

一般有：$0 \leqslant P \leqslant 1$。其中，$\chi^2 = \sum_{i,j} \frac{(n_{ij} - m_{ij})^2}{m_{ij}}$。

（3）Cramer's V 系数，定义为：

$$V = \begin{cases} \varphi, & \text{当 } 2\times 2 \text{ 时} \\ \sqrt{\frac{\chi^2/n}{\min\{(R-1),(C-1)\}}}, & \text{其他} \end{cases} \quad (7.3)$$

一般有：$-1 \leqslant V \leqslant 1$。

当行列变量都是有序变量时，可进一步利用以下统计量计算两者之间的相关系数。

（4）Gamma（γ）相关系数：其计算公式为：

$$\gamma = \frac{P - Q}{P + Q} \quad (7.4)$$

其中，P 为所有观测对中一致对的个数，Q 为所有观测对中不一致对的个数。

（5）Kendall's Tau-b（τ_b）相关系数，其计算公式为：

$$\tau_b = \frac{P-Q}{\sqrt{(n^2 - \sum_i n_{i.}^2)(n^2 - \sum_j n_{.j}^2)}} \tag{7.5}$$

（6）Stuart's Tau-c（τ_c）相关系数，其计算公式为：

$$\tau_c = \frac{P-Q}{n^2(m-1)/m} \tag{7.6}$$

其中，$m = \min\{R, C\}$。

（4），（5），（6）三个相关系数的取值范围都在 -1 到 $+1$ 之间，越接近 $+1$，正关联性越强；越接近 -1，负关联性越强。

7.2 FREQ 过程

FREQ 过程是 SAS 系统中用于属性数据分析的主要过程之一，它可以生成单向到 N 向的频率表和交叉表。对于双向表（二维表），该过程计算检验统计量和关联度。对于 N 向表，该过程进行分层分析，计算每一层和交叉层的统计量。这些频数也能够输出到 SAS 数据集里。

7.2.1 FREQ 过程简介

PROC FREQ 过程可用于两个目的。它是一个描述过程，产生频数表和交叉表，可简洁地描述数据；它也是一个统计过程，产生各种统计量，可分析变量间的关系。

（1）单向频数表：如果要一张一个变量的单向频数表，那么只要在 TABLES 语句中写上变量名。该变量的值可以是数值型的，也可以是字符型的。如：

proc freq; tables var-name; run;

（2）双向交叉表：如果要一张两个变量的双向交叉表，那么只要在 TABLES 语句中用星号将两个变量名连接起来。第一个变量形成行，第二个变量形成列。如：

proc freq; tables var1* var2; run;

（3）N 向交叉表：如果要一张三向或 N 向交叉表，那么只要在 TABLES 语句中用星号将 3 个变量名或 N 个变量名连接起来。最后一个变量形成列，倒数第二个变量形成行，其余变量的每一水平形成一层。如：

proc freq; tables var1* var2* var3; run;

（4）统计分析：对于某些变量对，可以得到变量间的关联强度和是否存在相关的信息。对于关联存在性，该过程计算无关联性零假设统计量的值；对于关联强度，该过程计算关联测度。

7.2.2 FREQ 过程的一般格式

PREQ 过程的一般格式如下：

```
PROC FREQ <option-list>;         ┐ 必需语句
BY variable-list;                ┐
TABLES request-list</option-list>; │
WEIGHT variable;                 │ 可选语句
OUTPUT <OUT=SAS-data-set><output-statistic-list>; ┘
```

注：该过程除 PROC 语句是必需的外，其余语句都是任选的。另外，该过程只能使用一个 OUTPUT 语句，如果使用：PROC FREQ；RUN；则生成输入数据集中每个变量的单向频数表。

1. 关于 TABLES request-list</option-list>语句的说明

在 PROC FREQ 的一次执行中，可以包含任意多个 TABLES 语句。如果没有 TABLES 语句，则生成输入数据集中每个变量的单向频数表。如果 TABLES 语句没有任何选项，则 FREQ 对 TABLES 语句中规定的变量的每个水平计算频数，累计频数，占总频数的百分数及累计百分数。

一般地，对你所需要的每一个频数表或交叉表，用 TABLES 语句写出制表的要求。单向表由单个变量产生，双向交叉表用一个星号（*）连接两个变量产生，多项表由多个变量用星号连接起来产生。特别的，这些变量还可以用简洁的形式写出来，如：

    tables a*（b c）；等价于 tables a*b a*c；

    tables （a b）*（c d）；等价于 tables a*c b*c a*d b*d；

    tables （a b c）*d；等价于 tables a*d b*d c*d；

    tables a—d；等价于 tables a b c d；

    tables （a—d）*e；等价于 tables a*e b*e c*e d*e；

在 TABLES 语句中的选项列表（</option-list>），常见的有以下几类：

（1）ALL：要求所有由 CHISQ，MEASURES 和 CMH 选项给出的检验和度量。

（2）CHISQ：要求对每层的齐性或独立性进行 χ^2 检验，并计算依赖于 χ^2 统计量的关联度。检验包括 Pearson 的 χ^2，似然比 χ^2 和 Mantel-Haenszel χ^2。关联度包括 φ（phi）系数，列联系数和 Cramer V。对于 2×2 表，还包括 Fisher 的精确检验。当进行 Fisher 精确检验时，同时产生左侧和右侧 p 值。

（3）CMH：要求计算 Cochran-Mantel-Haenszel 统计量，用于 2 维以上表检验行变量与列变量的相关。

（4）EXACT：要求对大于 2×2 表进行 Fisher 精确检验。

（5）MEASURES：要求计算相关度量和它们的渐进标准差。

（6）ALPHA=p 值：说明置信区间是 100（1–p）百分置信区间，当没说明 ALPHA 时，FREQ 使用 ALPHA=0.05。

2. OUTPUT 语句中的选择项

（1）OUT= SAS-data-set：建立一个包括变量值和频数的输出数据集。如果 TABLES 语句中出现几个制表要求，那么数据集的内容对应于 TABLES 语句中的最后一个制表要求。

（2）OUTPUT <OUT=SAS-data-set><output-statistic-list>：规定输出数据集的名字，以及在新数据集里所包含的统计量。

7.2.3 应用举例

作为一个简单应用，我们先给出表 7.2 关于"广告是否会显著影响消费者的购买意向"检验的 SAS 程序以及执行结果。

【例 7.1】 关于表 7.2 问题的 SAS 程序如下：

```
data ads;
input  ad$ plan$ number;
cards;
看过      已买       60
看过      打算买     33
看过      没打算买   7
没看过    已买       25
没看过    打算买     40
没看过    没打算买   35
;proc freq;tables ad*plan/chisq nocol norow;
weight number;run;
```

程序说明：tables 语句要求给出以 ad 为行，以 plan 为列的双向频数表，其后的选择项 chisq 要求给出行列变量无关性检验统计量，而选项 nocol, norow 则要求系统不输出行、列百分比。程序运行结果见输出 7.1。

输出 7.1 由两部分构成：输出 7.1（A）给出了是否看过广告和购买意向两变量的双向交叉表的频数分布。其中每个单元格中的两个数字分别代表观测频数和该单元频数占总观测个数的百分数。第一个单元格中的 33 和 16.50 分别表示看过广告并打算购买的消费者有 33 人，占 200 个被调查的消费者的比例为 16.50%，其他单元格中的数字含义类似。输出 7.1（A）中单元格外的数字分别代表行或列的频数之和，以及占总观测个数的百分比。如第一列中的数字 73 和 36.5 分别表示打算购买的消费者有 73 人，占 200 个被调查的消费者的比例为 36.5%；第二行中的 100 和 50.0 表示没看过广告的人有 100 个，占总数的 50.0%，其他数字含义类似。

输出 7.1(A)　按是否看过广告和购买意向分组的消费者分布情况

```
ad*plan 表
 AD      PLAN
频数|
百分比 |打算买 |没打算买 |已买 | 合计
---------+--------+--------+--------+
看过     |   33  |    7   |   60  |  100
         | 16.50 |  3.50  | 30.00 | 50.00
---------+--------+--------+--------+
没看过   |   40  |   35   |   25  |  100
         | 20.00 | 17.50  | 12.50 | 50.00
---------+--------+--------+--------+
合计        73       42       85     200
          36.50    21.00   42.50  100.00
```

输出 7.1（B）给出了广告是否会显著影响消费者购买意向的检验结果。判断行变量与列变量是否独立，只需看 χ^2 统计量，似然比 χ^2 统计量和 Mantel-Haenszel χ^2 统计量的值及其对应的概率。若对应的概率比给定的显著性水平大（通常为 0.05），则行列独立，否则行列不独立，即行列有关联。本例中三个统计量对应的概率都为 0.001，远小于 0.05，从而可以 95%的把握行列是不独立的，也即广告对消费者的购买意向有显著影响。φ 系数、Cramer's V 为 0.411 表明广告对消费者购买意向有显著的正影响，即看过广告的消费者更可能购买，列联系数为 0.380 也明了这一点。

输出 7.1(B)　广告是否会显著影响消费者购买意向检验结果

```
            ad*plan 表的统计量
       统计量              自由度    值      概率
--------------------------------------------------
Chi-Square                    2    33.750   0.001
Likelihood Ratio Chi-Square   2    35.899   0.001
Mantel-Haenszel Chi-Square    1    11.160   0.001
Phi Coefficient                    0.411
Contingency Coefficient            0.380
Cramer's V                         0.411
       Sample Size = 200
```

【例 7.2】 巴西医生马廷思收集了 580 名犯有各种贪污、受贿罪的官员和 580 名廉洁官员之寿命的调查资料，列于表 7.5。

表 7.5

	短寿	长寿	合计
贪官	348	232	580
廉洁官	93	487	580
合计	441	719	1160

试分析官员在经济上是否清白与他们寿命的长短之间有无显著性关系？

解：根据题目要求及本例数据特点,编程如下:

```
data life;
input guan$ shoum$ number@@;
cards;
贪官    短寿  348   贪官    长寿  232
廉洁官  短寿  93    廉洁官  长寿  487
;proc freq;tables guan*shoum/expected
chisq norow nocol nopercent exact;
weight number; run;
```

程序说明：本段程序中的变量 guan 代表为官者是否清廉,shoum 代表为官者的寿命,number 代表官员的数量。本例首先利用 DATA 步创建了一个名为 life 的 SAS 数据集,然后调用频数过程,tables 语句要求给出为官清廉与否与其本人寿命之间的频数分布二维表,选项 expected 要求给出期望频数,而 chisq,exact 则要求进行 χ^2 检验和 Fisher 精确检验,选项 norow,nocol,nopercent 则不要求输出百分比。weight 语句要求用变量 number 对观测进行加权。程序运行结果如输出 7.2 所示。

输出 7.2 由两部分构成,前半部分给出了官员与其寿命的频数分布。频数分布表中每个单元格都有两个数字,分别代表观测频数和理论频数,从这些数据中,我们可以大致了解到官员的寿命与其为官是否清廉之间有一定的关系。输出 7.2 的后半部分是为官是否清廉与官员自身寿命之间是否有关的检验。从检验的几个 χ^2 统计量的值及其对应的概率可以看出两变量之间显著相关($p=0.001$),Fisher 精确检验也说明了这一点(双尾检验的 p 值为 9.83E-56)。至于两变量是正相关还是负相关可从其后的几个相关系数看出。本例中 φ 系数、Cramer's V 为 0.453 表明官员为官是否清廉对其寿命有显著的正影响,即经济上不太清白的人会影响其寿命,列联系数为 0.413 也说明了这一点。

输出 7.2 官员与其寿命关系分析结果

```
                quan*shoum 表
    GUAN        SHOUM
    频数
    期望值      |长寿      |短寿      |合计
    ------------+----------+----------+------
    廉洁官      |    487   |    93    |  580
                |   359.5  |   220.5  |
    ------------+----------+----------+------
    贪官        |    232   |   348    |  580
                |   359.5  |   220.5  |
    ------------+----------+----------+------
    合计             719        441     1160
```

（续）输出 7.2

```
                   quan*shoum 表的统计量
   统计量                    自由度      值        概率
   Chi-Square                 1       237.887    0.001
   Likelihood Ratio Chi-Square 1      249.451    0.001
   Continuity Adj. Chi-Square  1      236.025    0.001
   Mantel-Haenszel Chi-Square  1      237.682    0.001
   Fisher's Exact Test （Left）                  1.000
                      （Right）                  4.92E-56
                      （2-Tail）                 9.83E-56
   Phi Coefficient                              0.453
   Contingency Coefficient                      0.413
   Cramer's V                                   0.453
   Sample Size = 1160
```

【例 7.3】 美国佛罗里达大学的一名动物流行病学家，检验奶牛是否患有某种细菌性疾病。通过分析血样检查这种疾病，每个动物的患病程度分为没有（0）、低（1）和高（2）。每头奶牛所属的牛群的大小分为大（large）、中（medium）、小（small）。经过调查，动物学家记录了牛群大小（herdsize）、患病程度（disease）、患病数量（n），见表 7.6。

表 7.6 牛群大小与患病程度统计表

	没有（0）	低（1）	高（2）
大	11	88	136
中	18	4	19
小	9	5	9

试根据表 7.6 所给数据分析牛群大小与患病程度有无关系？如有关系，程度如何？

解：根据上述资料及要求，先考察牛群大小与患病程度之间的关系，然后在有关联的情况下计算两者之间的关系。由此可编程如下：

```
data cows;
input herdsize$ disease n@@;
cards;
large   0 11  large   1 88  large   2 136
medium  0 18  medium  1 4   medium  2 19
small   0 9   small   1 5   small   2 9
;proc freq data=cows;
tables herdsize*disease/ chisq  expected exact ;
weight n;run;
```

程序说明：tables 语句要求给出牛群大小与患病程度双向交叉表，并进行 χ^2 检验和 Fisher 精确检验。weight 语句要求用变量 n 进行加权。程序运行结果如输出 7.3(A)所示。

输出 7.3(A)　牛群大小与患病程度双向交叉表及其独立性检验

```
herdsize*disease 表
HERDSIZE     DISEASE
频数       |
期望值     |       0|       1|       2| 合计
-----------+--------+--------+--------+
large      |     11 |     88 |    136 |  235
           | 29.866 | 76.237 |  128.9 |
-----------+--------+--------+--------+
medium     |     18 |      4 |     19 |   41
           | 5.2107 | 13.301 | 22.488 |
-----------+--------+--------+--------+
small      |      9 |      5 |      9 |   23
           | 2.9231 | 7.4615 | 12.615 |
-----------+--------+--------+--------+
合计              38       97      164    299

          herdsize * disease 表的统计量
统计量                         自由度    值       概率
-----------------------------------------------------
Chi-Square                        4    67.041    0.001
Likelihood Ratio Chi-Square       4    56.642    0.001
Mantel-Haenszel Chi-Square        1    23.636    0.001
Fisher's Exact Test （2-Tail）                   4.33E-12
Phi Coefficient                        0.474
Contingency Coefficient                0.428
Cramer's V                             0.335
Sample Size = 299
```

由输出 7.3（A）三种 Chi-Square 检验对应的概率均为 0.001 可知，牛群大小与患病程度之间确存在一定的关系。接下来计算两者之间的关联系数，由于牛群大小和患病程度都是有序变量，所以可利用 Spearman 等级相关系数或 Kendall's Tau-b 相关系数计算两者之间的关系。为此，在上述程序 tables 语句后加上 measures，即 tables herdsize*disease/ chisq expected exact measures；其他语句保持不变，运行结果如输出 7.3(B)所示。

输出 7.3(B)　牛群大小与患病程度之间的相关系数

统计量	值	ASE（渐近标准误差）
Kendall's Tau-b	−0.217	0.061
Gamma	−0.411	0.101
Stuart's Tau-c	−0.148	0.044
Spearman	−0.233	0.066

第 7 章 属性数据分析与 FREQ 过程

在输出 7.3(B)中,Spearman Correlation = −0.233,而 Kendall's Tau-b = −0.217,这表明两变量之间的关系是负相关的。考虑到变量 herdsize 是从大到小排列的,而 disease 是从小到大排列的,两者负相关表明,随着牛群由小、中到大,患病程度在增加。输出 7.3（B）中的 ASE 代表对应相关系数的渐进标准误差。

【例 7.4】 表 7.7 记录了某公司在过去 3 个月中的顾客信息,包括顾客的性别、月收入、消费水平,试根据此表,完成下列工作：

（1）消费水平与顾客月收入和顾客性别的双向交叉表,并分析消费水平与性别及收入水平之间有无显著关系。若有,则计算关联系数。

（2）把性别作为分层变量生成消费水平与顾客月收入之间的双向交叉表,并分析比较男女顾客收入高低人群的购买行为。

（3）检验顾客月收入的高低是否显著影响顾客的消费水平,给出两者之间的关联系数。

表 7.7　男女顾客月收入与其消费水平之间的关系

收入水平	低于 300 元消费者		300 元及以上消费者	
	男	女	男	女
低收入	35	55	8	34
中等收入	58	40	15	31
高收入	37	44	38	36
合计	130	139	61	101

解： 根据题目要求,首先创建一个包括表 7.7 所有数据在内的 SAS 数据集,数据集名记为 customer。其中变量 income 表示收入,用 0,1,2 分别代表低收入、中等收入和高收入；变量 purchase 表示消费水平,用 0,1 分别代表消费额低于 300 元和消费额在 300 元及其以上；而变量 sex 则表示性别,用 m,f 分别代表男性和女性消费者。

为了给出顾客收入水平、消费行为及性别的双向交叉表,并对三者之间的关系进行关联性检验,程序后半部分调用 FREQ 过程。其中：

第一个 tables 语句要求系统给出消费水平与顾客月收入、消费水平与顾客性别的双向交叉表,选项 chisq 要求对两个双向表进行关联性检验,选项 nocol,norow, nopercent 则不要求输出百分比。

第二个 tables 语句要求系统按性别分层生成消费水平与顾客月收入之间的双向交叉表,并分析比较男女顾客收入高低之人群的购买行为。表达式 sex*income*purchase 要求把 sex 作为分层变量,income 作为交叉表的行变量,而 purchase 作为交叉表的列变量。选项 expected,chisq 要求给出交叉表的期望频数,并对每一张表进行关联性检验。选项中仅有 norow,nocol,而没有出现

nopercent，表明交叉表中虽不要求输出行和列的百分比，但要求输出每一单元格占总观测的百分比。

第三个 tables 语句要求系统检验顾客月收入的高低是否显著影响顾客的消费水平。由于顾客月收入与消费水平都是有序变量，所以增加选项 measures 以给出两者之间关联系数的其他估计值。

本例程序如下：

```
data customer;
input income purchase sex$ number@@;
cards;
0 0 m 35  0 0 f 55  0 1 m 8  0 1 f 34
1 0 m 58  1 0 f 40  1 1 m 15  1 1 f 31
2 0 m 37  2 0 f 44  2 1 m 38  2 1 f 36
;proc freq;
tables purchase*income purchase*sex
/chisq nocol norow nopercent;
tables sex*income*purchase/ chisq expected norow nocol;
tables purchase*income/chisq measures norow nocol nopercent;
weight number;run;
```

第一个 tables 语句运行结果如下：

输出 7.4(A)　消费水平与顾客月收入、性别的双向交叉表及其关联性检验

```
                    purchase*income 表
          PURCHASE     INCOME
            频数       |      0|       1|       2|  合计
          ---------------+--------+--------+--------+
                     0|     90|     98|     81|   269
          ---------------+--------+--------+--------+
                     1|     42|     46|     74|   162
          ---------------+--------+--------+--------+
            合计          132      144      155    431
                    purchase*income 表的统计量
          Statistic                    DF    Value    Prob
          ------------------------------------------------
          Chi-Square                    2   10.640   0.005
          Likelihood Ratio Chi-Square   2   10.543   0.005
          Mantel-Haenszel Chi-Square    1    8.117   0.004
          Phi Coefficient                    0.157
          Contingency Coefficient            0.155
          Cramer's V                         0.157
               Sample Size = 431
```

（续）输出 7.4(A)

```
                    purchase*sex 表
         PURCHASE    SEX
         频数        |f      |m       | 合计
         ------------+--------+---------+
                   0|  139  |  130   |  269
         ------------+--------+---------+
                   1|  101  |   61   |  162
         ------------+--------+---------+
         合计         240      191      431
```

purchase*sex 表的统计量

Statistic	DF	Value	Prob
Chi-Square	1	4.667	0.031
Likelihood Ratio Chi-Square	1	4.698	0.030
Continuity Adj. Chi-Square	1	4.245	0.039
Mantel-Haenszel Chi-Square	1	4.656	0.031
Fisher's Exact Test （Left）			0.019
（Right）			0.988
（2-Tail）			0.036
Phi Coefficient			−0.104
Contingency Coefficient			0.104
Cramer's V			−0.104
Sample Size = 431			

输出 7.4（A）由两部分构成，前半部分给出了消费水平与顾客月收入之间的双向交叉表及其关联性检验结果。从交叉表的频数分布看，在总共 431 位顾客中，收入属于低、中、高的分别有 132，144，155 位，3 个月中消费额低于 300 元的顾客有 269 位，不低于 300 元的顾客有 162 位。从独立性检验结果看，三个 Chi-Square 统计量对应的概率 p 值都小于 0.05，说明消费水平与顾客月收入之间有显著的关联性。φ 系数为正表明两者之间存在某种正向关系，也即收入水平越高，购买量可能越大。但从 φ 系数和关联性系数都不超过 0.16 可以看出，两者正向关系并不十分明显。

输出 7.4（A）的后半部分给出了消费水平与顾客性别之间的双向交叉表及其关联性检验结果。从交叉表的频数分布看，在总共 431 位顾客中，女性有 240 位，其中消费水平不超过 300 元的人数为 139 人，男性顾客有 191 位，其中消费水平不超过 300 元的人数有 130 人，收入属于低、中、高的顾客分别有 132，144，155 位，3 个月中消费额低于 300 元的顾客有 269 位，不低于 300 元的顾客有 162 位。从独立性检验结果看，三个 Chi-Square 统计量对应的概率 p 值都小于 0.05，说明消费水平与性别之间有显著的关联性。φ 系数为负，表明两者之间存在某种反向关系，女性更倾向于多消费。但从 φ 系数和关联性系数都不超过 0.104 看出，两者反向关系并不十分明显。

第二个 tables 语句运行结果如输出 7.4（B）所示。

输出 7.4（B）由两个双向表和对应的变量关联性检验结果组成，其中，TABLE 1 为女性顾客收入与消费情况，TABLE 2 为男性顾客收入与消费情况。

输出 7.4(B)　控制性别得到的顾客月收入与消费水平交叉表

```
                 income*purchase 的表 1
                    控制：sex=f
        PURCHASE    INCOME
        频数     |
        期望值    |
        百分比    |      0|      1|      2| 合计
        ---------+-------+-------+-------+
              0|     55|     40|     44|  139
               |51.546 |41.121 |46.333 |
               | 22.92 | 16.67 | 18.33 |
        ---------+-------+-------+-------+
              1|     34|     31|     36|  101
               |37.454 |29.879 |33.667 |
               | 14.17 | 12.92 | 15.00 |
        ---------+-------+-------+-------+
        合计          89      71      80   240

              income*purchase 的表 1 的统计量
                    控制：sex=f

        Statistic                      DF    Value    Prob
        -----------------------------------------------------
        Chi-Square                      2    0.902    0.637
        Likelihood Ratio Chi-Square     2    0.905    0.636
        Mantel-Haenszel Chi-Square      1    0.811    0.368
         Phi Coefficient                     0.061
         Contingency Coefficient             0.061
         Cramer's V                          0.061

                 income*purchase 的表 2
                    控制：sex=m
        PURCHASE    INCOME
        频数     |
        期望值    |
        百分比    |      0|      1|      2| 合计
        ---------+-------+-------+-------+
              0|     35|     58|     37|  130
               |29.267 |49.686 |51.047 |
               | 26.92 | 44.62 | 28.46 |
        ---------+-------+-------+-------+
              1|      8|     15|     38|   61
               |13.733 |23.314 |23.953 |
               | 13.11 | 24.59 | 62.30 |
        ---------+-------+-------+-------+
        合计          43      73      75   191
```

第 7 章 属性数据分析与 FREQ 过程

（续）输出 7.4(B)

```
              income*purchase 的表 2 的统计量
              控制：sex=m
Statistic                            DF    Value    Prob
----------------------------------------------------------
Chi-Square                            2    19.976   0.001
Likelihood Ratio Chi-Square           2    19.852   0.001
Mantel-Haenszel Chi-Square            1    15.896   0.001
    Phi Coefficient                        0.323
    Contingency Coefficient                0.308
    Cramer's V                             0.323
```

输出 7.4(B)中的表 1 告诉我们，在 89 位低收入女性顾客中，有 55 位消费额不超过 300 元，34 位消费额达到或超过 300 元，占 240 位女性顾客的比例分别为 22.92%和 14.17%；71 位中等收入的女性顾客中，有 40 位消费额不超过 300 元，31 位消费额达到或超过 300 元，占所有女性顾客的比例分别为 16.67%和 12.92%；80 位高收入的女性顾客中，有 44 位消费额不超过 300 元，36 位消费额达到或超过 300 元，占所有女性顾客的比例分别为 18.33%和 15.00%。由此不难得到结论：在每一收入层次，消费额不超过 300 元的女性顾客人数都要多于消费额达到或超过 300 元的顾客人数，但这一数值并没有达到统计上显著的水平，这可以从每一格的期望频数近似等于观测频数中得到初步验证。进一步验证可以通过其后的关联性检验得到。本例中在性别为女性的条件下,三个 Chi-Square 统计量对应的概率 p 值都在 0.368 以上，说明女性顾客的消费水平与其月收入之间没有显著的关联性。

输出7.4(B)中的表2数据与表1有着较为明显的区别。除了每一单元格中的期望频数与观测频数有较大差别外，每一行的百分比有着随收入增大消费额也随着增大的现象，这说明男性顾客收入与消费之间具有一定的关联性。其后的关联性Chi-Square检验统计量对应的概率p值都为0.001，表明男性顾客收入与消费之间确实存在显著的关联性，其中，φ系数和关联性系数分别为0.323和0.308。

第三个 tables 语句运行结果如下：

输出 7.4(C)　顾客月收入与其消费水平之间关系的显著性检验结果

```
              purchase* income 表
      PURCHASE    INCOME
      频数       |     0|     1|     2| 合计
      -------------+----------+---------+--------+
            0|    90|    98|    81|  269
      -------------+----------+---------+--------+
            1|    42|    46|    74|  162
      -------------+----------+---------+--------+
      合计         132    144    155    431
```

243

（续）输出 7.4(C)

```
                purchase* income 表的统计量
Statistic                        DF    Value    Prob
----------------------------------------------------
Chi-Square                        2    10.640   0.005
Likelihood Ratio Chi-Square       2    10.543   0.005
Mantel-Haenszel Chi-Square        1     8.117   0.004
Phi Coefficient                         0.157
Contingency Coefficient                 0.155
Cramer's V                              0.157
Statistic                              Value    ASE
----------------------------------------------------
Gamma                                   0.232   0.079
Kendall's Tau-b                         0.131   0.045
Stuart's Tau-c                          0.147   0.051
Somers' D C|R                           0.156   0.054
Somers' D R|C                           0.110   0.038
Pearson Correlation                     0.137   0.048
Spearman Correlation                    0.139   0.048
Lambda Asymmetric C|R                   0.062   0.047
Lambda Asymmetric R|C                   0.000   0.000
Lambda Symmetric                        0.039   0.030
Uncertainty Coefficient C|R             0.011   0.007
Uncertainty Coefficient R|C             0.018   0.011
Uncertainty Coefficient Symmetric       0.014   0.009
Sample Size = 431
```

输出 7.4（C）中关联性 Chi-Square 检验统计量及其对应的概率均小于 0.05，表明对所有消费者而言，顾客的消费水平与其收入具有一定的关联性。由于收入与消费都是有序变量，此时变量间关联性的强弱可通过肯达尔一致性关联系数 τ_b 或斯皮尔曼等级相关系数 r_s 来衡量。本例中，$\tau_b=0.131$，$r_s=0.139$，表明两者之间具有微弱的正相关关系，即收入越高，消费额越大。

习 题 7

1. 抽取 100 个人的简单随机样本，提问每个人下面的问题：红、蓝、绿三色中，你最喜欢哪种颜色？结果如下表（表 p.7.1）：

表 p.7.1

颜色 性别	红	蓝	绿
男	30	10	10
女	20	10	10

试检验性别与每个人最喜爱的颜色之间是否有关？

2. 调查一所大学在招生方面是否有性别歧视现象，得到如下数据（表 p.7.2）：

表 p.7.2

	录取	不录取
男考生	3738	4704
女考生	1494	2827

问考生性别与是否被录取有无显著关系？

3. 另一组有关招生方面是否有性别歧视调查的数据，是分别按 A，B，C，D，E，F，6 个大类专业，统计不同性别考生的录取情况，数据如表 p.7.3 所示：

表 p.7.3

专业	男 生		女 生	
	报考人数	录取百分比	报考人数	录取百分比
A	825	62	108	82
B	560	63	25	68
C	325	37	593	34
D	417	33	375	35
E	191	28	393	24
F	373	6	341	7

试完成以下工作：

（1）考生性别与是否被录取有无显著关系？

（2）考生所报专业与是否被录取有无显著关系？

4. 在一次市场调查中，向 1008 个用户调查两种品牌的洗衣粉：新产品（记为 N），标准产品（记为 M），向被调查者询问以下问题：①倾向 N 还是倾向 M；②所用水的软硬度（软、中性、硬）；③以前是否用过 M；④水的温度（高、低），数据如下表（表 p.7.4）：

表 p.7.4

软硬度	品牌倾向	过去用过 M		过去未用过 M	
		高温	低温	高温	低温
软	N	19	57	29	63
	M	29	49	27	53
中	N	23	47	33	66
	M	47	55	23	50
硬	N	24	37	42	68
	M	43	52	30	42

试完成以下工作：

（1）试给出水的硬度与品牌消费倾向，以前是否用过与水的温度二维频数表。

（2）品牌消费倾向与过去是否用过有无显著关系？

5. 调查肺癌患者与非肺癌患者的吸烟情况，结果为：63 个肺癌患者中有 60 个是吸烟者，3 个是非吸烟者；43 个非肺癌患者中有 32 个是吸烟者，11 个是非吸烟者。试分析肺癌患者与吸烟有无显著性关系（显著水平为 0.05，要求：给出患肺癌是否与吸烟与否之间的频数分布二维表，期望频数，进行 χ^2 检验和 Fisher 精确检验，不要求输出百分比）。

6. 下表（表 p.7.5）描述了两个班级学生某门课的成绩和性别。根据此表，完成下列工作：

（1）班级与学生成绩和性别的双向交叉表，并分析班级与性别及成绩之间有无显著关系，若有，则计算关联系数。

（2）把班级作为分层变量生成性别与成绩之间的双向交叉表，并分析比较学生性别与成绩有无显著关系？

表 p.7.5

成绩	班级 1		班级 2	
	男	女	男	女
60 分以下（C）	3	2	4	3
60—89 分（B）	11	14	10	9
90 分以上（A）	3	2	7	5

附录　第 7 章部分例题的菜单实现

Ⅰ. 例 7.1 的菜单实现

1. 点击【解决方案】菜单下的【ASSIST】，进入 SAS/ASSIST 主菜单，如图 F7.1。

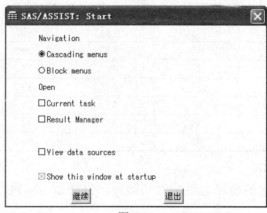

图 F7.1

第 7 章 属性数据分析与 FREQ 过程

2. 点击【继续】，进入图 F7.2。

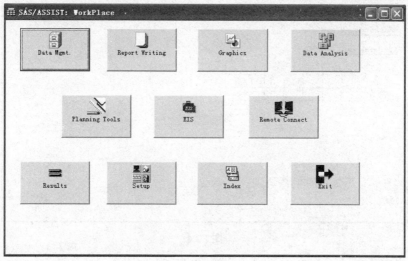

图 F7.2

3. 依次点击【Data analysis】=>【Elementary】=>【Frequency tables】=>
【Generate n-way crosstabulation table…】，进入图 F7.3。

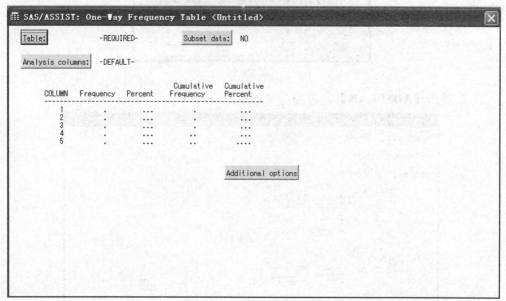

图 F7.3

5. 点击【Table:】，选择所分析的数据集 ADS，点击【Analysis columns:】，选择要分析的变量 AD，PLAN，再点击【确定】，进入图 F7.4。

· 247 ·

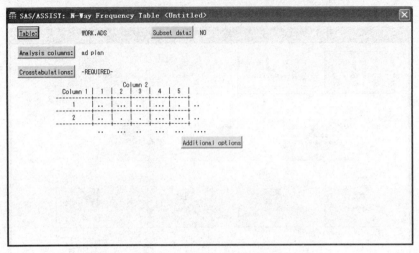

图 F7.4

6. 点击【Crosstabulations:】，进入图 F7.5。

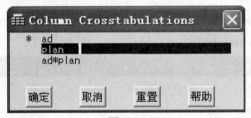

图 F7.5

7. 点击【AD*PLAN】，再点击【确定】，得到图 F7.6。

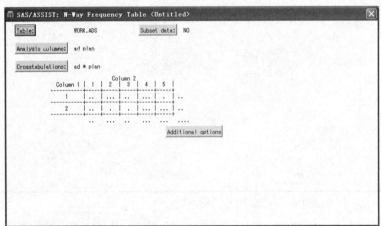

图 F7.6

8. 点击【Additional options】，进入图 F7.7。

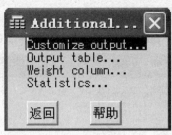

图 F7.7

9. 点击【**Customize output…**】，进入图 F7.8。

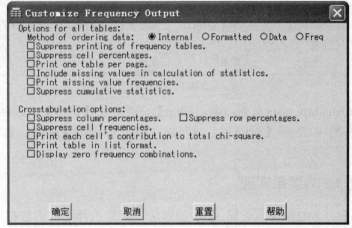

图 F7.8

10.点击【**Suppress column percentages**】和【**Suppress row percentages**】，点击【**确定**】，回到图 F7.7。

11. 点击图 F7.7 中的【**Weight column**】，进入图 F7.9。

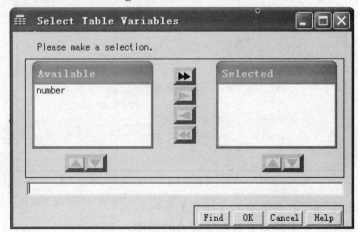

图 F7.9

选择 **NUMBER** 变量，再回到图 F7.7。

12. 点击图 F7.7 中的【**Statistics…**】，进入图 F7.10。

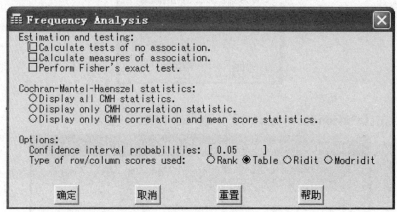

图 F7.10

点击【**Calculate tests of no association**】，再点击【确定】，回到图 F7.7。

13. 点击图 F7.7 中【返回】，回到图 F7.6，再点击【运行】菜单下的【提交】即可。

Ⅱ. 例 7.2 的菜单实现

1. 仿照例 7.1 的第 1 步—第 11 步的做法，只是选择不同的数据集和不同的分析变量而已。

2. 在图 F7.10 中点击【**Perform fisher's exact test**】，点击【确定】，回到图 F7.7。再点击【返回】，回到图 F7.11。

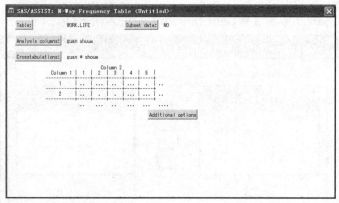

图 F7.11

3. 再点击【运行】菜单下的【提交】即可。

备注：菜单方式不能完成对期望频数的操作，下同。

III. 例 7.3 的菜单实现

1. 第一个 TABLES 语句和例 7.2 没有什么本质区别，可参照例 7.2 进行操作。

2. 第二个 TABLES 语句的操作：

（1）首先完成例 7.1 中的第 1 步—第 11 步。

（2）在图 F7.10 中点击【Calculate measures of association】，【Calculate tests of no association】，【Perform fisher's exact test】，再点击【确定】，得到图 F7.12。

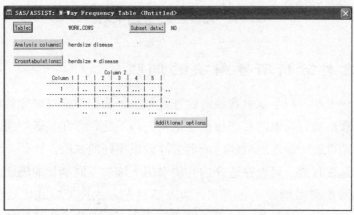

图 F7.12

（3）再点击【运行】菜单下的【提交】即可。

IV. 例 7.4 的菜单实现

1. 对于第一个 TABLES 语句中的两张表，可参照例 7.1 的操作，值得注意的是，变量顺序的选择，首先选的是行变量，后选的是列变量，而不是根据它在原始数据集中的顺序选择，否则会将整个表颠倒，如在本例的数据中，INCOME 在 PURCHASE 之前，但是选择时，先选择 PURCHASE，后选择 INCOME，以下的操作均需注意这一点。

2. 对第二个 TABLES 语句中交叉表，也可参照例 7.2 的操作，只是此时变量变成 3 个而已，同时注意变量选择的顺序。

3. 对第三个 TABLES 语句，和例 7.2 的操作没有什么本质区别，可仿照之。

第8章 方差分析与 ANOVA 过程

8.1 方差分析概述

8.1.1 方差分析所要解决的问题

在工农业生产、科学试验和经济管理过程中，我们常常对研究的对象施加各种处理，以观察研究对象的某些指标在这些处理下是否存在显著差别。倘若存在显著差别，则可进一步选出最佳的或者去除效果不好的试验。比如，为了了解某种新复合肥是否有效，可以在选择的几块农田上施加不同剂量的施肥量，通过试验来确定该种肥料对增产是否有利，以及哪种剂量的施肥方式比较合理。再比如，在市场营销中，广告是一种重要的营销手段。企业为了弄清在电视、电台、报纸以及杂志广告中，哪种形式对提高企业产品销售量效果更好，可以在选择的几个不同地区进行四种形式的广告效果试验，然后分别测量广告前后企业产品销售量的变化情况，据以判断哪种形式广告对企业产品销售量影响最大，效果最好。

在上面所举的两个例子中，为了解新复合肥或者广告的效果，需要比较不同剂量的施肥量或者不同形式的广告作用下农产品产量或者产品销售量总体上是否存在显著差异。很显然，用于比较两个总体均值相等的假设检验已不适合解决这一类问题，而必须使用能同时比较多个总体均值相等的方差分析方法。该方法是20世纪20年代英国著名统计学家 Fisher 最先提出的，开始应用于生物和农业田间试验，以后逐渐在许多科学研究领域得到应用。为更好地理解这一方法，再举一个实例。

【例 8.1】 某公司为了研究五种形式的包装哪种最有效，把包装好的商品随机地分配到四个条件相当的商店进行销售。1个月后，各商店销售量示于表 8.1，试比较不同形式的包装对销售量是否有显著影响？哪一种包装效果最好？

第 8 章 方差分析与 ANOVA 过程

表 8.1　不同包装条件下商品销售量情况　　　　　　　　单位：件

商店 \ 包装	A	B	C	D	E
Ⅰ	325	617	229	856	319
Ⅱ	154	331	181	553	167
Ⅲ	367	819	288	1092	278
Ⅳ	144	407	113	816	149

这里 A,B,C,D,E 代表五种形式的包装，Ⅰ，Ⅱ，Ⅲ，Ⅳ代表四个条件相当的商店。

这是一个典型的方差分析问题。五种形式的包装相当于五种不同的处理，每一种处理的结果可看作为一个总体，四个条件相当的商店销售量则可以看作为来自每一总体的四次独立观测。本例需要检验的问题是：A,B,C,D,E 五种形式包装的商品平均销售量是否有显著差别，即检验五个总体的均值是否有显著性差异？如果有显著差别，哪一种包装平均销售量最大？

【例 8.2】　一名证券经纪人，收集到了某年三个行业不同上市公司的股票每股净收益资料，如表 8.2 所示。

表 8.2　不同行业上市公司的每股净收益

行业类型	每　股　净　收　益（%）								
计算机 jsj	3.94	2.76	8.95	3.23	3.04	4.69	1.52	5.05	
医药 che	2.89	1.65	2.59	1.09	−1.70	2.30	−3.10		
公用 public	−2.26	0.66	2.22	1.77	−0.15	2.10	2.89	1.12	−3.21	2.11

试比较这三种不同行业的公司每股净收益是否有显著的差异？如果有显著差异，哪类行业股票每股净收益最大？

本例中，如果把三个不同行业看作为三个不同总体，每股净收益看作为抽自于不同总体的样本观测值，需要比较这些来自不同总体的股票平均每股净收益是否有显著差异，这实际上是一个三总体均值的比较问题。本例与上例不同的是抽自于每个总体的样本容量是不等的。

由以上实例可以看出，方差分析主要用于解决当影响变量为定性变量，而分析变量或称因变量为定量变量时，两个以上总体均值相等的假设检验问题。如果检验结果是显著的，即总体均值不完全相等，往往需要进一步比较各均值的大小。

8.1.2 方差分析模型及其假设条件

在方差分析中,把研究对象划分成若干个不同类型的小总体的标志称为因素或因子,而把因素的取值称为处理或水平。水平可以是主观确定的,如例 8.1 中的五种包装,也可以是随机确定的,如在许多不同的包装中随机选择几种。前者称为固定效应模型,后者称为随机效应模型。另外,当涉及的因素只有一个时,称为单因素方差分析;涉及的因素有两个时,称为双因素或两因素方差分析;涉及的因素为两个或两个以上的方差分析,统称为多因素方差分析。

8.1.2.1 单因素方差分析模型

设因素 X 有 k 个水平,每一个水平都把研究对象划分成了一个小总体,分别用 $X_1, X_2, \cdots, X_k$ 来表示。记 X_j 的总体平均数为 μ_j,则单因素方差分析问题可归结为以下假设检验问题:$H_0: \mu_1 = \mu_2 = \cdots = \mu_k$,$H_1: \mu_1, \mu_2, \cdots, \mu_k$ 不全相等。

一般地,设 $\{x_{ij}\}$ 是从总体 X_j 中随机抽取的一个容量为 n_j 的样本,x_{ij} 表示第 j 个水平下第 i 次观测值($i = 1, 2, \cdots, n_j, j = 1, 2, \cdots, k$)。

在单因素方差分析中一般作如下假设:

(1) 随机变量 $X_j \sim N(\mu_j, \sigma^2)$,$j = 1, 2, \cdots, k$;
(2) 各随机变量是相互独立的;
(3) x_{ij}($i - 1, 2, \cdots, n_j$)是从 X_j 中抽取的简单随机样本。

记:$\varepsilon_{ij} = x_{ij} - \mu_j$,表示在第 j 个水平下,第 i 次观测偏离均值的程度,称为随机误差,从而有:$x_{ij} = \mu_j + \varepsilon_{ij}$,这就是我们所说的单因素方差分析的一般线性模型。

为便于分析,一般将 μ_j 进一步分解为对因素的"总"效应 μ 和对单个水平的"纯"效应 a_j,即 $\mu_j = \mu + a_j$。代入一般线性模型得:$x_{ij} = \mu + a_j + \varepsilon_{ij}$,从而单因素方差分析问题可进一步归结为以下假设检验问题:

$H_0: a_1 = a_2 = \cdots = a_k = 0$,即因素对研究对象无显著影响
$H_1: a_1, a_2, \cdots, a_k$ 不全为 0,即因素对研究对象有显著影响

8.1.2.2 双因素方差分析模型

在许多实际问题中,某一研究对象的观测结果往往不只是一个因素影响造成的,而是由许多因素综合影响所造成的结果。这时如果仅仅考虑一个因素,那么往往会得出不切实际的结论,只有同时考虑多个因素的共同影响才有可能获得正确结果。

例如在例 8.1 中，假如四个商店的销售条件不同（实际情况往往就是这样），这时各商店销售量的不同就不能简单地认为是由包装引起的了。事实上，即使包装完全相同，由于销售条件不同，其销售量完全有可能不同。也就是说，当各商店销售条件不同时，各商店销售量的不同，可能是由包装引起的，也有可能是由于销售条件不同引起的，还可能是两者共同引起的。此时，仅考虑包装的影响显然是片面的，必须同时考虑包装和销售条件才有可能得出正确的结果。按照定义，同时考虑包装和销售条件的方差分析就是双因素方差分析，也称为两因素方差分析。

值得注意的是，由于存在两个因素的影响，就产生了一个新的问题：不同形式的包装和不同的销售条件对销售量的影响是否正好是它们每个因素分别对销售量影响的叠加？也就是说，是否会产生这样的情况，分别使销售量达到最高的包装和销售条件结合起来，会使销售量增加的幅度超过两者分别增加之和，或低于两者分别增加之和？

这种由各个因素的不同水平的搭配所产生的新的影响，在统计上称为交互作用。两个因素间交互作用的概念，反映了单因素方差分析与多因素方差分析的本质区别。

1. 双因素无交互作用的方差分析数学模型及其假设条件

设某一研究对象受到两个因素 A 和 B 的影响，其中因素 A 有 r 个不同水平，记为 A_1，A_2，$\cdots$，A_r，因素 B 有 s 个不同水平，记为 B_1，B_2，$\cdots$，B_s。因素 A 的每一个水平和因素 B 的每一个水平构成一个试验条件，每种条件下进行一次独立试验，共得到 rs 个试验结果。设在因素 A 的第 i 个水平和因素 B 的第 j 个水平下的试验结果为：

$$x_{ij} \ (i=1,2,\cdots,r, j=1,2,\cdots,s)$$

记 $\mu = \dfrac{1}{rs}\sum\limits_{i=1}^{r}\sum\limits_{j=1}^{s}\mu_{ij}$ 表示总平均值，$\mu_{i\cdot} = \dfrac{1}{s}\sum\limits_{j=1}^{s}\mu_{ij}$ 表示因素 A 的第 i 个水平的平均值，$\mu_{\cdot j} = \dfrac{1}{r}\sum\limits_{i=1}^{r}\mu_{ij}$ 表示因素 B 的第 j 个水平的平均值。双因素方差分析的数学模型可表示为如下形式：

$$\left.\begin{array}{l} x_{ij} = \mu + a_i + b_j + \varepsilon_{ij} \\[4pt] \sum\limits_{i=1}^{r} a_i = 0, \quad \sum\limits_{j=1}^{s} b_j = 0 \\[4pt] \varepsilon_{ij}(i=1,2,\cdots,r, j=1,2,\cdots,s) \text{ 是相互独立的，且服从 } N(0,\sigma^2) \end{array}\right\} \quad (8.1)$$

其中，$a_i = \mu_{i\cdot} - \mu$ 表示因素 A 的第 i 个水平的效应；

$b_j = \mu_j - \mu$ 表示因素 B 的第 j 个水平的效应。

该模型的假设条件如下：

（1）每一个观测值 x_{ij} 可以看作从因素 A 的 r 个不同水平与因素 B 的 s 个不同水平配合形成的 rs 个总体中抽取的容量为 1 的独立随机样本。

（2）rs 个总体是相互独立的，且每一个总体 $X_{ij} \sim N(\mu_{ij}, \sigma^2)$，$i = 1, \cdots, r, j = 1, 2, \cdots, s$。

（3）两因素之间的效应是可加的，即因素之间不存在交互作用。

从而双因素无交互作用的方差分析问题可归结为以下假设检验问题：

$H_{0A}: a_1 = a_2 = \cdots = a_r = 0$，即因素 A 对研究对象无显著影响

$H_{0B}: b_1 = b_2 = \cdots = b_s = 0$，即因素 B 对研究对象无显著影响

2. 双因素有交互作用的方差分析数学模型及其假设条件

双因素有交互作用的方差分析数学模型可表示为如下形式：

$$\left. \begin{array}{l} x_{ijk} = \mu + a_i + b_j + (ab)_{ij} + \varepsilon_{ijk} \\ \sum_{i=1}^{r} a_i = 0, \quad \sum_{j=1}^{s} b_j = 0 \\ \sum_{i=1}^{r} (ab)_{ij} = 0, \sum_{j=1}^{s} (ab)_{ij} = 0 \\ \varepsilon_{ijk}(i=1,2,\cdots,r, j=1,2,\cdots,s, k=1,2,\cdots,n) \text{是相互独立的，且服从} N(0, \sigma^2) \end{array} \right\}$$

（8.2）

其中，x_{ijk} 表示在因素 A 的第 i 个水平和因素 B 的第 j 个水平下第 k 次重复试验的观测值，n 为重复试验的次数。a_i，b_j 的含义同上，$(ab)_{ij}$ 表示 A 的第 i 个水平，B 的的第 j 个水平的共同效应。

该模型的假设条件如下：

（1）每一个观测值 x_{ijk} 可以看作从因素 A 的 r 个不同水平与因素 B 的 s 个不同水平配合形成的 rs 个总体中抽取的容量为 n 的独立随机样本。

（2）rs 个总体是相互独立的，且每一个总体 $X_{ijk} \sim N(\mu_{ij}, \sigma^2)$。

（3）两因素之间的效应是不可加的，即因素之间存在交互作用。

从而双因素有交互作用的方差分析问题可归结为以下假设检验问题：

$H_{0A}: a_1 = a_2 = \cdots = a_r = 0$，即因素 A 对研究对象无显著影响

$H_{0B}: b_1 = b_2 = \cdots = b_s = 0$，即因素 B 对研究对象无显著影响

$H_{0AB}: (ab)_{11} = (ab)_{12} = \cdots = (ab)_{rs} = 0$，即因素 A 和 B 没有交互作用

8.1.3 方差分析原理

方差分析的目的就是要考察不同因素下的不同水平 $X_1, X_2, \cdots, X_k$ 是否对试验结果有显著影响，解决这一问题的出发点是从考察观测值之间差异着手的。由以上分析可知，观测值之间的差异可以分解为两部分：一部分是由于各种"处理"的条件不同而引起的，如例 8.1 中不同包装所引起的销售量的差异。这种由于处理方式不同而形成的误差称为处理误差。另一部分是同一"处理"内的，由于随机原因造成的差异，如 A 包装下的四个销售量之间的差异，称为试验误差。两种误差之间的区别在于处理误差如果存在是系统性的，而试验误差则是随机性的。因此，不同水平 $X_1, X_2, \cdots, X_k$ 是否对试验结果有显著影响归结为考察观测值之间是否存在处理误差，也就是说在不同的"处理"之间有无系统性因素在起作用。两种误差都用方差来计量，记"处理"之间的方差为 S_B^2，"处理"之内的方差为 S_W^2。

显然，如果没有系统性因素起作用，那么不同水平 $X_1, X_2, \cdots, X_k$ 对试验结果就没有显著影响，此时，$\mu_1, \mu_2, \cdots, \mu_k$ 必定全部相等，亦即 k 个样本应来自同一正态总体。由（8.2）式知，观测值之间的差异只有试验误差，而无"处理"误差。因此，"处理"之间的方差 S_B^2 和"处理"之内的方差 S_W^2 就不会相差很大，其比值 S_B^2/S_W^2 应接近于 1。反之，若存在系统误差，即不同的"处理"对研究对象有显著影响，S_B^2 就会显著地大于 S_W^2。这一过程通常用方差分析表来表示。

8.1.4 方差分析表

不论是单因素方差分析还是多因素方差分析，方差分析的结果都可以通过方差分析表呈现出来。单因素方差分析表的形式如表 8.3 所示。

表 8.3　方差分析表

方差来源	自由度	平方和	均方和	F 值
组间	$k-1$	SSA	MSA	
组内	$n-k$	SSE	MSE	$F = \dfrac{\text{MSA}}{\text{MSE}}$
总和	$n-1$	SST		

我们把表 8.3 中的 $\mathrm{SST} \triangleq \sum_{j=1}^{k}\sum_{i=1}^{n}(x_{ij} - \bar{x})^2$ 称为总离差平方和，把 $\mathrm{SSA} \triangleq \sum_{j=1}^{k}\sum_{i=1}^{n}(\bar{x}_j - \bar{x})^2$ 称为组间平方和，把 $\mathrm{SSE} \triangleq \sum_{j=1}^{k}\sum_{i=1}^{n}(x_{ij} - \bar{x}_j)^2$ 称为组内平方

和，且有：$SST = SSA + SSE$，$MSE = \dfrac{SSE}{n-k}$，$MSA = \dfrac{SSA}{k-1}$，分别称为组内均方和和组间均方和。在 H_0 成立的条件下：

$$F = \frac{MSA}{MSE} \sim F(k-1, n-k) \tag{8.3}$$

在 SAS 系统的方差分析过程里，判断因素对研究对象有无显著影响只需看 F 值及其对应的概率 p 值的大小。若 p 值小于给定的显著性水平，则拒绝 H_0，认为因素对研究对象有显著性影响，反之，当 p 值大于给定的显著性水平，则接受 H_0，认为因素对研究对象没有显著性影响。

双因素无交互作用的方差分析表形式如表 8.4 所示。

表 8.4　双因素方差分析表

方差来源	自由度	平方和	均方和	F 值
A 因素间	$r-1$	SSA	$MSA = SSA/(r-1)$	$F_A = \dfrac{MSA}{MSE}$
B 因素间	$s-1$	SSB	$MSB = SSB/(s-1)$	
残　差	$(r-1)(s-1)$	SSE	$MSE = SSE/(r-1)(s-1)$	$F_B = \dfrac{MSB}{MSE}$
总　和	$rs-1$	SST		

在表 8.4 中：

$$SST \triangleq \sum_{i=1}^{r}\sum_{j=1}^{s}(x_{ij} - \overline{x})^2 \tag{8.4}$$

$$SSA \triangleq s\sum_{i=1}^{r}(\overline{x}_{i\cdot} - \overline{x})^2 \tag{8.5}$$

$$SSB \triangleq r\sum_{j=1}^{s}(\overline{x}_{\cdot j} - \overline{x})^2 \tag{8.6}$$

$$SSE \triangleq \sum_{i=1}^{r}\sum_{j=1}^{s}(x_{ij} - \overline{x}_{i\cdot} - \overline{x}_{\cdot j} + \overline{x})^2 \tag{8.7}$$

且

$$SST = SSA + SSB + SSE \tag{8.8}$$

在 H_{0A} 成立的条件下

$$F_A = \frac{SSA/(r-1)}{SSE/(r-1)(s-1)} = \frac{MSA}{MSE} \sim F(r-1, (r-1)(s-1)) \tag{8.9}$$

同样，在 H_{0B} 成立的条件下

$$F_B = \frac{SSB/(s-1)}{SSE/(r-1)(s-1)} = \frac{MSB}{MSE} \sim F(s-1, (r-1)(s-1)) \tag{8.10}$$

由此得到判断因素 A，B 对研究对象有无显著影响的条件是：

若统计量 F_A 所对应的 p 值小于给定的显著性水平，则拒绝 H_{0A}，认为因素 A 对研究对象有显著性影响，反之，则认为因素 A 对研究对象无显著性影响。

同样，如果统计量 F_B 所对应的 p 值小于给定的显著性水平，那么拒绝 H_{0B}，认为因素 B 对研究对象有显著性影响，反之，则认为因素 B 对研究对象无显著性影响。

双因素有交互作用的方差分析表及其原假设是否成立的判断准则与双因素无交互作用时情形类似。

8.1.5 两个以上总体均值的多重检验

在完成了方差分析并得知某因素对研究对象有显著影响时，仅表明该因素的各个水平的总体均值之间有显著的差别。换句话说，仅知道各总体均值不全相等，但并不知道任何两个总体之间总体均值是否存在显著性差异。当实际工作中希望进一步了解此类信息时，就需要在多个均值之间进行多重比较。为此，先给出多重比较检验时常用的一些误差的概念。

显著性水平 α：SAS 系统中用 Alpha 来记，表示当总体均值相同时判断为不同的概率，即犯第一类错误的概率。

比较误差率 CER：即每进行一次比较，犯第一类错误的概率。

试验误差率 EER：即做完全部比较所犯第一类错误的总概率。

最大试验误差率 MEER：即做完全部比较所犯第一类错误概率的最大值。

CER 与 MEER 的区别可以从以下的分析中得到说明。

设某因素有 10 个水平，若均值采用两两比较，则需比较 C_{10}^2 =45 次，即使每次都把 α 控制在 0.05 的水平上，即 CER=0.05，此时 MEER=1－（1–0.05）^{45}=0.90，也就是说做完全部 45 次比较后，所犯第一类错误的总概率可达到 0.90。

多重比较常用的一些检验介绍如下：

（1）T 检验法，即通常的成对组均值比较的 T 检验，其检验统计量为：

$$t = \frac{\left|\bar{x}_i - \bar{x}_j\right|}{s(1/n_i + 1/n_j)^2} \sim t(df_{sse}) \qquad (8.11)$$

这里，$\bar{x}_i$，$\bar{x}_j$ 分别为第 i 个和第 j 个水平下的总体均值，s 为方差分析中计算出的均方误差 MSE 的平方根，n_i 与 n_j 分别为对比的两个水平的样本容量。该法仅控制 CER，也即用该法比较的次数越多，其 MEER 就会越大。因此，当因素的水平较多时，该法不太适合。

（2）LSD 法，也称为 Fisher 的最小显著差法。该法只是上述 T 检验法当各组观测次数相同时一个特例。与 T 检验法一样，该法也仅控制 CER。

（3）BON 法，即 Bonferroni T 检验法，它令 CER=α/C，这里 C 为两两比较的总次数。当计算的 t 值大于 $t_\alpha(df_{sse})$ 时，则 MEER<α。该法控制的是 MEER。

（4）TUKEY 法，也称为 TUKEY 最大显著性差检验，其检验统计量为：$Q=\sqrt{2}t$，该法适合于各组观测次数相同的场合，且控制 MEER。

8.2 ANOVA 过程简介

ANOVA 过程用于均衡数据的方差分析。所谓均衡数据是指因素的每个水平下的观测次数都相同。如果每一水平下的观测次数不全相同，则称为非均衡数据，对于非均衡数据的方差分析问题，SAS 系统要求用 GLM（一般线性模型）来处理（单因素时也可以用 ANOVA），当然 GLM 也可以处理均衡数据的方差分析问题，但效率低于 ANOVA。

8.2.1 方差分析中的效应

方差分析中的效应（effect）主要有主效应和交互效应。所谓主效应是指在不考虑其他因素的条件下，某一因素自身各水平之间对研究对象的影响。对主效应的假设通常是：因素各水平下的总体均值都相等。换句话说，某一因素各处理对研究对象无显著差异。在 ANOVA 过程中，因素常称为分类变量，用 CLASS 语句来说明。主效应则通过 MODEL 语句直接给出分类变量名来体现。所谓交互效应是指各因素间相互搭配所产生的对研究对象的影响。对交互效应的假设通常是：一个因素的影响不依赖于交叉项中其他因素的水平。交互效应通过在分类变量间用"*"连接来体现。

8.2.2 ANOVA 过程的一般格式

ANOVA 过程的一般格式如下：

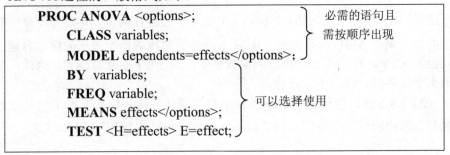

ANVOA 过程中的常用语句说明如下：

1. PROC ANVOA 语句

其一般格式为：**PROC ANOVA** <options>;

该语句表示调用方差分析过程。ANVOA 后的选项通常为：

（1）DATA=SAS 数据集名，规定 ANOVA 过程所使用的输入数据集。

（2）OUTSTAT=SAS 数据集名，规定输出一个数据集，它包含模型中每个效应的平方和、F 统计量以及概率水平。

2. CLASS 语句

该语句的一般格式为：**CLASS** variables;

在执行 ANOVA 过程中，所有需要考察的因素或分类变量都要在该语句中予以说明，其中的 vriables 即为变量名。该语句必须使用，而且须出现在 MODEL 语句之前。

3. MODEL 语句

该语句的一般格式为：**MODEL** dependents=effects</options>;

该语句用来规定因素对被影响变量（或称为因变量）的效应模式。当仅存在主效应时，模型左边为因变量名，而右边为分类变量名，各分类变量之间要用空格分开。当不仅存在主效应，而且也存在交互效应时，右边除了主效应的分类变量名外，还需用"*"连接存在交互效应的两个分类变量。

例如，假定有两个因素 A，B，因变量为 Y，则主效应模型可以写为如下形式：

$$MODEL\ Y=A\ B;$$

如果还存在交互效应，则模型可写为：MODEL $Y=A\ B\ A*B$；

该语句后的选项有：INT，要求 ANOVA 过程把截距作为模型里的一个效应进行处理并打印与截距有关的检验结果。

4. MEANS 语句

该语句的一般格式为：**MEANS** effects</options>;

该语句用来计算列在 MEANS 后的每个效应所对应的因变量的均值，包括主效应和交互效应，而且在一个 ANOVA 过程中可以出现多个 MEANS 语句。MEANS 语句中的选项除了规定进行多重比较的检验方法外，还规定了进行同方差的检验方法，值得注意的是这些检验只能用于主效应。可以出现在 options 选项中的检验方法有：

（1）T|LSD 法：对 MEANS 语句中出现的所有主效应进行两两 T 检验，当每一水平的观测数相等时，T 检验变成 Fisher 的最小显著差检验。

（2）BON 法：对 MEANS 语句中出现的所有主效应均值之差进行 Bonferroni 的 T 检验。

（3）TUKEY 法：对 MEANS 语句中出现的所有主效应均值进行 TUKEY 的学生化极差检验。

（4）DUNCAN 法：对 MEANS 语句中出现的所有主效应均值进行 Duncan 极差检验。

（5）REGWF：对 MEANS 语句中出现的所有主效应均值进行 Ryan-Einot-Gabriel-Welsch 多重 F 检验。

（6）REGWQ：对 MEANS 语句中出现的所有主效应均值进行 Ryan-Einot-Gabriel-Welsch 多重极差检验。

（7）HOVTEST 或者 HOVTEST=levene：规定进行方差齐次性的 levene 检验。

5. TEST 语句

该语句的一般格式为：TEST <H=effects> E=effect;

该语句指定 E=effect 的效应作为均方误差项计算 F 检验值。如果没有此选项，ANOVA 过程将用残差的均方（MSE）作为误差项计算 F 检验值。

ANOVA 过程中的 BY 语句和 FREQ 语句的用法与其他过程中这两个语句的用法类似。

8.3 ANOVA 过程的应用举例

8.3.1 单因素方差分析举例

作为应用实例，我们首先用 ANOVA 过程来解决例 8.1 中的问题。SAS 程序如下：

```
data package;
do pack='A', 'B', 'C', 'D', 'E';
input sale@@;output;end;
cards;
325     617     229     856     319
154     331     181     553     167
367     819     288     1092    278
144     407     113     816     149
;
proc sort;by pack;run;
proc univariate normal;var sale;by pack;run;
proc anova;
```

```
class pack;
model sale=pack;
means pack/t bon hovtest; run;
```

程序说明：上述程序首先利用循环语句创建了一个名为 package 的 SAS 数据集，其中，do 语句进行了五次循环，而 output 语句把每次读入的数据都作为一个观测输出到数据集 package 中，从而数据集 package 中有两个变量，20 个观测。程序第二部分利用所建的数据集进行方差分析。考虑到方差分析中要求因素的每个水平下的观测需服从正态分布，并且方差相等，因此增加了进行正态性检验的单变量过程（程序中的第二个过程），而 sort 排序过程（程序中的第一个过程）是为了对五种包装分组检验，为此需按 pack 进行排序。程序中的第三个过程是进行方差分析的。其中 class 语句中的 pack 作为分类变量，而 model 语句给出了方差分析模型结构。就本例而言，该语句要求就五种包装进行方差分析，也即检验五种包装的销售量是否有显著性差异。最后的 means 语句要求计算每一种包装下的平均销售量，并进行方差齐性检验和多重比较的 T 检验和 BON 检验。程序运行结果见输出 8.1(A)－8.1(D)。

本例的输出可以分成四个部分，其中输出 8.1（A）来自每种包装销售量数据的正态性检验；输出 8.1（B）每组数据的方差齐性检验；输出 8.1（C）五种包装的方差分析；输出 8.1（D）五种包装平均销售量的多重比较检验。

输出 8.1(A) 五种包装销售量数据正态性检验结果

各包装水平下销售量的正态性检验			
PACK=A	W:Normal 0.832785	Pr<W	0.1695
PACK=B	W:Normal 0.946458	Pr<W	0.6655
PACK=C	W:Normal 0.998702	Pr<W	0.9925
PACK=D	W:Normal 0.972431	Pr<W	0.8250
PACK=E	W:Normal 0.88434	Pr<W	0.3528

输出 8.1（A）给出了五种包装正态性检验结果。由于每种包装的正态检验 W 值都接近于 1，且其对应的概率都大于 0.05，因此我们可以得出结论：在 0.05 的显著性水平下，不能拒绝五种包装的销售量数据来自正态分布的假定，也即五种包装的销售量数据的正态性是可以接受的。

输出 8.1（B）给出了五种包装销售量数据的 Levene 方差齐性检验结果。判断几组数据的方差是否齐性，只需看检验的 F 值及其对应的概率大小。本例中 $F=1.9955$，其对应的 p 值为 0.1469 大于 0.05，因此可以得出结论：五种包装销售量数据的方差没有显著差别。

输出 8.1(B)　五种包装销售量数据方差齐性检验结果

```
         Levene's Test for Equality of SALE Variance
         ANOVA of Squared Deviations from Group Means

                  Sum of      Mean
         Source  DF  Squares   Square    F Value   Pr > F
         PACK    4   4.3976E9  1.0994E9  1.9955    0.1469
         Error   15  8.264E9   5.5093E8
```

在方差分析中，如果没有特别的信息，一般需要检验数据的正态性和方差齐性。本例中，由上述结论及销售量数据的独立性一般可以满足，知道进行方差分析的全部假设条件成立（注意：假如数据的正态性或方差齐性得不到满足，此时不能用 ANOVA 进行方差分析，而要用 NPAR1WAY（非参数法）过程进行非参数方差分析），从而可用 ANOVA 过程进行方差分析。

五种包装销售量数据方差分析结果如下：

输出 8.1(C)　五种包装销售量数据方差分析结果

```
                  Analysis of Variance Procedure

                   Dependent Variable: SALE

   Source     DF   Sum of Squares     Mean Square      F Value    Pr > F
   Model      4    1183937.50000000   295984.37500000  12.05      0.0001
   Error      15   368302.25000000    24553.48333333
   Corrected  19   1552239.75000000
   Total
   R-Square     C.V.         Root MSE         SALE Mean
   0.762729     38.19513     156.69551153     410.25000000
   Source     DF   Anova SS           Mean Square      F Value    Pr > F
   PACK       4    183937.50000000    295984.37500000  12.05      0.0001
```

输出 8.1（C）由两部分构成：前半部分是方差分析表，包括方差来源、自由度、平方和、均方、F 检验值以及对应的概率 p。后半部分是检验结果的一些总结，这部分除了有 F 检验值及其对应的概率外，还有一些其他统计量，如 R^2 值、变异系数、均方误差的平方根、平均销售量以及来自于模型本身的一些统计量。在方差分析中，要判断一个因素各水平间是否有显著差异，只需看 F 检验值及其对应的概率。本例中，F=12.05，其对应的概率 p 为 0.0001，小于显著性水平 0.05，从而可以得出结论：在 0.05 的显著性水平下，五种包装的平均销售量有显著性差异。

为了进一步判定哪种包装销售量最好，还需进行均值的多重比较检验，输出 8.1（D）就给出了这一检验结果。

输出 8.1(D)　五种包装平均销售量多重比较检验结果

```
              Analysis of Variance Procedure
                T tests （LSD） for variable: SALE
NOTE: This test controls the type I comparisonwise error rate not the
experimentwise error rate.
Alpha= 0.05  df= 15  MSE= 24553.48    Critical Value of T= 2.13
Least Significant Difference= 236.17
Means with the same letter are not significantly different.
       T Grouping        Mean        N       PACK
              A          829.3       4        D
              B          543.5       4        B
              C          247.5       4        A
              C
              C          228.3       4        E
              C
              C          202.8       4        C


              Bonferroni （Dunn） T tests for variable: SALE
NOTE: This test controls the type I experimentwise error rate, but
generally has a higher type II error rate than REGWQ.
Alpha=0.05  df= 15  MSE= 24553.48    Critical Value of T= 3.29
Minimum Significant Difference= 364.09
Means with the same letter are not significantly different.
       Bon Grouping      Mean        N       PACK
              A          829.3       4        D
              A
              B   A      543.5       4        B
              B
              B          247.5       4        A
              B
              B          228.3       4        E
              B
              B          202.8       4        C
```

输出 8.1（D）分别给出了五种包装平均销售量 T 检验法和 BON 检验法的多重比较检验结果。这两种方法中 T 检验法控制的是比较误差率（CER），而 BON 检验法控制的是试验误差率（MEER）。由于使用的误差不同，所以得到的结果也有所差异。在 T 检验法中，t 的临界值为 2.13，最小显著性差为 236.17。也就是说，若两种包装的平均销售量之差小于 236.17，则两种包装平均销售量无显著性差异，输出中用同一字母表示。反之，若两种包装的平均销售量之差大于

236.17，则两种包装平均销售量存在显著性差异，输出中用不同字母表示。本例中由 T 检验法得到的结论是：D 包装与 B 包装之间，D 包装、B 包装与其他三种包装之间的平均销售量都存在显著性差异，其中，D 包装的平均销售量最大，为 829.3，其次是 B 包装，为 543.5，但 A, E, C 三种包装之间平均销售量却没有显著性差异。

在 BON 检验法中，t 的临界值为 3.29，最小显著性差为 364.09，换句话说只有平均销售量之差大于 364.09，两者之间才有显著性差异，否则就没有显著性差异。本例中由 BON 检验法得到的结论是：D 包装与 A, E, C 三种包装平均销售量有显著性差异，但 D 包装与 B 包装、B 包装与 A, E, C 三种包装之间却难以区分它们之间的显著性，也就是说 B 包装既可划为 D 包装组，也可划为 A, E, C 包装组。

顺便指出，BON 法作出的划分没有 T 法作出的划分细致，是因为 BON 法控制的是整个试验误差。当试验误差为 0.05 时，两两比较之间的误差概率肯定要比 0.05 小。而 T 法控制的是两组比较之间的误差，当这一误差为 0.05 时，将比 BON 法两两比较时使用的误差大，从而由 T 法给出的临界值将小于由 BON 法给出的临界值，换句话说，两均值比较时，由 T 法确定的接受域将更小，而拒绝域将更大，从而得出 T 法比 BON 法划分更细的结论也就理所当然的了。

下面，我们再给出例 8.2 方差分析的 SAS 程序。

```
data stock;
input type$ neps@@;
cards;
jsj    3.94  jsj   2.76  jsj    8.95  jsj   3.23  jsj   3.04  jsj 4.69
jsj    1.52  jsj   5.05  che    2.89  che   1.65  che   2.59  che 1.09
che   −1.70  che   2.30  che   −3.10  public −2.26 public 0.66
public 2.22  public 1.77  public −0.15 public 2.10
public −2.89 public 1.12  public −3.21 public 2.11
;proc sort;by type;run;
proc univariate normal;var neps; by type;run;
proc npar1way wilcoxon; class type;var neps;run;
proc glm; class type; model neps=type;
means type/t regwq ;run;
```

本例与例 8.1 在数据结构上有所不同。前者为非均衡数据，而后者则是均衡数据。按照前面的介绍，对于非均衡数据的方差分析一般用 GLM 过程进行分析（见程序中的第四个过程）。鉴于本例中三类行业的数据不全服从正态分布，所

第 8 章 方差分析与 ANOVA 过程

以运用非参数方法进行方差分析（见程序中的第三个过程）。本例程序的其他部分与上例基本类似，相信读者可以理解，不再说明。本例程序运行结果如下：

输出 8.2(A)　三类行业每股净收益数据正态性检验结果

三类行业每股净收益数据的正态性检验
TYPE=che　　Shapiro-Wilk　W　0.843731　Pr < W　0.1076
TYPE=jsj　　Shapiro-Wilk　W　0.87691　Pr < W　0.1759
TYPE=public　Shapiro-Wilk　W　0.838932　Pr < W　0.0428

由输出 8.2（A）可以看出，在 0.05 的水平下，医药类和计算机类股票的每股收益不能拒绝正态性假定，但公用事业类股票每股净收益数据的分布与正态分布有显著性差异，从而违背了 ANOVA 过程要求数据服从正态性假定的基本要求，因此需用不依赖分布假设的非参数检验方法 npar1way 过程进行方差分析。其检验结果如下：

输出 8.2(B)　每股净收益非参数方差分析结果

```
           N P A R 1 W A Y   P R O C E D U R E

            Wilcoxon Scores（Rank Sums）for Variable NEPS
                    Classified by Variable TYPE

                Sum of    Expected    Std Dev        Mean
        TYPE  N  Scores   Under H0    Under H0      Score
        che   7   78.0      91.0     16.5227116   11.1428571
        jsj   8  163.0     104.0     17.1658576   20.3750000
        public 10 84.0     130.0     18.0277564    8.4000000

              Kruskal-Wallis Test（Chi-Square Approximation）
              CHISQ = 12.385    DF = 2    Prob > CHISQ = 0.0020
```

对于非参数方差分析，要了解各水平下的平均每股净收益是否存在显著性差异，只需看输出 8.2（B）的最后一行"Prob > CHISQ ="右边的概率值。如果该概率小于给定的显著性水平，则各组数据的平均水平存在显著性差异，否则就没有显著性差异。

本例中，Kruskal-Wallis 近似卡方检验的卡方统计量值为 12.385，其对应的概率为 0.002，小于显著性水平 0.05。因此可以得出结论：在 0.05 的显著性水平上，三个行业股票每股净收益的平均值存在显著性差异。

非参数方差分析虽然能得出各组平均数存在显著性差异，但是不能对每个行业平均收益进行多重比较，也就是说不能指出哪个行业平均收益显著高于其他行业。为此我们用 GLM 模型对该批数据做进一步分析，结果如下：

输出 8.2(C)　用 GLM 法进行方差分析所得结果

```
               General Linear Models Procedure

              Dependent Variable: NEPS

Source           DF    Sum of Squares    Mean Square    F Value    Pr > F
Model             2    77.31472114       38.65736057    7.78       0.0028
Error            22    109.38350286       4.97197740
Corrected Total  24    186.69822400


R-Square        C.V.         Root MSE          NEPS Mean
0.414116      138.0848      2.22979313         1.61480000

Source           DF    Type I SS         Mean Square    F Value    Pr > F
TYPE              2    77.31472114       38.65736057    7.78       0.0028

Source           DF    Type III SS       Mean Square    F Value    Pr > F
TYPE              2    77.31472114       38.65736057    7.78       0.0028
```

输出 8.2（C）由两部分构成，前半部分是方差分析表，这部分与 ANOVA 过程输出的方差分析表是一样的。后半部分给出了一些常见统计量值以及由系统自动产生的两种计算平方和的方法：Type I SS 和 Type III SS。一般来说，选择前者要求数据应是平衡数据，而且各因素效应有一定的顺序，而后者则没有这些要求，特别是数据不要求是均衡的，各因素效应与因素在模型排列的顺序也没有关系，

但值得注意的是：选择 Type III SS 计算出的各因素平方和之和有时不等于总离差平方和，而 Type I SS 则不会出现此类情况。本例中两种计算平方和的方法结果是一致的，而且检验的 F 值为 7.78，其对应的概率为 0.0028，小于显著性水平 0.05，由此我们得到了与非参数方差分析一样的结论：在 0.05 的水平上，三个行业股票每股净收益的平均值存在显著性差异。

利用 GLM 过程，我们还给出了三个行业平均收益的多重比较检验结果，见输出 8.2（D）。

输出 8.2(D) 三个行业平均每股净收益多重比较检验结果

```
                T tests （LSD） for variable: NEPS
NOTE: This test controls the type I comparisonwise error rate not the
                       experimentwise error rate.
                 Alpha= 0.05  df= 22  MSE= 4.971977
                       Critical Value of T= 2.07
                    Least Significant Difference= 2.29
                   WARNING: Cell sizes are not equal.
                   Harmonic Mean of cell sizes= 8.15534
      Means with the same letter are not significantly different.
      T Grouping         Mean    N    TYPE
           A             4.148    8    jsj
           B             0.817    7    che
           B
           B             0.147   10    public


       Ryan-Einot-Gabriel-Welsch Multiple Range Test for variable: NEPS
         NOTE: This test controls the type I experimentwise error rate.
                  Alpha= 0.05  df= 22  MSE= 4.971977
                    WARNING: Cell sizes are not equal.
                   Harmonic Mean of cell sizes= 8.15534
                       Number of Means      2          3
                    Critical Range    2.29003    2.7738895
       Means with the same letter are not significantly different.
      REGWQ Grouping      Mean    N    TYPE
           A             4.148    8    jsj
           B             0.817    7    che
           B
           B             0.147   10    public
```

输出 8.2（D）给出了用 T 检验法和 REGWQ 检验法的多重比较检验结果。从输出结果看，T 检验法的临界值为 2.07，最小显著性差为 2.29，三个行业平均收益可分成两组，其中计算机行业平均每股净收益为 4.148 显著高于其他两个行业的平均收益率，而化工与公用事业行业平均每股净收益无显著性差异。由 REGWQ 法给出的临界极差分别为 2.29003 和 2.7738895，分组情况与 T 法一致。由此我们得出如下结论：

在 0.05 的显著性水平上，计算机行业平均每股净收益显著高于化工与公用事业行业，而化工与公用事业两者在平均每股净收益上无显著差异。

8.3.2 两因素无交互效应方差分析举例

【例 8.3】 某汽车销售商欲了解三种品牌的汽车 X, Y, Z 和四种标号（A, B, C, D）高低不同的汽油对汽油消耗量的影响情况。在三种品牌的汽车中随机抽出三辆，分别使用四种标号的汽油在同样的公路上行驶 1 小时，然后测量各自的消耗量，结果如表 8.4 所示。试分析汽车的品牌和汽油的标号对汽油的消耗量有无显著影响（α =0.05）？

表 8.4

汽车 \ 汽油	A	B	C	D
X	21.8	22.4	20.6	23.1
Y	31.3	34.2	30.6	33.7
Z	23.1	27.3	26.1	28.6

解：根据题意,可建立如下两个假设：

H_{0A}：汽车品牌对汽油的消耗量没有显著影响

H_{0B}：汽油标号对汽油的消耗量没有显著影响

由以上假设知，这是一个两因素的方差分析问题，而且无交互效应，由此给出本例方差分析程序如下：

```
data cars;
do car='X','Y','Z';
  do gas='A','B','C','D';
  input consume@@;output;
  end;
end;
cards;
21.8  22.4  20.6  23.1
31.3  34.2  30.6  33.7
23.1  27.3  26.1  28.6
;proc anova;class car gas;
model consume=car gas;
means car gas/t bon;run;
```

程序说明：本例程序可以分为两部分。第一部分利用双重循环语句创建了一个名为 cars 的 SAS 数据集。一般来说，对于两因素无交互效应的数据都可以用双重循环语句来输入数据，而对于单因素方差分析则可用单个循环语句输入数据，如例 8.1，对双因素有交互效应的方差分析则可用三重循环输入数据。程序第二部分利用 ANOVA 过程进行方差分析，并利用 MEANS 语句中的选项进行 T 法和 BON 法多重比较检验。鉴于两因素无交互效应的方差分析中 A 因素的第 i 个水平与 B 因素的第 j 个水平往往只有一次试验观测，因此无法进行正态性和方差齐性检验。实践中通常假定正态性和方差齐性假定满足，本例情况即是如此，即假定进行方差分析的各种条件都成立，所以程序没有进行有关检验而直接进行方差分析，请读者注意区分。程序运行结果如下：

输出 8.3(A) 汽车品牌与汽油标号两因素方差分析结果

```
                    Analysis of Variance Procedure
         Dependent Variable: CONSUME
         Source          DF    Sum of Squares    Mean Square    F Value    Pr > F
         Model            5    243.17500000      48.63500000    36.82      0.0002
         Error            6      7.92500000       1.32083333
         Corrected Total 11    251.10000000


         R-Square        C.V.         Root MSE       CONSUME Mean
         0.968439        4.272398     1.14927513     26.90000000

         Source    DF    Anova SS       Mean Square    F Value    Pr > F
         CAR        2    221.79500000   110.89750000   83.96      0.0001
         GAS        3     21.38000000     7.12666667    5.40      0.0386
```

输出 8.3（A）最后三行告诉我们，因素汽车品牌的 F 检验值为 83.96，其对应的概率为 0.0001；因素汽油标号的 F 检验值为 5.4，其对应的概率为 0.0386，因此在 0.05 的显著性水平上，汽车品牌和汽油标号对汽油的消耗都有显著性影响。但当显著性水平变为 0.01 时，虽然汽车品牌对汽油的消耗仍有显著性影响，但是汽油标号对汽油的消耗却不再有显著性影响了。这一方面说明汽油标号对汽油消耗影响并不明显，另一方面，也说明了有无显著影响是与显著性水平的大小有关的。由此可知，当我们得出某一因素对研究对象无显著性影响时，决不能说某一因素对研究对象无影响。类似地，当我们检验得出某一参数与 0 没有显著差异时，不能说该参数就是 0。

为进一步了解不同品牌汽车和不同标号汽油对汽油平均消耗量影响的差异，程序中利用 T 检验法和 BON 检验法对此进行了多重比较检验，检验结果如下：

输出 8.3(B) 不同品牌的汽车和不同标号的汽油对汽油平均消耗量的比较

```
                    Analysis of Variance Procedure
                   T tests （LSD） for variable: CONSUME
     NOTE: This test controls the type I comparisonwise error rate not the
                          experimentwise error rate.
                      Alpha= 0.05  df= 6  MSE= 1.320833
                          Critical Value of T= 2.45
                       Least Significant Difference= 1.9885
              Means with the same letter are not significantly different.
                T Grouping      Mean       N     CAR
                     A         32.4500     4      Y
                     B         26.2750     4      Z
                     C         21.9750     4      X

                  Bonferroni （Dunn） T tests for variable: CONSUME
 NOTE: This test controls the type I experimentwise error rate, but generally has a higher
 type II error rate than REGWQ.
                      Alpha= 0.05  df= 6  MSE= 1.320833
                          Critical Value of T= 3.29
                       Minimum Significant Difference= 2.6716
              Means with the same letter are not significantly different.

               Bon Grouping     Mean       N     CAR
                     A         32.4500     4      Y
                     B         26.2750     4      Z
                     C         21.9750     4      X

                    Analysis of Variance Procedure
                   T tests （LSD） for variable: CONSUME
     NOTE: This test controls the type I comparisonwise error rate not the experimentwise
                                error rate.
                      Alpha= 0.05  df= 6  MSE= 1.320833
                          Critical Value of T= 2.45
                       Least Significant Difference= 2.2961
              Means with the same letter are not significantly different.

                T Grouping      Mean       N     GAS
                     A         28.4667     3      D
                     A
                B    A         27.9667     3      B
                B
                B    C         25.7667     3      C
                     C
                     C         25.4000     3      A

                    Analysis of Variance Procedure
                  Bonferroni （Dunn） T tests for variable: CONSUME
   NOTE: This test controls the type I experimentwise error rate, but generally
                  has a higher type II error rate than REGWQ.
                      Alpha= 0.05  df= 6  MSE= 1.320833
                          Critical Value of T= 3.86
```

(续)输出 8.3（B）

```
              Minimum Significant Difference= 3.625
          Means with the same letter are not significantly different.
       Bon Grouping      Mean      N      GAS
           A            28.4667    3       D
           A
           A            27.9667    3       B
           A
           A            25.7667    3       C
           A
           A            25.4000    3       A
```

在输出 8.3（B）中，对于给定的 0.05 的显著性水平，关于不同品牌的汽车由 T 检验法给出的临界值为 2.45，而最小显著性差为 1.9885，见输出 8.3（B）中的第一个 T 法检验。检验结果为：三种品牌的汽车平均耗油量均不相同，其中，Y 品牌的汽车平均耗油量最高，为 32.45，Z 品牌的汽车平均耗油量其次，为 26.275，X 品牌的汽车平均耗油量最低，为 21.975。与 Y 品牌相比，两种品牌的汽车在公路上行驶 1 小时平均耗油量相差 10 个单位之多。由 BON 检验法给出的临界值为 3.29，而最小显著性差为 2.6716，见输出 8.3（B）中的第一个 BON 法检验。从输出 8.3（B）中可以看到，BON 法和 T 法检验结果一致，即三种品牌的汽车平均耗油量均显著不同。

关于不同标号的汽油，由 T 检验法给出的临界值为 2.45，最小显著性差为 2.2961，见输出 8.3（B）中的第二个 T 法检验。检验结果为：D 标号的汽油平均耗油量要显著高于 C，A 标号，而与 B 标号没有明显的差别；B 标号汽油平均耗油量显著高于 A 标号，但与 C 标号没有显著差别；C 标号汽油平均耗油量与 A 标号没有显著差别。在四种标号的汽油中，D 标号平均耗油量最大，B，C 标号其次，而 A 标号最小，与 D 标号相比相差达 3 个单位之多。与汽车品牌不同的是，由 BON 法给出的汽油标号平均耗油量的检验结果为：四种标号的汽油平均耗油量均没有显著性差异。

8.3.3 两因素有交互效应的方差分析举例

广告效果研究是市场调查分析中的一个重要内容，也是方差分析应用的重要领域之一，下面我们就来看一个这方面的例子。

【例 8.4】 为研究广告效果，考察 4 种广告方式：当地报纸、当地广播、店内销售员和店内展示的效果。共设有 144 个销售点，每种广告方式随机地抽取 36 个销售点记录销售额，分布在 6 个地区的 144 个销售点的销售情况如表 8.5 所示，表 8.5 中有 3 个变量：AD 表示广告的类型，AREA 表示地区，SALES 表示销售额。试完成以下工作：

(1)进行单因子方差分析。①检验四种广告方式下销售量数据是否服从正态分布,方差是否相等;②检验四种广告方式下销售量数据是否有显著差异(α=0.01);③若四种广告方式下销售量数据有显著差异,请进行多重比较(LSD),然后指出那些类型的广告效果有显著的不同?

(2)在设计广告效果的试验时,虽然地区差异对销售量的影响并不是我们感兴趣的,但是希望排除这一因素的影响。①试用两因子方差分析方法分析销售数据,并指出广告方式和地区对销售量是否有显著性影响(α=0.01)?②广告方式 AD 与地区 AREA 之间有无交互作用?

表 8.5

广告方式 (变量 AD)	销售额(变量 SALES)					
	地区 1	地区 2	地区 3	地区 4	地区 5	地区 6
当地报纸 PAPER	75 57 76 68 75 83	77 75 72 66 66 76	75 81 63 70 86 62	94 54 70 88 56 86	87 65 65 84 77 78	79 62 75 80 62 70
当地广播 RADIO	69 51 100 54 78 79	90 77 60 83 74 69	33 79 73 68 75 65	100 61 68 70 53 73	68 63 83 79 66 65	75 73 74 81 57 65
店内销售员 PEOPLE	63 67 85 58 82 78	80 87 62 87 70 77	70 75 40 68 61 55	64 40 67 76 70 77	51 61 75 42 71 65	64 50 62 78 37 83
店内展示 DISPLAY	52 61 61 41 44 86	76 57 52 75 75 63	33 69 60 52 61 43	61 66 41 69 43 51	64 58 50 60 52 55	44 45 58 52 45 60

解:按照题目要求,首先要对因素广告进行单因素方差分析,并在广告对销售量有影响的情况下进行多重比较。在进行方差分析之前,当然要进行正态性检验和方差齐性检验。这些检验与分析由以下程序的前三个过程完成,其中,正态性检验由单变量过程中的选项 normal 给出,第一个 MEANS 语句对各种广告方式下的销售量数据进行方差齐性检验和均值 LSD 多重比较检验,显著性水平为 0.05。第二个 MEANS 语句在 0.01 的显著性水平上用 duncan 检验法再次对各种广告方式下的平均销售量进行多重比较检验。程序中的第四个过程对广告、销售地区以及广告与销售地区的交互效应用 GLM 过程进行分析,其中,广告与销售地区的交互效应在程序中用表达式 ad*area 表示,本例程序编辑如下:

```
data ads;
do ad='paper', 'radio', 'people', 'display';
  do area='1','2','3','4','5','6';
    do i=1 to 6;
      input sales@@;
      output;
    end;
```

第 8 章　方差分析与 ANOVA 过程

```
        end;
      end;
    cards;
    75  57  76  68  75  83  77  75  72  66  66  76  76  81  63  70  86 62
    94  54  70  88  56  86  87  65  65  84  77  78  79  62  75  80  62 70
    69  51 100  54  78  79  90  77  60  83  74  69  33  79  73  68  75 65
   100  61  68  70  53  73  68  63  83  79  66  65  77  73  74  81  57 65
    63  67  85  58  82  78  80  87  62  87  70  77  70  75  40  68  61 55
    64  40  67  76  70  77  51  61  75  42  71  65  64  50  62  78  37 83
    52  61  61  41  44  86  76  57  52  75  75  63  33  69  60  52  61 43
    61  66  41  69  43  51  65  58  50  60  52  55  44  45  58  52  45 60
    ;
    proc sort;by ad;run;
    proc univariate normal;
    var sales;by ad;run;
    proc anova;class ad area;
    model sales=ad ;
    means ad/hovtest lsd alpha=0.05;
    means ad / duncan alpha=0.01;run;
    proc glm;
    class ad area;model sales=ad area ad*area;
    run;
```

以上程序运行结果可分成五部分。各部分输出结果及说明分述如下：

输出 8.4（A）给出了各种广告方式下销售量数据正态性检验的 W 值和与其对应的 p 值。从检验结果看，在 0.05 的显著性水平上，每种广告方式下的销售量数据都不能拒绝正态性假定，即销售量数据符合正态性要求。值得指出的是，当显著性水平提高到 0.1 时，由店内销售人员所进行的广告其分布的正态性不再显著。可能的原因是由店员所做的广告因每个人的努力程度不同，宣传方式也有差异，从而导致宣传效果差别较大。

输出 8.4(A)　各种广告方式下销售量数据的正态性检验结果

AD=displ	W:Normal	0.97617	Pr<W	0.6973
AD=paper	W:Normal	0.978127	Pr<W	0.7560
AD=peopl	W:Normal	0.942148	Pr<W	0.0777
AD=radio	W:Normal	0.966741	Pr<W	0.4253

由 Levene 检验给出的各种广告方式下销售量数据的方差齐性在 0.05 的显著性水平下是显著的（F=1.0994，p=0.3516，见输出 8.4（B））。结合输出 8.4（A），可以得出结论:对广告因素进行单因素方差分析的条件成立。

输出 8.4(B)　各种广告方式下销售量数据的方差齐性检验结果

```
              Analysis of Variance Procedure
           Levene's Test for Equality of SALES Variance
          ANOVA of Squared Deviations from Group Means
                  Sum of     Mean
  Source   DF    Squares    Square    F Value   Pr > F
  AD        3    155143     51714.3    1.0994   0.3516
  Error   140    6585473    47039.1
```

输出 8.4（C）给出了不同广告方式销售量的方差分析结果。从输出最后一行的 F 值及其对应的概率可以得出结论：广告方式对销售量有显著影响，也即不同形式的广告效果是不完全相同的。

输出 8.4(C)　不同广告方式销售量的方差分析结果

```
               Analysis of Variance Procedure

              Dependent Variable: SALES
  Source     DF   Sum of Squares   Mean Square   F Value   Pr > F
  Model       3   5874.24305556    1958.08101852  13.49    0.0001
  Error     140   20314.41666667   145.10297619
  Corrected 143   26188.65972222
   Total
  R-Square         C.V.          Root MSE       SALES Mean
  0.224305        18.02562       12.04586967     66.82638889
  Source     DF    Anova SS       Mean Square   F Value   Pr > F
  AD          3   5874.24305556   1958.08101852  13.49    0.0001
```

输出 8.4（D）是由 LSD 法和 Duncan 多极差法给出的不同广告方式下，平均销售量的多重比较检验结果。

其中，在 0.05 的显著性水平下，由 LSD 法给出的检验临界值为 1.98，最小显著性差为 5.6133。分组结果为：四种广告方式可以分为三组，它们中由报纸所做的广告平均销售量最大，达 73.222，显著高于由店员或店内展示的广告效果，但与广播广告效果没有显著差别，两者构成第一组。广播广告和店员广告的效果之间没有显著差别，但显著高于店内展示，两者构成第二组。店内展示效果最差，平均销售量只有 56.556。与报纸广告相比，两者平均销售量相差近 17 个单位。它单独作为一组，构成第三组。

输出 8.4（D）下半部分是由 Duncan 多极差检验法在显著性水平为 0.01 情况下给出的检验结果。

第8章 方差分析与 ANOVA 过程

从输出结果看，由 Duncan 多极差检验法给出的两级均值比较的临界极差为 7.414，三级均值比较的临界极差为 7.728，四级均值比较的临界极差为 7.941。分组结果为：报纸、广播、店员三种广告被分为 A 组，即三者之间的广告效果无显著性差别，但效果显著好于店内展示。店内展示单独作为 B 组，效果也最差。该法虽然与 LSD 法得到的分组结果有所区别，但是顺序没有变化。在 SAS 系统中，一般用 T（LSD）法较好。

输出 8.4(D)　不同广告方式下平均销售量的多重比较检验结果

```
                    Analysis of Variance Procedure
                     T tests（LSD）for variable: SALES
NOTE: This test controls the type I comparisonwise error rate not the
experimentwise error rate.
                  Alpha= 0.05  df= 140  MSE= 145.103
                      Critical Value of T= 1.98
                  Least Significant Difference= 5.6133
       Means with the same letter are not significantly different.
          T Grouping        Mean    N   AD
               A           73.222   36  paper
               A
            B  A           70.917   36  radio
            B
            B              66.611   36  peopl
            C              56.556   36  displ

              Duncan's Multiple Range Test for variable: SALES
NOTE: This test controls the type I comparisonwise error rate, not the
experimentwise error rate
                  Alpha= 0.01  df= 140  MSE= 145.103
                    Number of Means    2    3    4
                   Critical Range  7.414 7.728 7.941
       Means with the same letter are not significantly different.
          Duncan Grouping   Mean    N   AD
               A           73.222   36  paper
               A
               A           70.917   36  radio
               A
               A           66.611   36  peopl
               B           56.556   36  displ
```

输出 8.4（E）给出了由 GLM 过程输出的两因素有交互效应的方差分析结果。从输出 8.4（E）上半部分方差分析表的 F 检验值及其对应的概率可知，广告和销售地区及其交互效应对销售量有显著影响，但方差分析表并没有告诉哪一个或哪几个效应是显著的。为此，需进一步检查输出 8.4（E）下半部分最后三行的 t 值及其对应的概率。由输出结果，我们可以得出结论：在 0.05 的显著性水平下，只有广告对销售量的影响效果是显著的，而销售地区及广告与销售地区的交互作用对销售量无显著影响。但是，当显著性水平提高为 0.1 时，销售地区对销售量也有显著影响。

输出 8.4(E)　由 GLM 过程给出的两因素有交互效应的方差分析结果

```
                General Linear Models Procedure
                   Dependent Variable: SALES
Source        DF    Sum of Squares    Mean Square    F Value    Pr > F
Model         23    8476.82638889     368.55766908   2.50       0.0007
Error        120    17711.83333333    147.59861111
Corrected    143    26188.65972222
Total

R-Square        C.V.          Root MSE         SALES Mean
0.323683        18.17997      12.14901688      66.82638889

Source        DF    Type I SS        Mean Square    F Value    Pr > F
AD             3    5874.24305556    1958.08101852  13.27      0.0001
AREA           5    1438.28472222    287.65694444   1.95       0.0912
AD*AREA       15    1164.29861111    77.61990741    0.53       0.9219

Source        DF    Type III SS      Mean Square    F Value    Pr > F
AD             3    5874.24305556    1958.08101852  13.27      0.0001
AREA           5    1438.28472222    287.65694444   1.95       0.0912
AD*AREA       15    1164.29861111    77.61990741    0.53       0.9219
```

习　题　8

1. 下表（表 p.8.1）收集了四个行业，不同的上市公司股票的每股收益资料（摘自证券之星网·个股资料·历年收益）：

表 p.8.1

化工	社会服务	信息技术	钢铁
0.2040	0.1900	0.1750	0.0776
0.0230	−0.0500	0.1000	−0.0560
0.0370	0.0120	0.0370	0.0290
0.0500	0.0700	−0.0400	−0.0750
−0.0100	0.0700	0.0160	0.0800
0.2700	0.0800	0.1100	0.0520

试用 ANOVA 过程分析各行业公司股票收益是否有显著差异。

2. 下面是证券代码为 000525，000526，000527 的某几天股票收盘价：

```
000525  19.26  17.91  18.75  18.25  18.66  19.26  19.5   19.27  19.25  19.1   19.41
000526  7.33   7.39   7.32   7.15   7.15   7.45   7.63   7.43   7.47   7.38   7.54
000527  13.4   13.4   13.22  13.34  13.29  13.64  13.6   13.64  13.64  13.43  13.82
```

试比较这三个公司股票收益率是否有显著差异？若有显著差异，哪个行业公司平均收益率最大？

3. 根据下表（表 p.8.2）所给的我国东、中、西、东北地区城镇居民人均可支配收入数据，单位：元（摘自《中国统计年鉴·2014》）：

表 p.8.2

年份	东部地区	中部地区	西部地区	东北地区
2005	13374.9	8808.5	8783.2	8730.0
2006	14967.4	9902.3	9728.5	9830.1
2007	16974.2	11634.4	11309.5	11463.3
2008	19203.5	13225.9	12971.2	13119.7
2009	20953.2	14367.1	14213.5	14324.3
2010	23272.8	15962.0	15806.5	15941.0
2011	26406.0	18323.2	18159.4	18301.3
2012	29621.6	20697.2	20600.2	20759.3
2013	32472.0	22736.1	22710.1	22874.6

用 GLM 过程分析四个地区城镇人均可支配收入是否有显著影响。

4. 下面是安徽省 2007 年各省辖市专业技术人员数，数据如表 p.8.3 所示（单位：人）：

表 p.8.3

地区 DISTRICT	国有经济单位（STATE）	城镇集体经济单位（URBAN）	其他经济单位（OTHER）
合肥市	113501	3902	29577
淮北市	24419	4914	10627
亳州市	51333	2448	4419
宿州市	62730	7057	2495
蚌埠市	48686	2520	10839
阜阳市	84808	6747	5808
淮南市	41942	3220	20405
滁州市	40004	4041	6246
六安市	66078	6259	3435
马鞍山市	18463	1044	17053
巢湖市	46311	3917	7230
芜湖市	34305	1657	19513
宣城市	32462	2335	4135

(续)表 p.8.3

地区 DISTRICT	国有经济单位（STATE）	城镇集体经济单位（URBAN）	其他经济单位（OTHER）
铜陵市	19702	604	5551
池州市	21279	836	2818
安庆市	72542	4907	4244
黄山市	22478	1713	4696
其 他	1326		

（1）比较不同地区专业技术人员数是否有显著的差异？如果有显著差异，哪个地区专业技术人员数最多？

（2）试比较不同所有制形式的企业专业技术人员数是否有显著差异？如果有显著差异，哪种所有制形式的企业专业技术人员数最多？

5. 在例 8.1 中，若取消商店前面的"条件相当"，则商店也可以看作为一个因素，即销售量除了受到包装影响外，还可能受到商店自身条件的影响。试利用例 8.1 中的数据对包装和商店进行两因素方差分析。

6. 试根据各国"三次产业 GDP 结构数据（2012）"（表 p.8.4，摘自《中国统计年鉴·2014》），分析不同国家和不同产业对 GDP 的贡献有无显著影响（α=0.05）。

表 p.8.4

国　家	第一产业（%）	第二产业（%）	第三产业（%）
中　国	10.1	45.3	44.7
美　国	1.2	20.2	78.6
日　本	1.2	25.6	73.2
德　国	0.8	30.5	68.7
英　国	0.7	20.7	78.7
巴　西	5.3	26.0	68.7
俄罗斯	3.9	36.7	59.4
韩　国	2.5	38.1	59.5

7.为了研究国内生产总值增长率，抽取部分发达国家（developed）（加拿大、美国、日本、德国、英国、法国、意大利、澳大利亚、新加坡、韩国）和发展中国家（developing）（中国、印度、菲律宾、墨西哥、巴西、阿根廷、埃及、缅甸、孟加拉国、巴基斯坦）2004－2007年的 GDP 增长率资料，如下表所示（表 p.8.5，数据摘自《中国统计年鉴·2008》，表中数据与题中的国别顺序相对应）：

表 p.8.5

年　度	2004	2005	2006	2007
发达国家	3.1　3.6　2.7　1.1 3.3　2.5　1.5　3.8 9.0　4.7	3.1　3.1　1.9　0.8 1.8　1.7　0.6　2.8 7.3　4.2	2.8　2.9　2.4　2.9 2.9　2.0　1.8　2.8 8.2　5.1	2.7　2.2　2.1　2.5 3.1　1.9　1.5　3.9 7.7　5.0
发展中国家	10.1　7.9　6.4　4.2 5.7　9.0　4.1　13.6 6.1　7.4	10.4　9.1　4.9　2.8 3.2　9.2　4.5　13.6 6.3　7.7	11.1　9.7　5.4　4.8 3.8　8.5　6.8　12.7 6.4　8.6	11.4　9.2　7.3　3.3 5.4　8.7　7.1　5.5 5.6　9.9

试考察不同类型国家和不同年份对国内生产总值（GDP）增长率有无显著影响。

附录　第8章部分例题的菜单实现[①]

Ⅰ. 例8.1的菜单实现

1. 进入 SAS/ASIST 主菜单界面。

2. 点击【DATA ANALYSIS】=>【ANOVA】，点击【ANOVA】，进入图 F8.1。

图 F8.1

3. 点击【Analysis of variance...】，进入图 F8.2。

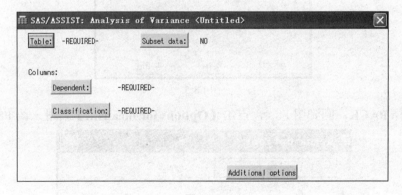

图 F8.2

---

① 这里仅介绍方差分析过程的菜单操作，其他过程请参考有关章节的内容。

4. 点击【Table】，在 WORK 库中选择分析的表 package，在 Colums 中点击【Dependent:】选择因变量 sale，点击【Classification:】选择分类变量 pack，再点击【Additional options】，进入图 F8.3。

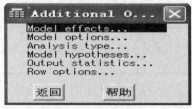

图 F8.3

5. 点击【Output statistics…】，进入图 F8.4。

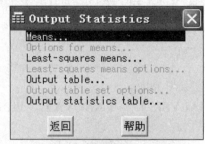

图 F8.4

6. 点击【Means…】选项，进入图 F8.5。

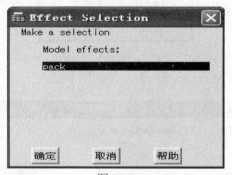

图 F8.5

选择 PACK，回到图 F8.4，点击【Options for means…】，进入图 F8.6。

图 F8.6

7. 点击【Comparison Test】，进入图 F8.7。

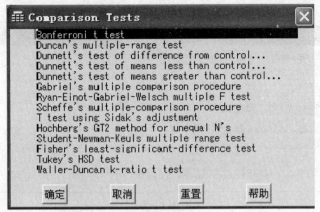

图 F8.7

点击【Bonferroni t test】和【Fish's least-significant-difference test】，再点击【确定】，退回到图 F8.6，再点击【确定】退回到图 F8.5，再点击【返回】退回到图 F8.4，点击【返回】，进入图 F8.8。

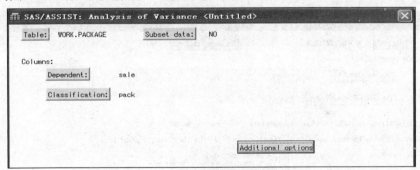

图 F8.8

8. 点击【运行】菜单下的【提交】选项即可，或直接工具栏中的【】。

（备注：菜单操作不能实现对方差的齐次性检验和 T 检验，但在数据均衡时，可以使用 Fisher 的最小显著差检验替代 T 检验，本操作就是这么做的，下同。）

Ⅱ．例 8.2 的菜单实现

本例中的 regwq 过程在菜单中不能实现，而且是非均衡数据，故也不能使用 Fisher 的最小显著差检验替代 T 检验，故略去 GLM 过程，只对非参数过程进行操作。

1. 重复例 8.1 第 1 步至第 2 步，选择【Nonparametric ANOVA...】，进入图 F8.9。

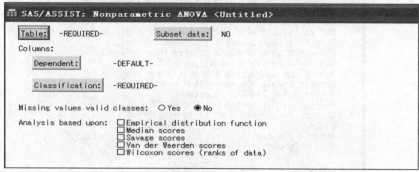

图 F8.9

2. 点击【Table】，选择分析的数据集 STOCK，在 Colums 中点击【Dependent:】选择因变量 NEPS，点击【Classification:】选择分类变量 TYPE，在【Analysis based upon:】中点击 Wilcoxon scores（ranks of data），进入图 F8.10。

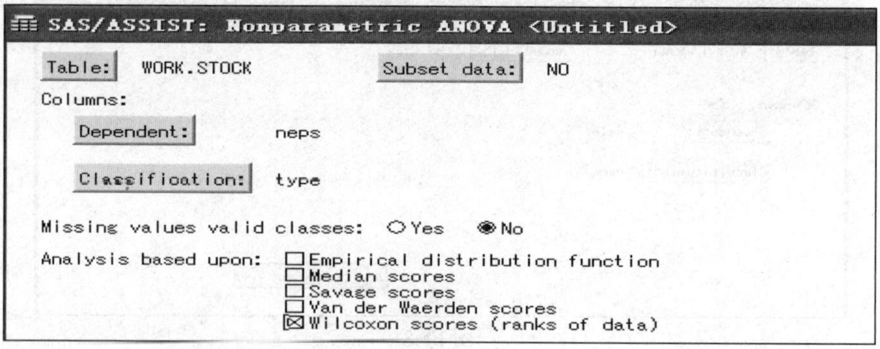

图 F8.10

3. 点击【运行】菜单下的【提交】选项即可，或直接工具栏中的【】。

III. 例 8.3 的菜单实现

1. 重复例 8.1 第 1 步至第 3 步，选择数据集为 **cars**，因变量为 **consume**，而在选择分类变量时，要选择两个变量 **car, gas**。
2. 重复例 8.1 第 4 步至第 5 步，选择第一个分类变量，比如 **car**。
3. 重复例 8.1 第 6 步至第 7 步即可。
4. 重复本例第 2 步，选择第二个分类变量 **gas**。
5. 重复本例第 3 步，即可。

注：本例 **MEANS** 过程有两个分类变量，所以分两次进行。

第 8 章 方差分析与 ANOVA 过程

Ⅳ. 例 8.4 的菜单实现

（i）第一个 **MEANS** 过程

1. 重复例 8.1 第 1 步至第 3 步，选择分析的数据集 **ADS**，选择因变量 **SALES**，选择分类变量 **AD**。

2. 点击【**Additional options**】，进入图 F8.3。

3. 点击【**Output statistics…**】，进入图 F8.4。

4. 点击【**Means…**】进入图 F8.11，选择变量 **AD**。

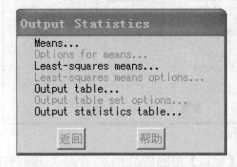
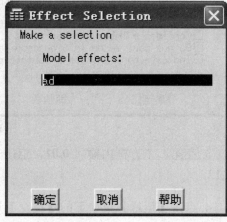

图 F8.11

5. 点击【确定】回到图 F8.4，点击【**Options for means…**】，进入图 F8.6。

6. 点击【**Comparison Test**】进入图 F8.7，选择【**Fish's least-significant-difference test**】再点击【确定】，回到图 F8.6，再点击【确定】，退回到图 F8.11，再点击【确定】，退回到图 F8.4，点击【返回】，进入图 F8.12。

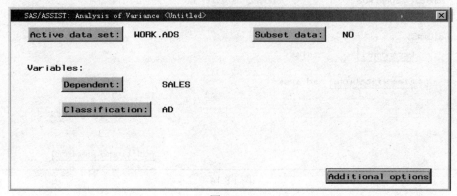

图 F8.12

7. 点击【运行】菜单下的【提交】选项即可，或直接工具栏中的【】。

（ii）第二个 MEANS 过程

1. 重复第一个 MEANS 过程的第 1 步至第 6 步，选择【Duncan's multiple-range test】，点击【OK】，退回到图 F8.6。

2. 点击【Specify comparison options...】，进入图 F8.13。

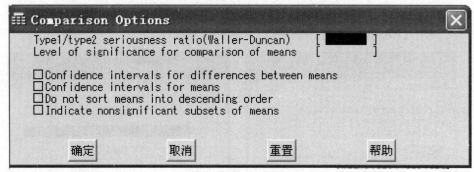

图 F8.13

3. 在第二个方框内输入 **0.01**，点击【确定】退回到图 F8.6，再一直退回到图 F8.12。

4. 点击【运行】菜单下的【提交】选项即可，或直接工具栏中的【】。

（iii）第三个 MEANS 过程

1. 重复例 8.1 第 1 步至第 4 步，选择分析的数据集 **ADS**，选择因变量 **SALES**，选择分类变量 **AD**，**AREA**，进入图 F8.14。

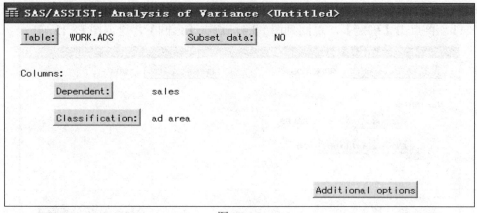

图 F8.14

2. 点击【Additional optional】，进入图 F8.3。

3. 点击【Model effect】，进入图 F8.15。

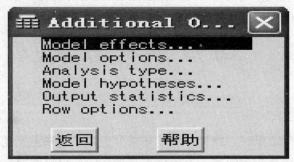

图 F8.15

4. 点击【Interactions …】，进入图 F8.16。

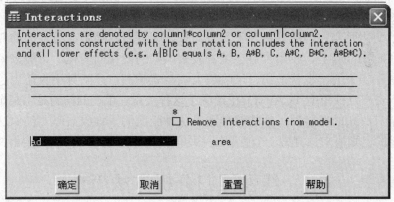

图 F8.16

5. 分别点击 AD、*以及 AREA，从而得到交互效应的表达式，点击【确定】，退回到图 F8.15。

6. 点击【返回】，退回到图 F8.3。点击【返回】，退回到图 F8.14。

7. 点击【运行】菜单下的【提交】选项即可，或直接工具栏中的【】。

第 9 章 回归分析与 REG 过程

在第 6 章第 6.2 节中，我们介绍了相关分析，并且知道变量之间线性相关的程度可以通过相关系数来衡量。但是在实际工作中，仅仅知道变量之间存在相关关系往往是不够的，还需要进一步明确它们之间有怎样的关系。换句话说，实际工作者常常想知道某些变量发生变化之后，另外一个相关变量的变化程度。例如，第 6 章中已经证明消费和收入之间有很强的相关关系，而且也知道，消费随着收入的变化而变化，问题是当收入变化某一幅度后，消费会有多大的变化？再比如，在股票市场上，股票收益会随着股票风险的变化而变化。一般来说，收益和风险是正相关的，也就是说，风险越大收益就越高，风险越小收益也越小，著名的资本资产定价模型（CAPM）正说明了这种关系。现在的问题是当某个投资者知道了某只股票的风险后，他能够预测出这种股票的平均收益吗？类似这类通过某些变量的已知值来预测另一个变量的平均值的问题正是回归分析所要解决的。

9.1 线性回归分析方法简介

9.1.1 回归分析的含义及其所要解决的问题

"回归"（regression）这一名词，最初是由 19 世纪英国生物学家兼统计学家 F.Galton（F·高尔顿），在一篇著名的遗传学论文中引入的。高尔顿发现，虽然有一个趋势：父母高，儿女也高；父母矮，儿女也矮，但是给定父母的身高，儿女辈的平均身高却有趋向于或者"回归"到全体人口的平均身高的趋势。这一回归定律后来被统计学家 K.Pearson 通过上千个家庭成员身高的实际调查数据进一步得到证实，从而产生了"回归"这一名称。当然，现代意义上的"回归"比其原始含义要广得多。一般来说，现代意义上的回归分析是研究一个变量（也称为因变量 dependent variable 或被解释变量 explained variable）对另一个或多个变量（也称为自变量 independent variable 或解释变量 explanatory variable）的依赖关系，其目的在于通过自变量的给定值，来预测因变量的平均值或某个特定值。具体而言，回归分析需要解决以下问题：

（1）构建因变量与自变量之间的回归模型，并依据样本观测值对回归模型中的参数进行估计，给出回归方程。

（2）对回归方程中的参数和方程本身进行显著性检验。

（3）评价自变量对因变量的贡献。

（4）利用所求得的回归方程对因变量进行预测，对自变量进行控制。

9.1.2 线性回归模型及其假设条件

在回归分析中，因变量 Y 和自变量 X 之间的关系通常可用以下带有条件期望的方程表示：

$$Y = E(Y|X) + \varepsilon \tag{9.1}$$

其中，$E(Y|X)$ 为变量 Y 关于变量 X（可以是一个变量，也可以是由多个变量构成的向量）的条件均值，ε 为随机误差，称方程（9.1）式为 Y 关于 X 的总体回归模型。由于条件均值 $E(Y|X)$ 是变量 X 的函数，所以可记为：

$$E(Y|X) = f(X) \tag{9.2}$$

其中，$f(X)$ 为 X 的某个函数，方程（9.2）式被称为总体回归方程，它表明了 Y 的条件均值与 X 之间的关系。

在回归分析中，关于函数 $f(X)$ 的形式至关重要。若函数 $f(X)$ 只含有一个自变量，则称为一元回归；若含有两个或两个以上的自变量则称为多元回归。若 $f(X)$ 是 X 的线性函数，即：

$$f(X) = \beta_0 + \beta_1 X_1 + \beta_2 X_2 + \cdots + \beta_k X_k \tag{9.3}$$

其中，β_0，β_1，$\cdots$，β_k 为未知参数，称为回归系数，则称方程（9.3）式为线性回归方程，而方程：

$$Y = E(Y|X) + \varepsilon = \beta_0 + \beta_1 X_1 + \beta_2 X_2 + \cdots + \beta_k X_k + \varepsilon \tag{9.4}$$

则称为线性回归模型。特别地，当模型中只有一个自变量时称为一元线性回归模型，其一般形式可表示为：

$$Y = \beta_0 + \beta_1 X + \varepsilon \tag{9.5}$$

当模型中有 p 个自变量 X_1，X_2，$\cdots$，X_p 时称为 P 元线性回归模型，或多元线性回归模型，其一般形式可表示为：

$$Y = \beta_0 + \beta_1 X_1 + \beta_2 X_2 + \cdots + \beta_p X_p + \varepsilon \tag{9.6}$$

需要注意的是，回归分析中的"线性"一词一般是针对参数而不是针对自变量而言的。例如：方程 $f(X) = \beta_0 + \beta_1 X^2$ 关于自变量 X 不是线性的，但关于参数 β_0，β_1 却是线性的，此时我们仍称为线性回归，而方程 $f(X) = \beta_0 + \beta_1^2 X$ 虽然关于自变量 X 是线性的，但是关于 β_1 却是非线性的，则不能称其为是线性回归。类似地，方程 $f(X) = \beta_0^2 + \beta_1 X$ 也不是线性的。

对于 p 元线性回归，如果获得了自变量 X_1，X_2，…，X_p 和因变量 Y 的一个容量为 n 的样本 $\{(x_{i1}, x_{i2}, …, x_{ip}, y_i) | i=1,2,…,n\}$，则每一组观测值 $(x_{i1}, x_{i2}, …, x_{ip}, y_i)$ 都应满足方程（9.6）式，从而有：

$$y_i = \beta_0 + \beta_1 x_{i1} + \beta_2 x_{i2} + … + \beta_p x_{ip} + \varepsilon_i \quad (i=1,2,…,n) \tag{9.7}$$

特别地，当 $p=1$ 时，一元线性回归模型有：

$$y_i = \beta_0 + \beta_1 x_i + \varepsilon_i \quad (i=1,2,…,n) \tag{9.8}$$

如果记：

$$Y = \begin{pmatrix} y_1 \\ y_2 \\ \vdots \\ y_n \end{pmatrix}, \quad X = \begin{pmatrix} 1 & x_{11} & x_{12} & \cdots & x_{1p} \\ 1 & x_{21} & x_{22} & \cdots & x_{2p} \\ \vdots & \vdots & \vdots & & \vdots \\ 1 & x_{n1} & x_{n2} & \cdots & x_{np} \end{pmatrix}, \quad B = \begin{pmatrix} \beta_0 \\ \beta_1 \\ \vdots \\ \beta_p \end{pmatrix}, \quad \varepsilon = \begin{pmatrix} \varepsilon_1 \\ \varepsilon_2 \\ \vdots \\ \varepsilon_n \end{pmatrix}$$

则方程（9.7）式可表示为以下矩阵形式：

$$Y = XB + \varepsilon \tag{9.9}$$

在经典的线性回归分析中，一般有以下假定：

（1）随机误差项均值为 0，即对每个 i，有 $E(\varepsilon_i) = 0$。

（2）对每个 i，随机误差项 ε_i 的方差均为 σ^2，且各误差项之间相互独立，即：$\mathrm{Cov}(\varepsilon_i, \varepsilon_j) = 0$，$i \neq j$（$i, j = 1,2,…,n$），用矩阵表示为：$E(\varepsilon \varepsilon') = \sigma^2 I$，其中，$I$ 为 n 阶单位阵。

（3）自变量是非随机的确定性变量。

（4）自变量和误差项互不相关，即 $\mathrm{Cov}(X, \varepsilon) = 0$。

（5）自变量之间不存在多重共线性，即矩阵 X 的秩 $R(X) = p+1 < n$，也即矩阵 X 的列向量是互不相关的。

（6）为进行假设检验，通常还进一步假定误差项服从均值为 0，协差阵为 $\sigma^2 I$ 的多元正态分布，即 $\varepsilon \sim N(0, \sigma^2 I)$。

9.1.3 线性回归模型的参数估计

1. 参数估计

对于满足假定的回归模型（9.9）式，其参数的最小二乘估计量（OLS）为：

$$\hat{B} = (X'X)^{-1} X'Y \tag{9.10}$$

记 $\hat{\varepsilon} = Y - X\hat{B}$，则：

$$\hat{\sigma}^2 = \frac{\hat{\varepsilon}'\hat{\varepsilon}}{n-p-1} \tag{9.11}$$

特别地，对于一元线性回归，其参数的估计量为：

$$\left.\begin{array}{r}\hat{\beta}_1 = \dfrac{\sum_{i=1}^{n}(x_i-\overline{x})(y_i-\overline{y})}{\sum_{i=1}^{n}(x_i-\overline{x})^2} = \dfrac{S_{xy}}{S_{xx}} \\ \hat{\beta}_0 = \overline{y} - \hat{\beta}_1\overline{x}\end{array}\right\} \quad (9.12)$$

其中,$\overline{x}=\dfrac{1}{n}\sum_{i=1}^{n}x_i, \overline{y}=\dfrac{1}{n}\sum_{i=1}^{n}y_i, S_{xy}=\sum_{i=1}^{n}(x_i-\overline{x})(y_i-\overline{y}), S_{xx}=\sum_{i=1}^{n}(x_i-\overline{x})^2$,

则:$\hat{y}_i = \hat{\beta}_0 + \hat{\beta}_1 x_i$,从而有:

$$\hat{\sigma}^2 = \dfrac{1}{n-2}\sum_{i=1}^{n}(y_i-\hat{y}_i)^2 \quad (9.13)$$

2. 参数估计量性质

在误差项服从正态分布的假定下,估计量 $\hat{B} = (X'X)^{-1}X'Y$ 是线性无偏最小估计量(BLUE)。且有:$\hat{B} \sim N(B,(X'X)^{-1}\sigma^2)$,即估计量服从均值为 B,协方差阵为 $(X'X)^{-1}\sigma^2$ 的多元正态分布。特别地对于一元线性回归有:

$$\hat{\beta}_1 \sim N(\beta_1, \dfrac{\sigma^2}{\sum_{i=1}^{n}(x_i-\overline{x})^2}), \quad \hat{\beta}_0 \sim N(\beta_0, (\dfrac{1}{n}+\dfrac{\overline{x}^2}{\sum_{i=1}^{n}(x_i-\overline{x})^2})\sigma^2)$$

即估计量 $\hat{\beta}_0$,$\hat{\beta}_1$ 均服从正态分布,且是线性无偏最小估计量。

9.1.4 回归模型诊断 I——假设检验

在线性回归分析中,当对 n 组独立观测运用最小二乘法估计出总体回归方程中的参数后,总体回归方程的估计——样本回归方程就可以用参数的估计值表示出来,即:

$$\hat{y} = \hat{\beta}_0 + \hat{\beta}_1 x_1 + \hat{\beta}_2 x_2 + \cdots + \hat{\beta}_p x_p \quad (9.14)$$

特别地,当 $p=1$ 时,一元线性回归方程的估计式可表示为:

$$\hat{y} = \hat{\beta}_0 + \hat{\beta}_1 x_1 \quad (9.15)$$

在估计出了回归方程后,一个很自然的问题是,这个方程拟合得好吗?对于线性回归模型,因变量与自变量之间的关系是线性的吗?方程中的每个自变量都对因变量有显著影响吗?换句话说回归方程中的参数都与 0 有显著差异吗?随机误差项满足 0 均值、不相关、同方差和正态性假定吗?自变量之间是否存在多重共线,等等,这些问题正是回归诊断需要解决的。以上这些问题,在回归分析中一般可通过以下一些指标或假设检验得到部分解决。

1. 方程拟合优度

方程拟合好坏通常用拟合优度指标 R^2 来反映。它被定义为：

$$R^2 = \frac{\text{SSR}}{\text{SST}} = 1 - \frac{\text{SSE}}{\text{SST}} \qquad (9.16)$$

其中，$\text{SST} = \sum(y_i - \bar{y})^2$ 称为总离差平方和，$\text{SSR} = \sum(\hat{y}_i - \bar{y})^2$ 称为回归平方和，它表示来自自变量对总离差的贡献，$\text{SSE} = \sum(y_i - \hat{y}_i)^2$ 称为残差平方和，它表示来自误差项对总离差的贡献。与一元方差分析类似有：$\text{SST} = \text{SSR} + \text{SSE}$。

拟合优度 R^2 表示，因变量的总离差平方和有多少能够通过自变量予以解释。换句话说，不能由自变量来解释的部分为：$1-R^2$。显然 R^2 越大，越接近于 1 表明拟合就越好。由于 R^2 随着自变量个数的增加而增加，所以在多元回归的情况下，通常要对 R^2 进行调整。调整后的 R^2 用 R^2_{adj} 表示，定义为：

$$R^2_{\text{adj}} = 1 - \frac{\text{SSE}/(n-p-i)}{\text{SST}/(n-1)} = 1 - (1-R^2) \cdot \frac{n-1}{n-p-i}$$

其中，当模型中不包含常数项时 $i=0$，当模型中包含常数项时 $i=1$。

2. 自变量与因变量之间线性关系的 F 检验

在线性回归分析中，我们一般假定回归方程有以下形式：

$$E(Y) = \beta_0 + \beta_1 X_1 + \beta_2 X_2 + \cdots + \beta_p X_p$$

即 $E(Y)$ 与 p 个自变量之间线性相关，但实际情况怎样呢，这需要通过检验来回答。为此，记 $\text{MSR} = \dfrac{\text{SSR}}{p}$，称为回归均方和，$\text{MSE} = \dfrac{\text{SSE}}{n-p-1}$，称为误差均方和，定义：

$$F = \frac{\text{MSR}}{\text{MSE}} \sim F(p, n-p-1) \qquad (9.17)$$

在给定的显著性水平 α 下，如果由样本观测值计算的 F 值大于 $F_\alpha(p,n-p-1)$，则自变量与因变量之间具有显著的线性关系，否则，变量之间不具有显著的线性关系。在 SAS 系统中，一般通过 F 值对应的概率值来判断变量之间线性关系的显著性。若 F 值对应的概率值小于给定的显著性水平，则因变量与 p 个自变量存在显著的线性关系，否则线性关系不显著，需用自变量的其他曲线形式来拟合。

3. 回归参数的显著性检验

在线性回归方程中，回归参数 β_j 表示自变量 X_j 每变动一个单位，因变量 Y 的平均变动幅度，即 X_j 的单位变动对因变量的影响程度。因此，检验回归参数 β_j 是否显著至关重要，实际应用中通常作如下假设：
$$H_0 : \beta_j = 0, \quad H_1 : \beta_j \neq 0$$

由于 $\hat{B} \sim N(B, (X'X)^{-1}\sigma^2)$，记：

$$(X'X)^{-1} = \begin{pmatrix} a_{00} & a_{01} & \cdots & a_{0p} \\ a_{10} & a_{11} & \cdots & a_{1p} \\ \vdots & \vdots & \ddots & \vdots \\ a_{p0} & a_{p1} & \cdots & a_{pp} \end{pmatrix}$$

则有：$E(\hat{\beta}_j) = \beta_j$，$\mathrm{Var}(\hat{\beta}_j) = a_{jj}\sigma^2$，$\hat{\beta}_j \sim N(\beta_j, a_{jj}\sigma^2)$，$j = 0,1,2,\cdots,p$，从而统计量：

$$t = \frac{\hat{\beta}_j}{s(\hat{\beta}_j)} = \frac{\hat{\beta}_j}{\hat{\sigma}\sqrt{a_{jj}}} \sim t(n-p-1), \quad j = 0,1,2,\cdots,p$$

当给定显著性水平为 α 下，若由样本观测值计算的 t 值的绝对值大于 $t_{\alpha/2}(n-p-1)$，则参数 β_j 与 0 有显著性差异，否则，参数 β_j 与 0 没有显著差异。在 SAS 系统中，一般通过 t 值所对应的 p 值来判断回归参数与 0 是否有显著性差异。如果 t 值所对应的 p 值小于给定的显著性水平，则回归参数 β_j 与 0 有显著性差异。

特别地，当自变量个数为 1 时，一元线性回归系数 β_1 的检验统计量为：

$$t = \frac{\hat{\beta}_1}{s(\hat{\beta}_1)} = \frac{\hat{\beta}_1 \sqrt{S_{xx}}}{\hat{\sigma}} \sim t(n-2)$$

类似地，可以给出判断是否与 0 有显著性差异的判别准则，请读者自行完成。

9.1.5 回归模型诊断 II

9.1.5.1 残差分析

残差分析是诊断回归模型拟合状况的又一种易行而有效的方法。我们知道，关于回归模型中的误差项的假定是：零均值、同方差、不相关和正态性，即 $\varepsilon_i \sim N(0, \sigma^2)$。如果我们采用的回归模型对样本数据的拟合是良好的话，那么误差项 ε_i 的估计量 $\hat{\varepsilon}_i$，就应该反映 ε_i 这种分布特性，记 $r_i = \hat{\varepsilon}_i = y_i - \hat{y}_i$，称为残差。因此，$r_i$ 应近似服从 $N(0, \sigma^2)$，从而标准化残差 r_i/σ 应近似服从 $N(0,1)$。考虑到 σ 的估计量为 $\sqrt{MSE}$，所以标准化残差的估计量也应近似服从标准正态分布，即：

$$e_i = \frac{r_i}{\sqrt{\mathrm{MSE}}} \sim N(0,1)$$

如果以 $\hat{y}_i$ 为横坐标，以 e_i 为纵坐标作（$\hat{y}_i$，e_i）的散点图，其中 $i=1,2,\cdots,n$，则得到的图形称为标准化残差图[①]。

一般来说，如果回归直线拟合得较好，则残差图中应有 95%的点在 $e_i=-2$ 和 $e_i=+2$ 的两条直线之间随机分布，见图 9.1(a)，表明残差 e_i 是服从均值为 0，方差为 σ^2 的正态分布，符合原来对随机误差项 ε_i 的假定。如果残差图中的点不是在 $e_i=0$ 的直线上下随机分布的，而是呈现出渐增、渐减的趋势，见图 9.1(b)，则表示同方差性假定不成立。

此时，或采取加权最小二乘法，或采取对因变量进行数据变换使得变换后的数据同方差性近似得到满足。如果残差图呈现某种曲线形式，如图 9.1(c)，则误差项与预测值之间存在某种线性关系。特别地，若横轴代表时间，由时间和残差 e_t 作成的散点图有如图 9.1(c)时，表明误差项之间存在某种形式的自相关，此时需要对观测值进行自相关性处理。

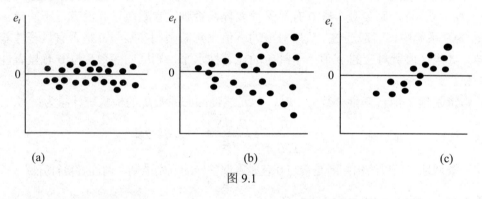

图 9.1

9.1.5.2 方差齐性的统计检验及其处理

除了上面利用残差图可以直观地判断误差项是否存在异方差性外，更正式的方法就是通过统计检验来判断。

1. 格莱泽（Glejser）检验

其检验的一般步骤是：首先，进行 OLS 估计，并得到误差项的估计值 r_i；其次，用 r_i 的绝对值对被认为与 σ_i^2 密切相关的自变量 X_j 进行线性回归，若自变量的回归参数经检验与 0 有显著差异，则误差项存在异方差性，否则可以接受同方差性假定。

[①] 在一元回归分析中，常用自变量作为横轴。

2. 斯皮尔曼（Spearman）等级相关检验

其检验的一般步骤是：首先，进行 OLS 估计，并得到误差项的估计值 r_i；其次，对 r_i 的绝对值和自变量 X_j 的观测值进行排序，并计算斯皮尔曼等级相关系数 r_s；最后利用检验统计量 $t = \dfrac{r_s\sqrt{n-2}}{\sqrt{1-r_s^2}} \sim t(n-2)$ 来检验残差与自变量是否相关。若计算的 t 值的绝对值不超过临界值，则可以认为同方差性得到满足，反之，则认为存在异方差性。

除了以上两种检验方差是否齐性的统计检验外，还有许多其他方法，这里不再一一予以介绍，有兴趣的读者可以参考有关文献。

3. 在误差项存在异方差时的处理

在误差项存在异方差性的情况下，通常的处理方法有两种：一是在误差项的方差 σ_i^2 已知的情况下，以 $1/\sigma_i^2$ 作为权重进行加权最小二乘法，此时得到的估计量仍是 BLUE 估计量。但实际工作中，σ_i^2 往往未知，此时，可以通过格莱泽（Glejser）法对模型 $r_i^2 = kx_i^2 + u_i$ 或 $|r_i| = kx_i + u_i$ 进行估计，然后令权重 $w_i = kx_i^2$ 或 $w_i = \sqrt{k}x_i$ 进行加权最小二乘估计。二是对数据进行变换。当误差项的方差 σ_i^2 与自变量之间存在 $\sigma_i^2 = kx_i^2$ 或 $\sigma_i^2 = kx_i$ 关系时，可以在回归方程两边同时除以 x_i 或 $\sqrt{x_i}$，变换后的回归模型中的误差项就具有同方差性。当实践中研究人员根据经验判断因变量具有异方差性时，如消费随着收入的增加，其变异性会更大，常直接对因变量进行数据变换。通常的变换方法有：

（1） $Z = \sqrt{Y}, (Y > 0)$；

（2） $Z = Ln(Y), (Y > 0)$；

（3） $Z = 1/Y\ (Y \neq 0)$。

通过这样数据变换，往往可以消除异方差性的存在。

9.1.6 回归预测

在回归模型通过以上各种检验后，就可以用来解决实际问题了。实践中，回归分析的一个重要目的就是根据自变量的给定值对因变量进行预测。所谓回归预测是指根据已知的 X_0，预测因变量的平均值 $E(Y_0 | X_0)$ 或个别值 Y_0。

1. 平均值 $E(Y_0 | X_0)$ 预测

当用最小二乘法估计出回归方程 $\hat{Y} = X\hat{B}$ 后，若给定 $X = X_0$，则平均值 $E(Y_0 | X_0)$ 的预测值可以根据以下两式给出：

（1）平均值 $E(Y_0 | X_0)$ 的点估计值为：$\hat{Y}_0 = X_0 \hat{B}$；

（2）平均值 $E(Y_0 | X_0)$ 的 $100(1-\alpha)\%$ 置信区间估计为：

$$(\hat{Y}_0 - t_{\alpha/2}(n-p-1)s(\hat{Y}_0), \quad \hat{Y}_0 + t_{\alpha/2}(n-p-1)s(\hat{Y}_0)) \tag{9.18}$$

其中，$s(\hat{Y}_0)$ 是 $\hat{Y}_0$ 的方差 $\sigma^2 X_0'(X'X)^{-1}X_0$ 的估计的平方根，即：

$$s(\hat{Y}_0) = \hat{\sigma}\sqrt{X_0'(X'X)^{-1}X_0}$$

特别地，当 $p=1$ 时，平均值 $E(y_0|x_0)$ 的点估计值为：$\hat{y}_0 = \hat{\beta}_0 + \hat{\beta}_1 x_0$，$100(1-\alpha)\%$ 置信区间估计为：$(\hat{y}_0 - t_{\alpha/2}(n-2)s(\hat{y}_0), \hat{y}_0 + t_{\alpha/2}(n-2)s(\hat{y}_0))$，其中：

$$s(\hat{y}_0) = \sqrt{\mathrm{MSE}\left[\frac{1}{n} + \frac{(x_0 - \bar{x})^2}{S_{xx}}\right]}$$

2. 个别值 Y_0 的预测

（1）个别值 Y_0 的点估计值仍为：$\hat{Y}_0 = X_0 \hat{B}$。

（2）个别值 Y_0 的 $100(1-\alpha)\%$ 置信区间估计为：

$$(\hat{Y}_0 - t_{\alpha/2}(n-p-1)s(\hat{Y}_0^*), \quad \hat{Y}_0 + t_{\alpha/2}(n-p-1)s(\hat{Y}_0^*)) \tag{9.19}$$

其中，$s(\hat{Y}_0^*)$ 是 $Y_0 - \hat{Y}_0$ 的方差 $[1 + X_0'(X'X)^{-1}X_0]\sigma^2$ 的估计的平方根，即：

$$s(\hat{Y}_0^*) = \hat{\sigma}\sqrt{[1 + X_0'(X'X)^{-1}X_0]}$$

特别地，当 $p=1$ 时：

个别值 y_0 的点估计值为：$\hat{y}_0 = \hat{\beta}_0 + \hat{\beta}_1 x_0$；$100(1-\alpha)\%$ 置信区间估计为：$(\hat{y}_0 - t_{\alpha/2}(n-2)s(\hat{y}_0^*), \hat{y}_0 + t_{\alpha/2}(n-2)s(\hat{y}_0^*))$，其中：

$$s(\hat{y}_0^*) = \sqrt{\mathrm{MSE}\left[1 + \frac{1}{n} + \frac{(x_0 - \bar{x})^2}{S_{xx}}\right]}$$

9.2　REG 过程（回归分析过程）简介

9.2.1　REG 过程的主要功能

作为线性回归分析的通用过程，REG 过程主要有以下一些常见的功能：

（1）根据用户需要，REG 过程中的 MODEL 语句可以对任意多个自变量建立线性回归模型，还可以对参数进行线性约束，建立具有线性约束的线性回归方程。

（2）提供了通过 MODEL 语句后的选项来实现 9 种变量选元的方法。

第 9 章 回归分析与 REG 过程

（3）可以对变量之间进行各种形式的假设检验，包括常见 T 检验、F 检验和 DW 检验等。

（4）通过绘图过程中的 PLOT 语句，可以对输入数据或由回归分析产生的统计量绘图，包括散点图、参考线以及置信线等，并且这些图形还可以绘制在一张图上。

（5）根据需要，可以输出参数的估计值及贝塔系数、因变量的预测值、置信上限和下限、残差和标准化残差等各种常用统计量。

（6）提供了回归模型诊断的一些常见方法，如共线性诊断、强影响点诊断、误差项自相关性诊断。

（7）当自变量间存在多重共线性时，REG 过程还提供了岭回归方法。

9.2.2 REG 过程的一般格式

9.2.2.1 REG 过程的一般格式

REG 过程的一般格式如下：

```
    PROC REG <options>;                              ⎫ 拟合模型
    MODEL dependent=independents </options>;         ⎭ 必须的语句
    BY variables;
    FREQ variable;
    WEIGHT variable;      ⎫ 可以选择，但必须出现在第一个 RUN 之前
    ID variable;
    VAR variables;
    ADD variables;
    DELETE variables;                                ⎫ 出现在 MODEL 语句
    OUTPUT OUT=sas-data-set keyword=names;           ⎬ 之后，且可以交互
    PLOT <yvar*xvar><=symbol></options>;             ⎭ 使用
    TEST eqution <,...,eqution></option>;
```

9.2.2.2 REG 过程中常用语句说明

1. PROC REG 语句

该语句一般格式为：**PROC REG <options>;**

该语句表示调用 REG 过程，执行线性回归分析，它是回归分析中必须的语句。该语句后面的选项常用的主要有以下两类：

1）关于数据集选项

（1）COVOUT：将参数估计的协方差阵输出到由 OUTEST=DATA-SET 规

定的数据集中。显然，该选项只有在同时规定了 OUTEST=DATA-SET 的时候才有效。

（2）DATA=DATA-SET：规定执行 REG 过程的输入数据集，缺省时系统使用最新创建的 SAS 数据集作为输入数据集。

（3）OUTEST=DATA-SET：要求把参数估计量和一些常用的统计量输出到指定的 SAS 数据集中。

2) 关于输出选项

（1）ALL：要求打印 MODEL 语句和 VAR 语句中规定变量的简单统计量和相关矩阵。

（2）CORR：要求打印 MODEL 语句和 VAR 语句中规定变量的相关矩阵。

（3）NOPRINT：不打印输出。

2. MODEL 语句

该语句的一般格式为：**MODEL dependents=independents </options>;**

该语句规定线性回归模型的形式，其中，等式左边为因变量，可以多于一个，右边为自变量。等式两边的变量如果多于一个，则各变量间用空格隔开。注意在该语句中使用的变量必须在输入数据集已被定义，没有定义的则不能使用。比如，你想在模型中拟合 X 的平方项，则必须在输入数据集中用赋值语句进行定义。可以出现在 MODEL 语句中的选项较多，常用的主要有以下三类：

1) 模型选择选项

（1）SELECTION=name：规定自变量的选元方法，其中，name 为选元方法名。常用的选元方法有：逐步回归法（STEPWISE）、向前选择法（FORWARD 或 F）、向后排除法（BACKWARD 或 B）、最大 R^2 增量法（MAXR）、最小 R^2 增量法（MINR）、R^2 选择法（RSQUARE）、Mallows 的 C_p 选择法（CP）以及全回归模型法（NONE）。当省略 SELECTION=选项时，系统以 NONE 代替，即建立所有自变量的回归模型。

（2）NOINT：取消回归模型中的常数项，即拟合一个过原点的回归模型。

（3）SLENTRY=value|SLE=value：对 FORWARD 和 STEPWISE 选元方法规定变量被选入模型的显著性水平。其中对 FORWARD 方法缺省时系统规定为 0.5，而对 STEPWISE 方法缺省时系统规定为 0.15。

（4）SLSTAY=value|SLS=value：对 BACKWARD 和 STEPWISE 选元方法规定变量保留在模型里的显著性水平。其中对 BACKWARD 方法缺省时系统规定为 0.1，而对 STEPWISE 方法缺省时系统规定为 0.15。

2) 关于估计细节的选项

（1）COLLIN：给出自变量间多重共线性的诊断统计量，包括特征值（Eigenvalue）、条件指数（Condition Number）以及相对于特征值的这些估计的方差分解（Var Prop）。当方程中不包括截距项时，使用 COLLINOINT。

（2）COVB：输出参数估计量的协方差阵的估计量，即 $(X'X)^{-1}s^2$。

（3）STB：输出标准回归系数。

（4）TOL：输出自变量的容许值，它被定义为 $1-R_j^2$。其中，R_j^2 是由该自变量对模型中的其他自变量进行回归所得到的拟合优度。一般来说，R_j^2 越大，表明某一自变量可以被其他自变量线性表示的可能性就越大，从而自变量之间多重共线性的可能性就越大。由于 R_j^2 越大，TOL 就越小，所以小的 TOL 表明自变量之间存在多重共线性的可能就越大。

（5）VIF：输出方差膨胀因子。它被定义为容许值的倒数，即 VIF=1/TOL。一般来说，当 VIF 大于 10 时，就可以认为自变量间存在严重的多重共线性。

3）关于预测值与残差值的选项

（1）CLI：输出每个个别值的 95%的置信上限和下限。

（2）CLM：对每个观测输出因变量均值的 95%的置信上限和置信下限。

（3）DW：计算 Durbin-Watson 统计量，该统计量仅对时间序列资料有效。

（4）INFLUENCE：输出每个观测对预测值影响的详细资料。这是诊断强影响点非常有用的一个选项。

（5）P.：由输入数据和估计模型计算出的因变量预测值。输出包括观测序号、ID 变量、实际值、预测值和残差。当规定了 CLI 或 CLM 或 R，P.可以省略。

（6）R：进行残差分析。输出包括选项 P.要求的所有内容以及预测值的标准误差、学生化残差和 COOK 的 D 统计量。

3. BY 语句、FREQ 语句、WEIGHT 语句、ID 语句以及 VAR 语句

这些语句作为 PROC 过程步中的通用语句，其用法与在其他 SAS 过程的用法基本一致，请读者自行参考前面有关章节。

4. ADD 语句

该语句的一般格式为：**ADD variables;**

它的作用是增加一些新变量到模型中，并重新拟合模型。注意增加的新变量必须事先用 VAR 语句予以说明。该语句必须与 PRINT 语句连用方能输出结果，输出的内容与没有增加变量前的模型输出一致。

5. DELETE 语句

该语句的一般格式为：**DELETE variables;**

它的作用是从已有的模型中删除一些变量，并重新拟合模型。由于删除的变量已经在 MODEL 语句中出现，所以不必再用 VAR 语句予以说明。该语句也必须与 PRINT 语句连用，输出的内容与没有删除变量前的模型输出一致。

6. OUTPUT 语句

该语句的一般格式为：**OUTPUT <OUT=sas-data-set> keyword=names;**

该语句创建一个包括所有输入变量，由 keyword=names 命名的统计量在内的新的 SAS 数据集，数据集名由 "OUT=" 后的 SAS 数据集名给出。如果 "OUT=" 缺省，则系统自动以 DATAn 命名。允许出现在该语句中的统计量常见的有：

（1）COOKD=name：COOK 的 D 影响统计量。

（2）COVRATIO= name：观测在贝塔的协方差上的标准影响。

（3）DFFITS=name：观测在预测值上的标准化影响。

（4）H=name：杠杆率，第 i 个观测的杠杆率定义为 $x_i(X'X)^{-1}x_i'$。

（5）P=name：预测值。

（6）L95（U95）= name：因变量单个值的 95%预测下限（上限）。

（7）L95M（U95M）= name：因变量平均值的 95%的置信下限（上限）。

（8）R= name：残差。

（9）STDI= name：单个预测值的标准差。

（10）STDP= name：均值预测值的标准差。

（11）STDR= name：残差的标准差。

（12）STUDENT= name：标准化残差。

7. PLOT 语句

该语句的一般格式为：**PLOT <yvar*xvar><=symbol></options>;**

该语句要求对给定变量绘图，包括散点图、连线图等，其中，yvar 作为纵坐标变量，xvar 作为横坐标变量。该语句的用法与 GPLOT 过程中的 PLOT 语句的用法基本相同，请参考第 5 章。

8. TEST 语句

该语句的一般格式为：**TEST equation <,...,equation></option>;**

该语句用于对 MODEL 语句出现的参数进行假设检验。

9.3 REG 过程在一元线性回归分析中的应用

9.3.1 一元线性回归分析所要解决的问题

我们知道，当经过一次抽样获得了自变量 X 和因变量 Y 的一个容量为 n 的样本后，一元线性回归模型一般可表示为以下形式：

$$y_i = \beta_0 + \beta_1 x_i + \varepsilon_i, \quad (i = 1, 2, \cdots, n) \tag{9.20}$$

对该模型，通常作以下假定：

（1）随机误差项均值为 0，即 E（ε_i）=0，（$i = 1, 2, \cdots, n$）。

（2）对每个 i，随机误差项 $\varepsilon_i \sim N(0, \sigma^2)$，且 Cov（$\varepsilon_i, \varepsilon_j$）=0，$i \neq j$。

（3）自变量是非随机的确定性变量。

(4) 自变量和误差项互不相关。

对以上一元线性回归模型,实践中通常要解决以下问题:

(1) 利用样本数据拟合回归方程,即通过最小二乘法进行参数估计。

(2) 对拟合的回归方程进行诊断。

(3) 当诊断结果发现方程拟合不充分或误差项不能满足经典假定时,需对观测或模型进行适当的处理,然后再利用处理后的数据或处理后的方程进行拟合,直到模型诊断符合要求为止。

(4) 利用诊断后的模型进行预测或控制,这是回归分析的主要目的之一。

作为 REG 过程的一个应用,我们先来处理一个简单的一元线性回归问题。

【例 9.1】 某保险公司打算对收入在 25000 元及其以下的家庭考察其收入与户主生命保险额之间的关系。为此该公司随机抽取了 12 个家庭进行了调查,结果如表 9.1 所示。

表 9.1

家 庭	1	2	3	4	5	6	7	8	9	10	11	12
保险额(千元)	32	40	50	20	22	35	55	45	28	22	24	30
收 入(千元)	14	19	23	12	9	15	22	25	15	10	12	16

问题:①以收入为自变量,保险额为因变量,用最小二乘法确定线性回归方程,并就表上给出的各收入水平计算 $\hat{y}$。②对方程的拟合情况进行诊断。③本题中,回归系数 $\hat{\beta}_1$ 的含义是什么?④在收入为 20000 元的家庭中,平均每个户主的保险额和某一个户主的生命保险额的估计值各是多少?显著性水平取 0.05。

解:若用 INCOME 代表收入,INSURCE 代表保险额,根据本例中的问题 SAS 程序编辑如下:

```
data insuranc;
input insurce income@@;
cards;
32 14 40 19 50 23 20 12 22 9 35 15 55 22
45 25 28 15 22 10 24 12 30 16 . 20
;proc gplot;plot insurce*income;run;
proc reg graphics;
model insurce=income ;
model insurce=income/noint r clm cli;
plot student.*p.;run;
```

程序说明:上述程序可以分为四个部分。第一部分利用 DATA 步创建 SAS 数据集 insuranc。在这部分中需要注意的是最后一个观测给出了 INCOME 的观测值,却没有给出 INSURCE 的值,这是为了解决题目中的第四个预测问题而有意缺省的。一般来说，如果需要预测，只需给定自变量的值，而因变量的值用缺省来表示。经过回归后，系统会根据给定的自变量值计算出因变量的预测值。

程序第二部分利用 GPLOT 绘图过程画收入和保险额的散点图，通过散点图来了解两变量之间是线性的还是非线性的。本例中的散点图如图 9.2 所示。

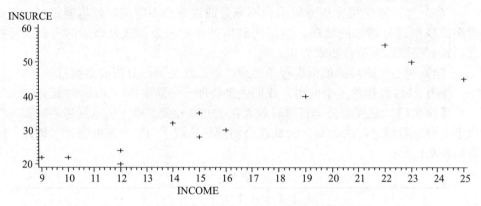

图 9.2　家庭收入与户主之间的散点图

由收入与保险额的散点图可以看出，两变量间具有明显的线性关系，因此可以构建以下线性回归模型：INSURCE = β_0 + β_1 INCOME+ ε 。

根据以上模型给出了程序的第三个部分，即程序中的第一个 MODEL 语句。其中，PROC REG 语句表示调用线性回归过程，该语句中的 GRAPHICS 选项要求用高分辨率绘制散点图。MODEL 语句的左边为因变量，而右边为自变量，正是上面所设定的模型。程序运行结果如下：

输出 9.1(A)　收入水平对保险额的线性回归（含截距项）

```
                    Model: MODEL1
              Dependent Variable: INSURCE
                   Analysis of Variance
                   Sum of      Mean
Source         DF  Squares     Square       F Value    Prob>F
Model           1  1273.34228  1273.34228    57.991    0.0001
Error          10   219.57438    21.95744
Corrected Total 11 1492.91667
      Root MSE      4.68588    R-square    0.8529
      Dep Mean  33.58333    Adj R-sq  0.8382    Coeff Var   13.95298
                   Parameter Estimates
               Parameter   Standard
Variable   DF  Estimate    Error        t value    Prob > |T|
INTERCEP    1  0.509508    4.54890673    0.112     0.9130
INCOME      1  2.067114    0.27144554    7.615     0.0001
```

输出 9.1（A）的最上部分是收入对保险额回归结果的方差分析表。输出中用于检验两变量间是否存在线性关系的 F 检验值为 57.991,其对应的临界值为 0.0001,远小于显著性水平 0.05,说明用两变量线性关系显著,即用以上设定的线性回归模型来拟合是合适的。输出 9.1(A)的中间部分给出的模型拟合精度 Root MSE 为 4.68588,拟合优度 R^2 和调整的 R^2 值分别为 0.8529 和 0.8382,表明保险额的变差有 83.82%可以由收入来解释,由此可以得出,方程拟合是比较充分的。输出 9.1(A)的最下面部分给出了参数估计以及参数与 0 是否有显著性差异的 T 检验。截距项 INTERCEP 即参数 β_0 的估计值为 0.509508,其对应的概率为 0.9130,大于显著性水平 0.05,说明 β_0 与 0 无显著性差异,而变量 INCOME 前的系数 β_1 的估计值为 2.067114,其对应的概率为 0.0001 小于显著性水平 0.05,说明 β_1 与 0 有显著性差异。由于 β_0 的 T 检验不显著,所以需要拟合不带截距项的线性回归模型。程序中第二个 MODEL 语句中的选项 NOINT 正是要求系统拟合一个不带截距项的线性回归模型,此外,按题目第一、二两个问题的要求还增加了选项 r 以及 clm 和 cli。其中,选项 r 要求输出每个观测的预测值、残差、标准化残差、COOK 的 D 统计量,选项 clm 要求输出平均保险额的预测值的 95%的置信上限和下限,而 cli 则要求输出个别户主保险额的 95%的置信上限和下限,这里的 95%是系统设定的。PLOT 语句要求绘制标准误差与预测值的残差图。这段程序输出如下:

输出 9.1(B) 收入水平对保险额的线性回归(不含截距项)

```
                    Model: MODEL2
         NOTE: No intercept in model. R-square is redefined
                 Dependent Variable: INSURCE
                 Analysis of Variance
                  Sum of       Mean
       Source  DF  Squares     Square      F Value   Prob>F
       Model    1  14807.15015 14807.15015 740.863   0.0001
       Error   11  219.84985   19.98635
       U Total 12  15027.00000
       Root MSE  4.47061  R-square 0.9854 Dep Mean 33.58333  Adj R-sq 0.9840
       Coeff Var 13.31199
                    Parameter Estimates
                  Parameter   Standard
   Variable   DF  Estimate    Error        t value    Prob > |T|
   INCOME     1   2.096142    0.07701083   27.219     0.0001
            Dependent Predict Std Err
   Obs      Variable  Value   Predict  95% CL   Mean    95% CL   Predict  Residual
   1        32.0000   29.3460 1.078    26.9730  31.7190 19.2242  39.4678  2.6540
   2        40.0000   39.8267 1.463    36.6062  43.0472 29.4733  50.1801  0.1733
   3        50.0000   48.2113 1.771    44.3128  52.1098 37.6274  58.7952  1.7887
   4        20.0000   25.1537 0.924    23.1197  27.1877 15.1059  35.2015  −5.1537
   5        22.0000   18.8653 0.693    17.3398  20.3908 8.9080   28.8226  3.1347
   6        35.0000   31.4421 1.155    28.8996  33.9846 21.2792  41.6051  3.5579
```

（续）输出 9.1(B)

Obs								
7	55.0000	46.1151	1.694	42.3861	49.8441	35.5925	56.6378	8.8849
8	45.0000	52.4036	1.925	48.1661	56.6411	41.6902	63.1170	−7.4036
9	28.0000	31.4421	1.155	28.8996	33.9846	21.2792	41.6051	−3.4421
10	22.0000	20.9614	0.770	19.2664	22.6564	10.9768	30.9461	1.0386
11	24.0000	25.1537	0.924	23.1197	27.1877	15.1059	35.2015	−1.1537
12	30.0000	33.5383	1.232	30.8263	36.2503	23.3316	43.7449	−3.5383
13	.	41.9228	1.540	38.5329	45.3128	31.5155	52.3302	.

Obs	Std Error Residual	Student Residual	−2−1−0 1 2	Cook's D
1	4.339	0.612	| |* |	0.023
2	4.224	0.041	| |	0.000
3	4.105	0.436	| |	0.035
4	4.374	−1.178	| **| |	0.062
5	4.417	0.710	| |* |	0.012
6	4.319	0.824	| |* |	0.049
7	4.137	2.148	| |**** |	0.773
8	4.035	−1.835	| ***| |	0.767
9	4.319	−0.797	| *| |	0.045
10	4.404	0.236	| |	0.002
11	4.374	−0.264	| |	0.003
12	4.297	−0.823	| *| |	0.056
13	.	.		

Sum of Residuals   0.540653
Sum of Squared Residuals   219.8499
Predicted Resid SS（Press）   287.4341

输出 9.1（B）给出了不含截距项的收入水平对保险额的线性回归结果。模型 2 中用于检验两变量间是否存在线性关系的 F 检验值为 740.86，其对应的临界值为 0.0001，远小于显著性水平 0.05，说明两变量线性关系显著，即用不带截距项的线性回归模型来拟合也是合适的。输出 9.1（B）的中间部分给出的模型拟合精度 Root MSE 为 4.47061，拟合优度 R^2 和调整的 R^2 值分别为 0.9854 和 0.9840，表明保险额的变差有 98%可以由收入来解释，由此可以得出，方程拟合非常充分。比较模型一和模型二中的 F 值，拟合精度 Root MSE，拟合优度 R^2 可以看出，三个指标中无论哪个指标，模型二都要优于模型一。鉴于此，选择模型二作为我们最终所拟合的方程。在该模型中，变量 INCOME 前的系数β_1 的估计值为 2.096142，T 检验值为 27.219，其对应的概率为 0.0001 小于显著性水平 0.05，说明β_1 与 0 有显著性差异。由此我们得到样本回归方程为：

$$INSURCE=2.096142INCOME$$

回归系数的经济意义是：收入每增加一个单位，户主的保险额就会增加 2.1 个单位，这就回答了题目中的第三个问题。

输出 9.1（B）在给出了参数估计量后，接着依次给出了因变量保险额的观测值、预测值、预测值的标准差、均值预测值的95%的置信下限和上限、个别预测值的95%的置信下限和上限、残差、残差的标准差、标准化残差及其对应的残差图、COOK 的 D 统计量。从这段输出中的第 13 个观测可知，收入为 20 000 元的家庭，其户主的平均保险额的点估计值为：41 922.8 元，其 95%的置信区间为（38 532.9 元，45 312.8 元），对个别家庭的户主来说，其保险额的点估计值仍为：41 922.8 元，其 95%的置信区间为（31 515.5 元，52 330.2 元）。

从标准化残差图以及 COOK 的 D 统计量可以看出，第 7 个和第 8 个观测是强影响点，值得注意。实践中若存在强影响点一般应剔除再对其余的观测拟合模型。考虑到本例数据量不大，所以没有剔除。有兴趣的读者不妨试一试，并与模型二的结果进行比较。

输出 9.1（B）最下边给出了残差和、残差平方和以及预测残差平方和，后两个指标一定程度上反映了模型拟合的好坏。这两个指标越小越好。

为了更直观地看出模型拟合的好坏，程序最后用 POLT 语句绘制了保险额预测值与其标准化残差绘制成的残差图，见图 9.3。可以看出，图 9.3 中各点基本上是随机地分布的，没有什么明显趋势，也即误差项不存在异方差性和自相关性，而且由于这些点基本上分布在–2 到+2 之间，从而误差项的正态性也满足，由此也可以得出结论：用不含截距项的模型进行拟合是合适的。

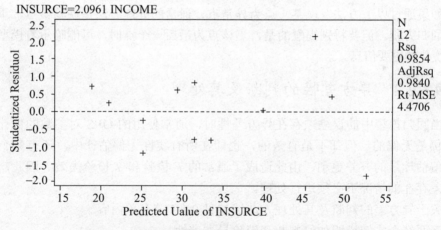

图 9.3 保险额预测值与其标准化残差绘制成的残差图

9.3.2 一元线性回归模型的诊断

由上例可知，在实际应用回归模型之前，必须对回归模型进行诊断。对于一元线性回归，诊断的内容除了上面所考察的 F 检验、T 检验以及考察拟合优度和残差图外，还需对观测进行异常点检查、误差项进行方差齐性检验、不相关性检验和正态性检验。关于 F 检验、T 检验以及考察拟合优度和残差图,9.1 节及上面实例已有介绍,这里不再重复。

下面我们将重点介绍如何检查异常点、如何判断异方差性、误差项自相关以及发现这些问题时如何解决。至于误差项正态性检验,可以利用前面介绍的正态性检验方法予以解决,当然也可利用残差图进行近似检验。

9.3.2.1 异常点的判断及其处理

在 SAS 系统的 REG 过程中,提供了几个用于判断异常点的统计量。

(1)$H= h_i$:杠杆率,定义为 $h_i = x_i(X'X)^{-1}x_i'$,表示自变量 X 第 i 次观测在模型中的影响程度,h_i 越大,影响程度越大。

(2)COOKD:库克距离统计量,一般来说,当 COOKD>50%时可以认为第 i 个观测为强影响点。

(3)DFFITS=name:第 i 个观测对预测的影响程度,定义为

$$D_i = \frac{\hat{y}_i - \hat{y}_{(i)}}{s_{(i)}\sqrt{h_i}}$$

,当 D_i >2 时,该点被怀疑为强影响点。

(4)在残差图中,若第 i 个标准残差大于 2 时,该点被怀疑为强影响点。

如果通过以上方法发现某一点为异常点,通常的处理方法是剔除该点,重新拟合回归方程。但要特别提醒的是,当该点为最后一个点时,可能暗示着模型已发生变化的重要信息。

9.3.2.2 异方差性的判断及其处理

当回归模型中的误差项存在异方差性时,通常使用的 OLS 对参数的估计,虽然仍是无偏的,但却不是有效的,也即在所有线性无偏估计中,还有某个线性无偏估计量的方差更小,由此造成了通常的 F 检验和 T 检验失效。因此,在异方差存在的情况下必须进行处理。

关于异方差的判断及其处理方法请参见 9.1.5 节有关内容。

下面结合实例说明如何判断和消除异方差性。

【例 9.2】某建筑公司欲用回归分析方法研究其建筑投标金额 X 与其投标准备费用 Y 之间的关系。为此,收集了近年来 12 次投标过程中投标金额与投标准备费用的有关数据,列于表 9.2。

表 9.2

投标金额(百万元)	2.13	1.21	11.0	6.0	5.6	6.91	2.97	3.35	10.39	1.1	4.36	8.0
准备费用(千元)	15.5	11.1	62.6	35.4	24.9	28.1	15.0	23.0	42.0	10.0	20.0	47.5

试根据以上数据建立投标金额 X 与投标准备费用 Y 之间的线性回归方程。

解：本例虽然只要求建立回归方程，但是由于在建立过程中需进行回归诊断，所以有关回归诊断的内容必须体现在求解的过程中。根据经验，投标金额越大，投标准备费用就会越高，其变动可能性也会随之增大，因此，经验上可判断投标准备费用可能存在异方差性。为此，在程序中需增加异方差的识别和处理的内容。为了看清本例的具体操作步骤，以下将分段给出程序的编辑过程及执行结果。首先根据题中所给数据，创建一个名为 invest 的临时性 SAS 数据集，其中变量 toubiao 代表投标金额，变量 expend 代表投标准备费用，程序如下：

```
data invest;
input toubiao expend@@;
cards;
2.13  15.5  1.21  11.1  11.0  62.6  6.0  35.4  5.7  24.9  6.91  28.1
2.97  15.0  3.35  23.0  10.39  42.0  1.1  10.0  4.36  20.0  8.0  47.5
;
```

为了考察投标金额与投标准备费用之间的关系，利用 GPLOT 绘图过程绘制投标金额对投标准备费用的散点图，程序为：proc gplot;plot expend*toubiao;run;（接在上段程序之后），其中，PLOT 语句要求以 toubiao 为横坐标，expend 为纵坐标画两变量间的散点图，绘图结果如图 9.4 所示。

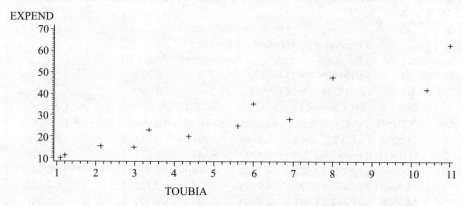

图 9.4 投标金额与投标准备费用之间的散点图

由图 9.4 可初步判断投标金额与投标准备费用之间存在线性关系，由此我们可以假设回归模型为：

$$\text{EXPEND} = \beta_0 + \beta_1 \text{TOUBIAO} + \varepsilon$$

对以上模型利用 REG 过程进行回归分析，并对回归结果进行诊断，绘制预测值与标准化残差的残差图，程序如下：

```
proc reg graphics;
model expend=toubiao/r;
```

output out=result r=residual;
plot student.*p.;run;（接上段）

本段程序中的 proc reg 语句表示调用回归分析过程，选项 graphics 要求随后所作的散点图是高分辨率的。model 语句给出了回归模型的结构，其中，自变量为 toubiao，因变量为 expend，选项 r 要求输出与残差有关的统计量。由于选项中没有给出 NOINT，所以这一模型是一个带有截距项的线性回归模型，与上面所设定的模型一致。output 语句要求把残差和输入数据中的变量一起输出到数据集 result 中，其中，残差的变量名定义为 residual，其目的是为下一段计算残差与自变量之间的 spearman 等级相关系数与用自变量来拟合残差服务的。plot 语句绘制散点图以诊断模型拟合情况。本段程序执行结果如下：

输出 9.2(A)　投标金额对投标准备费用的回归结果

```
                Model: MODEL1
         Dependent Variable: EXPEND
                Analysis of Variance
                 Sum of      Mean
Source    DF    Squares     Square     F Value    Prob>F
Model      1   2518.54870  2518.54870   73.420    0.0001
Error     10    343.03380    34.30338
C Total   11   2861.58250

Root MSE   5.85691   R-square  0.8801   Dep Mean  27.92500   Adj R-sq  0.8681
C.V.      20.97371

                    Parameter Estimates
              Parameter   Standard    T for H0:
Variable  DF  Estimate    Error       Parameter=0   Prob > |T|
INTERCEP   1  4.196089    3.24463803   1.293        0.2250
TOUBIAO    1  4.518358    0.52731963   8.569        0.0001

       Dep Var  Predict  Std Err             Std Err   Student              Cook's
Obs    EXPEND   Value    Predict   Residual  Residual  Residual  -2-1-0 1 2    D
 1     15.5000  13.8202   2.360     1.6798    5.361    0.313    |      |    | 0.010
 2     11.1000   9.6633   2.720     1.4367    5.187    0.277    |      |    | 0.011
 3     62.6000  53.8980   3.471     8.7020    4.718    1.845    |      |***| 0.921
 4     35.4000  31.3062   1.736     4.0938    5.594    0.732    |     |*   | 0.026
 5     24.9000  29.4989   1.701    -4.5989    5.605   -0.821    |    *|    | 0.031
 6     28.1000  35.4179   1.904    -7.3179    5.539   -1.321    |   **|    | 0.103
 7     15.0000  17.6156   2.075    -2.6156    5.477   -0.478    |     |    | 0.016
 8     23.0000  19.3326   1.966     3.6674    5.517    0.665    |     |*   | 0.028
 9     42.0000  51.1418   3.194    -9.1418    4.909   -1.862    | ***|     | 0.734
10     10.0000   9.1663   2.766     0.8337    5.163    0.161    |     |    | 0.004
11     20.0000  23.8961   1.755    -3.8961    5.588   -0.697    |    *|    | 0.024
12     47.5000  40.3430   2.227     7.1570    5.417    1.321    |     |**  | 0.147

Sum of Residuals                         0
Sum of Squared Residuals           343.0338
Predicted Resid SS （Press）       584.3532
```

在输出 9.2（A）中的方差分析表中，检验变量之间线性关系的统计量 F 检验值为 73.42，其对应的概率为 0.0001，说明两变量间线性关系是十分显著的。由 $R^2 = 0.8801$，及 Root MSE = 5.85691 可知，方程拟合较为充分。从回归系数的显著性来看，虽然系数 β_1 的检验结果为与 0 有显著性差异，但是截距项 β_0 并不显著，所以模型需要改进。进一步，从预测值与标准化残差的残差图（见图 9.5）可以看出，误差项存在较为明显的异方差性。

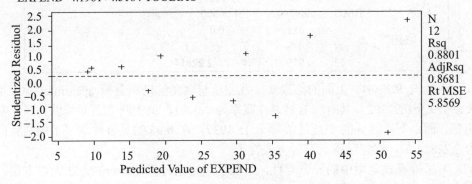

图 9.5　预测值与标准残差的残差图

为了进一步明确残差项与自变量之间的关系，以下程序给出了计算两者之间 spearman 等级相关系数。

  data result1;set result;
  toubsq=toubiao*toubiao; absr=abs（residual）;
  rsqu=residual*residual;run;
  proc corr data=result1 spearman;
  var absr toubiao;run;
  data result2;n=12;rs=0.97902;
  T=rs*sqrt（n-2）/sqrt（1-rs*rs）;
  t1=tinv（0.975,n-2）;run;
  proc print noobs;run;（接上段）

上述这段程序可以分为两部分，其中，第一部分用于计算斯皮尔曼等级相关系数，而第二部分则用第一部分中计算出的斯皮尔曼等级相关系数，用斯皮尔曼等级相关检验去检验误差项是否存在异方差性。在第一部分中，set 语句把上一段程序中输出的数据集 result 中的数据，调入到新数据集 result1 中，并用赋值语句分别计算残差的绝对值 absr，残差的平方 rsqu 以及自变量 toubiao 的平方 toubsq。proc corr 语句调用相关过程，其后的选项 spearman 要求计算斯皮尔曼等级相关系数。var 语句规定计算 absr 和 toubiao 的斯皮尔曼等级相关系数。在第二部分中，赋值语句"T="用于计算 T 统计量值，"t1"用于计算 T 检验的临界值，其中"tinv（）"是 T 分布的分位数函数。这段程序运行结果如下：

输出 9.2(B) 残差项与自变量 spearman 等级相关系数及异方差性检验结果

```
              2 'VAR' Variables:   ABSR     TOUBIAO
    Spearman Correlation Coefficients / Prob > |R| under Ho: Rho=0 / N = 12
                        ABSR         TOUBIAO
          ABSR         1.00000       0.97902
                        0.0           0.0001
          TOUBIAO      0.97902       1.00000
                        0.1           0.0
               N        RS            T           T1
              12      0.97902      15.1937      2.22814
```

由输出 9.2（B）上面的结果知，残差项与自变量投标金额 spearman 等级相关系数 $r_s=0.97902$，其对应的显著性概率为 0.0001，说明两者之间线性关系非常明显。而由下半部分的 T 统计值等于 15.1937，在 0.05 的显著性水平下的临界值为 2.22814 知，误差项确具有异方差性。

为了处理误差项中的异方差性，下面利用格莱泽（Glejser）方法先对方程：$r_i^2 = k\,\text{TOUBIAO}^2_i + \varepsilon_i$ 进行拟合，然后再用 $k\,\text{TOUBIAO}^2_i$ 的倒数，作为权重进行加权最小二乘法，程序编辑如下：

```
proc reg data=result1;
model rsqu=toubsq/noint;run;（接上段）
```

上面这段程序第一个 REG 过程拟合回归模型：$r_i^2 = k\,\text{TOUBIAO}^2_i + \varepsilon_i$，得到回归系数 k 为 0.726040，见输出 9.2（C）。

输出 9.2(C) 自变量平方对残差平方拟合结果（不含截距项）

```
                  Dependent Variable: RSQU
                     Analysis of Variance
                       Sum of       Mean
    Source    DF     Squares       Square      F Value    Prob>F
    Model      1    18733.95270   18733.95270   305.130    0.0001
    Error     11      675.36399      61.39673
    U Total   12    19409.31668

    Root MSE     7.83561    R-square    0.9652
    Dep Mean    28.58615    Adj R-sq    0.9620
    Coeff Var   27.41050

                    Parameter Estimates
                Parameter   Standard    T for H0:
    Variable  DF Estimate     Error    Parameter=0  Prob > |T|
    TOUBSQ     1  0.726040   0.04156408   17.468      0.0001
```

在输出 9.2（C）中，F 值= 305.130，其对应的概率为 0.0001，说明自变量平方与残差平方之间的线性关系非常显著。其他统计量如 $R^2 = 0.9652$，回归系数的

T 检验值=17.468,其对应的概率为 0.0001,这些都说明方程拟合充分。方程拟合结果为:

$$\hat{r}_i^2 = 0.726040 \text{TOUBSQ}_i$$

以下程序给出了利用上面结果进行的加权最小二乘法。其中,赋值语句:wi=1/(0.726040*toubsq)计算权重,model 语句重新用 toubiao 对 expend 进行加权最小二乘回归,最后利用 plot 语句画出残差图。

```
data result3;set result1;
wi=1/(0.726040*toubsq);run;
proc reg data=result3 graphics;
model expend=toubiao/r;
weight wi;
plot student.*p.;run;
```

程序运行结果如下(输出 9.2(D)):

输出 9.2(D) 投标金额对投标准备费用的加权最小二乘回归结果

```
                    Dependent Variable: EXPEND
                         Analysis of Variance
                    Sum of      Mean
Source      DF     Squares    Square      F Value    Prob>F
Model        1    117.17922  117.17922    109.165    0.0001
Error       10     10.73415    1.07341
C Total     11    127.91337

Root MSE           1.03606     R-square    0.9161
Dependent Mean    13.37907     Adj R-sq    0.9077
Coeff Var          7.74387
                Parameter Estimates
              Parameter    Standard      T for H0:
Variable  DF   Estimate     Error      Parameter=0   Prob > |T|
INTERCEP   1   5.658548   0.95779150     5.908        0.0001
TOUBIAO    1   4.185030   0.40055032    10.448        0.0001

      Weight    Dependent  Predicted   Std Error                Std Error  Student
Obs   Varoable  Variable     Value    mean predict  Residual    Residual   Residual
 1    0.3036    15.5000    14.5727      0.620        0.9273      1.775      0.522
 2    0.9407    11.1000    10.7224      0.660        0.3776      0.840      0.450
 3    0.0114    62.6000    51.6939      3.717       10.9061      8.971      1.216
 4    0.0383    35.4000    30.7687      1.772        4.6313      4.991      0.928
 5    0.0439    24.9000    29.0947      1.623       -4.1947      4.670     -0.898
 6    0.0288    28.1000    34.5771      2.118       -6.4771      5.721     -1.132
 7    0.1561    15.0000    18.0881      0.758       -3.0881      2.510     -1.230
 8    0.1227    23.0000    19.6784      0.857        3.3216      2.830      1.174
 9    0.0128    42.0000    49.1410      3.477       -7.1410      8.488     -0.841
10    1.1383    10.0000    10.2621      0.678       -0.2621      0.695     -0.377
11    0.0725    20.0000    23.9053      1.177       -3.9053      3.665     -1.066
12    0.0215    47.5000    39.1388      2.540        8.3612      6.590      1.269
```

（续）输出 9.2(D)

```
   Obs    -2-1-0 1 2      Cook's D
    1    |    |*   |        0.017
    2    |    |    |        0.063
    3    |    |**  |        0.127
    4    |    |*   |        0.054
    5    |   *|    |        0.049
    6    |  **|    |        0.088
    7    |  **|    |        0.069
    8    |    |**  |        0.063
    9    |   *|    |        0.059
   10    |    |    |        0.068
   11    |  **|    |        0.059
   12    |    |**  |        0.120
Sum of Residuals                    0
Sum of Squared Residuals        10.7341
Predicted Resid SS（Press）    14.0170
NOTE: The above statistics use observation weights or frequencies
```

在输出 9.2（D）中，F= 109.165，其对应的概率为 0.0001，拟合优度 R^2 = 0.9161，拟合精度为 1.03606，回归系数 β_0 的 T 检验值及其对应的概率分别为 5.908 和 0.0001，而回归系数 β_1 的 T 检验值及其对应的概率则分别为 10.448 和 0.0001，在 0.05 的显著性水平下，两者都显著不等于 0。另外，从图 9.6 的残差图还可以看出，残差项已不存在明显的异方差性。

EXPEND=5.6585+4.185 TOUBIAO

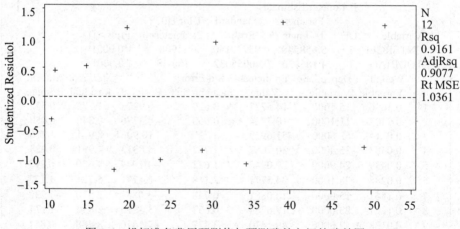

图 9.6 投标准备费用预测值与预测残差之间的残差图

作为总结，我们对以上加权最小二乘法和普通最小二乘法回归所得结果做一比较，列于表 9.3。

表 9.3

	加权最小二乘法（WLS）	普通最小二乘法（OLS）
回归方程	EXPEND=5.6585+4.1850TOUBIAO	EXPEND=4.1961+4.5184TOUBIAO
T统计检验值	（5.908）（10.448）	（1.293）（8.569）
显著性概率	（0.0001）（0.0001）	（0.2250）（0.0001）
估计的标准差	（1.37）（0.41）	（3.24）（0.53）
其他统计量	F=109.165　R^2=0.9161	F=73.42　R^2=0.8801
	$\hat{\sigma}$=1.03606	$\hat{\sigma}$=5.85691

从以上比较可以看出，不论是从检验的 F 值、拟合优度和精度，还是从参数的 T 检验及其对应的概率、估计的标准差来看，用加权最小二乘法拟合效果更好。特别是，在 0.05 的显著性水平下，用 OLS 法估计的参数 β_0 是不显著的，而用 WLS 法估计则是显著的，这就证实了前面我们提出的：在误差项存在异方差性的条件下，用 OLS 法进行回归其参数的显著性检验可能失效的结论。

关于自相关的判断及其处理我们将在自回归过程（AUTOREG）中予以介绍。

9.3.3 几个常用的函数形式的回归模型

实际应用过程中，除了变量之间具有线性关系的线性模型外，我们还经常遇到一类变量之间关系不是线性的，而是函数关系。这类模型虽然变量之间的关系是非线性的，但是经过某种数据变换可以转化为参数为线性的模型，这类模型常见的有以下几种形式：

（1）用于测度弹性的幂函数模型。
（2）用于测度增长率的指数模型。
（3）双曲线模型。

对于以上模型，拟合的一般步骤为：第一步，根据有关理论或变量之间的散点图给出回归模型；第二步，根据模型本身特点对模型或数据进行变量变换，使变换后的模型或数据具有线性回归模型形式；第三步，对变换后的线性模型进行拟合，并进行回归诊断；第四步，对诊断符合要求的模型用原变量写出回归模型，并用于预测或控制；对诊断不符合要求的模型重新拟合，直到符合要求为止。

9.3.3.1 幂函数模型

这类模型的一般形式为：$y_i = \beta_0 x_i^{\beta_1} e^{\varepsilon_i}$（如著名的 C-D 生产函数 $y_i = AL_i^\alpha K_i^\beta e^{\varepsilon_i}$ 就具有这种形式）。由于 $\beta_1 = \dfrac{dy}{y} \bigg/ \dfrac{dx}{x}$，所以 β_1 称为 y 对 x 的弹性系数，它表示 x 变化 1%所引起的 y 变化的百分比。

对上述模型两边同时取对数，则有：
$$\ln y_i = \ln \beta_0 + \beta_1 \ln x_i + \varepsilon_i \tag{9.21}$$

令 $y_i^* = \ln y_i$，$x_i^* = \ln x_i$，$\alpha = \ln \beta_0$ 则变换后有：$y_i^* = \alpha + \beta_1 x_i^* + \varepsilon_i$。由于该模型同时对 x 和 y 作对数变换，所以有时也称该模型为双对数线性模型。

对上述变换后的模型，利用 OLS 法可得到参数估计值 $\hat{\beta}_0$，$\hat{\beta}_1$。由此可得到原模型的样本回归方程：$\hat{y}_i = \hat{\beta}_0 x_i^{\hat{\beta}_1}$。

9.3.3.2 指数模型

这类模型的一般形式为：$y_i = \alpha_0 \alpha_1^{x_i} e^{\varepsilon_i}$，常用于人口增长、产值或利润增长、劳动生产率以及就业等问题中。

对上述模型两边同时取对数，则有：
$$\ln y_i = \ln \alpha_0 + \ln \alpha_1 \times x_i + \varepsilon_i \tag{9.22}$$

令 $y_i^* = \ln y_i$，$\beta_0 = \ln \alpha_0$，$\beta_1 = \ln \alpha_1$，则变换后有：$y_i^* = \beta_0 + \beta_1 x_i + \varepsilon_i$。由于该模型只对 y 作对数变换而 x 不变，故有时也称该模型为半对数线性模型。

由于 $\beta_1 = \dfrac{dy}{y} \bigg/ dx$，它表示 x 变化 1 个单位所引起的 y 变化的百分比，所以 β_1 称为 y 对 x 的增长率。对上述变换后的模型，利用 OLS 法可得到参数估计值 $\hat{\beta}_0$，$\hat{\beta}_1$。由此可得到原模型的样本回归方程：
$$\hat{y}_i = e^{\hat{\beta}_0} e^{\hat{\beta}_1 x_i} \tag{9.23}$$

作为一个简单的应用，我们来看下面一个例子。

【例 9.3】 某商业公司欲研究对推销员进行职业培训的天数（x）与其业务表现评分（y）之间的关系，收集了 10 个推销员的有关数据，如表 9.4 所示。

表 9.4

职业培训天数	1	1	2	2	3	3	4	5	5	5
业务表现得分	45	40	60	62	75	81	115	150	145	148

试分析两者之间的关系，并确定回归模型。

解：为确定回归模型形式，在没有有关信息的条件下，一般先绘制两变量的散点图，并根据散点图的形状来确定回归模型的形式，再相机给出回归程序。本

例程序如下:

```
data train;
input day score@@; scoreln=log（score）;
cards;
1  45  1 40  2 50  2 60 3 65
3  81  4 90 4 100  5 140 5 148
;proc gplot;plot score*day;
symbol v=star;run;
proc reg graphics;model score=day/r;
plot r.*day;run;
proc reg graphics;model scoreln=day/r;
plot r.*day;run;
```

以上程序首先创建一个名为 train，其中，变量 day 代表培训的天数，score 代表业务表现评分，而 scoreln 则利用对数函数通过赋值语句计算 score 的对数。第一个过程用于画 score 与 day 的散点图（见图 9.7）。从散点图初步可以认为业务表现评分与培训天数之间既可能为线性的，也可能为非线性的函数关系。为此先对两变量按线性关系进行回归，并画残差图（见程序中的第一个 REG 过程）。由输出 9.3（A）可以看出，两变量之间线性关系检验的统计量值为 76.868，其对应的概率为 0.0001，说明 score 和 day 之间线性关系是显著的，另外，拟合优度 R^2= 0.9057 也较大，说明拟合是比较充分的。尽管如此，我们还不能断言变量之间呈线性关系的线性回归模型拟合这批数据就是合适的。事实上，从参数的假设检验看，虽然作为斜率的参数 β_1 检验是显著的，但是常数项 β_0 的检验却是不显著的，也就是说 β_0 与 0 没有显著性差异。从实际情况看，即使不参加培训，推销人员的业务表现也不应为 0，这与实际不符。另外，

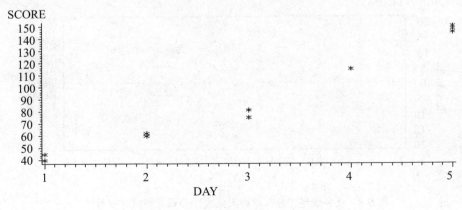

图 9.7　业务表现评分与培训天数

残差图 9.8 也明显地表明：业务表现评分与培训天数之间存在曲线而非线性关系。考虑到图 9.7 中散点图的形状，可假定回归模型的形式为指数，即假定回归模型形式为：

$$y_i = \alpha_0 \alpha_1^{x_i} e^{\varepsilon_i} \tag{9.24}$$

对于该模型，按照以上介绍的方法，由程序中第二个 REG 过程即可得到输出 9.3（B）及残差图 9.9。

输出 9.3(A)　业务表现评分与培训天数线性关系下的回归结果

```
                Model: MODEL1
              Dependent Variable: SCORE
                 Analysis of Variance
                Sum of        Mean
Source    DF   Squares       Square      F Value    Prob>F
Model      1   11809.80000   11809.80000  76.868    0.0001
Error      8   1229.10000    153.63750
C Total    9   13038.90000

 Root MSE   12.39506   R-square   0.9057   Dep Mean  81.90000   Adj R-sq
 0.8940    Coeff Var   15.13438
                Parameter Estimates
              Parameter    Standard    T for H0:
Variable  DF  Estimate     Error       Parameter=0   Prob > |T|
INTERCEP   1  9.000000     9.19242215  0.979         0.3562
DAY        1  24.300000    2.77161956  8.767         0.0001
```

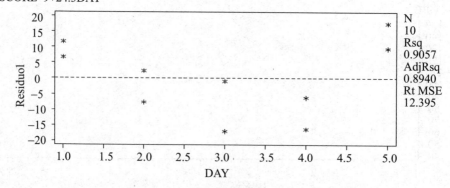

图 9.8　业务表现评分与培训天数线性关系下回归的残差图

输出 9.3(B)　业务表现评分与培训天数幂函数关系下回归结果

```
Dependent Variable: SCORELN
                    Analysis of Variance
                Sum of     Mean
Source    DF    Squares    Square    F Value    Prob>F
Model     1     1.79115    1.79115   196.922    0.0001
Error     8     0.07277    0.00910
C Total   9     1.86392

Root MSE   0.09537    R-square   0.9610    Dep Mean   4.31146
Adj R-sq   0.9561     Coeff Var  2.21205
                    Parameter Estimates
             Parameter    Standard    T for H0:
Variable  DF  Estimate    Error       Parameter=0   Prob > |T|
INTERCEP  1   3.413672    0.07072950  48.264        0.0001
DAY       1   0.299262    0.02132575  14.033        0.0001
```

在输出 9.3（B）中，用于检验变量之间线性关系的 F 检验值为 196.922，对应的概率为 0.0001，说明培训天数与业务表现评分的对数之间线性关系是显著的。用于检验参数是否显著的 T 检验值分别为 48.264 和 14.033，对应的概率分别为 0.0001 和 0.0001，说明截距项和斜率都于 0 存在显著差异。

另外，拟合优度 $R^2 = 0.9610$，残差图 9.9 也表明了各点随机分布在 -0.15 到 0.10 之间。

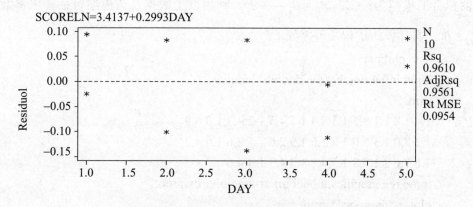

图 9.9　业务表现评分与培训天数幂函数关系下回归的残差图

综上所述，用指数来拟合这批数据是比较合适的，拟合结果为：

$$\hat{y}_i = 30.38 \times 1.35^{x_i} \tag{9.25}$$

9.3.3.3 双曲线模型

这类模型的一般形式可表示为：$y_i = \beta_0 + \beta_1 \frac{1}{x_i} + \varepsilon_i$，它是一条双曲线，常用于考察产量与平均固定成本、失业率与通货膨胀率之间的关系。

令 $x_i^* = 1/x_i$，则上述模型可变换为：$y_i = \beta_0 + \beta_1 x_i^* + \varepsilon_i$。由于该模型对 x 作倒数变换后转化为标准形式的线性回归模型，所以有时也称为倒数模型。

这类模型的估计步骤是：首先对 x 作倒数变换，然后对变换后的数据进行线性回归，并进行回归诊断，最后把估计的参数代入原模型即可。

【例9.4】 表9.5表给出了1950—1966年17年间，英国工资率的每年变化百分比和失业率之间统计数据，试确定两者之间的关系。

表 9.5

年份	1950	1951	1952	1953	1954	1955	1956	1957	1958	1959	1960	1961	1962	1963	1964	1965	1966
失业率	1.4	1.1	1.5	1.5	1.2	1.0	1.1	1.3	1.8	1.9	1.5	1.4	1.8	2.1	1.5	1.3	1.4
工资率	1.8	8.5	8.4	4.5	4.3	6.9	8.0	5.0	3.6	2.6	2.6	4.2	3.6	3.7	4.8	4.3	4.6

解：在经济学中有一个非常著名的曲线，称为菲利普斯曲线，它描述了工资变化率或物价变动率与失业率之间的关系。我们知道，该曲线是凸向原点的，而且随着失业率上升，工资增长率下降，失业率下降，工资增长率上升，这正是双曲线所具有的性质。由于本例是研究工资变化率与失业率之间关系的，所以可设所需拟合的模型为：$y_i = \beta_0 + \beta_1 \frac{1}{x_i} + \varepsilon_i$。利用以上数据及该模型可估计出参数 β_0，β_1。具体操作过程及程序如下：

```
data philips;
input inflat nojob@@; dnojob=1/nojob;
cards;
1.4 1.8 1.1 8.5 1.5 8.4 1.5 4.5 1.2 4.3 1.0 6.9
1.1 8.0 1.3 5.0 1.8 3.6 1.9 2.6 1.5 2.6 1.4 4.2
1.8 3.6 2.1 3.7 1.5 4.8 1.3 4.3 1.4 4.6
;proc reg graphics;model inflat=dnojob/r dwprob;
plot r.*dnojob='*';run;
```

程序说明：首先利用 DATA 步创建数据集 philips，其中变量 inflat 代表工资变化率，变量 nojob 代表失业率，而赋值语句 dnojob = 1/nojob 计算失业率的倒数。过程步中的 MODEL 语句对失业率的倒数与工资变化率做线性回归，而选项 dwprob 要求计算 D.W. 值，程序最后要求画残差图。程序运行结果如下：

输出 9.4(A)　工资变化率与失业率倒数线性回归结果

```
                    Dependent Variable: INFLAT
                        Analysis of Variance
                              Sum of      Mean
            Source     DF    Squares    Square     F Value    Prob>F
            Model       1    0.26284    0.26284     3.346     0.0873
            Error      15    1.17833    0.07856
            Corrected Total 16  1.44118
        Root MSE    0.28028    R-square    0.1824   Dep Mean  1.45882
        Adj R-sq    0.1279     Coeff Var  19.21257
                         Parameter Estimates
                 Parameter   Standard    T for H0:
Variable   DF   Estimate    Error       Parameter=0   Prob > |T|
INTERCEP    1   1.174755    0.16952308    6.930         0.0001
DNOJOB      1   1.147509    0.62732957    1.829         0.0873
Durbin-Watson D   1.060
Nuber of obsenvation     17
1st Order Autocorrelation   0.398
```

Obs	Dependent variable	predicted value	std Error mean prdict	Residual	Std Error Residual	student Residual	-2-1 0 1 2	Cook's D
1	1.4000	1.8123	0.205	−0.4123	0.191	−2.155	|****|	|2.661
2	1.1000	1.3098	0.106	−0.2098	0.259	−0.809	| * |	|0.055
3	1.5000	1.3114	0.105	0.1886	0.260	0.726	| |* |	|0.044
4	1.5000	1.4298	0.070	0.0702	0.271	0.259	| | |	|0.002
5	1.2000	1.4416	0.069	−0.2416	0.272	−0.889	| *| |	|0.025
6	1.0000	1.3411	0.094	−0.3411	0.264	−1.291	| **| |	|0.105
7	1.1000	1.3182	0.103	−0.2182	0.261	−0.837	| *| |	|0.054
8	1.3000	1.4043	0.074	−0.1043	0.270	−0.386	| | |	|0.006
9	1.8000	1.4935	0.071	0.3065	0.271	1.130	| |** |	|0.043
10	1.9000	1.6161	0.110	0.2839	0.258	1.101	| |** |	|0.109
11	1.5000	1.6161	0.110	−0.1161	0.258	−0.450	| | |	|0.018
12	1.4000	1.4480	0.068	−0.0480	0.272	−0.176	| | |	|0.001
13	1.8000	1.4935	0.071	0.3065	0.271	1.130	| |** |	|0.043
14	2.1000	1.4849	0.069	0.6151	0.272	2.265	| |****|	|0.168
15	1.5000	1.4138	0.072	0.0862	0.271	0.318	| | |	|0.004
16	1.3000	1.4416	0.069	−0.1416	0.272	−0.521	| *| |	|0.009
17	1.4000	1.4242	0.071	−0.0242	0.271	−0.089	| | |	|0.000

从输出 9.4（A）中的方差分析表可以看到，用于检验变量之间线性关系是否显著的统计量 F 值为 3.346，其对应的概率为 0.0873，在 0.05 的显著性水平下应接受原假设：变量之间不存在线性关系。进一步检查 D.W.值、标准化残差及其残差图、COOK 的 D 统计量我们发现，D.W.=1.060，这意味着误差项存在正相关性。标准化残差中的第一个观测和第 14 个观测的标准化残差值分别为 −2.155 和 2.265，位于−2 到 2 这一区域之外，COOK 的 D 统计量在这两个观测上的值也较大，标准化残差的残差图则明显地以四个"*"标出，这意味着这两个

观测可能是异常点。从残差图（略）也可看出误差项存在自相关性。为此，把这两个观测去掉，重新拟合这一模型，得到结果如下[见输出 9.4(B)]：

输出 9.4(B) 剔除异常点后工资变化率与失业率倒数线性回归结果

```
                    Dependent Variable: INFLAT
                        Analysis of Variance
                 Sum of      Mean
Source      DF   Squares    Square    F Value    Prob>F
Model        1   0.49824    0.49824    12.807    0.0034
Error       13   0.50576    0.03890
Correct Total 14  1.00400
        Root MSE   0.19724    R-square  0.4963    Dep Mean  1.42000
        Adj R-sq   0.4575    C.V.     13.89036
                        Parameter Estimates
              Parameter    Standard    T for H0:
Variable  DF  Estimate     Error       Parameter=0   Prob > |T|
INTERCEP   1  0.908757    0.15166625    5.992         0.0001
DNOJOB     1  2.267107    0.63351319    3.579         0.0034
Durbin-Watson D           1.734
Nuber of obsenvation      15
1st Order Autocorrelation 0.127
     Dependent  predicted  std Error              Std Error  student                      Cook's
Obs  variable   value      mean prdict  Residual  Residual   Residual   -2 -1 0 1 2         D
 1    1.1000    1.1755     0.085       -0.0755    0.178     -0.424     |         |       |0.021
 2    1.5000    1.1787     0.085        0.3213    0.178      1.803     |     |***        |0.366
 3    1.5000    1.4126     0.051        0.0874    0.191      0.459     |         |       |0.008
 4    1.2000    1.4360     0.051       -0.2360    0.191     -1.239     |   **|           |0.055
 5    1.0000    1.2373     0.072       -0.2373    0.184     -1.293     |   **|           |0.129
 6    1.1000    1.1921     0.082       -0.0921    0.180     -0.513     |    *|           |0.027
 7    1.3000    1.3622     0.053       -0.0622    0.190     -0.327     |         |       |0.004
 8    1.8000    1.5385     0.061        0.2615    0.188      1.393     |     |**         |0.102
 9    1.9000    1.7807     0.113        0.1193    0.162      0.738     |     |*          |0.133
10    1.5000    1.7807     0.113       -0.2807    0.162     -1.736     | ***|            |0.735
11    1.4000    1.4485     0.052       -0.0485    0.190     -0.255     |         |       |0.002
12    1.8000    1.5385     0.061        0.2615    0.188      1.393     |     |**         |0.102
13    1.5000    1.3811     0.052        0.1189    0.190      0.625     |     |*          |0.015
14    1.3000    1.4360     0.051       -0.1360    0.191     -0.714     |    *|           |0.018
15    1.4000    1.4016     0.051       -0.00161   0.190     -0.008     |         |       |0.000
```

输出 9.4（B）是剔除异常点后，工资变化率与失业率倒数线性回归结果，可以看到，此时的 F 值为 12.807，对应的概率为 0.0034，在 0.05 的显著性水平下已变得显著。与没有剔除异常点之前相比，拟合优度和精度明显提高，而且所有的参数都通过了 T 检验。标准化残差和 COOK 的 D 统计量也表明此时不再有异常点，说明剔除异常点后模型拟合较好。

综上所述，建立的回归方程为：

$$\hat{y}_i = 0.91 + 2.27 \frac{1}{x_i} \tag{9.26}$$

9.4 REG 过程在多元线性回归分析中的应用

对于一般的回归模型，因变量为连续变量，而自变量可以是连续的，也可以是离散的或定性的。当研究的自变量的个数为两个或两个以上时，称为多元回归。其一般表示为：

$$y_i = \beta_0 + \beta_1 x_{i1} + \beta_2 x_{i2} + \cdots + \beta_p x_{ip} + \varepsilon_i \quad (i = 1,2,\cdots,n) \tag{9.27}$$

对于以上 p 个自变量和一个因变量的情况，在多元回归分析中一般需要解决以下问题：

（1）选元问题，即从 M（$M \geq p$）个变量中选择 p 个对因变量比较重要的变量作为回归模型中的自变量，这在实际应用中非常重要。SAS 系统中提供了 10 种变量选元方法，但在实践中主要使用逐步回归法。

（2）参数估计和评价问题。这与一元线性回归分析中的问题基本相同。

（3）模型诊断问题。除一元回归分析中的诊断问题外，在多元线性回归分析中还需要对自变量间的多重共线性进行诊断。

（4）模型应用问题。主要用于预测和控制，另外评价自变量对因变量的影响在实际中也经常要考虑，这可用标准回归系数来反映。

下面我们将结合实例对以上问题作一分析。

9.4.1 选元问题——逐步回归

逐步回归的基本思想是：首先在待选的 M 个变量中选择一个对因变量影响最大的自变量，这可以通过因变量与每一自变量进行回归得到的 F 值来判断。若最大的 F 值在给定的显著性水平下是显著的，则该变量被选中，否则选元结束。

第二步，在剩下的 $M–1$ 个变量中，再选择一个变量加入到模型中，这可以通过偏 F 检验来判断。

偏 F 统计量为：

$$F = \frac{SSR(X_j | X_1)/1}{MSE(X_1, X_j)} \sim F(1, n-3) \tag{9.28}$$

其中，$SSR(X_j|X_1) = SSR(X_1, X_j) - SSR(X_1)$，表示模型已存在变量 X_1 的条件下新加入变量 X_j 对因变量的贡献。若最大的偏 F 统计量在给定的显著性水平下是显著的，则对应的自变量则被加入到模型中，否则不再加入其他变量，选元结束。

第三步，对已在模型中的每个变量进行显著性检验。若检验不显著，则去掉该变量，再重复进行第二步和第三步，否则保留该变量，重复进行第二步和第三步，这一过程一直进行到待选的全部自变量根据给定的显著性水平没有一个再能被选入模型或排除出刚构成的回归模型为止。

作为这一方法的一个应用，我们来看一个用 REG 过程中的选项，来进行逐步回归的简单例子。

【例 9.5】 某大型家具厂过去两年中引进了 14 种新产品。市场调查部需要测定头一年的销售额与某个适当的自变量之间的关系，作为今后制定推销计划和广告计划之用。调查人员建立了一个名为"顾客知悉率"的变量，用产品问世后 3 个月内听说过这种产品的顾客的百分比来测量，调查数据如表 9.6 所示。

表 9.6

产品	A	B	C	D	E	F	G	H	I	J	K	L	M	N
销售额(千元)	82	46	17	21	112	105	65	55	80	43	79	24	30	11
顾客知悉率(%)	50	45	15	15	70	75	60	40	60	25	50	20	30	5
广告费(千元)	1.8	1.2	0.4	0.5	2.5	2.5	1.5	1.2	1.6	1.0	1.5	0.7	1.0	0.8
价格(元)	7.3	5.1	4.2	3.4	10.0	9.8	7.9	5.8	7.0	4.7	6.9	3.8	5.6	2.8

（1）试分析产品销售额与顾客知悉率、广告费及价格之间的关系。

（2）试就顾客知悉率、广告费分别做关于产品销售额回归分析，指出回归系数的含义。

（3）试对回归系数进行显著性检验。

解： 根据题目要求，首先利用 data 步创建一个名为 quantity 的 SAS 数据集，其中，变量 sales 代表销售额，ads 代表顾客知悉率，expend 代表广告费用，price 代表产品价格。然后利用 reg 过程对变量 ads、expend、price 关于 sales 进行回归，其中选项 "selection=stepwise" 表示逐步回归（选元，并给出回归结果），"sls=0.05" 表示变量保留在模型中的显著性水平为 0.05，而 "sle=0.2" 则表示变量选入到模型中的显著性水平为 0.2。程序中第一个 model 过程包含截距项，而第二个 model 语句则不含有，目的是为了比较两个模型的优劣。plot 语句画标准化残差与预测值的残差图。程序如下：

```
data quantity;
input sales ads expend price@@;
cards;
82 50 1.8 7.3 46 45 1.2 5.1 17 15 0.4 4.2
21 15 0.5 3.4 112 70 2.5 10.0 105 75 2.5 9.8
```

```
65 60 1.5 7.9  55 40 1.2 5.8  80 60 1.6 7.0
43 25 1.0 4.7  79 50 1.5 6.9  24 20 0.7 3.8
30 30 1.0 5.6  11  5 0.8 2.8
;proc reg graphics;
model sales=ads expend price/selection=stepwise sls=0.05 sle=0.2 r;
plot student.*p.='*';run;
model sales=ads expend price/selection=stepwise sls=0.05 sle=0.2 noint r;
plot student.*p.='*';run;
```

程序运行结果如下：

输出 9.5(A) 含截距项的逐步回归结果

```
                Stepwise Procedure for Dependent Variable SALES
Step 1  Variable EXPEND Entered  R-square = 0.92955843  C（p）= 5.60956165
              DF    Sum of Squares      Mean Square        F        Prob>F
Regression    1    13130.94244604    13130.94244604    158.35      0.0001
Error        12      995.05755396       82.92146283
Total        13    14126.00000000
              Parameter    Standard          Type II
Variable      Estimate      Error        Sum of Squares     F      Prob>F
INTERCEP    −8.17625899   5.57920308      178.08686767    2.15      0.1685
EXPEND      48.59712230   3.86185605    13130.94244604  158.35      0.0001
Bounds on condition number:      1,       1
  （条件数范围）
------------------------------------------------------------------
Step 2  Variable ADS Entered  R-square = 0.95401907  C（p）= 2.18918563
              DF    Sum of Squares      Mean Square        F        Prob>F
Regression    2    13476.47335984     6738.23667992    114.11      0.0001
Error        11      649.52664016       59.04787638
Total        13    14126.00000000
              Parameter    Standard          Type II
Variable      Estimate      Error        Sum of Squares     F      Prob>F
INTERCEP    −7.75387674   4.71128422      159.94234477    2.71      0.1280
ADS          0.61801193   0.25547920      345.53091380    5.85      0.0341
EXPEND      29.25646123   8.63386019      678.01272992   11.48      0.0061
Bounds on condition number:   7.019085,    28.07634
------------------------------------------------------------------
All variables left in the model are significant at the 0.0500 level.
No other variable met the 0.2000 significance level for entry into the model.
    Summary of Stepwise Procedure for Dependent Variable SALES
           Variable    Number Partial Model
Step    Entered Removed  In   R**2    R**2   C（p）      F       Prob>F
  1     EXPEND            1   0.9296  0.9296  5.6096   158.3540   0.0001
  2     ADS               2   0.0245  0.9540  2.1892     5.8517   0.0341
   Sum of Residuals                      0
Sum of Squared Residuals            649.5266
           Predicted Resid SS （Press）    1145.7733
```

在输出 9.5（A）中对因变量 SALES 进行逐步回归结果表明，第一步，变量 EXPEND 被加入到模型中，说明三个自变量分别关于 SALES 回归，其中，由 EXPEND 与 SALES 回归得到的 F 统计量值最大，为 158.35，对应的概率为 0.0001，在 0.05 的显著性水平下通过检验。第二步，分别把变量 ads 和 price 加入到刚建立的模型中，并分别计算其偏 F 检验值，结果表明 ads 的偏 F 统计值大于 price 的偏 F 统计值，为 114.11，对应的概率为 0.0001，小于进入模型的显著性水平 0.20，所以 ads 被选入到模型中，此时模型中已有 EXPEND 和 ads 两个变量。第三步，对 EXPEND 和 ads 分别计算其偏 F 统计量值及其对应的概率（输出中没有体现），结果两个变量的偏 F 检验对应的概率都小于保留在模型中的显著性水平 0.05，因此两个变量都被保留下来。第四步，重复第二步和第三步，即把最后一个变量加入到由 EXPEND 和 ads 对 SALES 进行回归的模型中，发现 price 的偏 F 检验值对应的概率大于进入模型的显著性水平 0.20（输出也没有体现），所以 price 不能被加入到模型中。综合以上分析及输出 9.5（A），可以得到回归方程如下：

SALES= −7.75387674+0.61801193ADS+29.25646123EXPEND

统计量值：（2.71）　　（5.85）　　　（11.48）　　F=114.11

对应概率：（0.1280）（0.0341）　　（0.0061）　（0.0001）

R^2= 0.954，$C(P)$=2.1892，MSE= 59.05，PRESS=1145.7733

以上模型中，截距项的 T 检验并不显著，为此我们用同样的方法拟合不含截距项的线性回归模型，结果如下：

输出 9.5(B)　　不含截距项的逐步回归结果

```
Stepwise Procedure for Dependent Variable SALES
Step 1:   Variable EXPEND Entered  R-square = 0.97922756  C(p) = 5.67282342
            DF   Sum of Squares    Mean Square       F     Prob>F
Regression  1    55302.85557837    55302.85557837   612.83  0.0001
Error       13   1173.14442163     90.24187859
Total       14   56476.00000000
            Parameter   Standard        Type II
Variable    Estimate    Error       Sum of Squares   F     Prob>F
EXPEND      43.50444901 1.75737303  55302.85557837  612.83  0.0001
Bounds on condition number:      1,        1
---------------------------------------------------------------------
Step 2  Variable ADS Entered   R-square = 0.98566703  C(p) = 2.19423812
            DF   Sum of Squares    Mean Square       F     Prob>F
Regression  2    55666.53101507    27833.26550754   412.62  0.001
Error       12   809.46898493      67.45574874
Total       14   56476.00000000
            Parameter   Standard        Type II
Variable    Estimate    Error       Sum of Squares   F     Prob>F
ADS         0.63359526  0.27287542  363.67543670    5.39   0.0386
EXPEND      3.94582751  8.55939826  527.94927594    7.83   0.0161
Bounds on condition number:     31.73567,    126.9427
```

（续）输出 9.5(B)

```
--------------------------------------------------------------------
All variables left in the model are significant at the 0.0500 level.
No other variable met the 0.2000 significance level for entry into the model.
        Summary of Stepwise Procedure for Dependent Variable SALES
        Variable         Number  Partial  Model
 Step  Entered  Removed   In     R**2    R**2    C(p)       F       Prob>F
  1    EXPEND              1     0.9792  0.9792  5.6728   612.8292  0.0001
  2    ADS                 2     0.0064  0.9857  2.1942     5.3913  0.0386
Sum of Residuals                     −20.6274
Sum of Squared Residuals              809.4690
Predicted Resid SS （Press）         1345.3542
```

由输出 9.5（B）可以得到以下回归结果（逐步回归的每一步与输出 9.5（A）的解释相同，读者自行试着解释）：

SALES= 0.63359526ADS+3.94582751EXPEND

统计量值：（5.39）　　　（7.83）　　　　F=412.62

对应概率：（0.0386）　　（0.0161）　　　（0.0001）

R^2=0.9857，$C(P)$=2.1942，MSE= 67.46，PRESS= 1345.3542

比较两个回归方程以及残差图（略）我们可以看到，虽然输出 9.5（B）的拟合优度要大于输出 9.5（A）的拟合优度，但是从其他指标上看，9.5（A）都要优于 9.5（B），特别是拟合精度 MSE 和预测残差平方和 PRESS 都比 9.5（B）中的小，说明拟合精度高，预测效果好，所以应取 9.5（A）中的回归方程为回归结果。

综合以上分析，我们得到以下结论：

（1）销售额与广告费用和顾客知悉率存在显著的关系，而产品价格与销售额的关系则不显著。

（2）回归方程如输出 9.5（A）所示，其中 EXPEND 前的系数表明广告费每增加 1000 元，销售额将增加 29256 元，ADS 前的系数表明顾客知悉率每增加一个百分点，销售额将增加 618 元。

9.4.2 多重共线性的判断及处理

多重共线性是指在多元回归分析中自变量之间存在线性关系，用数学术语来表达就是系数矩阵的秩<p+1，即 $R(X'X)<p+1$，换句话说，某一个自变量可以被其他自变量线性表示，此时称自变量之间完全共线。但实践中，由于系数矩阵来自于样本观测，所以自变量之间的完全共线往往较少，代之的是自变量之间的近似共线性或称为高度共线性。当回归模型中的自变量存在高度共线性时，虽然参数的 OLS 法估计量仍是 BLUE 估计，但是其估计量的稳定性却很差，也就是说对于不同的样本得到的参数估计值往往差别很大，从而造成检验失效。因此在进行多元线性回归分析时，判断和处理自变量间多重共线性非常必要。

9.4.2.1 自变量间多重共线性的判断

自变量间多重共线性的判断方法很多。除了利用有关理论经验地判断外,如 C-D 函数中的劳动力和资本使用量之间往往存在多重共线,通常在统计上一个简单而又有效的判断方法是:对所有自变量关于因变量进行回归,若拟合优度很高,且 F 检验显著,但每一个自变量的回归系数 T 检验都不显著,则表明自变量间可能存在高度的多重共线。

关于多重共线,SAS 系统提供了以下判断指标:

(1) 方差膨胀因子 VIF,定义为:

$$VIF_j = \frac{\text{第} j \text{个回归系数的方差}}{\text{自变量不相关时第} j \text{个回归系数的方差}} = \frac{1}{1-R_j^2} \qquad (9.29)$$

它表示回归系数的估计量由于自变量的共线性使得方差增加的一个相对度量,R_j^2 表示第 j 个自变量对模型中其余自变量进行线性回归所得到的拟合优度。一般来说,$VIF > 10$,则表明自变量间存在高度共线。

(2) 条件指数(condition indices)K,定义为:最大特征值与每个特征值比值的平方根。其中,最大条件指数 K 称为矩阵 $X'X$ 的条件数。一般来说,如果 $1 \leq K \leq 10$,则可以认为自变量之间不存在或存在弱的多重共线;如果 $10 < K < 30$,则可以认为自变量之间存在较强的多重共线;如果 $K \geq 30$,则认为存在高度的多重共线。

(3) 方差比率(Var Prop),通过主成分分析方法把矩阵 X 的 $p+1$ 个特征值分解到 $p+1$ 个主成分变量上(常数项也作为一个变量),每个变量分得的方差称为方差比率。对大的条件数若同时有两个以上的方差比率超过 50%,则认为这些变量之间存在一定程度的相关。

9.4.2.2 多重共线性的处理方法

当自变量间存在多重共线性时,通常可以采取以下方法进行处理:

(1) 剔除不重要的自变量。这些不重要的自变量往往在用逐步回归进行选元时就已被去掉,但是去掉某些自变量有时会导致回归参数估计值的偏误。实践中,当判断某些共线的自变量确实不重要时可以去掉,但当判断这些自变量对研究的问题很重要时就不能简单予以剔除(如 C-D 生产函数中的 L 和 K 就不能简单剔除),这时可以采取其他方法予以解决。

(2) 把横截面数据与时间序列数据结合起来使用(data-pooling 方法),见参考文献[9]。

(3) 当样本资料来自时间序列时,通常可以对回归模型进行差分,然后拟合差分后的模型。这样做往往也会引起其他问题,例如,误差项自相关、样本容量减少等。

(4) 岭回归方法。我们知道,多元线性回归的参数估计量为:$\hat{B}=(X'X)^{-1}X'Y$。当自变量间存在多重共线时,估计量的均方误差往往变得很大造成估计的不稳定。

为此,令$\hat{B}(k)=(X'X+kI)^{-1}X'Y$,称为参数的岭回归估计量。现在的问题是寻找$k$使得参数估计量的均方误差尽可能小。为了实现这一目的,SAS系统提供了一套完整地解决这一问题的方法,参见例9.6。

(5) 主成分回归。利用主成分分析方法,把p个自变量表示成m($m<p$)个主成分。由主成分性质知,这m个主成分是不相关的。再用这m个主成分关于因变量回归,最后把回归结果转化为由原来的自变量和因变量之间的回归模型,参见第10章。

【例9.6】 考察进口总额IMPORT与三个自变量国内生产总值GDP、储蓄SAVE和总消费CONSUME之间的关系。现收集了某国1990年到2000年共11年数据,列于表9.7。

表9.7 单位:亿元

年份	1990	1991	1992	1993	1994	1995	1996	1997	1998	1999	2000
IMPORT	15.9	16.4	19.0	19.1	18.8	20.4	22.7	26.5	28.1	27.6	26.3
GDP	149.3	161.2	171.5	175.5	180.8	190.7	202.1	212.4	226.1	231.9	239.0
SAVE	4.2	4.1	3.1	3.1	1.1	2.2	2.1	5.6	5.0	5.1	0.7
CONSUME	108.1	114.8	123.2	126.9	132.1	137.7	146.0	154.1	162.3	164.3	167.6

试确定进口总额与国内生产总值、储蓄和总消费之间的数量关系。

解: 由经济理论知,一国进口总额与其国内生产总值、总消费成正向关系,而与其储蓄多少关系并不十分明显。因此,当构建模型为:

$$\text{IMPORT} = \beta_0 + \beta_1 \text{GDP} + \beta_2 \text{SAVE} + \beta_3 \text{CONSUME} + \varepsilon$$

时,可以经验地判断回归系数β_1和β_3为正。此外,经济理论还告诉我们:GDP与CONSUME是高度相关的,因此两者同时作为自变量可能存在多重共线性,为此用该模型进行回归分析时需进行共线性诊断,程序如下:

```
data imports;
input gdp save consume import@@;
cards;
149.3  4.2  108.1  15.9  161.2  4.1  114.8  16.4
171.5  3.1  123.2  19.0  175.5  3.1  126.9  19.1
180.8  1.1  132.1  18.8  190.7  2.2  137.7  20.4
```

202.1 2.1 146.0 22.7 212.4 5.6 154.1 26.5
226.1 5.0 162.3 28.1 231.9 5.1 164.3 27.6
239.0 0.7 167.6 26.3
;proc reg corr;
model import=gdp save consume/ vif collin collinoint;run;

在上面的程序中，proc reg 调用回归分析过程，并按 model 语句给出的模型结构进行分析，其中选项 corr 要求计算变量之间的相关系数，vif 要求计算方差膨胀因子，而 collin 和 collinoint 则要求进行多重共线诊断，两者的区别是前者没有对截距项进行调整，而后者进行了调整。当截距项经检验是显著时，应考察由 collinoint 输出的结果，否则参看由 collin 输出的结果。程序运行结果如下：

输出 9.6(A)　变量之间线性回归及多重共线诊断结果

```
                      Correlation
            GDP      SAVE     CONSUME   IMPORT
  GDP     1.0000    0.0259    0.9973    0.9653
  SAVE    0.0259    1.0000    0.0357    0.2507
  CONSUME 0.9973    0.0357    1.0000    0.9719
  IMPORT  0.9653    0.2507    0.9719    1.0000
Dependent Variable: IMPORT
                   Analysis of Variance
                Sum of      Mean
Source   DF    Squares     Square    F Value   Prob>F
Model     3   204.77614   68.25871   285.610   0.0001
Error     7     1.67295    0.23899
C Total  10   206.44909
  Root MSE    0.48887   R-square   0.9919   Dep Mean  21.89091
  Adj R-sq    0.9884    Coeff Var  2.23321
                     Parameter Estimates
               Parameter   Standard    T for H0:                Variance
Variable  DF   Estimate    Error       Parameter=0   Prob > |T|  Inflation
INTERCEP   1  -10.127988   1.21215996   -8.355        0.0001      0.00000000
GDP        1   -0.051396   0.07027999   -0.731        0.4883    185.99746961
SAVE       1    0.586949   0.09461842    6.203        0.0004      1.01890927
CONSUME    1    0.286849   0.10220811    2.807        0.0263    186.11001511
                   Collinearity Diagnostics
            Condition  Var Prop   Var Prop  Var Prop  Var Prop
Number  Eigenvalue  Index   INTERCEP   GDP      SAVE    CONSUME
  1      3.83840   1.00000    0.0010   0.0000   0.0109   0.0000
  2      0.14837   5.08625    0.0053   0.0001   0.9385   0.0001
  3      0.01317  17.07319    0.7743   0.0015   0.0330   0.0011
  4      0.0000545 265.46126  0.2193   0.9984   0.0175   0.9989
         Collinearity Diagnostics（intercept adjusted）
            Condition  Var Prop   Var Prop   Var Prop
Number  Eigenvalue  Index    GDP       SAVE     CONSUME
  1     1.99915    1.00000   0.0013    0.0009    0.0013
  2     0.99815    1.41522   0.0000    0.9813    0.0000
  3     0.00269   27.25683   0.9987    0.0177    0.9987
```

从输出 9.6（A）中最上面的相关系数阵可以看出，GDP，SAVE，CONSUME 与 IMPORT 都是正相关，并且 GDP，CONSUME 与 IMPORT 高度正相关，相关系数分别达到了 0.9653 和 0.9719。在自变量之间，GDP 与 CONSUME 的相关系数为 0.9973，而 GDP 与 SAVE，SAVE 与 CONSUME 的相关性则不强，分别为 0.0259 和 0.0357，说明 GDP 与 CONSUME 存在高度的线性关系，这与我们从经济理论得到的判断是完全一致的。输出 9.6（A）中的方差膨胀因子和最下面的共线性诊断（因为截距项检验显著）也说明了这一点。其中条件数为 27.25683，而在变量 GDP 和 CONSUME 上的方差比率分别为 0.9987 和 0.9987，远超过 50%，说明两变量高度共线性。若不对多重共线性进行处理而直接进行线性回归，根据输出 9.6（A）可以写出以下方程：

IMPORT = −10.128 − 0.0514GDP + 0.5869SAVE + 0.2868CONSUME
检验统计量：（−8.355）（−0.731）（6.203）（2.807） F=285.61
对应概率：（0.0001）（0.4883）（0.0004）（0.0263）（0.0001）
R^2=0.9919　R^2-adj=0.9884　Root MSE=0.48887

上述方程中 GDP 的回归系数为负值，这与经济理论是不符的。进一步检查可以发现该回归系数参数的 T 检验值为−0.731，其对应的概率为 0.4883，在 0.05 的显著性水平下是不显著的。出现此现象的原因是自变量 GDP 与 CONSUME 高度相关。为了消除这一影响，通常可以去掉一个不重要的因素，然后就剩下的两个自变量对因变量进行回归（读者可尝试去掉变量 GDP 后对 IMPORT 进行回归分析）。考虑到 GDP 和 CONSUME 对 IMPORT 都很重要，为保留这两个变量，以下我们用 reg 过程就三个自变量对进口额做岭回归。

岭回归程序（接上段程序）：

```
proc reg data=imports outest=result graphics outvif;
model import=gdp save consume/ridge=0.0 to 0.1 by 0.01 0.2 0.3 0.4 0.5 ;
plot/ridgeplot;run;
proc print data=result;run;
```

以上程序中，model 语句后由选项"ridge="指定一组 k 值来完成岭回归分析。proc reg 语句中的选项"outest=result"要求把这一组岭回归估计值输出到数据集 result 中，选项 outvif 要求把岭回归估计的方差膨胀因子也输出到数据集 result，而选项 graphics 则要求 plot 语句中的选项 ridgeplot 绘制高分辨率的岭迹图。上段程序运行结果示于图 9.10。

由图 9.10 的岭迹图可以看出，当 $k \geqslant 0.02$ 后，岭迹曲线趋于稳定，说明 k =0.02 即可满足岭回归参数估计的均方误差较小的要求。由输出 9.6（B）第八行对应的岭回归估计得岭回归方程为：

IMPORT = −8.9277 + 0.057GDP + 0.59542SAVE + 0.127CONSUME　（9.30）

IMPORT= –10.128–0.0514 GDP+0.5869 SAVE +0.2868 CONSUME

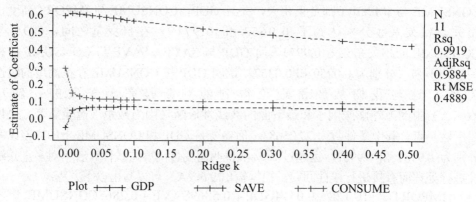

图 9.10 对进口额进行岭回归估计的岭迹图

可以看出，经岭回归估计后回归系数的符号与经济理论相一致。另外从第七行中的方差膨胀因子都小于 3 知，此时多重共线的影响不再明显，岭回归估计的均方误差为 0.57016，虽然比 OLS 法估计的均方误差 0.4889 有所增大，但是增加并不多。

输出 9.6(B)   不同 k 值下岭回归估计的部分输出结果

MODEL	_TYPE_	_DEPVAR_	_RIDGE_	_RMSE_	INTERCEP	GDP	SAVE	CONSUME	MPORT
MODEL1	PARMS	IMPORT	.	0.48887	–10.1280	–0.051	0.58695	0.287	–1
MODEL1	RIDGEVIF	IMPORT	0.00	.	.	185.997	1.01891	186.110	1
MODEL1	RIDGE	IMPORT	0.00	0.48887	–10.1280	–0.051	0.58695	0.287	–1
MODEL1	RIDGEVIF	IMPORT	0.01	.	.	8.599	0.98192	8.604	–1
MODEL1	RIDGE	IMPORT	0.01	0.55323	–9.1805	0.046	0.59886	0.144	–1
MODEL1	RIDGEVIF	IMPORT	0.02	.	.	2.858	0.96219	2.859	–1
MODEL1	RIDGE	IMPORT	0.02	0.57016	–8.9277	0.057	0.59542	0.127	–1
MODEL1	RIDGEVIF	IMPORT	0.03	.	.	1.502	0.94345	1.502	–1
MODEL1	RIDGE	IMPORT	0.03	0.57959	–8.7337	0.061	0.59080	0.120	–1
MODEL1	RIDGEVIF	IMPORT	0.04	.	.	0.979	0.92532	0.979	–1
MODEL1	RIDGE	IMPORT	0.04	0.58745	–8.5583	0.064	0.58591	0.116	–1
MODEL1	RIDGEVIF	IMPORT	0.05	.	.	0.723	0.90773	0.723	–1
MODEL1	RIDGE	IMPORT	0.05	0.59520	–8.3919	0.065	0.58095	0.113	–1
MODEL1	RIDGEVIF	IMPORT	0.06	.	.	0.579	0.89065	0.578	–1
MODEL1	RIDGE	IMPORT	0.06	0.60337	–8.2309	0.065	0.57600	0.111	–1

9.4.3 预测和评价

回归分析的一个重要应用就是预测，多元线性回归分析也不例外。当然在正式运用回归方程进行预测之前，需要对方程进行诊断，只有诊断通过才能使用。下面就给出这方面的一个例子。

第 9 章 回归分析与 REG 过程

【例 9.7】 在第 5 章习题第 4 题中，我们给出了 80 个家庭的收入与年食品消费资料（假定已被创建成名为 consume 的 SAS 数据集），试对该组资料建立食品支出与其他变量的回归方程，指出回归系数的经济含义，评价其重要程度。假定第 81 户家庭收入为 50000 元，家庭人口 3 个，收入最高者的年龄 40 岁，并且购买了住房，试利用所拟合的方程预测该家庭年平均食品支出额（显著性水平取 0.05）。

解： 由于题目仅要求建立关于食品支出的回归方程，并没有指定必须用几个变量来回归，所以可通过逐步回归的方法，先剔除掉不重要的或相关性比较强的自变量，再通过标准化残差图或 COOK 的 D 统计量剔除掉异常点（如果有的话）。再利用剔除异常点后的数据进行回归，这样经过多次诊断，即可得到理想的回归结果。按照这一思想，编辑程序如下：

    data consume;set consume;run;
    proc reg graphics;
    model expend=income number age purchase/selection=stepwise sle=0.05 r stb clm ;
    plot student.*p.;run;

在上面的程序中，data 步利用 set 语句把已有的 SAS 数据集调入到当前状态。model 语句中的选项要求进行逐步回归，并规定变量保留在模型中的显著性水平为 0.05，选项 r，stb 和 clm 要求系统计算残差、标准化回归系数（用于评价系数的重要性）以及均值的 95%的置信上限和下限。plot 语句要求画残差图。程序运行部分结果如输出 9.7 所示。

输出 9.7 是先对 80 个家庭的资料进行逐步回归并剔除异常点后，再对剩下的 74 个数据利用逐步回归法得到的最后结果，其中，最上面的内容给出了逐步回归的过程。从输出内容可以看出，逐步回归的第一步、第二步分别把变量 INCOME 和 PURCHASE 纳入回归模型，第三步虽然在 0.15 的显著性水平下（对于逐步回归,缺省时系统给定的变量进入模型的显著性水平）变量 NUMBER 被加入模型，但是在随后第四步的排除中（此时保留在模型中的显著性水平为 0.05）又被排除出外，所以逐步回归最后结果为：

$$\text{EXPEND} =1.2734 + 0.1496\text{INCOME} - 0.6224\text{PURCHASE} \qquad (9.31)$$

检验统计量： （5.535） （32.563）　　　　（−3.899）　　F=836.051

估计量的标准误差： （0.23） （0.0046）　　　　（0.16）

R^2=0.9593　　　　Root MSE=0.583

输出 9.7　经剔除 6 个异常点后逐步回归结果

```
                    Stepwise Procedure for Dependent Variable EXPEND
All variables left in the model are significant at the 0.0500 level.
The stepwise method terminated because the next variable to be entered was just removed.
Summary of Stepwise Procedure for Dependent Variable EXPEND
        Variable      Number  Partial  Model
Step  Entered Removed   In    R**2    R**2    C（p)       F       Prob>F
 1    INCOME            1    0.9505  0.9505  17.1248  1383.9168   0.0001
 2    PURCHASE          2    0.0087  0.9593   3.7598    15.2023   0.0002
 3    NUMBER            3    0.0013  0.9606   3.4954     2.2809   0.1355
 4         NUMBER       2    0.0013  0.9593   3.7598     2.2809   0.1355
Model: MODEL1
Dependent Variable: EXPEND
                         Analysis of Variance
                  Sum of      Mean
Source      DF   Squares    Square    F Value   Prob>F
Model        2   568.40676  284.20338  836.051   0.0001
Error       71    24.13540    0.33994
C Total     73   592.54216

Root MSE     0.58304    R-square  0.9593    Dep Mean  6.53243
Adj R-sq     0.9581     C.V.      8.92531

                        Parameter Estimates
                Parameter   Standard       T for H0:              Standardized
Variable   DF   Estimate    Error       Parameter=0   Prob > |T|   Estimate
INTERCEP   1    1.273412    0.23006693     5.535        0.0001     0.00000000
INCOME     1    0.149601    0.00459419    32.563        0.0001     0.91717492
PURCHASE   1   -0.622432    0.15963826    -3.899        0.0002    -0.10982034
```

由以上检验统计量及残差图（见图 9.11），可以认为方程拟合较好。由此我们得出结论：收入每增加 1000 元，食品支出将增加 0.1496 千元或 149.6 元，而购

EXPEND=1.2734+0.1496 INCOME −0.6224 PURCHASE

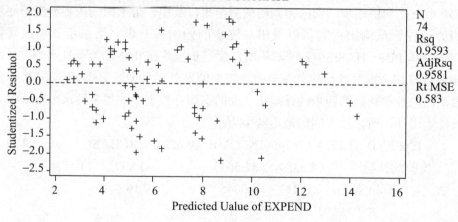

图 9.11　食品支出回归分析残差图

买住房的家庭平均来说其食品支出额将比没有购买住房家庭食品支出额少 0.6224 千元或 622.4 元。

在输出 9.7 中，自变量 INCOME 和 PURCHASE 的标准化回归系数（即贝塔系数）分别为 0.917 和–0.11，说明收入对食品支出的影响，要大于是否购房对食品支出的影响。

上述程序还输出了利用以上回归方程给出的预测结果（略）。从输出结果中可以得到第 81 户家庭食品支出平均值的点估计值为 7989.6 元，其 95%的置信区间为（7650.6 元，8328.7 元）。

9.5 二元选择模型

在实际工作中，我们经常遇到这样的问题：给定家庭年收入、食品支出额、人口数以及收入最高者的年龄，问该家庭是否购买了住房或购买住房的可能性有多大？给定企业的财务数据，问该企业破产或陷于财务困境的可能性有多大？再比如，在信贷过程中，银行非常关心一笔贷款是否能按时收回，即借款单位是否会违约。为此银行在作出贷款决策之前必须根据该单位的有关指标（主要是财务指标）对该单位的信用进行评估，也就是判断该单位是否会违约以及违约可能性的大小，据以作出贷款决策。假定我们用 1 表示违约，用 0 表示不违约，那么一个借款单位是否违约就可以用取值 0 或 1 的虚拟变量来表示。判断该企业是否违约的问题就转化为利用该企业的有关指标来计算 0 或 1 的概率。按照回归分析的思想，有关指标是自变量（可以是连续的，也可以是属性的），是否违约是因变量（属性变量）。用回归模型可表示如下：

模型 I：
$$Y = \beta_0 + \beta_1 X_1 + \cdots + \beta_m X_m + \varepsilon \tag{9.32}$$

其中，
$$Y = \begin{cases} 1 & \text{如果违约} \\ 0 & \text{如果不违约} \end{cases}$$

我们称模型 I 为线性概率模型（LPM），有时也称为 Tobit 模型（由诺贝尔经济学奖获得者 James Tobin 于 1968 年首先提出），这可从下面的分析中看出。

记 $p_i = P\{Y=1\} = P\{\text{该单位违约}\}$，则该单位不违约的概率为 $1-p_i$，$E(Y) = p_i$。由给出的线性回归模型知，在给定诸自变量 $X_1, \cdots, X_m$ 的条件下 Y 的条件数学期望为：

$$E(Y|X_1, \cdots, X_m) = \beta_0 + \beta_1 X_1 + \cdots + \beta_m X_m \tag{9.33}$$

由此得到

$$p_i = \beta_0 + \beta_1 X_1 + \cdots + \beta_m X_m \tag{9.34}$$

即自变量的线性组合是一个概率。

由于自变量可以是连续的，也可以是属性的，而因变量只能取 0 和 1 两个值,这为估计带来了许多问题,如误差项不满足正态性,且异方差,另外模型左边可能超过 1 或小于 0,等等,这些问题使得通常的 OLS 法不再适用这类问题的参数估计。现在的问题是要找到一个函数使得不论自变量如何变化,其取值都在 0 和 1 之间,这样的函数显然很多。

由于逻辑斯缔函数或正态概率函数的取值都在 0 到 1 之间,且具有经济学中的边际收益递减规律的特点,所以实践中人们通常选用逻辑斯缔函数或正态概率函数。

9.5.1 逻辑斯缔回归与 LOGISTIC 过程

9.5.1.1 逻辑斯缔函数

逻辑斯缔函数又称增长函数,是由美国学者皮尔和瑞德(Robert B.Pearl 和 Lowell J.Reed)在研究果蝇的繁殖中提出的,其一般表达式为:

模型 II: $$p = \frac{1}{1+\exp(-z)}, \quad -\infty < z < \infty \tag{9.35}$$

由于 $1-p = \frac{1}{1+\exp(z)}$,所以 $\frac{p}{1-p} = \frac{1+\exp(z)}{1+\exp(-z)} = \exp(z)$,两边取自然对数得到:

$$\ln(\frac{p}{1-p}) = z \tag{9.36}$$

9.5.1.2 逻辑斯缔回归模型

令 $z = \beta_0 + \beta_1 X_1 + \cdots + \beta_m X_m$,$L = \ln(\frac{p}{1-p})$,称为对数单位,$\frac{p}{1-p}$ 称为机会比率,即有利于出现某一状态的机会大小(比如违约)。

模型III: $$L = \beta_0 + \beta_1 X_1 + \cdots + \beta_m X_m \tag{9.37}$$

模型III被称为逻辑斯缔回归方程。与此对应的是:

$$L = \beta_0 + \beta_1 X_1 + \cdots + \beta_m X_m + \varepsilon$$

称为逻辑斯缔回归模型,有时也称为对数单位模型。

与 LPM 模型相比,逻辑斯缔回归模型有以下特点:

(1)随着 p 从 0 变到 1,L 从负无穷变到正无穷,换句话说,虽然概率受到 0-1 的限制,但是 L 却不受此限制。

(2)虽然概率 p 与各自变量 X 之间是非线性的,但是 L 与各自变量之间是线性的。不仅如此,它与参数之间也是线性的。也就是说只要误差项满足经典假定就可用通常的 OLS 法进行参数估计,不幸的是误差项往往不满足经典假定,这就需要用其他方法对参数进行估计，通常采用最大似然法。

（3）逻辑斯缔回归系数的经济意义是：X 每变化一个单位，有利机会对数变化的程度。

9.5.1.3 LOGISTIC 过程

LOGISTIC 回归过程用于分析只取两个值或有限个值的有序因变量的回归问题，与通常的 REG 过程的基本格式大致相同，其一般格式包括以下语句：

    PROC LOGISTIC <options>;　　　　　　　　｝拟合模型
    MODEL dependent=independents </options>;　　｝必需的语句
    BY variables;
    FREQ variable;　　　　　　　　　　　　　　　｝可选语句
    WEIGHT variable;
    OUTPUT <OUT=sas-data-set> keyword=names;

语句说明如下：

1. PROC LOGISTIC 语句

该语句的一般格式为：**PROC LOGISTIC <options>;**

该语句表示调用 LOGISTIC 过程，开始进行 LOGISTIC 回归。在该语句后常见的选项与 REG 过程基本相同，读者可参见本章 9.2 节。

2. MODEL 语句

该语句的一般格式有以下两种：

第一种形式为：**MODEL dependent=independents </options>;**

第二种形式为：**MODEL events/trails=independents </options>;**

该语句给出了逻辑斯缔回归的模型结构，其中，等式右边的自变量如果省略则拟合仅含有截距的模型。第一种形式的模型称为单个试验模型，即样本资料是没有分组的或试验是单个进行的。它既可用于仅取两个值的属性变量的回归问题，也可用于取多个值有序变量的回归问题。第二种形式的模型称为事件/试验模型，即样本资料是分组的或样本来自于分组试验的结果。该模型等式左边必须指定分组试验次数的变量，相当于模型中的 trails 以及试验中某事件发生次数的变量，相当于模型中的 events，用 "/" 分开。两种模型右边表达形式是相同的，其中，选项 options 常用的有以下几类：

1）模型说明选项

（1）LINK=：连接函数选项。可以作为连接函数的有：LOGIT（逻辑斯缔函数），NORMIT（正态概率函数），CLOGLOG（余对数函数）。缺省时为逻辑斯缔函数。

（2）NOINT：不拟合两值因变量的截距项或不拟合因变量的第一个截距项。

(3) NOFIT：不进行拟合，只对自变量的显著性进行联合检验。

2) 自变量选择选项

(1) SELECTION=：指定自变量的选元方法。可以用在 LOGISTIC 过程中的选元方法有：BACKWARD|B：向后排除法；FORWARD|F：向前选择法；STEPWISE|S：逐步回归法；NONE|N：全模型法；SCORE：得分法。

(2) SLENTRY|SLE=value：规定进入模型中变量的显著性水平，缺省时为 0.05。

(3) SLSTAY|SLS= value：规定自变量保留在模型中的显著性水平，缺省时为 0.05。

3. OUTPUT 语句

该语句的一般格式为：**OUTPUT OUT=sas-data-set keyword=names;**

OUTPUT 语句创建一个新的 SAS 数据集，它包括输入数据集中的所有变量，以及规定的统计量。常见的统计量有：

(1) PREDICTED|PRED|PROB|P：如果使用的是事件/试验模型，该选项就是一个事件发生的预测概率；如果使用的是单个试验模型，该选项就是因变量小于或等于_LEVEL_值的预测概率，其中_LEVEL_为因变量的取值，未必指观测值。

(2) LOWER|L（UPPER|U）：规定事件发生概率的下置信限（上置信限），其中的置信水平由 ALPHA= value 给出。

9.5.2　Probit 回归与 Probit 过程

9.5.2.1　Probit 模型

讨论建立某种概率 p 与一线性函数的关系。任取一连续分布函数 $p = F(y)$，则在以 y 为横轴，p 为纵轴的坐标系里，$p = F(y)$ 画出一条 S 形曲线，如图 9.12 所示。

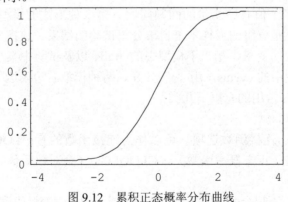

图 9.12　累积正态概率分布曲线

再取 F 的反函数 $y = F^{-1}(p)$，现假定 $y = x\beta$，即建立 y 与 x 的直接线性关系。则有 Probit 回归模型：

$$F^{-1}(p) = x\beta + \varepsilon$$

对变量取概率(Probability)，故称 Probit 模型。实践中，常取标准正态的分布函数，即

$$p = F(y) = \frac{1}{\sqrt{2\pi}} \int_{-\infty}^{y} e^{\frac{t^2}{2}} dt$$

9.5.2.2 Probit 过程

PROBIT 回归，其一般格式包括以下语句：

```
PROC PROBIT <options>;                                    拟合模型
    MODEL dependent=independents </options>;              必需的语句
    BY variables;
    CLASS variable;
    WEIGHT variable;                                      可选语句
    OUTPUT <OUT=sas-data-set> keyword=names;
```

语句说明如下：

1. PROC PROBIT 语句

该语句的一般格式为：**PROC PROBIT<options>;**

表示调用 PROBIT 过程，开始进行 PROBIT 回归。在该语句后常见的选项与 REG 过程基本相同，读者可参见本章第 9.2 节。

2. MODEL 语句

该语句的一般格式有以下两种：

第一种形式为：**MODEL dependent=independents </options>;**

第二种形式为：**MODEL events/trails=independents </options>;**

该语句给出了 PROBIT 回归的模型结构，其中，等式右边的自变量如果省略则拟合仅含有截距的模型。第一种形式的模型称为单个试验模型，即样本资料是没有分组的或试验是单个进行的。它既可用于仅取两个值的属性变量的回归问题，也可用于取多个值有序变量的回归问题。第二种形式的模型称为事件/试验模型，即样本资料是分组的或样本来自于分组试验的结果。该模型等式左边必须指定分组试验次数的变量，相当于模型中的 trails 以及试验中某事件发生次数的

变量，相当于模型中的 events，用"/"分开。两种模型右边表达形式是相同的，其中，选项 options 常用的有以下几类：

1）模型说明选项

（1）D=：分布函数选项。可以作为分布函数的有：Logistic（逻辑斯缔函数），Normal（正态概率函数），Extreme value（极端值函数） or Gompertz（龚伯茨函数）。缺省时为正态概率函数。

（2）NOINT：不拟合两值因变量的截距项或者不拟合因变量的第一个截距项。

（3）NOFIT：不进行拟合，只对自变量的显著性进行联合检验。

2）样本设置及拟合检验等选项

(1) AGGREGATE= (variable-list)：定义子样本，其所列变量来自 SAS 数据集中所包含的任意变量。可通过 AGGREGATE=MODEL 中所列的所有解释变量来设置，PROBIT 过程会根据变量列表对输入的数据集进行整理分类，其分类信息在"Response-Covariate Profile"表中显示。

(2) LACKFIT:执行两个拟合优度检验，即 Pearson 卡方检验和对数似然比检验。检验之前必须先对样本进行分组，这可通过 AGGREGATE 来设置，如果没有 AGGREGATE 设置项，PROC PROBIT 假定每个观测值均来自独立的子样本，并且仅仅对 MODEL 的第二种形式进行拟合优度检验。

9.5.2.3 OUTPUT 语句

该语句的一般格式为：**OUTPUT OUT=sas-data-set keyword=names;**

OUTPUT 语句创建一个新的 SAS 数据集，它包括输入数据集中的所有变量，以及规定的统计量。常见的统计量有：

（1）PREDICTED|PRED|PROB|P：如果使用的是事件/试验模型，该选项就是一个事件发生的预测概率；如果使用的是单个试验模型，该选项就是因变量小于或等于_LEVEL_值的预测概率，其中_LEVEL_为因变量的取值，未必指观测值。

（2）LOWER|L（UPPER|U）：规定事件发生概率的下置信限（上置信限），其中的置信水平由 ALPHA= value 给出。

（3）XBETA=NAME：在输出数据集中，命名 $x\beta$ 的预测值。

9.5.3 应用举例

【例 9.8】 Greene 在分析讲授"计量经济学"课程采用新的教学方法效应时，搜集了如表 9.8 所示的数据，其中，Grade 是学生在接受新教学方法

（ $PSI = \begin{cases} 1 & 接受新教学方法 \\ 0 & 没有采用新方法 \end{cases}$ ）后学习成绩是否有所提高的虚拟变量，

$GRADE = \begin{cases} 1 & 有所提高 \\ 0 & 没有提高 \end{cases}$ ，其他变量分别为平均绩点 GPA，非期末考试成绩分

数 TUCE。请分别使用 Logit 模型和 Probit 模型就 GRADE 与相关变量的关系进行回归分析，并比较这两种模型分析有何联系。

表 9.8

obs	GRADE	GPA	TUCE	PSI	obs	GRADE	GPA	TUCE	PSI
1	1	2.66	20	0	17	1	2.75	25	0
2	1	2.89	22	0	18	1	2.83	19	0
3	1	3.28	24	0	19	1	3.12	23	1
4	1	2.92	12	0	20	0	3.16	25	1
5	0	4	21	0	21	1	2.06	22	1
6	1	2.86	17	0	22	0	3.62	28	1
7	1	2.76	17	0	23	1	2.89	14	1
8	1	2.87	21	0	24	1	3.51	26	1
9	1	3.03	25	0	25	0	3.54	24	1
10	0	3.92	29	0	26	1	2.83	27	1
11	1	2.63	20	0	27	0	3.39	17	1
12	1	3.32	23	0	28	1	2.67	24	1
13	1	3.57	23	0	29	1	3.65	21	1
14	0	3.26	25	0	30	0	4	23	1
15	1	3.53	26	0	31	1	3.1	21	1
16	1	2.74	19	0	32	0	2.39	19	1

Logist 回归分析：

根据 LOGISTIC 回归过程，编写程序如下：

```
data grade ;
input grade gpa tuce psi@@;
cards;
   1  2.66    20       0      1     2.75    25       0
```

1	2.89	22	0	1	2.83	19	0
1	3.28	24	0	1	3.12	23	1
1	2.92	12	0	0	3.16	25	1
0	4	21	0	1	2.06	22	1
1	2.86	17	0	0	3.62	28	1
1	2.76	17	0	1	2.89	14	1
1	2.87	21	0	1	3.51	26	1
1	3.03	25	0	0	3.54	24	1
0	3.92	29	0	0	2.83	27	1
1	2.63	20	0	0	3.39	17	1
1	3.32	23	0	1	2.67	24	1
1	3.57	23	0	0	3.65	21	1
0	3.26	25	0	0	4	23	1
1	3.53	26	0	1	3.1	21	1
1	2.74	19	0	0	2.39	19	1

```
;
proc logistic;
model grade=gpa tuce psi;
output out=result p=predi xbeta=XI;run;
proc print data=result;
run;
```

输出结果如下：

输出 9.8（A） Logist 回归部分输出结果

The LOGISTIC Procedure

Data Set: WORK.GRADE
Response Variable: grade
Response Levels: 2
Number of Observations: 32

首先列出模型拟合的基本信息：包括输入数据集的名字，因变量名，观测个数

Model Fit Statistics

Criterion	Intercept Only	Intercept and Covariates
AIC	43.183	33.779
SC	44.649	39.642
-2 Log L	41.183	25.779

Testing Global Null Hypothesis: BETA=0

Test	Chi-Square	DF	Pr > ChiSq
Likelihood Ratio	15.4042	3	0.0015
Score	13.3088	3	0.0040
Wald	8.3762	3	0.0388

(续)输出 9.8（A）

```
              Analysis of Maximum Likelihood Estimates
                              Standard      Wald
    Parameter    DF  Estimate   Error    Chi-Square   Pr > ChiSq
    Intercept    1   -13.0204   4.9310    6.9723       0.0083
    gpa          1    2.8259    1.2629    5.0072       0.0252
    tuce         1    0.0951    0.1415    0.4518       0.5015
    psi          1    2.3785    1.0645    4.9925       0.0255
    Association of Predicted Probabilities and Observed Responses
        Percent Concordant    88.3    Somers' D   0.771
        Percent Discordant    11.3    Gamma       0.774
        Percent Tied           0.4    Tau-a       0.359
        Pairs                  231    c           0.885
    Obs  grade   gpa   tuce  psi   _LEVEL_    XI        predi
     1    1     2.66    20    0      0      -3.60047   0.02658
     2    1     2.75    25    0      0      -2.87041   0.05364
     7    1     2.92    12    0      0      -3.62690   0.02591
     8    0     3.16    25    1      0       0.66676   0.66078
     9    0     4.00    21    0      0       0.28143   0.56990
    13    1     2.76    17    0      0      -3.60332   0.02651
    31    1     2.74    19    0      0      -3.46955   0.03019
    32    0     2.39    19    1      0      -2.08009   0.11105
```

程序结果说明：

输出 9.8(A)中的第二部分是模型拟合信息及参数为 0 的假设检验。表中 AIC 和 SC 分别为 Akaike 信息准则和 Schwarz 准则，这两个统计量可以用于比较不同模型拟合的好坏。一般来说，这两个值越小越好。−2LOG L 为对数似然比检验，而 SCORE 为得分检验，从这两个检验的沃德卡方统计量值及其对应的概率可以看出，自变量间的联合影响在 0.05 的显著性水平上是显著的。

输出 9.8(A)的第三部分是最大似然估计分析，其不仅给出了参数的最大似然估计值、标准差以及沃德检验的卡方值及其对应的概率，还给出了标准化系数和机会比率的估计。由此我们可以写出 LOGISTIC 回归方程为：

$$L = -13.0204 + 2.8259 gpa + 0.0951 tuce + 2.3785 psi \tag{9.36}$$

标题为 "Association of Predicted Probabilities and Observed Responses" 的输出表示预测概率与观测因变量之间的关联性。其中，一致性（Concordant）比率达到了 88.3%，而不一致性（Discordant）比率只有 11.3%，另外，Somers' D = 0.771，Gamma=0.774，Tau-a = 0.359 都表明预测值与观测值具有很强的关联性，这说明所拟合的回归模型有较强的预测能力。

输出最后一部分给出了部分观测以及对应这些观测因变量的预测概率。注意这里的预测概率是针对 $P\{Y \leqslant \_LEVEL\_\}$ 给出的，即 $P\{Y \leqslant 0\}$。由于 $P\{Y \leqslant 0\} = P\{Y = 0\}$，所以该概率表示一个观测为学生成绩未提高的概率；与此对应的是学生成绩提高的情况，该概率都较小，换句话说 $P\{Y=1\}$的概率较大。譬如在第一个观测中，学生成绩未提高的预测概率为 0.02658，而提高的预测概率为 0.97342，与实际情况相符。以上预测概率进一步说明所拟合的 LOGISTIC 回归方程预测能力很强。

Probit 回归分析：

根据 Probit 回归过程，编写程序如下：

```
data grade ;
input grade gpa tuce psi@@;
cards;
    1  2.66    20   0    1   2.75   25   0
    1  2.89    22   0    1   2.83   19   0
    1  3.28    24   0    1   3.12   23   1
    1  2.92    12   0    0   3.16   25   1
    0  4       21   0    1   2.06   22   1
    1  2.86    17   0    0   3.62   28   1
    1  2.76    17   0    1   2.89   14   1
    1  2.87    21   0    1   3.51   26   1
    1  3.03    25   0    0   3.54   24   1
    0  3.92    29   0    0   2.83   27   1
    1  2.63    20   0    0   3.39   17   1
    1  3.32    23   0    1   2.67   24   1
    1  3.57    23   0    0   3.65   21   1
    0  3.26    25   0    0   4      23   1
    1  3.53    26   0    1   3.1    21   1
    1  2.74    19   0    0   2.39   19   1
;
proc probit;
class grade;
model grade=gpa tuce psi/d=logistic;
output out=result p=predi xbeta=XI;run;
proc print data=result;
run;
```

输出结果如下：

输出 9.8(B)　Probit 回归部分输出结果

```
                    Probit Procedure
                    Model Information
    Data Set: WORK.GRADE        ⎫  首先列出模型拟合的基本信息：
    Response Variable: grade    ⎬  包括输入数据集的名字，因变量
    Number of Observations: 32  ⎭  名，使用观测个数以及分布函数
    Name of Distribution: Logistic
    Log Likelihood：-12.88963422
```

Type III Analysis of Effects

Effect	DF	Wald Chi-Square	Pr > ChiSq
gpa	1	5.0074	0.0252
tuce	1	0.4519	0.5014
psi	1	4.9926	0.0255

Analysis of Parameter Estimates

Parameter	DF	Estimate	Standard Error	95% Confidence Limits		Chi-Square	Pr > ChiSq
Intercept	1	-13.0213	4.9313	-22.6866	-3.3561	6.97	0.0083
gpa	1	2.8261	1.2629	0.3508	5.3014	5.01	0.0252
tuce	1	0.0952	0.1416	-0.1823	0.3726	0.45	0.5014
psi	1	2.3787	1.0646	0.2922	4.4652	4.99	0.0255

Obs	grade	gpa	tuce	psi	_LEVEL_	XI	predi
1	1	2.66	20	0	0	-3.60073	0.02658
2	1	2.75	25	0	0	-2.87060	0.05363
7	1	2.92	12	0	0	-3.62721	0.02590
8	0	3.16	25	1	0	0.66680	0.66079
9	0	4.00	21	0	0	0.28141	0.56989
13	1	2.76	17	0	0	-3.60360	0.02650
31	1	2.74	19	0	0	-3.46980	0.03018
32	0	2.39	19	1	0	-2.08025	0.11103

程序结果说明：

输出 9.8（B）中的第一部分为模型拟合信息；第二部分为解释变量的效应分析以及参数的估计结果。由此我们可以写出 Probit 回归方程为：

$$Y = -13.0213 + 2.8261 gpa + 0.0952 tuce + 2.3787 psi \qquad (9.37)$$

输出最后一部分给出了部分观测以及对应这些观测因变量的预测概率。

对比输出结果 9.8（A）和 9.8（B），可以发现两种模型的参数估计结果以及因变量的预测概率基本相同，这是由于在利用 Probit 回归时，累积分布函数选用 Logistic 函数，使得 Probit 回归中的 Y 值与 Logit 回归中的 Z 值相同，从而参数估计结果相同。若累积分布函数选用标准正态分布，即 model 选项中 d = normal，则参数估计结果肯定有所不同，这留给读者自己运行验证。

【例 9.9】　表 9.9 所列资料来自于一次房地产公司的抽样调查，其中，X 代

表家庭收入，单位千元，N 代表对应收入为 X 的家庭调查的户数，而 n 则代表 N 户家庭中已购房的户数。试根据给出的资料确定购房与否与家庭收入之间的关系，并据以预测收入为 48000 元的家庭其购房的概率。

表 9.9

X	6	8	10	13	15	20	25	30	35	40
N	40	50	60	80	100	70	65	50	40	25
n	8	12	18	28	45	36	39	33	30	20

解：本例是一个分组观测试验资料，要确定购房与否（属性变量）与收入（连续变量）之间的关系需用 LOGISTIC 回归分析中的事件/试验模型来分析。以下程序首先创建了一个名为 house 的 SAS 数据集，其中，变量 income 代表家庭收入，number 代表每一收入组观测的家庭户数，而 purchase 则为观测的这些家庭有多少户已购房。另外在 DATA 步中的最后一个观测只给出了收入水平，观测的户数与已购房户数缺省。该观测并不参与模型的拟合，但可用于预测。程序中的 MODEL 语句要求利用 LOGISTIC 模型中事件/试验模型进行回归分析，而 OUTPUT 语句中的选项"P=PREDIT"则要求对每一观测预测因变量是否购房的概率并连同原始数据一起输出到数据集 result 中，程序最后要求打印出该数据集。程序及运行结果如下：

```
data house;
input income number purchase@@;
cards;
6  40 8   8 50 12  10 60 18  13 80 28  15 100 45
20 70 36  25 65 39  30 50 33  35 40 30  40 25 20  48 . .
;proc logistic;
model purchase/number=income;
output out=result p=predit;run;
proc print data=result;run;
```

输出 9.9 购房与否 LOGISTIC 回归结果

```
The LOGISTIC Procedure
        Response Profile           因变量简介：
        Ordered  Binary             包括次序值，试验结果
        Value  Outcome    Count     以及事件出现和不出现
          1    EVENT       269      的计数
          2    NO EVENT    311
WARNING: 1 observation（s） were deleted due to missing values for the response or
explanatory variables
```

（续）输出 9.9

```
         Model Fitting Information and Testing Global Null Hypothesis BETA=0
              Intercept   Intercept and
   Criterion    Only      Covariates    Chi-Square for Covariates
   AIC         803.007     734.603            .
   SC          807.370     743.329            .
   -2 LOG L    801.007     730.603       70.404 with 1 DF （p=0.0001）
   Score          .           .          67.713 with 1 DF （p=0.0001）
                  Analysis of Maximum Likelihood Estimates
                 Parameter Standard  Wald       Pr >     Standardized Odds
   Variable  DF  Estimate  Error   Chi-Square Chi-Square  Estimate    Ratio
   INTERCPT  1   -1.6023   0.2040   61.6746    0.0001         .          .
   INCOME    1    0.0791   0.0101   61.1313    0.0001      0.411928   1.082
           Association of Predicted Probabilities and Observed Responses
            Concordant = 64.7%       Somers' D = 0.397
            Discordant = 25.0%       Gamma     = 0.442
            Tied       = 10.3%       Tau-a     = 0.198
            （83659 pairs）            c        = 0.698
       OBS   INCOME   NUMBER   PURCHASE   PREDIT
        1      6        40        8       0.24454
        2      8        50       12       0.27492
        3     10        60       18       0.30753
        4     13        80       28       0.36020
        5     15       100       45       0.39739
        6     20        70       36       0.49474
        7     25        65       39       0.59250
        8     30        50       33       0.68344
        9     35        40       30       0.76223
       10     40        25       20       0.82639
       11     48         .        .       0.89960
```

输出 9.9 中模型的拟合信息与参数的联合检验结果给出了 -2LOG L 的检验值为 730.603，其卡方统计量值为 70.404，对应的概率 $p=0.0001$，得分检验 Score 的卡方统计量值为 67.713，其对应的概率 $p=0.0001$，这些检验均表明收入对是否购房影响是显著的。最大似然估计分析结果表明，不论是自变量（收入）的回归系数，还是截距项在 0.0001 显著性水平上都是显著的，由此得到回归方程为：

$$L = \ln\left(\frac{p}{1-p}\right) = -1.6023 + 0.0791 \text{INCOME} \tag{9.39}$$

输出 9.9 还给出了观测因变量与预测概率之间的关联性以及对应每个观测的预测概率。可以看到观测因变量与预测概率之间的一致性比率为 64.7%，而不一致性比率为 25%，关联系数 Somers' D = 0.397 和 Gamma = 0.442 表明两者之间具有中等程度的关联性。从购房比率与预测概率之间的对比可以看出两者基本接近。输出最后一行为收入为 48000 元的家庭购房的预测概率,该值达到 0.9,说明这种收入的家庭购房的可能性非常大。

习 题 9

1. 物流业作为生产和消费的纽带行业在国民经济中的作用日益受到重视。为了了解我国物流业对国民经济增长的贡献,下表(表 p.9.1)给出了我国自 1978 年以来历年国内生产总值(GDP)和物流业增加值(用交通、运输仓储与邮政业增加值代表)数据(单位:亿元):

表 p.9.1

年份 (YEAR)	国内生产总值 (GDP)	物流业增加值 (LOGISTICS)
1978	3645.2	182.0
1979	4062.6	193.7
1980	4545.6	213.4
1981	4891.6	220.7
1982	5323.4	246.9
1983	5962.7	274.9
1984	7208.1	338.5
1985	9016.0	421.7
1986	10275.2	498.8
1987	12058.6	568.3
1988	15042.8	685.7
1989	16992.3	812.7
1990	18319.5	1167.0
1991	21280.4	1420.3
1992	25863.7	1689.0
1993	34500.7	2174.0
1994	46690.7	2787.9
1995	58510.5	3244.3
1996	68330.4	3782.2
1997	74894.2	4148.6
1998	79003.3	4660.9
1999	107809	5175.2
2000	119650.2	6161.0
2001	132310.9	6870.3
2002	120332.7	7492.9
2003	135822.8	7913.2
2004	159878.3	9304.4
2005	183217.4	10666.2
2006	211923.5	12183.0

(续)表 p.9.1

年份（YEAR）	国内生产总值（GDP）	物流业增加值（LOGISTICS）
2007	249529.9	14601.0
2008	316030.3	16362.5
2009	340320.0	16727.1
2010	399759.5	19132.2
2011	468562.4	22432.8
2012	518214.7	24660.0
2013	566130.2	27282.9
2014	636462.7	28750.0

问题：① 以 GDP 为自变量，物流业增加值为因变量，用最小二乘法确定线性回归方程，并就表上给出的 GDP 数据计算物流业增加值均值的预测值。② 对方程的拟合情况进行评价，绘制物流业增加值均值的预测值与标准化残差的残差图。③ 本题中，回归系数的含义是什么？④ 若 2015 年 GDP 在 2014 年基础上增长 7%，试给出 2015 年物流业增加值均值的置信区间（显著性水平取 0.05）。

2. 某地区 31 年中的个人储蓄及个人收入资料如下表（表 p.9.2）所示：

表 p.9.2

储蓄	264 105 90 131 122 107 406 503 431 588 898 950 779 819 1222 1702 1578 1654 1400 1829 2200 2017 2105 1600 2250 2420 2570 1720 1900 2100 2300
收入	8777 9210 9954 10508 10979 11912 12747 13499 14269 15522 16730 17663 18575 19535 21163 22880 24127 25604 26500 27670 28300 27430 29560 28150 32100 32500 35250 33500 36000 36200 38200

利用给定的资料，作异方差性检验。若假定异方差的形式为：$\sigma_i^2 = \sigma^2 X_i^2$，建立一元线性回归模型，进行回归分析。

3. 下表（表 p.9.3）是我国自 1980 年以来历年通货膨胀率（用消费者价格指数变化率表示）与城镇居民登记失业率数据，试根据这组数据构建我国通货膨胀率与失业率模型，并比较含有通货膨胀率滞后项和没有滞后项的优劣。（摘自《中国统计年鉴·2015》，单位：%）

表 p.9.3

年份	1980	1981	1982	1983	1984	1985	1986	1987	1988	1989	1990	1991
通货膨胀率	6.0	2.4	1.9	1.5	2.8	9.3	6.5	7.3	18.8	18	3.1	3.4
失业率	4.9	3.8	3.2	2.3	1.9	1.8	2.0	2.0	2.0	2.6	2.5	2.3
年份	1992	1993	1994	1995	1996	1997	1998	1999	2000	2001	2002	2003
通货膨胀率	6.4	14.7	24.1	17.1	8.3	2.8	-0.8	-1.4	0.4	0.7	-0.8	1.2
失业率	2.3	2.6	2.8	2.9	3.0	3.1	3.1	3.1	3.1	3.6	4.0	4.3
年份	2004	2005	2006	2007	2008	2009	2010	2011	2012	2013	2014	
通货膨胀率	3.9	1.8	1.5	4.8	5.9	-0.7	3.3	5.4	2.6	2.6	2.0	
失业率	4.2	4.2	4.1	4.0	4.2	4.3	4.1	4.1	4.1	4.1	4.1	

4. 考察 2014 年度我国内地各省、自治区、直辖市城镇居民人均可支配收入和人均消费性支出之间的关系，数据如下表（表 p.9.4）所示（摘自《中国统计年鉴·2015》，单位：元）：

表 p.9.4

地区	可支配收入	消费性支出	地区	可支配收入	消费性支出
北京	43910	28009	湖北	24852	16681
天津	31506	24289	湖南	26570	18335
河北	24141	16204	广东	32148	23612
山西	24069	14637	广西	24669	15045
内蒙古	28350	20885	海南	24487	17514
辽宁	29082	20520	重庆	25147	18279
吉林	23218	17156	四川	24234	17760
黑龙江	22609	16467	贵州	22548	15255
上海	47710	30520	云南	24299	16268
江苏	34346	23476	西藏	22016	15669
浙江	40393	27242	陕西	24366	17546
安徽	24839	16107	甘肃	21804	15942
福建	30722	22204	青海	22307	17493
江西	24309	15142	宁夏	23285	17216
山东	29222	18323	新疆	23214	17685
河南	24391	15726			

（1）以可支配收入为自变量，消费性支出为因变量，试用最小二乘法确定回归方程，并就各地区可支配收入计算消费性支出的估计值。

（2）对方程的拟合情况进行诊断，并解释各参数经济意义（显著性水平取 0.05）。

（3）构建消费与可支配收入的双对数模型，并据此分析我国城镇居民收入的消费弹性。

5. 下表（表 p.9.5）所示是 2013 年我国内地城镇居民人均可支配收入和文教娱乐支出，试分析两者之间的关系，建立线性回归模型，作出残差图，并运用 White 检验对回归模型进行修正（摘自《中国统计年鉴·2014》，单位：元）。

表 p.9.5

地区	可支配收入	文教娱乐支出	地区	可支配收入	文教娱乐支出
北京	40321.0	3984.86	湖北	22906.4	1922.83
天津	32293.6	2353.43	湖南	23414.0	2080.46
河北	22580.3	1550.63	广东	33090.0	3222.40
山西	22455.6	2065.44	广西	23305.4	2083.99
内蒙古	25496.7	2111.00	海南	22928.9	1923.48
辽宁	25578.2	2258.46	重庆	25216.1	1722.66
吉林	22274.6	1935.04	四川	22367.6	1877.55
黑龙江	19597.0	1396.38	贵州	20667.1	1950.28

（续）表 p.9.5

地区	可支配收入	文教娱乐支出	地区	可支配收入	文教娱乐支出
上 海	43851.4	4122.07	云 南	23235.5	2045.29
江 苏	32537.5	3290.00	西 藏	20023.4	1551.34
浙 江	37850.8	2848.75	陕 西	22858.4	2208.06
安 徽	23114.2	1904.15	甘 肃	18964.8	1547.65
福 建	30816.4	2448.36	青 海	19498.5	1471.98
江 西	21872.7	1671.24	宁 夏	21833.3	1868.42
山 东	28264.1	1909.84	新 疆	19873.8	1597.99
河 南	22398.0	1911.16			

6. 为了研究我国能源消费的影响因素，我们收集了自 1990－2012 年除能源消费量之外的 7 项指标，分别是国内生产总值 GDP（x_1）、总人口（x_2）、工业增加值（x_3）、交通运输仓储业增加值（x_4）、人均生活能源消费量（x_5）、万元 GDP 能耗（x_6）和进出口额（x_7）的数据（表 p.9.6，摘自《中国统计年鉴·2014》）：

表 p.9.6

年份	能源消费量（万吨标准煤）	GDP（亿元）	总人口（人）	工业增加值（亿元）	交通运输仓储业（亿元）	人均生活消费（吨标准煤）	万元 GDP 消耗（吨标准煤）	进出口额（亿元）
1990	98703.00	18667.82	114333	7717.40	1167.03	139.18	5.32	5560.10
1991	103783.00	21781.50	115823	9102.20	1420.30	138.98	5.12	7225.80
1992	109170.00	26923.48	117171	11699.50	1688.98	134.22	4.72	9119.60
1993	115993.00	35333.92	118517	16454.43	2173.99	133.49	4.40	11271.00
1994	122737.00	48197.86	119850	22445.40	2787.89	129.32	4.12	20381.90
1995	131176.00	60793.73	121121	28679.46	3244.30	130.68	3.97	23499.90
1996	135192.00	71176.59	122389	33834.96	3782.16	120.51	3.69	24133.80
1997	135909.00	78973.03	123626	37543.00	4148.57	119.32	3.40	26967.20
1998	136184.00	84402.28	124761	39004.19	4660.90	119.01	3.16	26849.70
1999	140569.00	89677.05	125786	41033.58	5175.17	121.80	3.03	29896.20
2000	145531.00	99214.55	126743	45555.88	6160.95	123.66	2.89	39273.20
2001	150406.00	109655.17	127627	49512.29	6870.25	127.24	2.78	42183.60
2002	159431.00	120332.69	128453	53896.77	7492.95	134.04	2.78	51378.20
2003	183792.00	135822.76	129227	62436.31	7913.19	153.40	2.83	70483.50
2004	213456.00	159878.34	129988	73904.31	9304.39	175.67	2.98	95539.10
2005	235997.00	184937.37	130756	87598.09	10666.16	194.10	2.96	116921.80
2006	258676.00	216314.43	131448	103719.54	12182.98	211.78	2.88	140974.00
2007	280508.00	265810.31	132129	125831.36	14601.04	233.81	2.74	166863.70
2008	291448.00	314045.43	132802	149003.44	16362.50	240.80	2.59	179921.47
2009	306647.00	340902.81	133450	157638.78	16727.11	254.19	2.50	150648.06
2010	324939.00	401512.80	134091	187383.21	19132.19	258.34	2.40	201722.15
2011	348002.00	473104.05	134735	220412.81	22432.84	278.75	2.35	236401.99
2012	361732.00	519470.10	135404	235161.99	24660.00	293.77	2.26	244160.21

（1）就后 7 项指标关于能源消费量进行逐步回归分析，指出回归系数的含义。

(2) 对能源消费量、GDP、总人口、工业增加值、交通运输仓储业增加值以及进出口额取对数，再进行逐步回归分析，指出此时回归系数的含义。

(3) 对以上两个模型分别给出回归系数显著性检验结论。

7. 试通过国内总产值、最终消费和储蓄去预测进口总额：下表（表 p.9.7）收集了我国内地 25 年的相关数据（单位：亿元），试做多重共线性诊断，再用岭回归建立预测方程（数据摘自《中国统计年鉴·2015》）。

表 p.9.7

年份	国内总产值	最终消费	储蓄年终余额	进口总额
1990	18319.5	11365.2	7119.8	2574.3
1991	21280.4	13145.9	9241.6	3398.7
1992	25863.7	15952.1	11759.4	4443.3
1993	34500.7	20182.1	15203.5	5986.2
1994	46690.7	26796	21518.8	9960.1
1995	58510.5	33635	29662.3	11048.1
1996	68330.4	40003.9	38520.84	11557.4
1997	74894.2	43579.4	46279.8	11806.5
1998	79003.3	46405.9	53407.47	11626.1
1999	107809	49722.7	59621.8	13736.5
2000	119650.2	54616.66	64332.4	18639
2001	132310.9	58952.6	73762.4	20164.2
2002	120332.7	71691.2	86910.6	24430.3
2003	135822.8	77449.5	103617.3	34195.6
2004	159878.3	87032.9	119555.4	46435.8
2005	183217.4	97822.7	141051.0	54273.7
2006	211923.5	110595.3	161587.3	63376.9
2007	249529.9	136438.7	172534.2	73300.1
2008	316030.3	157746.3	217885.4	79526.5
2009	340320.0	173093.0	260771.7	68618.4
2010	399759.5	199508.4	303302.5	94699.3
2011	468562.4	242579.1	343635.9	113161.4
2012	518214.7	271718.6	399551.0	114801.0
2013	566130.2	301008.4	447601.6	121037.5
2014	636462.7	328311.2	485261.3	120422.8

8. 下表（表 p.9.8）是经过抽样得到的来自城乡 30 个家庭的资料，变量

OWN 代表该家庭是否拥有彩电,其中,1 代表该家庭拥有彩电,0 代表没有,变量 INCOME 代表收入,单位:千元,URBAN 代表该家庭是城镇还是农村户,样本资料如下:

表 p.9.8

OWN	0	1	1	0	1	1	0	1	0	1	1	0	1	0	0
	1	1	1	1	0	1	0	0	1	1	1	0	1	0	1
INCOME	11	13	14	12	18	20	9	13	12	16	13	11	13	10	9
	11	11	15	15	11	17	7	9	12	13	17	14	13	15	11
URBAN	0	0	0	0	1	1	0	1	0	0	0	1	1	1	0
	1	0	0	1	0	1	0	0	1	1	1	0	1	0	1

试根据以上资料,预测一个家庭收入为 18000 元的城镇家庭拥有彩电的概率。

附录 第 9 章部分例题的菜单实现

Ⅰ. 例 9.1 的菜单实现

本例只对回归给出菜单操作,**PLOT** 过程请参照有关章节的内容。

第一个 **MODEL**:

1. 进入 SAS/ASSIST 主菜单界面。

2. 点击【DATA ANALYSIS】=>【REGRESSION】,点击【REGRESSION】,进入图 F9.1。

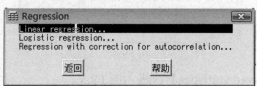

图 F9.1

3. 点击【Linear regression】,进入图 F9.2。

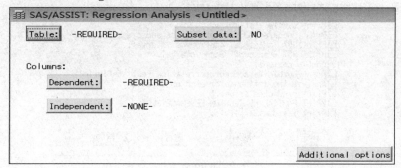

图 F9.2

4. 点击【Table:】选择分析的数据集 INSURANC，点击【Dependent:】选择因变量 Insurce 点击【Independent:】选择 income，最终得到图 F9.3。

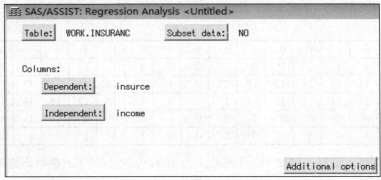

图 F9.3

5. 点击【运行】菜单下的【提交】选项即可。

第二个 MODEL：

1. 重复第一个 MODEL 中第 1 步至第 4 步。
2. 点击【Additional options】，进入图 F9.4。

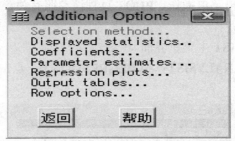

图 F9.4

3. 点击【Displayed statistics】，进入图 F9.5。

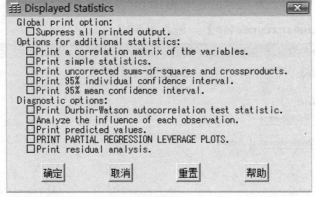

图 F9.5

4. 点击选项【Print 95% individual confidence in interval】,【Print 95% mean confidence in interval】,【Print residual analysis】,点击【确定】,回到图 F9.4。

5. 点击图 F9.4 中的【Parameter estimate…】,进入图 F9.6。

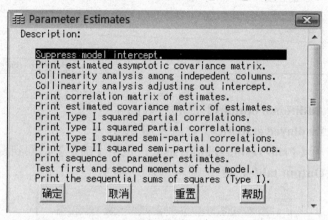

图 F9.6

6. 点击【Suppress model intercept…】,点击【确定】,回到图 F9.4。
7. 在图 F9.4,点击【Regression plots...】,进入图 F9.7。

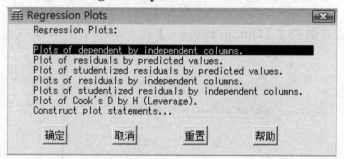

图 F9.7

8. 点击【Plot of studentized residuals by predicted values】,再点击【确定】回到图 F9.4,点击【确定】,回到图 F9.3。
9. 点击【运行】菜单下的【提交】选项即可。

Ⅱ. 例 9.2 的菜单实现

第一个 MODEL 语句:
1. 重复例 9.1 第一个 MODEL 语句操作的第 1 步。
2. 点击【Table:】选择分析的数据集 invest,点击【Dependent:】选择因变量 expend,点击【Independent:】选择 toubiao,最终得到图 F9.8。

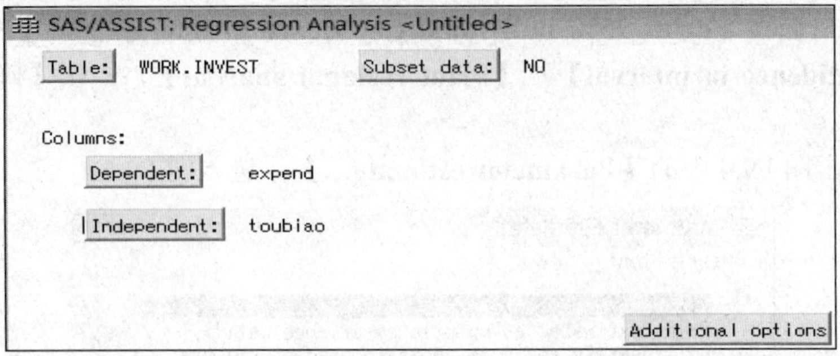

图 F9.8

3. 点击【Additional options】，进入图 F9.4。
4. 点击【Displayed statistics】，进入图 F9.5。
5. 点击选项【Print residual analysis】，点击【确定】，回到图 F9.4。
6. 点击【Output tables…】选项，进入图 F9.9。

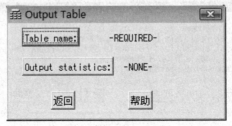

图 F9.9

7. 再次点击图 F9.9【Output tables…】选项，进入图 F9.10。

图 F9.10

8. 点击【Table name:】，进入图 F9.11。

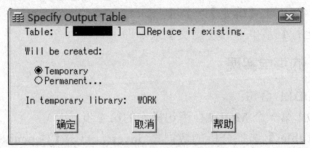

图 F9.11

第 9 章 回归分析与 REG 过程

9. 在【Table:】中输入数据集名 **result**,并点击选项 **Temporary**。点击【确定】,进入到图 F9.12。

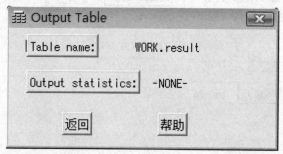

图 F9.12

10. 点击图 F9.12 中的【Output statistics:】,进入图 F9.13。

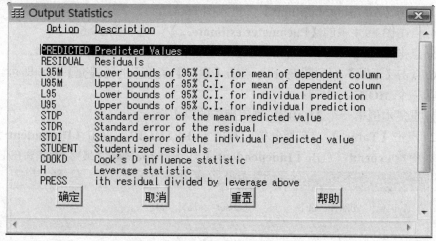

图 F9.13

11. 点击其中的选项【RESIDUAL】,再点击【确定】,进入到图 F9.12,再点击【返回】,回到图 F9.9,点击【返回】,回到图 F9.4。

12. 在图 F9.4,点击【Regression plots...】,进入图 F9.7。

13. 点击【Plot of studentized residuals by predicted values】,再点击【确定】,回到图 F9.4,点击【返回】,回到图 F9.8。

14. 点击【运行】菜单下的【提交】选项即可。

第二个 MODEL 语句:

1. 重复本例第一个 MODEL 语句操作的第 1 步。

2. 点击【Table:】,选择分析的数据集 **RESULT1**,点击【Dependent:】,选择因变量 **RSQU**,点击【Independent:】,选择 **TOUBSQ**,最终得到图 F9.14。

355

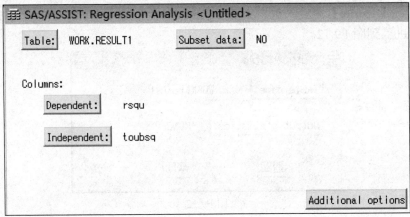

图 F9.14

3. 点击【Additional options】，进入图 F9.4。
4. 点击图 F9.4 中的【Parameter estimate…】，进入图 F9.6。
5. 点击【Suppress model intercept…】点击【确定】，回到图 F9.4。
6. 点击【返回】回到图 F9.14，点击【运行】菜单下的【提交】选项即可。

第三个 MODEL 语句：

1. 重复本例第一个 MODEL 语句操作的第 1 步。
2. 点击【Table:】，选择分析的数据集 RESULT3，点击【Dependent:】，选择因变量 expend，点击【Independent:】，选择 toubiao，最终得到图 F915。

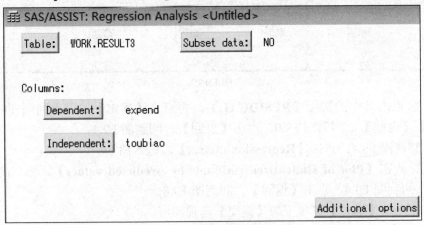

图 F9.15

3. 点击【Additional options】，进入图 F9.4。
4. 点击【Row options…】，进入图 F9.16。

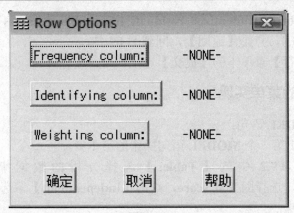

图 F9.16

5. 点击【**Weight column:**】，进入图 F9.17。

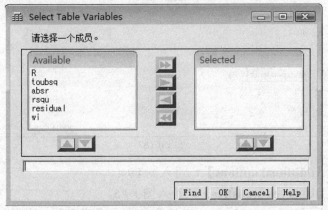

图 F9.17

6. 点击加权变量 **WI**，进入到图 F9.18。

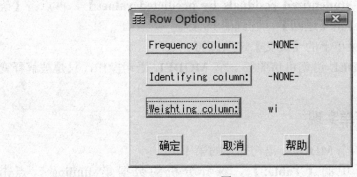

图 F9.18

7. 点击【确定】，回到图 F9.4，在图 F9.4，点击【**Regression plots...**】，进入图 F9.7。

8. 点击【Plot of studentized residuals by predicted values】，再点击【确定】，回到图 F9.4，点击【返回】，回到图 F9.15。

9. 点击【运行】菜单下的【提交】选项即可。

III. 例 9.3 的菜单实现

第一个 **MODEL** 语句：

1. 重复例 9.1 第一个 **MODEL** 语句操作的第 1 步。

2. 点击图 F9.2 中的【Table:】选择分析的数据集 **train**，点击【Dependent:】，选择因变量 score，点击【Independent:】，选择自变量 **day**，最终得到图 F9.19。

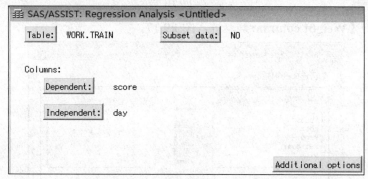

图 F9.19

3. 点击【Additional options】，进入图 F9.4。

4. 点击【Displayed statistics】，进入图 F9.5。

5. 点击选项【Print residual analysis】，点击【确定】，回到图 F9.4。

6. 在图 F9.4，点击【Regression plots...】，进入图 F9.7。

7. 点击【Plot of studentized residuals by predicted values】，再点击【确定】，回到图 F9.4，点击【返回】，回到图 F9.19。

8. 点击【运行】菜单下的【提交】选项即可。

对于第二个 MODEL 语句可仿照第一个 MODEL 语句操作，只是被解释变量换成 **scoreln**。

IV. 例 9.4 的菜单实现

1. 重复例 9.1 第一个 **MODEL** 语句操作的第 1 步。

2. 点击图 F9.2 中的【Table:】，选择分析的数据集 **philips**，点击【Dependent:】，选择因变量 inflat，点击【Independent:】，选择自变量 **dnojob**，最终得到图 F9.20。

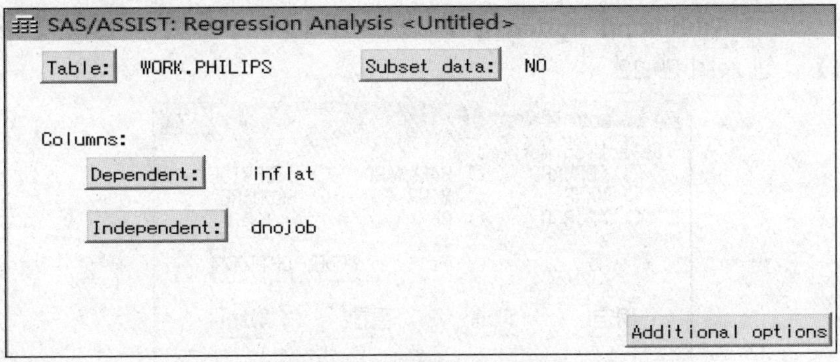

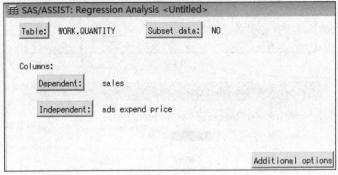

图 F9.20

3. 点击【Additional options】，进入图 F9.4。
4. 点击【Displayed statistics】，进入图 F9.5。
5. 点击选项【Print residual analysis】和【Print Durbin-Watson autocorrelation test statistic】点击【确定】回到图 F9.4。
6. 在图 F9.4，点击【Regression plots...】，进入图 F9.7。
7. 在图 F9.7 点击【Plots of residuals by independent variables】，再点击【确定】，回到图 F9.4，点击【返回】，回到图 F9.20。
8. 点击【运行】菜单下的【提交】选项即可。
备注：剔除两个异常点后的操作与此相同，不再赘述。

V. 例 9.5 的菜单实现

第一个 **MODEL** 语句：

1. 重复例 9.1 第一个 **MODEL** 语句操作的第 1 步。
2. 点击图 F9.2 中的【Table:】选择分析的数据集 **quantity**，点击【Dependent:】，选择因变量 **sales**，点击【Independent:】，选择自变量 **ads expend price**，最终得到图 F9.21。

图 F9.21

3. 点击【Additional options】，进入图 F9.4。在图中点击【Selection method】，进入图 F9.22。

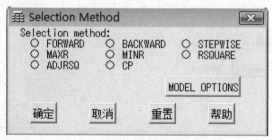

图 F9.22

4. 点击【Stepwise】，点击【确定】，回到图 F9.4。
5. 点击【Model options】，进入图 F9.23。

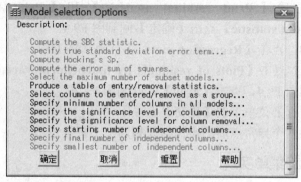

图 F9.23

6. 点击选项【Specify the significance level for column entry】和【Specify the significance level for column removal】，分别进入图 F9.24 和图 F9.25。

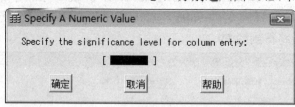

图 F9.24

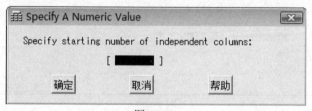

图 F9.25

分别在上述两个图中输入显著性水平"0.2","0.05",并点击【确定】,回到图 F9.23,继而回到图 F9.22,最后回到图 F9.4。

7. 点击【Displayed statistics】,进入图 F9.5。

8. 点击选项【Print residual analysis】,点击【确定】,回到图 F9.4。

9. 在图 F9.4 中,点击【Regression plots...】,进入图 F9.7。

10. 点击【Plot of studentized residuals by predicted values】,再点击【确定】,回到图 F9.4,点击【返回】,回到图 F9.21。

11. 点击【运行】菜单下的【提交】选项即可。

对于第二个 **MODEL** 语句:

1. 重复第一个 **MODEL** 语句的第 1 步至第 7 步。

2. 点击图 F9.4 中的【Parameter estimate...】,进入图 F9.6。

3. 点击【Suppress model intercept...】,点击【确定】,回到图 F9.4。再回到图 F9.21。

4. 点击【运行】菜单下的【提交】选项即可。

VI. 例 9.6 的菜单实现

1. 重复例 9.1 第一个 **MODEL** 语句操作的第 1 步。

2. 点击图 F9.2 中的【Table:】,选择分析的数据集 IMPORTS,点击【Dependent:】选择因变量 IMPORT,点击【Independent:】,选择自变量 GDP,SAVE,CONSUME,最终得到图 F9.26。

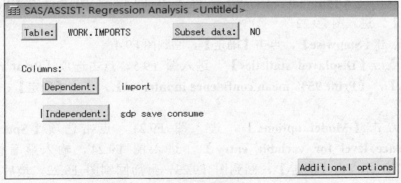

图 F9.26

3. 点击【Additional options】,进入图 F9.4。

4. 点击【Displayed statistics】,进入图 F9.5。

5. 点击选项【Print a correlation matrix of the variables】,点击【确定】,回到图 F9.4。

6. 点击图 F9.4 中的【Parameter estimate...】,进入图 F9.6。

7. 点击【Collinearity analysis among independent variables】,【Collinearity analysis adjudting out intercept】,【Print the variance inflation factors】,点击【确定】,回到图 F9.4。再回到图 F9.26。

8. 点击【运行】菜单下的【提交】选项即可。

备注：菜单不能实现岭回归和主成分回归方法，故后面两个过程略去。

Ⅶ. 例 9.7 的菜单实现

1. 重复例 9.1 第一个 MODEL 语句操作的第 1 步。

2. 点击图 F9.2 中的【Table:】,选择分析的数据集 consume，点击【Dependent:】,选择因变量 expend，点击【Independent:】,选择自变量 income，number，age，purchase，最终得到图 F9.27。

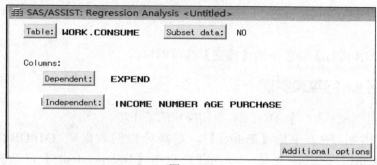

图 F9.27

3. 点击【Additional options】,进入图 F9.4，在图中点击【Selection method】,进入图 F9.22。

4. 点击【Stepwise】,点击【确定】,回到图 F9.4。

5. 点击【Displayed statistics】,进入图 F9.5。点击选项【Print residual analysis】,【Print 95% mean confidence in interval】,点击【确定】,回到图 F9.4。

6. 点击【Model options】,进入图 F9.23，点击选项【Specify the significance level for variable entry】,进入图 F9.24，输入显著性水平"0.05"，并点击【确定】,回到图 F9.23，继而回到图 F9.22，最后回到图 F9.4。

7. 在图 F9.4，点击【Regression plots...】,进入图 F9.7。

8. 点击【Plot of studentized residuals by predicted values】,再点击【确定】,回到图 F9.4，点击【返回】,回到图 F9.27。

9. 点击【运行】菜单下的【提交】选项即可。

备注：菜单不能实现 STB 的选择。

Ⅷ. 例 9.8 的菜单实现

1. 进入 SAS/ASSIST 主菜单界面。
2. 点击【DATA ANALYSIS】=>【REGRESSION】，点击【REGRESSION】，进入图 F9.1。
3. 点击【Logistic regression】，进入图 F9.28。

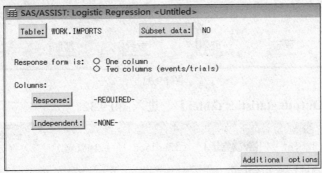

图 F9.28

4. 点击图 F9.28 中的【Table:】，选择分析的数据集 stock，点击【One column】，确定回归变量的类型，点击【Response:】，选择因变量 type，点击【Independent:】，选择自变量 $X1$，$X2$，$X3$，$X4$，$X5$，$X6$，$X7$，最终得到图 F9.29。

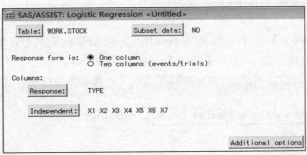

图 F9.29

5. 点击【Additional options】进入图，F9.30。

图 F9.30

6. 点击【**Output tables...**】选项，进入图 F9.31。

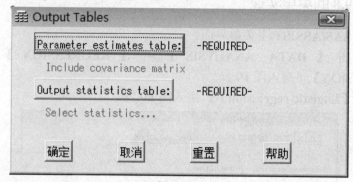

图 F9.31

7. 点击【**Output statistics table:**】，进入图 F9.32。

图 F9.32

8. 在【**Table：**】中输入数据集 result，并点击数据集类型：**Temporary**，表示建立临时性的数据集。点击【确定】，得到图 F9.33。

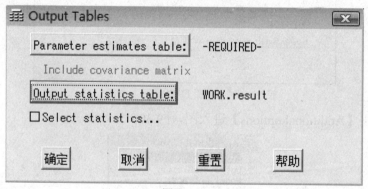

图 F9.33

9. 点击图 F9.33 中的【**Select statistics...**】选项，进入图 F9.34。

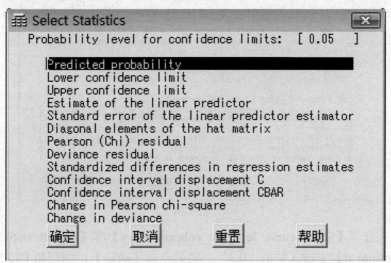

图 F9.34

10. 点击其中的【**Predicted probability**】、【**Estimate of the linear predictor**】，再点击【确定】，回到图 F9.33。

11. 点击【确定】，回到图 F9.30，再点击图 F9.30 中的选项【**Model options…**】，进入图 F9.35。

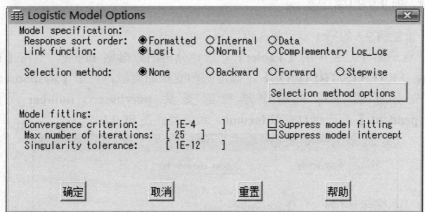

图 F9.35

12. 在图 F9.35 中，选项【**Model specification:**】使用缺省值，可以忽略，在选项【**Selection method:**】中点击 Stepwise，并点击选项【**Selection method options**】，进入图 F9.36。

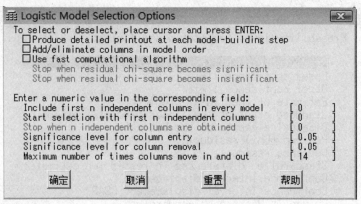

图 F9.36

13. 在选项【Significance level for column entry】和【Significance level for column removal】中输入数值"0.3",然后点击【确定】,回到图 F9.35。

14. 再点击【确定】,回到图 F9.30。点击【返回】,回到图 F9.29。

15. 点击【运行】菜单下的【提交】选项即可。

备注,想看到数据集 result 的内容,请打开该数据集,方法是在 SAS 资源管理器中点击【逻辑库】→【Work】→result。

IX. 例 9.9 的菜单实现

1. 重复例 9.8 的第 1 步至第 3 步。

2. 点击图 F9.28 中的【Table:】,选择分析的数据集 house,点击【TWO colums (ENENTS/TRIALS)】,确定回归变量的类型,点击【Response:】,按照先分子后分母的顺序选择因变量 purchase,number,点击【Independent:】,选择自变量 income,最终得到图 F9.37。

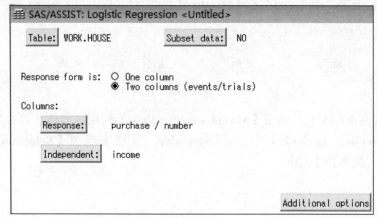

图 F9.37

3. 点击【Additional options】，进入图 F9.30。

4. 点击【Output data sets…】选项，进入图 F9.31。

5. 点击【Output statistics data set:】，进入图 F9.32。

6. 在【Table:】中输入数据集 result，并点击数据集类型：**Temporary**，表示建立临时性的数据集。点击【确定】，得到图 F9.33。

7. 点击图 F9.33 中的【Select statistics…】选项，进入图 F9.34。

8. 点击其中的【Predicted probability】，再点击【确定】，回到图 F9.33。

9. 点击【确定】，回到图 F9.30，点击【返回】，回到图 F9.37。

10. 点击【运行】菜单下的【提交】选项即可。

使用上例的操作方法查看数据集 **result** 的内容。

第 10 章 主成分分析与 PRINCOMP 过程

每当年终,很多企业都要开展优秀员工的评选活动。如何评选呢?由于反映优秀员工业绩表现的因素很多,要做到面面俱到,不仅不科学,而且由于指标过多使得评价问题过于复杂。因此,实践中人们往往根据指标之间的相关性把指标相近或相关性较强的指标综合为少数几个互不相关,且能基本反映优秀员工业绩表现的综合指标,如思想品德(正直、善良、正义感)、敬业精神(对企业的忠诚度、对岗位的热爱程度)、受员工尊敬或信赖的程度、关心员工、团结同志、互帮互助的热情和效果、适应其岗位工作要求的工作技能及其娴熟程度、对所在系统、所在部门职能的实现和工作成效的贡献程度、与员工的沟通能力和效果等。这种将多个指标化为少数几个互不相关,且含有原指标绝大部分信息的综合指标的统计方法称为主成分分析。

主成分分析首先由 K.Pearson 于 1901 年提出,再由 Hotelling(1933)加以发展的一种统计方法。Cooley 和 Lohnes(1971)、Gnanadesikan(1977)分别对主成分分析的应用做了探讨,Kshirsagar(1972)、Morrison(1976)与 Mardia、Kent 和 Bibby(1979)在研究中分别发现了主成分的一些优良的统计特性。主成分分析在现代经济分析中占有非常重要的地位。

本章我们将就主成分分析方法在现代经济分析中的应用展开讨论,并介绍其 SAS 软件的实现过程。

10.1 主成分分析概述

10.1.1 什么是主成分分析

在实际问题的研究中,我们经常碰到多变量或多指标问题,比如,企业经济效益的评价、地区经济发展情况比较等问题。这些问题的研究一般都先要设定研究的指标,也就是设定评价企业经济效益与评价地区经济发展情况的指标体系。由于变量或指标较多,分析问题具有相当的复杂性。然而,在多数情况下,这些不同的变量或指标之间,存在一定的相关性。这样,人们自然希望用较少的变量或指标来代替原来较多的变量或指标,而这些较少的变量或指标要能大体上反映原来变量或指标的信息。利用这种降维的思想,产生了主成分分析方法。

主成分分析,就是设法将原来变量或指标重新组合成一组新的、互不相关的几个综合变量或指标,同时根据实际需要从中选取几个较少的综合变量或指标来尽可能多地反映原变量或指标的信息。这种将多变量或多指标转化成少数几个互不相关的综合变量或综合指标的统计方法叫做主成分分析或主分量分析。比如,我们要请裁缝师傅加工一件衣服,裁缝师傅一般要测量很多尺寸:身高、臂长、胸围、腰围、肩宽、肩厚等多项尺寸,但服装厂要生产一批服装,绝对不可能将尺寸分得过多,而只能是将前述的多项尺寸综合成几个少数的综合尺寸,比如长度和肥瘦两个指标,以此作为分类的型号。

再如,企业经济效益的评价,一般说来,评价企业经济效益的指标有许多,例如:固定资产利税率、资金利税率、销售收入利税率、资金利润率、固定资产产值率、流动资金周转天数、万元产值能耗、全员劳动生产率,等等,但在具体评价企业经济效益时,我们不可能对每一个指标逐一进行研究,否则,我们将陷入"公说公有理,婆说婆有理"的境地,而只能将这些众多的指标进行适当的综合,以此作为评价的依据,利用主成分分析可将上述的八项指标综合成三项指标,一项是反映企业盈利能力的指标,一项是反映资金、人力利用方面的指标,一项是反映产值、能耗方面的指标。

有时,为了使研究的问题更加简洁明了,常用一个综合指标来反映。如社会经济领域经常见到的各类指数,包括物价指数、居民生活费用指数、景气指数、人文发展指数、环境污染指数等都是主成分方法很好的应用。

需要注意的是,主成分分析往往不是目的,而是达到目的的一种手段。因此,它常常用在大型研究项目的某个中间环节中。例如,将它用到多重回归中,便产生了主成分回归,它可以克服回归问题中由于自变量之间的高度相关而产生的分析困难。另外,主成分分析还可以用于典型相关分析、聚类分析和因子分析中。

10.1.2 主成分分析的基本思想

我们知道,主成分分析,就是设法将原来众多的(比如为 p 个)、具有一定相关性的变量或指标,重新组合成一组新的、相互无关的少数几个综合变量或指标,以此来代替原来 p 个变量或指标。

据此,在统计处理上,通常的做法是将原来 p 个变量或指标做线性组合,以此新的综合变量或综合指标代替原来 p 个指标进行有关统计分析。但是,这种线性组合很多,这样自然就产生了一个问题:我们该如何在这众多的线性组合中,选取所需要的新的综合变量或综合指标?这一问题是必须予以解决的。如果将选取的第一个线性组合，即第一个综合变量或综合指标，记为 F_1，则自然希望 F_1 尽可能多地反映原有变量或指标的信息。

那么这里的"信息"用什么来表达？依据统计学的理论，经典的做法就是采用"方差"来表示。F_1 的方差越大，F_1 所包含的信息就越多。这样，F_1 的选取方法是，在所有的原来 p 个变量或指标的线性组合中，选取方差最大的线性组合作为 F_1，称为第一主成分。

如果第一主成分不足以代表原来 p 个变量或者指标的信息，那么就需要考虑选取第二主成分 F_2。为了有效地反映原来信息，F_1 所反映的信息不需要再现于 F_2 之中，用统计语言来描述，就是要求 F_1 与 F_2 的协方差为零，即 COV（F_1，F_2）=0，如此下去，我们可以构造出第三主成分，第四主成分，……，第 p 个主成分。显然，这些主成分彼此之间，不仅不相关，而且它们的方差依次递减。

在实际经济工作中，我们往往选取前面几个较大的主成分。这样做，虽然会损失一部分信息，但是由于我们抓住了原来 p 个变量或指标的大部分信息（一般要求超过 85%），所以以几个较大的主成分来进行我们的分析，分析的结果应该是可靠的、可信的。

10.1.3 主成分分析的数学模型

10.1.3.1 数学模型

假设某研究对象可以用 p 个指标（变量）X_1，X_2，…，X_p 来表示，这 p 个指标（变量）就构成了一个 p 维的随机向量。记：

$$X = [X_1 \quad X_2 \quad \cdots \quad X_p]' \tag{10.1}$$

并设随机向量 X 的均值为 μ，协方差阵为 Σ。对 p 个指标（变量）X_1，X_2，…，X_p 作线性变换：

$$\left.\begin{aligned} F_1 &= a_1'X = a_{11}X_1 + a_{21}X_2 + \cdots + a_{p1}X_p \\ F_2 &= a_2'X = a_{12}X_1 + a_{22}X_2 + \cdots + a_{p2}X_p \\ &\cdots\cdots \\ F_p &= a_p'X = a_{1p}X_1 + a_{2p}X_2 + \cdots + a_{pp}X_p \end{aligned}\right\} \tag{10.2}$$

以上方程可简写为：

$$F_i = a_i'X = a_{1i}X_1 + a_{2i}X_2 + \cdots + a_{pi}X_p \quad (i=1, 2, \cdots, p) \tag{10.3}$$

其中，$a_i = (a_{1i}, a_{2i}, \cdots, a_{pi})'$，则有：

$$\begin{aligned} \mathrm{Var}(F_i) &= E[a_i'X - E(a_i'X)][a_i'X - E(a_i'X)]' \\ &= a_i'E[X - E(X)][X - E(X)]'a_i = a_i'\Sigma a_i \quad (i=1,2,\ldots,p) \end{aligned} \tag{10.4}$$

同理可得：　　　　　$\mathrm{Cov}(F_i, F_k) = a_i' \Sigma a_k$，　　$(i, k=1, 2, \ldots, p)$　　　　　　(10.5)

由此，我们给出主成分的定义如下：

所谓主成分，就是线性组合 $F_1, F_2, \cdots, F_p$，它们互不相关，且使方差 $\mathrm{Var}(F_i) = a_i' \Sigma a_i$，$(i=1, 2, \cdots, p)$ 达到最大。

显然，当用常数乘以 a_1 后，$\mathrm{Var}(F_1)$ 随之增加。为了消除这种不确定性，我们可限制 F_1 的系数向量 a_1 为单位长，即 $a_1' a_1 = 1$。

由定义可以看出，第一主成分 F_1 为线性组合 $a_1' X$，满足 $a_1' a_1 = 1$，且使 $\mathrm{Var}(a_1' X)$ 达到最大。

第二主成分 F_2 为线性组合 $a_2' X$，满足 $a_2' a_2 = 1$ 和 $\mathrm{Cov}(a_1' X, a_2' X) = 0$，且使 $\mathrm{Var}(a_2' X)$ 达到最大。

第 i 个主成分 F_i 为线性组合 $a_i' X$，满足 $a_i' a_i = 1$ 和 $\mathrm{Cov}(a_i' X, a_k' X) = 0$，其中 $k<i$，且使 $\mathrm{Var}(a_i' X)$ 达到最大。

如何求得满足要求的系数向量 a_i 呢？由矩阵理论知，每个方程中的系数向量 $a_{1i}, a_{2i}, \ldots, a_{pi}$，$(i=1, 2, \cdots, p)$ 不是别的，正是矩阵 X 的协方差阵 Σ 的特征值所对应的特征向量，也就是说，在数学上，可以证明，使 $\mathrm{Var}(F_1)$ 达到最大，这个最大值对应的系数向量就是 Σ 的最大特征值所对应的特征向量。依此类推，使 $\mathrm{Var}(F_p)$ 达到最大值的系数向量是 Σ 的第 p 个特征值所对应的特征向量。以下主成分的推导过程就说明了这一点。

10.1.3.2　主成分的推导

设　$F = a_1 X_1 + a_2 X_2 + \cdots + a_p X_p = a' X$　　　　　　　　　(10.6)

其中，$a = [a_1 \ a_2 \ \cdots \ a_p]'$，$X = [X_1 \ X_2 \ \cdots \ X_p]'$。

根据前面的讨论，我们知道，求主成分就是寻找 X 的线性函数 $a' X$，使相应的方差尽可能地大，即使 $\mathrm{Var}(a' X) = a' \Sigma a$ 达到最大值，且 $a' a = 1$。

设随机向量 X 的协方差矩阵 Σ 的特征根为 $\lambda_1 \geqslant \lambda_2 \geqslant \cdots \geqslant \lambda_p \geqslant 0$，相应的正交单位特征向量为 $C_1 \ C_2 \ \cdots \ C_p$，令

$$C = \begin{bmatrix} c_{11} & c_{12} & \cdots & c_{1p} \\ c_{21} & c_{22} & \cdots & c_{2p} \\ \vdots & \vdots & \vdots & \vdots \\ c_{p1} & c_{p2} & \cdots & c_{pp} \end{bmatrix} \equiv [C_1 \ C_2 \ \cdots \ C_p] \quad (10.7)$$

其中，$C_i = [c_{1i} \ c_{2i} \ \cdots \ c_{pi}]'$

根据线性代数的有关知识，可得：$C'C = CC' = I$，且

$$\Sigma = C \begin{bmatrix} \lambda_1 & 0 & \cdots & 0 \\ 0 & \lambda_2 & \cdots & 0 \\ \vdots & \vdots & \vdots & \vdots \\ 0 & 0 & \cdots & \lambda_p \end{bmatrix} C' = \sum_{i=1}^{p} \lambda_i C_i C_i'$$

则有

$$a'\Sigma a = \sum_{i=1}^{p} a'\lambda_i C_i C'_i a = \sum_{i=1}^{p} \lambda_i (a'C_i)(a'C_i)' = \sum_{i=1}^{p} \lambda_i (a'C_i)^2$$

$$\leq \lambda_1 \sum_{i=1}^{p} (a'C_i)^2 = \lambda_1 (a'C)(a'C)' = \lambda_1 a'CC'a = \lambda_1 a'a = \lambda_1 \quad (10.8)$$

而且，当 $a = C_1$ 时，有：

$$C_1'\Sigma C_1 = C_1' \sum_{i=1}^{p} (\lambda_i C_i C_i') C_1 = \sum_{i=1}^{p} \lambda_i C_1' C_i C_i' C_1 = \lambda_1 (C_1' C_1)^2 = \lambda_1 \quad (10.9)$$

$$\left(\because C_1' C_i = \begin{cases} 1 & i = 1 \\ 0 & i \neq 1 \end{cases} \right)$$

可见，$a = C_1$ 可使 $\text{Var}(a'X) = a'\Sigma a$ 达到最大值，且

$$\text{Var}(C_1'X) = C_1' \Sigma C_1 = \lambda_1$$

同理可得：$\text{Var}(C_i'X) = C_i' \Sigma C_i = \lambda_i$，且

$$\text{Cov}(C_i'X, C_j'X) = C_i' \Sigma C_j = C_i' \sum_{k=1}^{p} (\lambda_k C_k C_k') C_j$$

$$= \sum_{k=1}^{p} \lambda_k (C_i' C_k)(C_k' C_j) = 0, \quad (i \neq j) \quad (10.10)$$

上面的讨论表明，$X_1, X_2, \cdots, X_p$ 的主成分就是以 Σ 的特征向量为系数的线性组合，它们互不相关，其方差为 Σ 的特征根。

由于 Σ 的特征根 $\lambda_1 \geq \lambda_2 \geq \cdots \geq \lambda_p \geq 0$，所以有 $\text{Var}(F_1) \geq \text{Var}(F_2) \geq \cdots \geq \text{Var}(F_p) \geq 0$。

我们将 $\lambda_1 / \sum_{i=1}^{p} \lambda_i$ 称为第一主成分的贡献率，一般地，将 $\lambda_m / \sum_{i=1}^{p} \lambda_i$ 称为第 m 个主成分的贡献率。由于 $\text{Var}(F_m) = \lambda_m$，因此，第 m 个主成分的贡献率

$\lambda_m / \sum_{i=1}^{p} \lambda_i$ 实际上就是第 m 个主成分的方差在全部方差中所占的比重。这个值越大,表明第 m 个主成分综合 X_1,X_2,…,X_p 的信息就越多。

我们将前两个主成分的累计贡献率定义为 $(\lambda_1 + \lambda_2) / \sum_{i=1}^{p} \lambda_i$,前 m 个主成分的累计贡献率定义为 $(\lambda_1 + \lambda_2 + \cdots + \lambda_m) / \sum_{i=1}^{p} \lambda_i$。一般地,如果前 m 个主成分的累计贡献率达到了 85%,则表明前 m 个主成分涵盖了全部观察变量或指标所包含的大部分信息。

在实际应用中,我们并不是取全部的 p 个主成分,而是根据上述累计贡献率的大小,取累计贡献率达到 85%的主成分个数作为分析研究的基础。

将各观察对象的观察值代入各主成分的表达式中,我们就可以得到各观察对象的各主成分的得分。

这里需要注意以下四点:

(1)主成分分析有一个明显的特征,就是每个主成分依赖于初始变量所用的测量尺度,当尺度改变时,会得到不同的特征根。而在实际的应用中,我们所观察的变量或指标的量纲往往不同,为了消除量纲的影响,我们应在计算之前先对原始的数据进行标准化处理。

(2)在进行主成分分析时,尽管前 m 个主成分的累计贡献率达到了 85%,基本上涵盖了全部观察变量或指标所包含的信息,但是对主成分的意义因系数 a_{ij}($i=1$,2,…,p;$j=1$,2,…,m)的值有时比较接近而难以解释,这时就可以考虑对各主成分的坐标系进行适当旋转,这就引入了因子分析的内容,我们将在下一章予以介绍。

(3)当 X_1,X_2,…,X_p 都是正向指标或变量时,从主成分的表达式

$$F = a_1 X_1 + a_2 X_2 + \cdots + a_p X_p \tag{10.11}$$

可以看到,$a_1, a_2, \cdots, a_p$ 相当于对 X_i($i=1$,2,…,p)赋予权重,因此有人认为

$$a_i \geq 0, \quad \sum_{i=1}^{p} a_i = 1, \quad (i=1,2,\cdots,p) \tag{10.12}$$

自然成立,如果不成立,就感到有问题,似乎方法出了毛病。其实,这是一种误解。

(4)在实际的应用中,我们所观察的变量或指标的性质往往是不同的,有的是正向变量或指标,有的是逆向变量或指标,还有的是适度变量或指标。如果直接采用这些变量或指标的数值进行主成分分析,容易出问题,因此,比较常见的做法是先将所有的变量或指标转换为正向变量或正指标,然后再进行无量纲化处理,最后再进行主成分分析。

10.1.4 主成分分析的计算过程

（1）假设我们观测了 n 个对象。记第 i 个观测对象 p 个指标的观测值分别为：x_{i1}，x_{i2}，$\cdots$，x_{ip}，则所有 n 个对象 p 个指标的观测值可以表示成以下矩阵形式：

$$X = \begin{bmatrix} x_{11} & x_{12} & \cdots & x_{1p} \\ x_{21} & x_{22} & \cdots & x_{2p} \\ \vdots & \vdots & & \vdots \\ x_{n1} & x_{n2} & \cdots & x_{np} \end{bmatrix} \tag{10.13}$$

其中，n 为观察对象数，p 为指标或变量数。

（2）对原始数据进行标准化处理，处理方法是：

$$x'_{ik} = [x_{ik} - \bar{x}_k]/s_k, \quad i=1,2,\cdots,n, k=1,2,\cdots,p \tag{10.14}$$

式中，

$$\bar{x}_k = \sum_{i=1}^{n} x_{ik}/n, \quad s_k^2 = \frac{1}{n-1}\sum_{i=1}^{n}[x_{ik} - \bar{x}_k]^2$$

标准化处理后，变量或指标的方差为 1，均值为 0。

（3）设观察值构成的相关系数矩阵为：

$$R = \begin{bmatrix} r_{11} & r_{12} & \cdots & r_{1p} \\ r_{21} & r_{22} & \cdots & r_{2p} \\ \vdots & \vdots & & \vdots \\ r_{p1} & r_{p2} & \cdots & r_{pp} \end{bmatrix} \tag{10.15}$$

经标准化处理后的数据的相关系数为：

$$r_{ij} = \frac{1}{n-1}\sum_{k=1}^{n} x'_{ki} x'_{kj}, \quad (i,j=1,2,\cdots,p) \tag{10.16}$$

（4）对应于相关系数矩阵 R，求特征方程 $|R-\lambda I|=0$ 的 p 个非负的特征值 λ_1，λ_2，$\cdots$，λ_p。对应于特征值 λ_i 的特征向量为：

$$C_i = (c_{1i}, c_{2i}, \cdots, c_{pi})', \quad i=1,2,\cdots,p \tag{10.17}$$

（5）求主成分。由特征向量组成的 p 个主成分为：

$$F_i = c_{1i}X_1 + c_{2i}X_2 + \cdots + c_{pi}X_p \tag{10.18}$$

主成分 F_1，F_2，$\cdots$，F_p 之间相互无关，且它们的方差是递减的。如果把样品各指标的观测值代入到主成分中，就得到了样品各主成分的得分。

（6）选择 m（$m<p$）个主成分。如果前面 m 个主成分 F_1，F_2，$\cdots$，F_m 的方差之和占全部总方差的比例接近于 1（一般来说，只要达到 85%就行），我们就取前 m 个主成分 F_1，F_2，$\cdots$，F_m。这 m 个主成分方差之和占全部总方差的 85%以上，即基本保留了原来指标或变量 X_1，X_2，$\cdots$，X_p 的信息，这样指标或变量的数目将由 p 个减少到 m 个，从而起到了降维的作用。

10.1.5 主成分分析的应用

10.1.5.1 系统评估

系统评估是指对系统的运营状态所进行的评价与推测。而在具体评估中，往往需要综合考察多个运营指标，这就难于直接进行比较分析。所以评估问题的关键是如何科学地、客观地将一个多指标问题转化成一个单指标的问题。鉴于系统评估在社会、经济等许多领域有着广泛而又重要的应用，这里结合主成分分析介绍三种方法。

第一种方法，将主成分 F_1，F_2，$\cdots$，F_m 进行线性组合。

线性组合中各主成分的权数取为相应主成分的方差贡献率。这样可得如下的综合评价函数：

$$y = \gamma_1 F_1 + \gamma_2 F_2 + \cdots + \gamma_m F_m \qquad (10.19)$$

式中，y 为综合评价指标，$\gamma_1, \gamma_2, \cdots, \gamma_m$ 分别为第一主成分，第二主成分，$\cdots$，第 m 主成分的方差贡献率，也可以直接取对应的特征值。

第二种方法，只用第一主成分作为评估的依据。

这种方法就是将第一主成分作为我们所寻求的综合评价函数，即令：

$$y = F_1$$

这样做的依据是，第一主成分与原始变量或指标 X_1，X_2，$\cdots$，X_p 综合相关程度最高。不过，要注意的是，采用这种方法要求所有的评估指标变量都是正相关的，也就是说，所有的指标变量均有同增、同减的趋势。

第三种方法，是在前两种方法的基础上做些改进。具体做法是：首先将原始数据资料进行标准化处理，然后依据各变量或指标的重要程度对各数据赋予权数 $(1+\gamma_i)$，其次对标准化又赋权后的数据进行主成分分析，最后用第一主成分作为我们所寻求的综合评价函数 y。

采用以上方法，求出各系统的 y 值，按照 y 值的大小，我们就可以对系统给出评价的顺序了。所要注意的是，应用主成分进行综合评价只能给出待评价系统的相对排序结果，并不能给出系统实际运营的状况。

10.1.5.2 筛选变量

主成分分析可用于筛选变量。如在多变量的回归分析中，为了使回归模型在实际中得到解释，使模型本身易于做结构性分析、控制和预测，我们往往需要从原始变量所构成的子集合中选择最佳变量，构成最佳变量子集合，以此作为分析的依据。采用主成分分析的方法就可以筛选变量，从而获得选择变量子集合的效果。

主成分分析筛选变量的具体步骤是：

第一步，从运行结果中的相关系数矩阵的特征值、差异、每个特征值所解释的方差的比率和累计比率表中找出最小的特征值（一般是最后一个）。

第二步，从运行结果中的特征向量表中找出最小特征值对应的特征向量。

第三步，在最小特征值所对应的特征向量中，将系数绝对值最大者所对应的变量删去。

第四步，对删除变量后所剩余的变量再进行主成分分析，然后再去寻找需要删除的变量，如此下去直到最后一个特征值不是很小（没有具体的标准）为止。

第五步，剩下的变量就是我们要寻找的最佳变量的子集合。

10.1.5.3 作为中间结果

主成分分析用于其他统计分析方法的数据预处理。通常其数据预处理的结果可作为其他统计分析方法的数据输入，从而满足所用统计方法的假设条件。如与回归分析结合形成了主成分回归、与相关分析结合形成了典型相关分析、与聚类分析结合形成了主成分聚类等。鉴于主成分回归在实践中应用非常广泛，为此以下给出主成分回归的基本原理。

假定多元线性回归模型为：

$$Y = \beta_0 + \beta_1 X_1 + \beta_2 X_2 + \cdots + \beta_p X_p + \varepsilon$$

如果解释变量 X_1，X_2，…，X_p 之间存在多重共线性，则用通常的 OLS 估计方法得到的参数估计量稳定性较差，使模型的推断和解释产生困难。解决这个问题的方法之一就是先对模型中的解释变量进行主成分分析，并提取一定的主成分，再用被解释变量对所取得的主成分进行回归，然后再将被解释变量对主成分的回归方程转化为对原解释变量的回归方程，这种回归方法就称为**主成分回归**。由于主成分之间是互不相关的，因此用被解释变量对主成分回归不会产生多重共线问题。主成分回归的主要步骤如下：

第一步，根据主成分分析原理，对 p 个解释变量进行主成分分析，并提取 M 个主成分。记 M 个主成分是根据样本协方差阵计算得到的，其对应的系数矩阵为 C，则 M 个主成分可表示为：

$$F_i = c_{1i}X_1 + c_{2i}X_2 + \cdots + c_{pi}X_p, \quad (i=1,2,\cdots,M)$$

其中，X_1，X_2，$\cdots$，X_p 是经过标准化处理过后得到的。当代入具体观测值后，得到 M 个主成分得分，仍记为 F_1，F_2，$\cdots$，F_M，其构成的矩阵记为 F，则 $F = XC$。

第二步，对被解释变量 Y 关于 M 个主成分进行回归。记回归所得回归方程：

$$\hat{Y} = \hat{\alpha}_0 + \hat{\alpha}_1 F_1 + \hat{\alpha}_2 F_2 + \cdots + \hat{\alpha}_M F_M$$

由多元回归知识知，$\hat{\alpha} = (\hat{\alpha}_0 \quad \hat{\alpha}_1 \quad \cdots \quad \hat{\alpha}_M)' = (F'F)^{-1}F'Y$

第三步，把原解释变量代入到回归方程中。由 $\hat{\alpha} = (F'F)^{-1}F'Y$ 得到：

$$\hat{\alpha} = C'(X'X)^{-1}X'Y = C'\hat{B}$$

从而有：
$$\hat{B} = C\hat{\alpha}$$

10.2 PRINCOMP（主成分分析）过程及其应用

10.2.1 PRINCOMP 过程的一般格式

10.2.1.1 PRINCOMP 过程的主要功能

PRINCOMP 过程主要完成以下工作：

（1）完成主成分分析。计算相关矩阵的特征值与特征向量。当特征值按照从大到小顺序排列时，由相应的特征向量就可得到第一主成分，第二主成分……选取少数几个主成分来代替原始的变量或指标，并计算各主成分的得分值。

（2）主成分的名称与个数可以由用户自己规定与确定，主成分得分是否需要标准化也可以由用户自己根据实际需要来进行选择。

（3）输入数据集可以是原始数据集，也可以是相关矩阵或协方差矩阵。

（4）可以产生许多有价值的结果。包括均值、标准差等简单统计量，相关矩阵与协方差矩阵，从大到小排列的特征值和相应的特征向量，每个主成分所解释的方差比例与累计比例。另外，还可以生成包括原始数据和主成分得分的输出数据集。

（5）可用来揭示变量或指标间的共线性关系。如果存在某个特征值接近于零，就表明这组变量或指标间存在一定的共线性关系。

（6）可以进行基于偏相关矩阵或偏协方差矩阵的主成分分析。

10.2.1.2 PRINCOMP 过程常用的语句

PRINCOMP 过程常用语句格式如下:

```
PROC PRINCOMP  <options>;     } 必需的语句
    BY      variables;
    FREQ    variables;
    PARTIAL variables;        } 可选的语句
    VAR     variables;
    WEIGHT  variables;
```

除 PROC PRINCOMP 语句外，只有 VAR 语句经常使用，其他语句是供选择使用的。

1. PROC PRINCOMP 语句

其格式为：**PROC PRINCOMP <options>**；

PROC PRINCOMP 语句的作用有以下四个：启动 PRINCOMP 过程、识别输入的数据集和输出的数据集、规定分析的具体细节、限制打印输出。可以出现在 PROC PRINCOMP 语句中的选项有以下几种：

（1）规定数据集。主要有：**DATA**=sas-data-set，给出输入数据集的名称。这个数据集可以是原始 SAS 数据集，也可以是 TYPE=CORR，COV，FACTOR，SSCP（叉积阵），UCORR，UCOV 的数据集。缺省时，使用最新创建的数据集进行主成分分析。**OUT**= sas-data-set，规定一个包括原始矩阵以及主成分得分的输出数据集。**OUTSTAT**=数据集名称，给出一个包括大部分分析结果的输出数据集，如均值、标准差、观察个数、相关矩阵、协方差矩阵、特征值、特征向量等。

（2）规定分析的具体细节。主要有 7 项：

①**COVARIANCE|COV**：要求从协方差矩阵出发计算主成分。如果缺省，则表示从相关矩阵出发来进行分析。

②**N**=number：规定被计算的主成分个数。如果缺省，则表示被计算的主成分个数为变量或指标的个数。

③**NOINT**：规定在模型中不使用截距项。也就是说，NOINT 选项要求协方差矩阵或相关矩阵没有对均值做修正。如果对关于均值修正后的标准差感兴趣，那么我们可以使用其他过程，比如 PROC MEANS 来进行分析。

④**PREFIX**=name：规定主成分名称的前缀。如果缺省，则主成分的名称为 PRIN1，PRIN2，……，前缀字符个数加上数字的位数不能超过 8 个。

⑤**STANDARD|STD**：要求将 OUT=SAS 数据集中的主成分得分标准化单位

方差。如果缺省，则主成分得分的方差等于相应的特征值。

⑥VARDEF=DF|N|WEIGHT 或 WGT|WDF：规定用于计算方差和协方差的除数。如果缺省，则 VARDEF=DF。

（3）限制输出。具体用法是：NOPRINT，规定不打印输出 PRINCOMP 过程的计算结果。

2. BY 语句

其格式为：**BY** variables；

BY 语句与 **PROC PRINCOMP** 语句一起使用，以便得到由 BY 后所附变量定义的几个观察组的、分开的、独立的分析。当出现 BY 语句时，过程要求输入数据集已经按照 BY 后所附变量进行了排序。

3. FREQ 语句

其格式为：**FREQ** variables；

FREQ 语句规定一个变量名，其值给出在 DATA=sas-data-set 中每个观测出现的频数。如果 **FREQ** 变量的值缺失或小于 1，则表示该观测在分析中没有使用。如果 **FREQ** 变量的值不是整数，那么只使用其整数部分。

4. PARTIAL 语句

其格式为：**PARTIAL** variables；

如果我们想分析偏相关矩阵或偏协方差矩阵，则使用 **PARTIAL** 语句规定被偏出去的这些数值变量或指标的名称。

5. VAR 语句

其格式为：**VAR** variables；

VAR 语句用来列出需要分析的数值变量的名称。如果缺省，则没有在其他语句规定的所有数值变量均为需要分析的变量。

6. WEIGHT 语句

其格式为：**WEIGHT** variables；

如果我们想对输入数据集中的每个观测使用相应的权数，那么可以在 SAS 数据集中设置一个变量存放权数，并在 **WEIGHT** 语句中规定该变量的名称。

10.2.2 主成分分析实例及结果解释

【例 10.1】对我国内地 31 个省、直辖市、自治区规模以上工业企业生产经营状况进行主成分分析，选择的主要经济指标共有以下 6 个：利润增长率（x1）、资产保值增值率（x2）反映企业发展状况；总资产贡献率（x3）、流动资产周转次数（x4）反映企业资产运营状况；工业成本费用利润率（x5）反映企业经济效益状况；资产负债率（x6）反映企业负债状况，具体见表 10.1。试分析 31 个省、直辖市、自治区规模以上工业企业经营绩效的高低。

表 10.1 规模以上工业企业生产经营状况主要指标

地 区	利润增长率(%)	总资产贡献率(%)	资产负债率(%)	流动资产周转次数(次/年)	工业成本费用利润率(%)	资产保值增值率(%)
北 京	−1.03	7.66	52.12	1.54	7.09	9.73
天 津	−5.14	16.09	63.90	2.36	8.02	10.37
河 北	0.05	13.56	58.73	3.20	6.02	7.37
山 西	−45.80	7.33	71.32	1.65	3.09	10.72
内蒙古	−12.90	13.92	60.04	2.41	9.73	6.38
辽 宁	1.06	14.14	58.49	3.22	5.06	9.23
吉 林	1.24	17.47	54.76	3.51	6.06	9.79
黑龙江	−14.07	19.08	57.14	2.38	9.78	6.32
上 海	12.37	13.71	50.35	1.82	7.59	7.63
江 苏	8.05	16.22	56.78	2.75	6.34	8.91
浙 江	8.78	11.83	60.01	1.85	5.82	7.15
安 徽	−5.96	14.46	59.43	3.15	5.69	10.40
福 建	−3.15	15.97	54.68	2.76	6.41	15.36
江 西	16.60	24.38	54.27	4.60	7.19	13.97
山 东	6.13	20.21	55.79	3.74	6.97	10.93
河 南	9.82	18.49	48.80	3.38	8.13	19.47
湖 北	1.68	15.00	56.31	3.03	5.91	12.11
湖 南	−11.50	21.64	54.04	4.11	5.62	7.01
广 东	7.14	13.85	57.29	2.42	6.03	9.25
广 西	−6.31	15.70	62.89	2.96	5.65	11.09
海 南	−16.91	12.89	53.41	1.87	7.60	15.07
重 庆	36.11	15.57	63.30	2.71	6.10	18.20
四 川	−7.09	14.10	62.78	2.52	6.71	14.38
贵 州	−23.87	13.96	63.43	1.93	7.77	16.88
云 南	−6.38	14.59	64.64	1.79	6.43	17.34
西 藏	−44.38	3.66	34.03	0.67	7.48	8.24
陕 西	−4.08	16.97	56.06	2.04	12.86	8.99
甘 肃	0.52	9.54	64.35	2.22	3.63	11.08
青 海	−16.31	8.23	66.24	1.53	7.58	13.75
宁 夏	6.01	8.06	66.53	1.77	4.37	14.98
新 疆	−10.49	12.82	60.51	2.13	10.64	22.01

资料来源:《中国统计年鉴·2014》。

第 10 章 主要分分析与 PRINCOMP 过程

根据题目要求，需要对 31 个省、直辖市、自治区规模以上工业企业经营绩效进行评价，为此采用主成分分析，程序编写如下：

```
        data haimen;
input name$ x1-x6;
cards;
北京     -1.03      9.73      7.66      1.54      7.09     52.12
天津     -5.14     10.37     16.09      2.36      8.02     63.90
河北      0.05      7.37     13.56      3.20      6.02     58.73
山西    -45.80     10.72      7.33      1.65      3.09     71.32
内蒙古  -12.90      6.38     13.92      2.41      9.73     60.04
辽宁      1.06      9.23     14.14      3.22      5.06     58.49
吉林      1.24      9.79     17.47      3.51      6.06     54.76
黑龙江  -14.07      6.32     19.08      2.38      9.78     57.14
上海     12.37      7.63     13.71      1.82      7.59     50.35
江苏      8.05      8.91     16.22      2.75      6.34     56.78
浙江      8.78      7.15     11.83      1.85      5.82     60.01
安徽     -5.96     10.40     14.46      3.15      5.69     59.43
福建     -3.15     15.36     15.97      2.76      6.41     54.68
江西     16.60     13.97     24.38      4.60      7.19     54.27
山东      6.13     10.93     20.21      3.74      6.97     55.79
河南      9.82     19.47     18.49      3.38      8.13     48.80
湖北      1.68     12.11     15.00      3.03      5.91     56.31
湖南    -11.50      7.01     21.64      4.11      5.62     54.04
广东      7.14      9.25     13.85      2.42      6.03     57.29
广西     -6.31     11.09     15.70      2.96      5.65     62.89
海南    -16.91     15.07     12.89      1.87      7.60     53.41
重庆     36.11     18.20     15.57      2.71      6.10     63.30
四川     -7.09     14.38     14.10      2.52      6.71     62.78
贵州    -23.87     16.88     13.96      1.93      7.77     63.43
云南     -6.38     17.34     14.59      1.79      6.43     64.64
西藏    -44.38      8.24      3.66      0.67      7.48     34.03
陕西     -4.08      8.99     16.97      2.04     12.86     56.06
甘肃      0.52     11.08      9.54      2.22      3.63     64.35
青海    -16.31     13.75      8.23      1.53      7.58     66.24
宁夏      6.01     14.98      8.06      1.77      4.37     66.53
```

· 381 ·

| 新疆 | -10.49 | 22.01 | 12.82 | 2.13 | 10.64 | 60.51 |

```
run;
proc princomp  out=prin Standard ;
    var x1-x6 ;run;
proc print  data=prin;
var prin1-prin6;run;
```

程序说明：

（1）首先用 DATA 步创建包含分析数据的 SAS 数据集 haimen。它包括 31 个观测 7 个变量，其中有 6 个数值变量。

（2）调用 PRINCOMP 过程对数据集 haimen 做主成分分析，其中：out=prin 选项说明要输出原始数据和各观察值对应的主成分得分到数据集 prin，如果要对主成分得分进行标准化，则应在此选项后添上 Standard 选项；var x1－x6 选项说明主成分分析的变量个数为 6 个，分别为 x1，x2，x3，x4，x5，x6，当省略 var 语句时，PRINCOMP 过程对数据集中所有数值型变量进行主成分分析。

（3）调用 print 过程将数据集 prin 中各观察值和它们对应的主成分得分打印出来；var prin1-prin6 选项说明输出的主成分个数为 6 个，它们分别为 PRIN1，PRIN2，PRIN3，PRIN4，PRIN5，PRIN6，当然也可以仅选择部分主成分输出。

程序运行结果如下：

输出 10.1（A） 简单统计量

```
                    The PRINCOMP Procedure
                 Observations      31
                 Variables          6
                 Simple Statistics
              x1           x2           x3           x4           x5           x6
Mean  -3.86483871  11.74548387  14.22903226  2.516774194  6.882903226  58.14258065
StD   15.97311196  4.11288126   4.38828619   0.846098446  1.972411711  6.82408527
```

输出 10.1（B） 相关矩阵

```
                                                   Correlation Matrix
              x1          x2          x3          x4          x5          x6
     x1    1.0000      0.1388      0.4721      0.4816      -.0557      0.0458
     x2    0.1388      1.0000      0.0182      -.0236      0.0716      0.2235
     x3    0.4721      0.0182      1.0000      0.8430      0.2483      -.0602
     x4    0.4816      -.0236      0.8430      1.0000      -.1293      -.0284
     x5    -.0557      0.0716      0.2483      -.1293      1.0000      -.2934
     x6    0.0458      0.2235      -.0602      -.0284      -.2934      1.0000
```

第 10 章　主要分分析与 PRINCOMP 过程

输出 10.1（C）　相关矩阵的特征值

	Eigenvalue	Difference	Proportion	Cumulative
1	2.22311876	0.83683117	0.3705	0.3705
2	1.38628759	0.28287188	0.2310	0.6016
3	1.10341571	0.43809127	0.1839	0.7855
4	0.66532444	0.11797450	0.1109	0.8964
5	0.54734994	0.47284637	0.0912	0.9876
6	0.07450357		0.0124	1.0000

输出 10.1（D）　对应特征值的特征向量

Eigenvectors

	Prin1	Prin2	Prin3	Prin4	Prin5	Prin6
x1	0.483128	0.182840	0.062951	-.517247	0.678969	0.025527
x2	0.049737	0.345041	0.780022	-.296881	-.426245	-.014648
x3	0.620883	-.139507	0.052374	0.316959	-.141798	-.686826
x4	0.612638	0.049902	-.206854	0.113592	-.368331	0.656372
x5	0.049266	-.592150	0.574113	0.347544	0.324586	0.301966
x6	-.029425	0.689146	0.111646	0.640440	0.310140	0.073459

输出 10.1（E）　主成分得分

Obs	Prin1	Prin2	Prin3	Prin4	Prin5	Prin6
1	-1.03565	-0.55698	-0.23697	-1.32485	0.98296	0.91217
2	0.06583	0.03538	0.20926	1.21941	0.73699	-0.63734
3	0.29608	0.04899	-1.17187	0.16618	0.30920	1.94462
4	-2.03625	1.75946	-1.06489	1.69883	-1.48856	-0.34734
5	-0.26577	-1.03036	-0.16281	1.62192	1.05866	1.56256
6	0.38102	0.40088	-1.10008	-0.21886	-0.15870	1.10262
7	0.87357	-0.20776	-0.80895	-0.14610	-0.54959	0.42491
8	0.19431	-1.44832	-0.14374	1.80280	0.62510	-1.57388
9	-0.05729	-1.00496	-0.45129	-1.18482	1.62052	-1.44466
10	0.51574	-0.10671	-0.67056	-0.28146	0.65311	-0.73027
11	-0.35542	0.25806	-0.91977	-0.43225	1.74566	-0.90794
12	0.25231	0.32384	-0.70604	0.21736	-0.50084	1.05424
13	0.32923	0.05326	0.43348	-0.65461	-1.00231	-0.75179
14	2.42445	-0.22273	0.13367	-0.14679	-0.97455	0.21043
15	1.36598	-0.28514	-0.33898	0.15445	-0.41765	0.07224
16	1.21171	-0.50768	1.49354	-1.51302	-1.28636	0.32047
17	0.42683	0.17566	-0.32220	-0.52067	-0.39713	0.42632
18	1.27437	-0.56180	-1.58408	0.89581	-1.56942	-0.57443
19	0.10822	0.07891	-0.64066	-0.54789	0.81326	-0.47271
20	0.26552	0.63357	-0.48166	0.63818	-0.35632	-0.09382
21	-0.65312	-0.47495	0.81160	-0.39095	-0.90737	-0.97458
22	1.05632	1.46399	1.14898	-1.58337	1.36301	-0.30564
23	-0.07104	0.60185	0.48566	0.38022	-0.30419	0.11581
24	-0.67509	0.37654	1.31364	1.01942	-0.98950	-0.99145
25	-0.35071	1.00079	1.14959	0.16685	-0.21792	-2.35806
26	-2.67034	-2.67121	-0.68528	-1.96655	-1.63688	0.00410
27	0.10800	-1.99899	1.26760	1.46819	1.73603	0.37827
28	-0.57797	1.46880	-0.89259	-0.56773	0.38235	0.29993
29	-1.29641	0.65116	0.79600	0.70531	0.49830	1.24668
30	-0.78785	1.81577	0.15907	-0.92525	0.77940	0.35191
31	-0.31659	-0.06930	2.98033	0.25023	-0.54826	1.73663

运行结果说明：

（1）输出 10.1(A)是运行结果的第一部分，是各变量的描述性统计量，包括样本观测次数（这里为 31 次）、原始变量的数目（这里为 6 个）、每个变量的均值（Mean）与标准差（Std Dev）。

（2）输出 10.1(B)是运行结果的第二部分，输出了各变量的相关系数矩阵（Correlations Matrix）。

（3）输出 10.1(C)是运行结果的第三部分，输出了各样本相关系数矩阵的特征值，相邻两个特征值之间的差，每个特征值所解释的方差的比率和累计比率。这里第一、第二、第三、第四主成分的累计比率为 89.64%，大于 85%。可见，就本例而言，在实际分析中，只要选择第一、第二、第三、第四主成分就够了。当然按照特征值大于 1 的标准来考虑，则可以选择第一、第二、第三主成分来进行分析，因为第四主成分的特征值为 0.66532444，小于 1。

（4）输出 10.1(D)为运行结果的第四部分，输出了对应于每个特征值的特征向量。第一、第二、第三主成分的表达式为：

PRIN1=0.483128x1+0.049737x2+0.620883x3+0.612638x4+0.049266x5-0.029425x6

PRIN2=0.182840x1+0.345041x2-0.139507x3+0.049902x4-0.592150x5+0.689146 x6

PRIN3=0.062951x1+0.780022x2+0.052374x3-0.206854x4+0.574113x5+0.111646x6

PRIN4= -0.517247x1-0.296881x2+0.316959x3+0.113592x4+0.347544x5+0.640440x6

（5）输出 10.1(E)输出了我国内地 31 个省、直辖市、自治区经标准化后的各主成分得分。

为了对我国内地 31 个省、直辖市、自治区经济效益进行综合评价，根据输出 10.1（C），以各主成分的方差贡献率作为权数，以前三个主成分为变量组成一个综合评价函数。具体函数式为：

y=0.3705*PRIN1＋0.2310*PRIN2＋ 0.1839*PRIN3+0.1109*PRIN4

将各主成分的得分代入上式，我们就可以得到各省、直辖市、自治区规模以上工业企业经济效益水平的总得分，按照总得分，就可以实现对各省、直辖市、自治区规模以上工业企业经济效益的综合排序。

为实现上述分析，需增加程序如下：

data pjia;set prin;

y=0.3705*RIN1＋0.2310*PRIN2＋ 0.1839*PRIN3+0.1109*PRIN4 ;

run;

proc sort;by y;run;

proc print ;

var prin1-prin6 name y; run;

读者可以自行运行这段程序，以了解并进一步分析综合评价结果。

（6）如果用主成分分析方法来筛选变量，则本例中第一轮应删除的为第五个指标，即工业成本费用利润率指标（$x5$）。因为从输出 10.1（C）中可看到第六主成分的特征值最小，为 0.08869292，接近于 0，且从输出 10.1（D）中可看到，其最大的权数为 0.708344，所对应的变量为 $x5$。在删除了这个指标后，用剩下的 5 个指标再进行主成分分析。

【例 10.2】 表 10.2 列出了某地区自 1990－2007 年现金净投放（Y），固定资产投资（x1）、GDP（x2）、存款余额（x3）、贷款余额（x4）、物价指数（x5）的实际资料，试根据这些资料，建立现金净投放 y 关于其他五个指标的回归方程。

表 10.2 某地区自 1990 年－2007 年主要经济金融指标

年份	现金净投放（亿元）	固定资产投资（亿元）	GDP（亿元）	存款余额（亿元）	贷款余额（亿元）	物价指数
1990	3.17	8.2	29.45	12.73	16.01	102.6
1991	4.39	10.2	33.79	17.98	21.32	111.834
1992	5.94	15.3	42.97	22.61	30.18	123.688
1993	8.17	25.4	65.95	28.59	38.2	150.034
1994	13.89	31.2	71.74	33.18	44.87	188.143
1995	14.95	34.17	80.29	44.21	51.1	219.751
1996	15.41	34.53	91.76	62.98	60.69	243.923
1997	13.85	35.63	102.75	78.73	75.59	246.85
1998	9.60	28.04	112.66	85.89	91.57	247.591
1999	9.64	29.97	119.05	100.58	87.72	242.639
2000	9.95	30.59	126.17	122.55	81.68	248.705
2001	11.28	34.75	138.15	133.55	83.96	247.586
2002	15.17	61.67	154.59	155.00	98.08	248.081
2003	16.17	106.79	192.52	209.35	155.58	251.306
2004	18.19	145.46	265.09	263.18	180.43	260.856
2005	28.81	191.38	325.00	318.33	215.47	262.421
2006	31.33	262.25	428.90	367.55	267.85	269.506
2007	40.06	331.34	540.00	437.44	303.97	276.244

解：根据题目要求，SAS 程序编辑如下：

```
data sasuser.example;
input y x1-x5;
```

cards;

```
3.17   8.20    29.45   12.73   16.01   102.600
4.39   10.20   33.79   17.98   21.32   111.834
5.94   15.30   42.97   22.61   30.18   123.688
8.17   25.40   65.95   28.59   38.20   150.034
13.89  31.20   71.74   33.18   44.87   188.143
14.95  34.17   80.29   44.21   51.10   219.751
15.41  34.53   91.76   62.98   60.69   243.923
13.85  35.63   102.75  78.73   75.59   246.850
9.60   28.04   112.66  85.89   91.57   247.591
9.64   29.97   119.05  100.58  87.72   242.639
9.95   30.59   126.17  122.55  81.68   248.705
11.28  34.75   138.15  133.55  83.96   247.586
15.17  61.67   154.59  155.00  98.08   248.081
16.17  106.79  192.52  209.35  155.58  251.306
18.19  145.46  265.09  263.18  180.43  260.856
28.81  191.38  325.00  318.33  215.47  262.421
31.33  262.25  428.90  367.55  267.85  269.506
40.06  331.34  540.00  437.44  303.97  276.244
```
; proc reg corr;model y=x1-x5/vif; run;

程序说明：

程序首先建立一个名为example的永久性SAS数据集，随后调用回归过程进行回归分析。选项corr用于计算6个数值变量之间的两两相关系数，而vif用于诊断解释变量之间是否存在多重共线。程序输出结果如下：

输出 10.2（A） 变量之间相关系数

	Number of Observations Read			18		
	Number of Observations Used			18		
	Correlation					
Variable	x1	x2	x3	x4	x5	y
x1	1.0000	0.9880	0.9638	0.9724	0.5585	0.9540
x2	0.9880	1.0000	0.9843	0.9882	0.6520	0.9518
x3	0.9638	0.9843	1.0000	0.9921	0.6935	0.9207
x4	0.9724	0.9882	0.9921	1.0000	0.7012	0.9347
x5	0.5585	0.6520	0.6935	0.7012	1.0000	0.6785
y	0.9540	0.9518	0.9207	0.9347	0.6785	1.0000

输出 10.2（B）　回归结果及多重共线诊断

The REG Procedure					
Model: Dependent Variable: y					
Analysis of Variance					
Source	DF	Sum of Squares	Mean Square	F Value	Pr > F
Model	5	1552.04833	310.40967	142.59	<.0001
Error	12	26.12332	2.17694		
Corrected Total	17	1578.17165			
Root MSE		1.47545	R-Square	0.9834	
Dependent Mean		14.99833	Adj R-Sq	0.9766	
Coeff Var		9.83741			

Parameter Estimates						
Variable	DF	Parameter Estimate	Standard Error	t Value	Pr > |t|	Variance Inflation
Intercept	1	−4.94616	1.82092	−2.72	0.0187	0
x1	1	0.26015	0.04141	6.28	<.0001	117.79232
x2	1	−0.04512	0.03091	−1.46	0.1700	148.78715
x3	1	−0.00135	0.02443	−0.06	0.9568	78.03133
x4	1	−0.14548	0.04793	−3.04	0.0104	129.14986
x5	1	0.10214	0.01498	6.82	<.0001	5.74063

由输出 10.2（A）可以看出，净现金投放与固定资产投资（x1）、GDP（x2）、存款余额（x3）、贷款余额（x4）相关系数均在 0.9 以上，与物价水平（x5）的相关系数也达到了 0.6785。同时我们还可以看到，解释变量之间也存在很强的相关性，这说明解释变量之间可能存在多重共线。

输出10.2（B）告诉我们，对变量Y回归的拟合优度R^2=0.9834，而且F检验也很显著（对应的检验概率小于0.0001），关于系数的T检验x1、x4、x5在0.05的显著性水平上显著，但变量x2、x3不显著，同时参数估计的符号不符合经济意义。通过VIF（Variance Inflation）可以看到除x5外，其他4个解释变量的方差膨胀因子远大于10，表明解释变量之间确实存在多重共线，这是造成x2、x3、x4系数估计符合不符合经济意义的主要原因。

为了消除多重共线对回归的影响，以下我们将通过构建解释变量的主成分，并利用主成分再对Y进行回归，即采用所谓的主成分回归方法。程序编辑如下（接上一段）：

```
proc princomp;var x1-x5;run;
proc reg outest=result outvif;
model Y=x1-x5/pcomit=3;run;
proc print data=result;run;
```

程序运行结果如下：

输出 10.2（C） 主成分回归结果

```
_MODEL_  _DEPVAR_  _RMSE_  Intercept  x1       x2        x3        x4        x5
MODEL1   y         1.47545 -4.94616   0.26015  -0.04512  -0.001351 -0.14548  0.10214
MODEL1   y         .                  0.26666  0.11166   0.065767  0.06398   1.61069
MODEL1   y         3.19231 2.44347    0.02388  0.01537   0.016302  0.02490   0.01502
```

由输出 10.2（C）的第四行可以看出，此时所有的解释变量的系数均为正值，这与相关分析的结论是相同的，表明此时得到的回归方程是可靠的。

由输出 10.2（C），可以写出回归方程为：

$Y=2.44347+0.02388\ x1+0.01537\ x2+0.016302\ x3+0.0249\ x4+0.01502\ x5$

习 题 10

1. 某市为了全面分析机械类各企业的经济效益，选择了净产值利润率（x1）、固定资产利润率（x2）、总产值利润率（x3）、销售利润率（x4）、成本利润率（x5）、物耗利润率（x6）、人均利润率（x7）以及流动资金利润率（x8）8 个不同的利润指标，现将 14 家企业关于这 8 个指标的统计数据列于下表（表 p.10.1），试采用主成分分析法对这 14 家企业的经济效益进行评价。

表 p.10.1

企业编号	x1	x2	x3	x4	x5	x6	x7	x8
1	40.4	24.7	7.2	6.1	8.3	8.7	2.442	20
2	25	12.7	11.2	11	12.9	20.2	3.542	9.1
3	13.2	3.3	3.9	4.3	4.4	5.5	0.542	3.6
4	22.3	6.7	5.6	3.7	6	7.4	0.176	7.3
5	34.3	11.8	7.1	7.1	8	8.9	1.726	27.5
6	35.6	12.5	16.4	16.7	22.8	29.3	3.017	26.6
7	22	7.8	9.9	10.2	12.6	17.6	0.847	10.6
8	48.4	13.4	10.9	9.9	10.9	13.9	1.772	17.8
9	40.6	19.1	19.8	19	29.7	39.6	2.449	35.8
10	24.8	8	9.8	8.9	11.9	16.2	0.789	13.7
11	12.5	9.7	4.2	4.2	4.6	6.5	0.874	3.9
12	1.8	0.6	0.7	0.7	0.8	1.1	0.056	1
13	32.3	13.9	9.4	8.3	9.8	13.3	2.126	17.1
14	38.5	9.1	11.3	9.5	12.2	16.4	1.327	11.6

2. 竞争力是竞争主体在市场竞争中争夺资源或市场的能力。就区域工业竞争力来说，有学者提出了可以通过以下 5 个方面的能力，即市场影响力、工业增长力、资源配置力、结构转换力和工业创新力予以体现。现收集了 2000 年我国内地 31 个省、自治区及直辖市资料如下表（表 p.10.2）：

第 10 章　主要分分析与 PRINCOMP 过程

表 p.10.2

地区	市场影响力	工业增长力	资源配置力	结构转换力	工业创新力
北京	1.027	1.476	1.064	2.094	0.764
天津	1.268	0.855	1.126	1.645	1.237
河北	1.053	0.808	0.996	0.631	0.745
山西	0.571	0.614	0.446	0.676	0.675
内蒙古	0.396	0.948	0.530	0.433	0.381
辽宁	1.392	1.421	0.792	0.883	0.820
吉林	0.706	1.284	0.928	0.824	0.510
黑龙江	0.813	1.833	3.095	0.403	0.448
上海	2.037	0.773	1.459	1.365	1.615
江苏	2.693	0.967	0.864	1.170	1.258
浙江	1.862	1.525	1.072	1.000	1.100
安徽	0.624	0.466	0.571	0.929	0.749
福建	0.815	1.030	1.000	1.183	0.973
江西	0.402	0.509	0.382	0.933	0.423
山东	2.176	1.104	1.198	0.804	1.079
河南	1.017	0.696	0.787	0.752	0.717
湖北	0.947	0.455	0.832	0.841	0.702
湖南	0.535	0.848	0.730	0.899	0.541
广东	2.378	1.034	1.066	1.522	1.248
广西	0.436	0.568	0.730	0.899	0.541
海南	0.209	0.422	0.784	0.691	0.466
重庆	0.488	0.678	0.444	0.976	0.821
四川	0.698	0.536	0.692	1.080	0.868
贵州	0.393	0.810	0.543	0.963	0.616
云南	0.491	0.424	1.423	0.683	0.363
西藏	0.066	0.543	2.335	0.573	0.174
陕西	0.542	0.805	0.920	1.279	0.746
甘肃	0.505	1.454	0.420	1.050	0.712
青海	0.362	1.232	0.381	0.951	0.559
宁夏	0.429	1.176	0.476	0.593	0.956
新疆	0.412	1.954	1.717	0.231	0.412

　　试根据以上数据，运用主成分分析方法对各地区竞争力进行综合评价，并对评价结果进行分析。

　　3.根据科技活动的自身特点和指标体系设置的基本原则，我们从科技投入、科技产出两方面选择了独立研究机构从事科技活动人数（x1）、大中型工业企业从事科技活动人数（x2）、高等学校从事科技活动人数（x3）、研究与试验发展（R&D）经费内部支出（x4）、大中型工业企业科技经费内部支出总额（x5）、高等学校科技经费内部支出总额（x6）、国内专利申请授权（x7）、国外主要检索工具收录我国科技论文（x8）等 8 个指标组成了评价科技竞争力的统计指标体系。30 个地区相应的指标数值列于下表（表 p.10.3）：

表 p.10.3

地区	x1	x2	x3	x4	x5	x6	x7	x8
BBJJ	10.6699	4.2874	4.935	432.9877	90.7234	67.9005	11238	34674
TJTJ	0.9678	3.5458	1.3517	95.237	101.243	15.7658	4159	5507
HBHB	0.9955	7.1262	1.4112	76.664	85.4283	8.3895	4131	2184
SXSX	1.1599	7.7401	1.2892	36.3388	96.7847	4.9321	1421	1860
BMGG	0.5604	2.2391	0.4946	16.486	30.5521	1.9935	978	207
LNLN	1.8135	9.8239	2.9421	135.7857	136.7151	21.9542	7399	6856
JLJL	1.1093	3.0635	2.0505	40.9212	53.0888	9.1986	2319	4456
HLJJ	1.084	6.0642	2.0583	57.0294	49.4212	19.4195	3622	5106
SHSH	3.034	6.7979	3.4608	258.8386	228.8463	44.9642	16602	17821
JSJS	2.5829	20.5034	3.8431	346.0695	469.2611	41.7447	19352	11337
ZJZJ	0.9098	13.96	2.5437	224.0315	219.7883	24.8689	30968	9083
AHAH	1.1083	5.0814	1.2289	59.3365	107.8887	15.0058	2235	4639
FUJJ	0.5066	4.6745	0.9297	67.4333	89.0599	5.1553	6412	2197
JXXX	0.7246	3.6259	1.2641	37.7619	43.9807	5.696	1536	573
SDON	1.6365	17.8394	2.5551	234.1299	360.6901	14.8886	15937	5664
HENA	1.5991	10.8765	1.176	79.8419	122.4981	5.3344	5242	1508
HUBE	2.0078	6.9722	2.7025	94.4297	82.975	19.8467	4734	9068
HUNA	0.83	5.7895	1.7378	53.1174	61.5852	15.3373	5608	4451
GUAD	1.4266	20.8456	2.7698	313.0433	385.2034	25.8999	43516	5777
GXGX	0.6578	1.9191	1.687	18.2403	27.9387	3.666	1442	524
HAIN	0.2069	0.1864	0.0871	2.1044	4.9596	0.5544	248	54
CHON	0.543	3.8607	1.3215	36.914	59.4261	8.9957	4590	2012
SCSC	3.3649	8.2861	2.483	107.8405	105.5773	19.8681	7138	5193
GUIZ	0.4978	1.9766	0.3581	14.5113	22.6118	1.2022	1337	241
YUNN	0.8542	1.4882	0.9886	20.9187	24.3734	2.3315	1637	800
SSXI	3.6249	6.2412	1.8921	101.3558	59.0469	29.8168	2473	7682
GANS	0.8806	2.3555	0.4945	23.953	22.9587	3.7821	832	2614
QINH	0.0948	0.4121	0.1548	3.3412	6.4165	0.7498	97	72
NINX	0.0788	0.5579	0.226	4.9749	9.0518	0.3423	290	38
XINJ	0.5702	1.1148	0.3204	8.476	17.7084	1.0818	1187	275

试利用主成分分析方法对上述采集来的数据进行分析,得出各地区科技竞争力的综合评价结果。

4.对于第 9 章中例 9.6,利用主成分回归建立进口总额关于国内生产总值 GDP、储蓄 SAVE 和总消费 COMSUME 的回归方程。

附录　第 10 章例题的菜单实现

例 10.1 的菜单实现

1.进入 SAS/ASSIST 主菜单界面。
2.点击【DATA ANALYSIS】→【Multivariate】,进入图 F10.1。

图 F10.1

3.点击【Principal Component…】,进入图 F10.2。

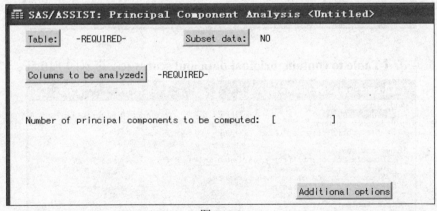

图 F10.2

4.点击【Active data set:】,选择分析的数据集 haimen,点击【Variables to be analyzed】,选择分析变量 x1、x2、x3、x4、x5、x6,此时可得到图 F10.3。

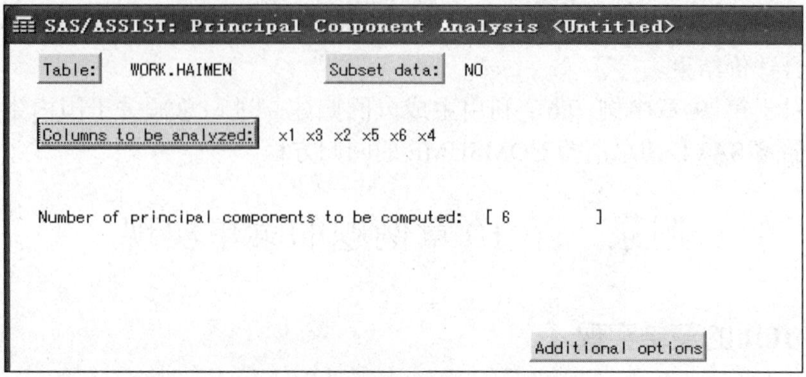

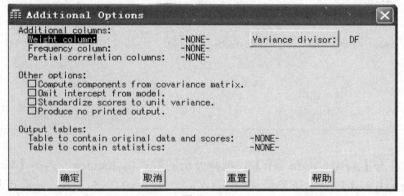

图 F10.3

5. 点击【**Additional options**】，进入图 F10.4。

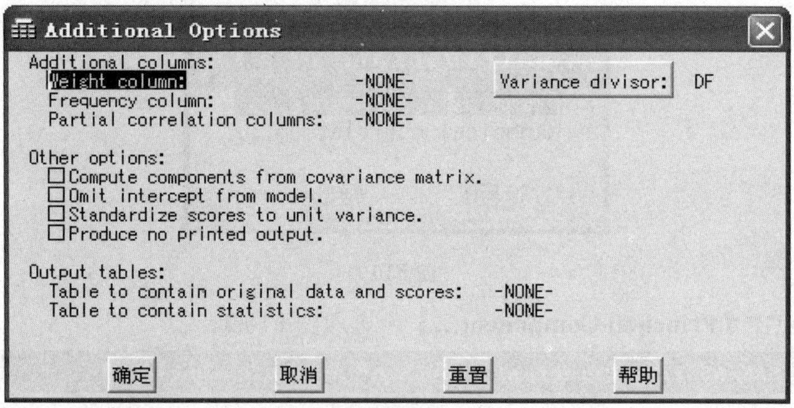

图 F10.4

6. 点击【**Table to contain original data and scores**】，进入图 F10.5。

图 F10.5

7. 在【**Table**】中，输入数据集 **prin**，同时点击 TEMPORARY，表示该数据

集为临时性的,见图 10.6,然后点击【确定】,回到图 F10.4,再点击【确定】,回到图 F10.3。

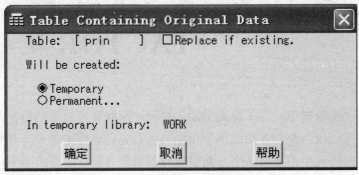

图 F10.6

8. 点击【运行】菜单下的【提交】选项即可,或直接点击工具栏中的【】。

第11章 因子分析与 FACTOR 过程

在社会经济分析中，为了能更全面、准确地反映研究对象的特征及其发展变化规律，就不能仅从某一方面或单个指标去考察它，而应考虑到与其有关的多方面的因素，即研究中需要从多个方面引入与该研究对象有关系的多个指标。

例如，要了解一个地区社会经济运行状况，就要观测该地区国内生产总值、工业增加值、第三产业增加值、人均 GDP、城乡居民人均收入、社会商品零售额、总人口、失业率、货币发行量、城乡居民储蓄存款余额、贷款余额、股票市场筹资额、固定资产投资总额、外商直接投资额、进出口总额、国际收支余额、财政收入、财政支出、人均财政支出、能源总量、人均能源消费量、R&D 支出、技术市场成交额、物价指数等多项指标。很明显，不仅考察的指标较多，而且指标之间通常存在较强的相关性，使得观测数据所反映的信息存在重叠现象。

为此，研究中常常需要把这些指标综合为少数几个综合指标，如社会经济制度、金融体制、市场机制、科技发展水平、资源禀赋等。换句话说，这些指标的观测值共同受到社会经济制度、金融体制、市场机制、科技发展水平、资源禀赋等因素的影响。

再比如，在金融学中的资产定价研究方面，Sharpe（1964）等人提出的 CAPM 模型将资产收益率归因于一个因素：市场风险。其后 Ross（1976）根据 APT 理论，指出决定资产价格是由一些共同因素决定的，如宏观经济因素，行业因素等。Fama 和 French 于 1993 年提出，资产的收益率主要受到三个因素的影响，即市场风险、公司规模以及账面市值比，这个模型简称为 FF 模型。

从对这些实际问题的研究中，我们可以看出，社会经济生活中某些实际问题的具体表现，往往是由一些相互联系的共同因素决定的。如何根据具体的指标数值来寻求这些共同因素，并据此对问题进行更深入的研究，正是因子分析所要解决的问题。

第 11 章　因子分析与 FACTOR 过程

11.1　因子分析方法简介

因子分析是从心理学与教育学发展起来的。1904 年，Charles Spearman 提出这种方法用来解决智力测验得分的统计分析，这是因子分析的起点。因子分析的形成与发展具有相当长的历史，但由于其计算量大，当时又缺少高速计算的机器设备，因此因子分析的发展与应用受到了极大的限制，一度几乎处于停滞状态。目前，因子分析在经济领域有着极为广泛的用途。它主要解决两类问题：一是寻求基本结构，简化观察系统。给定一组变量或观察数据，我们要问，变量的维数是否一定需要这么多，是否存在一个子集，特别是一个加权子集，来解释整个问题。通常采用因子分析方法将为数众多的变量减少为几个新的因子，以再现它们之间的内在联系。二是用于分类，将变量或样本进行分类，根据因子得分值，在因子轴所构成的空间中进行分类处理。

11.1.1　问题的引入与因子分析基本思想

我们先来看一个例子。

【例 11.1】　某校学生工作部门为了了解学生的知识与能力，随机抽取了 500 名学生，每人回答 30 道题，问题包括的面很广，但归结起来有：专业水平、英语水平、计算机技能、艺术修养、为人处世、逻辑思维能力、事物的判断力、生活常识八个方面。我们称每一个方面为因子。显然，这里的因子与回归分析的因素是不同的，前者是比较抽象的一种概念，后者则有着极为明确的实际意义。比如在经济分析中的国民生产总值、固定资产投资总额、居民可支配收入等。

如果用 $X_1, X_2, \cdots, X_{30}$ 表示学生在 30 道题上的测试成绩，并假设可以用上述 8 个因子表示成如下线性函数：

$$X_i = a_{i1}F_1 + a_{i2}F_2 + \cdots + a_{i8}F_8 + \varepsilon_i \quad (i=1, 2, \cdots, 30) \tag{11.1}$$

其中，$F_1, F_2, \cdots, F_8$ 为 8 个因子，它对所有 X_i 是共同的，系数 $a_{i1}, a_{i2}, \cdots, a_{i8}$ 称为因子载荷，它表示第 i 道题的测试成绩在 8 个因子方面的表现；ε_i 是第 i 道题的测试成绩不能被这 8 个因子解释的部分，称为特殊因子。换句话说，学生在每道题上的得分取决于 8 个共同因子和一些特殊因素的共同作用。细心的读者也许已经发现，这个模型与回归模型在形式上有些相似。其实，二者是两码事。这里的 $F_1, F_2, \cdots, F_8$ 值是未知的，并且有关参数的统计意义也不一样。因子分析的任务，首先是估计出 $a_{i1}, a_{i2}, \cdots, a_{i8}$，然后再给这些抽象的因子以一个合理的、有实际背景的解释。

因子分析的基本思想，是通过对变量（或样品）的相关系数（相似系数）矩阵内部结构的研究，找出能影响所有变量（或样品）的少数几个变量，并用这少数几个变量去描述多个变量（或样品）之间的相关（相似）关系。这里，这少数几个变量是不可观测的，通常被称为因子。

11.1.2 因子分析模型

设研究对象的 p 个指标（变量）的观察值构成的矩阵为：

$$X=\begin{bmatrix} x_{11} & x_{12} & \cdots & x_{1p} \\ x_{21} & x_{22} & \cdots & x_{2p} \\ \vdots & \vdots & & \vdots \\ x_{n1} & x_{n2} & \cdots & x_{np} \end{bmatrix} \triangleq (X_1 \ X_2 \cdots X_p) \quad (11.2)$$

其中，n 为样本观测次数，p 为变量数，$X_j = (x_{1j} \ x_{2j} \cdots x_{nj})'$，$j=1,2,\cdots,p$。

将原始数据进行标准化处理，处理方法是：

$$x'_{ik} = [x_{ik} - \bar{x}_k)]/s_k, \quad (i=1,2\cdots n, \quad k=1,2,\cdots,p) \quad (11.3)$$

式中，

$$\bar{x}_k = \sum_{i=1}^n x_{ik}/n, s_k^2 = \sum_{i=1}^n [x_{ik} - \bar{x}_k)]^2 /(n-1) \quad (11.4)$$

标准化处理后，变量的方差为 1，均值为 0。这样相关系数矩阵与协方差矩阵 S 完全一样。相关系数矩阵为：

$$R = \frac{1}{n-1} X'X$$

为了方便，我们假定经标准化处理后的矩阵仍为 X）。

对应于相关系数矩阵 R，求特征方程 $|R-\lambda I|=0$ 的 p 个非负的特征值 λ_1，λ_2，$\cdots$，λ_p。记对应于特征值的正交特征向量矩阵为：

$$U = \begin{bmatrix} u_{11} & u_{12} & \cdots & u_{1p} \\ u_{21} & u_{22} & \cdots & u_{2p} \\ \vdots & \vdots & & \vdots \\ u_{p1} & u_{p2} & \cdots & u_{pp} \end{bmatrix} \quad (11.5)$$

根据主成分分析，可以得到 p 个主成分，记为 $F_i = U'X_i$（$i=1, 2, \cdots, p$），这 p 个主成分也称为主因子。

选择 m（$m<p$）个主因子。假如按照所选取的主因子的信息量的和占总信息量的 85% 以上为选取主因子个数的标准，即选取最小的 m，使得：

$$(\lambda_1 + \lambda_2 + \cdots + \lambda_m) \bigg/ \sum_{i=1}^p \lambda_i \geqslant 85\%$$

这 m 个主因子将 U 矩阵分为：

$$U = [U_1 \ U_2 \ \cdots \ U_m \ U_{m+1} \ \cdots \ U_p]$$
$$= [U_{(1)} \quad U_{(2)}] \tag{11.6}$$

其中，$U_{(1)}$ 为 $p \times m$ 矩阵，$U_{(2)}$ 为 $p \times (p-m)$ 矩阵。

因为 $F = U'X$，则 $X = UF$，也就是说：

$$X = [U_{(1)} \ U_{(2)}] F$$

$$= \begin{bmatrix} U_{(1)} & U_{(2)} \end{bmatrix} \begin{bmatrix} F_{(1)} \\ F_{(2)} \end{bmatrix}$$

$$= U_{(1)} F_{(1)} + U_{(2)} F_{(2)} \tag{11.7}$$

式中，$F_{(1)}$ 为 $m \times n$ 维向量，$F_{(2)}$ 为 $(p-m) \times n$ 维向量，$U_{(1)} F_{(1)}$ 为 m 个主因子所能解释的部分，$U_{(2)} F_{(2)}$ 为其残差部分。记残差部分为：

$$\varepsilon = U_{(2)} F_{(2)} = \begin{bmatrix} \varepsilon_1 \\ \varepsilon_2 \\ \vdots \\ \varepsilon_p \end{bmatrix} \tag{11.8}$$

则有：

$$X = U_{(1)} F_{(1)} + \varepsilon \tag{11.9}$$

这就是因子模型，$U_{(1)}$ 称为因子载荷阵，$F_{(1)}$ 称为主因子，ε 称为特殊因子。

由此，可以给出因子分析的数学模型如下：

$$\left.\begin{array}{l} X_1 = a_{11}F_1 + a_{12}F_2 + \cdots + a_{1m}F_m + \varepsilon_1 \\ X_2 = a_{21}F_1 + a_{22}F_2 + \cdots + a_{2m}F_m + \varepsilon_2 \\ \quad\quad\quad \cdots\cdots \\ X_p = a_{p1}F_1 + a_{p2}F_2 + \cdots + a_{pm}F_m + \varepsilon_p \end{array}\right\} \tag{11.10}$$

用矩阵表示为：

$$\begin{bmatrix} X_1 \\ X_2 \\ \vdots \\ X_p \end{bmatrix} = \begin{bmatrix} a_{11} & a_{12} & \cdots & a_{1m} \\ a_{21} & a_{22} & \cdots & a_{2m} \\ \vdots & \vdots & & \vdots \\ a_{p1} & a_{p2} & \cdots & a_{pm} \end{bmatrix} \begin{bmatrix} F_1 \\ F_2 \\ \vdots \\ F_m \end{bmatrix} + \begin{bmatrix} \varepsilon_1 \\ \varepsilon_2 \\ \vdots \\ \varepsilon_p \end{bmatrix} \tag{11.11}$$

简记为：

$$X = AF + \varepsilon \tag{11.12}$$

通常假定：

$$\begin{cases} m<p; \\ \mathrm{Cov}(F,\varepsilon)=0,\text{即}\ F\ \text{与}\ \varepsilon\ \text{不相关}; \\ \mathrm{Var}(F)=I_m,\text{即}\ F_1,\ F_2,\ \cdots,\ F_m\ \text{不相关,且方差均为}\ 1; \\ \mathrm{Var}(\varepsilon)=\mathrm{diag}[\sigma_1^2,\sigma_2^2,\cdots,\sigma_p^2],\text{即}\ \varepsilon_1,\ \varepsilon_2,\ \cdots,\ \varepsilon_p\ \text{不相关,且方差不同}. \end{cases}$$

其中，$X=(X_1\ X_2\cdots X_p)'$ 为实测的 p 项指标所构成的 p 维向量；$F=(F_1\ F_2\cdots F_m)'$ 为不可观测的向量，F 称为 X 的公共因子，即前面所说的综合变量，每一项指标的观测值都受到这些因素的共同影响。ε 为 $p\times 1$ 维随机向量，称为特殊因子。由此，因子模型可以理解为：每一项指标的取值可以分解为来自共同因素的影响和来自特殊因素的影响两部分。

$A=\{a_{ij}\}_{p\times m}$ 为 $p\times m$ 维因子载荷矩阵，a_{ij} 称为因子载荷，它是第 i 个变量在第 j 个公共因子上的载荷，或者叫它为第 i 个变量在第 j 个公共因子上的权，它反映了第 j 个公共因子对第 i 个变量的影响程度。

由模型假设有：$\quad\mathrm{Var}(X)=\mathrm{Var}(AF+\varepsilon)=AA'+\mathrm{Var}(\varepsilon)\quad$ （11.13）

$$\begin{aligned}\mathrm{Var}(X_i)&=\mathrm{Var}(a_{i1}F_1+a_{i2}F_2+\cdots+a_{im}F_m+\varepsilon_i)\\ &=a_{i1}^2\mathrm{Var}(F_1)+a_{i2}^2\mathrm{Var}(F_2)+\cdots+a_{im}^2\mathrm{Var}(F_m)+\mathrm{Var}(\varepsilon_i)\quad\text{（11.14）}\\ &=a_{i1}^2+a_{i2}^2+\cdots+a_{im}^2+\sigma_i^2\end{aligned}$$

令 $h_i^2=a_{i1}^2+a_{i2}^2+\cdots+a_{im}^2$，称为共同度，它刻画全部公共因子对变量 X_i 的总方差所做的贡献。从而有：

$$\mathrm{Var}(X_i)=h_i^2+\sigma_i^2\qquad\text{（11.15）}$$

如果对 X_i 已经实施了标准化，那么。该式表明，变量 X_i 的方差由两部分组成，一是共同度 h_i^2，二是特殊因子所产生的方差 σ_i^2。公式（11.15）表明：h_i^2 越接近于 1，说明变量 X_i 对公共因子 F_1，F_2，$\cdots$，F_m 的依赖程度就越大，其含有的原始信息被所选取的公共因子解释的就越多。也就是说，由原始变量空间转化为因子空间的性质就越好，保留原来的信息量就越多，因此 h_i^2 是 X_i 方差的重要组成部分。当 h_i^2 接近于 0 时，说明公共因子对 X_i 的影响很小，主要由 ε_i 来描述。

11.2　因子分析方法与因子旋转方法

11.2.1　因子分析方法

因子分析方法有多种，如主成分分析，主因子分析，迭代主因子分析，不加权的最小二乘因子分析,最大似然因子分析,α 因子分析,映象分量分析,Harris 分量分析等,在上节因子模型的引入中,我们采用的就是主成分法。这些方法中,最为常用的方法是主成分分析,主因子分析和最大似然分析。下面就主成分分析方法再做一些简单说明。

设样本协方差矩阵 S 的特征值为:$\lambda_1 \geq \lambda_2 \geq \cdots \geq \lambda_p \geq 0$,相应的单位正交向量为 $U_1, U_2, \cdots, U_p$。当最后 $p-m$ 个特征值较小时,S 可近似分解为:

$$S \approx \lambda_1 U_1 U_1' + \lambda_2 U_2 U_2' + \cdots + \lambda_m U_m U_m' + D(\varepsilon)$$

$$= (\lambda_1^{1/2} U_1 \quad \lambda_2^{1/2} U_2 \quad \cdots \quad \lambda_m^{1/2} U_m) \begin{bmatrix} \lambda_1^{1/2} U_1' \\ \lambda_2^{1/2} U_2' \\ \vdots \\ \lambda_m^{1/2} U_m' \end{bmatrix} + \begin{bmatrix} \sigma_1^2 & 0 & \cdots & 0 \\ 0 & \sigma_2^2 & \cdots & 0 \\ \vdots & \vdots & & \vdots \\ 0 & 0 & \cdots & \sigma_p^2 \end{bmatrix}$$

$$= B'B + D \tag{11.16}$$

其中,$B' = (\lambda_1^{1/2} U_1 \quad \lambda_2^{1/2} U_2 \quad \cdots \quad \lambda_m^{1/2} U_m) = \{b_{ij}\}$,为 $p \times m$ 矩阵,$\sigma_i^2 = s_{ij} - \sum b_{ti}^2$ ($i = 1, 2, \ldots, p$)。

上式中的 B 和 D 就是因子模型的一个解,载荷矩阵 B' 中的第 i 行和第 j 个主成分的系数相差一个倍数 $\lambda_i^{1/2}$($i = 1, 2, \cdots, m$)。故这个解通常称为主成分解。

当相关变量所取单位不同时,我们常常要先对变量进行标准化。标准化后的变量的样本协方差矩阵就是原始变量的样本相关系数矩阵 R,用 R 代替 S,类似可得主成分解。

11.2.2 因子正交旋转

因子模型估计出来后,通常需要对所得到的公共因子进行解释,以便对实际问题进行科学的分析。进行解释意味着对每个公共因子给出一种名称,它用来反映在预测每个可观测变量中这个公共因子的重要性,也就是在因子模型矩阵中相应于这个因子的系数。因子的解释具有相当的主观性,有时为了减少因子解释的主观性,可采用因子旋转,使旋转后的因子载荷阵结构简化,即使用一个正交矩阵右乘因子载荷阵 A,使变换后的因子载荷阵在一个公因子上有较大载荷,而在其余公因子上有较小载荷。

设 p 维可观测变量 X 满足因子模型:

$$X = AF + \varepsilon \tag{11.17}$$

T 为正交矩阵,则因子模型可变为:

$$X = ATT'F + \varepsilon = A_* F^* + \varepsilon \tag{11.18}$$

式中,$A_* = AT, F^* = T'F$。由于

$$E(F^*) = T'E(F) = 0, \text{Var}(F^*) = \text{Var}(T'F) = T'\text{Var}(F)T = I$$

$$\text{Cov}(F^*, \varepsilon) = T'\text{Cov}(F, \varepsilon) = 0$$

$$\text{Var}(X) = \text{Var}(A_*F^* + \varepsilon) = \text{Var}(A_*F^*) + \text{Var}(\varepsilon) = A_*A_*' + \text{Var}(\varepsilon) \quad (11.19)$$

可见，如果 A 与 ε 是一个因子解，则对于任给的正交矩阵 T，$A_* = AT$ 也是因子解。

矩阵 A_* 就是正交旋转后的因子系数阵。经旋转后，一个所有系数接近于 0 或 1 的因子载荷阵比系数居中的因子载荷阵容易解释。因此，大多数旋转方法都试图最优化模型矩阵的函数，这个函数在某种意义下用于度量元素接近于 0 或 1 的程度。

因子旋转的方法有多种，如正交旋转，斜交旋转等。在初始因子提取后，公共因子之间是互不相关的。如果对这些公共因子采用正交变换进行旋转，旋转后所得的因子也是不相关的。如果采用斜交变换进行旋转，则旋转后所得的因子是相关的。斜交旋转往往能产生比正交旋转更有用的模型。然而，这些相关因子在解释变量方面，因子的重要性没有明确的度量。因此，采用斜交旋转时，模型矩阵不能对解释因子提供必需的信息。需要注意的是，不同旋转方法的选择必须从非统计观点出发，在多数实际应用中，我们选择最容易解释的旋转模型。

11.2.3 因子得分

因子分析是将变量表示为公共因子的线性组合。反过来，将公共因子表示为变量的线性组合，即用：

$$F_j = \beta_{j1}X_1 + \beta_{j2}X_2 + \cdots + \beta_{jp}X_p, \quad j = 1, 2, \cdots, m \quad (11.20)$$

来计算各个变量或样本的因子得分，这就是因子得分函数。

由于 p 大于 m，故不能得到精确的得分，因此只能在最小二乘意义下对因子得分进行估计。利用回归分析方法所建立的公因子 F 对变量 X 的回归方程为：

$$\hat{F} = A'R^{-1}X \quad (11.21)$$

其中，R 为相关矩阵，A 为因子载荷阵。如果因子进行了旋转，则 A 为旋转后的因子载荷阵。

11.3 FACTOR（因子分析）过程及其应用

11.3.1 FACTOR 过程的主要功能

FACTOR 过程可以完成几种类型的公因子分析与因子旋转。输入的数据集可以是多变量数据，相关系数矩阵，协方差矩阵或者是得分系数矩阵。FACTOR 过程具有以下几个方面的功能。

（1）提供八种提取因子的方法。这些方法有：主成分法（principal components）、主因子法（principal axis factoring）、迭代主因子法（iteration principal axis factoring）、不加权的最小二乘法（unweight least squares）、最大似然法（maximum likehood）、α 因子法（alpha factoring）、映象因子法（image factoring）、Harris 分量分析法（harris factoring）。其中，最常用的方法是主成分法，主因子法和最大似然法。

（2）对先验公共因子的方差，即共同度，提供六种估计方法。它们是：令先验公共因子方差估计与复相关系数的平方成正比，但要适当调整使得它们的和等于最大绝对相关；对每个变量令先验公共因子方差为它同任一其他变量相关系数的最大绝对值；令所有先验公共因子方差均为 1.0；令先验公共因子方差估计为 0 与 1 之间的均匀分布伪随机数；对每个变量令先验公共因子方差为该变量与所有其余变量的多重相关的平方；在数据集中，从规定的地点读入先验公共因子方差估计。

（3）提取公共因子的个数由使用者自己掌握。

（4）对因子模型提供 8 种旋转方法。它们是：方差最大旋转（varimax）、四分位最大正交旋转（quartimax）、优化最大正交旋转（Parsimax）、均方最大正交旋转（equamax）、用户指定 γ 的正交最大旋转（orthomax with user specified gamma）、用户指定幂次的 Promax（promax with user specified exponent）旋转、用户指定幂次的 Harris-Kaiser 情况Ⅱ、用户指定目标模式的斜交 Procrustean。其中最为常用的方法为方差最大旋转（varimax）与 Promax 旋转。

（5）FACTOR 过程可输出丰富的计算结果。包括简单统计量、相关系数矩阵或协方差矩阵、抽样适当的 Kaiser 量度、特征值、特征向量、先验的和最终的公共因子方差、没有旋转的因子模型、旋转的主因子模型、主因子结构、每个因子同变量的多重相关的平方和得分系数，包括因子分析统计结果的输出数据集、原始数据和因子得分数据的输出数据集等等。

（6）输入数据具有多种形式。如：原始多变量观测数据组成的 SAS 数据集、相关阵、协方差阵、得分系数阵等。

（7）FACTOR 过程还可以根据偏相关系数矩阵或协方差系数矩阵进行因子分析。

11.3.2 FACTOR 过程一般格式

FACTOR 过程一般格式如下：

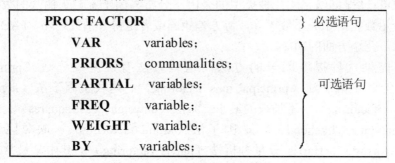

11.3.3 FACTOR 过程常用语句的说明

在 FACTOR 过程常用语句中，通常 VAR 语句必须跟在 PROC FACTOR 语句后面，其余语句是供选择的。

1. PROC FACTOR 语句

其一般格式为： **PROC FACTOR <options>；**

可用于 PROC FACTOR 语句的可供选择的项目有以下几种：

（1）规定数据集。主要有：DATA=sas-data-set，给出输入数据集的名称，缺省时，系统自动以最新创建的 SAS 数据集代替；OUT= sas-data-set，创建一个输出数据集；OUTSTAT= sas-data-set，规定一个包括大部分分析结果的输出数据集；TARGET= sas-data-set，规定一个包含目标模型的输入数据集，用于 Procrustes 旋转。

（2）因子提取和公共因子方差估计方法的选项。主要有：

METHOD=name|M=name：规定提取因子的方法。

方法名称有：ALPHA|A 或 HARRIS|H：产生 Alpha 因子分析；IMAGE|I：产生映象主因子分析；ML|M：产生最大似然因子分析；PATTERN：从 TYPE=FACTOR，CORR，UCORR，COV，UCOV 的数据集中读入因子模型；PRINCIPAL|PRIN|P：产生主成分或主因子分析；PRINIT：产生迭代主因子分析；SCORE：从 TYPE=FACTOR，CORR，UCORR，COV，UCOV 的数据集中读入得分系数。

PRIORS=name：规定计算公共因子方差估计的方法。其形式有：ASMC|A：

令先验公共因子方差估计与复相关系数的平方成正比,但要适当调整使得它们的和等于最大绝对相关;INPUT|I:在 SAS 数据集中,从_TYPE_="PRIORS"或_TYPE_="COMMUNAL"的第一个观测读入先验公共因子方差估计;MAX|M:对每个变量令先验公共因子方差为它同任一其他变量相关系数的最大绝对值;ONE|O:令所有先验公共因子方差均为 1.0;RANDOM|R:令先验公共因子方差估计为 0 与 1 之间的均匀分布伪随机数;SMC|S:规定对每个变量令先验公共因子方差为该变量与所有其余变量的多重相关的平方。

(3) 分析数据的选项。主要有:

COVARIANCE|COV:要求用协方差矩阵代替相关矩阵作因子分析,这一选项必须与 METHOD=PRINCIPAL:PRINIT,ULS 或 IMAGE 一起使用。

NOINT:要求不使用截距项。

(4) 规定因子提取个数的选项。

MINEIGEN=p|MIN=p:规定保留因子的最小特征值。p 的确定原则为:如果 METHOD=ALPHA 或 HARRIS,则 p 为 1;如果 METHOD=IMAGE,则 p 为映象方差总和与变量个数的比值;对 METHOD=其他任何方法,若先验公共因子方差估计为 1,则 p 为加权方差总和与变量个数的比值,如果对没有加权的相关矩阵进行因子分析,那么 p 取为 1。

NFACTORS=n|NFACT=n|N=n:规定被提取的公共因子的数目。如果缺省,则按特征值不小于 1 的个数提取;如果 NFACTORS=0,则表示计算特征值,但不提取公共因子;如果 NFACTORS=-1,则表示既不计算特征值也不提取公共因子。

PROPORTION=p|PERCENT=p|P=p:对保留的因子规定使用先验公共因子方差估计的公共方差所占的比例。如果缺省,p 值为 1.0 或 100。

(5) 规定数值特征的选项。共有三项:

CONVERGE=p|CONV=p:对 METHOD=ALPHA,PRINIT,ULS 或 ML 规定收敛准则。当公共因子方差的最大变化小于 p 值时,就停止迭代。如果缺省,p 值为 0.001。

MAXITER=n:对 METHOD=ALPHA,PRINIT,ULS 或 ML 规定最大的迭代次数。如果缺省,n 值为 30。

SINGULAR=p|SING=p:规定奇异性准则。p 为小于 1 大于 0 的一个小数。如果缺省,p 值为 1E-8。

(6) 规定因子旋转方法。其语句格式为:ROTATE=方法名称|R=方法名称。

最为常用的方法为方差最大旋转 Varimax 与正交的 Promax 旋转。如果缺省,或 ROTATE=NONE|N,则表示不进行旋转。

(7) 控制打印输出的选项。主要有:

MAS： 打印被所有其余变量控制的每对变量间的偏相关和抽样适当的 Kaiser 量度；
SCORE： 打印因子得分系数；
ALL： 打印除图形以外的所有可选择的输出；
CORR： 打印相关阵与偏相关阵；
EV： 打印特征向量；
PRINT： 打印输入的因子模型或得分系数和有关统计量；
SCREE： 打印特征值的碎石图；
SIMPLE： 打印均值与标准差。

2. BY 语句

其一般格式为：**BY variables;**

当出现 BY 语句时，过程要求 DATA=的数据集已经按照 BY 变量进行了排序。

3. PRIORS 语句

其一般格式为：**PRIORS communalities;**

该语句对每个变量规定 0 至 1 之间的数值作为先验公共因子方差的估计，第一个数值对应于 VAR 语句中的第一个变量，第二个数值对应于 VAR 语句中的第二个变量，依次类推。数值的个数必须等于变量的个数。当然，正如前面所说，用户也可以用 PRIORS=来规定计算先验公共因子方差估计的几种方法。

4. FREQ 语句

其一般格式为：**FREQ variable;**

如果数据集中有一个变量的值表示这个观测中其余变量出现的频数，那么可采用 FREQ 语句列出该变量名。

5. PARTIAL 语句

其格式为：**PARTIAL variables;**

当用户想根据偏相关矩阵或偏协方差矩阵进行分析时，则可以采用该语句来列出在分析中所使用的变量。

6. VAR 语句

其格式为：**VAR variables;**

该语句列出被分析的变量。如果缺省，则在其他语句中未出现的所有数值变量均为被分析的变量。

7. WEIGHT 语句

其格式为：**WEIGHT variable;**

如果我们希望对输入的数据集中的每一个观测值都赋以相应的权数，则可采用 WEIGHT 语句来规定一个包含权数的变量。

11.4.4 因子分析实例及结果解释

【例 11.1】 对我国上市公司的经济效益水平进行因子分析,原始数据列于表 11.1。选择的主要经济效益指标共有以下几个:资金利税率(X1)、产值利税率(X2)、百元销售成本实现的利润(X3)、百元销售收入实现的利税(X4)、流动资金周转次数(X5)、主营业务利润增长率(X6),共 6 个。试分析经济效益的主要影响因素,并对16家上市公司经济效益进行综合评价。

表 11.1 我国上市公司的经济效益指标

上市公司名称	资金利税率(%)	产值利税率(%)	百元销售成本实现的利润(元)	百元销售收入实现的利税(元)	流动资金周转次数(次/年)	主营业务利润增长率(%)
AM	5.41	8.05	2.09	2.43	1.30	7.51
BM	7.21	8.54	4.51	5.26	1.43	10.44
CM	8.38	9.52	4.27	5.07	1.70	10.49
DM	6.31	9.97	3.63	4.59	1.29	7.21
EM	8.97	1.43	1.73	1.18	1.10	5.22
FM	3.74	6.47	0.33	0.39	0.98	5.24
GM	3.63	5.79	−1.09	−1.29	1.17	4.71
HM	14.47	5.97	7.62	1.37	1.20	10.56
IM	8.18	8.20	3.41	4.01	1.75	12.13
JM	4.27	5.35	−0.71	−0.83	1.38	5.68
KM	8.07	8.69	0.73	0.89	1.75	10.16
LM	9.66	6.27	6.69	2.63	3.05	1.64
MM	2.17	5.70	−2.11	−2.57	1.34	3.21
NM	4.65	7.80	0.53	0.65	1.18	5.82
OM	25.95	33.52	6.96	15.38	1.51	36.89
PM	5.65	10.63	−0.92	−1.19	1.08	8.84

1. 编写程序

我们可以编写如下程序:

```
data hyx;
input name$ X1 X2 X3 X4 X5 X6;
cards;
AM  5.41   8.05   2.09   2.43   1.30   7.51
BM  7.21   8.54   4.51   5.26   1.43   10.44
CM  8.38   9.52   4.27   5.07   1.70   10.49
DM  6.31   9.97   3.63   4.59   1.29   7.21
EM  8.97   1.43   1.73   1.18   1.10   5.22
FM  3.74   6.47   0.33   0.39   0.98   5.24
GM  3.63   5.79   −1.09  −1.29  1.17   4.71
```

HM	14.47	5.97	7.62	1.37	1.20	10.56
IM	8.18	8.20	3.41	4.01	1.75	12.13
JM	4.27	5.35	−0.71	−0.83	1.38	5.68
KM	8.07	8.69	0.73	0.89	1.75	10.16
LM	9.66	6.27	6.69	2.63	3.05	1.64
MM	2.17	5.70	−2.11	−2.57	1.34	3.21
NM	4.65	7.80	0.53	0.65	1.18	5.82
OM	25.95	33.52	6.96	15.38	1.51	36.89
PM	5.65	10.63	−0.92	−1.19	1.08	8.84

```
run;
proc factor method=principal n=2 rotate=varimax scree all out=output;
var x1-x6;
run;
```

2. 程序说明

（1）首先用 DATA 步创建包含分析数据的 SAS 数据集 hyx。它有 16 个观测 7 个变量。

（2）调用 FACTOR 过程对数据集 hyx 作因子分析，其中，method=principal 选项说明因子分析的方法，本例采用主分量方法；rotate=varimax 选项说明因子旋转的方法，本例采用方差最大旋转；n=2 要求提取 2 个主分量；scree 选项要求画出特征值的碎石图（见图 11.1）；all 选项要求打印除图形以外的所有可选择的输出。

程序运行结果如下：

输出 11.1(A)　各变量均值与标准差

Means and Standard Deviations from 16 observations		
Variable	Mean	Std Dev
X1	7.9200000	5.6563758
X2	8.8687500	6.9424749
X3	2.3543750	3.0683893
X4	2.3731250	4.2015025
X5	1.4506250	0.4875581
X6	9.1093750	7.9859831

输出 11.1(B)　各变量的相关系数矩阵

Correlations						
	X1	X2	X3	X4	X5	X6
X1	1.00000	0.79375	0.75248	0.84342	0.20605	0.87646
X2	0.79375	1.00000	0.40673	0.85173	0.05381	0.94159
X3	0.75248	0.40673	1.00000	0.71439	0.46977	0.48248
X4	0.84342	0.85173	0.71439	1.00000	0.21702	0.87387
X5	0.20605	0.05381	0.46977	0.21702	1.00000	−0.03895
X6	0.87646	0.94159	0.48248	0.87387	−0.03895	1.00000

第 11 章 因子分析与 FACTOR 过程

输出 11.1(C)　KMO 抽样适度测度值

```
Initial Factor Method: Principal Components
Kaiser's Measure of Sampling Adequacy: Over-all MSA = 0.66082913
   X1         X2         X3         X4         X5         X6
0.671085   0.789150   0.556166   0.714257   0.378589   0.640044
```

输出 11.1(D)　相关阵的特征值

```
Eigenvalues of the Correlation Matrix: Total = 6  Average = 1
    Eigenvalue   Difference   Proportion   Cumulative
1   4.09420663   2.83843615   0.6824       0.6824
2   1.25577048   0.82744812   0.2093       0.8917
3   0.42832236   0.27363567   0.0714       0.9630
4   0.15468669   0.10852852   0.0258       0.9888
5   0.04615817   0.02530251   0.0077       0.9965
6   0.02085566                0.0035       1.0000
2 factors will be retained by the NFACTOR criterion.
```

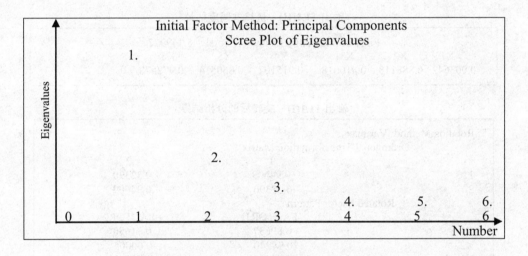

图 11.1　特征值碎石图

输出 11.1(E)　对应第一、第二特征值的特征向量

```
Initial Factor Method: Principal Components
Eigenvectors
                       1             2
       X1          0.46978        0.00812
       X2          0.44063       -0.27243
       X3          0.37120        0.44250
       X4          0.47272       -0.01290
       X5          0.12271        0.79760
       X6          0.45700       -0.30591
```

输出 11.1(F)　旋转前因子模式

Initial Factor Method: Principal Components
Factor Pattern

	FACTOR1	FACTOR2
X1	0.95056	0.00910
X2	0.89158	−0.30529
X3	0.75108	0.49587
X4	0.95650	−0.01446
X5	0.24829	0.89379
X6	0.92470	−0.34281

输出 11.1(G)　每一公因子所解释的方差

Variance explained by each factor

FACTOR1	FACTOR2
4.094207	1.255770

输出 11.1(H)　最终共同度估计

Final Communality Estimates: Total = 5.349977

X1	X2	X3	X4	X5	X6
0.903642	0.888118	0.810018	0.915107	0.860514	0.972578

输出 11.1(I)　旋转后的分析结果

Rotation Method: Varimax
Orthogonal Transformation Matrix

	1	2
1	0.94609	0.32390
2	−0.32390	0.94609

Rotated Factor Pattern

	FACTOR1	FACTOR2
X1	0.89637	0.31650
X2	0.94240	−0.00005
X3	0.54998	0.71242
X4	0.90962	0.29613
X5	−0.05460	0.92603
X6	0.98588	−0.02482

Variance explained by each factor

FACTOR1	FACTOR2
3.796427	1.553551

Rotation Method: Varimax
Final Communality Estimates: Total = 5.349977

X1	X2	X3	X4	X5	X6
0.903642	0.888118	0.810018	0.915107	0.860514	0.972578

输出 11.1(J)　标准因子得分系数

```
Scoring Coefficients Estimated by Regression
Squared Multiple Correlations of the Variables with Each Factor
         Factor1        Factor2
         1.0000000      1.0000000
         Standardized Scoring Coefficients
         Factor1        Factor2
    X1   0.21731        0.08206
    X2   0.28477       −0.15947
    X3   0.04566        0.43301
    X4   0.22476        0.06478
    X5  −0.17316        0.69302
    X6   0.30210       −0.18511
```

3. 运行结果说明

（1）输出了 16 个观察值的平均值（Mean）与标准差（Std Dev），见输出 11.1(A)。给出了各变量的相关系数矩阵（Correlations），见输出 11.1(B)。

（2）输出了 KMO 抽样适度测度值（Kaiser's Measure of Sampling Adequacy）。见输出 11.1（E）。这里 overall MSA=0.66082913，大于 0.5，一般认为此值越大，作因子分析的效果就越好。

（3）输出了相关系数矩阵的特征值，相邻两个特征值之间的差，每个特征值所解释的方差的比率和累计比率。这里前两个主成分的累计解释方差的比率为 89.17%，见输出 11.1(D)。这里，Total=6 表示相关矩阵的特征值总和；Average=1 表示相关矩阵的特征值均值；Eigenvalue 为特征值；Difference 为相邻两个特征值的差；Proportion 为特征值解释方差的比率；Cumulative 为特征值累计解释方差的比率。对应于前两个特征值的特征向量，见输出 11.1(E)。

（4）打印出了特征值的碎石图，见图 11.1。从图 11.1 中可以看到，在第三个特征值处，图形有明显的弯曲，这表示提取两个公因子是相对正确的。

（5）输出了包含两个被我们选定的、没有旋转的公因子模式（Factor Pattern），每个因子解释的方差部分（FACTOR1 为 4.094207，FACTOR2 为 1.255770），以及两个因子共同解释的方差（5.349977），另外还输出了与原始变量相对应的共同度的估计值（从 $X1$ 到 $X6$ 分别为 0.903642，0.888118，0.810018，0.915107，0.860514，0.972578。具体见输出 11.1(G)，11.1(H)）。两个公因子 FACTOR1，FACTOR2 的表达式为：

FACTOR1=0.95056$X1$+0.89158$X2$+0.75108$X3$+0.95650$X4$+0.24829$X5$+0.92470$X6$
FACTOR2=0.00910$X1$−0.30529$X2$+0.49587$X3$−0.01446$X4$+0.89379$X5$−0.34281$X6$

这里两个公因子的累计方差贡献比率为 89.17%。这说明，原来 6 个变量所反映的信息可由以上两个公因子反映 89.17%，一般说来，累计方差贡献比例达到 85%，即认为比较满意。

（6）输出 11.1(I)为对模型进行旋转后的分析结果。本例中采用的旋转方法是方差最大旋转法。根据旋转后的分析结果，得到包含两个公因子的因子模型为：

$$X1=0.89637FACTOR1+0.31650FACTOR2$$
$$X2=0.94240FACTOR1-0.00005FACTOR2$$
$$X3=0.54998FACTOR1+0.71242FACTOR2$$
$$X4=0.90962FACTOR1+0.29613FACTOR2$$
$$X5=-0.05460FACTOR1+0.92603FACTOR2$$
$$X6=0.98588FACTOR1-0.02482FACTOR2$$

第一个因子解释的方差为 3.796427，占全部信息的 63.27%。第二个因子解释的方差为 1.553551，占全部信息的 25.89%。这两个因子累计解释的方差为 5.349977，占全部信息的 89.17%，这说明它们就是我们所要寻找的公共因子。

（7）输出了标准因子得分，见输出 11.1(J)。标准因子得分函数为：
$$FACTOR1=0.21731X1+0.28477X2+0.04566X3+0.22476X4-0.17316X5+0.30210X6$$
$$FACTOR2=0.08206X1-0.15947X2+0.43301X3+0.06478X4+0.69302X5-0.18511X6$$

从以上因子得分函数可以看出，因子 FACTOR1 主要反映资金利税率 X1、产值利税率 X2、百元销售收入实现的利税 X4、主营业务利润增长率 X6 四个方面，因此 FACTOR1 可以解释为盈利能力因子。因子 FACTOR2 主要反映百元销售成本实现的利润 X3、流动资金周转次数 X5 两个方面，可以解释为资金使用效率因子。也就是说，本例 16 家上市公司的经济效益主要受公司盈利能力和资金使用效率两个共同因子的影响。

为对 16 家上市公司经济效益进行综合评价，构建以下综合得分函数：
$$Y=4.09* FACTOR1+1.26* FACTOR2$$

分别代入每家上市公司的因子得分即可得到每一家上市公司综合得分值。SAS 程序实现如下(接上段程序之后)：

```
data pingjia;set output;
Y=4.09* FACTOR1+1.26* FACTOR2; run;
proc sort;by y;run;
proc print;var name y;run;
```

程序说明：本段程序首先依据上段程序创建的输出数据集 output 建立了一个评价数据集 pingjia，并根据综合得分函数对综合得分变量 Y 赋值，之后用 sort 关于 Y 排序，最后输出企业名称 name（识别变量）、综合得分 y。输出结果如下：

obs	name	
1	MM	-4.4695
2	GM	-3.5218
3	JM	-3.0775
4	FM	-2.6667
5	NM	-2.0723
6	PM	-1.9432
7	EM	-1.8885
8	AM	-0.8552
9	KM	-0.5063
10	DM	0.4103
11	LM	0.6442
12	IM	1.0751
13	BM	1.1921
14	CM	1.5284
15	HM	1.8616
16	OM	14.2894

从排序结果可以看到，企业综合得分最高的是 OM 公司，表明其经济效益最好，而综合得分最低是 MM 公司，其经济效益最差。

习 题 11

1. 在某大学一年级 44 名学生的期末考试中，线性代数（XXDS）和概率统计（GLTJ）课程采用闭卷考试，法律（FL）、思想品德（SXPD）和 C 语言程序设计（CYY）课程采用开卷考试，考试成绩见下表(表 p.11.1)：

表 p.11.1

XXDS	GLTJ	FL	SXPD	CYY	XXDS	GLTJ	FL	SXPD	CYY
77	82	67	67	81	63	78	80	70	81
75	73	71	66	81	55	72	63	70	68
63	63	65	70	63	53	61	72	64	73
51	67	65	65	68	59	70	68	62	56
62	60	58	62	70	64	72	60	62	45
52	64	60	63	54	55	67	59	62	44
50	50	64	55	63	65	63	58	56	37
31	55	60	57	73	60	64	56	54	40
44	69	53	53	53	42	69	61	55	45
62	46	61	57	45	31	49	62	63	62
44	61	52	62	46	49	41	61	49	64
12	58	61	63	67	49	53	49	62	47
54	49	56	47	53	54	53	46	59	44
44	56	55	61	36	18	44	50	57	81
46	52	65	50	35	32	45	49	57	64
30	69	50	52	45	46	49	53	59	37
40	27	54	61	61	31	42	48	54	68
36	59	51	45	51	56	40	56	54	35
46	56	57	49	32	45	42	55	56	40
42	60	54	49	33	40	63	53	54	25
23	55	59	53	44	48	48	49	51	37
41	63	49	46	34	46	52	53	41	40

请采用 SAS 统计软件中的因子分析功能对这组数据进行因子分析。按要求完成下列工作：

（1）问最终提取几个公共因子，能反映原有信息的百分比是多少？

（2）试对所提取的公共因子进行合理的命名，并说明命名的依据。

2. 采用因子分析方法对我国内地 31 个省、直辖市、自治区经济发展基本情况进行综合评估。共选取八项指标，即国内生产总值 X1（亿元）、人均国内生产总值 X2（元）、人均消费 X3（元）、地方财政一般预算收入 X4（亿元）、进出口总额 X5（万美元）、货物周转量 X6（亿吨·千米）、城镇登记失业率 X7（%）。原始数据资料见下表（表 p.11.2，资料来源：《中国统计年鉴·2014》）：

表 p.11.2 我国内地 31 个省、直辖市、自治区经济发展基本情况

指标 地区	X1	X2	X3	X4	X5	X6	X7
北京	19501	93213	29175.6	3661.1	42899581	1051.14	1.2
天津	14370	99607	20418.7	2079.1	12850179	3097.39	3.6
河北	28301	38716	10872.2	2295.6	5491157	11674.06	3.7
山西	12602	34813	10118.3	1701.6	1579098	3592.38	3.1
内蒙古	16832	67498	14877.7	1721.0	1199457	4461.96	3.7
辽宁	27078	61686	14950.2	3343.8	11447819	11970.28	3.4
吉林	12981	47191	12054.3	1157.0	2583174	1681.35	3.7
黑龙江	14383	37509	12037.2	1277.4	3887909	1930.04	4.4
上海	21602	90092	30399.9	4109.5	44126822	14332.71	4.0
江苏	59162	74607	17925.8	6568.5	55080227	9924.59	3.0
浙江	37568	68462	20610.1	3796.9	33578871	8951.22	3.0
安徽	19039	31684	10544.1	2075.1	4551897	12335.34	3.4
福建	21760	57856	16176.6	2119.5	16932090	3939.61	3.6
江西	14339	31771	10052.8	1621.2	3674663	3640.13	3.2
山东	54684	56323	11896.8	4560.0	26653153	8194.15	3.2
河南	32156	34174	10002.5	2415.6	5995687	7259.81	3.1
湖北	24668	42613	11760.8	2191.2	3638008	4751.83	3.5
湖南	24502	36763	11945.9	2030.9	2517531	3832.33	4.2
广东	62164	58540	17421.0	7081.5	109158144	9228.55	2.4
广西	14378	30588	9596.5	1317.6	3282750	3856.37	3.3
海南	3146	35317	11192.9	481.0	1498543	621.04	2.2
重庆	12657	42795	12600.2	1693.2	6869216	2298.90	3.4
四川	26261	32454	11054.7	2784.1	6457466	2248.60	4.1
贵州	8007	22922	8288.0	1206.4	829010	1294.61	3.3
云南	11721	25083	8823.8	1611.3	2530356	1361.92	4.0
西藏	808	26068	6310.6	95.0	331941	103.42	2.5
陕西	16045	42692	11217.3	1748.3	2012806	3200.56	3.3
甘肃	6268	24296	8943.4	607.3	1023611	2361.97	2.3
青海	2101	36510	11576.5	223.9	140274	451.95	3.3
宁夏	2565	39420	11292.0	308.3	321769	873.05	4.1
新疆	8360	37181	11391.8	1128.5	2756139	1796.79	3.4

试运用主因子法完成下列工作：
(1) 保留两个因子；　　　　　　　(2) 用最大方差法进行旋转；
(3) 作出特征值的碎石图；　　　　(4) 分析影响经济发展水平的因素。

3．将居民人均生活各项消费支出比重分为食品、衣着、家庭设备用品及服务、医疗保健、交通通讯、文教娱乐及服务、居住和杂项商品与服务，分别记做 X1、X2、X3、X4、X5、X6、X7、X8，根据中国统计年鉴，得到全国城镇居民消费结构如下表（表 p.11.3）所示。请采用因子分析方法研究居民消费结构变化。

表 p.11.3　全国城镇居民消费结构（%）

年份	X1	X2	X3	X4	X5	X6	X7	X8
1990	54.2	13.4	10.1	2.0	1.2	11.1	7.0	0.9
1995	50.1	13.5	8.0	3.1	4.8	8.8	8.0	4.3
2000	39.2	10.1	8.8	6.4	7.9	12.6	11.3	5.2
2001	37.9	10.1	8.3	6.5	8.6	13.0	10.3	5.4
2002	37.7	9.8	6.4	7.1	10.4	15.0	10.4	3.2
2003	37.1	9.8	6.3	7.3	11.1	14.4	10.7	3.3
2004	37.7	9.6	5.7	7.4	11.7	14.4	10.2	3.3
2005	36.7	10.1	5.6	7.6	12.5	13.8	11.3	3.5
2006	35.8	10.4	5.7	7.1	13.2	13.8	10.4	3.6
2007	36.3	10.4	6.0	7.0	13.6	13.3	9.8	3.6
2008	37.9	10.4	6.2	7.0	12.6	12.1	10.2	3.7
2009	36.5	10.5	6.4	7.0	13.7	12.0	10.0	3.9
2010	35.7	10.7	6.7	6.5	14.7	12.1	9.9	3.7
2011	36.3	11.0	6.7	6.4	14.2	12.2	9.3	3.8
2012	36.2	10.9	6.7	6.4	14.7	12.2	8.9	3.9
2013	35.0	10.6	6.7	6.2	15.2	12.7	9.7	3.9

4．为了研究我国内地 31 个省及直辖市环境质量状况，选取了以下 10 项指标：PM2.5 年平均年度 X1（$\mu g/m^3$）、空气质量达到及好于二级的天数 X2（天）、人均水资源拥有量 X3（m^3/人）、森林覆盖率 X4（%）、自然保护区占辖区面积比重 X5(%)、湿地面积占辖区面积比重 X6（%）、生活垃圾无害化处理率 X7（%）、废水排放总量 X8（万吨）、废气中主要污染物量 X9（万吨）、环境噪声等效声级 X10（dB（A））2013 年统计数据见下表（表 p.11.4，资料来源《中国统计年鉴·2014》）：

表 p.11.4

地区	X1	X2	X3	X4	X5	X6	X7	X8	X9	X10
北京	89	167	173.9	35.84	8.0	2.86	99.3	144580	31.27	53.8
天津	96	145	164.7	9.87	8.0	23.94	96.8	84210	61.6	54.0
河北	154	49	261.7	23.41	3.7	5.04	83.3	310921	425.05	52.2
山西	81	162	203.8	18.03	7.1	0.97	87.9	138030	343.99	53.0
内蒙古	57	213	734.7	21.03	11.6	5.08	93.6	106920	355.84	54.0
辽宁	78	215	323.8	38.24	13.4	9.42	87.6	234508	265.3	54.3
吉林	73	230	478.0	40.38	13.0	5.32	60.9	117703	126.22	55.3
黑龙江	81	239	944.8	43.16	15.0	11.31	54.4	153090	196.31	55.9
上海	62	246	513.9	10.74	5.2	73.27	90.6	222963	67.71	55.5
江苏	78	198	727.3	15.80	3.9	27.51	97.4	594359	277.97	54.0
浙江	70	212	361.4	59.07	1.6	10.91	99.4	419120	166.61	56.3
安徽	88	180	492.6	27.53	3.8	7.46	98.8	266234	178.36	54.8
福建	36	343	544.6	65.95	3.1	7.18	98.2	259098	105.87	57.4
江西	69	230	586.8	60.01	7.5	5.45	93.3	207138	148.44	53.6
山东	110	79	224.5	16.73	4.8	11.07	99.5	494570	399.3	52.6
河南	67	259	255.7	21.50	4.4	3.76	90.0	412582	346.09	54.7
湖北	108	134	504.1	38.40	5.5	7.77	85.4	294054	157.13	55.1
湖南	94	161	498.9	47.77	6.1	4.81	96.0	307227	158.82	54.8
广东	83	196	417.3	51.26	7.2	9.76	84.6	862471	232.01	54.9
广西	53	259	655.6	56.51	6.0	3.20	96.4	225303	126.58	53.4
海南	57	275	484.5	55.38	7.0	9.14	99.9	36156	15.07	54.7
重庆	27	342	283.7	38.43	10.3	2.51	99.4	142535	110.09	53.4
四川	70	207	299.7	35.22	18.5	3.61	95.0	307648	173.7	54.4
贵州	96	139	263.4	37.09	5.0	1.19	92.2	93085	184.5	55.4
云南	53	278	320.4	50.03	7.5	1.43	87.6	156583	157.37	53.7
西藏	42	329	978.2	11.98	33.9	5.35	95.5	5005	5.53	47.7
陕西	26	341	237.3	41.42	5.7	1.50	96.4	132169	210.28	55.3
甘肃	105	157	472.9	11.28	16.4	3.73	42.3	64969	123.15	54.6
青海	67	193	490.0	5.63	30.1	11.27	77.8	21953	46.27	54.3
宁夏	70	216	1108.6	11.89	10.3	4.00	92.5	38528	105.78	53.1
新疆	88	184	2615.4	4.24	11.7	2.38	78.1	100720	247.23	54.8

试根据上表数据资料，按要求完成下列工作：

（1）先对 X1，X8，X9，X10 四个逆指标进行正指标处理，再对处理后的各地区数据进行主因子分析，打印特征值的碎石图，计算剩余相关和偏相关，进行最大正交旋转，变量按最大因子载荷重新排序。

（2）提取五个因子，并对各因子进行解释，给出各因子的命名。

（3）按因子得分进行排序，比较各地区在环境质量因素方面的差异。

（4）按因子总得分排序，比较各地区总体环境质量的差异。

第 12 章 判别分析与 DISCRIM 过程

12.1 判别分析简介

12.1.1 判别分析的基本思想

在实际工作中,我们经常会遇到对观测到的经济现象进行分类的问题。例如,在经济学中,根据一国的人均 GDP、人均工业总产值和人均消费水平判定该国经济发展程度是属于发达国家还是属于发展中国家;在金融学中,根据上市公司的财务状况指标来判定该公司的股票是否具有投资价值;在市场营销中,根据公司产品的各项指标判断产品是畅销、一般还是滞销;在管理学中,根据企业生产的产量、生产成本、产品销售率以及利润判断企业经营是否正常,等等。所有这些都可以归结为统计学中的判别分析问题。

所谓判别分析(discriminatory analysis),就是根据已知不同类别的研究对象——一批样品观测数据,建立一个判别规则,然后对未知类型的样本进行判别归类的一种统计分析方法。

用统计语言来表述,判别分析一般可描述为:

已知某事物有 K 个状态(K 个类),这 K 个状态可看作为 K 个总体 G_1, G_2, $\cdots$, G_K,该事物的特性可由 P 个指标 X_1, X_2, $\cdots$, X_p 来刻画,并在分析前已观察到了总体 G_1 中的 n_1 个样品,总体 G_2 中的 n_2 个样品,$\cdots$,总体 G_K 中的 n_K 个样品,这些样品数据用矩阵表示如下:

$$G_1: \begin{bmatrix} x_{11}^{(1)} & x_{12}^{(1)} & \cdots & x_{1p}^{(1)} \\ \vdots & \vdots & \cdots & \vdots \\ x_{n_1 1}^{(1)} & x_{n_1 2}^{(1)} & \cdots & x_{n_1 p}^{(1)} \end{bmatrix}, \quad G_2: \begin{bmatrix} x_{11}^{(2)} & x_{12}^{(2)} & \cdots & x_{1p}^{(2)} \\ \vdots & \vdots & \cdots & \vdots \\ x_{n_2 1}^{(2)} & x_{n_2 2}^{(2)} & \cdots & x_{n_2 p}^{(2)} \end{bmatrix}, \quad \cdots,$$

$$G_K: \begin{bmatrix} x_{11}^{(K)} & x_{12}^{(K)} & \cdots & x_{1p}^{(K)} \\ \vdots & \vdots & \cdots & \vdots \\ x_{n_K 1}^{(K)} & x_{n_K 2}^{(K)} & \cdots & x_{n_K p}^{(K)} \end{bmatrix}, \quad \text{其中:} \ n = n_1 + n_2 + \cdots + n_K \quad (12.1)$$

判别分析就是根据以上观测数据，依据某种判别标准建立一个判别规则（也称为判别函数），并根据该规则对新样品进行判别归类。判别分析的任务是根据已掌握的样本资料，建立判别函数，进而对给定的新观察，判断它来自哪一个总体。它有两总体判别和多总体判别之分。两总体判别就是判别一个观测究竟属于已知的两个总体 G_1 与 G_2 中的哪一个。例如，消费者对商品是喜欢还是不喜欢；企业是否陷入财务困境；上市公司是 ST 或 PT 类公司，还是非 ST 或非 PT 类公司，等等。而多总体判别则是事物本身的分类大于两类，如产品质量分为特等品、一等品、二等品、不合格品，就是一个四总体的判别问题。同样，在贷款分析中，银行根据客户的还款情况，把客户按五级标准划分为：正常类、关注类、次级类、可疑类、损失类，就是一个五总体判别问题。

判别分析的一个典型应用是奥特蒙（Altman）于 1968 年提出的基于贷款的信用风险分析，即贷款违约概率预测的 Z 值模型（Z-score Model），这是一种将公司借款人分类的模型（也可以被用于获得违约概率的预测值）。基于倒闭的和有清偿能力的厂商的相应样本，Altman 给出了对于商业银行贷款的最适合的模型为：

$$Z=1.2X1+1.4X2+3.3X3+0.6X4+1.0X5$$

式中，$X1$：营运资本/总资产；$X2$：留存盈余/总资产；$X3$：息税前收益/总资产；$X4$：股权的市场价值/总负债的账面价值；$X5$：销售额/总资产。Altman 给出的判别值为 1.81，也就是将某公司各项财务指标代入到 Z 函数中得到的 Z 值，如果小于判别值 1.81，则判定为该企业已陷入困境。

12.1.2 判别方法简介

上面的判别函数 Z 值模型就是一个判别规则，该规则是如何得到的呢？我们已经知道，判别分析的目的就是判断给定的新观测属于哪一个总体。问题是判别某一样品属于某一总体的依据是什么？换句话说依据什么标准来判断某一样品属于某一总体？一个直观的想法是：距离的长短，即新观测属于与它距离最近的那个总体。当然，除了距离标准外还有其他标准。以下给出由三个判别标准形成的常用的三种判别方法。

12.1.2.1 距离判别法

距离判别法的思想是根据各观测与各总体之间的距离远近作出判别，即根据资料建立关于各总体的距离判别函数，再将各观测数据代入到判别函数中进行计算，得出各观测与各总体之间的距离。判别规则：某一观测属于距离最短的那个总体。由于该判别方法比较直观,所以又称为直观判别法。该法所采用的距离通常是马哈拉诺比斯(Mahalanobis)距离,简称马氏距离,定义如下:

假设有两个总体 G_1 和 G_2,$X \in R^p$ 是一个新的观测,定义 X 到总体 G_1 和 G_2 的马哈拉诺比斯距离如下:

$$d^2(X,G_1)=(X-\mu^{(1)})'\Sigma_1^{-1}(X-\mu^{(1)}), \quad d^2(X,G_2)=(X-\mu^{(2)})'\Sigma_2^{-1}(X-\mu^{(2)})$$

其中,$\mu^{(1)}$、$\mu^{(2)}$、Σ_1 和 Σ_2 分别是 G_1 和 G_2 的均值向量和协方差阵。

1. 两总体协方差阵相等

当两总体协方差阵相等,即 $\Sigma_1 = \Sigma_2 = \Sigma$ 时,有:

$$d^2(X,G_2)-d^2(X,G_1)=(X-\mu^{(2)})'\Sigma^{-1}(X-\mu^{(2)})-(X-\mu^{(1)})'\Sigma^{-1}(X-\mu^{(1)})$$
$$=2\left[X-(\mu^{(1)}+\mu^{(2)})/2\right]'\Sigma^{-1}(\mu^{(1)}-\mu^{(2)})$$

记:$\bar{\mu}=(\mu^{(1)}+\mu^{(2)})/2$,$A=\Sigma^{-1}(\mu^{(1)}-\mu^{(2)})$,

$$W(X)=[\,d^2(X,G_2)-d^2(X,G_1)\,]/2$$

则上式变为:
$$W(X)=A'(X-\bar{\mu}) \tag{12.2}$$

由此我们得到如下判别规则:

$$\left.\begin{array}{ll} X \in G_1, & 若 W(X)>0 \\ X \in G_2, & 若 W(X)<0 \\ 待判, & 若 W(X)=0 \end{array}\right\} \tag{12.3}$$

从(12.3)可以看出,新观测 X 是属于总体 G_1,还是属于总体 G_2,或是待判,主要决定于 $W(X)$ 的值,因此称 $W(X)$ 为判别函数。从等式 $W(X)=A'(X-\bar{\mu})$ 中还可以看出,$W(X)$ 是一个线性判别函数。

实际应用中,由于总体均值和协方差阵往往是未知的,因此需用样本均值和样本协方差阵对它们进行估计,从而有:

$$\left.\begin{array}{l} \hat{\mu}^{(1)} = \dfrac{1}{n_1}\sum_{i=1}^{n_1} X_i^{(1)} = \bar{X}^{(1)} \\[2mm] \hat{\mu}^{(2)} = \dfrac{1}{n_2}\sum_{i=1}^{n_2} X_i^{(2)} = \bar{X}^{(2)} \\[2mm] \hat{\Sigma} = \dfrac{1}{n_1+n_2-2}(A_1+A_2) \end{array}\right\} \tag{12.4}$$

其中：
$$A_i = \sum_{j=1}^{n_i}(X_j^{(i)} - \overline{X}^{(i)})(X_j^{(i)} - \overline{X}^{(i)})', \quad i = 1, 2$$

2. 两总体协方差阵不相等

当两总体协方差阵不相等，即 $\Sigma_1 \neq \Sigma_2$ 时，记：
$$W(X) = d^2(X, G_2) - d^2(X, G_1)$$
则
$$W(X) = (X - \mu^{(2)})'\Sigma_2^{-1}(X - \mu^{(2)}) - (X - \mu^{(1)})'\Sigma_1^{-1}(X - \mu^{(1)}) \tag{12.5}$$
此时，$W(X)$ 已不再是一个线性函数，而是一个二次函数，判别规则仍然为式（12.3）。

当总体的均值和协方差未知时，用样本均值和样本协方差进行估计，此时 $\mu^{(1)}$，$\mu^{(2)}$ 的估计仍由（12.4）式给出，但 Σ_1 和 Σ_2 的估计则由下式给出：

$$\hat{\Sigma}_i = \frac{1}{n_i - 1}\sum_{j=1}^{n_i}(X_j^{(i)} - \overline{X}^{(i)})(X_j^{(i)} - \overline{X}^{(i)})', \quad i = 1, 2 \tag{12.6}$$

3. 多个总体时的距离判别

多个总体的距离判别方法与两总体的距离判别方法基本一致，只不过由于总体数量上的增加，计算量也相应地增大。不用担心，有了 SAS 软件以后，这就不成问题了。

多个总体的距离判别方法如下：

设 K 个总体 G_1，G_2，…，G_K 的均值分别为 $\mu^{(1)}$，$\mu^{(2)}$，…，$\mu^{(K)}$，协方差阵分别为 Σ_1，Σ_2，…，Σ_K。当各总体协方差阵全部相等，即 $\Sigma_1 = \Sigma_2 = \cdots = \Sigma_K = \Sigma$ 时，定义判别函数 $W_{ij}(X)$ 如下：

$$W_{ij}(X) = \left[X - (\mu^{(i)} + \mu^{(j)})/2\right]'\Sigma^{-1}(\mu^{(i)} - \mu^{(j)}), \quad i, j = 1, 2, \cdots, K \text{ 且 } \forall j \neq i \tag{12.7}$$

由此我们得到如下判别规则：

$$\left.\begin{array}{ll} X \in G_i, & \text{若 } W_{ij}(X) > 0, \forall j \neq i \\ \text{待判,} & \text{若某个 } W_{ij}(X) = 0 \end{array}\right\} \tag{12.8}$$

当 $\mu^{(1)}$，$\mu^{(2)}$，…，$\mu^{(K)}$，Σ_1，Σ_2，…，Σ_K 未知时，用样本均值和样本协方差阵进行估计，即

$$\left.\begin{array}{l} \hat{\mu}^{(j)} = \dfrac{1}{n_j}\sum_{i=1}^{n_j} X_i^{(j)} = \overline{X}^{(j)}, \quad j = 1, 2, \cdots, K \\ \hat{\Sigma} = \dfrac{1}{n - K}\sum_{j=1}^{K} A_j \end{array}\right\} \tag{12.9}$$

其中：
$$A_j = \sum_{i=1}^{n_j}(X_i^{(j)} - \overline{X}^{(j)})(X_i^{(j)} - \overline{X}^{(j)})', \quad j=1,2,\cdots,K$$

当总体协方差阵不全相等时，这时的判别函数为：
$$W_{ij}(X) = (X - \mu^{(j)})' \Sigma_j^{-1} (X - \mu^{(j)}) - (X - \mu^{(i)})' \Sigma_i^{-1} (X - \mu^{(i)}) \quad (12.10)$$
判别规则仍为（12.8）式。

当总体的均值和协方差阵未知时，用样本均值和样本协方差阵对它们进行估计，此时均值 $\mu^{(j)}$ 的估计仍由（12.9）式给出，但 Σ_j 的估计则由下式给出：
$$\hat{\Sigma}_j = \frac{1}{n_j - 1}\sum_{i=1}^{n_j}(X_i^{(j)} - \overline{X}^{(j)})(X_i^{(j)} - \overline{X}^{(j)})', \quad j=1,2,\cdots,K \quad (12.11)$$

值得注意的是：判别分析只有在已知类是不同总体，换句话说，只有已知样品来自不同总体时才有意义。因此，在应用判别分析对新样品归类之前必须检验各类均值向量是否具有显著差异。只有在各类均值向量具有显著差异的条件下，判别分析才有意义。

根据多元统计知识，对于两总体均值向量是否相等的检验通常采用如下检验统计量：
$$F = \frac{(n_1 + n_2 - 2) - p + 1}{(n_1 + n_2 - 2)p} T^2 \sim F(p, n_1 + n_2 - p - 1)$$

其中，$T^2 = \dfrac{n_1 n_2}{n_1 + n_2}(\overline{X}^{(1)} - \overline{X}^{(2)})' \hat{\Sigma}^{-1}(\overline{X}^{(1)} - \overline{X}^{(2)})$，$\hat{\Sigma}$ 为（12.4）式中的估计量。

12.1.2.2 费歇（Fisher）判别法

费歇判别法的思想是投影，把多维问题简化为一维问题来处理。为此，需选择一个适当的投影轴，使所有的观测在这个轴上都有一个投影值。投影轴的方向要求：使同一类的投影值所形成的类内离差平方和尽可能小，而不同类间的投影值所形成的类间离差平方和尽可能大。该法是 Fisher 于 1936 年提出的，对总体的分布没有特别要求。

为了直观地给出费歇判别法的思想，考虑二维两总体情形，即总体特征用两个指标 X，Y 来描述。假定所有观测都来自这两个总体，把所有这些观测点 (x,y) 描绘在 X-Y 直角坐标系内，其中，来自于一个总体的观测用"*"表示，来自于另一个总体的观测用"+"表示，见图12.1。

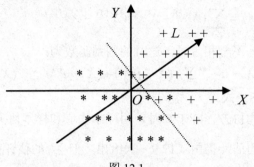

图 12.1

如果我们希望将二维空间的所有观测点 (x,y) 投影到某一一维坐标轴上，从图 12.1 可以看到，不管投影到原坐标的 X 轴还是 Y 轴上，我们都很难将这两组观测区分开来，但如果投影到 L 轴上，情况则大不一样。显见，在图 12.1 中除了个别几个点外，绝大多数点都被虚线分开了。也就是说，如果把观测都投影到 L 轴上，那么我们就能很好地把两个总体区分开来。

对于 p 个指标，K 个总体，费歇判别法将寻找某一方向，并把这 K 个总体的所有观测都投影到该方向上，使投影后的总体与总体之间尽可能分开。

设从 K 个总体中分别取得 K 组 p 个指标的观测值如式（12.1），记：

$$X_i^{(j)} = \left(x_{i1}^{(j)}, x_{i2}^{(j)}, \cdots, x_{ip}^{(j)}\right)'$$

则（12.1）式可简记为：

$$G_1 : \left(X_1^{(1)} \quad \cdots \quad X_{n_1}^{(1)}\right)', \quad G_2 : \left(X_1^{(2)} \quad \cdots \quad X_{n_2}^{(2)}\right)', \cdots,$$

$$G_K : \left(X_1^{(K)} \quad \cdots \quad X_{n_K}^{(K)}\right)'$$

令 $a = \left(a_{11} \quad a_{12} \quad \cdots \quad a_{1p}\right)'$ 为 R^p 空间中的任一向量，则 $\mu(X) = a'X$ 是 X 在以 a 为法方向的轴上的投影，从而在投影后，数据变换为：

$$\begin{array}{cccc} G_1: & a'X_1^{(1)} & \cdots & a'X_{n_1}^{(1)} \\ \vdots & \vdots & \cdots & \vdots \\ G_K: & a'X_1^{(K)} & \cdots & a'X_{n_K}^{(K)} \end{array}$$

其中：
$$a'X_i^{(j)} = \sum_{k=1}^{p} a_{1k} x_{ik}^{(j)}, \quad i=1,2,\cdots,n_j, \quad j=1,2,\cdots,K$$

将 G_j 中的数据投影的均值记为 $a'\overline{X}^{(j)}$，则有：

$$a'\overline{X}^{(j)} = \frac{1}{n_j}\sum_{i=1}^{n_j} a'X_i^{(j)}, \quad j=1,2,\cdots,K \tag{12.12}$$

将 K 组数据投影的总均值记为 $a'\overline{X}$，则有：

$$a'\overline{X} = \frac{1}{n}\sum_{j=1}^{K}\sum_{i=1}^{n_j} a'X_i^{(j)} \quad (12.13)$$

为了度量各组投影数据之间的差异程度，利用单因素方差分析技术，有以下结果：

（1）总离差平方和：

$$SST = \sum_{j=1}^{K}\sum_{i=1}^{n_j}(a'X_i^{(j)} - a'\overline{X})^2 = a'\left(\sum_{j=1}^{K}\sum_{i=1}^{n_j}(X_i^{(j)} - \overline{X})(X_i^{(j)} - \overline{X})'\right)a = a'Ta$$

（2）组间离差平方和：

$$SSG = \sum_{j=1}^{K} n_j(a'\overline{X}^{(j)} - a'\overline{X})^2 = a'\left(\sum_{j=1}^{K} n_j(\overline{X}^{(j)} - \overline{X})(\overline{X}^{(j)} - \overline{X})'\right)a = a'Ba$$

（3）组内离差平方和：

$$SSE = \sum_{j=1}^{K} n_j(a'\overline{X}^{(j)} - a'\overline{X})^2 = a'\left(\sum_{j=1}^{K} n_j(\overline{X}^{(j)} - \overline{X})(\overline{X}^{(j)} - \overline{X})'\right)a = a'Ba$$

其中：

$$T = \sum_{j=1}^{K}\sum_{i=1}^{n_j}(X_i^{(j)} - \overline{X})(X_i^{(j)} - \overline{X})'$$

$$B = \sum_{j=1}^{K} n_j(\overline{X}^{(j)} - \overline{X})(\overline{X}^{(j)} - \overline{X})'$$

$$E = \sum_{j=1}^{K}\sum_{i=1}^{n_j}(X_i^{(j)} - \overline{X}^{(j)})(X_i^{(j)} - \overline{X}^{(j)})'$$

$\overline{X}$ 为所有观测的总均值。而且有：

$$SST = SSG + SSE$$

如果希望这些投影点的组与组之间尽可能分开，就相当于使组间离差平方和 SSG 尽可能地大，同时，又使每一组内离差平方和 SSE 尽可能地小。也就是说费歇规则要求下式：

$$S(a) = \frac{a'Ba}{a'Ea} \quad (12.14)$$

达到最大。

由代数知识可知，（12.14）式的最大值就是矩阵 $E^{-1}B$ 的最大特征值，而且特征方程：$|\lambda I - E^{-1}B| = 0$ 和特征方程：$|\lambda E - B| = 0$ 有相同的特征值。

记特征方程：$|\lambda E - B| = 0$ 的全部非零特征值为 $\lambda_1 \geq \lambda_2 \geq \cdots \geq \lambda_r > 0$，其对应的特征向量为 a_1，a_2，$\cdots$，a_r，从而有：

$$S(a_i) = \frac{a_i' B a_i}{a_i' E a_i} = \lambda_i, \quad i = 1, 2, \cdots, r \tag{12.15}$$

所以，选择投影方向 $a = a_1$，能使组间离差平方和 SSG 与组内离差平方和 SSE 之比 $S(a)$ 达到最大值 λ_1。此时，若记利用判别函数 $\mu(X) = a_1' X$ 对观测数据进行判别的判别效率为 Q，则有：

$$Q = \frac{\lambda_1}{\sum_{i=1}^{r} \lambda_i} \tag{12.16}$$

有了判别函数 $\mu(X) = a_1' X$，就可以给出判别规则。事实上，按照判别函数 $\mu(X) = a_1' X$ 进行判别，就是将 p 维数据投影到一维直线上，然后根据投影点的位置，使用距离判别规则。

以两总体判别（$K=2$）为例，这时，两总体均值 $\overline{X}^{(1)}$ 与 $\overline{X}^{(2)}$ 的投影分别为 $a_1' \overline{X}^{(1)}$ 和 $a_1' \overline{X}^{(2)}$。

（1）当两总体的方差相等时，阈值为 W^*，有：

$$W^* = (a' \overline{X}^{(1)} + a' \overline{X}^{(2)})/2 = a'(\overline{X}^{(1)} + \overline{X}^{(2)})/2 \tag{12.17}$$

（2）当总体的方差不相等时，为了求阈值 W^*，注意到 $a' X_1^{(1)}$，$a' X_2^{(1)}$，$\cdots$，$a' X_{n_1}^{(1)}$ 的样本方差为：

$$\hat{\sigma}_1^2 = \frac{1}{n_1 - 1} a' \left[\sum_{i=1}^{n_1} (X_i^{(1)} - \overline{X}^{(1)})(X_i^{(1)} - \overline{X}^{(1)})' \right] a = \frac{1}{n_1 - 1} a' A_1 a$$

同理可得到：$\hat{\sigma}_2^2 = \dfrac{1}{n_2 - 1} a' \left[\sum_{i=1}^{n_2} (X_i^{(2)} - \overline{X}^{(2)})(X_i^{(2)} - \overline{X}^{(2)})' \right] a$

$$= \frac{1}{n_2 - 1} a' A_2 a$$

从而有：

$$W^* = \frac{\hat{\sigma}_2 a' \overline{X}^{(1)} + \hat{\sigma}_1 a' \overline{X}^{(2)}}{\hat{\sigma}_1 + \hat{\sigma}_2} \tag{12.18}$$

求出阈值 W^* 后，在 $a' \overline{X}^{(1)} < a' \overline{X}^{(2)}$ 的条件下，判别规则可表示为：

$$\left.\begin{array}{ll}X \in G_1, & 若 \mu(X) < W^* \\ X \in G_2, & 若 \mu(X) > W^* \\ 待判, & 若 \mu(X) = W^* \end{array}\right\} \quad (12.19)$$

实际中，由于 p 往往较大，所以仅使用一个判别函数往往效果并不明显，这时就需要使用多个判别函数。那么读者自然要问，需要选择多少个判别函数呢？这需要根据问题的特点及对判别准确性的要求而定。一般来说，只要累积判别效率达到 85% 以上，即：

$$Q_m = \frac{\sum_{i=1}^{m} \lambda_i}{\sum_{i=1}^{r} \lambda_i} \geqslant 85\%, \qquad m < r \quad (12.20)$$

就基本上能够达到要求。记此时的 m 个判别函数分别为：$\mu_1(X)$，$\mu_2(X)$，…，$\mu_m(X)$，其中，$\mu_1(X) = a_1'X$，…，$\mu_m(X) = a_m'X$，而 a_1，a_2，…，a_m 为对应特征值 $\lambda_1, \lambda_2, \cdots, \lambda_m$ 的特征向量。

为判别任一新的观测 $X = (x_1, x_2, \cdots, x_p)'$ 所属类，把该观测值代入到 m 个判别函数 $\mu_1(X)$，$\mu_2(X)$，…，$\mu_m(X)$ 中，然后分别计算下式：

$$d_j^2 = \sum_{i=1}^{m} \left[(\mu_i(X) - \overline{\mu}_i^{(j)}) \right]^2 \lambda_i, \qquad j = 1, 2, \cdots, K \quad (12.21)$$

则判别规则为：

$$d_i^2 = \min(d_j^2), \qquad X \in G_i \quad (12.22)$$

容易看出，（12.19）式是（12.22）式的特例。

12.1.2.3 贝叶斯（Bayes）判别法

贝叶斯判别法的思想是：根据先验概率分布求出后验概率分布，并依据后验概率分布作出统计推断。

设 p 维空间的 K 个总体 G_1，G_2，…，G_K 均服从正态分布，且均值分别为 $\mu^{(1)}$，$\mu^{(2)}$，…，$\mu^{(K)}$，协方差阵分别为 Σ_1，Σ_2，…，Σ_K。又设观测 $X = (x_1, x_2, \cdots, x_p)'$ 来自总体 G_i 的先验概率为 p_i（$i = 1, 2, \cdots, K$），而且 $\sum_{i=1}^{K} p_i = 1$，则由马氏距离的定义知：

$$d_i^2(X) = (X - \mu^{(i)})' \Sigma_i^{-1} (X - \mu^{(i)}) \tag{12.23}$$

从而来自 G_i 的 X 的概率密度函数为：

$$f_i(X) = (2\pi)^{-\frac{p}{2}} |\Sigma_i|^{-\frac{1}{2}} \exp(-0.5 d_i^2(X)) \tag{12.24}$$

由贝叶斯定理可得 X 属于 G_i 的后验概率为：

$$P(G_i | X) = \frac{p_i f_i(X)}{\sum_{j=1}^{K} p_j f_j(X)}, \quad i = 1, 2, \cdots, K \tag{12.25}$$

定义 X 到 G_i 的广义马氏距离为：

$$D_i^2(X) = d_i^2(X) + g_i + h_i \tag{12.26}$$

其中，

$$g_i = \begin{cases} \ln|\Sigma_i|, & 若 \Sigma_1, \Sigma_2, \cdots, \Sigma_K 不全相等 \\ 0, & 若 \Sigma_1, \Sigma_2, \cdots, \Sigma_K 全相等 \end{cases}$$

$$h_i = \begin{cases} -2\ln p_i, & 若 p_1, p_2, \cdots, p_K 不全相等 \\ 0, & 若 p_1 = p_2 = \cdots = p_K = 1/K \end{cases}$$

显然，如果 $\Sigma_1 = \Sigma_2 = \cdots = \Sigma_K = \Sigma$，且 $p_1 = p_2 = \cdots = p_K = 1/K$，则：

$$D_i^2(X) = d_i^2(X)$$

由此可推出 X 属于 G_i 的后验概率为：

$$P(G_i | X) = \frac{\exp[-0.5 D_i^2(X)]}{\sum_{j=1}^{K} \exp[-0.5 D_j^2(X)]}, \quad i=1, 2, \cdots, K \tag{12.27}$$

由（12.27）式可给出如下的判别规则：

$$X \in G_i，若 P(G_i | X) = \max\{P(G_j | X), j = 1, 2, \cdots, K\} \tag{12.28}$$

即 X 属于后验概率最大的那个总体。

实际中，由于均值 $\mu^{(1)}$，$\mu^{(2)}$，$\cdots$，$\mu^{(K)}$，协方差 Σ_1，Σ_2，$\cdots$，Σ_K 常常都是未知的，所以需用样本均值和样本协方差阵进行估计，这在前面已经给出过，这里不再重复。

实际应用中，先验概率 p_i 有时也不知道，这时我们往往假定 $p_1 = p_2 = \cdots = p_K = 1/K$，或通过样本信息进行估计得到。

此外，由于广义马氏距离 G_i 的计算中涉及样本方差是否相等的假定问题，因此在对样品进行判别之前需要对各类总体协方差阵是否相等进行显著性检验，

其检验的统计量为:

$$-2\mathrm{rho} \times \ln\left(\frac{n^{pn/2} V}{\prod n_i^{pn_i/2}}\right) \sim \chi^2(\mathrm{d}f)$$

其中,

$$V = \frac{\prod_i |\text{类内协方差阵}_i|^{n_i/2}}{|\text{合并协方差阵}|^{n/2}}, \quad \mathrm{rho} = 1 - \left(\sum_i \frac{1}{n_i} - \frac{1}{n}\right)\frac{2p^2 + 3p - 1}{6(p+1)(k-1)},$$

$$\mathrm{d}f = 0.5(k-1)p(p+1)$$

k 代表类数,p 代表变量个数,n 代表总观测数－类数,n_i 代表第 i 类观测数-1。

值得指出的是,前面介绍的判别方法都是用已给的全部变量 $x_1, x_2, \cdots, x_p$ 来建立判别函数的。但一般说来,这些变量在判别函数中所起的作用是不同的,也就是说各变量在判别函数中判别能力不同,有些可能起重要作用,有些可能作用低微,如将判别能力低微的变量保留在判别函数中,不仅会增加计算量,而且会产生干扰影响判别效果,如将其中重要变量忽略了,这时作出的判别效果也一定不好。因此,如何筛选出具有显著判别能力的变量来建立判别函数是判别分析中的重要问题。凡是具有筛选变量能力的判别分析统称为逐步判别法。

逐步判别法与逐步回归法的基本思想类似,都是采用"有进有出"的算法,即逐步引入变量,每引入一个"最重要"的变量进入判别函数,同时也考虑较早引入判别函数的某些变量,如其判别能力随新引入变量而变为不显著了,应及时从判别函数中把它剔除去,直到判别函数中没有不重要的变量需要剔除,而剩下来的变量也没有重要的变量可引入判别函数时,逐步筛选结束。这个筛选过程实质就是作假设检验,通过检验找出显著性变量,剔除不显著变量。关于逐步判别法的基本理论,请参见本书后所列参考文献[14]。

12.2　SAS 系统中的判别分析过程简介

SAS 系统中的判别分析过程主要有三个,即 DISCRIM 过程（一般判别过程）、CANDISC 过程（典型判别分析）和 STEPDISC 过程（逐步判别分析）。其中一般判别分析主要基于马氏距离导出判别函数。它有两种方法,一种是基于类内总体分布是已知的正态总体时,DISCRIM 过程将利用参数方法导出一个线性或二次判别函数,而如果类内总体分布是未知时,DISCRIM 过程将采用非参数方法对各类概率密度进行非参数估计。典型判别分析基于 Fisher 的投影思想,利用方差分析方法,导出一个既可能是线性的,也可能是非线性的判别函数,但是通常都以线性为主。逐步判别分析的思想是基于样品的指标对分类贡献的差别，有的指标对分类的贡献大，在分类过程中应予以保留，而有的指标本身对分类并没有多大影响，它的存在可能反而影响判别效果或增加计算难度，这样的指标与其保留还不如剔除掉。剔除指标的方法与逐步回归法剔除变量的方法基本相同，也有向前法、向后法和逐步筛选法。下面我们来分别介绍这几个过程。

12.2.1 DISCRIM 过程

该判别过程的一般格式如下：

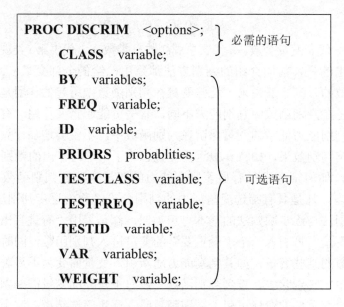

DISCRIM 过程中常用语句说明：

12.2.1.1 PROC DISCRIM 语句

该语句的一般格式为：**PROC DISCRIM <options>;**

该语句表示调用 DISCRIM 过程，开始执行判别分析。其中的 options 选项一般有以下几类：

1. 数据集选项

数据集选项，包括输入数据集和输出数据集。

（1）DATA=SAS-data-set：指定分析的输入数据集。缺省时系统采用最新创建的 SAS 数据集。

（2）TESTDATA=SAS-data-set：指定欲进行分类的输入观测数据集。该数据集中的观测也可以直接跟在分析数据集之后，而不必单独形成一个数据集，但类别变量值要根据缺省方式输入。

（3）OUT=SAS-data-set：生成一个输出数据集，包括来自输入数据集的所有数据，后验概率以及每个观测被重复替换后所分入的类。当指定 CANDISC 选项时，该数据集还包含典型变量得分的新变量。

2. 判别分析方法选项

（1）METHOD=NORMAL|NPAR：确定导出分类规则的方法。当指定方法为 NORMAL 时，导出的判别函数基于组内总体是正态分布的，而当指定的方法为 NPAR 时，导出的判别函数基于非参数方法，此时必须指定密度函数的估计方法 $K=$ 或 $R=$ 中的一个，缺省时系统设定为正态。

（2）POOL=NO|TEST|YES：确定计算平方距离是以合并协方差阵还是组内协方差阵为基础。缺省时系统规定采用合并协方差阵导出一个线性判别函数，此时系统暗含假定各类协方差阵相等。当 POOL=NO 时，采用单个组内协方差阵导出判别函数。此时由于组内协方差阵不等，所以导出的是二次判别函数；在正态分布假设下，POOL=TEST 要求对各组内的协方差阵进行齐性检验，并根据检验结果建立相应的判别函数。其中检验统计量为：

$$F=\frac{SSG/(p-1)}{SSE/(n-p-1)} \sim F(p-1, n-p-1)$$

（3）SLPOOL=p：指定协方差阵齐性检验的显著性水平。该选项只有同时选择 POOL=TEST 时才有效，缺省时显著性水平为 0.1。

（4）K=k|R=r：对非参数方法选择一个密度函数的估计方法。其中 $K=k$：为 K 最近邻规则指定一个 k 值。观测 X 归为哪一组，是基于 k 个最邻近的样品所得到的密度估计为基础的。而 $R=r$：则为密度函数估计指定一个半径，在此半径内的样品作为估计的样品。

3. 典型判别分析选项

（1）CANONICAL|CAN：要求进行典型判别分析，并对观测进行归类。当不需归类时，应用 CANDISC（典型判别分析过程）效率更高。

（2）CANPREFIX=name：为典型变量指定前缀，缺省时典型变量名为 CAN1，CAN2 等。

（3）NCAN=number：指定典型变量的个数。

4. 其他常用选项

（1）LIST：列出每个观测重复替换分类结果。

（2）WCOV：输出组内协方差阵的估计。

（3）PCOV：合并类内协方差阵估计。

（4）DISTANCE：输出类均值之间的平方距离。

(5) SIMPLE：输出简单描述统计量。

12.2.1.2 CLASS 语句

该语句的一般格式为：**CLASS variable;**
该语句规定进行判别分析的分类变量，可以是字符型的，也可以是数值型的。

12.2.1.3 PRIORS 语句

该语句的一般格式为：**PRIORS probablities;**
该语句指定各已知类出现的先验概率，即没有样品前研究者对各类所拥有知识的判断。它有三种形式：

（1）**PRIORS** equal：规定各类先验概率相等，即 $p = \dfrac{1}{K}$，K 为类的个数，这也是该语句缺省时的状态。

（2）**PRIORS** proportional：规定各个类的先验概率为各类样本的比例。

（3）**PRIORS** probablities：指定各个类的先验概率水平。

例如，某分类变量假定有 A，B，C，D 四个类，每个类指定一个概率分别为：p_1，p_2，p_3，p_4，且 $\sum_{i=1}^{4} p_i = 1$，则可以写为 PRIORS $A = p_1$ $B = p_2$ $C = p_3$ $D = p_4$。

注意若分类水平是小写字母或是一个数值，则应用引号括起来。

12.2.1.4 与欲归类的数据集 "TESTDATA=" 连用的语句

（1）TESTCLASS 语句：指定欲归类数据集中的变量作为分类变量，该变量必须与 CLASS 语句中的变量有相同的类型和长度。

（2）TESTFREQ 语句：指定欲归类数据集中的某个变量作为其他变量的频数。

（3）TESTID 语句：指定欲归类数据集中某个变量作为识别变量。
其他常用语句与这些语句在其他过程中的用法基本相同。

12.2.2 STEPDISC 过程

STEPDISC 过程的一般格式如下：

```
PROC STEPDISC   <options>;     } 必需的语句
CLASS   variable;
BY   variables;
FREQ   variable;               } 可选语句
VAR   variables;
WEIGHT   variable;
```

STEPDISC 过程中的语句说明：

PROC STEPDISC 语句：该语句表示调用 STEPDISC 过程，开始进行逐步判别分析。其后的选项主要有以下几类：

（1）DATA=SAS-data-set：指定分析的输入数据集。缺省时系统采用最新创建的 SAS 数据集。

（2）选元方法选项：METHOD=FW|FORWARD：向前选择判别法；BW|BACKWARD：向后排除判别法；SW|STEPWISE：逐步判别法。

（3）SLENTRY|SLE=P：指定选入变量的显著性水平，缺省时为 0.15。

（4）SLSTAY|SLS=P：指定保留变量的显著性水平，缺省时也为 0.15。

逐步判别分析过程中的其他语句与 DISCRIM 基本相同。

由于典型判别分析过程在实践中可由 DISCRIM 中的选项代替，所以本书不再介绍，有兴趣的读者可参见本书后所列参考文献[2]。

12.3 判别分析过程的应用

应用判别分析过程进行判别分析，首先要创建判别分析所使用的数据集，然后确定判别方法，再决定使用哪一个过程。举例如下：

【例 12.1】 人文与发展指数是联合国开发计划署于 1990 年 5 月发表的第一份《人类发展报告》中公布的。该报告建议，目前对人文发展的衡量指标应当以人生的三大要素为重点。衡量人生的三大要素的指标分别为：实际人均 GDP 指数、出生时的预期寿命指数、受教育程度指数（由成人识字率指数和综合总入学率指数按 2/3、1/3 的权重加权而得），将一生三个指数合成为一个指数就是人文发展指数。今从 2007 年世界各国人文发展指数（2005 年）的排序中，选取高发展水平、中等发展水平和低发展水平国家各 6 个作为三组样品，另选四个国家作为待判样品，资料如表 12.1 所示。试用判别分析过程对以下数据资料进行判别分析，并据此对待选的四个国家进行判别归类。

表 12.1

	国家	人均 GDP（美元）	出生时的预期寿命(岁)	成人识字率(%)	初等、中等和高等教育入学率(%)
第一类：高发展水平国家	美 国	41890	77.9	99.5	93.3
	德 国	29461	79.1	99.2	88
	希 腊	23381	78.9	96	99
	新加坡	29663	79.4	92.5	87.3
	意大利	28529	80.3	98.4	90.6
	韩 国	22029	77.9	99	96
第二类：中等发展水平国家	古 巴	6000	77.7	99.8	87.6
	罗马尼亚	9060	71.9	97.3	76.8
	巴 西	8402	71.7	88.6	87.5
	泰 国	8677	69.6	92.6	71.2
	菲律宾	5137	71	92.6	81.1
	土耳其	8407	71.4	87.4	68.7
第三类：低发展水平国家	尼泊尔	1550	62.6	48.6	58.1
	尼日利亚	1128	46.5	69.1	56.2
	喀麦隆	2299	49.8	67.9	62.3
	巴基斯坦	2370	64.6	49.9	40
	越 南	3071	73.7	90.3	63.9
	印度尼西亚	3843	69.7	90.4	68.2
待判组	日 本	31267	82.3	99	85.9
	印 度	3452	63.7	61	63.8
	中 国	6757	72.5	90.9	69.1
	南 非	11110	50.8	82.4	77

解：本例没有要求利用何种判别方法进行归类，所以可在几种方法中任选一种。作为例子我们分别给出了一般距离判别法、Bayes 判别法和非参数判别法以供参考。程序如下：

```
data develp;
input type gdp life rate zhrate@@;   loggdp=log(gdp);
cards;
```

1	41890	77.9	99.5	93.3
1	29461	79.1	99.2	88
1	23381	78.9	96	99
1	29663	79.4	92.5	87.3
1	28529	80.3	98.4	90.6
1	22029	77.9	99	96
2	6000	77.7	99.8	87.6
2	9060	71.9	97.3	76.8
2	8402	71.7	88.6	87.5
2	8677	69.6	92.6	71.2
2	5137	71	92.6	81.1
2	8407	71.4	87.4	68.7
3	1550	62.6	48.6	58.1
3	1128	46.5	69.1	56.2
3	2299	49.8	67.9	62.3
3	2370	64.6	49.9	40
3	3071	73.7	90.3	63.9
3	3843	69.7	90.4	68.2
.	31267	82.3	99	85.9
.	3452	63.7	61	63.8
.	6757	72.5	90.9	69.1
.	11110	50.8	82.4	77

```
;proc discrim simple wcov distance list;
class type;
var loggdp life rate zhrate ;run;
proc discrim pool=test slpool=0.05 list;
class type;
priors '1'=0.3  '2'=0.4  '3'=0.3;run;
proc discrim method=npar k=2 list;
class type;run;
```

程序说明：在上面的程序中，首先利用 data 步创建了一个用于建立判别函数（规则）和归类的名为 develp 的 SAS 数据集，其中，变量 type 为分类变量，可以是字符型的，也可以是数值型。本例为数值型的，取值 1（高发展水平国家）、2（中等发展水平国家）和 3（低发展水平国家），当然也可以是其他数值。变量 gdp 代表实际人均国内生产总值，life 代表出生时的预期寿命，rate 代表成人识字率，而 zhrate 代表综合入学率。data 步数据行中的最后四个观测是待判别的样品，并不参与判别函数的构建，type 变量值缺省表示要求判别归类。注意这四个观测也可以另形成一个待判数据集作为 PROC DISCRIM 语句中的一个选项。上面程序中的第一个判别过程中的选项 simple 要求计算各类样品的简单描述统计量，选项 wcov 要求计算类内协方差阵，选项 distance 要求计算马氏距离，选项 list 要求输出重复替换归类结果。由于没有给出方法选项，所以系统按缺省时的正态分布进行有关参数的估计和归类。第一个过程运行结果如下：

输出 12.1(A)　已知样品分类水平信息

```
                    The DISCRIM Procedure（判别分析）
Observations（观测数）      18    DF Total（已知分类样品总自由度）    17
Variables（每个样品中的变量数）4   DF Within Classes（类内自由度）    15
Classes（分类水平数）         3    DF Between Classes（类间自由度）    2
Class Level Information（分类信息）
              Variable                       Prior
 type         Name     Frequency    Weight   Proportion   Probability
（分类水平） （变量名）（每类频数）（权重） （样品比例） （每类的先验概率）
  1           -1         6         6.0000   0.333333     0.333333
  2           -2         6         6.0000   0.333333     0.333333
  3           -3         6         6.0000   0.333333     0.333333
```

输出 12.1(B)　样本统计量信息

```
            Within-Class Covariance Matrices（类内协方差阵）
                type = 1,   DF = 5（注：二、三两类略）
Variable      loggdp        life          rate          zhrate
loggdp       0.05131172   -0.01992146    0.10770082   -0.44776106
life        -0.01992146    0.84966667   -0.87866667   -2.08933333
rate         0.10770082   -0.87866667    7.43466667    2.73733333
zhrate      -0.44776106   -2.08933333    2.73733333   21.18666667
----------------------------------------------------------------------
              Simple Statistics（样本简单描述统计量）
                      Total-Sample（总样本）
                                              Standard
Variable   N      Sum        Mean      Variance   Deviation
loggdp    18    161.21544   8.95641    1.25058    1.1183
life      18    1274       70.76111   93.98605    9.6946
rate      18    1559       86.61667  269.50971   16.4168
zhrate    18    1376       76.43333  263.70235   16.2389
                 type = 1（注：二、三两类略）
                                              Standard
Variable   N      Sum        Mean      Variance   Deviation
loggdp     6     61.54975   10.25829    0.05131    0.2265
life       6    473.50000   78.91667    0.84967    0.9218
rate       6    584.60000   97.43333    7.43467    2.7267
zhrate     6    554.20000   92.36667   21.18667    4.6029
    Pooled Covariance Matrix Information（合并协方差阵信息）
    Covariance    Natural Log of the Determinant of the
    Matrix Rank   Covariance Matrix（协方差阵行列式的自然对数）
         4              9.24653
```

输出 12.1(C)　类间距离及三类总体均值差异的显著性检验

```
Pairwise Squared Distances Between Groups（类间配对马氏距离）
                D²(i|j) = (x̄_i − x̄_j)'Cov⁻¹(x̄_i − x̄_j)
                    Squared Distance to TYPE
    rom type        1            2            3
       1            0         34.81713     112.21129
       2         34.81713        0          24.03738
       3        112.21129     24.03738        0
    F Statistics, NDF=4, DDF=12 for Squared Distance to TYPE

    From type       1            2            3
       1            0         20.89028      67.32677
       2         20.89028        0          14.42243
       3         67.32677     14.42243        0
    Prob > Mahalanobis Distance for Squared Distance to TYPE
    From type       1            2            3
       1          1.0000       <.0001       <.0001
       2          <.0001       1.0000       0.0002
       3          <.0001       0.0002       1.0000
Pairwise Generalized Squared Distances Between Groups（类间配对广义马氏距离）
                D²(i|j) = (x̄_i − x̄_j)'Cov⁻¹(x̄_i − x̄_j)
    Generalized Squared Distance to TYPE
    From type       1            2            3
       1            0         34.81713     112.21129
       2         34.81713        0          24.03738
       3        112.21129     24.03738        0
```

输出 12.1（C）给出了"1"类与"2"类之间的马氏距离为 34.81713，"1"类与"3"类之间的马氏距离为 112.21129，"2"类与"3"类之间的马氏距离为 24.03738，对应的广义马氏距离由于假定两类先验概率和协方差阵相等，所以也分别为 34.81713，112.21129，24.03738。类与类之间总体均值的 F 检验统计量值分别为 20.89028，67.32677，14.42243，对应的检验概率分别为 <0.0001，<0.0001，0.0002，说明三类总体均值两两之间的差异是显著的，因此判别分析有意义。

输出 12.1(D)　线性判别函数

```
Linear Discriminant Function（线性判别函数）

   Constant = −0.5x̄_j'Cov⁻¹x̄_j     Coefficient Vector= Cov⁻¹x̄_j
              Linear Discriminant Function for type
        Variable        1             2             3
        Constant    -746.33310    -540.65330    -397.26360
        loggdp       145.45113     122.86289     106.72576
        life          -1.26086      -0.98199      -0.83539
        rate          -2.18324      -1.73864      -1.54918
        zhrate         3.38661       2.77276       2.2685
```

由输出 12.1（D）可写出线性判别函数如下：

高发展水平：$Y_1 = -746.333+145.451\text{LOGGDP}-1.261\text{ LIFE}-2.183\text{RATE}+3.387\text{ZHRATE}$

中等发展水平：$Y_2 = -540.653+122.8631\text{LOGGDP}-0.982\text{ LIFE}-1.739\text{RATE}+2.773\text{ZHRATE}$

低发展水平：$Y_3 = -397.264+106.726\text{LOGGDP}-0.835\text{LIFE}-1.549\text{RATE}+2.269\text{ZHATE}$

输出 12.1(E)　用距离判别法判别分析结果

Discriminant Analysis Classification Results
for Calibration Data: WORK.DEVELP（数据集 DEVELP 的判别分析结果）

Resubstitution Results using Linear Discriminant Function（用线性判别函数重复替换判别结果）

Generalized Squared Distance Function: $D^2(x) = (x - \bar{x}_j)'\text{Cov}^{-1}(x - \bar{x}_j)$

Posterior Probability of Membership in each TYPE:（每类成员的后验概率）

$$\Pr(j|x) = \exp(-0.5 D_j^2(x)) / \sum_k \exp(-0.5 D_j^2(x))$$

Posterior Probability of Membership in TYPE:

obs	type	From Classified into type	1	2	3
1	1	1	1.0000	0.0000	0.0000
2	1	1	1.0000	0.0000	0.0000
3	1	1	1.0000	0.0000	0.0000
4	1	1	1.0000	0.0000	0.0000
5	1	1	1.0000	0.0000	0.0000
6	1	1	1.0000	0.0000	0.0000
7	2	2	0.0000	1.0000	0.0000
8	2	2	0.0000	1.0000	0.0000
9	2	2	0.0007	0.9993	0.0000
10	2	2	0.0000	1.0000	0.0000
11	2	2	0.0000	0.9994	0.0006
12	2	2	0.0000	1.0000	0.0000
13	3	3	0.0000	0.0000	1.0000
14	3	3	0.0000	0.0000	1.0000
15	3	3	0.0000	0.0007	0.9993
16	3	3	0.0000	0.0000	1.0000
17	3	3	0.0000	0.0001	0.9999
18	3	3	0.0000	0.0411	0.9589
19	.	1 *	1.0000	0.0000	0.0000
20	.	3 *	0.0000	0.3432	0.6568
21	.	2 *	0.0000	0.9973	0.0027
22	.	1 *	0.7698	0.2302	0.0000

* Misclassified observation

由输出 12.1(E)得：最后四个观测的归类结果为第 19 和第 22 号观测归为"1"类，即高发展水平国家，分别是日本和南非，第 21 号（中国）观测归为"2"类，即中等发展水平国家，而第 20 号（印度）观测归为"3"类，即低发展水平国家。归类结果与 2005 年联合国开发计划署的排名除"南非"外基本一致。

输出 12.1(F)　距离判别法判别分析结果小结

Discriminant Analysis Classification Summary for Calibration
Data:WORK.DEVELP
Resubstitution Summary using Linear Discriminant Function
Generalized Squared Distance Function: $D^2(x) = (x-\bar{x}_j)'\text{COV}^{-1}(x-\bar{x}_j)$

Posterior Probability of Membership in each TYPE:
$\Pr(j|x) = \exp(-0.5 D_j^2(x)) / \sum_k \exp(-0.5 D_k^2(x))$

Number of Observations and Percent Classified into TYPE:

From type	1	2	3	Total
.	2	1	1	4
	50.00	25.00	25.00	100.00
1	6	0	0	6
	100.00	0.00	0.00	100.00
2	0	6	0	6
	0.00	100.00	0.00	100.00
3	0	0	6	6
	0.00	0.00	100.00	100.00
Total	8	7	7	22
	36.36	31.82	31.82	100.00
Priors	0.33333	0.33333	0.33333	（各类先验概率）

Error Count Estimates for type

	1	2	3	Total
Rate	0.0000	0.0000	0.0000	0.0000
Priors	0.3333	0.3333	0.3333	

输出 12.1(F)最后给出了分类错误信息，由输出结果知分类错误的比率为 0，换句话说，正确的比率为 100%。

本程序中的第二个判别分析过程的选项"pool=test"，要求进行类内协方差阵一致性检验，检验的显著性水平由选项"slpool=0.05"给出为 0.05。priors 语句给出高发展水平国家的先验概率为 0.3，中等发展水平国家的先验概率为 0.4，低发展水平国家的先验概率为 0.3。该过程运行的主要结果如下：

输出 12.1(G)　分类信息及类内协方差阵一致性检验结果

Class Level Information

type	Variable Name	Frequency	Weight	Proportion	Prior Probability
1	-1	6	6.0000	0.333333	0.300000
2	-2	6	6.0000	0.333333	0.400000
3	-3	6	6.0000	0.333333	0.300000

Within Covariance Matrix Information（类内协方差阵信息）

type	Covariance Matrix Rank	Natural Log of the Determinant of the Covariance Matrix
1	5	11.28285
2	5	12.43648
3	5	21.11244
Pooled	5	25.3106

Test of Homogeneity of Within Covariance Matrices（类内协方差阵的一致性检验）

Chi-Square	DF	Pr > ChiSq
81.781737	30	<0.0001

注：检验统计量见 12.1.2。

输出 12.1(G)告诉我们，三个类的先验概率分别为 0.3、0.4、0.3，类内协方差阵行列式的自然对数不相等，表明类内协方差阵不相等，而卡方统计量值为 81.781737，对应的概率为<0.0001，在 0.05 的显著性水平下是显著的，即类内协方差阵存在显著差异。由于类内协方差阵不等，所以判别函数应是二次函数。

输出 12.1(H)　类间配对广义马氏距离

Pairwise Generalized Squared Distances Between Groups			
$D^2(i\|j) = (\bar{x}_i - \bar{x}_j)'\text{Cov}^{-1}(\bar{x}_i - \bar{x}_j) + \ln\|\text{Cov}_j\| - 2\ln prior_j$			
Generalized Squared Distance to TYPE			
From type	1	2	3
1	13.69079	106664	28517
2	13991	14.26906	472.45997
3	94542	6136	23.5203

由输出 12.1（H）知，类内广义马氏距离不再为 0，而且类间的广义马氏距离也不再相等，因而类内协方差和先验概率对后验概率的计算是起作用的。

输出 12.1(I) 用 Bayes 判别法得到的判别分析部分结果

Discriminant Analysis Classification Results
for Calibration Data: WORK.DEVELP（数据集 DEVELP 的判别分析结果）
Resubstitution Results using Quadratic Discriminant Functionusing （用平方判别函数重复替换判别结果）
Generalized Squared Distance Function: $D_j^2(x)=(x-\overline{x}_j)'Cov_j^{-1}(x-\overline{x}_j)+\ln|Cov_j|$
Posterior Probability of Membership in each TYPE:

$$\Pr(j|x) = \exp(-0.5D_j^2(x))/\sum_k \exp(-0.5D_j^2(x))$$

Posterior Probability of Membership in TYPE:

Obs	From type	Classified into type	1	2	3
1	1	1	1.0000	0.0000	0.0000
2	1	1	1.0000	0.0000	0.0000
3	1	1	1.0000	0.0000	0.0000
4	1	1	1.0000	0.0000	0.0000
5	1	1	1.0000	0.0000	0.0000
6	1	1	1.0000	0.0000	0.0000
7	2	2	0.0000	1.0000	0.0000
8	2	2	0.0000	1.0000	0.0000
9	2	2	0.0000	1.0000	0.0000
10	2	2	0.0000	1.0000	0.0000
11	2	2	0.0000	1.0000	0.0000
12	2	2	0.0000	1.0000	0.0000
13	3	3	0.0000	0.0000	1.0000
14	3	3	0.0000	0.0000	1.0000
15	3	3	0.0000	0.0000	1.0000
16	3	3	0.0000	0.0000	1.0000
17	3	3	0.0000	0.0000	1.0000
18	3	3	0.0000	0.0000	1.0000
19	.	1 *	1.0000	0.0000	0.0000
20	.	3 *	0.0000	0.0000	1.0000
21	.	2 *	0.0000	1.0000	0.0000
22	.	2 *	0.0000	1.0000	0.0000

* Misclassified observation

由输出 12.1(I)知，用 Bayes 判别法对待判样品的判别结果与距离判别法结果有所差别。除了前 18 个样品归类没有变化外，日本、印度、中国归类没有变化，但南非则从距离判别法中的高发展水平国家变为中等发展水平国家。这个结果与 2005 年联合国开发计划署的排名一致。

本程序中的第三个过程要求进行非参数分析，即对类密度函数进行非参数估计。选项 k=2 要求用最近邻的两个样品进行密度函数估计，选项 list 要求输出重

复替换归类结果。该过程运行结果如下:

输出 12.1(J)　用 NPAR 方法得到的判别分析部分结果

```
Classification Results for Calibration Data: WORK.DEVELP
    Resubstitution Results using 2 Nearest Neighbors
```
Squared Distance Function: $D^2(x)=(x-y)'\text{Cov}^{-1}(x-y)$
Posterior Probability of Membership in each TYPE:
$M_k(X)$ = Proportion of obs in group k in 2 nearest neighbors of X
$\Pr(j|X) = m_j(X)\ \text{PRIOR}_j\ /\ \text{SUM}_k(m_k(X)\ \text{PRIOR}_k)$
Posterior Probability of Membership in TYPE:

Obs	From type	Classified into type	1	2	3
1	1	1	1.0000	0.0000	0.0000
2	1	1	1.0000	0.0000	0.0000
3	1	1	1.0000	0.0000	0.0000
4	1	1	1.0000	0.0000	0.0000
5	1	1	1.0000	0.0000	0.0000
6	1	1	1.0000	0.0000	0.0000
7	2	2	0.0000	1.0000	0.0000
8	2	2	0.0000	1.0000	0.0000
9	2	2	0.0000	1.0000	0.0000
10	2	2	0.0000	1.0000	0.0000
11	2	2	0.0000	1.0000	0.0000
12	2	2	0.0000	1.0000	0.0000
13	3	3	0.0000	0.0000	1.0000
14	3	3	0.0000	0.0000	1.0000
15	3	3	0.0000	0.0000	1.0000
16	3	3	0.0000	0.0000	1.0000
17	3	3	0.0000	0.0000	1.0000
18	3	3	0.0000	0.0000	1.0000
19	.	1 *	1.0000	0.0000	0.0000
20	.	Other T	0.0000	0.5000	0.5000
21	.	2 *	0.0000	1.0000	0.0000
22	.	2 *	0.0000	1.0000	0.0000

* Misclassified observation　T Tie for largest probability

　　由输出 12.1(J)知,四个待判的样品中 19、21、22 号归类结果与 Bayes 判别法归类结果是一致的,但第 20 号样品"印度"所属类别则不能确定,这是与前面两种判别方法判别结果不一致的地方。

　　由本例判别结果可知,判别方法不同,得到的判别结果也可能不同。

　　【例 12.2】　我国内地 30 个省、直辖市、自治区 1994 年(当时,重庆市属于四川省辖——编者注)影响各地区经济增长差异的制度变量:$X1$——经济增长率（%），X_2—非国有化程度（%），X_3—开放度（%），X_4—市场化程度（%），资料如表 12.2 所示。

表 12.2

	地区	X_1	X_2	X_3	X_4
第一组	辽宁	11.2	57.25	13.47	73.41
	河北	14.9	67.19	7.89	73.09
	天津	14.3	64.74	19.41	72.33
	北京	13.5	55.63	20.59	77.33
	山东	16.2	75.51	11.06	72.08
	上海	14.3	57.63	22.51	77.35
	浙江	20	83.94	15.99	89.5
	福建	21.8	68.03	39.42	71.9
	广东	19	78.31	83.03	80.75
第二组	广西	16	57.11	12.57	60.91
	海南	11.9	49.97	30.7	69.2
	黑龙江	8.7	30.72	15.41	60.25
	吉林	14.3	37.65	12.95	66.42
	山西	9.1	56.33	10.3	66.01
	河南	13.8	65.23	4.69	64.24
	湖北	15.3	55.62	6.06	54.74
	湖南	11	55.55	8.02	67.47
	江西	18	62.85	6.4	58.83
	云南	11.6	28.57	9.08	68.47
	四川	11.4	62.88	5.31	61.49
	内蒙古	10.1	34.63	7.68	62.96
第三组	甘肃	10.4	30.01	4.61	60.26
	宁夏	8.2	29.28	6.11	50.71
	贵州	8.4	30.23	6.03	55.55
	青海	8.2	15.96	8.04	40.26
	新疆	10.9	24.75	8.34	46.01
	西藏	15.6	21.44	28.62	46.01
待判组	江苏	16.5	80.05	8.81	73.04
	安徽	20.6	81.24	5.37	60.43
	陕西	8.6	42.06	8.88	56.37

试对以上资料用 Fisher 判别法进行归类。

解：本例要求用 Fisher 判别法进行判别，所以应调用典型判别过程进行分析。考虑到典型判别过程不能给出分类结果，因此，在调用 CANDISC 过程计算出典型变量后，再用 DISCRIM 过程进行判别归类，由此给出如下程序：

```
data economy;
input type X1－X4@@;
cards;
1  11.2  57.25  13.47  73.41  1  14.9  67.19  7.89   73.09
1  14.3  64.74  19.41  72.33  1  13.5  55.63  20.59  77.33
1  16.2  75.51  11.06  72.08  1  14.3  57.63  22.51  77.35
1  20    83.94  15.99  89.5   1  21.8  68.03  39.42  71.9
1  19    78.31  83.03  80.75  2  16    57.11  12.57  60.91
2  11.9  49.97  30.7   69.2   2  8.7   30.72  15.41  60.25
2  14.3  37.65  12.95  66.42  2  10.1  34.63  7.68   62.96
2  9.1   56.33  10.3   66.01  2  13.8  65.23  4.69   64.24
2  15.3  55.62  6.06   54.74  2  11    55.55  8.02   67.47
2  18    62.85  6.4    58.83  2  11.4  62.88  5.31   61.49
2  11.6  28.57  9.08   68.47  3  10.4  30.01  4.61   60.26
3  8.2   29.28  6.11   50.71  3  8.4   30.23  6.03   55.55
3  8.2   15.96  8.04   40.26  3  10.9  24.75  8.34   46.01
3  15.6  21.44  28.62  46.01  .  16.5  80.05  8.81   73.04
.  20.6  81.24  5.37   60.43  .  8.6   42.06  8.88   56.37
; proc candisc out=result ncan=2;
class type;var X1—X4; run;
proc gplot data=result;
plot can1*can2=type;run;
proc discrim data=result distance list;
class type;  var can1 can2;run;
```

程序说明：上述程序中的第一个过程执行典型判别分析。其中选项"out=result"定义一个输出数据集 result，包括输入数据、后验概率及典型变量。选项"ncan=2"要求系统仅计算两个典型变量。注意该选项的值不能超过变量的个数或分类个数减 1。第二个过程要求绘制第一个典型变量 CAN1（系统自定）和第二个典型变量 CAN2 的散点图，以便更加直观了解分类情况。第一个、第二个过程输出结果如下：

第 12 章 判别分析与 DISCRIM 过程

输出 12.2(A)　典型相关的多变量检验结果

```
           Canonical Discriminant Analysis
Multivariate Statistics and F Approximations（多变量统计量与 F 检验近似值）
                S=2    M=0.5   N=9.5
     Statistic          Value        F      Num DF   Den DF   Pr > F
     Wilks' Lambda      0.15207933   8.2125      8       42   0.0001
     Pillai's Trace     0.92516330   4.7341      8       44   0.0003
     Hotelling-Lawley Trace 5.06760561 12.6690   8       40   0.0001
     Roy's Greatest Root    4.96531397 27.3092   4       22   0.0001
     NOTE: F Statistic for Roy's Greatest Root is an upper bound.
NOTE: F Statistic for Wilks' Lambda is exact.
Test of H0: The canonical correlations in the current row and
all that follow are zero（当前行与其后所有相关系数均为 0）
     Likelihood Ratio   Approx F   Num DF   Den DF   Pr > F
  1  0.15207933         8.2125         8       42   0.0001
  2  0.90720093         0.7501         3       22   0.5339
```

由输出 12.2(A) 上半部分对相关阵的显著性检验结果知，至少有一个典型相关不为 0，而由下半部分当前行与其后所有相关系数均为 0 的假设检验知，由"1"所在行似然比的值为 0.1521，近似 F 统计量值为 8.2125，对应的显著性概率为 0.0001，故在 0.05 的显著性水平上认为第一典型相关系数与 0 有显著差异。类似地，可得第二典型相关系数与 0 没有显著差异。

输出 12.2(B)　典型相关与特征值

```
           Canonical Discriminant Analysis
              Adjusted    Approx      Squared
   Canonical  Canonical   Standard    Canonical
   Correlation Correlation Error      Correlation
 1 0.912340   0.900998    0.032876    0.832364
 2 0.304629   0.197813    0.177917    0.092799
     Eigenvalues of INV（E）*H= CanRsq/（1-CanRsq）
   Eigenvalue  Difference  Proportion  Cumulative
 1 4.9653      4.8630      0.9798      0.9798
 2 0.1023      .           0.0202      1.0000
```

输出 12.2(B) 告诉我们，第一典型相关为 0.91234，而第二典型相关为 0.304629。第一个特征值为 4.9653，所占比例为 0.9798，而第二个特征值为 0.1023，所占比例仅有 0.0202，说明只需用第一个典型变量即可。本例在第三个判别分析过程中也可仅用第一个典型变量进行判别。读者可以试一试，并比较两者之间的差异。

输出 12.2(C)　原始变量的典型相关系数

```
         Raw Canonical Coefficients
              CAN1            CAN2
     X1   0.0441915825    0.1411762289
     X2   0.0425988691   -.0545140694
     X3   0.0017567821    0.0479378224
     X4   0.1366044988    0.0243053049
```

由输出 12.2(C)可得两个典型变量分别为：

CAN1=0.0442$X1$+0.0426$X2$+0.0018$X3$+0.1366$X4$

CAN2=0.1412$X1$−0.0545$X2$+0.0479$X3$+0.0243$X4$

两个典型变量的散点图如图 12.2 所示。

由图 12.2 可以直观地看出，三个类的划分是比较明显的。图中红色的"+"号代表第一类，绿色的代表第二类，蓝色的代表第三类，而黑色则代表待判的样品。从图中可以看出，三个待判样品，一个落入第一类，一个落入第二类，还有一个落入第二类和第三类之间，需要进一步通过数据分析来明确其所属类别。

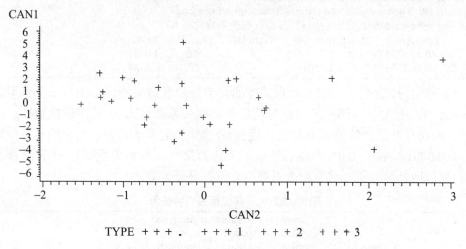

图 12.2　第一典型变量与第二典型变量之间的散点图

以下是本例中第三个过程的输出结果：

输出 12.2(D)　类间马氏距离及各类总体均值的显著性检验

Pairwise Squared Distances Between Groups			
$D_{i}^{2}(i\|j) = (\bar{x}_i - \bar{x}_j)'\mathrm{COV}^{-1}(\bar{x}_i - \bar{x}_j)$			
	Squared Distance to TYPE		
From TYPE	1	2	3
1	0	7.71164	32.76944
2	7.71164	0	9.46391
3	32.76944	9.46391	0
F Statistics, NDF=2, DDF=23 for Squared Distance to TYPE			
From TYPE	1	2	3
1	0	19.00368	56.52729
2	19.00368	0	18.13916
3	56.52729	18.13916	0
Prob > Mahalanobis Distance for Squared Distance to TYPE			
From TYPE	1	2	3
1	1.0000	0.0001	0.0001
2	0.0001	1.0000	0.0001
3	0.0001	0.0001	1.0000

由输出 12.2(D)最下面的显著性概率知，在 0.05 的显著性水平下，三个类的总体均值两两显著不等。

输出 12.2(E)　线性判别函数

| | Linear Discriminant Function | | |
| | | TYPE | |
	1	2	3
CONSTANT	−3.10248	−0.08455	−5.31240
CAN1	2.47988	−0.23792	−3.24397
CAN2	0.23486	−0.33540	0.31851

由输出 12.2(E)得三个类的线性判别函数分别为：

第一类：$Y_1 = -3.10248 + 2.47988 CAN1 + 0.23486 CAN2$

第二类：$Y_2 = -0.08455 - 0.23792 CAN1 - 0.33540 CAN2$

第三类：$Y_3 = -5.31240 - 3.24397 CAN1 + 0.31851 CAN2$

输出 12.2(F)　由 DISCRIM 利用两个典型变量进行判别部分样品归类结果

Obs	From TYPE	Classified into TYPE	Posterior Probability of Membership in TYPE:		
			1	2	3
1	1	1	0.6067	0.3933	0.0000
2	1	1	0.8475	0.1525	0.0000
10	2	2	0.0303	0.9634	0.0063
11	2	2	0.2475	0.7514	0.0011
21	2	2	0.0181	0.9457	0.0362
22	3	2 *	0.0004	0.5802	0.4194
23	3	3	0.0000	0.0243	0.9757
27	3	3	0.0000	0.0008	0.9992
28	.	1 *	0.9583	0.0417	0.0000
29	.	2 *	0.2874	0.7125	0.0001
30	.	2 *	0.0002	0.6403	0.3595

* Misclassified observation

Error Count Estimates for TYPE:

	1	2	3	Total
Rate	0.0000	0.0000	0.1667	0.0556

输出 12.2(F)表明在所有 27 个已知样品中，第 22 号样品原属于第三类，经回代后归为第二类，判别错误，总错判率为 5.56%。另有三个待判样品分别被归为第一类和第二类，这与我国当时的实际情况是相符的。

习　题　12

1. 某企业生产新式大衣，将新产品的样品分寄给 9 个城市百货公司的进货员，并附调查意见表，征求对新产品的评价。评价分质量、款式、颜色三个方面，以 10 分制评分，结果如下（表 p.12.1）：

表 p.12.1

评价者		质量	款式	颜色
喜欢组	1	8	9.5	7
	2	9	8.5	6
	3	7	8.0	9
	4	10	7.5	8.5
	5	8	6.5	7
不喜欢组	1	6	3	5.5
	2	3	4	3.5
	3	4	2	5
	4	3	5	4

如果有一潜在的顾客，它对新产品的质量、款式、颜色分别评价为 6，8，8，问该顾客属于哪一组？

2. 今从我国 2010 年人文发展指数（按照联合国开发计划所（UNDP）关于人文发展指数 2010 年的核算方法）的排序中，选取高发展水平、中等发展水平和中低发展水平人文发展指数省份资料如下表（表 p.12.2）所示。试用判别分析过程对以下数据资料进行判别分析，并据此对待选的三个地区进行判别归类。

表 p.12.2

	地区	健康指数	教育指数	收入指数
第一类：高发展水平地区	北京	0.952	0.837	0.694
	上海	0.953	0.808	0.699
第二类：中等发展水平地区	江苏	0.896	0.719	0.650
	浙江	0.913	0.7	0.645
	广东	0.894	0.696	0.624
	福建	0.882	0.676	0.610
	陕西	0.865	0.699	0.554
第三类：中低发展水平地区	重庆	0.881	0.667	0.556
	河南	0.864	0.664	0.540
	江西	0.866	0.645	0.520
	广西	0.872	0.634	0.516
	甘肃	0.826	0.631	0.480
	贵州	0.809	0.586	0.452
待判组	天津	0.932	0.779	0.692
	山东	0.893	0.686	0.613
	安徽	0.871	0.640	0.516

3. 制药厂经济效益常用以下四项指标来表现：$X1$=总产值/消耗，$X2$=净产值/工资，$X3$=盈利/资金占用，$X4$=销售收入/成本。根据这些指标对 15 家制药企业进行评价归类，结果如下表（表 p.12.3）：

表 p.12.3

类别	编号	企业名称	X1	X2	X3	X4
第一组	1	东北制药厂	1.611	10.59	0.69	1.67
	2	北京第二制药厂	1.429	9.44	0.61	1.50
	3	哈尔滨制药厂	1.447	5.97	0.24	1.25
	4	江西东风制药厂	1.572	10.72	0.75	1.71
	5	武汉制药厂	1.483	10.99	0.75	1.44
	6	湖南制药厂	1.371	6.46	0.41	1.31
	7	开封制药厂	1.665	10.51	0.53	1.52
	8	西南制药厂	1.403	6.11	0.71	1.31
	9	山东新华制药厂	1.501	9.74	0.87	1.48
第二组	10	北京第三制药厂	1.578	14.52	1.21	1.91
	11	华北制药厂	2.620	21.51	1.40	2.59
	12	上海第三制药厂	2.033	24.15	1.80	1.89
	13	上海第四制药厂	2.015	26.86	1.93	2.02
	14	天津制药厂	1.735	12.88	0.87	1.48
	15	上海第六制药厂	1.532	29.42	2.52	1.80
待判组	16	上海第七制药厂	1.765	11.64	1.21	1.91
	17	上海第五制药厂	1.453	17.94	0.89	1.40
	18	杭州第一制药厂	1.488	9.23	0.81	1.45
	19	福州抗生素厂	2.586	16.07	0.82	1.83
	20	四川制药厂	1.992	21.63	1.01	1.89

试根据已知的分类，按要求判别待判企业所属类别。

（1）用一般距离判别法，要求计算各类样品的简单描述统计量和类内协方差阵。

（2）用非参数判别法，要求用最近邻的两个样品进行密度函数估计，要求输出重复替换归类结果。

4. 为对上市公司是否属于 ST 公司进行判别，从 ST 公司和非 ST 公司中分别随机抽取 10 家公司，其有关财务数据如下表（表 p.12.4，摘自"证券之星"网）：

表 p.12.4

类型	公司名称	每股收益（元）	每股净资产（元）	每股经营现金流（元）	主营收入增长率%	主营利润增长率%	毛利率%
非ST公司	人福科技	0.02	2.62	0.17	38.16%	4.96%	52.67%
	科大讯飞	0.07	5.04	−0.23	25.22%	296.53%	54.14%
	上海机电	0.134	4.6	0.37	1.21%	−1.82%	20.07%
	川化股份	0.14	3.75	0.19	11.03%	5.76%	21.34%
	江山股份	0.0332	4.95	−0.107	−31.63%	−88.78%	10.40%
	中天科技	0.208	4.99	−0.28	33.91%	83.84%	21.93%
	标准股份	0.0712	3.5776	−0.0035	−44.61%	321.92%	14.29%
	银基发展	0.008	1.22	0.01	−60.98%	−86.66%	25.23%
	大华股份	0.09	10.96	0.19	64.05%	−11.89%	40.22%
	恒宝股份	0.05	1.68	0.03	10.24%	−0.37%	36.89%
ST公司	ST太光	−0.0090	−1.3900	0.0002	−75.11%	−320.15%	15.12%
	*ST远东	−0.02	0.6067	−0.036	−89.48%	907.91%	5.87%
	*ST中钨	−0.087	1.4	0.18	−56.22%	27.27%	−5.23%
	*ST黑龙	0.0153	0.7026	0.0926	37.17%	−59.77%	43.67%
	*ST兰宝	0.17	1.17	−0.2	87.61%	113.48%	35.79%
	ST百花	0.01	1.81	−0.02	5.08%	68.68%	70.75%
	S*ST兰光	−0.053	0.54	0.0054	−63.42%	−4.86%	37.18%
	*ST中辽	0.041	0.173	0.29	−12.39%	851.80%	33.01%
	SST华新	0.0203	0.2842	0.0232	33.28%	70.99%	35.41%
	ST道博	0.29	0.92	−0.04	−61.60%	−67.66%	56.42%
待判组	国电南瑞	0.0344	3.87	−0.51	16.12%	−62.13%	29.77%
	三峡水利	−0.05	2.32	−0.3	7.99%	21.90%	18.47%
	国恒铁路	0.002	1.74	−0.0648	24.39%	−48.61%	7.17%
	广汇股份	0.1331	3.408	0.292	35.32%	13.51%	40.53%
	新华光	−0.03	3.24	0.02	−45.69%	100.65%	12.06%

试根据给出的资料，用下面两种方法进行判别并作比较：

（1）用一般距离判别法、Bayes判别法（先验概率自定）和非参数判别法判别五个待判公司所属类型。

（2）利用逐步回归法就所给的数据进行LOGISTIC回归，建立公司类型与相关变量之间的定量关系，并依次判别所给五个待判公司的类型。

5. 为了研究中小企业的破产模型，选定 4 个经济指标：X1 总负债率（现金收益/总负债）、X2 收益性指标（纯收入/总财产）、X3 短期支付能力（流动资产/流动负债）、X4 生产效率性指标（流动资产/纯销售额），对 6 家破产企业（1 类）和 6 家正常运行企业（2 类）进行了调查，得如下资料（表 p.12.5）：

表 p.12.5

总负债率	收益性指标	短期支付能力	生产效率指标	类别
−0.45	−0.41	1.09	0.45	1
0.15	0.05	1.88	0.27	1
0.37	0.11	1.99	0.66	1
−0.56	−0.31	1.51	0.16	1
0.05	0.03	1.68	0.95	1
−0.23	−0.30	1.19	0.66	1
0.56	0.11	4.29	0.45	2
0.58	0.04	5.06	0.13	2
−0.10	−1.01	2.5	0.58	2
0.22	0.08	2.35	0.40	2
0.48	0.09	1.99	0.18	2
0.38	0.11	3.27	0.55	2
−0.06	−0.06	1.37	0.40	待判
0.54	0.11	2.33	0.48	待判

试运用不同判别方法对两家待判企业进行归类，并写出判别函数。

第13章 聚类分析

13.1 聚类分析概述

13.1.1 聚类分析思想

俗话说："物以类聚，人以群分"，在自然科学和社会科学等各领域中，存在着大量的分类问题。例如在档案学中，人们根据档案文件的不同内容把各种文件分别归类存放。在营销学中，营销人员根据消费者的消费特征把消费者分成不同类型。在生物学中，根据动物的不同习性把动物分成不同种类。在经济学中，根据居民家庭生活消费支出结构，把来自不同地区的消费者分成不同的消费层次。在投资学中，根据投资者的投资行为把投资者分成风险厌恶型、风险中性和风险爱好型，等等。所有这些涉及根据已知现象的某些"相似"特征进行分类的问题都可归结为统计学中的聚类分析。

所谓聚类分析就是根据样品或指标的"相似"特征进行分类的一种多元统计分析方法，这里的类就是"相似"元素的集合。聚类分析起源于分类学，只不过早期对现象的分类，由于技术上的落后和对分类要求不高，人们主要依靠经验和专业知识来进行，很少利用数学工具进行定量的研究。随着人类科学技术的发展，对分类的要求越来越高，以致有时仅凭经验和专业知识难以确切地进行分类，于是人们逐渐地把数学工具引用到了分类学中，这便形成了数值分类学这一学科，之后又将多元分析的技术引入到数值分类学，便又从数值分类学中分离出一个重要分支——聚类分析，也称为群分析。与多元分析的其他方法相比，聚类分析方法较为粗糙，理论上还不够完善，正处于发展阶段。但是由于该方法应用方便，分类效果较好，因此越来越为人们所重视。近些年来聚类分析的方法发展较快，内容越来越丰富。

为了更好地理解聚类分析的思想，从直观上了解聚类分析所要解决的问题，我们先来看一个实际例子。

【例 13.1】 表 13.1 是 2007 年我国内地 31 个省、自治区、直辖市经济发展主要指标（资料来源：《中国统计年鉴·2008》）。

第 13 章　聚类分析

表 13.1　2007 年我国内地 31 个省、自治区、直辖市主要经济指标

地区	地区生产总值（亿元）	人均地区生产总值（元）	社会消费品零售总额（亿元）	城乡居民储蓄存款余额（亿元）	全社会固定资产投资（元）	进出口总额（万美元）	财政收入（万元）	财政支出（万元）	货物周转量（亿吨·千米）
北京	9353.32	58204	3800.2	9155.3	3907.2	19299976	14926380	16495023	724.8
天津	5050.40	46122	1603.7	3083.1	2353.1	7144973	5404390	6743262	15289.0
河北	13709.50	19877	3986.2	8922.4	6884.7	2552341	7891198	15066482	6006.4
山西	5733.35	16945	1914.1	5422.4	2861.5	1157948	5978870	10499228	1839.7
内蒙古	6091.12	25393	1904.1	2541.9	4372.9	773589	4923615	10823054	2023.3
辽宁	11023.49	25729	4030.1	8071.5	7435.2	5947435	10826948	17642805	5817.8
吉林	5284.69	19383	1999.2	3186.8	3651.4	1029800	3206892	8837597	655.0
黑龙江	7065.00	18478	2331.1	4478.2	2833.5	1729659	4404689	11872711	1282.4
上海	12188.85	66367	3847.8	8745.2	4420.4	28285388	20744792	21816780	16053.6
江苏	25741.15	33928	7838.1	13014.9	12268.1	34947179	22377276	25537217	3988.4
浙江	18780.44	37411	6214.0	11162.8	8420.4	17684737	16494981	18067928	4962.5
安徽	7364.18	12045	2403.7	4546.5	5087.5	1593229	5436973	12438342	1988.7
福建	9249.13	25908	3187.9	4709.7	4287.8	7444738	6994577	9106446	2080.9
江西	5500.25	12633	1683.1	3360.8	3301.5	944854	3898510	9050582	1029.1
山东	25965.91	27807	8438.8	11438.1	12537.7	12247444	16753980	22618495	6413.4
河南	15012.46	16012	4597.5	7812.2	8010.1	1278513	8620804	18706135	2736.9
湖北	9230.68	16206	4028.5	5430.8	4330.4	1486895	5903552	12773257	1644.7
湖南	9200.00	14492	3356.9	5321.9	4154.8	968585	6065508	13570310	1922.3
广东	31084.40	33151	10598.1	22243.4	9294.3	63418595	27858007	31595703	4292.2
广西	5955.65	12555	1897.9	3185.3	2939.7	925900	4188265	9859433	1404.3
海南	1223.28	14555	362.0	863.1	502.4	351441	1082935	2451967	823.6
重庆	4122.51	14660	1661.2	3228.2	3127.7	743794	4427000	7683886	1051.6
四川	10505.30	12893	4015.6	7450.9	5639.8	1437812	8508606	17591304	1059.1
贵州	2741.90	6915	821.8	1790.1	1488.8	227030	2851375	7953990	721.3
云南	4741.31	10540	1394.6	3046.4	2759.0	879357	4867146	11352175	801.5
西藏	342.19	12109	112.0	159.6	270.3	39346	201412	2753682	41.6
陕西	5465.79	14607	1800.9	4278.4	3415.0	688734	4752398	10539665	1191.1
甘肃	2702.40	10346	833.3	1915.0	1304.2	552367	1909400	6753372	1149.9
青海	783.61	14257	208.3	442.3	482.8	61207	567083	2821993	176.3
宁夏	889.20	14649	233.3	614.0	599.3	158152	800312	2418545	291.6
新疆	3523.16	16999	847.7	2054.9	1850.8	1371583	2858600	7951540	956.1

　　表 13.1 中的每一个省、自治区、直辖市经济发展的基本情况，也就是每一行，在聚类分析中称为一个样品，31 个省、自治区、直辖市代表 31 个样品；每一列所对应的指标称为变量，9 个指标可以用 9 个变量来代表。若要对以上 31 个省、自治区、直辖市经济发展的基本情况进行分析，比较好的做法是，从表 13.1 中的数据出发，按经济发展基本情况指标的"相似"程度先对这些省、自治

区、直辖市进行分类，然后再根据分类结果对每一类进行比较细致的分析或评价，这样就能更清晰地了解我国各类地区的经济发展状况和水平，为进一步作出相关决策提供依据。这正如把我国分为沿海经济发达地区、中西部经济欠发达地区，对这两个地区分别采取不同的政策措施一样。

本例中，我们指出需根据每一个地区的经济发展基本情况的"相似"程度对样品进行分类。实际应用中，有时需要根据指标之间的"相似"程度对变量进行分类，把相关性比较强的指标作为一类，这样可以尽量做到既不会丢失重要指标，又能克服指标过多、信息重复带来的计算上的不便。在聚类分析中，把对样品进行的分类称为 Q 型聚类，分类的结果是根据样品之间的"相似"程度把样品分成不同的类别以便进一步进行判别分析等；而对指标或变量进行的聚类称为 R 型聚类，分类结果是把"相似"指标归为一类，不"相似"的指标归为不同的类，其目的是通过了解指标之间的亲疏关系，从每一类中选择有代表性的重要指标进行进一步分析，如进行回归分析、Q 型聚类等。

值得一提的是，聚类分析与上一章中所介绍的判别分析不同，虽然它们都是研究事物分类的基本方法，但两者之间仍存在许多差别。主要表现在：一是分析目的不同。判别分析的目的是把待判的样品归入已知的类中，而聚类分析事先并没有类，它的目的正是根据分类对象的数据特征按一定规则把分类对象分成若干类。二是已知条件不同。判别分析事先有类，即对类有事先的了解，并具有来自不同类的若干样品，而聚类分析只有待分类的若干样品及其指标值。三是分析方法不同。判别分析根据已知样品建立判别函数和判别准则，并据此对待判样品进行归类，而聚类分析则是根据样品或指标之间的"相似"程度直接对样品或指标进行分类。四是分析结果不同。判别分析的结果是把待判样品归入某一类，而聚类分析则是把样品或指标分成事先并没有的类，使得同一类里的这些现象在某种意义上倾向于彼此"相似"，而在不同类里的对象倾向于不"相似"。当然两者之间也存在一定的联系。除了"类"的定义相似外，判别分析中对类的事先了解和确定常常可以通过聚类分析得到。

通过以上分析可以看到，不论是对样品聚类，还是对指标聚类，都需要根据样品或指标之间的"相似"程度进行，因此理解和度量"相似"程度成为把握聚类分析的关键。为此，我们先来看一看聚类分析中的"相似"程度在统计学中是如何度量的。

13.1.2 距离和相似系数的度量

在统计学中，描述样品或指标之间亲疏相似程度的方法很多，但目前用得最多的方法一是距离，二是相似系数。前者常用来度量样品之间的相似程度，后者则常用来度量变量之间的相似程度。

设有 n 个样品，每个样品有 p 个指标（变量），经抽样 n 个样品的观测值为 X_1，X_2，$\cdots$，X_n，其中，$X_i = (x_{i1}, x_{i2}, \cdots, x_{ip})$，$i = 1, 2, \cdots, n$，用矩阵表示为

$$\begin{bmatrix} x_{11} & x_{12} & \cdots & x_{1p} \\ x_{21} & x_{22} & \cdots & x_{2p} \\ \vdots & \vdots & \cdots & \vdots \\ x_{n1} & x_{n2} & \cdots & x_{np} \end{bmatrix} \quad (13.1)$$

这里 x_{ij}（$i=1,2,\cdots,n$，$j=1,2,\cdots,p$）表示第 i 个样品的第 j 个指标的观测值，则以上矩阵的第 i 行就描述了样品 X_i，任何两个样品之间的相似程度就可通过以上矩阵的两个行来描述。如果在 p 维空间上定义一个距离，则任一样品都可以看作为 p 维空间上的一个点。直观上，p 维空间上任何两个点（样品）之间的相似程度可以通过它们之间的距离来刻画。距离越近，两个样品就越相似，归为一类的可能性就越大，距离越远，两个样品相似程度就越低，归为一类的可能性就越小。类似地，上述矩阵的第 j 列代表第 j 个变量 x_j 的 n 次取值，$x_j = (x_{1j}, x_{2j}, \cdots, x_{nj})'$，它可以看作为 n 维空间的一个点。任何两个变量之间的相似程度可以通过上述矩阵的两个列来刻画。因此对变量之间相似程度的刻画与对样品的刻画从矩阵的观点看基本是一样的，只需把上述矩阵转置即可。

13.1.2.1 p 维空间距离的度量

设 X_i，X_j 是 p 维空间上的两个点，记 d_{ij} 为这两个点之间的距离，则 d_{ij}（$i=1,2,\cdots,n$，$j=1,2,\cdots,p$）一般应满足以下四个条件：

（i）$d_{ij} \geqslant 0$，对任意的 i，j；

（ii）$d_{ij} = 0$，当且仅当第 i 个样品和第 j 个样品的各变量值（指标值）相等；

（iii）$d_{ij} = d_{ji}$，对任意的 i，j；

（iv）$d_{ij} \leqslant d_{ik} + d_{kj}$，对任意的 i，j，k。

根据以上四个条件，我们给出统计分析中常用的几种距离的定义：

（1）绝对距离：$d_{ij}(1) = \sum_{k=1}^{p} |x_{ik} - x_{jk}|$。

（2）欧氏距离：$d_{ij}(2) = \left(\sum_{k=1}^{p} (x_{ik} - x_{jk})^2 \right)^{\frac{1}{2}}$，该距离是数学中用得最多的距离之一，但该距离并没有考虑各指标之间的量纲的不同，也没有考虑各变量之间的相关性和方差的大小。

（3）明柯夫斯基（Minkowski）距离：$d_{ij}(q) = \left(\sum_{k=1}^{p} |x_{ik} - x_{jk}|^q \right)^{1/q}$。

容易看出，绝对距离和欧氏距离是明柯夫斯基距离当 $q=1$ 和 $q=2$ 时的特例。

（4）马氏距离：$d^2_{ij}(M) = (X_i - X_j)' \Sigma^{-1}(X_i - X_j)$，其中，$\Sigma$ 为各变量之间的协方差阵，定义为：$\Sigma = (s_{ij})_{p \times p}$，这里

$$s_{ij} = \frac{1}{n-1}\sum_{k=1}^{n}(x_{ki}-\overline{x}_i)(x_{kj}-\overline{x}_j), \quad \overline{x}_i = \frac{1}{n}\sum_{k=1}^{n}x_{ki}, \quad \overline{x}_j = \frac{1}{n}\sum_{k=1}^{n}x_{kj} \qquad (13.2)$$

与明柯夫斯基距离以及欧氏距离相比，马氏距离不仅排除了各指标之间的相关性和方差大小的影响，而且也不受指标量纲的影响，因此，马氏距离在统计学中得到了广泛的运用，上一章判别分析所用的距离就是马氏距离。但是考虑到聚类分析中的类在聚类过程中一直在变，所以聚类分析如果用马氏距离，则存在许多不便。

（5）兰氏（Lance）距离：$d_{ij}(L) = \frac{1}{p}\sum_{k=1}^{p}\frac{|x_{ik}-x_{jk}|}{x_{ik}+x_{jk}}$，该距离只适用于各变量值大于 0 的情形，也不受指标量纲的影响，但没有考虑变量之间的相关性和方差大小。

（6）斜交空间距离：$d_{ij} = \left[\frac{1}{p^2}\sum_{k=1}^{p}\sum_{l=1}^{p}(x_{ik}-x_{jk})(x_{il}-x_{jl})r_{kl}\right]^{\frac{1}{2}}$，其中，$r_{kl}$ 为变量 x_k 和 x_l 之间的相关系数。该距离不仅消除了变量之间的量纲，而且也考虑了变量之间的相关性，还克服了马氏距离在聚类分析中不易处理的弊端。

13.1.2.2 变量之间相似系数的度量

对于定量变量，常用的相似系数有夹角余弦和相关系数。

1. 夹角余弦

变量 X_i 与 X_j 的夹角余弦定义为：

$$C_{ij}(1) = \frac{\sum_{k=1}^{n}x_{ki}x_{kj}}{\left[\left(\sum_{k=1}^{n}x_{ki}^2\right)\left(\sum_{k=1}^{n}x_{kj}^2\right)\right]^{1/2}} \qquad (13.3)$$

当 $X_i = X_j$，即 $x_{ki} = x_{kj}$，对每一个 $k = 1, 2, \cdots, n$，则有 $C_{ij}(1) = 1$，从而两变量之间的夹角为 0，也就是说两变量完全相似；当 $C_{ij}(1) = 0$，即两变量之间的夹角为 $90°$时，两变量在 n 维空间是完全正交的，即两变量不相关。一般有 $|C_{ij}(1)| \leqslant 1$，且 $|C_{ij}(1)|$ 越大，两变量之间的相似程度越高。

2. 相关系数

两个变量样本之间的相关系数定义为：

$$C_{ij}(2) = r_{ij} = \frac{\sum_{k=1}^{n}(x_{ki}-\bar{x}_i)(x_{kj}-\bar{x}_j)}{\left[\left(\sum_{k=1}^{n}(x_{ki}-\bar{x}_i)^2\right)\left(\sum_{k=1}^{n}(x_{kj}-\bar{x}_j)^2\right)\right]^{1/2}} \quad (13.4)$$

当 $C_{ij}(2)=1$ 或 -1 时，表示两变量完全线性相关；当 $C_{ij}(2)=0$ 时，表示两变量线性不相关。

一般有 $|C_{ij}(2)|\leqslant 1$，且 $|C_{ij}(2)|$ 越大，线性相关程度越高。另外，从相似系数和相关系数的公式可以看出，当两变量经过中心化处理之后，相关系数就变成了相似系数。

3. 变量之间距离的度量

两个变量之间的距离通常定义为：$d_{ij}=1-C_{ij}^2(k)$，$k=1,2$。由于变量之间越相似，$C_{ij}^2(k)$ 越大，从而 d_{ij} 越小，距离就越短，这与样品之间用距离来度量相似性是一致的。

以上关于样品或变量相似性的度量是针对定量变量而言的，对于属性变量也可以定义样品和变量的相似性，有兴趣的读者可参见参考文献[13]。

13.1.3 聚类分析的主要步骤

一般来说，聚类分析至少应该包括以下四个步骤：首先，根据研究的目的选择合适的聚类变量；其次，计算相似性测度；第三，选定聚类方法进行聚类；第四，对结果进行解释和验证。下面我们对每一步骤进行简单介绍。

1. 选择变量

因为聚类分析是根据所选定的变量对研究对象进行分类，聚类的结果仅仅反映了选定变量所定义的数据结构，所以变量的选择在聚类分析中非常重要。一般来说，选择哪些变量应该具有一定的理论支持，但实践中往往缺乏这样强有力的理论基础，研究者一般是根据实际工作经验和所研究问题的特征，人为地选择一些变量。一般来说，这些变量应该具有以下特点：

（1）和聚类分析的目标密切相关。

（2）反映了要分类对象的特征。

（3）在不同研究对象上的值具有明显差异。

（4）变量之间不应该高度相关。

2. 计算相似性

根据聚类对象（样品聚类还是变量聚类），选择相应的相似性度量方法和距离计算公式，计算出样品或变量之间的距离以及类与类之间的距离。

3. 聚类

聚类过程涉及两个问题：一是选定聚类方法。不同的聚类方法，得到的聚类结果往往是不同的。最常见的聚类方法是系统聚类法，将在下一节介绍；二是类数的确定。如何确定所聚类数的多少，既是一个技术问题，也是一个经验问题，往往需要两者的结合，也将在下一节介绍。

4. 聚类结果的解释和证实

得到聚类结果后，最后一步还应该对结果进行验证和解释，以保证聚类结果是可信的。

13.2 系统聚类方法简介

13.2.1 系统聚类分析方法

设有 n 个样品，每个样品有 p 项指标。系统聚类的基本思想是：

首先定义样品间（变量间）的距离（或相似系数）和类与类之间的距离。一开始将 n 个样品各自自成一类，这时类间的距离与样品间的距离是一致的，然后将距离最近的两个类进行合并形成一个新类，并计算新类与其他类之间的距离，再按距离最小准则并类。每并类一次，类的个数就减少 1，这一过程一直持续到所有的样品都被归为一类为止。

根据以上聚类分析的基本思想以及各种距离的定义，可以得到不同的系统聚类方法，简介如下：

1. 最短距离法（Single Linkage）

为了以下叙述的方便，我们先给出如下记号。

用 d_{ij} 表示样品 X_i 和 X_j 之间的距离，当样品之间相似程度用相似系数或相关系数表示时，$d_{ij} = 1 - C_{ij}^2(k)$，用 G 代表类，则 G_i 表示第 i 个类，D_{ij} 表示第 i 个类 G_i 和第 j 个类 G_j 之间的距离。

所谓最短距离法就是类与类之间的距离，定义为两个类中所有样品之间最短的距离，即：

$$D_{ij} = \min_{k \in G_i, l \in G_j} d_{kl}，这里 k \in G_i 表示 X_k \in G_i，以下同。$$

由最短距离法对距离的定义可以得到最短距离法的一般步骤如下：

第一步，规定样品之间的距离计算方法。并计算 n 个样品（此时也可以看作为 n 类）之间的距离阵 D_0，它是一个 $n \times n$ 的对称阵。

第二步，选择 D_0 中非主对角线上的最小元素，记为 D_{ij}，则第 i 个类 G_i 和第 j 个类 G_j 就可以合并成一个新类 $G_{(k)} = \{G_i, G_j\}$。由于 G_i 和 G_j 分别仅含有一个样品 X_i 和 X_j，所以新类 $G_{(k)}$ 仅含有两个样品，即 $G_{(k)} = \{X_i, X_j\}$，此时类的个数为 $n-1$ 个，分别为 $G_1, \cdots, G_{i-1}, G_{i+1}, \cdots, G_{j-1}, G_{j+1}, \cdots, G_n, G_{(k)}$。

第三步，计算新类 $G_{(k)}$ 与其他 $n-2$ 个类之间的距离，计算公式为：

$$D_{(k)l} = \min_{k \in G_{(k)}, l \in G_l} d_{kl} = \min\left\{\min_{i \in G_i, l \in G_l} d_{il}, \min_{j \in G_j, l \in G_l} d_{jl}\right\} = \min\{D_{il}, D_{jl}\} \qquad (13.5)$$

将 D_0 中的第 i 行和第 j 行，第 i 列和第 j 列用上式计算的距离代替，其他行与列的距离保持不变，记这样得到的距离阵为 D_1，则 D_1 为 $(n-1) \times (n-1)$ 的对称阵。

第四步，对 D_1 重复上述对 D_0 的两步得到距离阵 D_2，如此下去，直到所有样品合并为一类为止。

如果进行到某一步，距离阵 D_m 中的最小元素不止一个，则对应这些元素的类可以同时合并成不同的类。

2. 最长距离法

如果类与类之间的距离定义为两个类中样品之间距离的最大者，即：

$$D_{ij} = \max_{k \in G_i, l \in G_j} d_{kl} \qquad (13.6)$$

则称为最长距离法。最长距离法与最短距离法的聚类步骤完全相同，只是距离的定义和类间距离的递推公式有所不同。最长距离法类间距离的递推公式为：

$$D_{(k)l} = \max_{k \in G_{(k)}, l \in G_l} d_{kl} = \max\left\{\max_{i \in G_i, l \in G_l} d_{il}, \max_{j \in G_j, l \in G_l} d_{jl}\right\} = \max\{D_{il}, D_{jl}\} \qquad (13.7)$$

需要注意的是：虽然类间距离被定义为最远样品之间的距离，但是在并类时仍按最短距离进行。以下其他方法与此类似，即不同方法之间只是距离定义和递推公式不同，但并类时仍以最短距离进行并类。

3. 中间距离法

如果类与类之间的距离既不采用最短距离也不采用最长距离，而是介于两者之间，这种聚类方法称为中间距离法。

当进行到某一步，类 G_i 和 G_j 并类为 $G_{(k)}$，则按中间距离法计算新类 $G_{(k)}$ 与其他类 G_l 之间距离的递推公式为：

$$D^2_{(k)l} = \frac{1}{2}D^2_{il} + \frac{1}{2}D^2_{jl} + \beta D^2_{ij}, \qquad -\frac{1}{4} \leqslant \beta \leqslant 0 \qquad (13.8)$$

一般取 $\beta = -1/4$，此时由初等几何知 $D_{(k)l}$ 就是以 D_{il}，D_{jl}，D_{ij} 为边的三角形中 D_{ij} 边上的中线。

当以上递推公式变为：$D^2_{(k)l} = \dfrac{1-\beta}{2}(D^2_{il} + D^2_{jl}) + \beta D^2_{ij}$，其中 $\beta < 1$ 时，中间距离法就变成了可变距离法。

4. 重心法

类与类之间的距离定义为两类重心之间的距离。

设类 G_i 和 G_j 分别含有 n_i 和 n_j 个样品，它们的重心分别为 $\bar{X}_i$ 和 $\bar{X}_j$，则当 G_i 和 G_j 合并为新类 $G_{(k)}$ 后，$G_{(k)}$ 的重心为：$\dfrac{1}{n_{(k)}}(n_i \bar{X}_i + n_j \bar{X}_j)$，其中，$n_{(k)} = n_i + n_j$。若按欧氏距离计算 $G_{(k)}$ 与其他类 G_l 之间的距离，则重心法计算类 $G_{(k)}$ 与 G_l 之间距离的递推公式为：

$$D^2_{(k)l} = \dfrac{n_i}{n_{(k)}} D^2_{il} + \dfrac{n_j}{n_{(k)}} D^2_{jl} - \dfrac{n_i n_j}{n^2_{(k)}} D^2_{ij} \qquad (13.9)$$

5. 类平均法

类 G_i 与类 G_j 之间的距离定义为样品之间平方距离的平均值，即：

$$D^2_{ij} = \dfrac{1}{n_i n_j} \sum_{i \in G_i, j \in G_j} d^2_{ij} \qquad (13.10)$$

当 G_i 和 G_j 合并为新类 $G_{(k)}$ 后，按类平均法计算类 $G_{(k)}$ 与其他类 G_l 之间的距离递推公式为：

$$D^2_{(k)l} = \dfrac{n_i}{n_{(k)}} D^2_{il} + \dfrac{n_j}{n_{(k)}} D^2_{jl} \qquad (13.11)$$

类平均法较好地利用了所有样品之间的信息，在许多情况下它被认为是一种较好的系统聚类方法。

当上述递推公式变为：

$$D^2_{(k)l} = (1-\beta)\left(\dfrac{n_i}{n_{(k)}} D^2_{il} + \dfrac{n_j}{n_{(k)}} D^2_{jl}\right) + \beta D^2_{ij}, \quad \beta < 1 \qquad (13.12)$$

形式时，这种聚类方法称为可变类平均法。

6. 离差平方和法（Ward 法）

这种方法是 Ward 于 1963 年首先提出的，所以也称为 Ward 方法。

Ward 法的基本思想来自方差分析。如果分类正确，则类内样品的离差平方和应较小，而不同类间样品的离差平方和应较大。设已将 n 个样品分为 k 个类：$G_1, G_2, \cdots, G_k$，则第 i 个类 G_i 样品间离差平方和为：

$$S_i^2 = \sum_{l=1}^{n_i}(X_l - \bar{X}_l)'(X_l - \bar{X}_l) \tag{13.13}$$

k 个类的类内离差平方和为:

$$S_A^2 = \sum_{i=1}^{k} S_i^2 = \sum_{i=1}^{k}\sum_{l=1}^{n_i}(X_l - \bar{X}_l)'(X_l - \bar{X}_l) \tag{13.14}$$

当 k 固定时,应选择使 S_A^2 达到最小的分类。

Ward 法把两类合并后增加的离差平方和看成类间的平方距离,即:

$$D_{ij}^2 = S_{(k)}^2 - (S_i^2 + S_j^2) \tag{13.15}$$

当 G_i 和 G_j 合并为新类 $G_{(k)}$ 后,按离差平方和法计算类 $G_{(k)}$ 与其他类 G_l 之间的距离的递推公式为:

$$D_{(k)l}^2 = \frac{n_i + n_l}{n_{(k)} + n_l}D_{il}^2 + \frac{n_j + n_l}{n_{(k)} + n_l}D_{jl}^2 - \frac{n_l}{n_{(k)} + n_l}D_{ij}^2 \tag{13.16}$$

13.2.2 类数的确定

在聚类分析中,如何确定类的个数,这是一个十分困难但又必须解决的问题,人们至今也没有找到一个很好的解决方法。通常的做法是从技术和经验两方面,结合实际背景来确定。

以下我们给出几种常用的确定类的技术方法,至于经验则需要通过多实践才能掌握。

13.2.2.1 通过门限值来确定类的个数

我们知道,聚类过程可以用聚类图直观地表现出来,但是聚类图并没有指出应该聚多少类,这时就需要研究者根据聚类图的形状以及经验和应用目的,主观上给定一个门限值,要求类与类之间的距离要大于给定的门限值,而同一类间的距离应小于或者等于该门限值。该方法相当于在聚类图上用刀子在门限值处拦腰切断,如果类与类之间的连线没有被切断,就聚为一类,否则就聚为不同的类。

13.2.2.2 根据样品的散点图直观地确定类的个数

当样品所含指标只有 2 个或 3 个时,可以运用散点图或三维旋转图的分布情况直观地确定类的个数。当指标的个数超过 3 个时,可以利用主成分方法把这些指标综合为二个或三个综合指标,再考察综合指标的散点图,从中确定类的个数。

13.2.2.3 根据样本统计量确定类的个数

设已将 n 个样品分为 k 个类：$G_1, G_2, \cdots, G_k$，则第 i 个类 G_i 样品间离差平方和为：

$$S_i^2 = \sum_{l=1}^{n_i} (X_l - \overline{X}_l)'(X_l - \overline{X}_l) \qquad (13.16)$$

k 个类的类内离差平方和为：

$$S_A^2 = \sum_{i=1}^{k} S_i^2 = \sum_{i=1}^{k} \sum_{l=1}^{n_i} (X_l - \overline{X}_l)'(X_l - \overline{X}_l) \qquad (13.17)$$

n 个样品总的离差平方和为：

$$S_T^2 = \sum_{l=1}^{n} (X_l - \overline{X})'(X_l - \overline{X}) \qquad (13.18)$$

可以证明，S_T^2 可以被分解成 $S_T^2 = S_A^2 + S_B^2$，其中

$$S_B^2 = \sum_{i=1}^{k} n_i (\overline{X}_i - \overline{X})'(\overline{X}_i - \overline{X})$$

$\overline{X}$ 为所有样品的总重心，定义为：

$$\overline{X} = \frac{1}{n} \sum_{i=1}^{k} n_i \overline{X}_i \qquad (13.19)$$

1. R^2 统计量

定义 R^2 统计量为：$R^2 = 1 - \dfrac{S_A^2}{S_T^2} = \dfrac{S_B^2}{S_T^2}$，$R^2$ 值越大，$\dfrac{S_A^2}{S_T^2}$ 越小，表明内类离差平方和在总离差平方和中所占比例越小，说明 k 个类分得越开。因此 R^2 可以用来评价合并为 k 个类时的聚类效果，R^2 值越大，聚类效果越好。

由于 R^2 值总是在 0 和 1 之间，而且随着类数的减少而变小。当 n 个样品最终被聚为一类时，$R^2 = 0$，因此单纯考虑某次聚类后的 R^2 值意义并不大。对 R^2 值必须动态地进行考察，也就是说，当聚类到某一步，n 个样品已被分为 k 个类，当下一步分为 $k-1$ 个类时的 R^2 值有明显的下降，则聚为 k 个类是比较合适的。

2. 伪 F 统计量

定义伪 F 统计量为：

$$伪 F = \frac{S_B^2/(k-1)}{S_A^2/(n-k)} = \frac{(S_T^2 - S_A^2)/(k-1)}{S_A^2/(n-k)} \qquad (13.20)$$

该统计量从形式上看类似于方差分析中的 F 统计量，只是该统计量并不服从 F 分布，所以称为伪 F 统计量。该值越大，表明 n 个样品越可显著地被分为

k 个类。

3. 伪 T^2 统计量

伪 T^2 统计量定义为：

$$伪 \quad T^2 = \frac{D_{ij}^2}{(S_i^2 + S_j^2)/(n_i + n_j - 2)} \tag{13.21}$$

其中，$D_{ij}^2 = S_{(k)}^2 - (S_i^2 + S_j^2)$，表示类 G_i 和 G_j 合并为新类 $G_{(k)}$ 以后增加的离差平方和。该统计量从形式上看类似 T^2，但是没有 T^2 类似的分布。伪 T^2 统计量值大表明类 G_i 和 G_j 合并为新类 $G_{(k)}$ 之后，类内离差平方和相对于原 G_i 和 G_j 两类的类内平方和大，说明合并的两个类是比较分开的，也就是说上一次聚类的效果较好。

4. 半偏 R^2 统计量

半偏 R^2 统计量定义为：半偏 $R^2 = \dfrac{D_{ij}^2}{S_T^2}$，该统计量与伪 T^2 有类似的含义。当本步半偏 R^2 统计量值大，说明上一步聚类效果好。

13.3 样品聚类与 CLUSTER 过程

13.3.1 CLUSTER 过程的主要功能

在 13.1 节中，我们已经介绍了聚类分析根据对象不同可以分为 Q 型和 R 型两种聚类方法，前者是对样品聚类，后者是对变量聚类。本节我们将介绍样品聚类的 SAS 过程及其常用语句。

在 SAS 系统的聚类分析中，对样品聚类的过程名是 CLUSTER，它的主要功能是：

（1）提供了 11 种对样品进行系统聚类的方法，每种聚类方法的基本原理是一样的，区别在于距离的定义和类与类之间的递推公式不同。

（2）样品数据可以是原始坐标型，也可以是距离型，还可以是属性数据。

（3）提供了用于确定类的个数的统计量，这些统计量在每次聚类过程中都被给出，用户可以根据这些统计量值的变化来确定类的个数。

（4）聚类分析输出的数据集可以用于画谱系聚类图，它直观地展现了聚类的整个过程，同时聚类图还可以为类个数的确定提供直观的依据，所以实际应用中聚类分析都要画系统聚类图。

13.3.2 CLUSTER 过程的一般格式

对样品聚类的 SAS 过程是：CLUSTER 过程，该过程的一般格式如下：

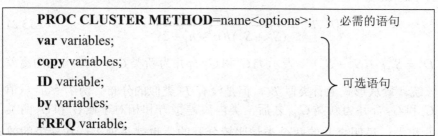

在 SAS 系统的 CLUSTER 过程中，只有 PROC CLUSTER 语句是必需的，其他都是可选的。

13.3.2.1 PROC CLUSTER 语句

该语句的一般格式为：**PROC CLUSTER METHOD=name<options>;**

该语句表示调用 CLUSTER 过程，并开始执行系统聚类分析。在该语句中，作为聚类的方法必须给定，即 PROC CLUSTER 后必须有 METHOD=name（name：为聚类方法名）。

常用的聚类分析方法及其 SAS 名如下：

（1）AVERAGE 或 AVE：类平均法，距离为平方距离，除非规定 NOSQUARE。

（2）CENTROID 或 CEN：重心法，距离为平方距离，除非规定 NOSQUARE。

（3）COMPLETE 或 COM：最长距离法。

（4）EML：最大似然谱系聚类。

（5）SINGLE 或 SIN：最短距离法。

（6）WARD 或 WAR：Ward 最小方差法。

（7）MEDIAN 或 MED：中间距离法。

（8）FLEXIBLE 或 FLE：可变距离法。

PROC CLUSTER 语句中的选择项（options）常用的有以下几类：

1. 数据集选项

（1）DATA=sas-data-set：规定输入数据集名。如果数据集的类型为 TYPE=DISTANCE，那么数据被认为是距离阵，否则，认为是欧氏空间中的坐标数据，并计算欧氏距离。

（2）OUTTREE=sas-data-set：生成记录聚类过程的输出数据集，用于画谱系聚类图的 TREE 过程可使用该数据集。如果缺省，则采用 DATAn 规则来命名。

2. 聚类前的数据处理及聚类细节选项

（1）STANDARD|STD：对变量进行标准化处理，使处理后的数据均值为 0，方差为 1。该选项仅用于输入的数据是坐标数据。

（2）NOSQUARE：阻止过程在使用 AVE，CEN，MED 或 Ward 等方法进行聚类时对距离进行平方。

（3）NOEIGEN：阻止计算立方聚类标准的特征根。

（4）BETA：对可变类平均法规定参数 β 值。

（5）NONORM：防止把距离规范化为单位均值或单位均方。如同 Ward 方法一起使用，该选项阻止过程用总离差平方和去除类间平方和得到平方半偏相关。

3. 控制输出选项

（1）PSEUDO：输出伪 F 统计量和伪 T^2 统计量，该选项仅对数据为坐标数据或方法为 AVE，CEN 和 Ward 时有效。

（2）RSQARE|RSQ：输出 R^2 和半偏 R^2。该选项仅对数据为坐标数据或方法为 AVE，CEN 和 WARD 时有效。

（3）PRINT=n|P=n：指定输出聚类过程的最后 n 层。

（4）SIMPLE：输出每个变量的描述性统计量。

13.3.2.2　VAR 语句

该语句的一般格式为：**var variables;**

该语句规定用于进行聚类分析数值型变量，如缺省，则使用所有在其他语句中没有出现的数值型变量。

13.3.2.3　COPY 语句

该语句的一般格式为：**copy variables;**

该语句把 copy 之后列出的变量（一般是 VAR 等其他语句没有列出的）从输入数据集复制到 OUTTREE 所规定的数据集中，以备后用。

13.3.2.4　ID 语句

该语句的一般格式为：**ID variable;**

该语句指定一个变量作为识别聚类过程中的输出，并作为 OUTTREE 规定的数据集中的观测，缺省时，系统用 Obn，表示第 n 个观测。在聚类分析中，为识别观测通常使用该语句。

13.3.3 应用举例

作为 CLUSTER 过程的一个应用，我们先来看一看例 13.1 的聚类情况。

假定例 13.1 中的数据已经过 data 步创建为一个名为 ecodelop 的 SAS 数据集存放 SASUSER 库中。为进行聚类分析，首先必须利用 data 步中的 set 语句把该数据集转化为当前可用的数据集，数据集名仍为 ecodelop，变量名分别是：$X1$ 代表地区生产总值、$X2$ 代表人均地区生产总值、$X3$ 代表社会消费品零售总额、$X4$ 代表城乡居民储蓄存款余额、$X5$ 代表全社会固定资产投资、$X6$ 代表进出口总额、$X7$ 代表财政收入、$X8$ 代表财政支出、$X9$ 代表货物周转量，然后调用 CLUSTER 过程进行聚类分析。程序如下：

```
data ecodelop;set sasuser.ecodelop;run;
proc cluster data=ecodelop method=ward nonorm
std outtree=eco1 pseudo; id province; run;
```

程序说明：程序首先读入已存在 SASUSER 库中的数据，接着调用 cluster 过程，其中，聚类方法采用 Ward 最小方差聚类法，选项 std 要求对原始数据标准化，这样做的好处是消除了指标之间由于量纲不同而不可比的问题。选项 nonorm 不要求平方和为单位均方，且不用总离差平方和去除类间平方和得到平方半偏相关。选项 outtree=给出输出数据集的名字为 eco1，该数据集记录了整个聚类过程，通常它都是作为画聚类图的 TREE 过程的输入数据集，本例也是如此，参见以下的 TREE 过程。选项 pseudo 要求输出伪 F 统计量和伪 T^2 统计量，由于 R^2 和半偏 R^2 在 Ward 聚类分析方法中总被输出，所以没有给出选项 RSQ。程序中没有给出分析变量，表明没有在其他语句中出现的所有数值型变量，都作为聚类变量，本例为 $X1-X9$，ID 语句用于识别输出结果中的样品，本例识别变量为 province。以上程序运行结果如下：

输出 13.1(A)   9 个聚类变量的特征值信息

Ward's Minimum Variance Cluster Analysis（WARD 最小方差聚类分析）				
Eigenvalues of the Correlation Matrix（相关阵的特征值）				
	Eigenvalue	Difference	Proportion	Cumulative
1	6.84628	5.54626	0.7607	0.7607
2	1.30002	0.81049	0.1444	0.9051
3	0.48953	0.29382	0.0544	0.9595
4	0.19570	0.10519	0.0217	0.9813
5	0.09051	0.04397	0.0101	0.9913
6	0.04654	0.02949	0.0052	0.9965
7	0.01705	0.00760	0.0019	0.9984
8	0.00945	0.00453	0.0011	0.9995
9	0.00492	.	0.0005	1.0000
The data have been standardized to mean 0 and variance 1				
Root-Mean-Square Total-Sample Standard Deviation = 1				

输出 13.1（A）虽然对聚类结果的分析意义不大，但是它却包含着一个重要信息：9 个变量的统计信息可以用两个主成分来近似反映，这有助于用两个主成分画散点图，以便直观地确定类的个数。

输出 13.1(B)　由 Ward 聚类法给出的聚类过程

NCL	-Clusters Joined-		FREQ	SPRSQ	RSQ	Pseudo F	Pseudo t**2	BSS
30	青海	宁夏	2	0.0000	1.00	2001	.	0.0047
29	江西	广西	2	0.0001	1.00	647	.	0.0251
28	海南	CL30	3	0.0001	1.00	536	5.6	0.0261
27	湖北	湖南	2	0.0002	1.00	373	.	0.0554
26	CL28	西藏	4	0.0002	0.999	320	3.7	0.0571
25	贵州	甘肃	2	0.0002	0.999	291	.	0.0631
24	CL29	陕西	3	0.0003	0.999	267	3.0	0.0756
23	山西	黑龙江	2	0.0004	0.998	233	.	0.1136
22	CL24	重庆	4	0.0004	0.998	215	2.3	0.1175
21	CL22	云南	5	0.0006	0.997	191	2.3	0.1662
20	吉林	CL21	6	0.0010	0.996	161	2.7	0.2635
19	CL25	新疆	3	0.0010	0.995	144	4.3	0.2727
18	安徽	CL27	3	0.0012	0.994	130	6.1	0.3352
17	河北	辽宁	2	0.0014	0.993	120	.	0.3753
16	CL23	CL20	8	0.0019	0.991	109	4.0	0.5127
15	内蒙古	福建	2	0.0019	0.989	102	.	0.5258
14	河南	四川	2	0.0023	0.987	96.6	.	0.6168
13	CL15	CL18	5	0.0049	0.982	80.8	4.3	1.3122
12	CL17	CL14	4	0.0061	0.976	69.4	3.3	1.6415
11	CL26	CL19	7	0.0063	0.969	63.4	20.0	1.694
10	江苏	山东	2	0.0082	0.961	57.9	.	2.2117
9	CL16	CL13	13	0.0088	0.952	55.1	7.5	2.3794
8	CL10	浙江	3	0.0110	0.941	52.9	1.3	2.9572
7	天津	上海	2	0.0332	0.908	39.6	.	8.9511
6	北京	CL12	5	0.0360	0.872	34.2	11.1	9.71
5	CL9	CL11	20	0.0530	0.819	29.5	32.2	14.309
4	CL8	广东	4	0.0588	0.761	28.6	6.1	5.865
3	CL6	CL7	7	0.0936	0.667	28.0	5.9	25.261
2	CL3	CL4	11	0.1718	0.495	28.5	6.2	46.381
1	CL2	CL5	31	0.4953	0.000	.	28.5	133.72

输出 13.1（B）给出了由 Ward 聚类法给出的聚类过程，从并类（-Clusters Joined-）所在的两列可以看到，Ward 法首先把青海和宁夏聚为一类，记为 CL30，两者之间的离差平方和（BBS 所在列）为 0.0047，是所有样品（31 个类）间离差平方和最小者；接下来把江西和广西聚为一类，记为 CL29，两者之间的离差平方和为 0.0251，是所有 30 个类中离差平方和最小者；第三次是把海南与 CL30 聚为一类，记为 CL28。由于 CL30 已含有青海和宁夏两个样品，所

以 CL28 含有海南、青海和宁夏三个样品，与"FREQ"列对应该行的值是一致的，这一过程一直持续到所有样品被归为一类，并类思想与所解释的三个类的合并过程是一样的。在整个聚类过程中，Ward 法并没有指出合并成几类，但给出了与分类有关的几个统计量的值，样品被归为最后 6 类时有关统计量列表如下（见表 13.2）：

表 13.2 聚类过程输出的有关统计量

统计量	样品被合并的类数					
	1	2	3	4	5	6
Pseudo F（伪 F）	.	28.5	28.0	28.6	29.5	34.2
Pseudo T^2（伪 T^2）	28.5	6.2	5.9	6.1	32.2	11.1
RSQ（R^2）	0.000	0.495	0.667	0.761	0.819	0.872
SPRSQ（半偏 R^2）	0.4953	0.1718	0.0936	0.0588	0.0530	0.0360

由表 13.2 可以看出，伪 F 统计量在归为 5 类或 6 类时较大，说明归为 5 类或 6 类较好；伪 T^2 统计量在归为 1 类、5 类时较大，由于 T^2 大，表明上一次聚类的效果好，所以由伪 T^2 可知归为 2 类、6 类较好。类似由统计量 RSQ 可得归为 2 类、3 类和 4 类较好，由统计量半偏 RSQ 可得归为 2 类和 3 类较好。考虑到类的个数应具有一定的实用性，所以我们认为归为 5 类或 6 类较好。

为了直观地看出 Ward 法的聚类过程，以下程序利用画聚类图的 tree 过程绘制出了整个聚类过程图。tree 过程的输入数据集是 CLUSTER 过程输出的数据集 eco1，选项 out=out1 规定输出一个包含聚类结果的输出数据集，该选项必须与 n=选项联合使用以给出类的个数，本例要求聚为 5 类或 6 类，之所以选择 5 或 6 是根据以上分析的结果给出的。选项 horizontal 和 graphics 要求绘制水平的、根在左侧的高分辨率聚类图。如果 horizontal 缺省，则绘制一个垂直的、根在上部的高分辨率聚类图。如果 graphics 缺省，则在 OUTPUT 窗口绘制一个低分辨率的聚类图。程序中 sort 过程和 print 过程要求按类降序（descending）排列，并分类打印输出，其中识别变量仍为 province。

    proc tree data=eco1 n=5 out=out1 horizontal graphics;
    id province; run;
    proc sort;by descending cluster;run;
    proc print data=out1; id province;
    by descending cluster;run;

程序输出结果如输出 13.1（C）和图 13.1 所示。

输出 13.1(C)　由 Ward 方法聚成五类时的分类结果

```
------------------------------- CLUSTER=5 -------------------------------
                        PROVINCE    广东
                        CLUSNAME    广东
------------------------------- CLUSTER=4 -------------------------------
                       PROVINCE   天津   上海
                       CLUSNAME   CL7   CL7
------------------------------- CLUSTER=3 -------------------------------
                    PROVINCE   江苏   山东   浙江
                    CLUSNAME   CL8    CL8   CL8
------------------------------- CLUSTER=2 -------------------------------
                PROVINCE    河北   辽宁   河南   四川   北京
                CLUSNAME    CL6    CL6    CL6    CL6    CL6
------------------------------- CLUSTER=1 -------------------------------
PROVINCE  青海 宁夏 江西 广西 海南 湖北 湖南 西藏 贵州 甘肃 陕西 山西 黑龙江 重庆
          云南 吉林 新疆 安徽 内蒙古 福建
CLUSNAME  CL5 CL5 CL5 CL5 CL5 CL5 CL5 CL5 CL5 CL4 CL5 CL5 CL5 CL5
          CL5 CL5 CL5 CL5 CL5   CL5
```

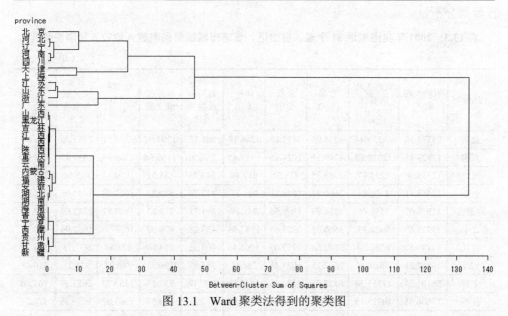

图 13.1　Ward 聚类法得到的聚类图

由图 13.1 可以直观地看出 31 个样品可以分为 5 类或 6 类,当然也可以分为两类。

输出 13.1(C)给出了五个类的具体省份。其中,第五类包含广东,第四类包含天津、上海 2 个直辖市,第三类包含江苏、山东、浙江 3 个省,这三类属于经济发达的地区;第二类包含河北、辽宁、河南、四川、北京 5 个省、直辖市,从经济总量角度看属于经济较发达的地区；而第一类包含 20 个省份，为经济欠发达的中西部或边远地区，这一聚类结果与当时我国的经济状况是比较吻合的。

以下给出聚为 6 类的 SAS 程序：

  proc tree data=eco1 n=6 out=out2 horizontal graphics;

  id province; run;

  proc sort;by descending cluster;run;

  proc print data=out2; id province;

  by descending cluster;run;

以上程序输出结果仅仅只把输出 13.1（C）的第一类进一步细分为两类，即：江西、广西、湖北、湖南、陕西、山西、黑龙江、重庆、云南、吉林、安徽、内蒙古、福建 13 个省（自治区、直辖市）作为一类，这一类主要是中部地区；而青海、宁夏、海南、西藏、贵州、甘肃、新疆 7 个省（自治区）作为一类，这一类主要是西部边疆、区、市。

【例 13.2】 表 13.3 是我国内地各省、自治区、直辖市城镇居民 2007 年度家庭人均收入和消费资料（资料来源：《中国统计年鉴·2008》），对该资料进行聚类分析。

表 13.3 2007 年我国内地 31 个省、自治区、直辖市城镇居民家庭人均收入和消费资料

（单位：元）

地区	家庭人均收入	家庭人均消费性支出	食品支出	衣着支出	居住支出	家庭设备用品及服务支出	医疗保健支出	交通和通信支出	教育文化娱乐服务支出	杂项商品和服务支出
北京	24575.58	15330.44	4934.05	1512.88	1246.19	981.13	1294.07	2328.51	2383.96	649.66
天津	17828.15	12028.88	4249.31	1024.15	1417.45	760.56	1163.98	1309.94	1639.83	463.64
河北	12335.96	8234.97	2789.85	975.94	917.19	546.75	833.51	1010.51	895.06	266.16
山西	12468.41	8101.84	2600.37	1064.61	991.77	477.74	640.22	1027.99	1054.05	245.07
内蒙古	12977.07	9281.46	2824.89	1396.86	941.79	561.71	719.13	1123.82	1245.09	468.17
辽宁	13438.43	9429.73	3560.21	1017.65	1047.04	439.28	879.08	1033.36	1052.94	400.16
吉林	11798.58	8560.30	2842.68	1127.09	1062.46	407.35	854.80	873.88	997.75	394.29
黑龙江	10882.21	7519.28	2633.18	1021.45	784.51	355.67	729.55	746.03	938.21	310.67
上海	26101.54	17255.38	6125.45	1330.05	1412.10	959.49	857.11	3153.72	2653.67	763.80
江苏	17686.48	10715.15	3928.71	990.03	1020.09	707.31	689.37	1303.02	1699.26	377.37
浙江	22583.83	14091.19	4892.58	1406.20	1168.08	666.02	859.06	2473.40	2158.32	467.52
安徽	12499.34	8531.90	3384.38	906.47	850.24	465.68	554.44	891.38	1169.99	309.30
福建	16983.26	11055.13	4296.22	940.72	1261.18	645.40	502.41	1606.90	1426.34	375.98
江西	11984.00	7810.73	3192.61	915.09	728.76	587.40	385.91	732.97	973.38	294.60
山东	15366.26	9666.61	3180.64	1238.34	1027.58	661.03	708.58	1333.63	1191.85	325.64
河南	12082.99	7826.72	2707.44	1053.13	795.39	549.14	626.55	858.33	936.55	300.19

（续）表 13.3

地区	家庭人均收入	家庭人均消费性支出	食品支出	衣着支出	居住支出	家庭设备用品及服务支出	医疗保健支出	交通和通信支出	教育文化娱乐服务支出	杂项商品和服务支出
湖北	12382.93	8701.18	3455.98	1046.62	856.97	550.16	525.32	903.02	1120.29	242.82
湖南	12997.91	8990.72	3243.88	1017.59	869.59	603.18	668.53	986.89	1285.24	315.82
广东	19618.89	14336.87	5056.68	814.57	1444.91	853.18	752.52	2966.08	1994.86	454.09
广西	13182.57	8151.26	3398.09	656.69	803.04	491.03	542.07	932.87	1050.04	277.43
海南	11792.05	8292.89	3546.67	452.85	819.02	519.99	503.78	1401.89	837.83	210.85
重庆	13441.17	9890.31	3674.28	1171.15	968.45	706.77	749.51	1118.79	1237.35	264.01
四川	12009.81	8691.99	3580.14	949.74	690.27	562.02	511.78	1074.91	1031.81	291.32
贵州	11066.43	7758.69	3122.46	910.30	718.65	463.56	354.52	895.04	1035.96	258.21
云南	12296.42	7921.83	3562.33	859.65	673.07	280.62	631.70	1034.71	705.51	174.23
西藏	11951.67	7532.07	3836.51	880.10	628.35	271.29	272.81	866.33	441.02	335.66
陕西	11482.13	8427.06	3063.69	910.29	831.27	513.08	678.38	866.76	1230.74	332.84
甘肃	10859.69	7875.78	2824.42	939.89	768.28	505.16	564.25	861.47	1058.66	353.65
青海	11428.29	7512.39	2803.45	898.54	641.93	484.71	613.24	785.27	953.87	331.38
宁夏	11793.08	7817.28	2760.74	994.47	910.68	480.84	645.98	859.04	863.36	302.17
新疆	11302.99	7874.27	2760.69	1183.69	736.99	475.23	598.78	890.30	896.79	331.80

解：下面程序 DATA 步创建了一个名为 xf2007 的 SAS 数据集。

  data xf2007;

  input province$6. area$2. income consume food clothes resident family medical trans relax other;

  cards;

北京 1 24575.58 15330.44 4934.05 1512.88 1246.19 981.13 1294.07 2328.51 2383.96 649.66

天津 1 17828.15 12028.88 4249.31 1024.15 1417.45 760.56 1163.98 1309.94 1639.83 463.64

Data line（数据省略）

宁夏 5 11793.08 7817.28 2760.74 994.47 910.68 480.84 645.98 859.04 863.36 302.17

新疆 5 11302.99 7874.27 2760.69 1183.69 736.99 475.23 598.78 890.30 896.79 331.80

;

输入变量的含义如下：

province：省份；area：地区，按我国地理区域新划分为七大区，分别为华北，东北，华东，华中，西北，华南和西南，其 area 值分别为 1，2，3，4，5，

6，7；income：家庭人均收入；consume：家庭人均消费性支出；food：食品支出；clothes：衣着支出；resident：居住支出；family：家庭设备用品及服务支出；medical：医疗保健支出；trans：交通和通信支出；relax：教育文化娱乐服务支出；other：杂项商品和服务支出。

  显然对于居民消费问题，除了结构外，总量也是非常重要的指标，但考虑到各项消费支出之和等于总的消费，所以在聚类时仅用消费的结构数据资料。鉴于聚类分析结果与聚类方法和距离的定义有关，本例采用欧氏距离并选择几种有代表性的方法作为聚类时类数确定的参照依据。

本例程序如下：

```
data xf2007;set sasuser.xf2007;run;
proc cluster data=xf2007 method=med outtree=out1 p=7 std pseudo rsq;
var  food clothes resident family medical trans relax other;
id province;run;
proc tree data=out1 horizontal graphics;id province;run;
proc cluster data= xf2007 method=ave outtree=out2 p=7 std pseudo rsq;
var  food clothes resident family medical trans relax other;
id province;run;
proc tree data=out2 horizontal graphics;id province;run;

proc cluster data= xf2007 method=cen outtree=out3 p=7 std pseudo rsq;
var  food clothes resident family medical trans relax other;
id province;run;
proc tree data=out3 horizontal graphics;id province;run;

proc cluster data= xf2007 method=ward outtree=out4 p=7 std pseudo ;
var  food clothes resident family medical trans relax other;
copy income consume;id province;run;
proc tree data=out4  n=5 out=out5 horizontal graphics;
copy  income consume food clothes resident family medical trans relax other;
id province;run;
proc sort data=out5 out=out5;by descending cluster;run;
proc print data=out5(keep=province cluster); by descending cluster;id province;run;
proc means data=out5 mean;by descending cluster;id province;run;

proc cluster data= xf2007 method=fle outtree=out6 p=7
beta=-0.25 std pseudo rsq;
```

var food clothes resident family medical trans relax other;
copy income consume;id province; run;
proc tree data=out6 n=6 out=out7 horizontal graphics;
copy income consume food clothes resident family medical trans relax other;
id province;run;
proc sort data=out7 out=out7;by descending cluster;run;
proc print data=out7(keep=province cluster);
by descending cluster;id province;run;
proc means data=out7 mean;
by descending cluster;id province;run;

程序说明：以上程序中第一个聚类过程采用的是中间距离法，第二个聚类过程采用的是类平均法，第三个聚类过程采用的是重心法，第四个聚类过程采用的是 Ward 法，第五个聚类过程采用的是可变类平均法，参数 β 取 -0.25，以上聚类过程每一个都要求输出最后 7 个类的聚类过程（由选项 $p=7$ 来实现），以及绘制聚类图（由 tree 过程来实现）。为了给出聚类的具体结果，根据有关统计量和聚类图，在第四个 Ward 聚类法和第五个可变类平均法中分别给出了聚为 5 类和 6 类的地区以及每一类的消费和收入的平均水平，以进一步明确这一类所处的消费层次或质量。其中，在 Ward 聚类法中，cluster 过程中的 copy 语句把变量 income，consume 拷贝到输出数据集 out4（因该数据集中已含有除变量 income，consume 以外的其他变量）中，而 tree 过程中的 copy 语句把所有数值型变量全部拷贝到数据集 out5 中（该过程若没有 copy 语句仅含变量 province，cluster，clusname）；sort 过程对 out5 按 cluster 进行降序排列并把输出结果仍作为数据集 out5；print 过程要求仅打印每类所包含的省份。若取消括号中的选项则还将打印每一个省份的消费资料。means 过程要求计算每一类所有数值型变量的平均值。可变类平均法需要输出的内容与 Ward 法基本一致，程序也基本相同，只是在类的个数上要求分为 6 类。以上程序部分输出结果如下：

输出 13.2(A)　变量相关阵的特征值信息（所有聚类方法相同）

	Eigenvalues of the Correlation Matrix			
	Eigenvalue	Difference	Proportion	Cumulative
1	5.70117	4.67250	0.7126	0.7126
2	1.02867	0.52438	0.1286	0.8412
3	0.50428	0.23152	0.0630	0.9043
4	0.27277	0.08662	0.0341	0.9384
5	0.18614	0.02486	0.0233	0.9616
6	0.16128	0.07393	0.0202	0.9818
7	0.08735	0.02900	0.0109	0.9927
8	0.05834	.	0.0073	1.0000

The data have been standardized to mean 0 and variance 1
Root-Mean-Square Total-Sample Standard Deviation =1
Root-Mean-Square Distance Between Observations = 4

输出 13.2（A）虽然对聚类结果的分析意义不大，但是它却包含着一个重要信息：8 个变量的统计信息可以用两个或三个主成分来近似反映，这有助于用两个主成分画散点图，以便直观地确定类的个数，读者不妨试一试。

输出 13.2(B) 五种聚类方法最后 7 个类的聚类过程及有关统计量

Median Hierarchical Cluster Analysis(中间距离法)

NCL	-Clusters	Joined-	FREQ	SPRSQ	RSQ	PSF	PST2	Median Dist
7	CL10	CL13	22	0.0464	0.763	12.9	6.1	0.6311
6	天津	CL7	23	0.0719	0.691	11.2	7.6	0.8055
5	CL6	浙江	24	0.0842	0.607	10.0	6.8	0.773
4	CL5	广东	25	0.1094	0.498	8.9	7.1	0.8008
3	北京	上海	2	0.0219	0.476	12.7	.	0.811
2	CL3	CL4	27	0.3516	0.124	4.1	18.1	0.9237
1	CL2	CL8	31	0.1240	0.000	.	4.1	1.8461

Average Linkage Cluster Analysis（类平均法）

NCL	-Clusters	Joined-	FREQ	SPRSQ	RSQ	PSF	PST2	RMS Dist
7	CL9	CL13	22	0.0464	0.763	12.9	6.1	0.7325
6	CL7	CL8	26	0.0712	0.692	11.2	7.2	0.7703
5	北京	上海	2	0.0219	0.670	13.2	.	0.811
4	浙江	广东	2	0.0238	0.646	16.4	.	0.8444
3	天津	CL4	3	0.0273	0.619	22.7	1.1	0.8904
2	CL5	CL3	5	0.0585	0.560	36.9	2.4	1.0731
1	CL2	CL6	31	0.5602	0.000	.	36.9	1.6051

Centroid Hierarchical Cluster Analysis（重心法）

NCL	-Clusters	Joined-	FREQ	SPRSQ	RSQ	PSF	PST2	Cent Dist
7	CL8	内蒙古	25	0.0265	0.727	10.7	2.5	0.6439
6	CL7	西藏	26	0.0353	0.692	11.2	3.1	0.7422
5	北京	上海	2	0.0219	0.670	13.2	.	0.811
4	CL5	浙江	3	0.0281	0.642	16.1	1.3	0.7951
3	CL4	广东	4	0.0406	0.601	21.1	1.6	0.9012
2	CL3	天津	5	0.0409	0.560	36.9	1.4	0.8759
1	CL2	CL6	31	0.5602	0.000	.	36.9	1.4156

Ward's Minimum Variance Cluster Analysis（Ward 最小方差法）

NCL	-Clusters	Joined-	FREQ	SPRSQ	RSQ	PSF	PST2
7	浙江	广东	2	0.0238	0.809	17.0	.
6	天津	CL7	3	0.0273	0.782	18.0	1.1
5	CL11	CL14	17	0.0317	0.750	19.5	7.4
4	CL5	CL9	21	0.0527	0.698	20.8	7.5
3	CL10	CL6	5	0.0585	0.639	24.8	2.4
2	CL4	CL8	26	0.0789	0.560	36.9	8.3

（续）输出 **13.2(B)**

NCL	-Clusters	Joined-	FREQ	SPRSQ	RSQ	PSF	PST2	Flex Dist
1	CL3	CL2	31	0.5602	0.000	.	36.9	
		Flexible-Beta Cluster Analysis						
NCL	-Clusters	Joined-	FREQ	SPRSQ	RSQ	PSF	PST2	Flex Dist
7	浙江	广东	2	0.0238	0.809	17.0	.	0.9905
6	天津	CL7	3	0.0273	0.782	18.0	1.1	1.0574
5	CL11	CL14	17	0.0317	0.750	19.5	7.4	1.1271
4	CL9	CL6	5	0.0585	0.692	20.2	2.4	1.4708
3	CL5	CL10	21	0.0527	0.639	24.8	7.5	1.4774
2	CL3	CL8	26	0.0789	0.560	36.9	8.3	1.817
1	CL4	CL2	31	0.5602	0.000	.	36.9	4.6796

输出 13.2（B）给出了所有五种聚类方法最后 7 类的聚类过程和有关统计量，从这些统计量的值可以看出，中间距离法倾向于分为 3 类或 5 类，类平均法倾向于分为 2 类或 7 类，重心法倾向于分为 2 类，Ward 法倾向于分为 2 类或 3 类，可变类平均法倾向于分为 2 类、3 类或 4 类。从以上这些统计量给出的分类数看，不同方法给出的分类数不尽相同，因此，具体类数的确定还需借助研究目的和实际应用，综合考虑。例如，2007 年我国城镇居民消费结构可分为 5 类或 6 类，虽然大多数方法都倾向于分为 2 类或 3 类，但是若分为 2 类或 3 类，可能会出现个别类元素较多的情况，这样难以达到分类的目的。从聚类图 13.2 也可以直观地看出分为 5 类或 6 类较合适。

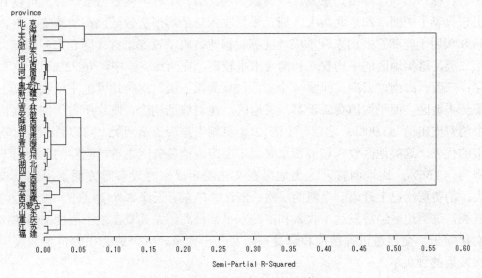

(a) 用 Ward 聚类法给出的聚类图

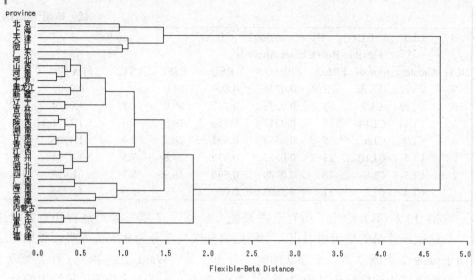

(b) 由可变聚类法给出的聚类图

图 13.2

表 13.4 和表 13.5 分别为用 Ward 聚类法和可变类平均聚类法得到的分类结果，其中 Ward 聚类法分为 5 类，而可变类平均聚类法分为 6 类。在 Ward 聚类法中，甘肃、青海、河南、宁夏、安徽、陕西、江西、贵州、湖北、四川、辽宁、吉林、山西、湖南、黑龙江、新疆、河北 17 个省区被聚为第一类，可以看出它代表了中西部和东北两大区域，平均收入与平均消费较低，在消费支出中，48.87%用于吃和穿；山东、重庆、江苏、福建、内蒙古 5 个省（区、市）被聚为第二类，这类地区的平均收入和消费水平较高，在消费支出中，46.72%用于吃和穿；广西、海南、云南、西藏 4 个省区被聚为第三类，这类地区的平均收入高于第一类地区，而平均消费低于第一类地区，在消费结构中，吃穿所占比例达到整个消费支出的 53.90%；北京、上海 2 个直辖市被聚为第四类，可以看作为直辖市的代表，这类地区收入和消费水平位于全国内地各省区之首，吃穿的比例已下降为 42.66%，比较而言，这类地区在文化娱乐、家庭设备等方面支出比重较大，消费层次已上升为一个新的层次；浙江、广东、天津 3 个省（市）被聚为第五类，这类地区经济发达，收入和消费水平都很高，尤其是在整个消费中居住、文化娱乐、交通通讯等精神和享受型消费支出比重较大，成为引领消费向高层次发展的领头羊。

第 13 章 聚类分析

表 13.4 Ward 聚类法聚为 5 类的结果及每一类的平均消费情况

类别	第一类	第二类	第三类	第四类	第五类
该类所包含地区	甘肃 青海 河南 宁夏 安徽 陕西 江西 贵州 湖北 四川 辽宁 吉林 山西 湖南 黑龙江 新疆 河北	山东 重庆 江苏 福建 内蒙古	广西 海南 云南 西藏	北京 上海	浙江 广东 天津
平均收入	11930.19	15290.85	12305.68	25338.56	20010.29
平均消费	8215.58	10121.73	7974.51	16292.91	13485.65
食品平均支出	3019.19	3580.95	3585.90	5529.75	4732.86
衣着平均支出	996.03	1147.42	712.32	1421.47	1081.64
居住平均支出	835.41	1043.82	730.87	1329.15	1343.48
家庭平均支出	498.05	656.44	390.73	970.310	759.92
医疗平均支出	627.34	673.80	487.59	1075.59	925.18
通讯平均支出	899.83	1297.23	1058.95	2741.12	2249.81
娱乐平均支出	1029.10	1359.84	758.60	2518.82	1931.00
杂项平均支出	310.61	362.234	249.54	706.730	461.75

表 13.5 可变类平均聚类法聚为 6 类的结果及每一类的平均消费支出情况

类别	第一类	第二类	第三类	第四类	第五类	第六类
该类所包含地区	甘肃 青海 安徽 陕西 江西 贵州 湖北 四川 湖南	河南 宁夏 山西 辽宁 吉林 黑龙江 新疆 河北	山东 重庆 江苏 福建 内蒙古	广西 海南 云南 西藏	北京 上海	浙江 广东 天津
平均收入	11856.73	12012.83	15290.85	12305.68	25338.56	20010.29
平均消费	8255.60	8170.55	10121.73	7974.51	16292.91	13485.65
食品平均支出	3185.67	2831.90	3580.95	3585.90	5529.75	4732.86
衣着平均支出	943.83	1054.75	1147.42	712.32	1421.47	1081.64
居住平均支出	772.88	905.75	1043.82	730.87	1329.15	1343.48
家庭平均支出	526.10	466.50	656.44	390.73	970.31	759.92
医疗平均支出	539.59	726.05	673.80	487.59	1075.59	925.18
通讯平均支出	888.63	912.43	1297.23	1058.95	2741.12	2249.81
娱乐平均支出	1095.55	954.33	1359.84	758.60	2518.82	1931.00
杂项平均支出	303.32	318.81	362.23	249.54	706.73	461.75

对 Ward 聚类法和可变类平均法聚类结果进行比较可以发现，两种聚类法得到的聚类结果除了 Ward 聚类法里的第一类，在可变类平均法里被进一步细分为

两类外,其他均相同,这在一定程度上也说明了聚为 5 类或 6 类是比较合理和可信的。

13.4 变量聚类与 VARCLUS 过程

在本章 13.1 节,我们曾经指出聚类分析根据分类对象的不同可以分为 Q 型聚类和 R 型聚类,前者是对样品或观测分类,后者是对指标或变量分类。之所以会产生对指标进行分类的要求,是因为在实际工作中,为了避免遗漏重要的指标,人们往往一开始总是尽可能地选择所有相关因素的指标,而这样做的结果是考察的变量过多,变量间的相关性大,给统计工作带来不便,甚至还会影响研究结果(如回归分析中的自变量多重共线性)。因此,利用聚类分析方法,把相似性强的指标聚为一类,而相似性较弱的指标聚为不同的类,然后在每一类中选择一个代表性指标,并利用这些代表性指标进行有关统计分析,考察研究对象的特性即可得到研究的目的。

13.4.1 变量聚类的系统聚类法

设有 n 个样品,每个样品有 p 个指标(变量),经抽样 n 个样品的观测值为 X_1,X_2,$\cdots$,X_n,其中,$X_i = (x_{i1}, x_{i2}, \cdots, x_{ip})$,$i = 1, 2, \cdots, n$,用矩阵表示为

$$\begin{bmatrix} x_{11} & x_{12} & \cdots & x_{1p} \\ x_{21} & x_{22} & \cdots & x_{2p} \\ \vdots & \vdots & \cdots & \vdots \\ x_{n1} & x_{n2} & \cdots & x_{np} \end{bmatrix} \quad (13.22)$$

在以上矩阵中,p 个变量由矩阵的 p 个列表示,分别记为 $x_j = (x_{1j}, x_{2j}, \cdots, x_{nj})'$,$j = 1, 2, \cdots, p$,变量聚类就是对 p 个变量进行分类。SAS 系统对变量聚类提供了两大类方法:一类是系统聚类法,该方法完全类似于 Q 型聚类;另一类是分裂聚类法,该聚类法将在 13.4.2 节介绍。

系统聚类法具体操作通常采用以下两种方法:

(1)直接利用坐标数据,通过把变量与观测位置对调,即对观测数据阵进行转置,得到矩阵

$$\begin{pmatrix} x_{11} & x_{21} & \cdots & x_{n1} \\ x_{12} & x_{22} & \cdots & x_{n2} \\ \vdots & \vdots & \cdots & \vdots \\ x_{1p} & x_{2p} & \cdots & x_{np} \end{pmatrix} \quad (13.23)$$

对以上矩阵定义欧氏距离，再利用 CLUSTER 过程对变量 $x_1, x_2, \cdots, x_p$ 进行分类。该方法虽然简单，但是没有考虑到变量之间的相似性用相关系数或相似系数比用距离更合适，因此用该方法得到的聚类结果往往不如人意，所以实践中对变量聚类采用此法并不多见。

（2）对变量进行系统聚类的另一方法是利用相关阵或相似矩阵。记变量之间的相关阵或相似阵为 R，则 R 可表示为

$$R = \begin{pmatrix} r_{11} & r_{12} & \cdots & r_{1p} \\ r_{21} & r_{22} & \cdots & r_{2p} \\ \vdots & \vdots & \vdots & \vdots \\ r_{p1} & r_{p2} & \cdots & r_{pp} \end{pmatrix} \quad (13.24)$$

其中，$r_{ij}(i, j = 1, 2, \cdots, p)$ 表示第 i 个变量与第 j 个变量之间的相关系数或相似系数（参见本章13.1节），定义变量之间的距离阵 D 为

$$D = \begin{pmatrix} d_{11} & d_{12} & \cdots & d_{1p} \\ d_{21} & d_{22} & \cdots & d_{2p} \\ \vdots & \vdots & \vdots & \vdots \\ d_{p1} & d_{p2} & \cdots & d_{pp} \end{pmatrix}, \quad 其中，\ d_{ij} = 1 - |r_{ij}|$$

或 $\quad d_{ij} = 1 - r_{ij}^2 \quad (i, j = 1, 2, \cdots, p) \quad (13.25)$

用以上距离阵作为 CLUSTER 过程的输入矩阵进行变量聚类。

以上两种对变量进行系统聚类仍可采用样品系统聚类方法中的任一种。

下面介绍变量聚类的另一大类方法——分裂聚类法。

13.4.2 VARCLUS 过程简介

13.4.2.1 变量分类的分裂聚类法

对变量进行分类，除了系统聚类法外，SAS 系统还专门提供了 VARCLUS（变量聚类）过程用于对变量进行分类，该方法根据相关阵或协方差阵对变量进行分裂聚类或谱系聚类。相关阵和协方差阵都可以用于变量聚类的输入数据集。如果使用相关阵，所有变量被同等看待；如果使用协方差阵，具有较大方差的变量在分析中占有较大的重要性。该方法聚类的原则是：根据主成分分析和因子分析的思想（参见第10章和第11章），使得每一类的主分量或重心分量所解释的方差最大。它的一般步骤如下：

如果没有为过程提供初始分类的信息，VARCLUS 过程开始把所有变量看作为一类，然后重复以下过程：

第一步，首先挑选一个将被分裂的类。选中的类应该满足：要么用它的类分

量所解释的方差的百分比最小，要么同第二个主分量有关的特征根最大。

第二步，把选中的类分裂成两个类。首先计算头两个主分量，再在特征向量上进行方差最大旋转，并把每个变量分配到旋转分量对应的类里，分配的原则是：使变量与这个主分量的相关系数为最大。

第三步，通过迭代，变量被重新分配到这些类里，使得由这些类分量所解释的方差为最大，迭代过程一直到满足用户规定的准则时结束。迭代过程常用的准则一是每个类分量所解释方差的百分比；二是每一个类的第二个特征根，这些准则由用户事先在程序中予以规定。如果缺省，系统规定当每类只有一个特征根大于1时，过程停止迭代。

13.4.2.2　VARCLUS 过程的一般格式

VARCLUS 过程的一般格式如下：

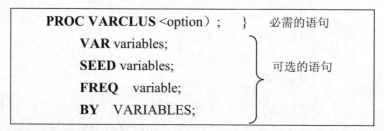

用于 VARCLUS 过程中的语句说明：

1. PROC VARCLUS 语句

该语句的一般格式为：**PROC VARCLUS <option>;**

该语句表示调用 VARCLUS 过程，执行变量聚类。该语句是 VARCLUS 过程中唯一必需的。可以用在该语句中的选择项常用的主要有以下几类：

1) 数据集选项

（1）DATA=SAS-data-set:输入数据集。该数据集可以是通常的 SAS 数据集，也可以是相关阵 CORR，也可以是协方差阵。如果缺省，系统使用最新创建的 SAS 数据集。

（2）OUTSTAT= SAS-data-set:输出数据集。其中，包括均值、标准差、相关系数、类得分系数和类结构。

（3）OUTTREE=SAS-data-set:要求系统输出一个用于绘制聚类图的 SAS 数据集。

2) 确定分类个数选项

（1）MAXCLUSTERS=n |MAXC=n:规定所要求的最大分类个数，缺省时为变量个数。

第 13 章 聚类分析

(2) MINCLUSTERS=n |MINS=n：规定所要求的最小分类个数，缺省时系统从一个类开始试着按照选项 PROPORTION=或者 MAXEIGEN=进行分裂分类。

(3) MAXEIGEN=n：规定每一类第二特征值所允许的最大值。缺省时，若用户没有规定选项 PROPORTION=或者 MAXCLUSTERS=，当输入的数据是相关阵时，其缺省值为 1；若输入的数据是协方差阵时，其缺省值为变量方差的均值。注意该选项不能与 CENTROID 同时使用。

(4) PROPORTION=n|PERCENT=n：规定类分量必须解释的方差比例或百分比。如果指定选项 CENTROID，则缺省时为 0.75，否则缺省值为 0。

3) 聚类方法选项

(1) CENTROID：使用重心分量而不是主分量进行类的分裂，缺省时为主分量分裂聚类。

(2) MAXITER=n：规定最大迭代次数。如规定了 CENTROID，其缺省值为 1，否则其缺省值为 10。

2. SEED 语句

该语句的一般格式为：**SEED variables;**

该语句规定一些变量作为初始分类的变量。

该过程中的 VAR 语句、FREQ 语句、WEIGHT 语句以及 BY 语句的用法与在其他过程中的用法基本相同，读者可以参考前面章节有关内容。

13.4.3 应用举例

作为应用，我们对本章例 13.1 中的 9 个数值型变量进行聚类分析。

【例 13.3】 以下程序对例 13.1 中的变量进行分裂聚类,程序如下：

```
data ecodelop;set sasuser.ecodelop;run;
proc corr outp=out1 noprint;run;
data out2;set out1;if _type_='CORR' then output;else delete;run;
proc varclus data=out2(type=corr) outtree=out3 percent=0.95;
var x1-x9;run;
proc tree data=out3 horizontal graphics;run;
```

程序说明：上述程序中的第一个 data 步把已存在 sasuser 库中的数据集 ecodelop 读入到当前的临时性数据集 ecodelop 中。corr 过程用于计算变量之间的相关系数，var 语句缺省表示计算所有 9 个数值型变量之间的相关系数，选项 noprint 表示不打印输出，但把计算结果输出到由选项 outp=规定的数据集 out1 中。第二个 data 步利用条件 if 语句把变量名为 corr 的观测全部读入到数据集 out2 中生成相关阵，这里的变量名是由系统在运行 corr 过程时自定的。varclus 过程以相关阵 out2 作为输入数据集，选项 outtree=out3 要求输出一个名为 out3 的数据集，该数据集用于绘制变量的聚类图，选项 percent=0.95 表示类分量必须解释方差的 95%，由于方法缺省，系统自定为主分量分裂聚类。tree 过程要求系统以高分辨率绘制变量聚类图。程序运行部分结果如下：

输出 13.3(A)　偏斜主分量聚为 1 个类时的结果

Oblique Principal Component Cluster Analysis（偏斜主分量聚类分析）				
Observations	10000	Proportion	0.95	
Variables	9	Maxeigen	0	
Cluster Summary for 1 Cluster（聚为 1 个类时的汇总结果）				
Cluster	Members	Cluster Variation	Variation Explained	Proportion Explained	Second Eigenvalue
1	9	9	6.846279	0.7607	1.3000
Total variation explained = 6.846279 Proportion = 0.7607				
Cluster 1 will be split because it has the smallest proportion of variation explained, 0.760698, which is less than the PROPORTION=0.95 value.（类1中，类分量解释的方差最小，占总方差的比率为76.07%，未达到规定的95%，故类1将被分裂）				

输出 13.3（A）给出了偏斜主分量聚为 1 个类时的汇总结果，此时类的 Members 为 9，即 9 个变量。由于输入矩阵为相关阵，实际的观测个数 30 没有给出，而是用系统规定的观测次数 10000 代替。Proportion=0.95 为用户给定的迭代准则，即当每一类所解释的方差比例在 95%以上时迭代结束，否则继续分裂迭代。Maxeigen=0 是系统缺省值，及对每一类中的第二特征值没有特别要求（因为相关阵的特征值非负）。从输出结果可以看到，当所有变量聚为一类时，类内方差为 9（因采用的是相关阵），被解释的方差为 6.846279，占总方差的比率为 76.07%，没有得到规定的 95%，所以类 1 要被分裂为两类。

输出 13.3(B)　偏斜主分量聚为 2 个类时的汇总结果

Cluster Summary for 2 Clusters（聚为两个类时的汇总结果）					
Cluster	Members	Cluster Variation	Variation Explained	Proportion Explained	Second Eigenvalue
1	7	7	6.3107	0.9015	0.4847
2	2	2	1.72718	0.8636	0.2728
Total variation explained = 8.03788 Proportion = 0.8931					
R-squared with（R^2信息）					
Cluster	Variable	Own Cluster	Next Closest	1-R**2 Ratio	
Cluster 1	x1	0.9647	0.1789	0.0429	
	x3	0.9658	0.1713	0.0413	
	x4	0.9609	0.2091	0.0494	
	x5	0.8105	0.1258	0.2168	
	x6	0.7392	0.2959	0.3704	
	x7	0.9330	0.4037	0.1124	
	x8	0.9366	0.2296	0.0822	
Cluster 2	x2	0.8636	0.2787	0.1891	
	x9	0.8636	0.1563	0.1617	
Standardized Scoring Coefficients（标准得分系数）					

第 13 章 聚类分析

（续）输出 13.3(B)

```
       Cluster           1         2
       ----------------------------------
          x1          0.155643   0.000000
          x2          0.000000   0.538042
          x3          0.155725   0.000000
          x4          0.155333   0.000000
          x5          0.142655   0.000000
          x6          0.136241   0.000000
          x7          0.153057   0.000000
          x8          0.153359   0.000000
          x9          0.000000   0.538042
              Cluster Structure（类内结构）
       Cluster           1         2
       ----------------------------------
          x1          0.982216   0.422954
          x2          0.527954   0.929295
          x3          0.982735   0.413911
          x4          0.980263   0.457295
          x5          0.900254   0.354706
          x6          0.859776   0.543988
          x7          0.965896   0.635393
          x8          0.967803   0.479149
          x9          0.395331   0.929295
         Inter-Cluster Correlations（类间相关系数）
       Cluster           1         2
          1          1.00000   0.49677
          2          0.49677   1.00000
```

Cluster 2 will be split because it has the smallest proportion of variation explained, 0.86359, which is less than the PROPORTION=0.95 value.（类2中，类分量解释的方差最小，占总方差的比率为86.36%，未达到规定的95%，故类2将被分裂）

输出 13.3（B）给出了偏斜主分量聚为 2 个类时的汇总结果，其中，第一个类含有 7 个变量，分别是x1，x3，x4，x5，x6，x7 和 x8，而第二个类含有 2 个变量，为 x2 和 x9；第一类的类分量解释的方差为 6.3107，占该类方差 7 的 90.15%，该类中第 2 大特征值 Second Eigenvalue 为 0.4847，第二类的类分量解释的方差为 1.72718，占该类方差 2 的 86.36%，该类中第 2 大特征值 Second Eigenvalue 为 0.2728，两类合计解释了 8.03788，占总方差比率的 89.31%。由于第二类中类分量解释的方差最小，且比率不到 95%，所以第二类需继续分裂，见输出 13.3（B）的最底部（Cluster 2 will be split.）。R-squared with 给出有关 R^2 的信息，其中，Own Cluster 列为某变量与自己所在类的类分量之间相关系数平方，此值越大，说明该变量越应该被分到该类中。Next Closest 所在列，表示某变量与最接近类的类分量相关系数的平方，此值越小，说明类分得越好。1-R**2 Ratio 所在列等于（1-R-squared with Own Cluster）除以（1-R-squared with Next Closest），显然此值越小越好。标准得分系数表示由变量预测类分量的标准回归系数，而类结构表示每个变量与类分量之间的相关系数。容易理解某一类中的变量与该类的类分量之间的相关系数较大而与另一类类分量相关系数较小，输出结果也说明了这一点。类间相关系数表明第一类与第二类之间的相关系数为 0.49677，相关性较小。由于变量聚为 3、4 类时仍不满足 percent=0.95 的要求（输出结果省略），所以该过程一直持续到分为 5 类，此时所有类都满足 percent=0.95 的要求，见输出 13.3（C）。

输出 13.3(C)　偏斜主分量聚为 5 个类时的汇总结果

Cluster Summary for 5 Clusters（5 个类时的聚类小结）

Cluster	Members	Cluster Variation	Variation Explained	Proportion Explained	Second Eigenvalue
1	4	4	3.862396	0.9656	0.0823
2	1	1	1	1.0000	.
3	1	1	1	1.0000	.
4	2	2	1.909766	0.9549	0.0902
5	1	1	1	1.0000	.

Total variation explained = 8.772162　Proportion = 0.9747

Cluster	Variable	R-squared with Own Cluster	R-squared with Next Closest	1-R**2 Ratio
Cluster 1	x1	0.9731	0.8824	0.2292
	x3	0.9803	0.8524	0.1331
	x4	0.9640	0.8588	0.2547
	x8	0.9450	0.7761	0.2458
Cluster 2	x2	1.0000	0.5288	0.0000
Cluster 3	x9	1.0000	0.5288	0.0000
Cluster 4	x6	0.9549	0.6762	0.1393
	x7	0.9549	0.8881	0.4030
Cluster 5	x5	1.0000	0.8300	0.0000

No cluster meets the criterion for splitting.（没有类满足分裂准则）

输出 13.3（C）表明当变量被分裂为 5 个类时，每一类的类分量所解释的方差都超过了 95%，最小的类 4 解释的比例也达到了 95.49%，此时迭代结束，也即分类结束，输出 13.3（C）最底部的信息也说明了这一点。分类结果是类 1 含有变量 x1、x3、x4 和 x8，类 2 含有变量 x2，类 3 含有变量 x9，类 4 含有变量 x6 和 x7，类 5 含有变量 x5，这从聚类图 13.3 中可以一目了然地看出。

联系变量的具体含义，可以粗略认为类 1 反映总收入和支出，类 2 反映人均收入，类 3 反映物流量，类 4 反映对外开放程度，类 5 反映总投资。从输出 13.3（C）的 1–R**2 Ratio 列可以看出，所有变量聚类的效果都较好。

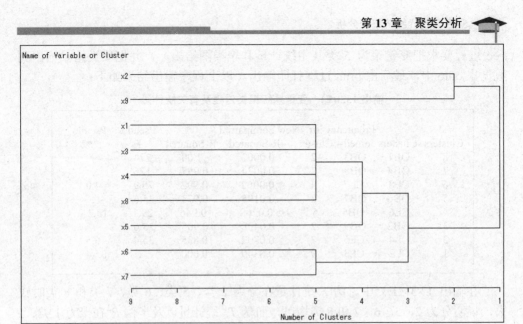

图 13.3　由变量的主分量聚类得到的聚类图

输出 13.3(D)　变量偏斜主分量聚类过程汇总结果

Number of Clusters	Total Variation Explained by Clusters	Proportion of Variation Explained by Clusters	Minimum Proportion Explained by a Cluster	Maximum Second Eigenvalue in a Cluster	Minimum R-squared for a Variable	Maximum 1-R**2 Ratio for a Variable
1	6.846279	0.7607	0.7607	1.300018	0.2521	.
2	8.037880	0.8931	0.8636	0.484719	0.7392	0.3704
3	8.310700	0.9234	0.9015	0.484719	0.7392	0.4223
4	8.633384	0.9593	0.9447	0.177124	0.8875	0.4615
5	8.772162	0.9747	0.9549	0.090234	0.9450	0.4030

作为比较，以下我们给出变量 x1－x9 的系统聚类程序和聚类结果。

系统聚类距离是通过相关系数阵，定义变量与变量之间的距离为 1−相关系数绝对值。系统聚类程序如下：

data out4;set out2; array x{9} x1－x9 ;
do i=1 to 9;x(i)=1-abs(x(i));end;
drop i;run;
proc cluster data=out4 method=ward outtree=out5 pseudo; run;
proc tree data=out5 n=5 out=out6 horizontal graphics;
id _name_ ;run;
proc print data=out6;by cluster;id _name_ ;run;

程序说明：data 语句利用数组和循环语句把相关阵数据集 out2 变换为距离阵 out4，然后把该距离阵作为 cluster 过程的输入数据集，聚类方法采用 Ward 法。

tree 过程要求把变量聚为 5 类（由统计量和聚类图给出），并把聚类结果输出到数据集 out6 中，最后由 print 过程打印输出。以上程序输出结果如下：

输出 13.3(E)　变量系统聚类过程及有关统计量

Clusters	-Clusters Joined--		Frequency of New Cluster	Semipartial R-Squared	R-Squared	Pseudo F	Pseudo t**2
8	OB1	OB3	2	0.0002	1.00	774	.
7	OB4	OB8	2	0.0024	0.997	126	.
6	CL8	CL7	4	0.0052	0.992	75.9	4.0
5	OB6	OB7	2	0.0195	0.973	35.6	.
4	CL6	OB5	5	0.0268	0.946	29.1	10.2
3	OB2	OB9	2	0.0408	0.905	28.6	.
2	CL4	CL5	7	0.0702	0.835	35.4	6.5
1	CL2	CL3	9	0.8349	0.000	.	35.4

在输出 13.3（E）中，伪 F 统计量在分为 2 类、5 类、6 类、7 类和 8 类时较大，说明分为 2，5，6，7 和 8 类均可，而伪 T^2 统计量以及半偏 R^2 在聚为 1 类、2 类、4 类时较大，从而也说明应分为 2，3 类或 5 类，再结合系统聚类图（见图 13.4）以及变量意义，最后在 tree 过程要求聚为 5 类，聚类结果示于表 13.6。

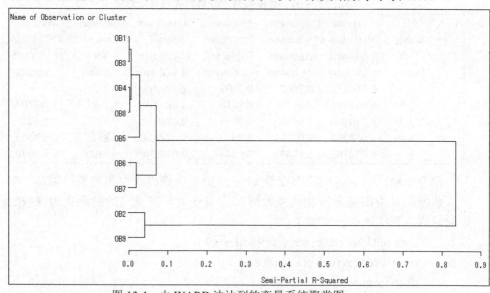

图 13.4　由 WARD 法达到的变量系统聚类图

表 13.6　WARD 法变量聚为 5 类结果

类别	第一类	第二类	第三类	第四类	第五类
所含变量	x1, x3 x4, x8	x6, x7	x5	x2	x9

对照输出 13.3（C）可以看出，除排列顺序略有不同外，分类结果都是一致的。

习 题 13

1. 下表（表 p.13.1）列出了我国内地 31 个省及直辖市 2012 年农村居民消费支出构成，试根据消费的结构数据资料，采用重心法、类平均法、Ward 最小方差法三种方法进行聚类分析，要求：①在聚类时对距离不进行平方；②输出伪 F 统计量和伪 T^2 统计量；③画出每种方法的聚类图；④给出由 Ward 聚成四类时的分类结果。

表 p.13.1

地区	食品、	服装和	住房、水、	家具、家	医疗	交通和	教育、	其他
北京	3944.76	947.97	2199.75	773.55	1398.80	1152.67	1125.25	336.17
天津	3019.86	780.72	1263.51	451.30	1066.27	766.08	760.41	228.40
河北	1817.00	396.58	1137.31	349.90	604.33	358.49	543.75	156.77
山西	1859.98	501.77	1142.14	298.29	625.99	498.02	490.25	149.75
内蒙古	2379.76	481.75	1078.97	268.98	912.25	513.97	588.87	157.42
辽宁	2299.99	517.86	979.77	250.52	668.71	556.56	548.77	176.23
吉林	2268.76	478.74	836.77	251.93	699.03	606.26	840.52	204.15
黑龙江	2164.94	544.64	754.72	229.66	611.34	518.04	727.02	167.67
上海	4847.59	704.43	1834.07	646.13	1704.83	952.10	1028.96	253.39
江苏	3049.11	610.70	1493.21	532.95	1311.05	1184.18	724.23	232.74
浙江	3947.31	751.58	1950.08	604.41	1499.95	902.23	746.05	251.11
安徽	2180.80	331.94	1139.78	346.90	516.60	385.92	510.06	144.00
福建	3403.46	471.44	1165.78	426.70	794.98	565.83	380.60	193.13
江西	2232.83	264.96	1030.18	278.31	494.46	342.70	380.45	105.59
山东	2321.46	454.75	1399.90	405.75	937.55	500.98	635.34	120.21
河南	1701.75	424.12	1060.70	361.63	525.11	343.83	468.81	146.21
湖北	2154.01	316.41	1206.16	397.86	496.10	394.63	591.87	169.68
湖南	2574.81	317.99	1088.23	373.50	481.58	400.22	497.24	136.56
广东	3658.66	319.46	1196.10	378.53	760.07	466.63	446.46	232.66
广西	2085.63	156.47	1200.80	274.63	453.01	270.24	383.95	108.84
海南	2410.07	178.86	828.62	207.47	435.58	253.97	306.54	155.20
重庆	2216.15	380.18	557.02	413.54	489.31	394.23	482.24	85.98
四川	2514.16	338.52	787.41	333.20	463.94	329.29	498.29	101.90
贵州	1740.58	226.81	758.37	211.36	371.35	226.44	282.51	84.30
云南	2080.61	241.07	804.39	247.00	470.19	289.22	362.63	66.22
西藏	1592.00	372.62	251.62	173.31	363.95	40.86	82.67	90.52
陕西	1520.10	332.72	1258.06	298.69	503.34	445.47	619.94	136.37
甘肃	1648.60	303.14	682.30	250.43	436.03	327.30	398.01	100.42
青海	1858.62	404.47	1209.74	257.40	683.73	283.28	520.06	121.62
宁夏	1891.37	463.35	1033.17	304.95	620.79	373.36	492.14	172.21
新疆	1891.10	429.95	1298.54	219.11	646.42	261.74	444.18	110.21

2. 下表（表 p.13.2）是 2013 年我国内地 31 个省及直辖市分地区规模以上工业企业研究与试验发展(R&D)活动及专利情况资料，试根据这些数据进行聚类分析，看哪些省份工业企业(R&D)活动比较接近。

表 p.13.2

地区	R&D 人员全时当量（人年）	R&D 经费（万元）	R&D 项目数（件）	专利申请数（件）	有效发明申请数（件）
北 京	58036	2130618	10037	19210	16402
天 津	68175	3000377	12904	16302	10191
河 北	65049	2327418	7618	9171	4049
山 西	34024	1237698	2885	5083	3008
内蒙古	26990	1004406	2133	2062	1444
辽 宁	59090	3331303	7813	11628	6923
吉 林	23709	698136	6421	2520	2985
黑龙江	37296	950335	4307	4282	2342
上 海	92136	4047800	13441	25738	20140
江 苏	393942	12395745	48530	93518	52718
浙 江	263507	6843562	42158	77067	22578
安 徽	86000	2477246	14394	32909	13582
福 建	100200	2791966	10426	18896	7119
江 西	29519	1106443	4288	4893	2333
山 东	227403	10528097	31906	40030	18340
河 南	125091	2953410	11257	14400	6470
湖 北	85826	3117987	9522	16321	8745
湖 南	73558	2703987	8425	17424	10512
广 东	426330	12374791	40759	96646	97052
广 西	20700	817063	2890	4468	1889
海 南	2882	93567	769	748	683
重 庆	36605	1388199	5794	12221	4792
四 川	58148	1688902	10298	15713	9043
贵 州	16049	342541	1717	3446	1985
云 南	11811	454278	1729	2793	2280
西 藏	81	4617	20	9	32
陕 西	45809	1401480	6099	7258	5449
甘 肃	12472	400743	1731	2440	1028
青 海	2039	89540	145	334	205
宁 夏	4817	167494	1073	1132	387
新 疆	6668	314527	1078	2256	695

3. 下表（表 p.13.3）所列为 2013 年我国内地各地区按来源分农村居民家庭人均纯收入数据（单位：元，资料来源：《中国统计年鉴·2014》）：

表 p.13.3

地 区	工资性收入	家庭经营纯收入	财产性收入	转移性收入
北 京	12034.90	833.40	2023.50	3445.70
天 津	9091.50	4571.60	1120.00	1058.00
河 北	5236.70	3219.20	161.60	484.40
山 西	4041.10	2273.90	93.20	745.30
内蒙古	1694.60	5348.40	371.00	1181.70
辽 宁	4209.40	5160.20	283.20	870.00
吉 林	1813.20	6855.10	187.90	765.00
黑龙江	1991.40	6365.40	429.60	847.80
上 海	12239.40	1062.00	1446.80	4846.80
江 苏	7608.50	4258.40	572.10	1158.70
浙 江	9204.30	4758.60	727.50	1415.70
安 徽	3733.50	3681.40	113.60	569.30
福 建	5193.90	4890.50	359.90	739.80
江 西	4422.10	3683.80	191.00	484.60
山 东	5127.20	4525.20	283.90	683.80
河 南	3581.60	4285.40	160.30	448.10
湖 北	3868.20	4381.60	99.10	518.10
湖 南	4595.60	2962.00	147.70	666.90
广 东	7072.40	2596.40	1040.50	960.00
广 西	2712.30	3420.40	70.40	587.80
海 南	3001.50	4153.80	347.90	839.30
重 庆	4089.20	3136.50	234.70	871.70
四 川	3542.80	3321.20	202.30	829.10
贵 州	2572.60	2355.90	78.40	427.20
云 南	1729.20	3650.40	229.80	532.00
西 藏	1475.30	4157.00	88.90	857.10
陕 西	3151.20	2500.00	212.30	639.00
甘 肃	2203.40	2231.00	132.90	540.50
青 海	2347.50	2570.30	165.90	1112.70
宁 夏	2878.40	3250.00	133.30	669.30
新 疆	1311.80	4654.50	230.10	1100.00

试用以下方法对所有地区进行聚类分析并作出聚类图：

（1）中间距离法；（2）类平均法；（3）重心法；（4）Ward 最小方差法（聚为 5 类，按降序排列，打印每一类所含有的地区以及每一类的纯收入的平均水平），可变类平均法（聚为 6 类，仅打印每一类所含有的地区，参数 β 取

−0.25）。

4. 下表（表 p.13.4）是 2013 年我国重点城市空气质量情况（资料来源:《中国统计年鉴·2014》）：

表 p.13.4

城市	二氧化硫年平均浓度 (μg/m3)	二氧化氮年平均浓度 (μg/m3)	可吸入颗粒物 (PM10) 年平均浓度	一氧化碳日均值 (mg/m3)	臭氧 (O_3) 日最大浓度 (μg/m3)	细颗粒物 (PM2.5) 年平均浓度	空气质量二级以上天数
北京	26	56	108	3.4	188	89	167
天津	59	54	150	3.7	151	96	145
石家庄	105	68	305	5.7	173	154	49
太原	80	43	157	3.4	148	81	162
呼和浩特	56	40	146	4.1	104	57	213
沈阳	90	43	129	3.2	139	78	215
长春	44	44	130	2.1	127	73	230
哈尔滨	44	56	119	2.2	72	81	239
上海	24	48	84	1.6	158	62	246
南京	37	55	137	2.1	138	78	198
杭州	28	53	106	1.9	155	70	212
合肥	22	39	115	1.8	101	88	180
福州	11	43	64	1.2	73	36	343
南昌	40	40	116	1.8	122	69	230
济南	95	61	199	3.1	190	110	79
郑州	59	52	171	4.9	109	108	134
武汉	33	60	124	2.1	161	94	161
长沙	33	46	94	2.3	134	83	196
广州	20	52	72	1.5	156	53	259
南宁	19	38	90	1.7	125	57	275
海口	7	17	47	1.0	106	27	342
重庆	32	38	106	1.5	163	70	207
成都	31	63	150	2.6	157	96	139
贵阳	31	33	85	1.3	101	53	278
昆明	28	40	82	2.0	121	42	329
拉萨	9	22	64	2.0	143	26	341
西安	46	57	189	4.5	132	105	157
兰州	33	35	153	2.2	92	67	193
西宁	48	41	163	3.3	102	70	216
乌鲁木齐	29	61	146	5.9	116	88	184

试根据以上主要城市空气质量数据中的前六个空气中废气含量指标进行聚类分析，并与空气质量达到二级以上天数指标进行对比分析。

5. 下表（表 p.13.5）是 2013 年我国主要城市废气中主要污染物排放情况（单位：吨，资料来源：《中国统计年鉴·2014》）：

表 p.13.5

城市	工业二氧	工业氮氧	工业烟	生活二氧	生活氮氧	生活烟尘
北京	52041	75927	27182	34967	13638	28258
天津	207793	250646	62766	8959	5221	18400
石家庄	176469	200301	99806	9564	2802	6635
太原	88880	96018	37003	33396	6738	26727
呼和浩特	96190	131665	48822	4257	665	3763
沈阳	130672	83348	60425	14389	5154	15276
长春	57246	95190	72970	7344	1545	7919
哈尔滨	65987	85515	82323	50012	22985	80792
上海	172867	262346	67174	42947	23474	6451
南京	110665	109693	65256	1750	400	1000
杭州	82021	67283	40243	633	335	135
合肥	41483	70311	42387	2710	130	3188
福州	76043	72284	43483	1279	169	547
南昌	40756	18597	11413	641	58	254
济南	81118	72969	47117	26087	3629	8355
郑州	106123	134120	33828	11975	1780	9150
武汉	96222	95612	20020	5720	1416	1001
长沙	21173	15951	19545	2366	153	2946
广州	65589	57164	16660	663	276	214
南宁	33045	34797	20950	8748	1068	4631
海口	1798	86	1149	11	17	5
重庆	494415	247905	179842	53261	4487	4401
成都	52040	44411	21452	4891	2109	661
贵阳	70603	30450	24233	35493	1753	5530
昆明	102842	68213	57366	5263	970	328
拉萨	930	2016	538	678	40	199
西安	69103	34917	15893	23831	10951	14012
兰州	72148	79915	40109	7413	1950	1088
西宁	71839	53280	52765	7129	1419	4793
银川	92369	84321	27170	5697	1237	3016
乌鲁木齐	74216	113803	52441	6691	1425	4920

要求完成下列工作：

（1）采用 Ward 最小方差聚类法进行聚类分析；

（2）用 TREE 过程绘制聚类过程图（聚为 4 类，按类降序排列，并分类打印输出，其中识别变量仍为地区名），并与第 4 题进行比较。

第 14 章 时间序列模型与 ARIMA 过程

14.1 时间序列分析简介

在经济分析和科学研究中，经常需要对某一个或者一组变量 y_t 进行观察测量，将在一系列时刻 $t_1, t_2, \cdots, t_n, \cdots$ 所得到的离散数字组成的序列 $y(t_1), y(t_2), \cdots, y(t_n), \cdots$ 称之为时间序列，有时也称为动态数据。这样的动态数据在自然、经济及社会领域都是很常见的，如历年居民收入或消费支出数据，股票的日收盘价数据，历年国民生产总值数据等。为了揭示时间序列变动的规律，通常需要根据研究对象自身特点建立含有时间的数学模型，这样的模型常称为时间序列模型。时间序列模型根据研究对象是否随机分为确定性模型和随机性模型两大类。对于确定性的模型，经常采用移动平均法和指数平滑法进行分析，而对于随机性的时间序列，常用 ARIMA 模型进行分析。本章主要讨论随机性的时间序列，对于确定性时间序列的有关知识，读者可参阅其他有关书籍。

14.1.1 时间序列模型

若对每一个固定的 t，y_t 是一个随机变量，则 $y_1, y_2, \cdots, y_t, \cdots$ 为随机时间序列。而揭示随机时间序列自身的变化规律和相互关系的数学表达式就是时间序列分析模型。

时间序列分析模型一般可分为四种类型：自回归模型（auto-regressive model, AR）、移动平均模型（moving average model, MA）、自回归移动平均模型（auto-regressive moving average model, ARMA）和单位根自回归移动平均模型（integrated moving average models, ARIMA）。更为一般地，当时间序列模型中含有季节变动成分时就应建立相应的季节模型。

1. 自回归模型

若时间序列 y_t 为它的前期值和随机项的线性函数，即

$$\left. \begin{array}{l} y_t = \varphi_1 y_{t-1} + \varphi_2 y_{t-2} + \cdots + \varphi_p y_{t-p} + \mu_t \\ \varphi_p \neq 0 \end{array} \right\} \quad (14.1)$$

则称序列 y_t 为自回归序列，该模型为 p 阶自回归模型，记为 AR（p）。参数 $\varphi_1,\varphi_2,\cdots,\varphi_p$ 为自回归参数，是模型的待估参数。随机项 μ_t 为服从零均值、方差为 σ_μ^2 的正态分布，且互相独立的白噪声序列，称为随机误差项。而且 μ_t 与 $y_{t-1},y_{t-2},\cdots,y_{t-p}$ 不相关。

引入滞后算子 B，模型（14.1）可表示为：

$$y_t = \varphi_1 B y_t + \varphi_2 B^2 y_t + \cdots + \varphi_p B^p y_t + \mu_t \tag{14.2}$$

其中

$$By_t = y_{t-1}, B^2 y_t = y_{t-2}, \cdots, B^p y_t = y_{t-p}$$

进一步有

$$(1-\varphi_1 B - \varphi_2 B^2 - \cdots - \varphi_p B^p)y_t = \mu_t \tag{14.3}$$

再令

$$\Phi(B) = (1 - \varphi_1 B - \varphi_2 B^2 - \cdots - \varphi_p B^p)$$

则模型（14.1）可表示为：

$$\Phi(B)y_t = \mu_t$$

2. 移动平均模型

若时间序列 y_t 为它的当期与前期的随机误差项的线性函数，即

$$\left.\begin{array}{l} y_t = \mu_t - \theta_1 \mu_{t-1} - \theta_2 \mu_{t-2} - \cdots - \theta_q \mu_{t-q} \\ \theta_q \neq 0 \end{array}\right\} \tag{14.4}$$

则称序列 y_t 为移动平均序列，该模型为 q 阶移动平均模型，记为 MA（q）。参数 $\theta_1,\theta_2,\cdots,\theta_q$ 为移动平均参数，是模型的待估参数。

同样，模型（14.4）可表示为：

$$y_t = (1 - \theta_1 B - \theta_2 B^2 - \cdots - \theta_q B^q)\mu_t \tag{14.5}$$

令

$$\theta(B) = 1 - \theta_1 B - \theta_2 B^2 - \cdots - \theta_q B^q$$

则模型（14.4）即可表示为：

$$y_t = \theta(B)\mu_t$$

3. 自回归移动平均模型

若时间序列 y_t 为它的前期值和其当期与前期随机误差项的线性函数，即

$$y_t = \varphi_1 y_{t-1} + \varphi_2 y_{t-2} + \cdots + \varphi_p y_{t-p} + \mu_t - \theta_1 \mu_{t-1} - \theta_2 \mu_{t-2} - \cdots - \theta_q \mu_{t-q} \tag{14.6}$$

则称序列 y_t 为自回归移动平均序列，该模型为（p, q）阶自回归移动平均模型，记为 ARMA（p, q）。参数 $\varphi_1,\varphi_2,\cdots,\varphi_p$ 为自回归参数，参数 $\theta_1,\theta_2,\cdots,\theta_q$ 为移动平均参数，均是模型的待估参数。引入滞后算子 B，则模型（14.6）可表

示为：

$$\varphi(B)y_t = \theta(B)\mu_t$$

4. 单位根移动平均模型

若时间序列 y_t 经过 d 次差分后可以使用 ARMA 模型来描述，则称该时间序列服从 ARIMA（p，d，q），其模型为：

$$(1-B)^d y_t = \varphi_1(1-B)^d y_{t-1} + \varphi_2(1-B)^d y_{t-2} + \cdots + \varphi_p(1-B)^d y_{t-p}$$
$$+ \mu_t - \theta_1 \mu_{t-1} - \theta_2 \mu_{t-2} - \cdots - \theta_q \mu_{t-q} \quad (14.7)$$

引入滞后算子 B，则模型（14.7）可表示为：

$$\varphi(B)(1-B)^d y_t = \theta(B)\mu_t$$

5. 季节 ARIMA 模型

若时间序列 y_t 中含有季节变动成分，其中非季节成分经过 d 次差分，而季节成分经过 D 次差分后可以分别使用 ARMA 模型来描述，则称该时间序列服从 ARIMA((p，d，q)×(P，D，Q)$_S$)，其模型比较复杂，可以表示为：

$$(1-B)^d (1-B^S)^D y_t = \frac{\theta(B)\Theta(B)}{\varphi(B)\Phi(B)}\mu_t \quad (14.8)$$

其中 $\Theta(B)$ 为季节成分的移动平均项，$\Phi(B)$ 为季节自回归项，例如考察一个季度数据，从而有 $S=4$，模型为 ARIMA((2,1,2)×(1,1,1)$_4$)的表达式为：

$$(1-B)(1-B^4)y_t = \frac{(1-\theta_1 B - \theta_2 B^2)(1-\Theta_1 B^4)}{(1-\varphi_1 B - \varphi_2 B^2)(1-\Phi_1 B^4)}\mu_t$$

14.1.2 时间序列分析模型 AR, MA, ARMA 的识别

自回归移动平均模型（ARMA）是随机时间序列分析的常见形式，自回归模型（AR）和移动平均模型（MA）是它的特殊情况。关于这几类模型的研究，是随机时间序列分析的重点内容。对于 ARMA 模型，在进行参数估计前，需要进行模型的识别。识别的基本任务是找出 ARMA（p，q），AR（p），MA（q）模型的具体特征。最主要的是确定模型的阶，即 ARMA（p，q）中的 p 和 q，AR（p）中的 p，MA（q）中的 q。识别的基本方法是利用时间序列样本的自相关函数和偏自相关函数。

14.1.2.1 自相关函数和偏自相关函数

1. MA（q）的自相关函数

模型（14.4）

$$y_t = \mu_t - \theta_1 \mu_{t-1} - \theta_2 \mu_{t-2} - \cdots - \theta_q \mu_{t-q}$$

的自协方差函数为：

$$r_k = E(y_{t+k}, y_t) = \begin{cases} \sigma_\mu^2(1+\theta_1^2+\theta_2^2+\cdots+\theta_q^2) & \text{当}k=0 \\ \sigma_\mu^2(-\theta_k+\theta_1\theta_{k+1}+\cdots+\theta_{q-k}\theta_q) & \text{当}1\leqslant k\leqslant q \\ 0 & \text{当}k>q \end{cases} \quad (14.8)$$

从而根据自相关函数的定义有自相关函数

$$\rho_k = \frac{r_k}{r_0} = \begin{cases} 1 & \text{当}k=0 \\ \dfrac{-\theta_k+\theta_1\theta_{k+1}+\cdots+\theta_{q-k}\theta_q}{1+\theta_1^2+\theta_2^2+\cdots+\theta_q^2} & \text{当}1\leqslant k\leqslant q \\ 0 & \text{当}k>q \end{cases}$$

由此可见，当 $k>q$ 时，$\rho_k=0$，即 y_t 与 y_{t+k} 不相关，这种现象称为截尾，截尾是 MA（q）的一个特征。也就是说，可以根据自相关函数 ρ_k 是否从某一点开始一直为 0 来判断 MA（q）模型的阶 q。

2. AR（p）的自相关函数

模型（14.1）式

$$y_t = \varphi_1 y_{t-1} + \varphi_2 y_{t-2} + \cdots + \varphi_p y_{t-p} + \mu_t$$

的自协方差函数为

$$r_k = E(y_{t+k}, y_t) = \varphi_1 r_{k-1} + \varphi_2 r_{k-2} + \cdots + \varphi_p r_{k-p}$$

从而有自相关函数

$$\rho_k = \frac{r_k}{r_0} = \varphi_1 \rho_{k-1} + \varphi_2 \rho_{k-2} + \cdots + \varphi_p \rho_{k-p} \quad (14.9)$$

根据差分方程知识知，AR（p）模型的自相关函数是按指数衰减的。因此，AR（p）模型的自相关函数具有拖尾性。

由（14.9）式，利用 $\rho_k = \rho_{-k}$，得到下列方程组：

$$\left.\begin{aligned} \rho_1 &= \varphi_1 + \varphi_2\rho_1 + \cdots + \varphi_p\rho_{p-1} \\ \rho_2 &= \varphi_1\rho_1 + \varphi_2 + \cdots + \varphi_p\rho_{p-2} \\ &\vdots \\ \rho_p &= \varphi_1\rho_{p-1} + \varphi_2\rho_{p-2} + \cdots + \varphi_p \end{aligned}\right\} \quad (14.10)$$

此方程组被称为 Yule-Walker 方程组。若已知模型参数 $\varphi_1,\varphi_2,\ldots,\varphi_p$，则由方程组 (14.10)式可解出自相关函数 $\rho_1,\rho_2,\ldots,\rho_p$，然后再带入（14.9）式，则可求出 $k>p$ 时的 ρ_k。

3. ARMA（p, q）的自相关函数

ARMA（p, q）的自相关函数，可以看作 AR（p）的自相关函数和 MA（q）的自相关函数的叠加。容易证明 ARMA（p, q）模型的自相关函数为：

$$r_k = E(y_{t+k}, y_t) = \varphi_1 r_{k-1} + \varphi_2 r_{k-2} + \cdots + \varphi_p r_{k-p} + r_{y\mu}(k) + \theta_1 r_{y\mu}(k-1) + \cdots + \theta_q r_{y\mu}(k-q)$$

其中：

$$r_{y\mu}(k) = E(y_t, \mu_{t+k}) = \begin{cases} 0, & \text{当} k > 0 \\ \sigma_\mu^2 G_{-k}, & \text{当} k < 0 \end{cases}$$

其中，G_{-k} 是格林函数。所以当 $k > q$ 时，有：

$$r_k = \varphi_1 r_{k-1} + \varphi_2 r_{k-2} + \cdots + \varphi_p r_{k-p}$$

故 ARMA（p，q）的自相关函数同（14.9）式，为：

$$\rho_k = r_k / r_0 = \varphi_1 \rho_{k-1} + \varphi_2 \rho_{k-2} + \cdots + \varphi_p \rho_{k-p}$$

因此，ARMA（p，q）模型的自相关函数具有拖尾性。

4. ARMA（p，q）的偏自相关函数

偏自相关函数是 ARMA（p，q）模型的另一个统计特征，它是在已知序列值 $y_{t-1}, y_{t-2}, \cdots, y_{t-k+1}$ 的条件下，对 y_t 与 y_{t-k} 之间关系的一种度量。

以 AR（p）为例，偏自相关函数的含义为：假定先以 AR（$k-1$）去拟合一个序列，然后又以 AR（k）去拟合，后者比前者增加了一个滞后变量 y_{t-k}。若以 φ_{kj} 表示后者的自回归系数，那么对应于滞后变量 y_{t-k} 的系数 φ_{kk}，便称为偏自相关系数。根据 AR（p）的拖尾性质以及偏自相关函数的含义，采用方差最小原则求得偏自相关系数：

$$\varphi_{kj} = \begin{cases} 0 & \text{当} j > p \\ \varphi_j & \text{当} 1 \leq j \leq p, \quad k = p, p+1, \cdots \end{cases}$$

由此得到 AR（p）的主要特征是：当 $k > p$ 时 $\varphi_{kk} = 0$，亦即 AR（p）的偏自相关函数在 p 以后截尾。

对于 MA（q）和 ARMA（p，q），可类似地给出偏自相关函数的含义及其拖尾性质。

5. ARMA（p，q）的扩展样本自相关函数（ESACF）

由于 ARMA（p，q）模型的自相关函数与偏自相关函数都是拖尾的，因此无法利用这两个函数来确定模型的阶数（p，q）。有鉴于此，Tsay 和 Tiao（1984）提出了一般的迭代回归方法，并使用扩展样本自相关函数（ESACF——Extended Sample Autocorrelation Function）来估计模型的阶数（p，q）。该方法认为，如果时间序列 y_t 是 ARMA（p，q）模型，那么用 AR（p）模型来拟合，则由此得到自回归系数的估计量 $\hat{\varphi}_i, i = 1, 2, \cdots p$ 是不一致的，为此必须将回归得到的残差作为一个解释变量引入到模型中，这个过程一直进行下去，直到进行第 q 次，估计模型为：

第14章 时间序列模型与ARIMA过程

$$y_t = \sum_{i=1}^{p} \varphi_i^{(q)} y_{t-i} + \sum_{i=1}^{q} \alpha_i^{(q)} \hat{e}_{t-i}^{(q-i)} + e_t^{(q)}$$

此时的估计量 $\hat{\varphi}_i^{(q)}$ 将是一致估计量。基于这个思想，设 $m=0,1,2,\cdots$，令 $\hat{\varphi}_i^{(j)}, i=1,2,\cdots m$ 是使用 AR（m）模型第 j 次迭代自回归系数估计值，则定义 $\hat{\rho}_j^{(m)}$ 为下列模型的样本自相关函数：

$$z_t = (1 - \hat{\varphi}_1^{(j)} B - \hat{\varphi}_2^{(j)} B^2 - \cdots - \hat{\varphi}_m^{(j)} B^m) y_t$$

这就是所谓的扩展样本自相关函数。Tsay 和 Tiao（1984）证明表明，对于 ARMA（p,q）模型，有下面的概率收敛关系：

$$\hat{\rho}_j^{(m)} \xrightarrow{p} \begin{cases} 0, & 0 \leqslant m-p < j-q \\ X \neq 0, & \text{其他} \end{cases}$$

利用 ESACF 来确定模型的阶数方法为，将 m 从 0 开始依次递增 1 按行排列，将 j 从 0 开始依次递增 1 按列排列，它们分别对应模型的自回归阶数和移动平均项阶数，例如 ARMA（1，1）模型的理论 ESCAF 可以表示为：

AR\MA	0	1	2	3	⋯
0	X	X	X	X	⋯
1	X	0	0	0	⋯
2	X	X	0	0	⋯
3	X	X	X	0	⋯
⋯	⋯	⋯	⋯	⋯	⋯

其中，X 表示非零数。该 ESACF 的分布特点是以（1，1）位置为顶点所有的 0 构成了一个三角形，因此对于一般的 ARMA（p, q）而言，其 0 构成的顶点位置位于（p, q），这就是该方法识别模型阶数的规律。当然实际上样本的计算结果必须进行显著性检验，SAS 9.1 在利用该方法时输出两张表，一个是 ESACF 的估计表，另一个是对应的显著性检验概率表。

6. ARMA（p, q）的最小典型相关系数（SCAN）

Tsay 和 Tiao (1985) 首先提出该方法的思想，由 Boxetal (1994) 和 Choi (1992) 具体给出了求解和判断 ARMA（p, q）模型的具体方法。这里只给出该方法判断的具体结论。首先计算各个模型阶数组合下的最小典型相关系数，然后按照类似 ESCAF 的表格形式进行排列，其判断依据是出现以 0 为顶点的矩形时所对应的位置就是模型的阶数。SAS 9.1 同样给出了该系数的估计表也给出了系数显著性的卡方检验结果。

14.1.2.2 模型的识别

1. AR（p）模型的识别

若 y_t 的偏自相关函数 φ_{kk} 在 p 以后截尾，即 $k>p$ 时 $\varphi_{kk}=0$，而它的自相关函数 ρ_k 是拖尾的，则此序列是自回归 AR（p）序列。

2. MA（q）模型的识别

若序列 y_t 的自相关函数是截尾的，即 $k>q$ 时，$\rho_k=0$，而它的偏自相关函数 φ_{kk} 是拖尾的，则此序列是移动平均 MA（q）序列。

3. ARMA（p, q）模型的识别

若序列 y_t 的自相关函数和偏自相关函数都是拖尾的，则此序列是自回归移动平均 ARMA（p, q）序列。至于 p 和 q 的阶数，则可以使用 ESACF 来确定。

14.1.3 时间序列分析模型 AR，MA，ARMA 的参数估计

14.1.3.1 样本协方差和样本自相关系数的估计

通常需要使用样本的相关系数来估计 ARMA 模型的参数，为此，首先介绍如何通过样本来估计这些相关系数。假设现有已知均值为 0 的样本序列 $y_1, y_2, \cdots, y_n$，定义滞后期为 k 的样本协方差为：

$$\hat{r}_k = \hat{r}_{-k} = \frac{1}{n}\sum_{t=1}^{n-k} y_t y_{t+k}, \quad (k=0,1,2,\cdots,n-1)$$

样本自相关系数为：

$$\hat{\rho}_k = \hat{\rho}_{-k} = \hat{r}_k / \hat{r}_0, \quad (k=1,2,\cdots,n-1)$$

14.1.3.2 AR（p）模型的参数估计

Yule Walker 由方程组（14.10）建立了 AR（p）模型的模型参数 $\varphi_1, \varphi_2, \ldots, \varphi_p$ 与自相关函数 $\rho_1, \rho_2, \ldots, \rho_p$ 的关系。则对经识别后的 AR（p）模型，首先利用实际时间序列提供的信息，求得自相关函数估计值 $\hat{\rho}_1, \hat{\rho}_2, \ldots, \hat{\rho}_p$，然后利用（14.11）式，则可求出模型参数的估计值 $\hat{\varphi}_1, \hat{\varphi}_2, \ldots, \hat{\varphi}_p$ 以及 $\hat{\sigma}_\mu^2$：

$$\begin{pmatrix} \hat{\varphi}_1 \\ \hat{\varphi}_2 \\ \vdots \\ \hat{\varphi}_p \end{pmatrix} = \begin{pmatrix} \hat{\rho}_0 & \hat{\rho}_1 & \cdots & \hat{\rho}_{p-1} \\ \hat{\rho}_1 & \hat{\rho}_0 & \cdots & \hat{\rho}_{p-2} \\ \vdots & \vdots & & \vdots \\ \hat{\rho}_{p-1} & \hat{\rho}_{p-2} & \cdots & \hat{\rho}_0 \end{pmatrix}^{-1} \begin{pmatrix} \hat{\rho}_1 \\ \hat{\rho}_2 \\ \vdots \\ \hat{\rho}_p \end{pmatrix} \quad (14.11)$$

$$\hat{\sigma}_\mu^2 = \hat{r}_0 - \sum_{j=1}^p \hat{\varphi}_j \hat{r}_j = \hat{r}_0 - \sum_{i,j=1}^p \hat{\varphi}_i \hat{\varphi}_j \hat{r}_{j-i} \quad (14.12)$$

14.1.3.3 MA（q）模型的估计

将 MA（q）模型的自协方差函数中的各个量用估计量代替，得到

$$\hat{r}_k = \begin{cases} \hat{\sigma}_\mu^2 (1 + \hat{\theta}_1^2 + \hat{\theta}_2^2 + \cdots + \hat{\theta}_q^2) & \text{当} k = 0 \\ \hat{\sigma}_\mu^2 (-\hat{\theta}_k + \hat{\theta}_1 \hat{\theta}_{k+1} + \cdots + \hat{\theta}_{q-k} \hat{\theta}_q) & \text{当} 1 \leq k \leq q \\ 0 & \text{当} k > q \end{cases} \quad (14.13)$$

利用实际时间序列提供的信息，首先求得自相关函数估计值，再由方程组：

$$\begin{cases} \hat{r}_0 = \hat{\sigma}_\mu^2 (1 + \hat{\theta}_1^2 + \hat{\theta}_2^2 + \cdots + \hat{\theta}_q^2) \\ \hat{r}_1 = \hat{\sigma}_\mu^2 (-\hat{\theta}_1 + \hat{\theta}_1 \hat{\theta}_2 + \cdots + \hat{\theta}_{q-1} \hat{\theta}_q) \\ \vdots \\ \hat{r}_{q-1} = \hat{\sigma}_\mu^2 (-\hat{\theta}_{q-1} + \hat{\theta}_1 \hat{\theta}_q) \\ \hat{r}_q = \hat{\sigma}_\mu^2 (-\hat{\theta}_q) \end{cases} \quad (14.14)$$

解出 $\hat{\theta}_1, \hat{\theta}_2, \cdots, \hat{\theta}_q, \hat{\sigma}_\mu^2$。由于方程组（14.14）为非线性方程组，故一般可用迭代法求解。

14.1.3.4 ARMA（p, q）模型的参数估计

在 ARMA（p, q）模型中共有个 p+q+1 待估参数 $\varphi_1, \varphi_2, \cdots, \varphi_p$，$\theta_1, \theta_2, \cdots, \theta_q$，$\sigma_\mu^2$，各估计量计算步骤及公式如下：

1. 估计 $\varphi_1, \varphi_2, \cdots, \varphi_p$

计算公式为：

$$\begin{pmatrix} \hat{\varphi}_1 \\ \hat{\varphi}_2 \\ \vdots \\ \hat{\varphi}_p \end{pmatrix} = \begin{bmatrix} \hat{\rho}_q & \hat{\rho}_{q-1} & \cdots & \hat{\rho}_{q-p+1} \\ \hat{\rho}_{q+1} & \hat{\rho}_q & \cdots & \hat{\rho}_{q-p} \\ \vdots & \vdots & & \vdots \\ \hat{\rho}_{q+p-1} & \hat{\rho}_{q+p-2} & \cdots & \hat{\rho}_q \end{bmatrix}^{-1} \begin{pmatrix} \hat{\rho}_{q+1} \\ \hat{\rho}_{q+2} \\ \vdots \\ \hat{\rho}_{q+p} \end{pmatrix} \quad (14.15)$$

其中，$\hat{\rho}_i$，$i = q-p+1, q-p+2, \cdots, q+p$，是由样本观测数据所计算出的自相关函数估计值，即样本自相关系数。

2. 改写模型，求 $\theta_1, \theta_2, \cdots, \theta_q$，$\sigma_\mu^2$ 的估计值

将模型
$$y_t = \hat{\varphi}_1 y_{t-1} + \hat{\varphi}_2 y_{t-2} + \cdots + \hat{\varphi}_p y_{t-p} + \mu_t - \theta_1 \mu_{t-1} - \theta_2 \mu_{t-2} - \cdots - \theta_q \mu_{t-q}$$
改写为：
$$y_t - \hat{\varphi}_1 y_{t-1} - \hat{\varphi}_2 y_{t-2} - \cdots - \hat{\varphi}_p y_{t-p} = \mu_t - \theta_1 \mu_{t-1} - \theta_2 \mu_{t-2} - \cdots - \theta_q \mu_{t-q} \quad (14.16)$$
令
$$\tilde{y}_t = y_t - \hat{\varphi}_1 y_{t-1} - \hat{\varphi}_2 y_{t-2} - \cdots - \hat{\varphi}_p y_{t-p}$$
则（14.16）式化为：
$$\tilde{y}_t = \mu_t - \theta_1 \mu_{t-1} - \theta_2 \mu_{t-2} - \cdots - \theta_q \mu_{t-q} \quad (14.17)$$

构成一个 MA（q）模型（14.17），参数 $\theta_1, \theta_2, \cdots, \theta_q$，$\sigma_\mu^2$ 为待估参数。则可按照上述 MA（q）模型的参数估计方法进行估计。

另外，对 AR（p）模型也可以使用最小二乘估计。若模型（14.1）式的参数估计值 $\hat{\varphi}_1, \hat{\varphi}_2, \cdots, \hat{\varphi}_p$ 已经得到，即有：
$$y_t = \hat{\varphi}_1 y_{t-1} + \hat{\varphi}_2 y_{t-2} + \cdots + \hat{\varphi}_p y_{t-p} + \hat{\mu}_t$$

则残差平方和为：
$$S(\hat{\varphi}) = \sum_{t=p+1}^{n} \hat{\mu}_t^2 = \sum_{t=p+1}^{n} \left(y_t - \hat{\varphi}_1 y_{t-1} - \hat{\varphi}_2 y_{t-2} - \cdots - \hat{\varphi}_p y_{t-p} \right)^2 \quad (14.18)$$

根据最小二乘原理，$\hat{\varphi}_1, \hat{\varphi}_2, \cdots, \hat{\varphi}_p$ 应为下列方程组的解：
$$\frac{\partial S(\hat{\varphi})}{\partial \hat{\varphi}_i} = 0$$

展开解此线性方程组，得：
$$\begin{pmatrix} \hat{\phi}_1 \\ \hat{\phi}_2 \\ \vdots \\ \hat{\phi}_p \end{pmatrix} = \begin{bmatrix} \hat{r}_0 & \hat{r}_1 & \cdots & \hat{r}_{p-1} \\ \hat{r}_1 & \hat{r}_0 & \cdots & \hat{r}_{p-2} \\ \vdots & \vdots & & \vdots \\ \hat{r}_{p-1} & \hat{r}_{p-2} & \cdots & \hat{r}_0 \end{bmatrix}^{-1} \begin{pmatrix} \hat{r}_1 \\ \hat{r}_2 \\ \vdots \\ \hat{r}_p \end{pmatrix} \quad (14.19)$$

即为参数的最小二乘估计。与 AR（p）模型的 Yule-Walker 方程估计 (14.11) 式比较，当 n 足够大时，两者是一致的。σ_μ^2 的估计值为：

$$\hat{\sigma}_\mu^2 = \frac{1}{n-p} \sum_{t=p+1}^{n} \hat{\mu}_t^2$$

一般情况下，用上述估计方法得到参数估计的精度不高，因此，一般是作为其他估计方法的迭代时的初始值。

14.1.3.5 ARMA（p, q）模型的极大似然估计、无条件最小二乘估计和条件最小二乘估计

在 SAS 9.1 中，系统提供了三种参数估计方法，它们分别是极大似然估计（Maxium Likelihood，简称 ML）、无条件最小二乘估计（Unconditional Least Square，简称 ULS）和条件最小二乘估计（Conditional Least Square，简称 CLS），具体的估计方法请读者参见其他时间序列书籍。

值得注意的是，上文中对时间序列的识别、参数估计都是建立在平稳的基础上，而实践中，时间序列往往是不平稳的，这时首先要对数据进行平稳化处理，然后再识别并进行参数估计。通常的做法是对时间序列进行差分，再对差分后的序列识别其平稳性。如果仍不具备平稳性，则需进行二次差分，直到差分后的序列平稳为止。对差分后满足平稳的序列的模型类型进行识别、参数估计和上文介绍的方法是一样的，唯一不同的是现在的分析对象是差分后的序列而非原始序列。由此所建立的模型称为 ARIMA（p,d,q）模型。它有以下几种特殊形式：

当 $d=0, q=0, p \neq 0$，则模型简化成 AR(p) 模型；
当 $d=0, p=0, q \neq 0$，则模型简化成 MA(q) 模型；
当 $d \neq 0, q=0, p \neq 0$，则模型简化成 ARI(p) 模型；
当 $d \neq 0, p=0, q \neq 0$，则模型简化成 IMA(q) 模型。

关于时间序列的平稳性检验将在 AUTOREG 过程中加以介绍。

需要注意的是，由于在 ARMA 模型的假定中 μ_t 是白噪声序列，因此，需要根据样本进行检验。检验的原假设是 μ_t 直到滞后 m 期不存在自相关，或滞后 m 期的自相关系数均为 0。检验统计量是由 Ljung-Box 给出的 LB 统计量，其定义为：

$$LB = n(n+2) \sum_{k=1}^{m} \left(\frac{\hat{\rho}_k^2}{n-k} \right) \sim \chi^2(m)$$

14.1.4 随机时间传递函数模型及识别、估计

以上所介绍的是没有输入变量的时间序列的识别估计，实际当中还要考虑带有输入变量的时间序列模型，这就是传递函数模型。

1. 传递函数模型

以一个输入变量为例加以说明，设响应变量为 y，输入变量序列为 x，则传递函数模型为

$$\nabla^D y_t = \frac{\omega(B)}{\alpha(B)} \nabla^d B^b x_t + \frac{\theta(B)}{\varphi(B)} \mu_t$$

其中有

$$\omega(B) = \omega_0 - \omega_1 B - \omega_2 B^2 - \cdots - \omega_l B^l, \quad \alpha(B) = 1 - \alpha_1 B - \alpha_2 B^2 - \cdots - \alpha_r B^r$$
$$\varphi(B) = 1 - \varphi_1 B - \varphi_2 B^2 - \cdots - \varphi_p B^p, \quad \theta(B) = 1 - \theta_1 B - \theta_2 B^2 - \cdots - \theta_q B^q$$

$\nabla^D y_t$ 表示为了使 y 达到平稳而进行的 D 次差分，$\nabla^d x_t$ 表示为了使 x 达到平稳而进行 d 次差分，B^b 表示输入变量 x 经过 b 个滞后期才能够影响到响应变量 y。显然，很容易把输入变量序列扩展到多个输入序列的传递模型，表现形式为

$$\nabla^D y_t = \sum_{i=1}^{m} \frac{\omega_i(B)}{\alpha_i(B)} \nabla^{d_i} B^{b_i} x_{it} + \frac{\theta(B)}{\varphi(B)} \mu_t$$

该表达式所代表的模型是一类概括性很强的模型，只要对多项式系数加以限制，就可以得到多元线性回归模型、一阶序列相关模型、分布滞后模型、带有滞后因变量的多元回归模型等。为了方便起见，下面只讨论一个输入变量的传递函数模型，包括多项式阶数的确定、参数估计。

2. 样本互协方差函数与互相关函数及其检验

称 $\gamma_{xy}(k) = \text{Cov}(x_t, y_{t+k})$ $k = 0, \pm 1, \pm 2, \cdots$ 为序列 x_t, y_t 之间的互协方差函数，它测度两个时间序列在不同时刻之间的联系程度。同样称 x_t, y_t 之间的互相关函数为

$$\rho_{xy}(k) = \frac{\gamma_{xy}(k)}{\sqrt{\gamma_{xx}(0)\gamma_{yy}(0)}} \quad k = 0, \pm 1, \pm 2, \cdots$$

如果 x_t 是 y_t 的先导指标，则 $\gamma_{xy}(k) > 0, \gamma_{xy}(-k) = 0, k > 0$，所以互协方差函数（互相关函数）不但表明了序列之间的相关程度，还指出了相关的方向。正像 ARIMA 模型一样，互相关函数以及序列样本互相关系数是识别传递模型的重要工具。

在实际问题中，互协方差函数和互相关函数一般都是未知的，需要根据序列 x_t, y_t 的一段观测值来估计，和自协方差和自相关函数相类似，我们定义样本互协方差函数如下：

$$c_{xy}(k) = \begin{cases} \dfrac{1}{n}\sum_{t=1}^{n-k}(x_t-\bar{x})(y_{t+k}-\bar{y}), & k=0,1,2,\cdots \\ \dfrac{1}{n}\sum_{t=1-k}^{n}(x_t-\bar{x})(y_{t+k}-\bar{y}), & k=-1,-2,\cdots \end{cases}$$

而样本互相关函数为

$$\hat{\rho}_{xy}(k) = \frac{c_{xy}(k)}{\sqrt{c_{xx}(0)c_{yy}(0)}} \quad k=0,\pm 1,\pm 2,\cdots$$

和单变量的 ARMA 模型一样，样本互相关函数也可以用于变量之间不相关的检验。

例如，检验直到 H 的样本互相关函数与零无显著差异的检验统计量：

$$Q(H) = n(n+2)\sum_{k=1}^{H}\frac{1}{n-k}\hat{\rho}_{xy}^2(k)$$

统计量 $Q(H)$ 具有近似的 $\chi^2(H)$ 分布。对于给定的显著性水平 α，如果 $Q(H)\leqslant \chi_\alpha^2(H)$，则直到 H 的样本互相关函数与零无显著差异，若 $Q(H)>\chi_\alpha^2(H)$，则说明直到 H 的样本互相关函数中至少有某个互相关函数与零有显著差异，从而表明两个序列 x_t,y_t 具有某种联系。

3. 传递模型的识别

现在考虑一个输入变量的传递模型如下：

$$y_t = \frac{\omega(B)}{\alpha(B)}x_{t-b} + \varepsilon_t$$

所谓对传递函数模型进行识别，就是如何根据样本资料来确定传递模型中分子和分母多项式阶数 l,r,p,q 和滞后阶数 b。其主要步骤如下：

（1）首先对输入变量 x_t 建立一个 ARIMA 模型，同时得到模型的残差估计 μ_t。

（2）利用步骤 1 建立的 ARIMA 模型对响应变量 y_t 进行预白噪声化（Prewhite），得到预白噪声化后的序列为 z_t。

（3）计算序列 μ_t 与 z_t 的样本互相关函数，并通过互相关函数特点确定 l,r,p,q 和滞后阶数 b。

（4）利用步骤 3 的识别结果建立传递函数模型，同时得到传递函数模型的残差估计 $\hat{\varepsilon}_t$。

（5）根据 $\hat{\varepsilon}_t$ 的自相关函数与偏自相关函数的特点，对 $\hat{\varepsilon}_t$ 建立合适的 ARIMA 模型。

4. 传递模型的估计

一旦传递函数模型被识别出来，那么其参数估计就相当简单，可以采用类似 ARMA 模型参数的估计方法来进行，这里不再赘述。

在众多的传递模型中，干预分析是一个重要的应用，它可以分析某个突发事件对时间序列的影响，也可以对时间序列中的异常值进行检验。具体的理论分析请读者参考有关的文献。

14.2 ARIMA 过程

SAS/ETS 是用于计量经济与时间序列分析的专用软件，该软件包括了近几十年来发展起来的大部分时间序列分析方法。

本章及下一章我们主要介绍 SAS/ETS 的 ARIMA 过程与 AUTOREG 过程，并给出具体的应用实例。

14.2.1 ARIMA 过程的一般格式

14.2.1.1 ARIMA 过程常用语句格式

ARIMA 过程常用语句格式如下：

```
PROC ARIMA options;
    BY variables;
    IDENTIFY VAR=variable options;
    ESTIMATE options;
    OUTLIER options;
    FORECAST options;
```

14.2.1.2 ARIMA 过程常用语句说明

在 ARIMA 过程中，**IDENTIFY VAR** 语句、**ESTIMATE** 语句、**FORECAST** 语句和 **BY** 语句都是很常见的语句，它们常常跟在 **PROC ARIMA** 语句后面。

1. PROC ARIMA 语句

其格式为：**PROC ARIMA** options；表示调用 ARIMA 过程进行时间序列分析，其中 ARIMA 是过程名。

在 PROC ARIMA 语句中可使用如下选项：

（1）DATA=SAS-data-set：这是指定所研究时间序列的 SAS 数据集名称，

缺省时，使用最新创建的 SAS 数据集。

（2）OUT=SAS-data-set：这是指定输出预测值的 SAS 数据集名称。

2. BY 语句

指定分组变量进行时间序列分析，不过一般不主张在该过程使用该语句，如果想得到不同组别下的模型，最好分别构造数据集进行分析。

3. IDENTIFY 语句

其格式为：**IDENTIFY VAR= variables options;**

IDENTIFY 语句是用来指定所要分析时间序列并识别候选 ARIMA 模型。**IDENTIFY** 语句在读入所分析的时间序列后，根据需要可以对时间序列进行差分，然后计算出自相关系数、逆自相关系数、偏自相关系数和互相关系数。此阶段的输出通常会建议一个或多个可拟合的 ARIMA 模型。

在 IDENTIFY 语句中常用选项有：

（1）CENTER：这是对所分析的时间序列进行中心化的选项。要注意的是 CENTER 选项通常与 ESTIMATE 语句的 NOCONSTANT 选项联合使用。

（2）NLAG=number：这是指定计算自相关系数、互相关系数过程中所需要考虑的时间间隔个数。如果缺省，则实际为 24，是观察个数的四分之一中较小的一个。

（3）OUTCOV=SAS-data-set：输出一个包含协方差、自相关系数、逆自相关系数、偏自相关系数，以及互协方差的 SAS 数据集。

（4）CROSSCORR= variable (d11, d12, ..., d1k) | CROSSCORR= (variable (d11, d12, ..., d1k) ... variable (d21, d22, ..., d2k))：给选项指明了要进行传递函数模型分析，其中变量可以指定差分操作，一旦指定差分操作，则计算互相关函数以及后面的参数估计都是基于差分的序列，而不是序列本身。

（5）ESACF：指定该选项说明对模型的阶数进行识别，该选项输出两张表，一个是扩展样本自相关系数表，另一个是显著性检验概率表。

（6）MINIC：指定该选项说明使用最小信息准则来对模型的阶数进行识别，该语句首先输出一张类似 ESACF 的最小信息数值表，然后给出一个最小信息值的模型阶数作为参考。

（7）SCAN：指定该选项表明使用最小典型相关系数来识别模型的阶数，该选项输出两张表，一个是类似 ESACF 的典型相关系数表，另一个是相关系数显著性检验的概率表。

（8）PERROR= ($p_{e, min}$: $p_{e, max}$)：该选项指定了在使用 MINIC 时拟合误差项的可能自回归阶数。

（9）P=（p_{min}：p_{max}）：该选项确定使用 ESACF、MINIC、SCAN 方法时输出表行的最小和最大数，即自回归模型的可能阶数判断结果。

（10）Q=（q_{min}：q_{max}）：该选项确定使用 ESACF、MINIC、SCAN 方法时输出表列的最小和最大数，即移动平均模型的可能阶数判断结果。

（11）VAR= variables ｜ variable (d1, d2, ..., dk)：该选项是唯一必需的，它指定了要分析的变量，该变量可以是原始序列，也可以使用参数 d1, d2, ..., dk 指定差分操作，一旦进行差分操作，则自相关函数、偏自相关函数以及模型估计都是针对差分后的序列，而不是原始序列本身。注意 VAR=X(1,1) 表示对变量 X 进行一阶差分后再进行一次一阶差分，即 X(1,1) 表示的是：（$X_t - X_{t-1}$）－(X_{t-1}-X_{t-2})=X_t-2X_{t-1}-X_{t-2}，而 VAR=X(2) 表示对变量 X 以时滞 2 差分一次，即 VAR=X(2) 表示是：（$X_t - X_{t-2}$）。

需要指出的是，该语句还可以对变量指定特定类型的平稳性检验，如 DF、ADF、PP 检验，关于这些检验将在 Autoreg 过程介绍，这里就不再列出。

4. ESTIMATE 语句

其格式为：**ESTIMATE   options;**

ESTIMATE 语句对前面 IDENTIFY 语句中指定的时间序列拟合 ARIMA 模型，或转移函数模型并且估计该模型的参数。ESTIMATE 语句也生成诊断统计量，从而帮助用户判断所选模型的适用性。

在 ESTIMATE 语句中经常使用如下一些选项：

（1）用于定义和估计模型的选项。主要有

P = order|P = (lag，lag，…，lag) … (lag，lag，…，lag)：指定模型的自回归部分。$P = m$ 与 $P = (1, 2, …, m)$ 是等价的；$P = (lag, lag, …, lag)$ (lag, lag, …, lag)则描述了一个自回归的模型的具体形式，比如，$P = (1, 3, 8) (6, 15)$ 就指定了如下的自回归模型：$(1-\varphi_{11}B-\varphi_{12}B^3-\varphi_{13}B^8)(1-\varphi_{21}B^6-\varphi_{22}B^{15})$。

注意：$P = 3$，$P = (3)$，$P = (1, 3)$ 之间的区别。$P = 3$ 表示：$1-\varphi_1 B-\varphi_2 B^2-\varphi_3 B^3$，$P = (3)$ 表示：$1-\varphi_3 B^3$，而 $P = (1, 3)$ 则表示：$1-\varphi_1 B-\varphi_3 B^3$。

Q = order|q = (lag，lag，…，lag)…(lag，lag，…，lag)：指定模型的移动平均部分。$q = n$ 与 $q = (1, 2, …, n)$ 是等价的；$q = (lag, lag, …, lag)(lag, lag, …, lag)$则描述了一个移动平均模型的具体形式，例如，$q = (1)(12)$ 就意味着使用$(1-\theta_1 B)(1-\theta_2 B^{12})$移动平均模型进行拟合。

INPUT= variable |INPUT= (transfer-function variable ...)：指定输入变量或转移函数。需要说明的是，这里指定的变量必须在 CROSSCORR 中事先指定，而且采用与 CROSSCORR 一样的类型。

关于转移函数结构的指定格式如下：

$$S\ \$\ (L_{1,1}, L_{1,2}, \ldots)(L_{2,1}, \ldots)\ldots/(L_{j,1}, \ldots)\ldots$$

其中，S 表示输入序列的滞后期数，斜杠前指定转移函数的分子结构，斜杠后指定转移函数的分母结构，例如语句 input=（/(1)w,3$(1,2)/(1,2,3)x）指定下列的模型结构：

$$y_t = \frac{w_{10}}{1-\alpha_{11}B}w_t + \frac{w_{20}-w_{21}B-w_{22}B^2}{1-\alpha_{21}B-\alpha_{22}B^2-\alpha_{23}B^3}B^3 x_t + \mu_t$$

NOCONSTANT|NOINT：其意思是从模型中取消均值项后，再进行模型的拟合。

METHOD=value：指定参数的估计方法。参数估计的方法有三种，它们是最大似然法（ML）、无条件最小二乘法（ULS）、条件最小二乘法（CLS）。

PLOT：该选项输出残差的自相关系数、偏自相关系数和逆自相关函数，以及相应的图形。

（2）有关数据集输出的选项。主要有：

OUTEST= SAS-data-set：将参数估计存放到指定的输出数据集中。

OUTMODEL= SAS-data-set：将估计模型写到一个指定的输出数据集中。

OUTSTAT= SAS-data-set：将模型诊断的有关统计量写到一个输出数据集中去。

（3）用于指定参数值的选项。主要有：

AR=value1，value2，…，valueK：指定自回归模型参数的起始值。

MA= value1，value2，…，valueL：指定移动平均模型参数的起始值。

MU=value：指定有关均值参数的起始值。

INITVAL=（initializer-spec variable…）：指定转移函数的参数的起始值。

5. OUTLIER 语句

其基本格式为：**OUTLIER options;**

该语句的功能是侦察时间序列中不被当前模型解释的异常点。它可以检测临时性持续一段时间的异常点，也可以检测加法型和持久性影响的异常点，其常用选项有：

TYPE = TEMP (d1, ... , dk)、ADDITIVE 、 SHIFT：对应三种类型的异常点检验。

ALPHA= significance-level：指定进行异常点检验的显著性水平。

MAXNUM= number：指定检验异常点的数目，以绝对数表示。

MAXPCT= number：指定检验异常点的数目，以相对数表示。

ID= Date-Time ID variable：指定标识异常点的变量。

SIGMA= ROBUST | MSE：指定检测是误差项方差的估计方式。

6. FORECAST 语句

其基本格式为：**FORECAST options**；

FORECAST 语句用来进行时间序列预测，并产生相应的置信区间。在 FORECAST 语句中经常使用如下一些选项：

ALPHA=value：指定预测的显著性水平。"数值"必须介于 0 与 1 之间。如果缺省，则 ALPHA=0.05，即意味着生成 95%的置信区间。常用的"数值"为 0.01，0.05，0.1。

LEAD=N：指定要预测的步数。如果缺省，则 LEAD=24，即对从输入序列末尾开始的 24 个时刻进行预测。

PRINTALL：打印输出所有有关的预测值与残差数据。

OUT = SAS-data-set：指定存储预测结果的数据集。如果没有指定该数据集，则将存储到 ARIMA 中指定 OUT= SAS-data-set 中，当两者都不指定时将不产生输出数据集。

ID = variable：指定变量用来识别观测的周期，一般情况下与 INTERVAL 一起使用。

INTERVAL= n：指定观测间隔的时间日期变量，必须与 ID= variable 一起使用。如果只有 ID= variable 而无 INTERVAL= n，则预测数据集中的所有预测观测的 ID= variable 值在原来数据集最后一个观测的基础递增一个单位，即样本以外的预测观测的 ID 变量值都相等。

最后需要指出的是，前述的 IDENTIFY 语句、ESTIMATE 语句和 FORECAST 语句之间具有一定的层次关系。IDENTIFY 语句引入了一个需要建模的时间序列，随后的几个 ESTIMATE 语句是为时间序列估计不同的 ARIMA 模型，而对于每个估计的模型，又可以使用几个 FORECAST 语句。因此，FORECAST 语句之前一定要有 ESTIMATE 语句，而 ESTIMATE 语句之前也一定要有 IDENTIFY 语句。附加的 IDENTIFY 语句是用来对一个不同的响应序列进行建模或改变差分的次数。

14.3　ARIMA 过程的应用实例

【例 14.1】　本例给出一个模拟分析过程，通过这个例题了解 ARIMA 建模的一般过程，即识别、参数估计、检验和预测应用。其程序如下：

```
data simulation;
x0=1;e0=0;
```

```
do i=1 to 100;
e1=normal(0);
x=x0+2-.8*e0+e1;
x0=x;e0=e1;
output;
end;
proc arima ;
identify var=x;
run;
```

程序说明：该程序首先建立一个数据集名为 simulation 的文件，利用循环语句 do i=1 to 100 产生 100 个观测，且这 100 个观测是来自下列模型的一个样本：

$$x_t = 2 + x_{t-1} + \mu_t - 0.8\mu_{t-1}$$

然后程序调用 ARIMA 过程进行分析，这里没有指定分析的数据集，实际上就是 simulation 数据集，identify 语句对变量 x 进行分析，程序输出的部分结果如下：

输出 14.1(A)　序列 X 的自相关函数

		The ARIMA Procedure	
		Name of Variable = x	
		Mean of Working Series　101.54	
		Standard Deviation　56.96519	
		Number of Observations　100	
		Autocorrelations	
Lag	Covariance	Correlation -1 9 8 7 6 5 4 3 2 1 0 1 2 3 4 5 6 7 8 9 1	Std Error
0	3245.032	1.00000　|　|********************	0
1	3145.883	0.96945　|　.|*******************	0.100000
2	3048.582	0.93946　|　.|*******************	0.169695
3	2951.071	0.90941　|　.|******************	0.215519
4	2853.361	0.87930　|　.|******************	0.250976
5	2755.933	0.84928　|　.|*****************	0.280093

输出 14.1(B)　序列 X 的逆自相关函数

		Inverse Autocorrelations	
	Lag	Correlation -1 9 8 7 6 5 4 3 2 1 0 1 2 3 4 5 6 7 8 9 1	
	1	-0.49495　|　**********.　|	
	2	-0.00517　|　.　.　|	
	3	-0.00150　|　.　.　|	
	4	-0.00515　|　.　.　|	
	5	0.01684　|　.　|	

输出 14.1(C)　序列 X 的偏自相关函数

	Partial Autocorrelations	
Lag	Correlation	-1 9 8 7 6 5 4 3 2 1 0 1 2 3 4 5 6 7 8 9 1
1	0.96945	| . |******************|
2	-0.00605	| . |. |
3	-0.01645	| . |. |
4	-0.01678	| . |. |
5	-0.01459	| . |. |

输出 14.1(A)表明序列 X 的自相关函数是缓慢衰减的，这暗示该序列可能不平稳，序列不平稳的另外两个特征是滞后一阶逆函数的绝对值与 0.5 非常接近，其他的接近 0；而滞后一阶的偏自相关函数非常接近 1，其他的接近 0。输出 14.1(B)、14.1(C) 与判断非平稳的这些特征非常吻合，这暗示序列 X 可能非平稳，因此有必要对其进行差分。程序如下：

　　　　proc arima ;
　　　　identify var=x(1);
　　　　run;

程序说明：var=x(1)指定对变量 *x* 进行一阶差分，因此，现在识别的序列不再是序列 *x* 本身，而是其差分序列。有关输出的结果如下：

输出 14.1(D)　差分后序列的自相关函数与偏自相关函数

		Autocorrelations		
Lag	Covariance	Correlation	-1 9 8 7 6 5 4 3 2 1 0 1 2 3 4 5 6 7 8 9 1	Std Error
0	1.428937	1.00000	| . |******************|	0
1	-0.569810	-.39876	| ******** . |	0.100504
2	-0.077612	-.05431	| .* |. |	0.115384
3	-0.206307	-.14438	| *** |. |	0.115642
4	0.117312	0.08210	| . |** |	0.117448
5	0.065419	0.04578	| . |* |	0.118027

	Partial Autocorrelations	
Lag	Correlation	-1 9 8 7 6 5 4 3 2 1 0 1 2 3 4 5 6 7 8 9 1
1	-0.39876	| ******** . |
2	-0.25366	| ***** . |
3	-0.34654	| ******* . |
4	-0.23708	| ***** . |
5	-0.14751	| *** . |
6	-0.15009	| *** . |

　　　　输出 14.1(D)的上半部分给出了差分后序列的自相关函数，显然该函数此时是迅速收尾的，且除了一阶自相关系数显著不为 0 以外，其他的系数都落在两倍标准差以内，表明这些系数与 0 无显著差异，因而认为差分后序列自相关函数具有 1 步截尾性质。下半部分给出了差分后序列的偏自相关函数，显然该函数具有拖尾性质。总之差分后序列是平稳序列，那么有没有进一步建立模型的需要呢？输出 14.1(E)给出了差分后序列为白噪声的假设检验结果。

第 14 章 时间序列模型与 ARIMA 过程

输出 14.1(E)　差分后序列的白噪声检验结果

\multicolumn{10}{c}{The ARIMA Procedure}									
\multicolumn{10}{c}{Autocorrelation Check for White Noise}									
To Lag	Chi-Square	DF	Pr > ChiSq	\multicolumn{6}{c}{--------------------Autocorrelations---------------}						
6	19.67	6	0.0032	-0.399	-0.054	-0.144	0.082	0.046	-0.019
12	25.65	12	0.0120	0.099	-0.124	0.048	-0.001	-0.095	0.130

卡方检验结果表明，直到 6 期的自相关系数联合为 0 的假设被拒绝的检验概率为 0.0032，小于显著性水平 0.05，因此差分后序列不是白噪声序列，有进一步建立模型的必要，结合输出 14.1（D）的结果，应该建立 MA（1）模型，为此编写的程序如下：

　　proc arima ;
　　identify var=x(1);estimate q=1;
　　run;

程序说明：这里通过 $q=1$ 指定 MA（1）模型。程序的部分输出结果如下：

输出 14.1(F)　差分后序列的参数估计以及残差的白噪声检验结果

\multicolumn{7}{c}{Conditional Least Squares Estimation}						
Parameter	Estimate	Standard Error	Approx t Value	Pr > |t|	Lag
MU	1.97154	0.01092	180.59	<.0001	0
MA1,1	0.89365	0.04577	19.53	<.0001	1

Constant Estimate	1.971541
Variance Estimate	0.90076
Std Error Estimate	0.949084
AIC	272.5822
SBC	277.7725
Number of Residuals	99
* AIC and SBC do not include log determinant.	

\multicolumn{10}{c}{Autocorrelation Check of Residuals}									
To Lag	Chi-Square	DF	Pr > ChiSq	\multicolumn{6}{c}{--------------------Autocorrelations----------------------}						
6	5.06	5	0.4087	0.086	-0.074	-0.132	0.044	0.090	0.089
12	8.26	11	0.6902	0.091	-0.082	-0.037	-0.054	-0.079	0.058

输出 14.1(F)的上半部分给出了参数估计的结果，这里使用了默认的条件最小二乘法估计模型，得到常数项为 1.97154，移动平均项的系数估计为 0.89365，两个参数的近似 T 检验结果都非常显著。输出 14.1(F)的中间部分给出了一些与模型有关的统计量取值情况，其中扰动项的方差估计为 0.90076，这些估计结果与产生这些数据的模型很接近。输出 14.1(F)的下半部分给出了残差是否为白噪声的检验结果，检验表明：LB 统计量直到滞后 6 期对应的概率为 0.4087，滞后 12 期为 0.6902，因此可以认为此时的残差为白噪声序列。该估计结果对应的模型为：

$$(1-B)x_t = 1.97154 + \mu_t - 0.89365\mu_{t-1}$$

下面程序给出了实现预测的要求：

  proc arima ;
  identify var=x(1);estimate q=1;forecast lead=10;
  run;

程序说明：通过指定 lead=10 实现预测 10 期的要求。程序输出结果如下：

输出 14.1（G） 滞后 10 期的预测结果

Forecasts for variable x			
Obs	Forecast	Std Error	95% Confidence Limits
101	200.9895	0.9491	199.1294 202.8497
102	202.9611	0.9544	201.0904 204.8317
103	204.9326	0.9598	203.0515 206.8137
104	206.9042	0.9651	205.0127 208.7956
105	208.8757	0.9703	206.9739 210.7775
106	210.8472	0.9756	208.9352 212.7593
107	212.8188	0.9808	210.8965 214.7410
108	214.7903	0.9859	212.8579 216.7227
109	216.7619	0.9911	214.8194 218.7044
110	218.7334	0.9962	216.7809 220.6860

输出14.1（G）给出了预测结果，包括点预测（Forecast）、预测的标准差（Std Error）和95%置信限（95% Confidence Limits）。需要说明的是，虽然建立模型的对象是差分后的序列，但是预测时SAS自动恢复到原始序列水平，而不是预测差分序列，这点从该输出最上面的Forecasts for variable x也可以看出。

【例 14.2】 根据我国货币供应量 $m1$（单位：亿元）从 2001 年 1 月到 2008 年 12 月的月度数据建立我国货币供应量时序模型（资料来自于国家统计局网站）。

程序如下：

  data huobi;
  input m1@@; dm1=dif(m1);
  date=intnx('month',**'1dec2000'd**,_n_);
  format date monyy.;cards;

54406.23	51997.68	53033.36	53261.32	52542.99	55187.36
53502.80	55808.92	56824	56114.90	56579.6	59871.59
60577.23	58703.97	59475.67	60462.04	61247.53	63144.69
63488.41	64869.50	66800.29	67100.77	67993.28	70882.19
72406.05	69757.05	71439.21	71321.54	72778.15	75923.52
76153.04	77033.30	79164.14	80267.37	80815.22	84118.81
83806.09	83556.62	85815.79	85603.94	86780.65	88627.45
87982.45	89125.50	90439.21	90782.72	92387.36	95971.01
97079.93	92815.93	94744.19	94594.73	95803.02	98602.14
97674.98	99378.67	100964.95	101752.93	104127.26	107279.91
107250.68	104357.08	106737.08	106389.11	109219.22	112342.36
112653.04	114845.67	116814.10	118359.96	121644.95	126028.05

128484.06	126258.08	127881.31	127678.33	130275.80	135847.40
136237.43	140993.21	142591.57	144649.33	148009.82	152519.17
154872.59	150177.88	150867.47	151694.91	153344.75	154820.15
154992.44	156889.92	155748.97	157194.36	157826.63	166217.13

;
proc gplot ;
plot m1*date;
symbol i=join v=star;
run;
proc arima ;
identify var=m1 ;
run;

程序说明：这段程序首先建立数据集 huobi，为了避免直接输入时间变量，程序中使用了 intnx 函数，该函数以 2000 年 12 月 1 日为起点，以月为单位随着观测号的递增而递增，为了对差分后的序列作图，程序使用 dif 函数对变量 $m1$ 作差分，并以 d$m1$ 表示。Format 语句要求变量 date 的输出格式为年和月的组合方式。接着程序调用 gplot 过程作图来显示变量 $m1$ 的趋势图，从图形的角度来检验该变量是否是平稳的，观测以星号表示，并以折线连接。最后程序使用 arima 过程中的 identify 语句来识别变量 $m1$ 的平稳情况。

图 14.1 表明序列 $m1$ 具有明显的上升趋势，因而是非平稳的。这从下面 14.2（A）输出的自相关图中也得到了验证。同时我们还可以看到在每年年初（实际为 2 月）都有一个下降再上升的转折点，表现出明显的周期性，因此需要对序列进行季节差分。

输出 14.2（A）是 ARIMA 过程的输出结果。

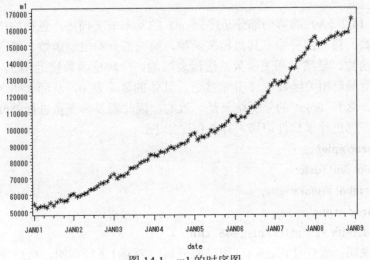

图 14.1　$m1$ 的时序图

输出 14.2(A)　　m1 序列的 identify 语句输出部分结果

Name of Variable = m1				
Mean of Working Series		98369.43		
Standard Deviation		33219.2		
Number of Observations		96		

Autocorrelations

Lag	Covariance	Correlation	-1 9 8 7 6 5 4 3 2 1 0 1 2 3 4 5 6 7 8 9 1	Std Error
0	1103515570	1.00000	|********************|	0
1	1066957094	0.96687	.|******************* |	0.102062
2	1034167664	0.93716	. |******************* |	0.172894
3	1001239002	0.90732	. |****************** |	0.219521
4	967957423	0.87716	. |****************** |	0.255617
5	932697603	0.84521	. |***************** |	0.285253

"." marks two standard errors

Inverse Autocorrelations

Lag	Correlation	-1 9 8 7 6 5 4 3 2 1 0 1 2 3 4 5 6 7 8 9 1
1	-0.47730	|********* . |
2	-0.02099	| . |
3	0.01816	| . |
4	-0.04578	| *|
5	0.04602	| .|* |

Partial Autocorrelations

Lag	Correlation	-1 9 8 7 6 5 4 3 2 1 0 1 2 3 4 5 6 7 8 9 1
1	0.96687	| . |******************* |
2	0.03557	| .|* . |
3	-0.01466	| . | . |
4	-0.02062	| . | . |
5	-0.04413	| . *| . |

输出 14.2（A）的第一部分是序列 m1 的基本情况描述，包括均值、标准差和观测个数。第二部分输出其自相关函数，第三部分输出逆函数，第四部分输出偏自相关函数，显然自相关函数是缓慢衰减的，一阶逆函数接近-0.5，其他显著为 0，一阶偏自相关函数与 1 非常接近，其他的显著为 0，从而表明序列 m1 是非平稳的，这和 gplot 的分析结果是一致的。因此需要对变量进行差分操作并对差分后的序列进行平稳性识别。有关程序如下：

　　proc gplot ;
　　plot dm1*date;
　　symbol i=join v=star;
　　proc arima ;
　　identify var=m1(**1**) nlag=**48** ;run;

程序说明：首先使用gplot过程对差分后序列dm1进行作图，然后使用identify语句对差分后变量识别，这里指定nlag=48是为了观察季节变动情况。部分输出

第 14 章 时间序列模型与 ARIMA 过程

结果如图14.2所示。

图14.2表明差分后的序列dm1基本在0左右上下摆动，但也有一定季节变动趋势，输出14.2(B)给出了identify的输出结果。

输出 14.2(B)是 dm1 的直到 48 期自相关系数结果，结果表明每年内 12 个月份之间基本不存在自相关性，表现为相关系数与 0 无显著差异，但第 12 月、24 月、36 月、48 月所对应的自相关系数变化趋势相对比较缓慢，分别为 0.59924、0.50149、0.38746、0.30907，明显高于同年其他月内的相关系数，说明滞后 12 期、24 期、36 期、48 期的自相关系数与 0 有显著差异，表现出明显的年度周期特征，因此需要对数据进行 12 期的季节差分。接下来再进行季节差分并进行检验，程序如下：

proc arima ;
    identify var=m1(**1，12**) nlag=**48** ;run;

程序说明：这里不再对二次差分的序列使用作图来进行平稳性检验，直接使用 identify 语句来进行，其中 m1＝(1,12) 表示首先进行序列的 1 阶普通差分，然后再对差分后的序列进行周期为 12 的季节差分，程序运行结果如输出 14.2(C)所示。

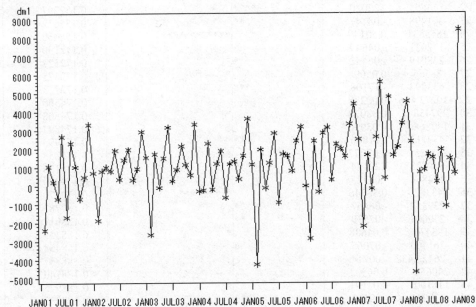

图 14.2　dm1 的时序图

输出 14.2(B) dm1 的自相关系数

```
                                  Autocorrelations
Lag  Covariance  Correlation  -1 9 8 7 6 5 4 3 2 1 0 1 2 3 4 5 6 7 8 9 1   Std Error
 0   3700604      1.00000      |                   |********************|   0
 1   -256644      -.06935      |                 .*|.                   |   0.102598
 2   -248077      -.06704      |                 .*|.                   |   0.103090
 3    180937      0.04889      |                  .|*                   |   0.103548
 4   -499289      -.13492      |               .***|.                   |   0.103791
 5    318397      0.08604      |                  .|**                  |   0.105621
 6    385537      0.10418      |                  .|**                  |   0.106356
 7    381599      0.10312      |                  .|**                  |   0.107425
 8   -617094      -.16675      |               .***|.                   |   0.108462
 9    260952      0.07052      |                  .|*                   |   0.11112
10   -900928      -.24345      |             *****|.                    |   0.111598
11   -119771      -.03237      |                 .*|.                   |   0.117055
12   2217547      0.59924      |                  .|************        |   0.117149
13   -122761      -.03317      |                 .*|.                   |   0.145889
14   -312863      -.08454      |                .**|.                   |   0.145969
15    181147      0.04895      |                  .|*                   |   0.146483
16   -437741      -.11829      |                .**|.                   |   0.146655
17   9951.10      0.00269      |                  .|.                   |   0.147656
18    617117      0.16676      |                  .|***                 |   0.147657
19    203577      0.05501      |                  .|*                   |   0.149626
20   -671046      -.18133      |              ****|.                    |   0.149839
21    181176      0.04896      |                  .|*                   |   0.152131
22   -814855      -.22020      |             ****|.                     |   0.152297
23   -301498      -.08147      |                .**|.                   |   0.155612
24   1855831      0.50149      |                  .|**********          |   0.156060
25   -172031      -.04649      |                 .*|.                   |   0.172190
26   -238019      -.06432      |                 .*|.                   |   0.172322
27    188566      0.05096      |                  .|*                   |   0.172575
28   -633093      -.17108      |               .***|.                   |   0.172733
29   10273.496    0.00278      |                  .|.                   |   0.174508
30    297458      0.08038      |                  .|**                  |   0.174508
31    147868      0.03996      |                  .|*                   |   0.174897
32   -439111      -.11866      |                .**|.                   |   0.174993
33    261885      0.07077      |                  .|*                   |   0.175838
34   -818728      -.22124      |             ****|.                     |   0.176138
35   -174864      -.04725      |                 .*|.                   |   0.179039
36   1433820      0.38746      |                  .|********            |   0.179170
37   -239332      -.06467      |                 .*|.                   |   0.187783
38   -279003      -.07539      |                .**|.                   |   0.188017
39    173476      0.04688      |                  .|*                   |   0.188335
40   -261466      -.07065      |                 .*|.                   |   0.188458
41   -26422.432   -.00714      |                  .|.                   |   0.188737
42    240650      0.06503      |                  .|*                   |   0.188740
43    118100      0.03191      |                  .|*                   |   0.188975
44   -339041      -.09162      |                .**|.                   |   0.189032
45    194759      0.05263      |                  .|*                   |   0.189499
46   -704988      -.19051      |              ****|.                    |   0.189653
47   -71241.299   -.01925      |                  .|.                   |   0.191657
48   1143742      0.30907      |                  .|******              |   0.191677
                                                  "." marks two standard errors
```

第 14 章 时间序列模型与 ARIMA 过程

输出 14.2(C) $m1$ 二次差分后的自相关函数与偏自相关函数

Lag	Covariance	Correlation	Autocorrelations -1 9 8 7 6 5 4 3 2 1 0 1 2 3 4 5 6 7 8 9 1	Std Error
0	1776974	1.00000	|********************|	0
1	-13168.839	-.00741	| . | . |	0.109764
2	356529	0.20064	| . |****. |	0.109770
3	182750	0.10284	| . |** . |	0.114103
4	60819.795	0.03423	| . |* . |	0.115215
5	350092	0.19702	| . |****. |	0.115337
6	-19451.850	-.01095	| . | . |	0.119323
7	2108.630	0.00119	| . | . |	0.119335
8	262353	0.14764	| . |*** . |	0.119335
9	133843	0.07532	| . |** . |	0.121516
10	193877	-.10911	| . **| . |	0.122077
11	172411	0.09703	| . |** . |	0.123246
12	-534184	-.30061	| ******| . |	0.124163
13	-94.825087	-.00005	| . | . |	0.132643
14	-106912	-.06017	| . *| . |	0.132643
15	-107945	-.06075	| . *| . |	0.132971
16	18683.034	0.01051	| . | . |	0.133305
17	-222804	-.12538	| . ***| . |	0.133315
18	76234.581	0.04290	| . |* . |	0.134728
19	-151183	-.08508	| . **| . |	0.134893
20	-275115	-.15482	| .***| . |	0.135538
21	-310602	-.17479	| .***| . |	0.137652
22	-146793	-.08261	| . **| . |	0.140301
23	-271088	-.15256	| .***| . |	0.140885
24	47898.029	0.02695	| . |* . |	0.142862

(续) 输出 14.2(C)

```
                        Partial Autocorrelations
      Lag  Correlation  -1 9 8 7 6 5 4 3 2 1 0 1 2 3 4 5 6 7 8 9 1
       1   -0.00741                        .  .
       2    0.20059     |                  . |****
       3    0.10995     |                  . |**
       4   -0.00259     |                  . |
       5    0.16364     |                  . |***
       6   -0.02053     |                  . |
       7   -0.07745     |                **. |
       8    0.13041     |                  . |***
       9    0.10099     |                  . |**
      10   -0.20688     |             ****.  |
      11    0.05826     |                  . |*
      12   -0.27500     |           ******.  |
      13   -0.08881     |                **. |
      14    0.03438     |                  . |*
      15    0.06592     |                  . |*
      16   -0.02914     |                  *.|
      17   -0.03788     |                  *.|
      18    0.09083     |                  . |**
      19   -0.09104     |                **. |
      20   -0.13822     |               ***. |
      21   -0.08183     |                **. |
      22   -0.09644     |                **. |
      23   -0.11357     |                **. |
      24    0.05009     |                  . |*
                    Autocorrelation Check for White Noise
 To    Chi-           Pr >
 Lag   Square   DF    ChiSq ------------------Autocorrelations------------------
  6    8.07      6   0.2330  -0.007   0.201   0.103   0.034   0.197  -0.011
 12   21.71     12   0.0409   0.001   0.148   0.075  -0.109   0.097  -0.301
 18   24.36     18   0.1436  -0.000  -0.060  -0.061   0.011  -0.125   0.043
 24   34.93     24   0.0694  -0.085  -0.155  -0.175  -0.083  -0.153   0.027
 30   44.18     30   0.0459  -0.073   0.008  -0.089  -0.209   0.041  -0.116
 36   44.89     36   0.1469  -0.012   0.011   0.027  -0.005   0.029  -0.055
 42   56.06     42   0.0719  -0.007  -0.049  -0.008   0.209  -0.052   0.136
 48   60.94     48   0.0995   0.043   0.091   0.047  -0.086   0.060   0.050
```

  输出 14.2(C)表明此时的自相关函数在季节周期内迅速收尾，这可以从第 12 月和第 24 月的自相关系数看出。偏相关函数在第 12 期也显著不为 0，年度内各个月的偏相关函数基本与 0 无显著差异。输出的最后是对差分序列是否为白噪声进行检验，由于周期因素存在，所以在 12 期的倍数时都显著，因此有建立模型的需要。综合自相关函数与偏自相关函数的特点可以考虑纯季节模型，可供考虑的有 AR(12)、MA(12)或者是两者的组合，为此编写以下的程序：

    proc arima ;
    identify var=m1(**1**，**12**) ;
    estimate p=(**12**) q=(**12**);

第 14 章 时间序列模型与 ARIMA 过程

  estimate p=(12) ;
  estimate q=(12);
  forecast lead=12 id=date interval=month out=out1;
  run;**proc print**;id date;**run**;

程序说明：这里使用 $p=(12)$ 来指定单因子AR模型，$q=(12)$ 指定单因子MA模型。第一个estimate估计了两个因子模型，后面的两个estimate各自指定一个单因子模型。最后使用MA模型来进行预测，预测长度为12，并将结果存储在数据集out1中，然后在output窗口加以显示。程序部分输出结果如下：

输出 14.2(D)　$m1$ 二次差分后的估计结果与白噪声检验结果

Conditional Least Squares Estimation				
Parameter	Estimate	Standard Error	t Value	Approx Pr > |t|	Lag
MU	142.56933	91.26909	1.56	0.1222	0
AR1,1	-0.56136	0.13922	-4.03	0.0001	12
Constant Estimate		222.6019			
Variance Estimate		1514312			
Std Error Estimate		1230.574			
AIC		1418.648			
SBC		1423.486			
Number of Residuals		83			

AIC and SBC do not include log determinant.

To Lag	Chi-Square	DF	Pr > ChiSq	--------------------------Autocorrelations-----------------------					
6	8.54	5	0.1291	0.031	0.201	0.104	0.107	0.177	0.035
12	11.76	11	0.3821	0.012	0.115	-0.028	-0.128	-0.003	-0.055

Conditional Least Squares Estimation				
Parameter	Estimate	Standard Error	t Value	Approx Pr > |t|	Lag
MU	153.43237	61.58645	2.49	0.0148	0
MA1,1	0.64653	0.11525	5.61	<.0001	12
Constant Estimate		153.4324			
Variance Estimate		1460538			
Std Error Estimate		1208.527			
AIC		1415.647			
SBC		1420.485			
Number of Residuals		83			

AIC and SBC do not include log determinant

Autocorrelation Check of Residuals

To Lag	Chi-Square	DF	Pr > ChiSq	--------------------Autocorrelations--------------------					
6	5.53	5	0.3542	-0.037	0.185	-0.007	0.025	0.162	0.005
12	8.76	11	0.6441	0.032	0.076	-0.080	-0.142	0.000	-0.010

对于第一个 estimate 的估计结果这里省略，因为这个模型许多参数没有通过

· 515 ·

检验(读者可以自行运行这段程序予以检验)。第二个 estimate 估计结果为输出 14.2(D)的前两个部分,第一个部分为参数估计结果,第二个部分为残差的白噪声检验结果。第三个 estimate 的估计结果为 14.2(D)的后两个部分,其中第三部分为参数估计结果,第四部分为残差的白噪声检验结果。显然这两个结果都能作为最终的估计模型,但相比较而言,第三个 estimate 估计要好些,因为它的两个参数都显著,且对应的扰动项方差估计和信息指标都要小些,因此变量 $m1$ 的最终模型确定为:

$$(1-B)(1-B^{12})m1_t = 153.43237 + (1-0.64653B^{12})\mu_t$$

最后的预测部分结果见结果输出 14.2(E)。

输出 14.2(E) $m1$ 的部分预测结果

date	m1	FORECAST	STD	L95	U95	RESIDUAL
DEC08	166217.13	162203.74	1208.53	159835.07	164572.41	4013.39
JAN09	.	168218.52	1208.53	165849.85	170587.19	.
FEB09	.	165353.09	1709.12	162003.29	168702.90	.
MAR09	.	167199.99	2093.23	163097.33	171302.65	.
APR09	.	167819.66	2417.05	163082.32	172557.00	.
MAY09	.	170068.01	2702.35	164771.51	175364.52	.
JUN09	.	173425.95	2960.27	167623.92	179227.98	.
JUL09	.	173852.80	3197.46	167585.89	180119.71	.
AUG09	.	176768.16	3418.23	170068.55	183467.76	.
SEP09	.	177857.33	3625.58	170751.32	184963.34	.
OCT09	.	179602.53	3821.70	172112.14	187092.92	.
NOV09	.	181892.94	4008.23	174036.95	189748.93	.
DEC09	.	187842.08	4186.46	179636.77	196047.39	.

输出 14.2(E)为一部分样本期内和外推的预测结果,包括预测值的标准差,以及预测值的 95%的置信区间。

读者可以自行给出由单因子 AR 模型建立的货币供应量 $m1$ 模型。

【例 14.3】为了了解货币供应量对股市的影响,收集了上证综合指数 zs 从 1990 年 12 月到 2008 年 12 月的月度数据以及同期的货币供应量 $m1$ 数据。试根据这些数据建立上证综合指数 zs 关于货币供应量的传递函数模型。

根据题目要求,编写的程序如下:

data cdmx;

input m1 zs@@;

　　date=intnx('month','1nov1990'd,_n_);

　　lzs=log(zs);lm1=log(m1);

　　format date monyy.;cards;

695.07 127.61 725.02 129.97

Other data(数据省略)

15782.66 1965.189 16621.71   2116.74
;
```
    Proc gplot data=cdmx;
    Plot (lm1 lzs)*date/overlay;
    Symbol1 i=join v=star;
    Symbol2 i=spline v=dot; run;
    proc arima data=cdmx;
    identify var=lm1(1);
    identify var=lm1(1, 12);
    estimate q=(4)(12);
    identify var=lzs(1) crosscorr=(lm1(1,12));
    estimate input=(7$(1)/(1)lm1) plot;
    estimate q=(1,17) input=(7$(1)/(1)lm1) plot;
    run;
```

程序说明和结果解释：程序首先建立数据集 cdmx，包括变量 $m1$(月度货币供应量)、zs(月度综合指数)和 date（时间），并规定了 date 的输出格式。为了削弱时间序列的异方差性，还对两个变量做了对数变换。其次程序调用 gplot 过程绘制变量 $lm1$、lzs 与时间的时序图，输出图像如图 14.3 所示。

图14.3中上边的曲线为变量$lm1$，下面曲线为lzs，两者从图形上看都不平稳，所以接下来的程序中改为对变量$lm1$的差分进行识别，参考例14.2的结果，对变量$lm1$进行了两次差分（读者可以自行验证这个结论），即程序中的前两个identify语句，第二个identify var=$lm1$(1，12)语句运行结果见输出14.3(A)。

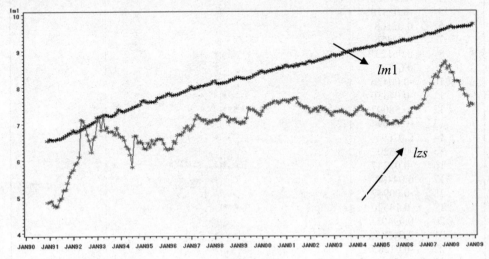

图 14.3

输出 14.3(A) *lm*1 两次阶差分的识别结果

Lag	Covariance	Correlation	-1 9 8 7 6 5 4 3 2 1 0 1 2 3 4 5 6 7 8 9 1	Std Error
0	0.00055608	1.00000	|******************|	0
1	-0.0000267	-.04804	. *| .	0.070014
2	-0.0000131	-.02350	. | .	0.070175
3	0.00004525	0.08137	. |** .	0.070214
4	-0.0001004	-.18054	****| .	0.070675
5	-6.7728E-6	-.01218	. | .	0.072900
6	0.00002036	0.03662	. |* .	0.072910
7	-7.9676E-6	-.01433	. | .	0.073000
8	0.00004806	0.08643	. |** .	0.073014
9	0.00002297	0.04131	. |* .	0.073514
10	-0.0000112	-.02012	. | .	0.073628
11	-0.0000182	-.03266	. *| .	0.073655
12	-0.0002102	-.37793	********| .	0.073726
13	3.40353E-6	0.00612	. | .	0.082679
14	0.00002134	0.03837	. |* .	0.082681
15	-0.0000506	-.09106	. **| .	0.082768
16	0.00003799	0.06833	. |* .	0.083258
17	0.00003221	0.05793	. |* .	0.083532
18	-0.0000314	-.05650	. *| .	0.083729
19	-0.0000535	-.09616	. **| .	0.083915
20	0.00003476	0.06250	. |* .	0.084454
21	-0.0000215	-.03865	. *| .	0.084680
22	1.17645E-6	0.00212	. | .	0.084767
23	0.00008050	0.14477	. |***	0.084767
24	-0.0001035	-.18610	****| .	0.085970

Partial Autocorrelations

Lag	Correlation	-1 9 8 7 6 5 4 3 2 1 0 1 2 3 4 5 6 7 8 9 1
1	-0.04804	. *| .
2	-0.02586	. *| .
3	0.07920	. |** .
4	-0.17502	****| .
5	-0.02379	. | .
6	0.02168	. | .
7	0.01456	. | .
8	0.06123	. |* .
9	0.03785	. |* .
10	-0.00436	. | .
11	-0.04330	. *| .
12	-0.38092	********| .
13	-0.01694	. | .
14	0.02695	. |* .
15	-0.05202	. *| .
16	-0.07247	. *| .
17	0.04404	. |* .
18	-0.00942	. | .
19	-0.14520	***| .
20	0.09495	. |** .
21	0.04285	. |* .
22	-0.01285	. | .
23	0.07132	. |* .
24	-0.35559	*******| .

第 14 章 时间序列模型与 ARIMA 过程

（续）输出 14.3(A)

To Lag	Chi-Square	DF	Pr > ChiSq	\-Autocorrelations\-					
6	9.14	6	0.1658	-0.048	-0.023	0.081	-0.181	-0.012	0.037
12	42.74	12	<.0001	-0.014	0.086	0.041	-0.020	-0.033	-0.37
18	95.63	18	<.0001	-0.006	-0.135	0.003	-0.019	-0.016	-0.068
24	154.57	24	<.0001	-0.084	0.035	0.042	-0.218	0.117	0.412

Autocorrelation Check for White Noise

该输出的第一部分自相关函数表明二次差分后的 lm1 序列是平稳的，第二部分为偏自相关函数也说明了这一点，第三部分为序列是否为白噪声的检验，结果表明拒绝时间序列为白噪声的假设。为此，根据自相关函数的特点可以考虑建立一个 $q=(4)(12)$ 的 MA 模型；而根据偏自相关函数可以建立模型 $p=(4)(12,24)$ 的 AR 模型，这里使用前者，对于 AR 模型的拟合读者可以试试。语句 estimate q=(4)(12) 建立了一个滞后 4 期和 12 期的 MA 模型，程序运行结果见输出 14.3（B）。

输出 14.3(B) lm1 二次差分的估计与检验结果

Conditional Least Squares Estimation

Parameter	Estimate	Standard Error	t Value	Approx Pr > |t|	Lag
MU	-0.0005727	0.0003695	-1.55	0.1228	0
MA1,1	0.13629	0.07066	1.93	0.0552	4
MA2,1	0.72761	0.04926	14.77	<.0001	12

Constant Estimate -0.00057
Variance Estimate 0.000377
Std Error Estimate 0.019422
AIC -1026.16
SBC -1016.21
Number of Residuals 204

Autocorrelation Check of Residuals

To Lag	Chi-Square	DF	Pr > ChiSq	\-Autocorrelations\-					
6	4.58	4	0.3337	-0.091	-0.037	0.081	-0.010	-0.041	0.062
12	11.28	10	0.3359	-0.093	0.065	0.098	-0.065	-0.049	0.046
18	14.18	16	0.5856	-0.062	0.028	-0.086	0.011	0.029	0.003
24	26.35	22	0.2368	-0.125	0.081	0.049	-0.066	0.087	-0.128
30	28.66	28	0.4299	-0.071	0.039	-0.026	-0.014	-0.005	0.048
36	34.02	34	0.4668	0.017	0.028	0.096	-0.089	-0.034	0.049

Model for variable lm1
Estimated Mean -0.00057
Period(s) of Differencing 1,12
Moving Average Factors

Factor 1: 1 - 0.13629 B**(4)
Factor 2: 1 - 0.72761 B**(12)

输出 14.3(B) 第一部分为参数估计结果，误差项的系数在 0.1 水平上是显著的。第二部分为残差白噪声检验结果，从滞后 6 期直到 36 期，检验统计量都是不显著的，表明通过了白噪声检验，拟合的模型是比较合适的。第三部分为拟合的模型，据此可以写出 $lm1$ 模型为：

$$(1-B)(1-B^{12})lm1_t = -0.00057 + (1-0.13629B^4)(1-0.72761B^{12})u_t$$

为了构建综合指数 zs 关于货币供应量的传递函数模型，需要对变量 lzs 进行平稳性识别。由图 14.3 知 lzs 序列是不平稳，所以直接对其差分序列进行识别，同时识别它与 $lm1$ 的传递关系。为此使用第三个 identify 语句对 lzs 差分序列进行识别，同时考虑与序列 $lm1$ 之间的关系。选项 var=lzs(1) 和 crosscorr=(lm1(1,12)) 用于实现这一目的。第三个 identify 语句运行结果见输出 14.3(C)。注意这里省略了 lzs 差分序列识别的结果。

输出 14.3(C)　互相关函数及检验结果

```
                    Correlation of lzs and lm1
              Period(s) of Differencing              1,12
              Number of Observations                 204
              Observation(s) eliminated by differencing  13
              Variance of transformed series lzs    0.03488
              Variance of transformed series lm1    0.000371
              Both series have been prewhitened
                          Crosscorrelations
    Lag    Covariance    Correlation  -1 9 8 7 6 5 4 3 2 1 0 1 2 3 4 5 6 7 8 9 1
    -8    0.00007718     0.02145       |             .  |  .             |
    -7    0.00009027     0.02509       |             .  |*.              |
    -6   -0.0002117     -.05884        |             *| .                |
    -5   -0.0002558     -.07109        |             *| .                |
    -4    0.00019255    0.05351        |             . |*.               |
    -3    0.00013025    0.03619        |             . |*.               |
    -2   -0.0001605    -.04461         |             *| .                |
    -1    0.00053624   0.14902         |             . |***              |
     0    0.00057095   0.15867         |             . |***              |
     1    0.00040879   0.11360         |             . |**.              |
     2    0.00029638   0.08236         |             . |**.              |
     3   -0.0002705   -.07517          |             **| .               |
     4   -0.0000293   -.00813          |             . | .               |
     5    0.00021151   0.05878         |             . |*.               |
     6    0.00004987   0.01386         |             . | .               |
     7   -0.0007168   -.19920          |          ****| .                |
     8    0.00065900   0.18313         |             . |****             |
     9    0.00031153   0.08657         |             . |**.              |
    10   -9.8968E-6   -.00275          |             . | .               |
```

Crosscorrelation Check Between Series

To Lag	Chi-Square	DF	Pr > ChiSq	Crosscorrelations					
5	11.02	6	0.0877	0.159	0.114	0.082	-0.075	-0.008	0.059
11	28.00	12	0.0055	0.014	-0.199	0.183	0.087	-0.003	0.048
17	33.61	18	0.0141	0.072	0.016	-0.053	-0.052	-0.121	0.045
23	38.24	24	0.0328	-0.020	-0.106	0.100	0.003	0.022	-0.026

输出 14.3(C)第一部分给出了变量 *lzs* 和 *lm*1 之间互相关基本信息，并指出两个变量均已进行了预白噪声化处理。输出第二部分给出了两变量之间的互相关系数。考虑到传递函数模型对应的输入是滞后的，因此可以从滞后 1 期开始寻找第一个显著不为 0 的滞后期。根据输出结果，本例第一个互相关系数明显不为 0 是在第 7 期，因此可以确定输入序列的滞后期 $b=7$，对于 r 和 l 的识别，结合互相关函数的特点和多次模拟显示，都设为 1 比较好。输出的第三部分为互相关函数的检验结果，检验表明直到滞后 23 期，检验统计量在 0.05 的显著性水平上都是显著的，说明两个序列之间的确具有相关关系，因此可以建立传递函数模型，语句 estimate input=(7$(1)/(1)*lm*1)用于估计传递函数模型的参数，而选项 plot 用于绘制两序列自相关图，程序运行结果见输出 14.3(D)。

输出 14.3(D)　传递函数模型估计及检验结果

Conditional Least Squares Estimation（条件最小二乘估计）							
Parameter	Estimate	Standard Error	t Value	Approx Pr > |t|	Lag	Variable	Shift
MU	0.0038920	0.0088105	0.44	0.6592	0	lzs	0
NUM1	-1.04087	0.37255	-2.79	0.0057	0	lm1	7
NUM1,1	-1.60230	0.38689	-4.14	<.0001	1	lm1	7
DEN1,1	0.44296	0.23636	1.87	0.0624	1	lm1	7

Autocorrelation Check of Residuals									
To Lag	Chi-Square	DF	Pr > ChiSq	--------------------Autocorrelations--------------------					
6	12.39	6	0.0537	-0.151	0.098	0.034	-0.103	0.118	-0.059
12	25.42	12	0.0130	0.157	-0.115	0.142	-0.059	0.039	0.008
18	38.66	18	0.0032	-0.067	-0.034	-0.140	0.070	-0.162	-0.071
24	44.99	24	0.0058	0.087	0.042	0.054	-0.040	-0.089	-0.082
30	50.95	30	0.0099	0.077	-0.079	0.037	-0.089	-0.066	0.001
36	53.65	36	0.0295	0.015	0.003	-0.041	-0.051	-0.040	0.072

Autocorrelation Plot of Residuals				
Lag	Covariance	Correlation	-1 9 8 7 6 5 4 3 2 1 0 1 2 3 4 5 6 7 8 9 1	Std Error
0	0.015205	1.00000	|********************|	0
1	-0.0022939	-.15086	| ***| . |	0.071429
2	0.0014936	0.09823	| .|** . |	0.073036
3	0.00052177	0.03432	| .|* . |	0.073707
4	-0.0015630	-.10280	| **| . |	0.073789
5	0.0017971	0.11819	| .|** . |	0.074516
6	-0.0009042	-.05947	| *| . |	0.075466
7	0.0023893	0.15714	| .|*** . |	0.075705
8	-0.0017470	-.11490	| **| . |	0.077351
9	0.0021521	0.14154	| .|*** . |	0.078217
10	-0.0008998	-.05918	| *| . |	0.079513
11	0.00059901	0.03940	| .|* . |	0.079738
12	0.00012271	0.00807	| .| . |	0.079837
13	-0.0010123	-.06658	| *| . |	0.079841
14	-0.0005182	-.03408	| *| . |	0.080124
15	-0.0021294	-.14005	| ***| . |	0.080198
16	0.0010625	0.06988	| .|* . |	0.081436
17	-0.0024680	-.16232	| ***| . |	0.081741
18	-0.0010743	-.07065	| *| . |	0.083370
19	0.0013178	0.08667	| .|** . |	0.083674

(续)输出 **14.3(D)**

			Partial Autocorrelations	
Lag	Correlation		-1 9 8 7 6 5 4 3 2 1 0 1 2 3 4 5 6 7 8 9 1	
1	-0.15086		***| .	
2	0.07723		.|**.	
3	0.06140		.|*.	
4	-0.10026		**|.	
5	0.08460		.|**.	
6	-0.01552		.|.	
7	0.14261		.|***.	
8	-0.09380		**|.	
9	0.12159		.|**.	
10	-0.04545		*|.	
11	0.05822		.|*.	

Crosscorrelation Check of Residuals with Input lm1

To Lag	Chi-Square	DF	Pr > ChiSq	-----Crosscorrelations-----					
5	4.91	4	0.2963	-0.108	0.025	0.077	-0.014	-0.071	-0.051
11	18.14	10	0.0526	-0.151	-0.147	0.012	-0.160	-0.003	0.012
7	24.16	16	0.0861	-0.066	0.106	0.008	0.027	-0.042	-0.117
23	29.29	22	0.1369	-0.096	0.075	-0.026	0.085	-0.065	-0.014
29	31.57	28	0.2925	-0.013	-0.043	0.048	-0.035	-0.018	-0.079
35	36.21	34	0.3658	0.044	0.001	-0.037	0.109	0.064	0.072

  输出 14.3(D)的第一部分是模型估计结果，从给出的检验概率可以看出变量 $lm1$ 的系数比较显著。第二部分是模型残差为白噪声的检验结果，直到滞后 36 期仍然不能接受残差为白噪声，因此需要对残差建立模型。输出的第三部分和第四部分是残差的自相关函数与偏自相关函数，结合这两个函数，可以对残差拟合 $q=(1，17)$ 模型。输出的第五部分是残差与输入变量 $lm1$ 的互相关检验结果，检验表明互相关信息已经被模型提取。所以程序最后通过语句 estimate $q=(1\ 17)$ input=(7$(1)/(1)lm1) plot 估计最终的传递函数模型，结果见输出 14.3（E）。

  输出 14.3(E)表明，不但模型的所有变量的参数都显著，而且残差项也可以接受为白噪声，同时与输入变量没有相关关系，最终拟合的模型为：

$$(1-B)lzs_t = 0.0057 + \frac{-0.88116+1.52352B}{1-0.40656B}(1-B)(1-B^{12})B^7 lm1_t$$

$$+(1-0.15675B-0.26264B^{17})\mu_t$$

  读者也可以考虑在程序最后一个 estimate 语句中令 q=1，其他选项不变来比较与本例运行结果的差异。

输出 14.3(E)　最终模型的估计与检验结果

Conditional Least Squares Estimation							
Parameter	Estimate	Standard Error	t Value	Approx Pr > |t|	Lag	Variable	Shift
MU	0.0056964	0.0051664	1.10	0.2716	0	lzs	0
MA1,1	0.15675	0.06993	2.24	0.0261	1	lzs	0
MA1,2	0.26264	0.07434	3.53	0.0005	17	lzs	0
NUM1	-0.88116	0.35043	-2.51	0.0127	0	lm1	7
NUM1,1	-1.52352	0.34580	-4.41	<.0001	1	lm1	7
DEN1,1	0.40656	0.21492	1.89	0.0601	1	lm1	7

Autocorrelation Check of Residuals									
To Lag	Chi-Square	DF	Pr >ChiSq	--------------------Autocorrelations--------------------					
6	6.10	4	0.1919	-0.004	0.095	0.036	-0.095	0.085	-0.060
12	12.83	10	0.2332	0.128	-0.052	0.116	-0.010	-0.002	0.005
18	22.44	16	0.1294	-0.111	-0.063	-0.149	0.006	0.031	-0.07
24	31.20	22	0.0922	0.110	0.060	0.058	-0.040	-0.120	-0.065
30	34.31	28	0.1910	0.012	-0.025	0.027	-0.086	-0.061	-0.027
36	37.93	34	0.2946	-0.000	-0.043	-0.049	-0.057	-0.055	0.068

Crosscorrelation Check of Residuals with Input zs									
To Lag	Chi-Square	DF	Pr >ChiSq	-------------Crosscorrelations-------------					
5	6.32	4	0.1766	-0.089	-0.005	0.082	-0.032	-0.103	-0.086
11	17.57	10	0.0626	-0.150	-0.135	-0.006	-0.132	0.025	0.028
17	24.84	16	0.0727	-0.053	0.109	-0.014	0.024	-0.018	-0.151
23	31.49	22	0.0866	-0.122	0.084	-0.020	0.060	-0.074	-0.063
29	34.26	28	0.1926	-0.046	-0.050	0.016	-0.025	-0.013	-0.09

【例 14.4】 为研究政策对股市的影响及影响程度，选择上证综合指数为研究对象，研究时间段为 2007 年至 2008 年共 2 年的时间，其中关键的时间点为 2007 年 5 月 30 日和 2008 年 4 月 24 日以及 2008 年的 9 月 19 日。前两个时间点对应印花税从 1‰调至 3‰和从 3‰降至 1‰，最后一个时间点对应实行单边收取印花税（数据来自证券之星网站）。试运用干预模型建立上证综合指数时序模型。

问题分析：本例实际上是要研究印花税调整政策对上证综合指数的影响。由于政策对股市的影响具有持续性，因此可以认为印花税的调整对上证综合指数的影响是一个长期的、持续性冲击，从而可以通过持久干预模型来研究上证综合指数，以提高对其的解释能力。以下程序实现了上述的要求和想法。由于数据太多，这里略去分析的数据。

```
data zhzs;
input date spj@@;
informat date yymmdd10.;
format date yymmdd10.;
n+1;
if n ge 94 then d1=1;
else d1=0;
```

SAS 与现代经济统计分析

```
    if n eq 254 then d2=1;
    else d2=0;
    if n ge 263 then d3=1;
    else d3=0;
    if n ge 315 then d4=1;
    else d4=0;
    if n ge 417 then d5=1;
    else d5=0;cards;
    2007-1-4  2715.72  2007-1-5  2641.33
    Other data（数据省略）
    2008-12-29 1850.48 2008-12-30 1832.91
  run;
    proc arima data=zhzs;
    identify var=spj ;
    identify var=spj(1);
    estimate q=(3，4 );outlier maxnum=40 id=date;
    identify var=spj(1) crosscorr=(d1(1) d2(1) d3(1) d4(1) d5(1));
    estimate q=(3，4) input=(d1 d2 d3 d4 d5);run;
```

程序及输出结果说明： 程序首先建立数据集 zhzs，包括时间变量 date 和上证综合指数的收盘价 spj，其中 informat 和 format 语句规定时间的输入和输出格式，变量 n 用来表示异常点。选项 outlier 用来进行异常点检验，规定最大检验个数为 40（maxnum=40）。变量 $d1$、$d2$、$d3$、$d4$、$d5$ 是根据后面的异常点识别结果有代表性地选择几个异常点来构造的。

其次，程序调用 ARIMA 过程对 spj 进行识别，输出的部分自相关函数见输出 14.4（A）。

输出 14.4(A)　spj 的部分自相关函数

		Name of Variable = spj		
		Mean of Working Series	3625.751	
		Standard Deviation	1167.404	
		Number of Observations	484	

Lag	Covariance	Correlation	-1 9 8 7 6 5 4 3 2 1 0 1 2 3 4 5 6 7 8 9 1	Autocorrelations	Std Error
0	1362831	1.00000	|	|********************|	0
1	1354439	0.99384	|	|********************|	0.045455
2	1345997	0.98765	|	|********************|	0.078407
3	1338246	0.98196	|	|********************|	0.100888
4	1329972	0.97589	|	|********************|	0.119008
5	1320963	0.96928	|	|******************* |	0.134530

输出结果表明,自相关函数显然是缓慢衰减的,表明spj序列不平稳,因此程序第二次调用identify语句对spj的差分序列进行识别,部分结果见输出14.4(B),运算结果表明差分后的序列是平稳的,自相关函数和偏自相关函数在第3期和第4期比较显著。

输出 14.4(B) spj 差分序列的部分输出结果

```
                         Autocorrelations
Lag  Covariance  Correlation  -1 9 8 7 6 5 4 3 2 1 0 1 2 3 4 5 6 7 8 9 1   Std Error
 0   8446.721    1.00000      |                    |********************|   0
 1   -28.584115  -.00338      |                    .                    |   0.045502
 2   -566.729    -.06709      |                   .*|                    |   0.045502
 3    712.767    0.08438      |                    |**                   |   0.045706
 4    807.666    0.09562      |                    |**                   |   0.046028
 5   -149.239    -.01767      |                    .                    |   0.046437

                     Partial Autocorrelations
         Lag  Correlation  -1 9 8 7 6 5 4 3 2 1 0 1 2 3 4 5 6 7 8 9 1
          1   -0.00338     |                    .                    |
          2   -0.06711     |                   .*|                    |
          3    0.08430     |                    |**                   |
          4    0.09232     |                    |**                   |
          5   -0.00617     |                    .                    |

                  Autocorrelation Check for White Noise
 To    Chi-         Pr >
 Lag   Square  DF   ChiSq    ------------------Autocorrelations----------------------
  6    12.16    6   0.0584   -0.003  -0.067   0.084   0.096  -0.018  -0.062
 12    19.73   12   0.0724    0.016  -0.026  -0.029   0.015   0.115   0.004
 18    29.61   18   0.0414    0.049   0.074   0.070  -0.065  -0.018   0.050
```

输出 14.4(B)残差序列白噪声的假设经检验不成立,因此需对模型进一步改进。为此程序调用 estimate 过程选取子集估计,也即移动平均模型 $q=(3,4)$ 来估计模型,并使用 outlier 语句进行异常点检验,最大检验个数设定为 40,该段程序的运行结果见输出 14.4(C)。

输出 14.4(C) 差分序列的估计与异常点识别结果

```
              Conditional Least Squares Estimation
                        Standard     Approx
Parameter   Estimate    Error       t Value   Pr > |t|   Lag
MU          -1.75905    4.99410     -0.35     0.7248     0
MA1,1       -0.09682    0.04518     -2.14     0.0326     3
MA1,2       -0.10639    0.04518     -2.35     0.0189     4
            Constant Estimate   -1.75905
            Variance Estimate    8344.965
            Std Error Estimate     91.35078
            AIC                  5734.892
            SBC                  5747.432
            Number of Residuals     483
```

（续）输出 14.4(C)

To Lag	Chi-Square	DF	Pr > ChiSq	\multicolumn{6}{|c|}{Autocorrelation Check of Residuals} Autocorrelations					
6	2.90	4	0.5742	-0.006	-0.055	-0.005	-0.005	-0.005	-0.053
12	9.54	10	0.4820	0.007	-0.036	-0.030	0.008	0.105	0.009

Outlier Details

Obs	Time ID	Type	Estimate	Chi-Square	Approx Prob> ChiSq
263	2008-02-04	Shift	353.59323	20.91	<.0001
254	2008-01-22	Additive	-239.57647	19.11	<.0001
97	2007-06-04	Shift	-320.24204	17.25	<.0001
258	2008-01-28	Shift	-315.45335	16.78	<.0001
315	2008-04-24	Shift	291.94580	14.37	0.0002
94	2007-05-30	Shift	-285.63468	13.94	0.0002
34	2007-02-27	Shift	-282.26330	13.68	0.0002
207	2007-11-14	Shift	279.85885	13.54	0.0002
195	2007-10-25	Shift	-265.10780	12.27	0.0005
168	2007-09-11	Shift	-259.95976	11.93	0.0006

输出 14.4(C)第一部分为参数估计结果，两个移动平均项系数都高度显著，第二部分的残差白噪声检验结果，表明该模型是合适的。模型似乎拟合很成功，但第三部分输出的异常点检验表明，模型中尚且存在众多的异常点，目前的模型还不能完全解释这些异常点。

从检验结果来看，两次印花税调整的时间对应的异常点类型为持久的（shifit），单边收税（表中没有列出，对应观测号为417，检验也非常显著）对应的异常点类型也为持久的（shift），因此模型还有进一步优化的可能，为此除了选取这三个异常点外，还选取影响最大的两个异常点，即观测号分别为263和254对应的点，分别用变量$d1$、$d2$、$d3$、$d4$、$d5$表示。为了将这些变量引入到模型中，程序第三次使用idenify语句，并配合crosscorr语句，然后结合estimate语句并配合input语句将这些变量作为解释变量。

运行结果见输出14.4（D）差分序列的估计与异常点识别结果。

输出 14.4(D)　考虑部分异常点差分序列的估计与检验结果

Conditional Least Squares Estimation

Parameter	Estimate	Standard Error	t Value	Approx Pr > |t|	Lag	Variable	Shift
MU	-2.95659	4.65854	-0.63	0.5260	0	spj	0
MA1,1	-0.09425	0.04573	-2.06	0.0398	3	spj	0
MA1,2	-0.08399	0.04566	-1.84	0.0665	4	spj	0
NUM1	-253.70135	86.13194	-2.95	0.0034	0	d1	0
NUM2	-243.39097	61.22168	-3.98	<.0001	0	d2	0
NUM3	352.03099	86.17502	4.09	<.0001	0	d3	0
NUM4	294.55833	86.31196	3.41	0.0007	0	d4	0
NUM5	180.98659	86.25672	2.10	0.0364	0	d5	0

Constant Estimate　-2.95659
Variance Estimate　7524.764
Std Error Estimate　86.7454
AIC　5689.864
SBC　5723.304
Number of Residuals　483

续输出 14.4(D)

```
                    Autocorrelation Check of Residuals
  To     Chi-           Pr >
  Lag    Square  DF    ChiSq    ---------------Autocorrelations--------------------
   6      2.87    4    0.5803   -0.006  -0.031  -0.005  -0.002   0.031  -0.062
  12     12.07   10    0.2803    0.029  -0.038   0.036   0.060   0.106   0.008
```

该结果表明，所引入的几个变量T检验均高度显著，因此非常有必要保留在模型中，同时误差项的标准差（从91.35078到86.7454）、AIC指标（从5734.892到5689.864）、BIC指标（从5747.432到5723.304）都在不同程度上有所下降。

总之，考虑异常点的模型更具有代表性，结合参数估计结果，上证综合指数时序模型为：

$$spj_t = -2.96 - 253.70d1_t - 243.40d2_t + 352.03d3_t + 294.56d4_t + 180.99d5_t$$
$$+ \frac{\mu_t + 0.09\mu_{t-3} + 0.08\mu_{t-4}}{1-B}$$

习 题 14

1. 下表（表 p.14.1）是我国自 1986—2013 年人民币对美元的汇率（每 100 美元兑人民币）情况，试根据给出的数据，运用 GPLOT 过程作汇率对 DATE 的时序图，并运用 ARIMA 过程建立人民币对美元汇率模型。

表 p.14.1

年份	1986	1987	1988	1989	1990	1991	1992
汇率	345.28	372.21	372.21	376.51	478.32	532.33	551.46
年份	1993	1994	1995	1996	1997	1998	1999
汇率	576.2	861.87	835.1	831.42	828.98	827.91	827.83
年份	2000	2001	2002	2003	2004	2005	2006
汇率	827.84	827.7	827.7	827.7	827.68	819.17	797.18
年份	2007	2008	2009	2010	2011	2012	2013
汇率	760.4	694.51	683.1	676.95	645.88	631.22	619.32

2. 下表（表 p.14.2）是美国 1970 年至 1991 年期间，个人消费支出（PCE）和个人可支配收入（PDI）的季度（DATE）数据：

表 p.14.2

单位：美元

消费支出	可支配收入	日期	消费支出	可支配收入	日期	消费支出	可支配收入	日期
1800.5	1990.6	1970q1	1807.5	2020.1	1970q2	1824.7	2045.3	1970q3
1821.2	2045.2	1970q4	1849.9	2073.9	1971q1	1863.5	2098	1971q2
1876.9	2106.6	1971q3	1904.6	2121.1	1971q4	1929.3	2129.7	1972q1
1963.3	2149.1	1972q2	1989.1	2193.9	1972q3	2032.1	2272	1972q4
2063.9	2300.7	1973q1	2062	2315.2	1973q2	2073.7	2337.9	1973q3
2067.4	2382.7	1973q4	2050.8	2334.7	1974q1	2059	2304.5	1974q2
2065.5	2315	1974q3	2039.9	2313.7	1974q4	2051.8	2282.5	1975q1
2086.9	2390.3	1975q2	2114.4	2354.4	1975q3	2137	2389.4	1975q4
2179.3	2424.5	1976q1	2194.7	2434.9	1976q2	2213	2444.7	1976q3
2242	2459.5	1976q4	2271.3	2463	1977q1	2280.8	2490.3	1977q2
2302.6	2541	1977q3	2331.6	2556.2	1977q4	2347.1	2587.3	1978q1
2394	2631.9	1978q2	2404.5	2653.2	1978q3	2421.6	2680.9	1978q4
2437.9	2699.2	1979q1	2435.4	2697.6	1979q2	2454.7	2715.3	1979q3
2465.4	2728.1	1979q4	2464.6	2742.9	1980q1	2414.2	2692	1980q2
2440.3	2722.5	1980q3	2469.2	2777	1980q4	2475.5	2783.7	1981q1
2476.1	2776.7	1981q2	2487.4	2814.1	1981q3	2468.6	2808.8	1981q4
2484	2795	1982q1	2488.9	2824.8	1982q2	2502.5	2829	1982q3
2539.3	2832.6	1982q4	2556.5	2843.6	1983q1	2604	2867	1983q2
2639	2903	1983q3	2678.2	2960.6	1983q4	2703.8	3033.2	1984q1
2741.1	3065.9	1984q2	2754.6	3102.7	1984q3	2784.8	3118.5	1984q4
2824.9	3123.6	1985q1	2849.7	3189.6	1985q2	2893.3	3156.5	1985q3
2895.3	3178.7	1985q4	2922.4	3227.5	1986q1	2947.9	3281.4	1986q2
2993.7	3272.6	1986q3	3012.5	3266.2	1986q4	3011.5	3295.2	1987q1
3046.8	3241.7	1987q2	3075.8	3285.7	1987q3	3074.6	3335.8	1987q4
3128.2	3380.1	1988q1	3147.8	3386.3	1988q2	3170.6	3407.5	1988q3
3202.9	3443.1	1988q4	3200.9	3473.9	1989q1	3208.6	3450.9	1989q2
3241.1	3466.9	1989q3	3241.6	3493	1989q4	3258.8	3531.4	1990q1
3258.6	3545.3	1990q2	3281.2	3547	1990q3	3251.8	3529.5	1990q4
3241.1	3514.8	1991q1	3252.4	3537.4	1991q2	3271.2	3539.9	1991q3
3271.1	3547.5	1991q4						

根据以上的数据，完成下列工作：

（1）使用 GPLOT 过程作 PCE，PDI 对 DATE 的时序图，并从直观上判断它们是否平稳。

（2）使用 ARIMA 过程进一步判断它们是否平稳。

（3）以 PCE 为因变量，PDI 为解释变量，使用 ARIMA 过程建立它们之间的方程（提示：使用 CROSSCORR 和 INPUT 语句）。

3. 下面（表 p.14.3）是我国 1991 年 1 月至 2008 年 12 月的零售总额（lsze）与货币供应量（m1）的数据：

表 p.14.3

m1	54406.23	51997.68	53033.36	53261.32	52542.99	55187.36	53502.8	55808.92
lsze	3332.8	3047.1	2876.1	2820.9	2929.6	2908.7	2851.4	2889.4
m1	56824	56114.9	56579.6	59871.59	60577.23	58703.97	59475.67	60462.04
lsze	3136.9	3347.3	3421.7	4033.3	3596.1	3324.4	3114.8	3052.2
m1	61247.53	63144.69	63488.41	64869.5	66800.29	67100.77	67993.28	70882.19
lsze	3202.1	3158.8	3096.6	3143.7	3422.4	3661.9	3733.1	4404.4
m1	72406.05	69757.05	71439.21	71321.54	72778.15	75923.52	76153.04	77033.3
lsze	3907.4	3706.4	3494.8	3406.9	3463.3	3576.9	3562.1	3609.6
m1	79164.14	80267.37	80815.22	84118.81	83806.09	83556.62	85815.79	85603.94
lsze	3971.8	4204.4	4202.7	4735.7	4569.4	4211.4	4049.8	4001.8
m1	86780.65	88627.45	87982.45	89125.5	90439.21	90782.72	92387.36	95971.01
lsze	4166.1	4250.7	4209.2	4262.7	4717.7	4983.2	4965.6	5562.5
m1	97079.93	92815.93	94744.19	94594.73	95803.02	98602.14	97674.98	99378.67
lsze	5300.9	5012.2	4799.1	4663.3	4899.2	4935	4934.9	5040.8
m1	100965	101752.9	104127.3	107279.9	107250.7	104357.1	106737.1	106389.1
lsze	5495.2	5846.6	5909	6850.4	6641.6	6001.9	5796.7	5774.6
m1	109219.2	112342.4	112653	114845.7	116814.1	118360	121645	126028.1
lsze	6175.6	6057.8	6012.2	6077.4	6553.6	6997.7	6821.7	7499.2
m1	128484.1	126258.1	127881.3	127678.3	130275.8	135847.4	136237.4	140993.2
lsze	7488.3	7013.7	6685.8	6672.5	7157.5	7026	6998.2	7116.6
m1	142591.6	144649.3	148009.8	152519.2	154872.6	150177.9	150867.5	151694.9
lsze	7668.4	8263	8104.7	9015	9077.3	8354.7	8123.2	8142
m1	153344.8	154820.2	154992.4	156889.9	155749	157194.4	157826.6	166217.1
lsze	8704	8642	8629	8768	9446	10082.7	9790.8	10728.5

（1）利用 ARIMA 过程对变量 *lsze* 建立合适的模型。

（2）根据传递函数模型建立的过程，分析 m1 与 lsze 是否可以建立合适的传递模型。

4. 试根据我国的 GDP 和固定资产投资实际数据建立传递函数模型。

附录　第 14 章部分例题的菜单实现

Ⅰ. 例 14.1 的菜单实现

1. 进入 **SAS/ASSIST** 主菜单界面。
2. 点击【PLANNING TOOLS】→【FORCASTING】，点击进入图 F14.1。

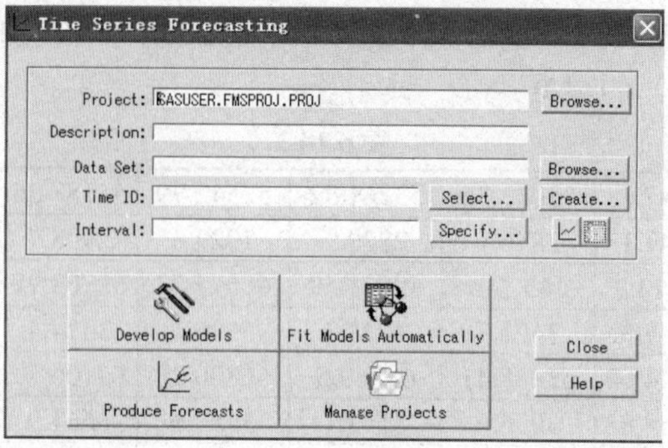

图 F14.1

3. 点击第一个图标【Develop models】，进入图 F14.2。

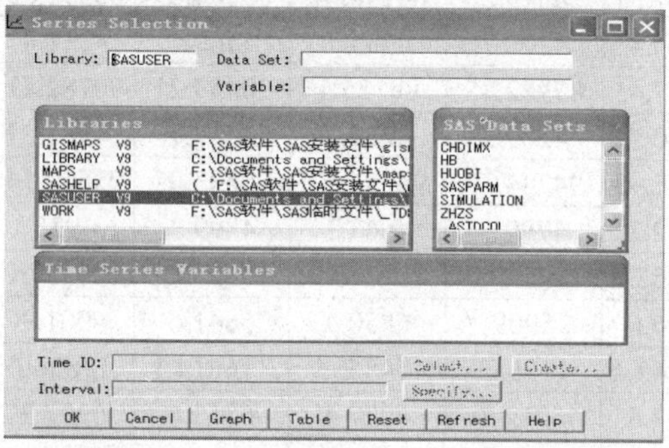

图 F14.2

该界面因用户安装 SAS 路径和事先建立的数据库和数据集不同而不同，但主要是选择分析的数据集和分析变量。

4. 在【Libraries】中选择需要数据库 work，在右侧对应的 SAS Data Set 中选择数据集 simulation，出现图 F14.3 所示。

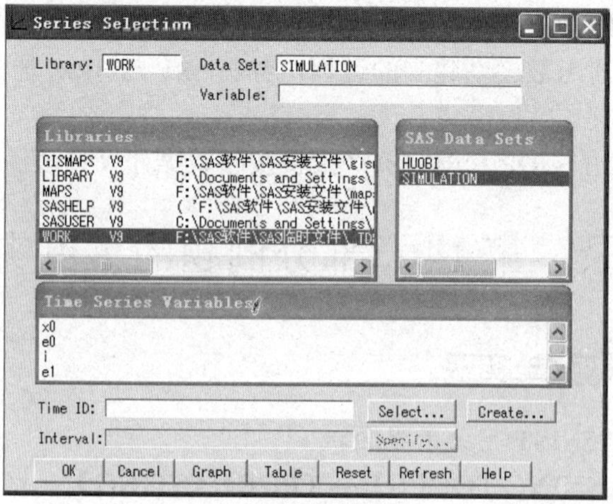

图 F14.3

第 14 章 时间序列模型与 ARIMA 过程

5. 点击我们的分析变量为 x，同时点击【Time ID】右侧的[Select…]，进入图 F14.4。

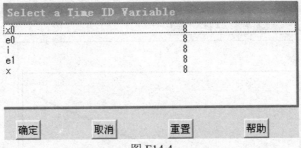

图 F14.4

6. 点击变量 i，再点击【确定】，得到图 F14.5。

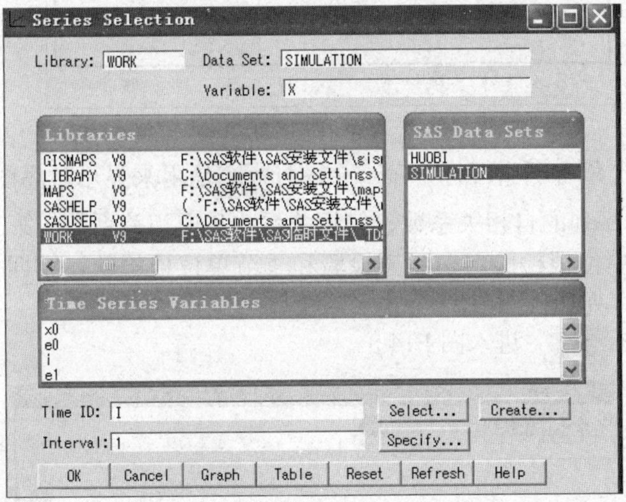

图 F14.5

7. 点击【OK】，得到图 F14.6。

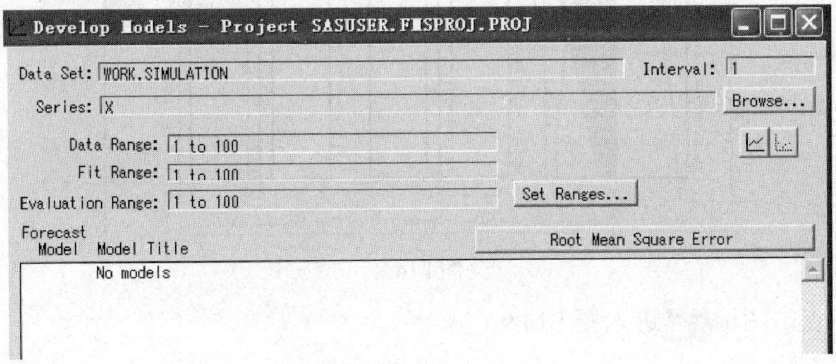

图 F14.6

· 531 ·

8. 点击上图右上角的 图标，进入图 F14.7。

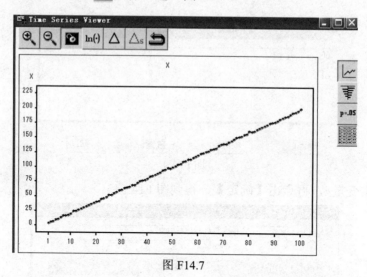

图 F14.7

在图中右上角有四个图标，第一个图标 是用来显示时序图，第二个图标 是用来显示序列的自相关系数、偏相关系数和逆相关系数，第三个图标 是用来显示序列单位根检验、白噪声检验和季节单位根检验，第四个图标 可以用来显示原始序列和预测值。

9. 点击图标 ，进入图 F14.8。

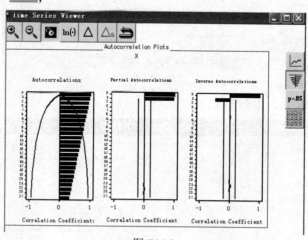

图 F14.8

10. 点击图标 进入图 F14.9。

第 14 章　时间序列模型与 ARIMA 过程

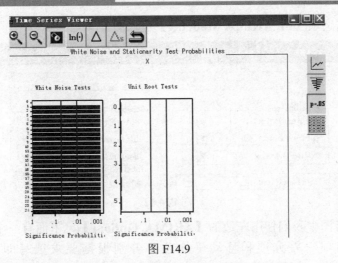

图 F14.9

由此我们完成了程序中第一个 Identify 语句对 x 的菜单操作。关于第二个 Identify 语句对变量 x 的一阶差分的识别可以直接点击图 F14.7—图 F14.9 中的图标 △ 即可得到相应的输出结果。

11. 下面完成模型建立与参数估计操作，将图 F14.6 拷贝重新命名为图 F14.10。

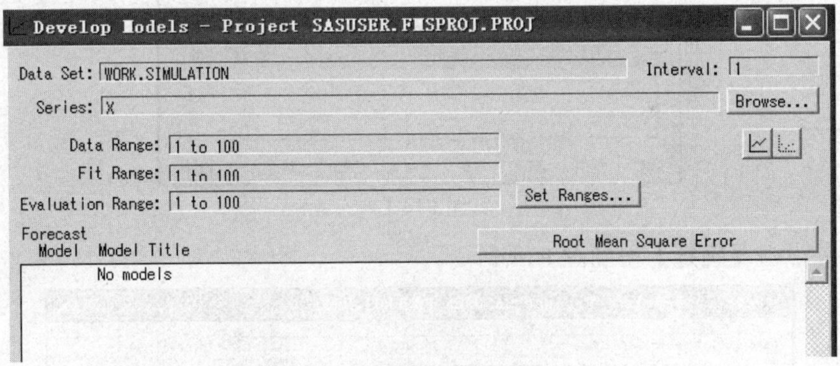

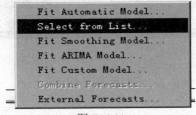（此处原图插入）

图 F14.10

12. 在图中的任一区域点击鼠标右键，出现图 F14.11 的情形。

图 F14.11

13. 点击选项【Fit ARIMA Model...】进入图 F14.12。

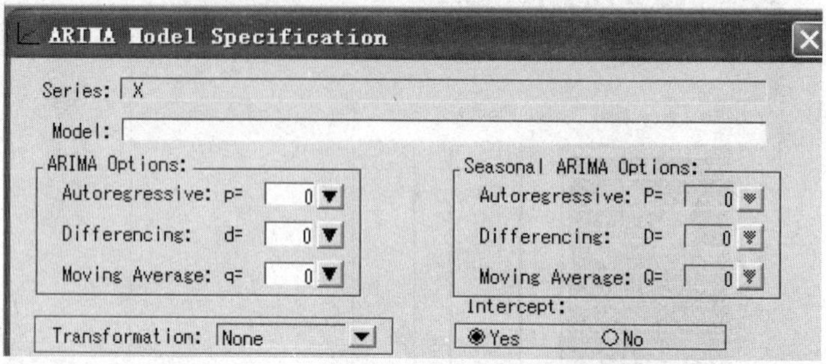

图 F14.12

14. 在该图中我们使用左边的【ARIMA Options】，下面有三个选项分别是对应自回归项、差分项和移动平均项，分别根据要求填写即可，本例在 **Differencing：d**=中输入 1，在 **Moving Average：q**=中输入 1 即可。得到图 F14.13。

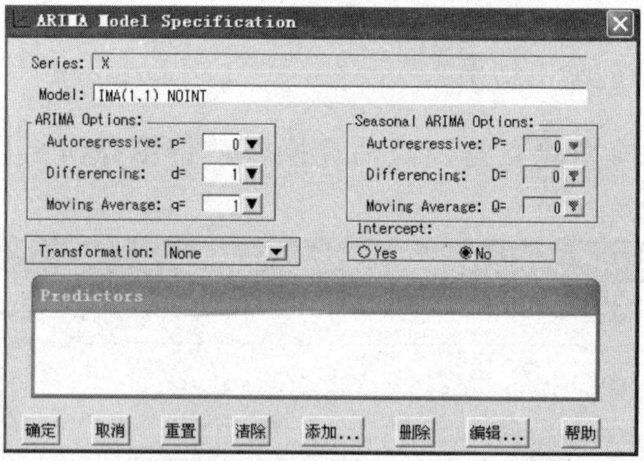

图 F14.13

15. 点击【确定】得到图 F14.14。

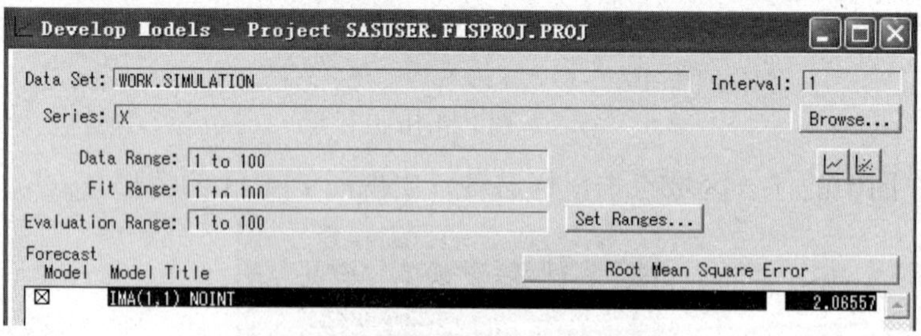

图 F14.14

16. 点击图 F14.14 图标 ，可得到图 F14.15。

第 14 章 时间序列模型与 ARIMA 过程

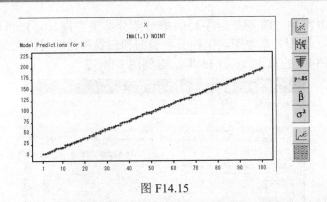

图 F14.15

17. 图 F14.15 中的图标 是用来显示预测值散点图，图标 ⊞ 用来显示残差的估计值的散点图，图标 ☰ 是用来显示残差估计值的自相关系数图、偏相关系数图、逆相关系数图。图标 p=.05 是用来显示残差的白噪声检验、单位根检验、季节单位根检验。图标 β̂ 是用来显示参数估计表，图标 σ^2 是用来显示反映模型拟合情况的几个统计量及其取值。图标 ⌇ 是用来显示预测值的折线图，包括区间内和区间外的预测图。图标 ▦ 是用来显示原始序列和预测值。上述各个选项的具体内容在此就不再介绍了，只要进入该界面就可以理解。由于数据集的内容太多，需要占用大量篇幅，在此就不再一一列出，请读者自己上机模拟操作。

Ⅱ. 例 14.2 的菜单实现

1. 完成例 14.1 的第 1 步至第 3 步。
2. 在【Libraries】中选择需要分析的数据集 huobi。
3. 点击我们分析变量为 $m1$，同时【Time ID】自动选择时间变量 date，interval 自动设定为 month，点击【OK】得到，图 F14.16。

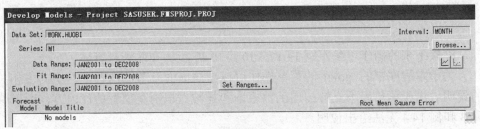

图 F14.16

4. 点击上图右上角的 ⌇ 图标，仿照例 14.1，可看到 $m1$ 序列的时序图、自相关系数图、逆相关系数图、偏相关系数图和白噪声检验等，在此省略。

5. 要想得到两次差分后序列的相关识别工作，首先点击 $m1$ 时序图中 △ 图标，可以得到一阶普通差分，从而可以看到该差分序列的相关内容，然后再点击

△s 图标，可以得到一阶差分后序列的季节差分结果，同样可以可看到时序图、自相关系数图、逆相关系数图、偏相关系数图和白噪声检验等，在此省略。

6. 重复例 14.1 的第 12 步和 13 步，得到图 F14.17。

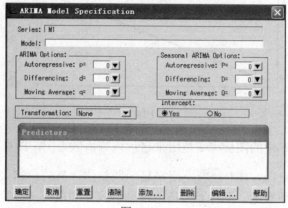

图 F14.17

7. 以估计 ARIMA$(0,1,0) \times (1,1,1)_{12}$（第一个 estimate 的估计设置）为代表来完成设置。在【ARIMA Options：】选项中分别输入 $p=0$，$d=1$，$q=0$，在【Seasonal ARIMA Options：】中输入 $P=1$，$D=1$，$Q=1$，然后点击【确定】，可得到图 F14.18。

图 F14.18

8. 接下来的操作可参照例 14.1 的 16 步和 17 步，在此不再赘述。

关于本程序中的 gplot 的菜单操作可以参照前面章节的内容，这里略去相关的说明。由于菜单尚不支持传递函数模型和异常点识别及模型估计内容，所以例 14.3 和例 14.4 无法给出说明。

第 15 章 ARCH 模型簇与 AUTOREG 过程

15.1 自相关与条件异方差（ARCH）模型简介

在时序资料的回归模型 $Y_t = X_t B + \varepsilon_t$ 中，误差项 ε_t 往往存在序列相关和条件异方差，即误差项的方差与时间 t 是有关的。本章我们将介绍这两个问题的判断与处理方法。

15.1.1 回归模型中误差项序列自相关的判断及处理

在第 9 章回归分析概述中，我们曾提到过违背经典假设的几种情况，并就异方差和多重共线性问题作了简要分析，指出了误差项序列相关问题，鉴于 AUTOREG 过程可以专门解决这类问题，所以先简要介绍其判断和相应的处理方法，本书仅限于对一阶自相关进行分析。

1. 一阶自相关的判断

自相关问题经常出现在时间序列中，比如，研究消费问题，现期的消费水平往往受前期消费水平的影响，也就是现期消费与上期消费存在自相关。在误差项自相关的情况下参数的 OLS 估计虽然仍是无偏的，但是不再是有效的，因此必须加以考虑。如果回归方程的误差项可以表示为如下的形式：

$$\varepsilon_t = \rho \varepsilon_{t-1} + v_t$$

其中，v_t 为白噪声序列，则称误差项存在一阶自相关。对其进行检验主要是杜宾—沃特森（Durbin-Watson，D-W）检验。该检验的原假设和备择假设如下：

$$H_0: \rho = 0 \qquad H_1: \rho \neq 0$$

对于一个具体的回归模型，误差项的一阶自相关的检验步骤如下：

（1）首先不考虑自相关，对回归方程进行 OLS 估计，得到残差的估计值 $\hat{\varepsilon}_t$。

（2）计算 DW 统计量

$$DW = \frac{\sum_{t=2}^{n}(\hat{\varepsilon}_t - \hat{\varepsilon}_{t-1})^2}{\sum_{t=1}^{n}\hat{\varepsilon}_t^2} = \frac{\sum_{t=2}^{n}(\hat{\varepsilon}_t^2 + \hat{\varepsilon}_{t-1}^2 - 2\hat{\varepsilon}_t\hat{\varepsilon}_{t-1})}{\sum_{t=1}^{n}\hat{\varepsilon}_t^2} \approx 2(1 - \hat{\rho})$$

(3) 给定显著性水平 α、样本容量 n、解释变量的个数 k 查杜宾—沃特森临界值表，得到上下两个临界值，分别记为 d_U，d_L。

(4) 判断依据如下：

①若 $DW < d_L$，则存在一阶正相关。

②若 $4 - d_L < DW < 4$，则存在一阶负相关。

③若 $d_U < DW < 4 - d_U$，则不存在一阶自相关。

④若 $d_L < DW < d_U$，或 $4 - d_U < DW < 4 - d_L$，则不能确定是否存在一阶自相关。

以上判断结果如图 15.1 所示。

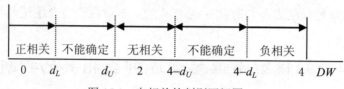

图 15.1　自相关的判别区间图

2. 一阶自相关的处理

在误差项存在一阶自相关时，最常用的方法是进行广义一阶差分，然后进行 OLS 估计。

为简便起见，我们以一元线性回归模型为例加以说明。

设一元线性回归方程如下：

$$y_t = \alpha + \beta x_t + \varepsilon_t \tag{15.1}$$

其中，ε_t 满足一阶自相关，对上述方程滞后一期得到：

$$y_{t-1} = \alpha + \beta x_{t-1} + \varepsilon_{t-1} \tag{15.2}$$

(15.2) 式两边乘以 ρ 得到：

$$\rho y_{t-1} = \rho\alpha + \rho\beta x_{t-1} + \rho\varepsilon_{t-1} \tag{15.3}$$

(15.1) 式减 (15.3) 式，并整理后得：

$$y_t = \alpha(1-\rho) + \rho y_{t-1} + \beta(x_t - \rho x_{t-1}) + \varepsilon_t - \rho\varepsilon_{t-1}$$
$$= \alpha(1-\rho) + \rho y_{t-1} + \beta(x_t - \rho x_{t-1}) + v_t \tag{15.4}$$

此时由于误差项 v_t 满足白噪声序列，所以可以直接进行 OLS 估计。实践中，通常先对 (15.1) 式进行 OLS 估计，然后估计出 $\hat{\rho}$，把 $\hat{\rho}$ 代回 (15.4) 式再进行 OLS 估计，即可得到参数 α，β 的估计值，详细程序参见例 15.1。

15.1.2 条件异方差 (ARCH) 模型

传统的回归模型在古典假设中要求误差项具有同方差性，但是实践中因误差项常常表现出异方差性而得不到满足，特别是在金融时间序列中，研究者发现有如下的现象：

(1) 资产的价格序列经常是不平稳的，常常表现为 ARIMA $(p, 1, q)$ 的特性，即服从 I (1) 过程，其收益率序列是平稳的。

(2) 收益率序列本身一般不呈现自相关性，但收益率序列的平方却具备较强的自相关性，反映不同时间上的观测存在着非线性关系，且序列的波动具有集簇性，即在一定的时期内具有正的波动，而在另一个时期内具有负的波动。

(3) 收益率序列一般不具备独立正态分布，常表现为尖峰厚尾性和负偏性。

(4) 收益率序列的波动常常具有非对称性，即股市上坏消息引起的波动比好消息引起的波动要大，这就是所谓的"杠杆效应"。

正是上述这些特点，使得传统的计量经济学模型很难刻画出其波动的规律。有鉴于此，Engel 在 1982 年研究英国通货膨胀问题时，首先提出自回归条件异方差过程 (autoregressive conditional heteroskedastic process，简记为 ARCH 过程)，该模型立即受到广大理论工作者和实际工作者的欢迎和重视，Bollerslew 在 1986 年将 ARCH 模型推广到广义 ARCH 模型，即 GARCH 模型，Nelson 在 1991 年提出了指数的 GARCH 模型，即 EGARCH 模型。到目前为止，ARCH 模型及其变体，已在金融计量经济学中得到了广泛的应用。本节首先介绍各种形式的模型，然后利用 SAS 软件中 AUTOREG 过程实现各种模型的估计。

为直观理解 ARCH 模型，我们先给出由例 15.3 数据所作出时间序列图，具体见图 15.2。

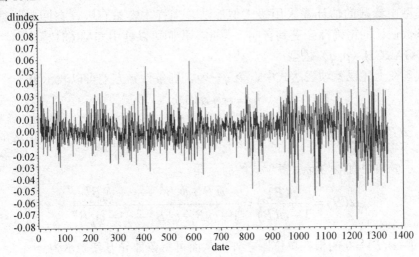

图 15.2 某时间序列的时序图

图 15.2 清晰地表明该时间序列不仅具有集群性和波动的持续性，而且方差随时间变动呈现异方差特征，因此在估计时，必须考虑异方差性，具体估计将在例 15.3 中再做介绍。

15.1.3 各种 ARCH 模型的表现形式

1. ARCH（q）模型

设 y_t 为被解释变量，x_t 为解释变量（可以是单变量，也可以是一个向量），两者具有下列关系：

$$y_t = x_t\beta + \varepsilon_t \tag{15.5}$$

其中，ε_t 为随机误差项，且满足下列表达式：

$$\varepsilon_t = \sqrt{h_t}\, v_t$$
$$h_t = \varpi + \alpha_1\varepsilon_{t-1}^2 + \alpha_2\varepsilon_{t-2}^2 + \cdots + \alpha_q\varepsilon_{t-q}^2 \tag{15.6}$$

其中，v_t 为正态分布序列，且有 $E(v_t)=0$，$D(v_t)=1$，称满足上述条件的 $\varepsilon_t \sim$ ARCH(q)，显然在给定 ε_{t-j}，$j=1, 2, \cdots, q$ 的条件下，有

$$E(\varepsilon_t) = \sqrt{h_t}\, E(v_t) = 0, \quad D(\varepsilon_t) = h_t D(v_t) = h_t$$

从上述方差表达式可以看出，条件方差为过去误差平方的线性组合，有着正向而减缓的影响，因此，波动会持续一段时间，从而能够模拟市场波动的集群现象，但没有区分波动的方向，这就是其名称的来源。为了误差序列 ε_t 的平稳性，要求下列条件得到满足：

$$\varpi > 0, \quad \alpha_1, \alpha_2, \cdots, \alpha_q \geq 0, \quad \alpha_1 + \alpha_2 + \cdots + \alpha_q < 1$$

模型中参数的估计需采用极大似然法。当样本容量有限，自回归阶数过大时，参数估计的精确性会受到影响，为此，我们可以使用 GARCH 模型。

2. GARCH（p, q）模型

假设在上述误差项表达式中，令 $q \to \infty$，则条件异方差可以表示为

$$h_t = \varpi + \alpha(B)\varepsilon_t^2$$

其中，$\alpha(B) = \sum_{j=1}^{\infty} \alpha_j B^j$ 为一无穷阶滞后多项式，B 为后移算子，假定这多项式可以表示成两个有限阶滞后多项式的商，即

$$\alpha(B) = \frac{\phi(B)}{1-\varphi(B)} = \frac{\phi_1 B + \phi_2 B^2 + \cdots + \phi_q B^q}{1 - \varphi_1 B - \varphi_2 B^2 - \cdots - \varphi_p B^p}$$

其中，$1-\varphi(B)=0$ 的根在单位圆之外，从而可将条件异方差表示为

$$(1-\varphi(B))h_t = \varpi(1-\varphi(B)) + \phi(B)\varepsilon_t^2$$

展开上述表达式,得

$$h_t = \omega + \varphi_1 h_{t-1} + \varphi_2 h_{t-2} + \cdots + \varphi_p h_{t-p} + \phi_1 \varepsilon_{t-1}^2 + \phi_2 \varepsilon_{t-2}^2 + \cdots + \phi_q \varepsilon_{t-q}^2 \quad (15.7)$$

其中,有 $\omega = \varpi(1-\varphi(B))$,称满足上述条件异方差的 $\varepsilon_t \sim \text{GARCH}(p, q)$。它由三项构成,$\omega$ 与时间无关,自始至终都发生作用,称之为持久项;φ_i 是异方差滞后项的系数,称之为长期项;ϕ_i 称之为短期项,该过程稳定的充分必要条件为 $\sum_{i=1}^{q}\phi_i + \sum_{j=1}^{p}\varphi_j < 1$。GARCH$(p, q)$模型克服了 ARCH$(q)$模型部分缺点,有助于模拟金融数据分布的宽尾特征,但实践中常常发现 GARCH(p, q)模拟数据后得到的标准差不一定近似为正态分布,因此,为了说明大量金融时间数据所呈现的厚尾特征,必须找到一个比正态分布尾部更宽的分布,而 T 分布具有此特征。实践证明,在自由度小于 30 时,使用 T 分布后效果确实有改善,而当自由度大于 30 时,T 分布近似正态分布,实际上还有一个更为合适的关于厚尾的分布,这便是 Nelson 和 Hamilton 提出的广义误差分布(Generalized error distribution,GED),其对误差项的分布为

$$f(v_t) = \frac{d\exp\left[-\frac{1}{2}|v_t/\lambda|^d\right]}{\lambda \cdot 2^{[(d+1/d)]}\Gamma(1/d)}, \quad (0 < d < \infty) \quad (15.8)$$

其中,$\Gamma(\cdot)$ 为 Γ 函数,d,λ 均为常数,λ 称为尾部厚度参数(Tail-thickness parameter),其值为

$$\lambda = \left[\frac{2^{(-2/d)}\Gamma(1/d)}{\Gamma(3/d)}\right]^{1/2}$$

当 $d = 2$ 时,误差项为正态分布,当 $d < 2$ 时,误差项分布有较正态分布更厚的尾部;当 $d > 2$ 时,误差项的分布较正态分布更薄的尾部。但由于目前 SAS 系统只支持正态分布和 T 分布,所以对于更优的 GED 分布不能拟合。实际的工作中经常使用 GARCH(1,1)模型。

该模型的缺点是不能解释资产收益率和收益率变化波动之间出现负相关现象,这是因为模型假定条件异方差是过去残差平方和的函数,故残差的符号不影响波动,也即条件异方差对正的价格变动和负的价格变动的反映是对称的。然而,在实践中或经验研究发现,坏消息使波动增大,而好消息则减少波动,这一特点 GARCH(p, q)模型是不能解释的,亦即 GARCH(p, q)不能反映是否存在杠杆效应。有鉴于此,我们引入能反应这一特点的 EGARCH 模型。

3. EGARCH 模型

EGARCH 模型是由 Nelson 在 1991 年提出的。在该模型中,条件异方差 h_t 使用对数表达形式:

$$\ln h_t = \delta + \sum_{i=1}^{q} \alpha_i g(v_{t-i}) + \sum_{j=1}^{p} \gamma_j \ln(h_{t-j})$$

$$g(v_t) = \theta v_t + \gamma \left[|v_t| - E|v_t| \right] \tag{15.9}$$

$$v_t = \varepsilon_t / \sqrt{h_t}$$

EGARCH 模型一个非常重要的性质是在条件异方差中引入参数 θ，这使得 h_t 在随机干扰 v_t 取正负值时有不同程度的变化，从而更为准确地描述股票价格的变动情况。比如，若将利多消息看作是对股价的正干扰，将利空消息看作是对股价的负干扰，人们注意到，股价对同样程度的负干扰（指绝对值相同）比对正干扰反应更为强烈，这种对正负干扰反应的不对称性，就可以用 EGARCH 模型描述。如果参数 θ 为一负数，且 $-1 < \theta < 0$，那么一个负干扰（$v_{t-j} < 0$）所引起 h_t 的变化比相同程度的正干扰（$v_{t-j} > 0$）所引起的变动要大；反之，如果参数 θ 为一正数，那么一个正干扰（$v_{t-j} > 0$）所引起 h_t 的变化比相同程度的负干扰（$v_{t-j} < 0$）所引起的变动要大，当 $\theta = 0$ 时，则 h_t 对于正负干扰的变化是对称的。当 $\theta < -1$ 时，负干扰实际上增加了波动性，而正干扰实际上减少了波动性，故 EGARCH 模型不仅可以反映过去残差的数量对波动的影响，而且其符号可以反映对波动的影响差异，因而可用来模拟负相关现象。当 $\sum_{j=1}^{\infty} \alpha_j^2 < \infty$ 时，EGARCH 过程中的 ε_t 为一个平稳过程。当随机干扰 v_t 为正态分布时，有 $E(|v_t|) = \sqrt{\dfrac{\pi}{2}}$。

4. GARCH–M 模型

如果要考察收益能否为风险提供补偿这一问题时，就要使用 GARCH-M 模型，该模型具有以下的表达形式：

$$y_t = x_t \beta + \gamma g(h_t) + \varepsilon_t \tag{15.10}$$

其中，$\varepsilon_t \sim$ GARCH（p, q），$g(h_t)$ 常见有三种表达式：即线性、根式、对数形式。$\gamma > 0$ 意味着风险越大，收益率越大，若 $\gamma < 0$ 意味着风险越大，收益率越小。由于市场波动是市场整体风险的衡量标准，上述结果表明，对一项具体资产而言，系统风险和非系统风险对资产的收益率都产生重要影响，这和资本资产定价模型的结论并不相悖。实践表明使用根式项和对数项是比较合适的。

5. AR（m）–GARCH（p,q）模型

这种模型有两种情况，一种是 m 针对误差项而言，即误差项具有自回归过程，模型如下：

$$\begin{cases} y_t = x_t\beta + \varepsilon_t \\ \varepsilon_t = v_t - \phi_1\varepsilon_{t-1} - \phi_2\varepsilon_{t-2} - \cdots - \phi_m\varepsilon_{t-m} \end{cases} \quad (15.11)$$

其中，$v_t \sim \text{GARCH}(p, q)$，该模型可用于含有季节变动的序列中，先用 AR($m$) 项消除季节变动，剩下的残差项用 GARCH($p, q$) 模型刻画。另一种是 m 针对被解释变量而言，即被解释变量的滞后项作为解释变量出现在模型中，此种模型的形式如下：

$$y_t = \phi_1 y_{t-1} + \phi_2 y_{t-2} + \cdots \phi_m y_{t-m} + \varepsilon_t \quad (15.12)$$

其中，$\varepsilon_t \sim \text{GARCH}(p, q)$，实践中常常把两者结合起来，使得模型具有更强的解释能力。

15.1.4 ARCH 效应的检验

一般而言，在正式使用 ARCH 模型之前，首先要检验时间序列是否具有 ARCH 效应，SAS 9.1 系统中提供了两个检验统计量，一个是基于残差平方的 Portmanteau 的 Q 检验统计量，该统计量用来检验序列的独立性，其表达式为

$$Q(q) = n(n+2)\sum_{i=1}^{q}\frac{r(i,\hat{\varepsilon}_t^2)}{(n-i)} \quad (15.13)$$

其中

$$r(i,\hat{\varepsilon}_t^2) = \frac{\sum_{t=i+1}^{n}(\hat{\varepsilon}_t^2 - \hat{\sigma}^2)(\hat{\varepsilon}_{t-i}^2 - \hat{\sigma}^2)}{\sum_{t=1}^{n}(\hat{\varepsilon}_t^2 - \hat{\sigma}^2)^2}, \quad \hat{\sigma}^2 = \frac{1}{n}\sum_{t=1}^{n}\hat{\varepsilon}_t^2$$

式中，n 为样本容量。

另一个是对于 ARCH 扰动的拉格朗日乘子检验

$$LM(q) = \frac{nW'Z(Z'Z)^{-1}Z'W}{W'W} \quad (15.14)$$

其中

$$W = (\frac{\hat{\varepsilon}_1^2}{\hat{\sigma}^2}, \frac{\hat{\varepsilon}_2^2}{\hat{\sigma}^2}, \cdots, \frac{\hat{\varepsilon}_n^2}{\hat{\sigma}^2}), \quad Z = \begin{bmatrix} 1 & \hat{\varepsilon}_0^2 & \cdots & \hat{\varepsilon}_{-q+1}^2 \\ 1 & \hat{\varepsilon}_1^2 & \cdots & \hat{\varepsilon}_{-q+2}^2 \\ \vdots & \vdots & & \vdots \\ 1 & \hat{\varepsilon}_{n-1}^2 & \cdots & \hat{\varepsilon}_{n-q}^2 \end{bmatrix}$$

这两个统计量在白噪声零假设下具有渐进 $\chi^2(q)$ 分布，在 SAS 9.1 系统中只要看这两个统计量后面的检验概率，如果检验概率小于所要求的显著性水平，则

表明存在着 ARCH 效应。

关于模型阶数的确定要结合相关统计量 SBC 和 AIC 来考察。一般而言，两者越小越好。关于参数的估计本章不再介绍，有兴趣的读者请参考相关书籍。

15.2 单位根、协整检验及误差修正模型

15.2.1 单位根过程及其检验

时间序列中的单位根过程（unit root process）是经常出现的。所谓单位根过程是指假设时间序列 $\{y_t\}$ 服从 p 阶自回归过程 AR（p），则 y_t 可表示为：

$$\Phi(B)y_t = (1 - \varphi_1 B - \varphi_2 B^2 - \cdots - \varphi_P B^P)y_t = \varepsilon_t \qquad (15.15)$$

ε_t 是均值为 0、方差为 σ^2 的白噪声过程。如果方程

$$\Phi(B) = 1 - \varphi_1 B - \varphi_2 B^2 - \cdots - \varphi_P B^P = 0$$

有一个或几个根为 1，其余的根都在单位圆外，则称 y_t 为单位根过程，记为 $I(1)$。

目前对单位根的检验主要有 DF（Dickey - Fuller）、ADF（Augmented Dickey - Fuller）、PP（Phillips - Perron）等。鉴于在 SAS9.1 中使用了 PP 检验，因此这里只介绍该检验的原理，其他检验原理请读者参考相关书籍。

该检验分三种情况，相对应的原假设和备择假设分别为

$y_t = \rho y_{t-1} + \mu_t$，　　　假设为：$H_0: \rho = 1$　　　$H_1: \rho < 1$

$y_t = \alpha + \rho y_{t-1} + \mu_t$，　　假设为：$H_0: \rho = 1, \alpha = 0$　　$H_1: \rho < 1, \alpha \neq 0$

$y_t = \alpha + \delta t + \rho y_{t-1} + \mu_t$，假设为：$H_0: \rho = 1, \delta = 0$　　$H_1: \rho < 1, \delta \neq 0$

在上述式中 $\mu_t = \phi(B)\varepsilon_t$，其中 $\phi(B) = 1 - \phi_1 B - \phi_2 B^2 - \cdots - \phi_q B^q$，$B$ 为滞后算子，ε_t 是均值为 0 方差为 σ^2 的白噪声过程。其中，第一个假设对应的均值为 0，第二个假设对应的是单一常数均值，第三个假设对应的是具有趋势项的均值。检验是基于最小二乘法下得到的参数检验，只是在原假设成立的情况下，参数本身和其 T 统计量具有非对称的极限分布。关于 PP 检验的统计量，请读者参考相关书籍。

15.2.2 协整检验与误差修正模型

对于两个具有同阶单位根过程的时间序列 $\{x_t\}$、$\{y_t\}$ 而言，它们的线性组合有可能为单位根过程，也有可能为平稳过程。如果 x_t、y_t 的一个线性组合 $z_t = y_t - \alpha x_t$ 为一个平稳过程，则称这两个单位根过程为协整的。具有协整的时间序列之间存在着某种长期稳定的均衡关系。通过建立相应的误差修正模型可以反映序列之间的长、短期调整情况。

为了进行协整检验，通常先对 y_t 关于 x_t 进行 OLS 估计，得到残差序列 e_t。如果残差序列是平稳的，则 y_t 和 x_t 就是协整的，否则就不是协整的。

在两序列协整的情况下，通常需要使用误差修正模型对序列之间的关系进行进一步分析。为此给出由 Engle-Granger 提出的协整方法如下：

第一步：使用单位根检验对序列进行平稳性检验。协整关系的前提是分析具有相同阶数的单整过程，因此两个序列如果不是同阶单整的，就一定不存在协整关系。

第二步：如果两个序列是同阶单整的，如 y_t 和 x_t 都是 $I(1)$ 过程，则进行以下回归：$y_t = \alpha + \beta x_t + \varepsilon_t$，得到残差序列 $e_t = y_t - \hat{\alpha} - \hat{\beta} x_t$。

第三步：对残差序列 e_t 进行单位根检验。如果 e_t 是平稳的，则序列 y_t 和 x_t 具有协整关系，否则就不具有协整关系。

第四步：建立并估计以下误差修正模型（ECM）。

$$\Delta y_t = a_0 + \lambda_1 e_{t-1} + \varphi_1(B)\Delta y_{t-1} + \psi_1(B)\Delta x_{t-1} + \mu_{1t} \tag{15.16}$$

第五步：检验诊断和结果解释。

15.3 AUTOREG 过程及实例

本节先介绍使用 SAS/ETS 的 AUTOREG 过程，然后给出该过程的应用。

15.3.1 AUTOREG 过程的一般格式

15.3.1.1 AUTOREG 过程常用语句格式

AUTOREG 过程常用语句格式如下：

SAS 与现代经济统计分析

```
          PROC AUTOREG  options;
      BY variables;
      MODEL dependent=independent/options;
      HETERO variables/options;
      RESTRICT equation,…equation;
      TEST equation,…equation/option;
      OUTPUT OUT=SAS-data-set options;
```

15.3.1.2 AUTOREG 过程常用语句的说明

1. PROC AUTOREG 语句

其格式为：**PROC AUTOREG options；**

在 PROC AUTOREG 语句中可使用如下选项：

（1）DATA=SAS-data-set：指定所研究时间序列的 SAS 数据集名称。如果不指定所研究序列的 SAS 数据集，则该过程使用最近产生的 SAS 数据集。

（2）OUTEST=SAS-data-set：将估计参数输出到指定的 SAS 数据集中。

（3）COVOUT：将参数估计的协方差阵存放到 OUTEST=sas-data-set 中。

2. BY 语句

其格式为：**BY VARIABLE；**

将 BY 语句与 PROC AUTOREG 一起使用就可以得到由 BY 变量所定义的组数据上的单独分析。

3. MODEL 语句

其格式为：**MODEL dependent=independent/ options；** 指定回归模型的具体形式。

在 MODEL 语句中经常使用如下 10 个选项：

（1）NLAG= number | NLAG=(number-list)：指定自回归模型的阶或者被拟合的自回归时间间隔的子集。如果缺省，则 PROC AUTOREG 将不拟合自回归模型。

（2）CENTER：对所分析的时间序列进行中心化。要注意的是 CENTER 选项仅当模型没有自变量时才有效。

（3）NOINT：其意思是从模型中取消均值项，即模型没有常数项。

（4）BACKSTEP：这是为了采用向后选择方法去掉不显著的自回归参数。要注意的是指定该选项必须利用 NLAG=选项先指定一个长阶。

（5）SLSTAY= number：规定变量留在模型中的显著性水平，缺省时为 SLSTAY=0.05。

（6）GARCH=（option-list）：指定 GARCH 类型条件异方差模型。选项串之间用逗号分开，常见的选项串有：

①Q= number，P= number：这是指定所采用的 GARCH 条件方差模型。

②TYPE=子选项：用来指定 GARCH 模型的类型。如果 TYPE=NOINEQ，则为无约束的 GARCH 模型，这是缺省的情形；如果 TYPE=NONNEG，则为带非负约束的 GARCH 模型；如果 TYPE=STATIONARY，则意思是约束 GARCH 系数的和小于 1；如果 TYPE=INTEG，则为 IGARCH 模型；如果 TYPE=EXP，则为 EGARCH 模型。

③MEAN：指定均值 GARCH 模型，即 GARCH-M 模型，其中 MEAN 可以取三个值，分别对应的模型为：

$$\text{Linear：} y_t = x_t\beta + \gamma h_t + \varepsilon_t$$
$$\text{Log：} y_t = x_t\beta + \gamma \ln h_t + \varepsilon_t$$
$$\text{Sqrt：} y_t = x_t\beta + \gamma \sqrt{h_t} + \varepsilon_t$$

（7）ARCHTEST：要求采用 Q 和 LM 统计量检验是否存在 ARCH 效应。

（8）DW=n：其意思是打印直到阶 n 的 Durbin-Watson 统计量。缺省时为 DW=1。

（9）DWPROB：显示出 DW 检验的检验概率。

（10）ALL：要求输出所有的选项。

（11）STATIONARITY=(PP)：如果模型中没有解释变量，则对因变量执行单位根检验，如果模型中含有解释变量，则执行协整检验。

（12）METHOD=value：指定参数估计方法。METHOD 可以选取 ML（最大似然估计法）、ULS（无条件最小二乘估计法）、YW（Yule-Walker 估计法）、ITYW（迭代 Yule-Walker 估计法）。

（13）DIST= value：指定误差项分布。Value 可取 T（T 分布）或 NOMAL（正态分布），缺省时为正态分布。

4. HETERO 语句

其格式为：HETERO variables/options;

该语句的功能是对模型的误差项检验和指定异方差结构，它不与具有自回归形式的误差项同时使用，即如果指定 NLAG=number，则该选项失效。其对应的模型为：

$$y_t = x_t'\beta + \varepsilon_t, \varepsilon_t \sim N(0, \sigma_t^2), \sigma_t^2 = \sigma^2 h_t, h_t = l(z_t'\alpha)$$

对应的选项有：

（1）LINK=VALUE：指定连接函数，可供选择的值及对应的异方差形式有：

Exp：$h_t = \exp(z_t'\alpha)$，Square：$h_t = (1 + z_t'\alpha)^2$，Linear：$h_t = 1 + z_t'\alpha$

（2）COEF=value：对异方差模型中的系数 α 进行限制，可以选择有不允许取负值的 NONEG，只取 1 的 UNIT，只取 0 的 ZERO，不进行任何限制的 UNREST。

（3）STD=value：对异方差模型中的方差 σ^2 进行限制，可以选择有不允许取负值的 NONEG，只取 1 的 UNIT，不进行任何限制的 UNREST。

（4）TEST=LM：检验是否存在异方差，对应的原假设没有异方差，备则假设是 HETERO 语句指定的异方差结构。

（5）NOCONST：要求当 LINK 指定为 SQUARE 和 LINEAR 时，不允许存在常数项 1。

5. OUTPUT 语句

其格式为：**OUTPUT OUT=sas-data-set keyword=options；**

在 **OUTPUT** 语句中常见的可使用的选项有：

（1）OUT=sas-data-set：指定一个包括预测值的输出 SAS 数据集。

（2）ALPHACLI=number：规定序列预测值的显著性水平。如果缺省 ALPHACLI= 0.05；ALPHACLM=number：规定序列均值预测的显著性水平。如果缺省 ALPHACLM= 0.05。

（3）CEV=variable：将条件误差方差写到输出数据集中去。该语句仅在 GARCH 模型的估计中起作用。

（4）CPEV=variable：将条件预测误差方差写到输出数据集中去。要注意该语句不能用于 EGARCH 模型与 GARCH-M 模型的估计中。

（5）CONSTANT=variable：对均值变量进行变换，并将被变换的均值写到输出数据集中去。

（6）TRANSFORM=variable：要求利用自回归模型对指定的来自输入数据集的变量进行变换并将被变换变量写到输出数据集中去。

（7）LCL=name：定义预测值置信下限的名称；UCL=name：定义预测值置信上限的名称。

（8）LCLM=name：定义均值预测值置信下限的名称；UCLM=name：定义均值预测值置信上限的名称。

（9）P= name：定义预测值名称；PM=name：定义均值预测值名称。

（10）RM=name：定义来自模型结构部分的预测的残差的名称；R=name：定义预测的残差的名称。

15.3.2 应用实例

【例 15.1】表 15.1 中所列出的数据是某消费者的收入（INCOME）和支出

第 15 章　ARCH 模型簇与 AUTOREG 过程

（EXPEND）的数据，试根据表中数据建立一元线性回归方程，并进行自相关检验，以及使用 AUTOREG 过程消除自相关。

表 15.1

EXPEND	116.5	120.8	124.4	125.5	131.7	136.2	138.7	140.2	146.8
INCOME	255.7	263.3	275.4	278.3	296.7	309.3	315.8	318.8	330.0
EXPEND	149.6	153.0	158.2	163.2	170.5	178.2	185.9		
INCOME	340.2	350.7	367.3	381.3	406.5	430.8	451.5		

解：程序如下：

```
data INEX;
input EXPEND INCOME @@;t+1;cards;
116.5 255.7 120.8 263.3 124.4 275.4 125.5 278.3 131.7 296.7 136.2 309.3
138.7 315.8 140.2 318.8 146.8 330.0 149.6 340.2 153.0 350.7 158.2 367.3
163.2 381.3 170.5 406.5 178.2 430.8 185.9 451.5
proc reg data=INEX graphics;model EXPEND = INCOME /dw;
var t; plot r.*t;
proc autoreg data= INEX ;model EXPEND= INCOME /nlag=1 dw=1;
run;
```

程序说明：首先使用 data 步创建数据集 INEX，然后调用一般回归过程 reg 进行回归，指定 dw 选项计算 DW 统计量的值，var 语句用于把时间变量 t 加入到模型中，并用 plot 语句作时间对残差的图，再调用自回归过程 autoreg，指定误差项的自相关阶数为一阶，并再次计算一阶 DW 统计量的值。

程序运行结果如下：

输出 15.1(A)　EXPEND 对 INCOME 的回归结果

```
Model: MODEL1
Dependent Variable: EXPEND
                Analysis of Variance（方差分析表）
                    Sum of      Mean
     Source     DF  Squares     Square     F Value    Prob>F
     Model       1  6493.16689  6493.16689  4122.531   0.0001
     Error      14    22.05061     1.57504
     Corrected Total 15  6515.21750
         Root MSE          1.25501    R-square    0.9966
         Dependent Mean  146.21250    Adj R-sq    0.9964
         Coeff Var         0.85834
```

(续)输出 15.1(A)

```
                    Parameter Estimates
                    Parameter      Standard      T for H0:
   Variable    DF   Estimate       Error         Parameter=0    Prob > |T|
   INTERCEP    1    27.912296      1.86900629    14.934         0.0001
   INCOME      1    0.352372       0.00548807    64.207         0.0001
              Durbin-Watson D          0.680
              (For Number of Obs.)    16
   1st Order Autocorrelation          0.580
```

输出 15.1(A)是一般回归 REG 过程的输出结果,关注到 DW 统计量值为 0.680,同时查得临界值 d_L=1.10, d_U=1.37,显然有 DW=0.680<d_L=1.10,故存在一阶正相关。输出 15.1(A)最后一行结果表明,自相关系数为 0.58。

图 15.3 的输出结果为回归所得到的残差的时序图。图形显示:一个正的残差后面紧接着若干个正残差,而一个负残差后面紧接着若干个负残差,说明残差具有正自相关性。

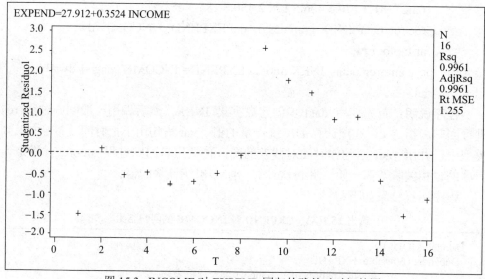

图 15.3 INCOME 对 EXPEND 回归的残差对时间的图

输出 15.1(B)第一部分仍是普通最小二乘估计结果,第二部分是考虑了 INCOME 对 EXPEND 的一阶自回归结果,此时的 DW=1.7294,已经落在无相关区域。比较得知,在考虑了自相关的前后,$\hat{\sigma}$ 由 1.255008 降到 1.010854,而 R^2 由 0.9966 升到 0.9980,从而表明考虑自相关不但提高了模型预测精度,也提高了模型的解释能力。

输出 15.1(B)　EXPEND 对 INCOME 的一阶自回归结果

```
                        Autoreg Procedure
          Dependent Variable = EXPEND
                   Ordinary Least Squares Estimates(普通最小二乘估计)
              SSE       22.05061    DFE                 14
              MSE        1.575044   Root MSE      1.255008
              SBC       56.08324    AIC           54.53806
          Regress R-Square  0.9966  Total R-Square   0.9966
              Durbin-Watson  0.6800
          Variable     DF   Estimate   Standard Error  t Ratio   Approx Prob>|t|
          Intercept    1    27.912296    1.8690        14.934    0.0001
          INCOME       1     0.352372    0.00549       64.207    0.0001
              Estimates of Autocorrelations（自回归估计）
          Lag  Covariance  Correlation  -1 9 8 7 6 5 4 3 2 1 0 1 2 3 4 5 6 7 8 9 1
           0   1.378163    1.000000  |                        |********************|
           1   0.799595    0.580189  |                        |************        |
                   Preliminary MSE = 0.9142
              Estimates of the Autoregressive Parameters
          Lag   Coefficient    Std Error    t Ratio
           1   -0.58018918    0.225897     -2.568
                   Yule-Walker Estimates
              SSE       13.28373    DFE                 13
              MSE        1.021825   Root MSE      1.010854
              SBC       51.15742    AIC           48.83965
          Regress R-Square  0.9933  Total R-Square   0.9980
              Durbin-Watson  1.7294
          Variable     DF   Estimate   Standard Error  t Ratio   Approx Prob>|t|
          Intercept    1    28.227034    2.7697        10.191    0.0001
          INCOME       1     0.350871    0.00802       43.754    0.0001
```

【例 15.2】 本例主要介绍如何使用 AUTOREG 过程中的 PP 检验来检验序列是否具有单位根,以及变量之间是否具有协整关系,当存在协整关系时如何使用 EG 方法建立误差修正模型。为此人为构造了两个序列 x_t 和 y_t,其中 $x_t = 2 + x_{t-1} + 0.5t + \varepsilon_t$,$\varepsilon_t \sim N(0,1)$,含有时间趋势,$y_t = 3 + 0.5x_t + \eta_t$,$\eta_t \sim N(0,1)$,因 x_t 含有时间趋势,所以 y_t 也具有时间趋势。

程序如下:

data xiez;

x0=**0**;

do t=**1** to **500**;

x=**2**+x0+**0.5***t+normal(**0**);

x0=x;

y=**3**+**0.5***x+normal(**0**);

dy=dif(y);dx=dif(x);

output;

keep y x dy dx;

```
end;
proc autoreg data= xiez;
model y=/stationarity=(pp);
model x=/stationarity=(pp);
model dy=/stationarity=(pp);
model dx=/stationarity=(pp);
model y=x/stationarity=(pp);
output out=sj r=rr;
run;
data wcxz;
set sj;
ldy1=lag(dy);ldy2=lag2(dy);ldy3=lag3(dy);ldy4=lag4(dy);ldy5=lag5(dy);
ldy6=lag6(dy);ldy7=lag7(dy);ldy8=lag8(dy);ldy9=lag9(dy);ldy10=lag10(dy);ldx
1=lag(dx);ldx2=lag2(dx);ldx3=lag3(dx);ldx4=lag4(dx);ldx5=lag5(dx);ldx6=lag6
(dx);ldx7=lag7(dx);ldx8=lag8(dx);lr=lag(rr);
proc reg ;
model   dy=lr   ldy1-ldy10   ldx1-ldx8/include=1   selection=stepwise
sls=0.05;run;
```

程序与运行结果说明： 程序首先用循环语句构造了一个含有 500 个模拟数据的 SAS 数据集 xiez，其中序列 x、y 的产生过程按题中方程要求给出。由序列的产生过程知序列 x、y 是不平稳的，下面 PP 检验也说明了这一点。为了对两个序列的差分序列进行平稳性检验，数据集还利用差分函数 dif 生成了两个差分序列 dy 与 dx，并调用 AUTOREG 过程对序列 x，y，dx 和 dy 分别进行了单位根过程的 PP 检验。

检验结果见输出 15.2(A)。

输出 15.2(A)　变量 y，x 平稳性检验结果

	Dependent Variable　y				
	Phillips-Perron Unit Root Test（PP检验）				
Type	Lags	Rho	Pr < Rho	Tau	Pr < Tau
Zero Mean	4	2.4762	0.9970	38.5744	0.9990
Single Mean	4	1.8411	0.9980	39.5401	0.9990
Trend	4	-0.0059	0.9970	-0.7687	0.9670
	Dependent Variable　x				
	Phillips-Perron Unit Root Test				
Type	Lags	Rho	Pr < Rho	Tau	Pr < Tau
Zero Mean	4	2.4763	0.9970	38.5527	0.9990
Single Mean	4	1.8407	0.9980	39.5545	0.9990
Trend	4	-0.0064	0.9970	-1.3223	0.8810

第 15 章 ARCH 模型簇与 AUTOREG 过程

由输出 15.2(A)可以看出,序列 y、x 即使在含有趋势项下也是非平稳的,因为无论是参数本身的检验概率还是 T 检验统计量对应的概率都明显大于通常的显著性水平,从而接受序列为非平稳的原假设。程序中第 3、第 4 个 model 语句用于对两个差分序列进行平稳性检验,结果见输出 15.2(B)。

输出 15.2(B) y、x 差分序列的平稳性检验结果

\multicolumn{5}{c}{Dependent Variable   dy}
\multicolumn{5}{c}{Phillips-Perron Unit Root Test}
Type	Lags	Rho	Pr < Rho	Tau	Pr < Tau
Zero Mean	4	1.5093	0.9680	5.2747	0.9990
Single Mean	4	-0.0756	0.9540	-0.1302	0.9450
Trend	4	-621.5444	0.0010	-41.6775	0.0010

Dependent Variable dx					
Phillips-Perron Unit Root Test					
Type	Lags	Rho	Pr < Rho	Tau	Pr < Tau
Zero Mean	4	1.4699	0.9660	11.5882	0.9990
Single Mean	4	-0.0477	0.9550	-0.2470	0.9300
Trend	4	-504.8857	0.0010	-21.9253	0.0010

输出 15.2(B)表明,两个差分序列在含有趋势项时都达到了平稳,因为无论是参数本身的检验概率还是 T 检验统计量对应的概率都明显小于通常的显著性水平,从而都拒绝原假设。因此可以认为序列 $y_t \sim I(1)$,$x_t \sim I(1)$,即两序列都是一阶单整的。

为了检验它们之间是否具有协整关系,程序第5次使用model语句,以y为因变量,x为解释变量进行回归,同时使用PP检验对回归得到的残差序列进行平稳性检验,并通过output语句把回归得到的残差用变量名rr储存在输出数据集sj中,结果见输出15.2(C)。

输出 15.2(C) 两序列协整回归结果

Dependent Variable y					
Ordinary Least Squares Estimates					
SSE	495.763211	DFE		498	
MSE	0.99551	Root MSE		0.99775	
SBC	1427.11291	AIC		1418.68369	
Regress R-Square	1.0000	Total R-Square		1.0000	
Durbin-Watson	1.9524				
Phillips-Ouliaris Cointegration Test(PO协整检验)					
Lags	Rho	Tau			
4	-506.5450	-21.8505			
The AUTOREG Procedure					
Variable	DF	Estimate	Standard Error	t Value	Approx Pr > |t|
Intercept	1	2.9541	0.0673	43.87	<.0001
x	1	0.5000	2.3507E-6	212704	<.0001

由输出 15.2(C)知,由 Phillips-Ouliaris 协整检验的 Rho、Tau 统计量值分别

为：-506.5450 -21.8505，查相关的临界值得到两个临界值分别为-28.3、-3.96（参见陆懋祖《高级计量经济学》），两个统计量的计算值均小于对应的临界值，表明协整关系成立。由输出 15.2（C）第三部分，得到协整估计方程为：

$$y_t = 2.9541 + 0.5x_t$$

根据 EG 协整分析方法，为了满足建立误差修正模型的需要，必须构造出两个差分序列的若干滞后期作为误差修正模型的解释变量，数据集 wcxz 使用滞后算子 lag 实现这个要求。最后程序调用了 reg 过程进行回归，因变量为 dy，lr 以及两个差分变量的滞后期作为备选解释变量，程序使用了 include=1 要求误差修正项 lr 必须保留在模型中，对于其他的解释变量使用 stepwise 进行选元，最终的结果见输出 15.2(D)。

根据输出结果，最终的误差修正模型为：

$$\Delta y_t = 0.10259\Delta y_{t-5} + 0.15211\Delta x_{t-1} + 0.1174\Delta x_{t-3} + 0.17941\Delta x_{t-7} - 0.95532lr_{t-1}$$

其中，误差修正项的系数为-0.95532，反向调整的力度非常大。

输出 15.2(D)　误差修正模型估计结果

Variable	Parameter Estimate	Standard Error	Type II SS	F Value	Pr > F
Intercept	0.97663	0.15136	52.05313	41.63	<.0001
* lr	-0.95532	0.05092	440.05406	351.98	<.0001
ldy5	0.10259	0.03382	11.50132	9.20	0.0026
ldx1	0.15211	0.04306	15.59861	12.48	0.0005
ldx3	0.11740	0.04262	9.48594	7.59	0.0061
ldx7	0.17941	0.04125	23.64906	18.92	<.0001

【例15.3】　为了解股票收益率分布特征，现收集了自2003年元月2日到2008年7月18日共1346个上市日上证综合指数收盘价数据，试对这批数据进行时序分析。

为分析这批数据，建立了一个名为 shzh 的永久性数据集存放在 SASUSER 数据库中，包括变量 index（综合指数收盘价）、date（日期），并采用对数收益率计算股指收益率，即定义变量 dlindex：dlindex=dif(log(index))代表收益率序列。

以下我们将结合题目要求，对上证指数、收益率数据绘制时序图，并进行平稳性检验。程序如下：

```
data exam;set sasuser.shzh;
d1=lag(dlindex);d3=lag3(dlindex); run;
proc gplot;plot index*date dlindex*date;
symbol i=jion c=green ;run;
```

第 15 章 ARCH 模型簇与 AUTOREG 过程

```
proc autoreg ;
model index=/stationarity=(pp);
model dlindex=/stationarity=(pp); run;
```

程序说明：这段程序首先把存放在SASUSER数据库中的shzh数据集中的数据调入当前使用状态，命名一个新数据集exam，d1、d3分别代表收益率变量dlindex的滞后1期和3期的变量，其作用后面将会看到。gplot 过程绘制上证指数和时间、收益率和时间的时序图，见图15.4 和图15.2。从图15.4很容易看出上证综合指数是不平稳的，以下单位根检验也说明了这一点，至于收益率数据的平稳性则难以看出，需要通过单位根检验进行判断，为此调用自回归过程AUTOREG。选项stationarity=(pp)表示对序列dlindex进行平稳性检验，检验统计量采用Phillips-Perron检验。

检验结果见输出15.3（A）。

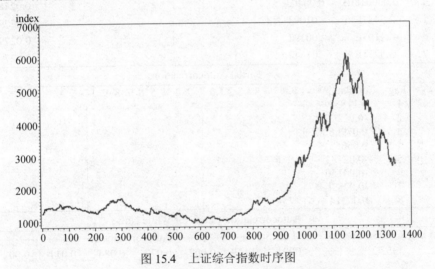

图 15.4　上证综合指数时序图

输出 15.3（A）　序列 **index**、**dlindex** 平稳性检验结果

		The AUTOREG Procedure			
		Dependent Variable　index			
		Phillips-Perron Unit Root Test			
Type	Lags	Rho	Pr < Rho	Tau	Pr < Tau
Zero Mean	7	0.1469	0.7180	0.1883	0.7420
Single Mean	7	-1.2596	0.8620	-0.8368	0.8080
Trend	7	-2.0598	0.9690	-0.9368	0.9510
		Dependent Variable　dlindex			
		Phillips-Perron Unit Root Test			
Type	Lags	Rho	Pr < Rho	Tau	Pr < Tau
Zero Mean	7	-1263.2999	0.0010	-32.7671	0.0010
Single Mean	7	-1261.8003	0.0020	-32.7830	0.0010
Trend	7	-1261.7905	0.0010	-32.7715	0.0010

输出 15.3（A）表明变量 index 的单位根检验是不显著的，而变量 dlindex 是显著的，说明变量 index 是不平稳的，而变量 dlindex 是平稳的。为建立该 ARMA 模型，提交以下程序：

proc arima data=exam;identifyvar=dlindex;run;

程序运行部分结果如下：

输出 15.3（B） 变量 dlindex 的识别结果

Autocorrelations				
Lag	Covariance	Correlation	-1 9 8 7 6 5 4 3 2 1 0 1 2 3 4 5 6 7 8 9 1	Std Error
0	0.00021458	1.00000	|********************	0
1	0.00002543	0.11851	|**	0.027267
2	4.67724E-7	0.00218	.|.	0.027647
3	0.00001660	0.07737	|**	0.027648
4	0.00001803	0.08403	|**	0.027808
5	-2.3447E-6	-.01093	.|.	0.027996
6	-4.1103E-7	-.00192	.|.	0.027999
7	-3.5231E-6	-.01642	.|.	0.027999

Partial Autocorrelations		
Lag	Correlation	-1 9 8 7 6 5 4 3 2 1 0 1 2 3 4 5 6 7 8 9 1
1	0.11851	|**
2	-0.01203	.|.
3	0.07966	|**
4	0.06665	|*
5	-0.02783	*|.
6	-0.00150	.|.
7	-0.02826	*|.
8	0.00214	.|.

Autocorrelation Check for White Noise									
To Lag	Chi-Square	DF	Pr > ChiSq	---------------------Autocorrelations---------------------					
6	36.73	6	<.0001	0.119	0.002	0.077	0.084	-0.011	-0.002
12	54.54	12	<.0001	-0.016	-0.000	0.037	0.074	0.006	0.077
18	74.22	18	<.0001	0.063	0.084	0.059	0.003	0.005	0.001
24	92.30	24	<.0001	0.015	-0.080	-0.037	0.051	0.035	0.039

输出 15.3（B）表明，序列 dlindex 的自相关函数迅速收尾，符合平稳的特点。但序列的白噪声检验被拒绝，因此有必要对序列建立模型，鉴于自相关函数在滞后 1 期比较显著，而偏自相关函数在滞后 1 期和 3 期比较显著，因此可以尝试拟合 MA（1）模型、子集 AR（3）模型或者是两者的组合 ARMA 模型，通过比较 AIC 和 SBC 指标，最后选取子集 AR（3）模型。下面程序实现对序列 dlindex 的建模与检验：

proc arima;

第 15 章 ARCH 模型簇与 AUTOREG 过程

```
identify var=dlindex;
estimate p=(1,3);
run;
```

该程序的运行结果如下:

输出 15.3（C） 变量 **dlindex** 的估计与检验结果

Conditional Least Squares Estimation					
Parameter	Estimate	Standard Error	t Value	Approx Pr > |t|	Lag
MU	0.0005528	0.0004921	1.12	0.2616	0
AR1,1	0.11830	0.02702	4.38	<.0001	1
AR1,2	0.07763	0.02713	2.86	0.0043	3

Autocorrelation Check of Residuals									
To Lag	Chi-Square	DF	Pr > ChiSq	\-\-\-\-\-\-\-\-\-\-\-\-\-\-\-\-Autocorrelations\-\-\-\-\-\-\-\-\-\-\-\-\-\-\-\-\-\-					
6	8.15	4	0.0863	-0.003	-0.020	-0.007	0.071	-0.021	-0.007
12	22.67	10	0.0120	-0.029	-0.002	0.023	0.068	-0.017	0.066
18	35.03	16	0.0039	0.041	0.072	0.045	-0.009	0.005	-0.005
24	52.79	22	0.0002	0.021	-0.082	-0.038	0.047	0.032	0.033
30	63.97	28	0.0001	0.053	-0.018	-0.014	0.003	0.058	-0.038

输出15.3（C）的上半部分是参数估计结果，显然两个滞后期高度显著，但下半部分残差的白噪声假设被拒绝，尝试其他的模型也有类似的问题，这表明ARIMA模型无法拟合该序列，结合图15.1可以知道，该序列具有集群性和波动的持续性，因而可能需考虑ARCH效应。以下程序对收益率序列建立自回归模型，并运用Portmanteau的Q检验和拉格朗日LM检验对回归残差进行ARCH效应检验。程序如下（接前段）：

```
proc autoreg ;
    model dlindex= d1 d3/ archtest;
    model dlindex=d1 d3 / garch=(p=1,q=1) noint;
    model dlindex=d1 d3 / garch=(p=1,q=1) dist=t noint;
    model dlindex=d1 d3 / garch=(p=1,q=1, type=exp) noint ;
    model dlindex=d1 d3 / garch=(p=1,q=1, mean=log) dist=t noint;
    model dlindex=d1 d3 / garch=(p=1,q=1, mean=sqrt) dist=t noint;
run;
```

程序说明：第一个model对变量dlindex进行自回归。由于ARIMA检验表明需要考虑该变量自身滞后1期和3期的结果，因此模型中引入了变量$d1$和$d3$来表示，同时对残差执行ARCH效应检验。第一个model运行结果如输出15.3(D)所示。

输出15.3（D）第一部分ARCH效应检验结果表明，直到滞后12期，不论是Q检验，还是LM乘子检验均表明回归残差项具有条件异方差。输出15.3（D）第二

· 557 ·

部分表明，自回归中的常数项是不显著的（T值对应的概率为0.2685），这表明在对参数估计时可不考虑常数均值，而两个滞后期非常显著。

输出 15.3（D） 序列 dlindex 自回归、ARCH 效应检验结果

```
                The AUTOREG Procedure
                Dependent Variable   dlindex
                Q and LM Tests for ARCH Disturbances
          Order     Q        Pr > Q      LM       Pr > LM
            1    32.9054    <.0001    32.6363    <.0001
            2    95.7765    <.0001    82.9953    <.0001
            3   106.3052    <.0001    84.3002    <.0001
            4   131.6076    <.0001    93.4645    <.0001
            5   144.9208    <.0001    96.7504    <.0001
            6   152.0381    <.0001    96.8666    <.0001
            7   152.7119    <.0001    97.8366    <.0001
            8   167.2839    <.0001   105.3660    <.0001
            9   197.1196    <.0001   123.8509    <.0001
           10   211.8774    <.0001   125.3082    <.0001
           11   217.0063    <.0001   125.4658    <.0001
           12   225.9621    <.0001   126.5790    <.0001

     Variable    DF   Estimate   Standard Error   t Value   Approx Pr > |t|
     Intercept    1   0.000440    0.000397         1.11      0.2685
     d1           1   0.1185      0.0271           4.38      <.0001
     d3           1   0.0776      0.0272           2.86      0.0043
```

为进一步分析回归残差项所具有的条件异方差结构，程序接着通过五个model语句分别拟合了五个条件异方差模型。根据输出15.3（D），程序中第二个model语句首先对变量dlindex进行滞后1期和3期的自回归，并通过选项garch=(p=1,q=1)对估计后的残差拟合GARCH（1，1）模型，选项noint要求在自回归中不拟合截距项。第三个model语句增加了选项dist=t，该选项表示在误差项服从T分布条件下拟合GARCH（1，1）模型。当该选项缺省时，或选择normal时，表示假设误差项服从正态分布。第四个model语句要求拟合EGARCH（1，1）模型，注意此时误差项必须为正态分布。第五、第六两个model语句分别就对数形式和平方根形式拟合了GARCH（1，1）-M模型。程序运行结果如输出15.3（E）所示。

从输出 15.3（E）第二个 model 语句输出结果可以看出，在 GARCH 估计中，正态性检验 JB 统计量的值为 237.7905，对应的显著性概率小于 0.0001，说明 GARCH 模型中的误差项分布不具有正态性。经最大似然估计后，得到最终模型如下：

$$\text{dlindex}_t = 0.1041 \text{dlindex}_{t-1} + 0.0798 \text{dlindex}_{t-3} + \varepsilon_t, \varepsilon_t \sim N(0, h_t)$$

$$\text{Garch}(1,1): \quad h_t = 3.0388E - 6 + 0.0644\varepsilon_{t-1}^2 + 0.9231 h_{t-1}$$

从第三、第五、第六个 model 语句输出结果看，T 分布对应的 TDFI 均显著，说明用 T 分布拟合是合理的，因此第三个 model 语句就使用语句 dist = t 指定 T 分布。EGARCH 模型（第四个 model 语句）中的 THETA 为-0.1199，但在 10%水平上并不显著，表明收益率序列"杠杆效应"并不明显。第五个 model 语句输出中的 DELTA 对应的显著性概率为 0.1432，而第六个 model 语句输出中的 DELTA 对应的显著性概率为 0.0940，说明在 10%的显著性水平下，对数形式的均值 GARCH-M 模型不适合，而平方根形式的均值 GARCH-M 模型是适合的。关于其他几个模型的具体形式，请读者自行写出。

输出 15.3（E）　序列 dlindex 条件异方差拟合结果

The AUTOREG Procedure（第二个model语句部分输出结果）					
Normality Test		237.7905	Pr > ChiSq	<.0001	
Variable	DF	Estimate	Standard Error	t Value	Approx Pr > |t|
d1	1	0.1041	0.0272	3.82	0.0001
d3	1	0.0798	0.0296	2.69	0.0071
ARCH0	1	3.0388E-6	9.6906E-7	3.14	0.0017
ARCH1	1	0.0644	0.008557	7.53	<.0001
GARCH1	1	0.9231	0.0101	90.99	<.0001

（第三个model语句GARCH输出结果）

SSE	0.28297747	Observations	1342
MSE	0.0002109	Uncond Var	0.00027965
Log Likelihood	4682.48017	Total R-Square	0.0205
SBC	-9321.7488	AIC	-9352.9603
Normality Test	244.0305	> ChiSq	<.0001

NOTE: No intercept term is used. R-squares are redefined.

Variable	DF	Estimate	Standard Error	t Value	Approx Pr > |t|	Variable Label
d1	1	0.1150	0.0270	4.27	<.0001	
d3	1	0.0720	0.0272	2.65	0.0081	
ARCH0	1	3.7408E-6	1.6634E-6	2.25	0.0245	
ARCH1	1	0.0739	0.0169	4.38	<.0001	
GARCH1	1	0.9127	0.0186	48.99	<.0001	
TDFI	1	0.1920	0.0309	6.22	<.0001	Inverse of t DF

（第四个model语句EGARCH输出结果）

Variable	DF	Estimate	Standard Error	t Value	Approx Pr > |t|
d1	1	0.0991	0.0284	3.50	0.0005
d3	1	0.0727	0.0295	2.46	0.0138
EARCH0	1	-0.1878	0.0772	-2.43	0.0150
EARCH1	1	0.1688	0.0277	6.10	<.0001
EGARCH1	1	0.9771	0.009050	107.98	<.0001
THETA	1	-0.1199	0.0762	-1.57	0.1155

（续）输出 15.3（E）

（第五个model语句GARCH输出结果）

Variable	DF	Estimate	Standard Error	t Value	Approx Pr > |t|	Variable Label
d1	1	0.1128	0.0270	4.18	<.0001	
d3	1	0.0696	0.0272	2.55	0.0107	
ARCH0	1	3.7814E-6	1.6813E-6	2.25	0.0245	
ARCH1	1	0.0740	0.0169	4.38	<.0001	
GARCH1	1	0.9123	0.0188	48.63	<.0001	
DELTA	1	-0.000052	0.0000354	-1.46	0.1432	
TDFI	1	0.1915	0.0309	6.20	<.0001	Inverse of t DF

（第六个model语句GARCH输出结果）

Variable	DF	Estimate	Standard Error	t Value	Approx Pr > |t|	Variable Label
d1	1	0.1124	0.0271	4.15	<.0001	
d3	1	0.0691	0.0273	2.54	0.0112	
ARCH0	1	3.8675E-6	1.7095E-6	2.26	0.0237	
ARCH1	1	0.0750	0.0172	4.36	<.0001	
GARCH1	1	0.9110	0.0191	47.80	<.0001	
DELTA	1	0.0411	0.0245	1.67	0.0940	
TDFI	1	0.1927	0.0310	6.22	<.0001	Inverse of t DF

习 题 15

1.费里得曼等人曾经对货币的需求理论进行了一个简单的估计,模型如下:

$$C_t = \beta_0 + \beta_1 M_t + \varepsilon_t$$

模型中 C 代表消费支出, M 代表货币存量,单位为 10 亿美元,利用下表（表 p.15.1）数据检验误差项是否存在一阶自回归,并对方程参数进行估计。

表 p.15.1

		C	M			C	M
1952	I	214.6	159.3	1954	III	238.7	173.9
	II	217.7	161.2		IV	243.2	176.1
	III	219.6	162.8	1955	I	249.4	178.0
	IV	227.2	164.6		II	254.3	179.1
1953	I	230.9	165.9		III	260.9	180.2
	II	233.3	167.9		IV	263.3	181.2
	III	234.1	168.3	1956	I	265.6	181.6
	IV	232.3	169.7		II	268.2	182.5
1954	I	233.7	170.5		III	270.4	183.3
	II	236.5	171.6		IV	275.6	184.3

2. 从证券之星网站上下载上证综合指数的收盘价时间序列数据，然后根据一些重大股市政策的出台时间将整个时间序列分成若干个时间段，按下列要求进行分析：

（1）使用 GPLOT 过程作收益率对时间的时序图，要求在纵轴上画出数值为 0 的指示线，并判断收益率序列是否是平稳的。

（2）使用 ARIMA 过程对收益率序列进行进一步的分析，并建立适当的模型。

（3）对上述 ARIMA 模型的残差作 ARCH 效应检验，如果具有 ARCH 效应，试建立合适的 GARCH 模型。

（4）试验证该阶段的收益率数据是否有显著的"杠杆效应"和风险补偿情况。

3. 根据例 15.3 的程序，试构建一个 GARCH(1，1)－M 模型，其中补偿机制使用线性函数，然后利用自回归过程进行相关的检验分析。

4. 从中国人民银行网站上下载有关货币供应量 M1、GDP 以及物价指数 CPI，并对实际的货币供应量和实际 GDP 进行协整分析。

附录　第15章部分例题的菜单实现

例 15.1 的菜单实现

1. 进入 SAS/ASSIST 主菜单界面。

2. 点击【DATA ANALYSIS】→【REGRESSION】，点击【REGRESSION】，进入图 F15.1。

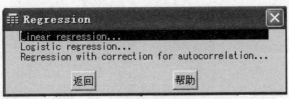

图 F15.1

3. 点击【Regression with correction for autocorrelation…】，进入图 F15.2。

图 F15.2

4. 点击【Active data set:】，选择分析的数据集 INEX，点击【Dependent variable:】，选择因变量 EXPEND，点击【Independent variable:】，选择 INCOME，点击【Lags to be fit】,输入 1，最终得到图 F15.3。

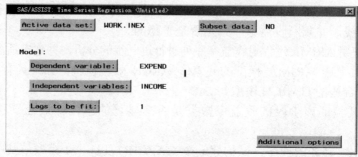

图 F15.3

5. 点击【运行】菜单下的【提交】选项即可，或直接点击工具栏中的【】。

参考文献

[1] 高惠璇, 等. SAS 系统·Base SAS 软件使用手册[M]. 北京: 中国统计出版社, 1997.

[2] 高惠璇, 等. SAS 系统·SAS/STAT 软件使用手册[M]. 北京: 中国统计出版社, 1997.

[3] 高惠璇, 等. SAS 系统·SAS/ETS 软件使用手册[M]. 北京: 中国统计出版社, 1998.

[4] 董大军. SAS 统计分析与应用[M]. 北京: 电子工业出版社, 2013.

[5] 胡良平. SAS 常用统计分析教程[M]. 北京: 电子工业出版社, 2015.

[6] 朱世武. SAS 编程技术教程[M]. 北京: 清华大学出版社, 2013.

[7] 高惠璇. 应用多元统计分析[M]. 北京: 北京大学出版社, 20014.

[8] 杰弗里·M·伍德里奇. 计量经济学导论: 现代观点[M]. 张成思, 李红, 张步昙, 译. 北京: 中国人民大学出版社, 2015.

[9] 严忠, 岳朝龙. 概率论与数理统计新编[M]. 2 版. 合肥: 中国科学技术大学出版社, 2007.

[10] 约翰逊, 威克恩. 实用多元统计分析[M]. 陆璇, 叶俊, 等译. 北京: 清华大学出版社, 2008.

[11] 王海波, 等. SAS 统计分析与应用: 从入门到精通[M]. 北京: 人民邮电出版社, 2013.

[12] 李静萍. 多元统计分析: 原理与基于 SPSS 的应用[M]. 北京: 中国人民大学出版社, 2015.

[13] 朱建平. 应用多元统计分析[M]. 北京: 科学出版社, 2015.

[14] 吴密霞, 刘春玲. 多元统计分析[M]. 北京: 科学出版社, 2016.

[15] 李卫东. 应用多元统计分析[M]. 北京: 北京大学出版社, 2015.

[16] 李庆来. 多元统计分析[M]. 上海: 上海交通大学大学出版社, 2015.

[17] 沃尔夫冈·哈德勒, 利奥波德·西马. 应用多元统计分析[M]. 陈诗一, 译. 北京: 北京大学出版社, 2011.

[18] 纳德·科迪,杰弗里·史密斯.SAS 应用统计分析[M]. 辛涛，译. 北京：人民邮电出版社，2011.
[19] 余家林，肖枝洪.多元统计及 SAS 应用[M]. 2 版.武汉:武汉大学出版社，2013.
[20] 韩明.应用多元统计分析[M]. 上海: 同济大学出版社，2013.
[21] 何晓群.多元统计分析[M]. 4 版. 北京: 中国人民大学出版社，2015.
[22] 姚鑫锋，王薇.SAS 统计分析实用宝典[M]. 北京: 清华大学出版社，2013.
[23] 张晓峒.计量经济学基础[M]. 天津: 南开大学出版社，2014.